GUIDE UNICARD UNIBANCO
BRÉSIL

A Propos de Notre Guide

Les services indiqués par le *Guide Brésil* – hôtels, restaurants, attractions, agences, guides etc. – ont été sélectionnés par des inspecteurs qui parcoururent le pays pendant 360 jours pour visiter sites et établissements. Ces enquêteurs travaillèrent en toute indépendance et dans l'anonymat le plus complet. Les prix des restaurants ont été établis en prenant pour base celui du plat le plus demandé, auquel nous avons ajouté 10%. Les prix des hôtels se réfèrent à une nuitée pour un couple.

Adresses, téléphones, horaires et prix ont été fournis par les établissements et minutieusement vérifiés et actualisés. Toutefois, le *Guide* ne saurait être tenu responsable d'éventuels écarts ou des modifications survenues après la date de sa publication (septembre 2004). Il est important de souligner que les horaires d'accueil et les prix des services fluctuent régulièrement en fonction des périodes de haute et de basse saison touristique et doivent être, tant que possible, préalablement confirmés.

Le touriste doit s'adresser à la police routière (voir Informations Utiles) avant de prendre le départ pour s'assurer de l'état des routes et autoroutes et s'informer de l'existence de péages sur le trajet envisagé

Collaborateurs

Alex Atala, André Corrêa do Lago, Daniel Mason, Liz Calder, Marcos Caetano, Marcos Sá Corrêa, Nelson Motta, Nième Guidon, Nirlando Beirão, Ricardo Legorreta, Sebastião Salgado, Sergio Fingermann, Thomaz Souto Corrêa, Valentino et Zuenir Ventura

Sponsor

Apoio

2005

BEĨ
Rua Dr. Renato Paes de Barros, 717 4º andar
CEP 04530-001 Itaim-Bibi São Paulo SP
Tél.: 55 (11) 3089-8855 Fax: 55 (11) 3089-8899
bei@bei.com.br

GUIDE UNICARD UNIBANCO
BRÉSIL

BEĨ

Tous droits réservés à BEÏ
Conception, coordination éditoriale, couverture,
projet graphique et production graphique
BEÏ

ÉDITION BRÉSILIENNE

Édition
Cristina R. Durán, Daniel Nunes,
Roberta de Lucca et équipe BEÏ

Coordination de reportage
Regner Camilo

Reportage
Alessandro Greco, Angela Nunes, Betina Moura,
Natasha Madov, Neiva Silva, Rodrigo Tramontina,
Sergio Garcia, Thiago Lotufo et équipe BEÏ

Consultants
Andréa Leite de Barros, Cândido Grangeiro,
Helena Artmann, Jorge Ferreira,
José Armênio de Brito Cruz, Marcelo Ferraz,
Sergio Fingermann et Suzana Facchini Granato

Traductions
Paulo César Batista Castanheira and Renato Rezende

Préparation
Cláudia Cantarin et José Carlos Pegorim

Révision
Ana Maria Barbosa, Carmen S. da Costa,
Telma Baeza Gonçalves Dias et Vera Caputo

Illustration de la couverture
Daniel Caballero

Coordination de photographie
Adriano Gambarini

Illustrations et cartes
Luiz Fernando Martini

Illustrations des pages 30, 31 et 322
Yili Rojas

Illustrations de la page 112
Monica Negraes

Dessins à la plume
Pedro de Kastro

Infographiques et illustrations
des pages 55-59, 130, 131 et 148
Sírio José Braz Cançado

Index alphabétique
Renato Potenza et Vivian Miwa Matsushita

Vérification de données
Équipe BEÏ

Numérisation et traitement d'images
Litokromia Pre-press

Impression
Gráficos Burti

ÉDITION FRANÇAISE

Traductions
Patrícia Ramos Reuillard, Pascal Reuillard
et Vincent Leclercq

Édition
Alain Mouzat

Préparation
Patrick Drummond

Révision
Carlos A. Inada et Francisco José Couto

Index alphabétique
Renato Potenza et Vivian Miwa Matsushita

Dados Internacionais de Catalogação na Publicação (CIP)
(Câmara Brasileira do Livro, SP, Brasil)

Guide Unicard Unibanco Brésil / [conception,
coordination éditoriale, couverture, projet
graphique et production graphique BEÏ ;
coordination de photographie Adriano Gambarini ;
traductions Patrícia Ramos Reuillard, Pascal
Reuillard et Vincent Leclercq]. – São Paulo :
BEÏ Comunicação, 2005.

Título original: Guia Unicard Unibanco Brasil
Vários colaboradores.
Vários ilustradores.
ISBN 85-86518-49-2

1. Brasil - Descrição e viagens - Guias
2. Turismo - Brasil I. Gambarini, Adriano.

05-4701   CDD-918.1

Índices para catálogo sistemático:
1. Brasil : Guias turísticos 918.1

SOMMAIRE

COMMENT UTILISER CE GUIDE	8
INTRODUCTION	
Histoire	13
Le Peuple Brésilien	22
Cuisine	25
La Feijoada Incomplète	
par Thomaz Souto Corrêa	30
L'Art Populaire	33
Les Arts Plastiques	37
Le Design et la Mode	41
Le Brésil Illumine les Podiums,	
par Valentino	44
L'Architecture	47
L'Architecture Moderne au Brésil	
par André Corrêa do Lago	50
Le Cinéma	53
La Musique Populaire	55
La Musique Brésilienne	
par Nelson Motta	60
Le Football	63
Le Football Brésilien,	
par Marcos Caetano	64
Le Carnaval	67
Tourisme et Aventure	71
Faune et Flore	75

SUD-EST

■ **DESTINATION: RIO DE JANEIRO**	89
Ville de Rio de Janeiro	90
Centre Historique	90
Cinêlandia et Environs	96
Lapa	101
Santa Teresa	103
Une Irrésistible Vocation pour	
la Gaieté par Zuenir Ventura	106
Vues Panoramiques et Plages	
Branchées	108
Copacabana	110
La Basse Gastronomie	112
Ipanema et Leblon	113
Rio en Plein Air	119
Lagoa Rodrigo de Freitas	
et Jardim Botânico	121
Barra da Tijuca et	
Recreio dos Bandeirantes	124
Manifestations Spéciales	126
Ville de Niterói	130
La montagne et la campagne	132
Petrópolis	132
Parque Nacional da	
Serra dos Órgãos	136
Teresópolis	137
Vassouras	138
Visconde de Mauá	139
Parque Nacional do Itatiaia	141
Littoral Sud	142
Angra dos Reis	142
Ilha Grande	145
Paraty	147
Un Lieu Idyllique Nommé Paraty,	
par Liz Calder	150
Littoral Nord	152
Búzios	152
Cabo Frio	155
Arraial do Cabo	156
■ **DESTINATION: SÃO PAULO**	159
Ville de São Paulo	160
Centre Historique	160
Mercado Municipal	168
Liberdade	170
Higienópolis	171
Avenida Paulista	174
Jardins	177
São Paulo Cosmopolite	
et Globalisée	
par Nirlando Beirão	178
Gabriel Monteiro da Silva	
et Alentours	179
Parque Ibirapuera	180
Vila Madalena,	
par Sergio Fingermann	184
Attractions Spéciales	185
Brotas	190
Littoral	191
Juréia	191
Santos	192
Guarujá	194
São Sebastião	195
Côte de São Sebastião	196
Ilhabela	199
Ubatuba	201
La montagne et la campagne	203
Campos do Jordão	203
Cunha	204
Parque Nacional da	
Serra da Bocaina	205
■ **DESTINATION: BELO HORIZONTE**	207
Belo Horizonte	208
Pampulha	208
Les lieux les plus animés	209
Chemins de Minas	211
Sabará	212
Parque Natural do Caraça	212
Ouro Preto	213
Centre Historique	213

Table of Contents

Les Mines	217
Mon Monde Imaginaire à Ouro Preto par Ricardo Legorreta	218
Mariana	219
Congonhas	220
Tiradentes	222
São João del-Rei	225
Diamantina	226
Caminho Real	228

■ DESTINATION: VITÓRIA — 229
Vitória	230
Centre Historique	230
Vila Velha	233
Serra Capixaba	234
Domingos Martins	234
Guarapari	235
Anchieta	236
Itaúnas	237

▌NORD-EST

■ DESTINATION: SALVADOR — 241
Salvador	242
Pelourinho	242
La Capoeira	247
Dans le Sillage du Trio Elétrico	250
Syncrétisme Bahianais	252
Hors des Sentiers Battus	253
Littoral Urbain	254
Les Dames de l'Acarajé	255
Cachoeira et São Félix	256
Littoral Sud	257
Morro de São Paulo et Boipeba	257
Linha Verde	260
De Praia do Forte à Mangue Seco	260
São Cristóvão	264

■ DESTINATION: ILHÉUS — 265
Ilhéus	266
Centre Historique	266
Canavieiras	268
Itacaré	269
Península de Maraú et Baía de Camamu	270
Sports d'Aventure	272

■ DESTINATION: PORTO SEGURO — 273
Porto Seguro	274
Centre Historique	274
Plages du Nord et du Sud	275
Arraial d'Ajuda, Trancoso et Caraíva	276
Animation au Village	276
Confort et Sophistication	277
Tranquillité et Plages Sauvages	278
Ponta do Corumbau et Cumuruxatiba	279
Caravelas	280

■ DESTINATION: CHAPADA DIAMANTINA — 281
Lençóis, Palmeiras et Caeté-Açu	282
Andaraí et Xique-Xique do Igatu	285

■ DESTINATION: MACEIÓ — 287
Maceió	288
Les Plages	288
Par les Rues de Maceió	290
Penedo	292
Embouchure du Rio São Francisco	293
Littoral Nord	294
De Barra de Santo Antônio à Morro	294
Route Écologique	295
De Barra do Camaragibe à Japaratinga	295
Maragogi	298

■ DESTINATION: RECIFE — 299
Recife	300
Vieux Recife	300
Santo Antônio et São José	302
Carnaval de la Diversité et du Frevo	305
Autres Attraits	306
Littoral Sud	308
Olinda	310
Le Carnaval Descend la Colline	313
Fernando de Noronha	314
Tracunhaém dans la Zona da Mata	318
Caruaru dans l'Agreste	319
Quand le Soleil se Couche par Daniel Mason	320
Bezerros	322
Serra da Capivara	323
Berceau de l'Homme Préhistorique par Niède Guidon	324
João Pessoa	326

■ DESTINATION: NATAL — 329
Natal	330
Genipabu	332
Maracajaú	333
En Route pour Pipa	334
Pipa	336
En Buggy jusqu'à Paraíba	338

■ DESTINATION: FORTALEZA — 339
Fortaleza	340
Cumbuco	343
Beberibe	344
Canoa Quebrada	346
À Juazeiro do Norte, une Démonstration de la Foi Brésilien	347
Jericoacoara	348

TABLE OF CONTENTS

Jijoca de Jericoacoara	350

■ DESTINATION: SÃO LUÍS 351
São Luís 352
Alcântara 354
Lençóis Maranhenses 355
Delta do Parnaíba 358
  Ilha do Caju 359

■ NORD

■ DESTINATION: MANAUS 363
Manaus 364
  Circuit Culturel 364
  Hôtels de Forêt 366
  La Forêt Amazonienne: Le Patrimoine le Plus Important du Brésil, par Sebastião Salgado 368
  L'Allégresse Contagieuse du Festival de Parintins 370

■ DESTINATION: BELÉM 371
Belém 372
  Núcleo Cultural Feliz Lusitânia 373
  Circuit Culturel 374
  Estação das Docas 375
Ilha de Marajó 376
Santarém 378

■ DESTINATION: JALAPÃO 379
Jalapão en Voyage Organisé 380
Aventure Indépendante 381

■ CENTRE-OUEST

■ DESTINATION: BRASÍLIA 385
Brasília 386
  Circuit Architectural 388
  Culture et Loisirs 392
Pirenópolis 393
  Route des Cascades 394
  Fête du Divin Saint-Esprit 395
Chapada dos Veadeiros 396
  Alto Paraíso de Goiás 397
  Vila de São Jorge 398
La Ville de Goiás 400

■ DESTINATION: PANTANAL DO NORTE ET CHAPADA DOS GUIMARÃES 403
Pantanal do Norte 404
Chapada dos Guimarães 406

■ DESTINATION: PANTANAL DO SUL ET BONITO 409
Pantanal do Sul 410
Aventure Indépendante 412
Corumbá 413
Bonito 414
  Rivières et Piscines Naturelles 416
  Émotions Fortes 418
  Une Culture de la Générosité, par Alex Atala 419

■ SUD

■ DESTINATION: CURITIBA 423
Curitiba 424
  Centre Historique 424
  Circuit Culturel 425
  Parcs de Curitiba 426
  En Train dans la Serra do Mar 427
Guartelá 428
Foz do Iguaçu 429
  Le Côté Brésilien 430
  Le Côté Argentin 432

■ DESTINATION: FLORIANÓPOLIS 433
Florianópolis 434
  La Côte Urbaine 436
  Le Sud Sauvage 437
  Lagune et Région Centrale 438
  En Bateau sur les Îles 439
Bombinhas 440
Balneário Camboriú 441
Penha 442
Blumenau 443
São Francisco do Sul 444
Guarda do Embaú 445
Garopaba 446
  Praia da Rosa 447
Laguna 448

■ DESTINATION: PORTO ALEGRE 449
Porto Alegre 450
  Circuit Culturel 450
  Missions 452
Gramado 453
  Canyons du Sud 455
  Pour se Perdre dans les Montagnes du Sud, par Marcos Sá Corrêa 456
Canela 458
Bento Gonçalves 460
Garibaldi 461

HÔTELS, RESTAURANTS ET SERVICES 462

INFORMATION UTILES 561

INDEX ALPHABÉTIQUE 570

REMERCIEMENTS 576

CRÉDITS PHOTOGRAPHIQUES 576

Comment Utiliser ce Guide

Le *Guide Brésil* a été conçu pour vous présenter ce que le Brésil a de meilleur, tout en offrant des informations sur l'histoire, la culture, ainsi que sur la faune et la flore locales. Il est organisé comme suit:

L'**introduction** passe en revue certains aspects fondamentaux du Brésil: histoire, composition ethnique, cuisine, art populaire, arts plastiques, design et mode, architecture, cinéma, musique, football, carnaval, sports d'aventure et environnement. Des textes signés par des spécialistes ou des personnalités de renom complètent les informations.

Le guide est organisé par **régions**, suivant la division administrative brésilienne. Dans chaque région sont suggérées différentes **destinations** ou sites à visiter. Nous indiquons 22 destinations inoubliables – en règle générale, des villes desservies par des aéroports et dotées d'une infrastructure complète. Cependant, dans certains cas nous suggérons des destinations locales de grand intérêt mais plus éloignées des grands centres; celles-ci sont accessibles par la route à partir de villes de base, d'accès plus facile et offrant de meilleures conditions d'hébergement.

Les **circuits** sont des voyages qui peuvent durer plusieurs jours, à partir de chaque destination. Nous suggérons également des excursions courtes, d'une seule journée, dont nous indiquons les centres d'intérêt.

Cartes et illustrations vous aideront à organiser vos voyages ou vos simples excursions. Nous proposons, pour beaucoup de villes, des cartes simples et des indications pas à pas qui permettent de faire des parcours à pied; les bâtiments et sites d'intérêt culturel et architectural y sont indiqués par des chiffres renvoyant à des descriptions détaillées. Pour certaines cartes, la numération n'est pas nécessairement indicative d'un ordre de parcours mais indique seulement les curiosités à visiter.

Vous trouverez, tout au long du guide, **des encadrés portant des informations additionnelles** sur la culture locale. Certains de ces encadrés, sous la rubrique **Un plus**, signalent les hôtels, auberges ou restaurants particulièrement agréables et intéressants. L'adresse des restaurants y est indiquée; en revanche pour l'adresse des hôtels et auberges il faudra se reporter à la dernière partie du guide.

Dans la dernière partie du guide, nous avons regroupé toutes les informations utiles concernant **Hôtels, restaurants et services**, sur l'ensemble du Brésil. Cette partie reprend la division par régions qui, pour faciliter la consultation, ont été identifiées par une couleur.

Les villes, à l'intérieur de chaque région, ont été classées par ordre alphabétique.

Notre intention n'est pas de présenter une liste exhaustive d'établissements, mais seulement d'indiquer ceux que nous considérons les plus intéressants, en signalant leurs points forts et leurs faiblesses. Il est important de savoir que le *Guide* obéit à la division officielle du Brésil en régions et états, alors que les circuits ont été élaborés en tenant compte de l'aspect pratique et de l'intérêt du touriste. D'où parfois certaines divergences: par exemple, la ville de São Cristóvão, dans l'État de Sergipe, se trouve dans la destination Salvador (État de Bahia) et est indiquée dans le circuit partant de la capitale bahianaise. Il en est de même pour la ville de João Pessoa (État de Paraíba), qui apparaît dans le circuit au départ de Recife.

Nous avons cherché à adopter une organisation pratique qui fasse du *Guide Unicard Unibanco Brésil* un compagnon de voyage agréable, capable de suggérer et de conseiller – un guide, au sens le plus large.

Histoire

Au cours des cinq cents ans qui séparent la Pindorama indigène du Brésil actuel, le pays est passé de colonie à empire, de monarchie à république, de dictature à démocratie : une nation – heureusement – en constante transformation.

L'histoire commence dans la région de Porto Seguro – État de Bahia –, où une escadre commandée par Pedro Álvares Cabral jette l'ancre le 22 avril 1500. Pendant dix jours, les Portugais prennent contact avec les Indiens. Mais l'Ile de la Sainte Croix (ainsi appelée par les explorateurs, ignorant les dimensions de la nouvelle terre) n'offre, du moins à première vue, ni les épices ni les métaux convoités.

Cette terre que les Indiens appellent Pindorama – "terre des palmiers" – est certes exubérante, mais peu rentable. Seul le bois brésil (*pau-brasil* ou *bois de braise*, utilisé pour fournir une teinture rouge) semble pouvoir procurer quelque bénéfice. Très vite, le pays, appelé désormais Terre de Sainte Croix, fournira le bois brésil qui, retiré de la forêt par les Indiens et troqué contre de la quincaillerie, des outils et des tissus et, arrivé aux comptoirs de la côte, partira approvisionner les ateliers de tissage anglais et hollandais. C'est ce bois qui donnera son nom définitif au nouveau territoire : trente ans après la découverte, le nom *Brasil* – du français brésil, dérivé du toscan *verzino*, nom de bois rougeâtre asiatique utilisé en teinturerie en Europe – s'est déjà imposé.

Les Portugais s'aperçoivent vite que les comptoirs ne peuvent assurer la défense des nouvelles terres que les étrangers convoitent, attirés par le bois brésil. Au cours des années 1530, Martim Afonso de Sousa, envoyé de la Couronne, donne le coup d'envoi de la colonisation en fondant la première bourgade – São Vicente – puis, au cours des décennies suivantes, Santo André et São Paulo. Les terres entre la côte et la ligne établie par le Traité de Tordesillas (signé en 1494 et par lequel le Portugal et l'Espagne se partagent le monde en deux hémisphères, séparés par une ligne imaginaire : les terres à l'ouest de la ligne seront espagnoles ; à l'est, elles seront portugaises) sont divisées du nord au sud en quinze grands territoires – les capitainerie – attribués à des donataires. Le système allait se révéler un échec. Seules prospérèrent les capitaineries de Pernambuco, Bahia et São Vicente.

Carte de 1568. Collection de la Bibliothèque José et Guita Mindlin

Le Cycle du Sucre

En raison de l'échec des capitaineries héréditaires, la Couronne portugaise décida d'implanter une nouvelle forme d'administration de sa colonie. En 1549, Tomé de Sousa, nommé gouverneur général du Brésil, fonde la première capitale – la ville de Salvador, à Bahia. Le nouvel administrateur, tout en continuant l'exploitation du bois brésil, implante la culture de la canne à sucre.

La production du sucre – une denrée chère qui se vend au gramme em Europe – permettra de financer la colonisation portugaise et déterminera l'organisation de la vie sociale et économique d'une grande partie de la colonie. Son principal héritage durera plusieurs siècles : la monoculture exportatrice, basée sur la grande propriété rurale et sur la main-d'œuvre esclave africaine. L'*engenho* (l'habitation-sucrerie) est le cœur de cette organisation. Tandis que le maître des terres vit dans la "maison-grande" (*casa-grande*), les esclaves habitent la *senzala* (logement commun). La dualité *casa-grande* et *senzala*, entre maîtres et esclaves, traverse toute la société coloniale brésilienne.

Dans cet univers de l'économie sucrière il y a aussi des hommes libres pauvres qui forment une masse de travailleurs spécialisés vivant dans l'ombre du maître dans les *fazendas* ou dans les villes – simples centres administratifs ou ports pour l'exportation et pour l'importation de produits entre la colonie et la métropole.

Les Autochtones

Pour implanter la culture de la canne à sucre, les colons portugais chassèrent les indigènes des terres qu'ils habitaient. Il y eut toutefois, avant que le travail des Noirs ne devienne le mode dominant et presque exclusif, une tentative d'exploitation des Indiens comme main-d'œuvre, en particulier, de l'un des peuples indigènes, les *tupis-guaranis*. Ce peuple, environ 2 000 ans auparavant, avait entrepris de vastes migrations en direction du sud et du littoral nord-nord-est. Venant du bassin amazonien, ils avaient repoussé leurs ennemis vers l'intérieur des terres – une histoire difficile à retracer, dont témoignent des vestiges matériels en particulier l'outillage, mais dépourvue de toute trace écrite.

Au cours de l'histoire, Portugais, Français, Hollandais et Espagnols ne manquèrent pas de manipuler à leur profit les querelles entre les peuples indigènes. Mais il leur arriva également, à diverses reprises, de provoquer l'union des autochtones contre l'envahisseur. L'histoire de l'Indien brésilien est une histoire de résistance. Et d'extermination : la

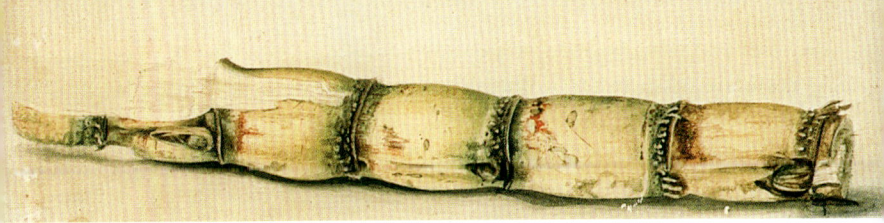
Canne à sucre, Debret, aquarelle, collection des Musées Castro Maya

population autochtone, estimée à l'aube de la découverte à quelques millions (les calculs varient entre 2 et 5 millions), se réduit aujourd'hui à environ 700 000 individus selon les données officielles.

Les Invasions Européennes

Les Hollandais constituèrent au Nord-Est la menace la plus importante au pouvoir portugais. Il essayèrent d'abord d'envahir Bahia, d'où ils battirent en retraite en 1625. En 1630 ils revinrent à la charge, en choisissant cette fois l'État de Pernambuco, alors principal producteur mondial de sucre. Sous le commandement du comte Maurice de Nassau, la Hollande brésilienne absorba pacifiquement les Portugais locaux; des artistes comme Frans Post et Albert Eckhout peignirent les scènes de la colonie hollandaise prospère et organisée. Expulsés en 1654, les Hollandais emportèrent des plants de canne à sucre aux Antilles: le Portugal garderait les terres du Brésil, mais désormais il ne dominerait plus le commerce mondial du sucre.

Les Hollandais et les Indiens n'étaient pas les seuls à défier l'autorité portugaise. Les pirates anglais fréquentaient également la côte américaine; et le bois brésil avait attiré des négociants français qui, dès 1504, avaient établi des comptoirs sur le littoral, et en 1555 une forte expédition viendra fonder la France Antarctique. Pour contrecarrer les ambitions françaises, Estácio de Sá, qui combat aux côtés de son oncle le gouverneur général Mem de Sá, fonde Rio de Janeiro en 1565. Les Français ne furent expulsés qu'en 1567. Ils revinrent en 1594 en débarquant dans l'État du Maranhão d'où ils furent chassés en 1615, laissant la ville de São Luís qu'ils avaient fondée. Les dernières tentatives françaises de s'implanter au Brésil eurent lieu en 1710 et 1711.

L'Extension des Frontières

Durant les premières décennies après la Découverte, les Portugais restèrent à proximité de la côte, car l'intérieur des terres était couvert de forêts denses et impénétrables. En 1616, les Portugais atteignirent l'embouchure de l'Amazone, où ils construisirent le fort de Presépio, qui donnera naissance à la ville de Belém. Les frontières s'étendaient sur le territoire qui, d'après le Traité de Tordesillas, appartenait à l'Espagne.

Le processus se répète au Sud. Des expéditions organisées par la Couronne (*entradas*) et par des particuliers (*bandeiras*) partent de São Paulo et s'enfoncent vers l'intérieur des terres à la recherche de l'or, des pierres précieuses et des Indiens. À partir de Rio de Janeiro, les Portugais organisent des expéditions vers le sud et fondent, sur la rive du Rio da Prata, la colonie de Sacramento. Ainsi les futures frontières du Brésil se dessinent, à feu et à sang: au cours du XVIIIe siècle, une série de traités fixera l'extension de la colonie, qui passera d'environ 2,5 millions de kilomètres carrés à plus de 8 millions.

LE CYCLE DE L'OR

À la fin du XVIIe siècle, les *bandeirantes* rencontrèrent les premiers gisements d'or et de pierres précieuses dans les États de Minas Gerais, de Goiás et du Mato Grosso. La découverte déplaça le centre de gravité de la colonie du littoral sucrier vers les nouvelles régions aurifères, attirant des foules d'aventuriers des deux continents: un habitant sur quatre du Royaume de Portugal viendra tenter sa chance aux Amériques.

L'explosion démographique ne fut pas la seule conséquence de la ruée vers l'or. Elle provoqua aussi l'explosion de l'urbanisation et le développement d'un flux de commerce servant à approvisionner les mines en produits de subsistance. Très vite, la Couronne portugaise institue des mécanismes pour contrôler l'exploitation des richesses, en prélevant vers les fonderies pour y être pesé, puis fondu – après prélèvement d'un cinquième pour le trésor portugais.

L'avidité du système d'impôts et la rigidité des contrôles engendre une croissante insatisfaction parmi les mineurs, insatisfaction qui aboutit en 1789 à la révolte connue sous le nom d'Inconfidência Mineira. Le mouvement, influencé par les idées des Lumières, fut violemment réprimé par le gouvernement; ses membres furent condamnés à l'exil, à l'exception du sous-lieutenant Tiradentes, qui fut pendu. Des années plus tard, la République en fera un martyr de la patrie, symbole de la lutte pour la liberté.

Rappelons que l'Inconfidência Mineira ne fut pas la première révolte dans la colonie. Pendant les XVIe et XVIIe siècles, le Portugal dut faire face à une série de soulèvements régionaux, dont plusieurs révoltes d'esclaves africains. Le XVIIIe siècle connut d'autres mouvements insurrectionnels, plus grands et à caractère nationaliste. Un nouveau personnage est né: le Brésilien – celui qui, né au Brésil ou venu s'y installer, ne se sent plus Portugais.

Brésil, siège de l'empire

En 1808, la famille royale portugaise s'installe au Brésil fuyant Lisbonne menacée par les troupes napoléoniennes. En 1815 le Brésil n'est plus une colonie, il devient le siège de l'Empire portugais. Capitale depuis 1763, Rio de Janeiro est remodelé par l'arrivée de la cour. João VI ouvre les ports brésiliens au commerce avec les nations alliées – en particulier l'Angleterre – et encourage la venue de savants et d'artistes européens. En 1816, après la chute de Napoléon, le Brésil reçoit un groupe d'artistes français qui va exercer une profonde influence sur les beaux-arts nationaux – il s'agit de la Mission Française, composée notamment du peintre Jean-Baptiste Debret et de l'architecte Grandjean de Montigny.

En 1821, João VI rentre au Portugal, laissant sur place l'infant Pedro à titre de prince régent. Le Brésil, qu'il quittait après un séjour de treize ans, avait irrémédiablement changé.

L'indépendance

Le conflit d'intérêts économiques entre la métropole et les Brésiliens devient manifeste et alimente les revendications d'indépendance, qui culminent avec le refus de Pedro d'obéir aux ordres de rentrer au Portugal. Ainsi, le 7 septembre 1822, sur les bords de la rivière Ipiran-

Le baise-main de João VI, collection de la Fondation Bibliothèque Nationale

HISTOIRE

ga, à São Paulo, le Prince régent déclare l'indépendance du Brésil. Proclamé empereur, Pedro Ier octroie au pays sa première Constitution en 1824. Il rentrera au Portugal en 1831, abdiquant en faveur de son fils âgé de cinq ans.

LE RÈGNE DE PEDRO II

Au début des années 1830, le Brésil est un empire indépendant, mais l'empereur est un enfant. Le gouvernement traverse alors une période de régences, durant laquelle plusieurs révoltes mettent en péril l'unité du pays.

Pedro Ier, Empereur du Brésil. Collection de la Fondation Bibliothèque Nationale

Afin d'apaiser la crise, il est décidé d'anticiper la majorité de Pedro II, qui monte sur le trône en 1840. Le nouvel empereur doit faire face aux diverses révoltes régionales et engage le Brésil dans la plus grande guerre qu'il ait connue: la guerre contre le Paraguay (1865-1870), qui aboutira au massacre de la population du pays voisin.

C'est au cours du long règne de Pedro II que le café devient le principal produit d'exportation de Brésil. Les *fazendas* caféières s'installent d'abord dans l'État de Rio de Janeiro, dans la région de la vallée du Paraíba, puis elles se déplacent en direction de São Paulo, et, bien plus tard, vers le milieu du XIXe siècle, atteignent l'ouest de l'État.

Aux premiers temps ces fazendas ont fonctionné avec de la main-d'œuvre esclave, mais dès le milieu du siècle les grands propriétaires terriens font venir des immigrés européens, qu'ils emploient en système de colonat. L'immigration en masse, européenne et asiatique, se prolonge jusqu'en 1930 et joue un rôle déterminant dans la société et la culture brésilienne.

LA FIN DE L'EMPIRE

A partir des années 1870, une vague de crises politiques affaiblit Pedro II. La lutte pour l'abolition de l'esclavage met aux prises défenseurs de la modernisation économique – basée sur le travail rémunéré, déjà introduit dans les plantations caféières – et propriétaires d'esclaves. En 1871, après une vaste campagne populaire, la Loi du Ventre Libre est approuvée: elle déclare libres les enfants nés de femmes esclaves; en 1885 est votée la Loi des Sexagénaires, libérant les esclaves de plus de 65 ans. La bataille arrive à son terme en 1888, avec la signature, par la princesse Isabel, de la loi Áurea.

Mais la princesse ne jouit pas du prestige de son père, et, à l'époque de l'Abolition, la succession inquiète déjà le pays. Le mécontentement des militaires mine ce qui reste des forces du gouvernement. Le 15 novembre 1889, le maréchal Deodoro da Fonseca proclame la République au Campo de Santana, à Rio de Janeiro, avec le soutien du Parti Républicain déjà influent. L'Empire lègue à la République un pays aux dimensions continentales, agraire et endetté, mais – contrairement à ce qui se passera pour l'Amérique espagnole – unifié.

La Première République

La première Constitution républicaine, promulguée en 1891, déclare la séparation de l'État et de l'Église et établit un régime fédéraliste centralisateur avec un président fort. São Paulo, le nouveau centre du pouvoir économique, concentre la scène politique. À partir de 1894, des hommes politiques des États de São Paulo et de Minas Gerais se relaient à la tête du gouvernement. Durant cette période, les élections, dont les analphabètes (la plus grande partie de la population) sont exclus, sont ostensiblement fraudées. Le pays, qui s'industrialise grâce au capital généré par le café, et qui affronte les conséquences de la Première Guerre mondiale, assiste à l'éclosion des premières grèves générales (1917) et connaît ses premières révoltes de militaires.

La crise économique de 1929 est suivie d'une crise politique opposant São Paulo et Minas Gerais. La conséquence en est, en 1930, le putsch qui porte au pouvoir Getúlio Vargas, originaire du Sud. Vargas, président, augmente peu à peu l'intervention de l'État dans l'économie, centralise le pouvoir et met en place une base durable de droits travaillistes qui, jusqu'à aujourd'hui, sont demeurés des références. En 1937, Vargas, par un coup d'état, implante un régime dictatorial – l'État Nouveau, renversé par la vague démocratisante de 1945.

Vents Démocratiques

Bon an mal an, gouvernements démocratiques et élections régulières se succèdent jusqu'en 1964, affrontant crises économiques et poussées inflationnistes – fléau national depuis l'Empire. Durant cette période, nombre de partis ont recours au nationalisme et au populisme. En 1951, Getúlio Vargas est à nouveau porté à la présidence, cette fois par le vote populaire ; il se suicidera en 1954, sous la pression de complexes jeux de pouvoir.

Histoire

De 1956 à 1960, Juscelino Kubitschek encourage l'industrialisation, développe le parc industriel automobile du pays et fait construire la nouvelle capitale, Brasília. La contrepartie de l'euphorie modernisatrice fut l'endettement et l'augmentation de l'inflation. Son successeur, Jânio Quadros, renonce en 1961 et le gouvernement est alors assumé par le vice-président, João Goulart, considéré de gauche par les militaires. Le scénario pour le coup d'état qui aura lieu en 1964 se met ainsi en place, et il entraînera le Brésil dans une longue dictature militaire.

La Dictature au Brésil

Durant 21 ans de dictature, les généraux-présidents ont supprimé les droits politiques et les partis, censuré la presse, maté les guérillas et torturé les prisonniers politiques. L'équipe économique des premières années du régime jugule l'inflation provenant du déficit public croissant, provoquant un essor de prospérité qui modernise l'industrie et les secteurs de services. Le soi-disant "miracle économique" commence à s'écrouler dans les années 70 avec la crise internationale du pétrole, et débouche sur une nouvelle spirale inflationniste qui force le recours à l'indexation des prix et à l'endettement en monnaie étrangère.

À la fin des années 70, la société civile se réorganise. Sous la pression populaire, le gouvernement accorde l'amnistie aux ex-militants politiques. Dans la région industrielle de l'ABC pauliste (les villes de Santo André, São Bernardo et São Caetano), les grèves de métallurgistes voient naître de nouveaux leaders politiques.

En 1984, épuisé politiquement et ébranlé par une grave récession économique, le gouvernement militaire affronte une série de manifestations pour des élections présidentielles directes qui entraînent des millions de personnes dans les rues, et constituent le plus important mouvement populaire de l'histoire du pays. Si un accord politique fait en sorte que les élections directes soient rejetées par le Congrès, il permet toutefois l'élection indirecte, en janvier 1985, d'un civil: Tancredo Neves, qui tombe malade peu de temps avant son investiture et meurt en avril. La présidence est donc assumée par le vice-président, José Sarney, président du parti officiel du régime militaire. Sarney gouverne cependant en conduisant un retour à la normalité, jusqu'en 1989, un an après la promulgation de la nouvelle Constitution: entre crises et contradictions, la démocratie se consolidait au Brésil.

En 1984, dans les rues, la foule exige des élections présidentielles directes

Les Elections Directes

En 1989, dans un climat de grande euphorie, le pays choisissait à nouveau son président par le vote direct. Fernando Collor de Mello est élu; après avoir assumé le pouvoir en 1990, il donne le coup d'envoi d'un ambitieux plan économique qui comprend l'ouverture du pays au capital étranger et la privatisation des entreprises publiques. Cependant, une suite de graves dénonciations fait à nouveau sortir les foules dans les rues: accusé de corruption, Collor est l'objet d'un processus inédit d'*empeachment* et mis à l'écart en 1992. Itamar Franco, alors vice-président, assume la présidence. Fernando Henrique Cardoso, ministre des Finances, lance en 1994 le Plan Real, qui permet d'enrayer l'inflation.

Fort du succès du Plan Real, Fernando Henrique Cardoso est élu président en 1994 et réélu en 1998. Au nombre des réformes économiques mises en place par son gouvernement on compte la fin des monopoles d'État (télécommunications et pétrole) et la privatisation de nombreuses entreprises de l'État.

En 2002, l'ancien métallurgiste dont la carrière politique avait débuté lors des grèves de l'ABC, Luiz Inácio Lula da Silva, est élu président. Soutenu par de vastes secteurs populaires et par la gauche, Lula, au grand soulagement de certains et au prix de la frustration de beaucoup, n'a pas représenté de rupture par rapport au gouvernement antérieur. À l'heure actuelle, alors que le Brésil doit faire face à de grands défis sur le plan économique, l'élévation du niveau de revenu moyen de la population continue d'être l'une des tâches les plus urgentes. Vaincre ces défis est l'objectif prioritaire d'un pays aujourd'hui mûri, pourtant encore jeune, et toujours en construction.

Le Peuple Brésilien

La population du Brésil, constituée du métissage entre les peuples indigènes, africains et européens, se reconnaît dans une culture commune articulée par la langue portugaise – le grand facteur d'unité dans cette mosaïque ethnique et sociale.

On entend souvent dire que le passeport du Brésil est l'un des plus convoités sur le marché noir à l'étranger, car n'importe qui – quelle que soit sa couleur, quel que soit son nom – peut passer pour Brésilien. De fait, le Brésil est une nation aux multiples visages et noms, fruit de la rencontre d'Indiens, de Noirs et de Portugais, auxquels se joignirent ensuite des immigrés venant de tous les coins de la planète – Européens, Asiatiques, Juifs, Arabes. Ainsi, la population du pays s'est formée sous le signe de la diversité. Cela étant, est-il possible de parler de "peuple brésilien" ou est-ce là une pure abstraction? Y a-t-il une unité dans cette masse hétérogène?

Pour trouver des réponses, il faut vaincre la méfiance suscitée par le mot *peuple* – concept très cher à la tradition autoritaire qui, à plusieurs moments de l'histoire, l'a utilisé pour diluer la mosaïque d'inégalités sociales et affaiblir ainsi les tensions politiques. Durant le régime militaire, le pouvoir s'est servi de l'euphorie née de la performance du Brésil lors de la Coupe du Monde de 1970: il s'agissait de la victoire d'un peuple patriotique, ordonné et valeureux. Bien avant, la dictature de Getúlio Vargas avait institué un nationalisme grotesque qui faisait appel aux défilés de collégiens en uniforme, chantant des hymnes en langue *tupi-guarani*.

Les tentatives pour découvrir un sentiment de *brésilianité* commun à tous les Brésiliens se sont également heurtées au constat que de nombreux épisodes historiques nationaux proviennent en fait de mouvements séparatistes. Les conspirateurs de l'*Inconfidência Mineira*, par exemple, plaidaient pour le "Pays de Minas". En 1798, des rebelles à Salvador représentaient le "peuple de Bahia"; en 1817, les mutins de Recife réclamaient une "République *Pernambucana*". Les *farroupilhas* ne se sentaient pas Brésiliens mais *gaúchos*.

Population Brésilienne d'après le Recensement de 2000	
169 590 693 habitants	
Blancs	53.8%
Métis	39.1%
Noirs	6.2%
Asiatiques	0.5%
Indigènes	0.4%

Cette fragmentation et ces tensions ont constitué un défi pour un grand nombre d'historiens, de chercheurs et d'écrivains. D'Afonso Celso à Sérgio Buarque, d'Euclides da Cunha à Jorge Amado, ils ont été nombreux à tenter d'expliquer le Brésil et les Brésiliens, en cherchant dans la diversité ce qui serait propre et spécifique à notre peuple.

Gilberto Freyre, l'un des plus brillants interprètes, désignait le métissage comme racine de la démocratie raciale brésilienne – une idée lyrique contrastant avec les données obtenues par le Recensement de 2000, selon lequel 64% de la population pauvre brésilienne et 69% de la population indigente est composée de Noirs. Plus d'un demi-siècle après Freyre, l'anthropologue Darcy Ribeiro refusait l'idée de démocratie raciale mais affirmait que le Brésilien est un peuple unique, aux caractéristiques singulières, né de la confluence des races.

Le concept de peuple brésilien fut historiquement construit et ne se cristallisa définitivement qu'au siècle dernier, avec la République. Mais ce peuple existe. Parcourir le territoire national c'est découvrir des réalités diverses et plusieurs cultures parallèles, tout en constatant qu'il y a une unité fondamentale sous la diversité, les régionalismes, les querelles de clocher; une homogénéité qui fait que le Brésilien de l'État du Pará a une relation avec celui de l'État de São Paulo, différente de celle qu'il aurait avec un étranger; une culture commune dont l'axe est la langue portugaise, en une confrontation solitaire avec le vaste voisinage de langue hispanique. Le Brésil surprend. Par ses différences. Et par ses ressemblances.

Détail de l'œuvre *Operários* [Ouvriers], Tarsila do Amaral. Peinture à l'huile, collection du Palais Boa Vista

Cuisine

La cuisine brésilienne est la meilleure traduction de sa culture: multiple, fragmentée, elle utilise les ingrédients de la terre et les mêle aux influences venues du monde entier. Un art de la rencontre, un exercice généreux de créativité.

Une question d'ordre théorique: les chercheurs en matière culinaire mettent un point d'honneur à distinguer de manière précise les concepts de gastronomie et de cuisine. Selon les spécialistes, le premier est art et le second pratique. Le premier exige un raffinement du goût; modeste, le second vise d'abord à rassasier la faim – même la meilleure cuisine se base sur cette nécessité prosaïque et impérieuse. S'il en est ainsi, le Brésil possède une solide cuisine, avec des plats délicieux et traditionnels, mais cela ne signifie pas qu'il soit absent sur le terrain de la gastronomie: dans les grands restaurants du pays, la plupart des chefs sont étrangers ou suivent les canons classiques européens, tandis que la jeune génération cherche à élaborer une gastronomie d'ingrédients purement nationaux.

Cependant, la différence entre ces concepts importe peu pour qui désire savoir ce que l'on cuisine et ce que l'on mange au Brésil. Un voyage sur le territoire brésilien est inévitablement une découverte de saveurs, d'arômes, de couleurs. Selon son désir, sa disposition ou son budget, le voyageur peut fréquenter les temples gastronomiques ponctuant surtout l'axe Rio de Janeiro – São Paulo ou les divers restaurants aux nombreuses spécialités éparpillés dans les États; il peut choisir des plats issus de la meilleure tradition européenne ou s'aventurer à goûter ce que lui proposent les étals des marchés, les plateaux des vendeurs des rues, ou à découvrir les fruits aux saveurs et aux noms inconnus – *cupuaçu*, *cajá*, cajou...

Penser à la cuisine du Brésil c'est être renvoyé au mélange de peuples et de cultures qui caractérise le pays. Sur la table du Brésilien se mélangent des influences indigènes, africaines et portugaises, avec une pincée d'autres cultures, asiatiques et européennes.

Une Géographie du Goût

Cartographier cette cuisine si fragmentée est encore plus difficile

Moqueca de l'Espírito Santo, de poisson et crevettes

Pão de queijo, pains au fromage, symboles de la cuisine de Minas Gerais

que d'en tracer sa généalogie: chaque région combine à sa manière ses ressources naturelles et la culture de ses colonisateurs. Au Nord, les recettes se composent de poissons des rivières d'Amazonie et de fruits de mer, avec de la farine de manioc (*mandioca*, appelée aussi *macaxeira* ou *aipim*). Aliment de base des populations indigènes, la *mandioca* est présente sur tout le territoire national sous des formes diverses; à Bahia, l'influence africaine se manifeste par l'utilisation de l'huile de palme (*azeite-de-dendê*), du lait de coco (*leite de coco*), des piments qui assaisonnent le *vatapá*, le *caruru*, l'*abará*. A l'intérieur des États de Minas Gerais et de São Paulo dominent les plats hérités des bouviers qui conduisaient les grands troupeaux, les *tropeiros*, une nourriture que les anciens qualifiaient de "substancieuse", préparée pour redonner de l'énergie au voyageur: lard, viandes séchées, haricots mélangés à l'inévitable farine de manioc. Cette cuisine se retrouve dans le Centre-Ouest, également marquée par l'abondance de préparations à base de poissons de rivière (il suffit de penser au bouillon de piranhas typique du Pantanal). À São Paulo et à Rio de Janeiro se fait sentir l'influence portugaise avec la présence de la morue. São Paulo concentre aussi la tradition de la cuisine des immigrés italiens – surtout symbolisée par la pizza – ainsi que l'influence des Japonais et des Syrio-libanais. Celui qui descend au Sud pourra goûter le *barreado* de l'État du Paraná (viandes cuites dans des plats hermétiquement fermées avec un cordon de pâte), ou les recettes de crevettes apportées par la colonisation açorienne dans l'État de Santa Catarina. Dans la province de l'Etat du Rio Grande do Sul, de petites communautés se chargent de préserver des traditions culinaires européennes introduites par les immigrés qui s'y sont établis au XIXe siècle; c'est aussi le pays des grands troupeaux, où l'on trouve les fameux *churrascos* (viandes grillées à la broche sur la braise). Le Brésil offre bien plus: gâteaux, compotes, pains, biscuits, les fruits et légumes de chaque campagne; les fromages de Minas Gerais, les charcuteries de São Paulo, les vins du Sud, la *cachaça* (eau-de-vie de canne à sucre) omniprésente et la *caïpirinha* de Rio de Janeiro (à base de *cachaça* et de citron vert); les sandwichs et les *fast-foods* des métropoles. Une gamme de possibilités et de saveurs, qui est déjà en soi un voyage.

LES FRUITS DE LA TERRE

Le voyageur trouvera sur les terres brésiliennes une grande variété de fruits. Il y a ceux que l'imaginaire mondial associe immédiatement aux tropiques – bananes, noix de coco, ananas et mangues – et ceux d'origine européenne, adaptés au doux climat du Sud et du Sud-Est – pommes, fraises, pêches, poires. Il y a les fruits qui, originaires du Brésil ou importés en des temps lointains, font aujourd'hui partie du patrimoine du pays tout entier, tels que l'orange, la papaye, la goyave, le fruit de la passion, la *pitanga*, la *jabuticaba*. Il y a encore un immense groupe de fruits régionaux, jusqu'à très récemment pu donnus des autres régions. Une liste abrégée commencerait par *l'açaí*, passerait par des noms comme *guaraná*, *graviola*, *cupuaçu*, *bilimbi*, *pequi* – la succulente pulpe de ce dernier cache un noyau plein d'épines. Comme la plupart des fruits exotiques: un danger. Ou une passion.

DES HARICOTS ET DES MYTHES

Impossible de penser à la cuisine brésilienne sans évoquer la *feijoada*, son plat le plus connu. Élevé au rang de symbole du pays, ce plat de haricots mijotés avec des morceaux de viande de porc est inséparable du mythe de son origine. Selon la légende, le plat serait né dans les *senzalas*, les logements des esclaves, où ceux-ci auraient fait cuire avec des haricots les bas morceaux dédaignés par les maîtres. En fait, ce que l'on retrouve est une adaptation de l'ancestral bouilli traditionnel des portugais préparé avec les grains et viandes alors disponibles dans la colonie. La légende est un peu comme un piment supplémentaire de la *feijoada*, qui s'est consolidée au fil du temps en incorporant et en transformant différentes influences. Tout le portrait de la culture brésilienne.

CUISINE

Cupuaçu

Açaí

Cajou

Cajá

Cacao

Biribá

Goyave

CUISINE

Guaraná

Jabuticaba

Maracujá (Fruit de la passion)

Pequi

Palmiste

Pitanga

La Feijoada Incomplète

Et bien! Il est dit que la *feijoada* descend du pot-au-feu portugais. Je suis un glouton militant quand il s'agit de ces deux plats. C'est avec le maître Câmara Cascudo que j'ai découvert le lien de parenté entre les deux. Le Portugais a apporté le pot-au-feu sur nos terres. Là il a rencontré les haricots noirs cultivés par les Indiens. Il a commencé par faire cuire la viande séchée dans le jus des haricots, puis il y a ajouté ce qu'il aimait dans le porc – saucisson, andouille, lard, côtelette, échine – et a ainsi inventé la *feijoada* presque complète.

Il y a ceux qui la considèrent complète telle qu'elle vient d'être décrite, en y ajoutant divers assaisonnements dont l'ail, le laurier et l'oignon. Mais pour nous, *feijoadistes* militants, le plat ne sera complet que s'il comporte ce que les ignorants appellent "les parties les moins nobles" du porc, ajoutées aux haricots par les Africains selon certains historiens: les oreilles, les pieds et la queue. Et qu'hommage soit rendu à l'inconditionnel du museau. Comme si le porc, réfléchissez-y un peu cher lecteur, n'était pas entièrement noble dans sa placide mission de se donner totalement à notre gourmandise.

Ignorance pour ignorance, nous écartons avec virulence la plus pâle mention d'un contresens auquel les incultes donnent le nom de "*feijoada light*". Comment est-il possible, ô sensible lecteur, que puisse effleurer quelqu'un l'idée d'une "*feijoada* de régime"? d'une "*feijoada* allégée"? Comme s'il était possible de désirer une "salade verte grasse"? Ou un "succulent chou-fleur"?

Comment peut être léger un repas qui, s'il ne commence pas avec ses diminutifs – une p'tite cachaça (*cachacinha*), une p'tite *caipirinha*, une p'tite bière (*cervejinha*), des p'tits morceaux de lard frits (*torresminhos*) et quelques p'tites saucisses bien grillées, ne parviendra jamais à son plus véritable haut degré, les haricots noirs luisants, le plat aux viandes fumantes, le chou vert en rubans avec des lardons croustillants, et la farine de manioc qui, elle, se doit d'être légère? Et le piment remarquable, agressif, qui convoque les papilles à l'harmonie finale entre tous les éléments qui, par la bouche, nous mène au plaisir suprême des bons haricots.

Une *feijoada* complète n'a pas d'heure pour finir. N'acceptez pas d'invitations à manger une *feijoada* s'il n'y a pas la promesse d'une bonne discussion. La *feijoada* se mange en toute tranquillité, elle n'est pas "*fast*". Elle requiert le passage sans anxiété par les hors-d'œuvre initiaux. Nous, militants de poids, pensons qu'il faut manger beaucoup de *torresmo* en apéritif justement parce que vient ensuite la *feijoada*. Dans ce même raisonnement gourmand, les petites saucisses frites doivent être avalées bien avant de s'attaquer aux haricots.

Rien dans la *feijoada* ne peut être "un petit peu", manger "juste un petit peu" est une irresponsabilité gastronomique. On paye le mal avec la faim et le mépris.

Avec une bonne *feijoada*, le temps s'écoule doucement, les heures s'étirent, les personnes ne se sentent jamais repues, l'alcool désentrave la conversation et le palais ne s'avoue satisfait que lorsque l'envie de la sieste se fait sentir. À ce moment-là il faut se laisser aller. S'il existe quelque chose de meilleur que la *feijoada*, c'est la sieste post-*feijoada*...

N'acceptez jamais une invitation pour aller manger une *feijoada* comme s'il s'agissait d'un repas ordinaire. Rappelez-vous qu'il a été nécessaire de rassembler trois cultures pour lui donner sa véritable place: celle de l'Indien, celle du Portugais et celle de l'Africain. Et n'oubliez jamais que la pire des *feijoadas* est la *feijoada* incomplète. Bien que... à bien y penser, toute bonne *feijoada* finit toujours par être incomplète.

Thomaz Souto Corrêa,
journaliste et gourmand

TABLE BRÉSILIENNE

Ci-dessous une liste (très succincte) de quelques plats typiques des différentes régions brésiliennes. Elle ne révèle cependant pas les aspects les plus singuliers des habitudes alimentaires du pays, ni les inventions les plus récentes qui semblent définitivement intégrées au quotidien urbain: le *pastel* (pâte fourrée salée ou sucrée) mangé sur le pouce, sur les marchés, de préférence accompagné de jus de canne à sucre (*caldo de cana*); les restaurants "au kilo" (*por quilo*), où le client choisit dans un buffet, pèse son assiette et paie selon le poids; "*l'assiette faite*" (*prato feito*, nationalement connu comme PF), qui arrive toute prête de la cuisine dans les restos populaires. Sont également uniques les *rodízios*, restaurants qui offrent au client à un prix fixe tout – généralement de la viande – ce qu'il peut manger. D'autre part, la liste ne cite pas (parce qu'il est impossible de le limiter à une région) le plat de base de la table brésilienne: le riz-haricots de tous les jours (*feijão com arroz*), servi avec de la viande, de la salade et, éventuellement, des frites. Rien de plus simple. Rien de meilleur.

Région Sud-Est

Tutu de feijão, haricots mélangés avec de la farine de manioc ou de maïs
Torresmo, lardons rissolés
Vaca atolada, ragoût de plat de côtes et manioc
Cuscuz, pâte de farine de maïs rôtie
Quibebe, purée de potiron au lait de coco
Doce de leite, crème préparée avec du lait et du sucre
Goiabada, pâte de goyave

Région Nord

Pato no Tucupi, canard à la sauce *tucupi*, préparée avec du manioc et du piment
Tacacá, bouillon de tapioca, avec crevettes et *tucupi*
Maniçoba, feuilles de manioc cuites avec du porc
Pirarucu de casaca, poisson, bananes, farine, pruneaux et oeufs
Frito marajoara, viande de buffle frite
Torta de cupuaçu, tarte au cupuaçu

Région Nord-Est

Cuxá, sauce à base de gingembre et épices
Galinha de cabidela, poule à la sauce au sang
Moqueca, poisson aux fruits de mer au lait de coco et huile de palme
Sarapatel, sang, tripes et abats de porc ou de mouton, très épicé

Caruru, gombos, crevettes séchées et poisson
Acarajé, beignet de purée de haricots frit à l'huile de palme, garni de crevettes séchées
Arroz de hauçá, riz, viande sèche, lait de coco, crevettes et huile de palme
Bolo Souza Leão, biscuit à base de lait de coco et de pâte de manioc
Bolo-de-rolo, gâteau roulé
Quindim, pâtisserie aux oeufs, sucre et noix de coco

Région Centre-Ouest

Arroz com pequi, riz avec pequi
Caldo de piranha, bouillon de piranha
Pamonha salgada, pâte sucrée ou salée de maïs vert, roulé dans des feuilles de maïs
Alfenins, pâte de sucre brut
Furrundum, gâteau à base de cédrat, gingembre et sucre

Région Sud

Barreado, viandes cuites dans des plats fermés avec de la pâte
Arroz de carreteiro, riz préparé avec de la viande séchée
Churrasco, viandes grillées à la broche sur la braise
Caldo de camarão, bouillon de crevettes
Ambrosia, oeufs cuits dans du lait sucré

L'art Populaire

Fabriquées selon des techniques traditionnelles transmises de génération en génération, les pièces artisanales reflètent la culture, le talent et l'identité des nombreuses communautés brésiliennes – ainsi que leurs conflits et leurs transformations.

Ce ne sont que des objets. Des choses distraitement manipulées au quotidien – théière, jarre, hamac, couverture – ou exposées pour décorer les maisons et les corps – dentelles, nappes, images. Pourtant, ces pièces artisanales font aussi partie de l'histoire et de l'identité brésiliennes; elles sont héritières d'une longue lignée qui leur confère du sens et un poids symbolique. L'artisanat est une forme d'expression et un moyen de survie, aussi n'est-il pas exempt des lois du marché: il suffit de parcourir les rues des centres d'art populaire brésilien les plus connus pour trouver des pièces fabriquées en série ou sur mesure, destinées à satisfaire le goût averti du touriste. Comment distinguer ce qui est authentique de ce qui est reproduction, ce qui est expression spontanée et de ce qui est réponse à la demande? Difficile de répondre. Ce qui existe, au-delà des recherches esthétiques et culturelles, est la chose en elle-même: la matière transformée par le travail. L'objet fait d'argile, de paille, de bois, de toile.

DE L'ARGILE DU SOL

Commençons par la céramique. Au Brésil, les habitants de l'Île de Marajó – dans l'État du Pará – travaillaient déjà la céramique il y a trois mille ans environ. Des vases, des urnes et des amphores du même matériau sont ce qui est resté de la civilisation *tapajônica*, qui s'est développée plus à l'ouest, le long du fleuve Tapajós, affluent de l'Amazone. Aujourd'hui, un grand nombre de boutiques propose des répliques des pièces *marajoaras* et *tapajônicas*. Les plus belles sont celles qui recréent les originaux, reproduisant les dessins traditionnels (stylisés et géométriques pour l'art *marajoara*, élaborés et en reliefs pour l'art *tapajônica*) et les teignant avec des colorants produits à partir de graines, de racines et de fruits.

Artisanat en argile: à gauche, jeunes mariés (Pernambuco); ci-dessus, vache (Vale do Jequitinhonha, Minas Gerais)

L'Art Populaire

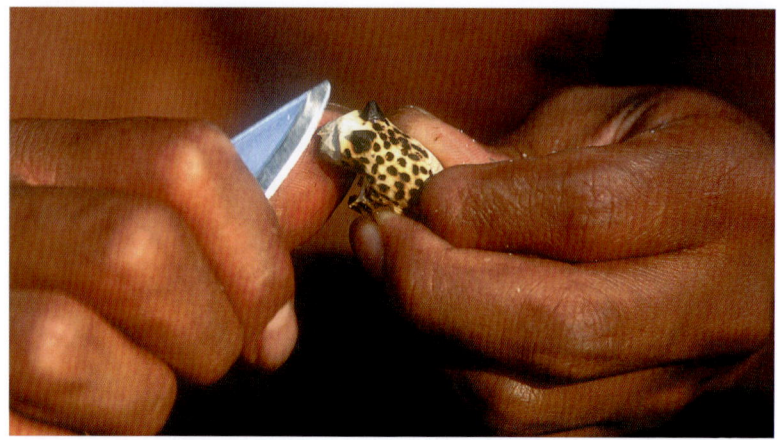

Des Indiens Guaranis donnent forme au bois, à São Paulo

La céramique est très répandue : dans tout le Brésil, les Indiens et de nombreuses communautés produisent des pièces ornées de motifs traditionnels ; dans le *sertão* du Nord-Est, des personnages modelés par les successeurs de maître Vitalino – l'artisan le plus célèbre de la région – sont visibles dans tous les marchés populaires comme celui de Caruaru, dans le Pernambuco ; des communautés de femmes de l'Espírito Santo font des plats à feu connus pour leur beauté et leur résistance ; des artisans de la vallée du Jequitinhonha (Minas Gerais), et de la vallée du Paraíba (São Paulo) recréent le milieu dans lequel ils vivent en s'inspirant de l'immense collection d'images de saints, de personnages typiques, d'animaux et de figures folkloriques.

Un Univers Vaste et Varié

Carranca

L'artisanat brésilien comporte de multiples facettes. Le voyageur qui se rend au Sud rencontrera des objets fabriqués par les immigrés européens qui se sont établis dans la province des États du Paraná et du Rio Grande do Sul – à l'exemple des broderies et des oeufs peints par la communauté ukrainienne. S'il parcourt le littoral, de l'État du Ceará à celui de Santa Catarina, il va connaître l'art des dentellières, qui travaillent tissus et fils à la manière des Européennes de l'époque coloniale ; sur la côte il trouvera aussi les fameuses bouteilles en verre renfermant des paysages en sable coloré. À l'intérieur, des figures en terre côtoient tout un univers d'objets en cuir, plumes, graines, pierres, fibres ; il y a une grande variété de vannerie indigène, faite de fibres de bambou, de *buriti*, de sisal, d'*arumã*, de rotin; il y a les bois gravés qui illustrent les feuillets de la littérature de *cordel*; il y a, enfin, une vaste gamme de jouets, de gamelles, d'images et de bibelots taillés dans le bois, matériau dont sont faites les célèbres *carrancas*, figures grotesques placées à la proue des embarcations du São Francisco pour chasser les mauvais esprits.

DE LA TERRE AU MARCHÉ

Sur les bords du fleuve Tocantins (dans le Parc du Jalapão), pousse une herbe couleur or. Transformée en sacs, en chapeaux, elle quitte le paysage de dunes et de fleuves et atteint les capitales du Sud-Est et les magazines de mode du monde entier. Le marché approuve, la communauté travaille et l'argent circule. Mais institutions et artisans dénoncent le danger de voir disparaître l'herbe dorée si la région maintient le rythme de production accéléré dicté par l'avidité de la consommation. Loin de là, sur le littoral nord de l'État de São Paulo, les *caiçaras* taillent leurs pirogues dans un unique tronc d'arbre, d'un seul tenant, comme le faisaient leurs ancêtres indiens. Toutefois, depuis quelques années le conflit s'est accru entre les organisations liées à ces artisans et les organisations de protection de l'environnement – les arbres dont sont faites les pirogues sont menacés d'extinction. La culture populaire porte ainsi les contradictions et les heurts de son temps: elle est vivante.

Figurines fabriquées à Belém do Pará

Cinco moças de Guaratinguetá [*Cinq jeunes filles de Guaratinguetá*], Di Cavalcanti. Peinture à l'huile. Collection du Musée d'Art de São Paulo

Les Arts Plastiques

Pendant la colonisation, le Brésil était le thème des artistes européens fascinés par sa nature sauvage et exubérante. Avec le temps, le pays a crée son propre langage artistique, assimilant et en transformant les influences étrangères.

Ce sont les paysages du Brésil, peints par Frans Post et Albert Eckhout – amenés par Maurice de Nassau à Recife, lors de l'occupation hollandaise (1630-1654) – qui firent découvrir aux Européens le visage du Nouveau Monde. Depuis, nombreux ont été les artistes étrangers, attirés par l'exubérance du pays, qui ont contribué à l'art brésilien en introduisant de nouvelles formes artistiques. Au Brésil, l'influence externe s'est vue dévorée et transformée par les artistes autochtones, qui n'ont cessé de tropicaliser les mouvements des écoles étrangères. Au début du XXe siècle, les modernistes trouvèrent un mot pour résumer le parcours créateur de l'art au Brésil: l'anthropophagie.

Le baroque lui-même, arrivé ici par les mains de l'Église catholique, gagne encore d'autres excès, d'autres couleurs, d'autres ornements et matériaux dans le Nord-Est et dans le Minas Gerais, où est né le talent d'Aleijadinho. Cet artiste portugais qui arrivait était déjà empreint d'influences des colonies asiatiques de Corée, d'Inde et de Chine. En 1808, la Cour portugaise s'installa à Rio de Janeiro. Désireux de développer la ville, Don João VI convia un groupe d'artistes français à fonder l'École Royale des Sciences, Arts et Métiers, ensuite transformée en Académie Impériale des Beaux Arts. Ainsi, en 1816 accostait au Brésil la Mission Française – et avec elle le style néoclassique qui allait orienter l'architecture et les arts brésiliens des années suivantes. Faisaient notamment partie de ce groupe les peintres Nicolas Antoine Taunay et Jean-Baptiste Debret. Le premier a laissé une importante série de paysages de Rio et de ses environs, et l'œuvre abondante du second offre une représentation des lieux, des types humains et des scènes du quotidien de l'époque.

Dans la seconde moitié du XIXe siècle, le romantisme implantait ses racines dans le pays. Devenu indépendant du Portugal, le pays construisait son identité. Des peintres comme Pedro Américo et Vítor Meireles reproduisaient les héros de la patrie et des scènes historiques sur un ton épique. Né dans l'arrière pays de São Paulo, Almeida Junior a retracé le Brésil rural, en peignant des scènes quotidiennes de la campagne.

En 1922, la Semaine d'Art Moderne à São Paulo bouleverse le panorama des arts au Brésil en ouvrant de nouvelles voies. Ses jeunes artistes provoquent un scandale en rompant avec les canons de l'académisme. Les modernistes clament le caractère anthropophage de l'art et de la culture nationale. Anita Malfatti, Di Cavalcanti, Tarsila do Amaral, Victor Brecheret et Lasar Segall ont été les premiers noms de ce mouvement moderniste, dont on peut suivre l'influence au cours des décennies suivantes dans les projets esthétiques d'artistes très divers tels que Cândido Portinari, Ismael Nery, Flávio de Carvalho, Alfredo Volpi, Alberto da Veiga Guignard et Cícero Dias, ainsi que chez les sculpteurs Maria Martins, Bruno Giorgi et Alfredo Ceschiatti.

En 1951 est inaugurée la première Biennale d'Arts Plastiques de São Paulo, qui allait introduire le Brésil dans le circuit artistique international – encore aujourd'hui il s'agit de l'un des plus grands événements du genre. À cette époque l'abstractionnisme et le concrétisme gagnaient de l'espace dans le pays. Parmi les artistes de ces courants se distinguent les travaux de Lygia Pape, Arcângelo Ianelli, Amilcar de Castro, Sergio Camargo et Lygia Clark. Celle-ci développa pendant les années 60 un important travail d'avant-garde et d'expérimentation, de même qu'Hélio Oiticica, créateur des fameux *parangolés* – sortes de capes qui, une fois revêtues, se transformaient en sculptures mobiles. L'art rencontrait le pop et incorporait la culture de masse; il délaissait les toiles et assumait la forme d'installations faisant appel à de multiples langages – texte, vidéo, photographie. Les grands noms de cette période, avec des trajectoires très diverses, sont Antônio Dias, Rubens Gerchman, Luis Paulo Baravelli et Wesley Duke Lee. Pendant les années 80, la peinture allait être revalorisée par une génération d'artistes dont Sergio Fingermann, Leda Catunda, Daniel Senise et Leonilson.

Pendant les dernières années du XXe siècle et au début du XXIe, l'art brésilien, mûri, transite entre diverses tendances. Et il est de plus en plus reconnu au-delà des frontières: Nuno Ramos, Vik Muniz, Adriana Varejão, Beatriz Milhazes, Waltercio Caldas et Cildo Meireles sont quelques-uns des noms présents dans les catalogues des grands musées internationaux. Le travail du sculpteur Frans Krajcberg, né en Pologne mais vivant au Brésil depuis 1948, connaît une grande répercussion internationale et surtout en France, avec ses œuvres composées d'arbres calcinés de la forêt brûlée. Baroque, anthropophage, académique, contemporain, le Brésil dévoile au monde ses multiples facettes.

Figura [Figure], Ismael Nery. Peinture à l'huile, collection du Musée d'Art Contemporain – Université de São Paulo

Ouro Preto, Guignard. Peinture à l'huile, collection du Musée d'Art Contemporain – Université de São Paulo

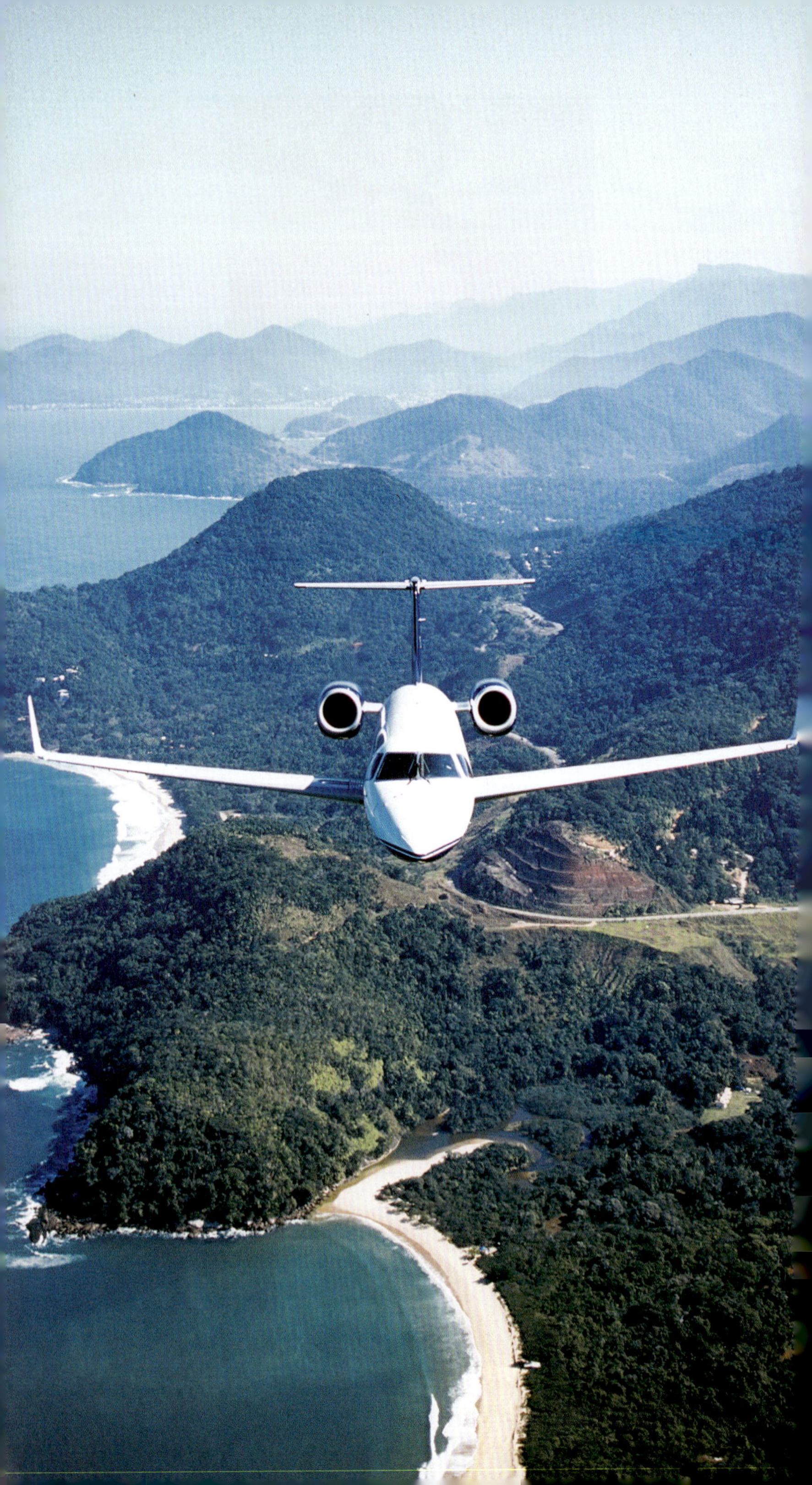

Le Design et la Mode

Grâce à la modernisation de l'industrie et à l'apparition de nouveaux créateurs de talent, le "Made in Brazil" part à la conquête du monde au travers de ses formes, ses matières premières, ses couleurs.

Les meubles ludiques et créatifs des frères Fernando et Humberto Campana ont déjà conquis le Musée d'Art Moderne de New York (MoMA) et sont à l'honneur dans les revues étrangères de design. Les tongs *Havaianas* sont devenues des objets de désir dans le monde, coûtant de petites fortunes dans les boutiques branchées de Tokyo, Milan et Paris, où se vendent également les très brésiliennes sandales en plastique *Melissa*. Les avions de l'entreprise aéronautique Embraer ont conquis un espace significatif sur le marché mondial. Avant même que la démarche décidée et sensuelle du mannequin Gisele Bündchen ne subjugue les podiums, plusieurs stylistes brésiliens avaient déjà réussi à présenter leurs collections et à commercialiser leurs créations à Paris et à New York. Le design brésilien commence à plaire énormément à l'étranger. Il ne représente pas une proposition uniforme, mais la multiplicité de climats, de couleurs, de géographies et de cultures du Brésil.

Ce sont des étrangers récemment arrivés dans le pays et formés dans les nouvelles écoles européennes de la première moitié du XXe siècle qui commencèrent à valoriser ce qu'ils avaient rencontré ici. Ils voulaient appliquer leurs connaissances aux matériaux, tons et formes qu'ils avaient découverts au Brésil. Le Suisse John Graz, l'Italienne Lina Bo Bardi et l'Allemand Karl Heinz Bergmiller furent pionniers en matière de production de mobilier de design national. Le grand nom de cette époque est Joaquim Tenreiro, né au Portugal et descendant d'une famille traditionnelle d'ébénistes. Tenreiro, arrivé à Rio dans les années 20, critiquait le "provincialisme d'une société qui ne valorisait que ce qui venait de l'étranger et qui niait l'époque elle-même". Il défendait la légèreté contre l'ostentation. Ce n'est donc pas un hasard si Oscar Niemeyer l'a invité à dessiner les meubles des maisons qu'il projetait. Terneiro a su s'adapter à la chaleur du pays. Ses pièces utilisent la richesse des bois brésiliens et la paille, les préférant au velours beaucoup employé jusqu'alors.

Embraer executive jet, the Legacy

La projection internationale de ce nouveau mouvement se fit rapidement: grâce à son *Fauteuil Mou*, Sergio Rodrigues reçoit le premier prix du Concours International du Meuble de Cantú, Italie, en 1961. Les années 1980 et 1990 voient apparaître une nouvelle génération. En plus des frères Campana, se distinguent des noms tels que Carlos Motta, Marcelo Ferraz, Francisco Fanucci, Claudia Moreira Salles, Maurício Azeredo, Fernando Jaeger et le tandem Gerson de Oliveira et Luciana Martins. L'utilisation des bois brésiliens et la conscience croissante de la responsabilité écologique sont quasiment omniprésentes dans la création de ces artistes.

Bracelet Cecília Rodrigues

Dans le domaine de la mode, il en a été de même. Avant, seul ce qui était importé était apprécié, et la mode brésilienne se limitait à copier les modèles américains et européens. L'arrivée en force de dizaines de mannequins brésiliens sur les podiums internationaux a éveillé l'intérêt de la presse spécialisée pour le pays. Face à ce mouvement d'internationalisation, de lourds investissements ont eu lieu pour moderniser le secteur textile, professionnaliser et catapulter la mode brésilienne; le Brésil a été le premier pays latino-américain à instituer un véritable calendrier de mode. La reconnaissance est aussi venue avec le secteur des bijoux: en 2000, Cecília Rodrigues a été sélectionnée parmi les quatorze meilleurs joailliers du monde par Christie's; en 2004, Antonio Bernardo a reçu en Allemagne deux des plus importants prix internationaux de design, le Red Dot (pour la bague Expand) et l'iF Design (pour les bagues Expand et Ciclos). L'excellence du dessin et la précision de la technique sont devenus des éléments essentiels de la contribution brésilienne à la beauté du monde.

T- Bague Expand Antonio Bernardo

Tongs Havaianas
Top São Paulo Alpargatas

Le Design et la Mode

Canapé Sushi
Irmãos Campana

Banc Iracema
Claudia Moreira Salles

Tabouret empilable girafe
Lina Bo Bardi, Marcelo Ferraz et
Marcelo Suzuki

Chaise à trois pieds
Joaquim Tenreiro

Fauteuil Mou
Sergio Rodrigues

Le Brésil Illumine les Podiums

Ma fascination pour le Brésil a commencé bien avant que je mette les pieds pour la première fois dans ce pays enchanté. J'ai toujours été passionné par le cinéma et j'ai encore à l'esprit les images du film *Carioca* avec Fred Astaire. En pénétrant dans le royaume de la mode, on ne peut pas penser à Rio sans évoquer Carmen Miranda et ses incroyables modèles inspirés de l'univers de Walt Disney.

Mon premier voyage au Brésil a eu lieu pendant l'été 1962, alors que j'étais invité par la v Fenit à São Paulo. Six couturiers italiens avaient été invités pour montrer leurs créations réalisées avec des tissus brésiliens. La vigueur de cette métropole, même en ce temps-là, était surprenante; il était possible de sentir pulser le poumon de l'économie brésilienne.

Après la foire de São Paulo, j'ai pris deux semaines de vacances pour visiter Rio de Janeiro et Salvador. Les deux, si différentes de la plus grande ville du Brésil, m'ont enchanté avec leur séduction tropicale. Rio de Janeiro, la "ville merveilleuse" est réellement l'une des merveilles du monde. Chaque fois que je rencontre un des nombreux amis brésiliens avec qui je garde contact depuis ma première visite, je me souviens des émotions de ce premier voyage. Je logeais au Copacabana Palace et tout de suite j'ai été charmé par le balancement des personnes qui marchaient dans la rue – les gracieux mouvements naturels et harmonieux des beautés brésiliennes qui, jusqu'à aujourd'hui, m'ont fourni mon plus grand contingent de mannequins.

Robe portée par Marisa Berenson lors de son mariage

Salvador m'a offert un panorama complètement différent, avec ses profondes racines dans l'univers africain. La délicieuse nourriture et le folklore local m'ont transporté vers un monde totalement différent de celui que j'avais connu jusqu'alors. Des années plus tard, en 1977, j'ai fait une collection entière consacrée à Bahia, et elle a certainement été l'un de mes plus grands succès. Le défilé a eu lieu à Paris, au Pavillon Gabriel, et il débutait avec une plate-forme s'élevant du sous-sol avec trente jeunes hommes et jeunes femmes vêtus de coton blanc et piqué, dansant au rythme d'une samba enthousiasmante. Marisa Berenson a choisi l'une des robes composant le final de la collection pour son mariage à Los Angeles, dont j'ai été l'un des parrains.

La deuxième fois que je suis allé au Brésil, j'étais déjà assez célèbre dans le pays et j'ai eu la joie d'expérimenter le Carnaval. C'est l'un des spectacles les plus fantastiques que je n'aie jamais vu: des écoles de samba défilant sur l'avenue avec leurs costumes colorés et délirants. Je me souviens de deux nuits passées à assister au défilé des écoles, l'une après l'autre...

Actuellement je reste en contact constant avec mes amis du Brésil, et il y a tellement de mannequins brésiliens qui illuminent mes défilés que c'est comme si j'étais toujours en train de rêver du pays. Pendant de longues années, la muse de mes collections fut Dalma Callado, une Brésilienne de São Paulo aux mensurations parfaites et à la forte personnalité. Elle a reçu le prix du mannequin de la décennie 1980. Source inépuisable d'inspiration, elle a fait plusieurs fois le final de mes défilés – et il était possible de parier que la robe qu'elle portait serait la plus vendue de la collection.

Des années plus tard, une autre beauté est apparue sur les podiums: Gisele Bündchen. Elle est considérée comme l'une des plus belles femmes du monde, combinant à la perfection certains traits germaniques avec un coeur, une âme et un rythme sensuel et indubitablement brésiliens.

Collection en hommage à Bahia

Mario Testino, l'un des meilleurs photographes de mode actuel et fasciné par le Brésil, rapporte souvent en Europe des images pleines de beautés incarnant l'incroyable mélange de races et d'humeurs qui rendent les Brésiliens et les Brésiliennes si spéciaux.

Parfois mes défilés peuvent donner l'impression que je travaille pour le Ministère du Tourisme du Brésil, en liaison avec l'ambassade brésilienne: alors que sur les podiums défilent Gisele Bündchen, Isabelli Fontana, Carolina Ribeiro, Raquel Zimmermann, Ana Beatriz..., aux premiers rangs sont assis des amis et clients brésiliens de longue date.

Enfin, et ce n'est pas le moins important, il y a longtemps que la musique brésilienne fait partie de mes défilés: Caetano Veloso, Gilberto Gil et Gal Costa sont parmi mes favoris, et je ne pourrai jamais oublier João Gilberto et Tom Jobim pour leur fabuleuse bossa nova.

Valentino,
styliste italien

Pelourinho, Salvador, Bahia

Brasília, Distrito Federal

L'Architecture

Au Brésil, le modernisme de Le Corbusier a gagné des formes et des courbes. Ce phénomène d'adaptation et de transformation caracterise, malgré sa jeunesse, la richesse du patrimoine architectural brésilien.

Dans un célèbre passage de son livre *Racines du Brésil*, Sérgio Buarque de Holanda compare les Portugais à des semeurs et les Espagnols à des carreleurs. Selon l'historien, les villes de l'Amérique portugaise ont grandi de façon aléatoire, à la manière des semences lancées fortuitement sur le sol; les Espagnols, en revanche, ont repris dans la colonie les plans urbanistiques des villes de la Métropole, organisées et régulières comme des carrelages posés à terre. Ainsi, les rues étroites et sinueuses des villes brésiliennes diffèrent des lignes perpendiculaires des autres villes latino-américaines. Nous porterions par conséquent cette marque d'origine – l'abandon au hasard et le vice de l'imprévu, traduits dans la prédominance des culs-de-sac suspects, des coins de rue irréguliers et des ruelles mal tracées. Au cours des cinq cents ans d'histoire brésilienne, des architectes et des urbanistes ont essayé d'imposer, avec des résultats variables, une rationalité et un ordre à cette tradition du chaos: Brasília n'est-elle pas la réponse la plus absolue à l'héritage du semeur?

Avant que la capitale ne sorte des planches à dessin d'Oscar Niemeyer et Lucio Costa, le chemin a été long. L'architecture coloniale semée par les Lusitaniens s'est "brésilianisée" rapidement. Alors que certains matériaux inconnus en Europe abondent, d'autres font défaut, le climat est différent, autant de conditions favorables à ce que s'épanouisse, à partir des modèles du Vieux Monde, la créativité des constructeurs locaux.

Aujourd'hui, ce phénomène est encore visible dans plusieurs centres historiques du pays. À l'exemple de Salvador, où un projet réussi de revitalisation a transformé le Pelourinho en une attraction touristique incontournable, de nombreuses villes redonnent leur beauté aux ensembles de vieilles demeures. Une balade dans la capitale bahianaise résume bien plusieurs livres d'architecture. On y rencontre des églises aux façades austères contrastant avec des intérieurs luxueux, chargés d'or et de bois précieux. Cette contradiction s'explique du fait que les pierres utilisées pour les façades des églises portugaises faisant défaut dans la région, les artisans lusitaniens utilisèrent des bois nobles – abon-

L'ARCHITECTURE

Igreja de São Francisco de Assis, Ouro Preto (MG)

dant dans la région – qu'ils travaillaient selon des mêmes techniques que la roche. Par ailleurs, l'architecture de l'Amérique lusitanienne porte la trace d'influences d'autres colonies d'Afrique et d'Asie.

Au XVIIIe siècle, l'exploitation de l'or transféra le cœur économique de la colonie au Minas Gerais et fut responsable de la splendeur du baroque dans des villes comme Ouro Preto et Tiradentes. L'architecte et sculpteur Antônio Francisco Lisboa, surnommé Aleijadinho (L'Estropié), construisit de superbes églises et sculpta d'extraordinaires images en pierre savon, élevant l'art et l'architecture à un nouveau degré.

Au début de XIXe siècle, la venue de la famille royale portugaise provoqua un autre élan de construction, cette fois à Rio de Janeiro, qui remplaçait Lisbonne comme centre de l'Empire. Après l'Indépendance et pendant les premières soixante années de la République Rio a gardé son rôle de capitale, et maintenu sa position de centre politique, économique et culturel du pays. Au début du XXe siècle, la ville gagna de nouvelles avenues plus larges et de somptueuses constructions néoclassiques telles que la Bibliothèque Nationale, le Musée National des Beaux-Arts et le Théâtre Municipal, inspiré de l'Opéra Garnier. On retrouvera les plus diverses tendances architectoniques sur les grands bâtiments de la ville, érigés le plus souvent selon les canons de l'art nouveau et de l'art déco.

La croissance industrielle a placé São Paulo sur la carte de la modernité dès les premières décennies du XXe siècle, lorsque surgirent quelques-unes des premières constructions modernistes du pays, signés

Gregori Warchavchik, à peine arrivé de Russie, et Flávio de Carvalho. Mais c'est de Rio que vint l'élan qui projeta le mouvement brésilien à l'étranger. Au milieu de la décennie 1930, l'architecte franco-suisse Le Corbusier fut consultant pour le projet du siège du Ministère Brésilien de l'Éducation, bâtiment qui allait devenir un emblème du modernisme mondial. Un groupe d'architectes, dont l'influence s'étendra sur tout le siècle, collabora à ce projet, dont Lucio Costa, Oscar Niemeyer, Affonso Reidy, Jorge Moreira, Carlos Leão et Ernani Vasconcelos.

Lors des deux décennies suivantes, le Brésil est devenu une référence pour l'architecture mondiale, en construisant des ouvrages modernes tels que le complexe Pampulha à Belo Horizonte, le Musée d'Art Moderne à Rio et la nouvelle capitale, Brasília. Entre 1940 et 1960, l'architecture brésilienne projetait sur la scène internationale une image de modernité et d'avant-garde – une nouveauté surprenante venant d'un pays périphérique. La vitalité de cette période est attestée par des noms comme Lina Bo Bardi, Vilanova Artigas, Rino Levi, Lelé et Paulo Mendes da Rocha. À la fin des années 1970 commença une période de stagnation de la construction publique, et les grands projets architecturaux concernèrent plutôt les résidences, magasins, hôtels et restaurants. Aujourd'hui, des architectes comme Aurelio Martinez Flores, Isay Weinfeld, Márcio Kogan, Roberto Loeb, Marcelo Ferraz, Severiano Porto, Roberto Montezuma, Acássio Gil Borsoi, Sylvio de Podestá, Álvaro Hardy, Flávio Kiefer, Júlio Collares, Carlos Maximiliano Fayet, James Laurence Vianna, Mauro Neves Nogueira, João Walter Toscano, Marcos Acayaba et Marcelo Moretim perpétuent la tradition de qualité de l'architecture brésilienne.

Maison de Verre de l'architecte Lina Bo Bardi, São Paulo (SP)

L'Architecture Moderne au Brésil

Le Brésil est l'un des rares pays ayant réussi à créer, au XXe siècle, une architecture aux caractéristiques suffisamment propres pour être considérée comme une architecture "nationale". L'existence d'une architecture brésilienne est indiscutable, même s'il est difficile de la définir comme mouvement. La raison en est que son unité est une simplification cachant différentes tendances. On peut affirmer que pendant la décennie 1940 le Brésil a produit des ouvrages révolutionnaires, et que pendant la décennie suivante il s'est imposé comme l'un des centres mondiaux de l'architecture moderne. Il suffira de citer trois ouvrages pour comprendre l'importance de la contribution du Brésil à l'architecture du XXe siècle: le Ministère de l'Éducation et de la Santé (1936-1942) à Rio de Janeiro; Brasília (1957-1960); le Musée d'Art de São Paulo (1956-1968).

Le Ministério da Educação e Saúde

Peu de gens imaginent l'impact qu'a eu le Ministère de l'Éducation et de la Santé (aujourd'hui Palácio Gustavo Capanema) sur la presse spécialisée internationale: jamais un édifice en verre de cette dimension n'avait été construit dans le monde, et c'était la première fois qu'un gouvernement adoptait officiellement l'architecture d'avant-garde. Le Ministère réunissait tant de nouveautés qu'il était quasiment un ouvrage expérimental: l'immeuble abritant les bureaux repose sur des piliers et assure la libre circulation des passants, alors qu'un second corps du bâtiment réunit des activités ouvertes au public, dont un théâtre et une salle d'expositions. Les brise-soleil permettent le contrôle de la lumière du jour. Des *azulejos*, des peintures de Portinari et les jardins de Burle Marx complètent la sensation qu'on a cherché à créer là une oeuvre d'art totale.

Le projet est né de la coopération de plusieurs jeunes architectes brésiliens – Affonso Reidy, Carlos Leão, Ernani Vasconcelos, Jorge Moreira et Oscar Niemeyer – sous la coordination de Lucio Costa et avec la collaboration, à titre d'architecte conseil, de Le Corbusier. L'architecte franco-suisse fut tellement enthousiasmé du résultat qu'il compta le Ministère au rang de ses ouvrages les plus importants. Finalement, l'ouvrage était-il de Le Corbusier ou des Brésiliens? La meilleure réponse sera la décennie suivante, au cours de laquelle les architectes brésiliens démontrèrent qu'ils pouvaient créer une architecture moderne de standard international sans recourir au maître.

Brasília

Un magazine anglais a défini Brasília comme la gloire et le tombeau de l'idéal moderniste: d'un côté, dans cent ans la ville sera la référence obligée de l'urbanisme du XXe siècle; de l'autre, son urbanisme utopique est difficile à reproduire, surtout à l'échelle de la ville. Brasília n'est pas, comme le Ministère de l'Éducation, un ouvrage avec des adeptes dans le monde entier, elle a cependant montré – comme dans le cas du Ministère – que le Brésil pouvait construire à une échelle monumentale ce que l'Europe avait développé dans des dimensions théoriques mais construit à une échelle réduite. Sur le Vieux Continent, en effet, l'urbanisme utopique de la décennie 1920 fut réalisé dans des quartiers populaires, alors qu'à Brasília il a bénéficié d'une application universelle: palais officiels, habitations, bâtiments administratifs, immeubles commerciaux, bureaux etc.

Ce n'est pas seulement en raison de son urbanisme – projet de Lucio Costa, qui remporta le concours national en 1956 – que Brasília est remarquable, mais aussi par ses solutions architectoniques provocatrices. L'exemple en est le Palácio da Alvorada de 1958. Si jusqu'alors, les palais comportaient des colonnes classiques et devaient transmettre l'idée de solidité et de formalité, avec l'Alvorada, Niemeyer crée un nouveau type de monumentalité, transparent, léger et presque fragile. Beaucoup critiquent Brasília sans comprendre qu'elle symbolise l'idéal d'une époque, y compris dans son ingénuité. Brasília montre qu'un groupe de Brésiliens – du président à l'ouvrier – a réussi à planifier et à construire la plus importante réalisation urbanistique du XXe siècle.

Le Masp - Museu de Arte de São Paulo

Lors de l'inauguration du Musée d'Art de São Paulo, le Masp, en 1968, les invités furent perplexes: la plus belle collection d'art occidental au sud de l'Équateur était exposée sans aucun type de hiérarchie ou de mise en valeur. Toutes les œuvres se trouvaient dans une immense salle rectangulaire sur des chevalets en verre; les informations étaient inscrites au dos, obligeant le visiteur à avoir un premier contact avec le tableau sans autre interférence que le regard. La manière d'exposer les toiles est l'un des éléments importants du projet de Lina Bo Bardi, architecte italienne qui conciliait une solide formation avec une grande connaissance des diverses dimensions de la culture brésilienne et un intérêt particulier pour l'art populaire.

Le Masp est l'un des grands exemples mondiaux d'architecture brutaliste. La structure définit la forme du bâtiment, dominée par quatre piliers externes auxquels est suspendu le volume des salles d'exposition ainsi débarrassées de tout élément structural interne. Le rez-de-chaussée, totalement libre, se transforme en un vaste espace public abrité. Le principal matériau utilisé – le béton apparent – contraste vivement avec la fragilité des œuvres exposées et écarte la tentation de les voir sous l'angle le plus traditionnel et conservateur: des collections similaires se trouvent presque toujours dans des bâtiments néoclassiques ou sans audace. L'ouvrage de Lina Bo Bardi a inspiré d'architectes de beaucoup pays, et une visite au Masp – malgré les travaux internes récents – mène à une réflexion sur la manière dont le Brésil réussit à absorber anthropophagiquement les cultures les plus diverses. Ces exemples illustrent la diversité des cas de figure: Brésiliens influencés par un Européen, autonomie des Brésiliens réalisant une utopie et, enfin, expérience d'une Européenne influencée par les Brésiliens. Ce qui les unit est le Brésil et la recherche d'une identité qui ne renie pas ses origines et ses influences. Ils attestent de la qualité de l'architecture moderne brésilienne dans toute sa diversité et sa complexité.

André Corrêa do Lago,
diplomate, critique d'architecture et
membre du Comité d'Architecture et de Design du MoMA

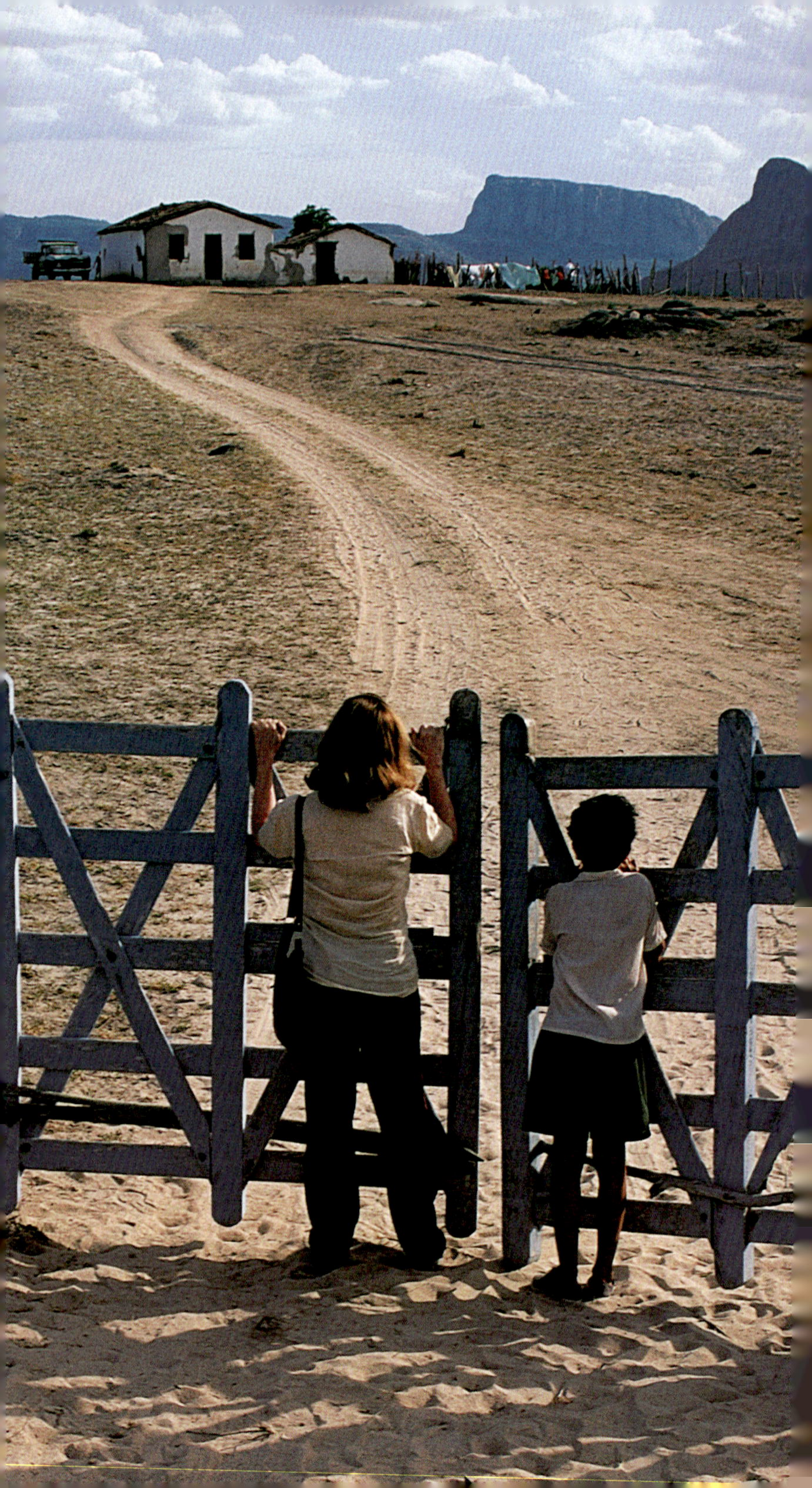

Le Cinéma

Mêlant raffinement technique et qualité artistique, le cinéma brésilien vit une période d'effervescence et devient l'une des expressions culturelles nationales les plus reconnues à l'étranger.

Au tournant du siècle, quelque chose de nouveau s'est passé dans le panorama de la culture brésilienne: l'explosion du cinéma. Alors qu'au début de la décennie 1990 seuls deux ou trois films étaient tournés par an, ce nombre est passé à quarante longs métrages en 2003. Les films de cette nouvelle vague ont franchi les frontières et les spectateurs d'une partie du monde ont pu s'émouvoir avec *Central do Brasil* et *La Cité de Dieu*, dont les réalisateurs, respectivement Walter Salles et Fernando Meirelles, poursuivent des carrières internationales très prometteuses.

Avant d'en arriver là, le Brésil a parcouru un long chemin qui a débuté timidement dans les années 1920, et puis avec Humberto Mauro, Mário Peixoto, les comédies musicales bouffonnes de l'Atlântida, les *chanchadas*, et les mélodrames de la Vera Cruz, studios pionniers dans la professionnalisation du cinéma. À la fin des années 1950 apparaît le *Cinema Novo* qui projette pour la première fois la production brésilienne sur la scène internationale. De ce mouvement ont fait partie des cinéastes importants tels que Nelson Pereira dos Santos, Ruy Guerra et Glauber Rocha. En 1962, Anselmo Duarte reçoit la Palme d'Or du festival de Cannes pour *La parole donnée*. Le Brésil va désormais assister à des films de réalisateurs nationaux de renom comme Cacá Diegues, Bruno Barreto, Arnaldo Jabor, Leon Hirzman, Suzana Amaral, Hector Babenco, pour n'en citer que quelques-uns. Malgré la reconnaissance dont il jouit, le cinéma brésilien verra sa production quasiment paralysée au début des années 90 avec le démantèlement par le gouvernement Collor de l'aide publique au cinéma.

La reprise, soutenue par une nouvelle loi d'encouragements fiscaux, débute en 1994. *Carlota Joaquina, Princesa do Brasil*, de Carla Camurati, réussit à attirer 1,5 millions de spectateurs en dépit d'une maigre diffusion et d'un budget modeste. Depuis, le cinéma brésilien connaît des progrès qui ne concernent pas seulement le nombre de

Central do Brasil: le cinéma brésilien de retour dans les festivals

films, mais aussi leur qualité, y compris leur qualité technique: si dans le *Cinema Novo* la technique rudimentaire faisait partie d'un projet esthétique et politique, dans le nouveau cinéma au contraire la recherche de l'épurement technique est devenue essentielle. L'un des effets les plus visibles de ce bond qualitatif est la présence brésilienne à la remise des Oscars: au cours des dix dernières années, quatre films nationaux ont reçu huit indications. *Carnets de voyage* de Walter Salles, sélection officielle du festival de Cannes, est une preuve de cette nouvelle projection internationale: le film est produit par l'Américain Robert Redford, les rôles principaux sont tenus par des acteurs mexicains et argentins, le scénariste est portoricain et il a été tourné dans plusieurs pays voisins, représentant ainsi l'intégration tant souhaitée du cinéma latino-américain. *Carnets de voyage* poursuit la trajectoire initiée par *Le baiser de la femme araignée*, film d'Hector Babenco et symbole de ce que l'on a appelé "le cinéma indépendant", qui a valu à William Hurt l'Oscar du meilleur acteur.

Si nous utilisons comme indicateur de réussite le prestige associé aux critiques, meritent d'être cités les productions brésiliennes applaudies par la critique et le public internationaux, tels que *L'Intrus* (Beto Brant), *Madame Satan* (Karim Aïnouz), *Couleur de mangue* (Cláudio Assis) et *L'Homme qui photocopiait* (Jorge Furtado). Il y a eu une renaissance du documentaire, genre qui a réussi dernièrement à attirer un bon public, à l'exemple de *Fenêtre sur l'âme* (Walter Carvalho et João Jardim), *Bus 174* (José Padilha), *Nelson Freire* (João Moreira Salles) et *Edifice Master* (Eduardo Coutinho).

Les grands succès commerciaux sont heureusement devenus récurrents. Plusieurs films ont dépassé les 2 millions de spectateurs, dont *O auto da compadecida* et *Lisbela e o prisioneiro*, tous deux de Guel Arraes. *Carandiru*, d'Hector Babenco, a atteint les 4 millions.

Dans les nouvelles productions, la thématique s'est diversifiée. La violence urbaine et la vie dans les favelas ont gagné un grand espace dans les films et les documentaires; le *sertão* a été revisité; des comédies romantiques, des adaptations littéraires et des films pour enfants démontrent la variété des genres présentés.

Ces dernières années, les grandes villes brésiliennes ont vu surgir plusieurs complexes de salles de cinéma, qui ont établi de nouveaux standards de confort et de qualité de projection et de son. Quoi qu'il reste encore beaucoup à faire dans ce domaine, les nouvelles salles semblent refléter le processus de modernisation de l'industrie cinématographique du Brésil et l'élévation du niveau d'exigence de son public.

La Musique Populaire

Fort d'une riche tradition musicale, le Brésil continue à mélanger les influences de tous les continents: les tubes imposés par la globalisation y sont réinventés au goût du pays pour être rendus – rénovés – au monde.

Durant les premières années de la colonisation portugaise, les jésuites adaptèrent des cantiques religieux à des danses tribales afin de mieux mener leur mission de catéchèse des Indiens. C'est là un excellent argument pour la défense de la thèse selon laquelle la musique a toujours été au Brésil un moyen de rapprochement et de séduction. Un peu plus tard, vinrent d'Afrique des instruments de percussion qui s'incorporèrent définitivement à l'arsenal national – *atabaques*, *cuícas*, *ganzás* et *marimbas*, qui accompagnaient le chant des esclaves réunis après le labeur quotidien. C'est pourquoi on peut éventuellement dire que, dans la tradition musicale brésilienne, même les plus grandes souffrances gagnent un habit et un ton de fête.

Cuíca

Rapprochement, séduction, lamentation et fête se trouvent aux racines de l'immense éventail de genres et de rythmes qu'englobe la dénomination générale de "musique populaire brésilienne" (MPB). Il s'agit surtout d'un processus de métissage qui s'amorça lorsque les fêtes de la *senzala* (logement des esclaves) commencèrent à gagner de la place dans la *casa-grande* (maison des maîtres). Les danses noires *umbigada* et *batuque* absorbèrent des traits ibériques et se transformèrent en *lundu*, danse aux mouvements sinueux – souvent taxée de lasciveté – mais pourtant (ou pour cette raison même) appréciée dans les bals donnés par les maîtres. Avec un nombre croissant de Noirs et de Mulâtres dans la population brésilienne, l'inévitable africanisation de la musique se poursuivit, et, à la fin du XVIIIe siècle, le *lundu* s'était imposé aux côtés de la *modinha* européenne, qui avait traversé l'océan et s'était acclimatée aux thèmes et aux rythmes brésiliens. La *modinha* demeura populaire dans toutes les couches de la population tout au long du XIXe siècle. Au tournant du XXe siècle, un autre rythme d'origine

Afoxé

européenne – la polka – devint l'objet d'une fièvre nationale. En dériva le *maxixe*, né dans les cours des maisons de banlieue de Rio de Janeiro et assimilé, bien qu'avec méfiance, par les élites: en 1914, Nair de Teffé, femme du président Hermes da Fonseca, provoqua l'indignation des conservateurs en chantant dans une soirée un malicieux air de *maxixe*, *Corta-jaca*, de Chiquinha Gonzaga. Dans le Pernambuco, le même mélange qui aboutit au *maxixe* carioca engendra le *frevo*, de nos jours encore l'un des rythmes les plus populaires du Brésil, symbole du Carnaval du Nord-Est.

Cavaquinho

La Naissance de la Samba

L'enregistrement, en 1917, du morceau *Pelo telefone*, composé par Donga, marque la naissance officielle de la samba, descendante du *maxixe* et, comme celui-ci, surgie dans les quartiers ouvriers de Rio de Janeiro, au cours des fêtes des familles noires originaires de Bahia. Ce genre mûrit et se popularisa au long des décennies suivantes, alors que l'industrie phonographique se consolidait et que la radio devenait le grand moyen de communication de masses. Différente déjà du *maxixe*, et indissolublement liée au Carnaval, la samba ne tarda pas à percer les frontières de la ville et des classes sociales: dès les années 1930, elle n'était plus la musique des Noirs pauvres de Rio mais un rythme national qui prendrait en peu de temps la place qu'elle occupe encore aujourd'hui – celle d'un des piliers de l'identité brésilienne. La forme définitive de la samba a été construite au long de cette décennie et de la suivante, par une pléiade de grands artistes: Sinhô, Noel Rosa, Ismael Silva, Ary Barroso, Lamartine Babo et Cartola.

Ganza

Au-delà de la Samba

Tandis que la samba se structurait en tant que genre, le métissage musical du Brésil se poursuivait sur d'autres fronts. Donga, le créateur de la samba inaugurale, fut membre d'un groupe de jazz aux côtés du légendaire "Maître" Pixinguinha. Celui-ci est l'auteur de magnifiques *choros* –

Tamborim

LA MUSIQUE POPULAIRE

genre né vers la fin du XIXe siècle au sein de la classe moyenne carioca, dans lequel polkas, valses et mazurkas européennes sont réinventées par un trio formé d'une flûte, d'un *cavaquinho* et d'une guitare. Quelques décennies plus tard, le *choro* influencera fortement le compositeur Heitor Villa-Lobos, pionnier dans l'utilisation des traditions populaires dans l'univers de la musique d'orchestre. Raconter l'histoire de la musique classique

Caisse claire

brésilienne ne tiendrait pas dans ces pages. Rappelons simplement que même si classiques et populaires suivirent des chemins parallèles, ils se rapprochèrent bien des fois, dans un mouvement de revitalisation mutuelle.

Dans les années 1940, l'industrie musicale découvre les rythmes de la tradition rurale du Nord-Est brésilien (même si à cette époque Dorival Caymmi avait déjà donné l'accent et des thèmes bahianais à la samba carioca). La radio s'ouvre à la voix et à l'accordéon de Luiz Gonzaga, le "roi du *baião*" – et aussi du *xote*, du *xaxado* et d'autres genres qui animaient les bals du *sertão*. À la fin de cette décennie, ces bals populaires surgît une version plus lente de la samba carnavalesque : la *samba-canção*, qui permit l'apparition des grandes idoles de la radio, des chanteuses et des chanteurs qui mobilisaient des légions de fans. Après la guerre, avec l'influence croissante de la culture nord-américaine, la *samba-canção* rencontre le jazz élaboré des États-Unis. Naissait alors la *bossa nova*.

L'Air du Nouveau Brésil

Tout comme la samba, la bossa nova possède un acte de naissance: elle apparaît officiellement en 1958, avec la sortie du premier disque de João Gilberto. Engendrée dans les quartiers sud de Rio, lors de réunions dans des appartements de jeunes universitaires, elle s'oppose au style grandiloquent et dramatique qui dominait alors la chanson populaire. Le ton était désormais intimiste; les chanteurs chantaient doucement, accompagnés d'un rythme innovateur et sophistiqué à la guitare. La bossa nova devint la musique du Brésil moderne – on vivait l'euphorie de l'industrialisation et de la

Agogô

croissance économique. Outre le jazz et la samba, vinrent s'ajouter dans le creuset de la bossa nova la formation classique de Tom Jobim et les paroles de Vinicius de Moraes. Vers le milieu des années 1960, Frank Sinatra enregistra des *standards* de la bossa nova, inaugurant ainsi l'échange d'artistes et de notes de musique entre le Brésil et les États-Unis.

Pandeiro

Quelques années après son apparition, la bossa nova se fragmente en plusieurs tendances. Certaines prônaient le retour aux "racines", d'autres se rendaient à la modernité symbolisée par la guitare électrique. La dictature militaire installée en 1964 imposa une ambiance de limitation progressive des libertés politiques. Des chaînes de télévision organisèrent des festivals universitaires de musique qui servirent alors de moyens d'expression aux différents courants et lancèrent des artistes dont l'influence allait s'étendre jusqu'à aujourd'hui – Chico Buarque, Caetano Veloso et Gilberto Gil.

En 1968, Caetano Veloso, Gilberto Gil et Tom Zé lancèrent le *tropicalismo*, mouvement qui explicita le caractère anthropophage – d'assimilation et de transformation des influences étrangères – de la musique brésilienne. Le *tropicalismo* mettait en question les notions de bon et de mauvais goût, de national et d'étranger, en promouvant la rencontre des Beatles, de la musique jugée ringarde et de la grande tradition populaire brésilienne. Les groupes Os Mutantes et Secos e Molhados amenèrent ce mixage d'influences jusqu'aux masses. En même temps, le rock américain, plus facile et plus commercial, devint au Brésil la Jovem Guarda, incarnée par des artistes tels que Roberto Carlos et Erasmo Carlos. Sur un autre versant, Paulinho da Viola mena à partir des années 1970 un travail de rénovation et de valorisation de la samba classique. A la même époque, s'affirmèrent des compositeurs et des interprètes comme Milton Nascimento et Elis Regina.

Berimbau

LA TRADITION ANTHROPOPHAGE

Le mouvement d'absorption et de recréation des influences musicales du monde s'est poursuivi pen-

Flûte

La Musique Populaire

dant les dernières années du XXᵉ siècle. Dans les années 80, le rock brésilien arriva au sommet des hit-parades, en triomphant là où la musique étrangère avait toujours régné. Apparurent alors des talents tels que Cazuza, Lobão et les groupes Legião Urbana, Paralamas do Sucesso et Titãs. Depuis, les influences extérieures continuent à affluer et à gagner des traits locaux: c'est le cas du reggae au Maranhão, de la musique funk originaire du rythme *Miami Bass* à Rio de Janeiro, du rap au São Paulo. A Recife, les héritiers de Chico Science mélangent le traditionnel *maracatu* à des rythmes électroniques et au punk, dans un mouvement connu sous le nom de *mangue beat*. Dans l'intérieur du pays, la musique rurale traditionnelle, *caipira*, survit au succès de son succédané commercial, le *sertanejo* "romantique". La musique électronique flirte avec la samba avec Marcelo D2 et avec la bossa nova avec Bebel Gilberto, alors que Marisa Monte approche la MPB traditionelle de la pop internationale. Les cariocas Los Hermanos mélangent le rock à la *samba-canção*. Transitant entre l'ancien et le nouveau, le vulgaire et le sophistiqué, la musique brésilienne continue de se réinventer – et à réinventer les influences qu'elle reçoit du monde – chaque jour.

Atabaque

Pour Ecouter les Grands Maîtres

La Réserve Technique Musicale de l'Instituto Moreira Salles, à Rio de Janeiro (rua Marquês de São Vicente, 476, Gávea, tél. 21/3284-7474), conserve une grande partie de la mémoire de la MPB. L'Institut abrite le Centre Petrobras de Référence de la Musique Brésilienne, avec environ treize mille enregistrements effectués entre 1902 et 1964. On y trouve, par exemple, Noel Rosa et Chiquinha Gonzaga chantant leurs propres compositions. Les enregistrements ont été obtenus, restaurés et catalogués à partir de disques 78 tours pendant cinquante ans par le chercheur Humberto Franceschi. Le visiteur peut obtenir des informations et écouter les enregistrements gratuitement aux bornes de consultation de l'Institut, qui possède également des salles de recherche ouvertes au public ainsi qu'une salle de conférences et d'expositions. Le fonds de l'Institut peut aussi être consulté sur Internet, sur le site www.ims.com.br.

La Musique Brésilienne

Partout, dès que l'on parle du Brésil, ou qu'on l'évoque, avant tout autre image, avant même d'imaginer le soleil, les plages, les filles bronzées, le Carnaval, le football, ces classiques brésiliens de base, on pense à une musique, à un rythme, qui peut être un air de samba swinguée ou une bossa nova cool et élégante. Le nom Brésil est d'abord associé à la musique parce qu'elle est la plus grande contribution brésilienne à la beauté et à l'allégresse du monde. Elle est devenue notre produit d'exportation le plus achevé, le plus consommé et le plus désiré – à l'exception de Gisele Bündchen, bien sûr – et, surtout, elle a une participation si intense et si intime dans la vie des Brésiliens que l'on peut raconter l'histoire du Brésil moderne par l'histoire de sa musique populaire. Des mélodies et des paroles ont témoigné de chaque époque, de chaque crise, de chaque moment du passé, reflétant avec beaucoup de talent et de précision l'état d'âme des Brésiliens. La musique populaire raconte donc l'histoire des sentiments des Brésiliens.

Une analyse de l'histoire riche et glorieuse de notre musique, la plus forte production culturelle brésilienne que nous ayons, liée aux misères et aux échecs de notre tradition sociale et politique, peut aider n'importe quel étranger à mieux nous connaître. En fin de compte, la musique populaire marque notre quotidien comme c'est rarement le cas dans un pays.

Comme le football, c'est une fierté, un don et une passion nationale: le culte du dribble et du swing, l'amour de la danse et de la joie. Nous pouvons admettre notre retard sur le plan politique, social et scientifique, mais notre musique est extrêmement moderne, mondialisée, compétitive, diversifiée et de plus en plus respectée et consommée sur les marchés les plus exigeants. Comme aucune autre forme d'expression nationale, la musique populaire est capable de traduire nos rêves et nos passions, nos peurs et nos frustrations, notre imaginaire. Elle est écoutée par riches et pauvres, jeunes et vieux, hommes et femmes de toutes races – et elle les dit, ou plutôt, les chante tous. Les Américains le savent très bien: il est impossible de comprendre les États-Unis sans connaître leur cinéma et leur musique populaire. Dans la culture brésilienne, le cinéma n'a pas la même importance, et la mémoire audiovisuelle est celle des feuilletons télévisés. Ainsi, grâce à sa capacité évocatrice, à la qualité exceptionnelle non seulement des musiciens, mais aussi des paroliers, il revient à la musique populaire de graver dans notre mémoire nos moments et nos sentiments, notre histoire personnelle et collective.

Dans les années 1960, la bossa nova est devenue la meilleure contribution du Brésil à la culture pop planétaire. Avec sa forte vitalité, elle propage des rythmes contagieux, de suaves mélodies et de douces paroles, inspire musiciens, écrivains et cinéastes.

Tout le monde le sait, peut-être certains l'ignorent-ils, nous avons des écrivains très talentueux (Jorge Amado, Machado de Assis ou Guimarães Rosa sont traduits en nombreuses langues). Mais peut-on parler d'une "littérature brésilienne"?

Nous avons des poètes de première importance internationale tels que João Cabral de Melo Neto et Carlos Drummond de Andrade, mais ils écrivaient en portugais et il n'existe pas ce que l'on pourrait appeler la "poésie brésilienne".

Des films applaudis comme *Central do Brasil* ou *Le Dieu noir et le Diable blond* sont les expressions du talent de Walter Salles Jr. et de Glauber Rocha, mais, à la différence des Iraniens, nous n'avons rien qui puisse être appelé "cinéma brésilien".

Certes, outre la beauté de nos filles et de nos garçons, nous avons une poignée de grands athlètes – pas seulement en matière de football, mais de volley, de tennis, de Formule 1, de voile et de gymnastique olympique –, mais nous sommes encore loin d'être une puissance sportive.

Nous avons été bénis avec une ou deux actrices exceptionnelles, comme Fernanda Montenegro et Marília Pêra, un dramaturge extraordinaire comme Nelson Rodrigues (qui a écrit son œuvre en portugais), mais nous ne pouvons pas parler d'un "théâtre brésilien".

Pourtant, n'importe où dans le monde, lorsque l'on parle de musique, nous nous sentons comme un Français parlant de vins ou un Américain parlant d'affaires. La musique de Tom Jobim et de João Gilberto n'a pas seulement enchanté la planète, mais elle a aussi profondément influencé le jazz américain et l'œuvre de génies comme Miles Davis et Stevie Wonder. Depuis la bossa nova, la musique de Sergio Mendes, Caetano Veloso, Milton Nascimento, Gilberto Gil, Hermeto Paschoal, Ivan Lins, et, plus récemment, de Marisa Monte, Daniela Mercury, Bebel Gilberto et de beaucoup d'autres fait rêver et danser, apportant ainsi de l'allégresse, de l'élégance et de la sophistication à la musique pop internationale. Plus que tout, par la diversité de ses rythmes, de ses styles, par ses mélanges permanents, la musique populaire brésilienne exprime la diversité ethnique et culturelle du pays, la richesse de notre *melting pot*, elle montre le meilleur de nous-mêmes, comme peuple et comme artistes. Bienvenue au *melting pop* brésilien.

Discothèque Essentielle

Chega de Saudade – João Gilberto
O Amor, o Sorriso e a Flor – João Gilberto
Terra Brasilis – Antonio Carlos Jobim
A Tábua de Esmeraldas – Jorge Ben
Minas – Milton Nascimento
Tropicália – Caetano Veloso, Gilberto Gil, Os Mutantes, Tom Zé
Acabou Chorare – Novos Baianos
Maria Fumaça – Banda Black Rio
Amoroso – João Gilberto
Gal Canta Caymmi – Gal Costa

Brasil – João Gilberto, Caetano Veloso, Gilberto Gil, Maria Bethania
Falso Brilhante – Elis Regina
Tim Maia Disco Club – Tim Maia
Charme do Mundo – Marina Lima
O Último Romântico – Lulu Santos
MM – Marisa Monte
Ao Vivo – Cassia Eller
Orchestra Klaxon – Max de Castro
Tribalistas – Arnaldo Antunes, Carlinhos Brown, Marisa Monte
À Procura da Batida Perfeita – Marcelo D2

Nelson Motta,
écrivain, journaliste et producteur artistique

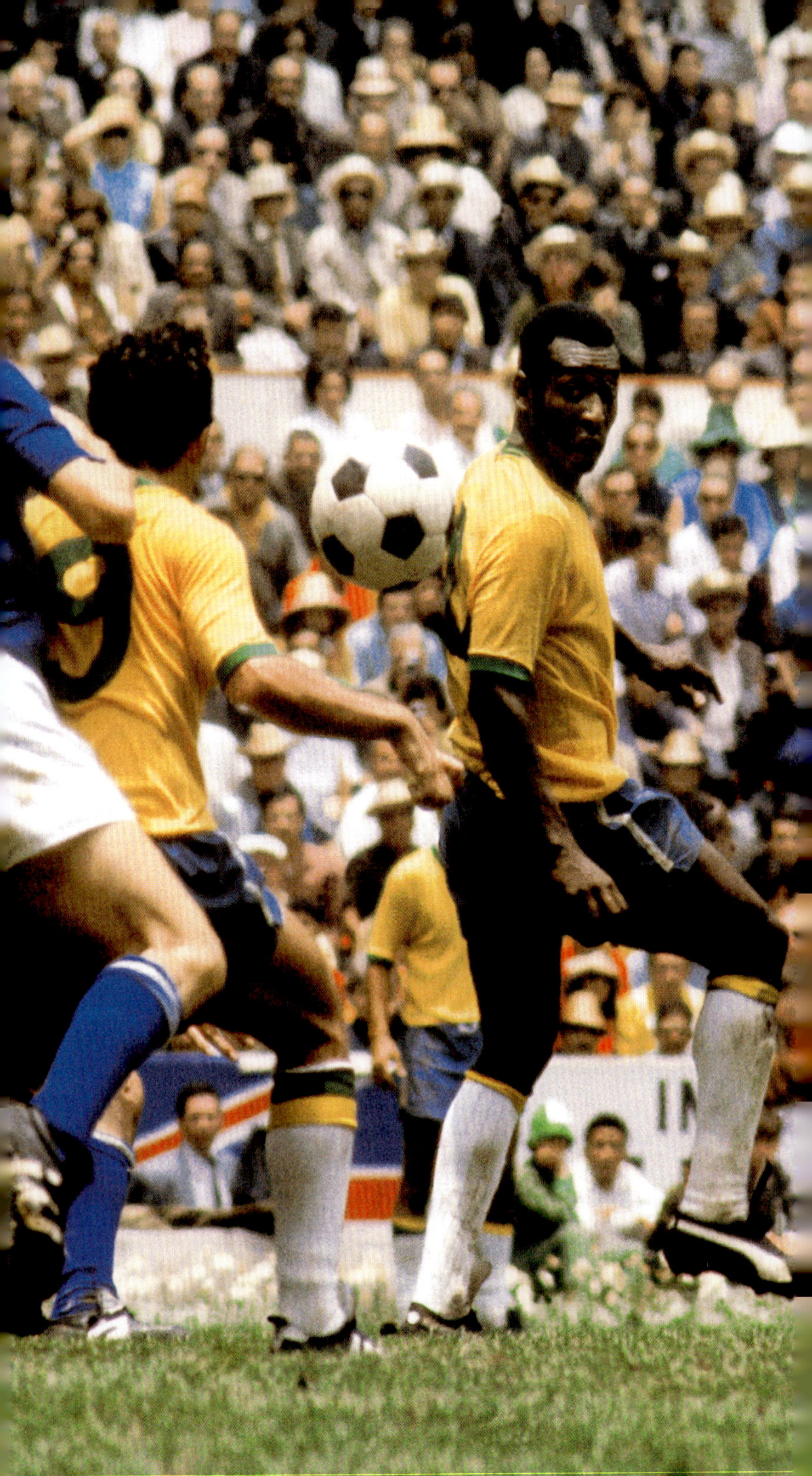

Le Football

Au Brésil, le football est plus qu'un sport très populaire: c'est un élément-clé de la construction de l'identité nationale, qui exerce une influence immense sur l'économie, la culture et les relations sociales du pays.

La passion pour le football n'est pas une exclusivité brésilienne. Beaucoup d'autres peuples la partagent, avec autant d'enthousiasme ou de fanatisme que les supporters qui remplissent les stades de São Paulo ou de Rio de Janeiro. Mais au Brésil, le *futebol* dépasse la dimension de jeu et de sport pour devenir élément d'identité, expression de culture, métaphore des potentialités du peuple et de la nation.

D'après la Confédération Brésilienne de Football, la CBF, il y a au Brésil 800 clubs, 13 000 équipes d'amateurs et plus de 300 stades. On estime que 30 millions de personnes pratiquent ce sport, qui fait circuler 32 milliards de dollars par an. La langue portugaise du Brésil atteste cette omniprésence: même celui qui n'a jamais assisté à un match de foot emploie couramment des expressions comme "raccrocher ses crampons", "marcher sur le ballon" ou "retirer son équipe du terrain", qui signifient respectivement "abandonner une activité", "commettre une gaffe" et "s'en aller".

Le foot au Brésil est aussi un moyen de contact et de communication efficace: un homme se trouvant parmi des inconnus pourra immédiatement entamer une conversation en faisant un commentaire sur les performances d'un joueur ou d'une équipe.

La plus belle dimension du football, cependant, est toute autre. En fait, le foot est un univers démocratique, dont les acteurs peuvent provenir tout aussi bien d'une famille aisée que de la *favela*, et qui peut être pratiqué par n'importe qui, indépendamment de l'aspect physique. Il n'est pas nécessaire d'avoir un "corps athlétique" ou une stature particulière pour maîtriser les secrets du ballon rond. Pour les enfants issus des couches les plus pauvres, le foot représente un rêve d'ascension sociale – qui naturellement ne se réalisera que pour une infime minorité. L'essentiel, c'est que le football permette ce rêve. Un enfant et un ballon suffisent pour permettre d'envisager, dans une réalité parfois trop dure, une possibilité de triomphe et de grandeur.

Pelé et Tostão à la finale de la Coupe du Monde de 1970 contre l'Italie

Le Football Brésilien

Si le touriste fraîchement arrivé au Brésil décidait de faire un inventaire des cinq plus grandes tragédies de l'histoire du pays – tragédies entendues au sens d'événements traumatisants, qui font sortir le peuple dans la rue pour y pleurer, assis sur le bord du trottoir –, il finirait par découvrir que trois de ces tragédies ont eu lieu dans l'univers du sport. À savoir: la défaite de la *Seleção Brasileira*, l'équipe du Brésil, en finale de la Coupe du Monde de 1950 contre l'Uruguay, en plein stade Maracanã, inauguré quelques semaines auparavant, funeste événement qui prit le nom de *Maracanazo*; l'élimination de l'inoubliable équipe nationale, formée entre autres par Zico, Sócrates, Júnior, Cerezo et Falcão, en quarts de finale de la Coupe du Monde de 1982, face à l'Italie, épisode resté connu comme "la tragédie du Sarriá"; et la mort terrible d'Ayrton Senna dans le virage Tamburello, sur le circuit d'Imola, le premier mai 1994. Deux autres de ces grands deuils sont politiques: le suicide du président populiste Getúlio Vargas, en 1954, et la mort de Tancredo Neves, premier président civil après vingt ans de dictature militaire, peu de jours avant son investiture, en 1985.

Si ce même touriste décide de connaître les cinq plus grandes gloires de l'histoire du Brésil, il trouvera des réponses encore plus objectives. Les cinq conquêtes qui remplissent d'orgueil les citoyens brésiliens ne sont pas représentées par les nombreuses étoiles de notre drapeau, mais par ces cinq petits astres brodés juste au-dessus de l'écusson du maillot de la *Seleção*, représentant les victoires du pays aux Coupes du Monde de 1958, 1962, 1970, 1994 et 2002. Cela peut paraître peu, mais sur une planète où le football se révèle comme facteur d'union des peuples et de construction de l'identité des nations, dans un monde où la FIFA a plus de pays associés que n'en compte l'ONU, la chose prend un aspect un peu différent. Je connais de nombreux citoyens européens qui se passeraient volontiers de plusieurs conquêtes militaires et scientifiques de leur pays, ne serait-ce que pour avoir le droit d'afficher cinq étoiles comme les nôtres sur le maillot de leur sélection nationale.

Ce bref inventaire des gloires et des échecs du Brésil permet déjà au touriste de conclure que ce pays souffre d'un manque de grands généraux, de meneurs révolutionnaires, d'astronautes et de presque tout type de personnalités dignes d'un culte, disons, plus traditionnel. L'Alamo brésilien répond au nom de Sarriá, notre Waterloo est connu comme *Maracanazo*, et nos plus grands héros ne sont pas des figures épiques. Toutefois, les héros brésiliens sont aussi célèbres que les héros des grandes nations. Nos idoles tranquilles portent des noms simples comme Didi, Garrincha, Tostão, Gérson, Romário et Ronaldo. Pas de noms de familles, pas d'insignes militaires, pas de titres de noblesse. Ou plutôt, un seul titre de noblesse, permettant de reconnaître la supériorité du plus génial de tous les joueurs de football de la planète: le Roi Pelé. Un titre qui a été reconnu par les nations du monde entier – exception faite de l'Argentine, ce qui est compréhensible –, sans qu'il n'ait été besoin de tirer un seul coup de fusil.

Si dans presque tous les pays peu de choses aident davantage le visiteur à connaître les coutumes locales que de se rendre dans un stade de football, au Brésil cette expérience est indéclinable. Aussi grave que d'aller à Athènes et de dédaigner le Parthénon serait de revenir d'un voyage en terres brésiliennes sans connaître notre *futebol*. Les stades locaux sont loin de leurs homologues européens et nord-américains en termes de confort et de sécurité. Mais, en prenant quelques précautions, le touriste pourra savourer une expérience inoubliable et, de plus, appréhender la véritable essence du caractère brésilien. Le choix est vaste, du simple stade de Santos, la Vila Belmiro, qui révéla le Roi Pelé au monde entier, aux grandioses Maracanã de Rio et au Morumbi de São Paulo, en passant par le Brinco de Ouro da Princesa et le Moisés Lucarelli de la ville de Campinas – stades des clubs archirivaux Guarani et Ponte Preta, disposant chacun de plus de trente mille places et séparés d'une distance de... trois cents mètres!

Dans quel autre endroit du monde, par exemple, le supporter peut suivre une partie où une équipe défend le but de l'hémisphère nord en première mi-temps et celui de l'hémisphère sud pendant la seconde? Eh bien! dans le stade de Zerão, de la ville de Macapá, en région amazonienne, où la ligne de milieu de terrain se confond avec celle de l'Equateur. Ce n'est pas un hasard si tout Brésilien supporte une équipe de foot. Les Brésiliens tolèrent parfaitement les gens qui changent d'opinion, d'emploi, de parti politique, de religion et même de sexe. Mais ils ne tolèrent pas, mais vraiment pas, que l'on change d'équipe de foot. Le touriste doit donc bien penser avant de choisir son club au Brésil. L'imprudent qui change d'équipe une fois le choix effectué sera accusé de "retourner sa veste" – l'une des plus graves accusations dans notre contrée. Un péché presque aussi grave que de laisser entendre que Maradona jouait mieux que Pelé.

Une fois prises ces petites précautions, tout dans le football brésilien n'est que pur délice pour celui qui vient de l'étranger. Le jeu, plus lent, donne aux joueurs le temps de savourer la maîtrise du ballon avec des acrobaties et des jeux d'effets, les dribbles sont beaucoup plus fréquents, le toucher du ballon cadencé donne le ton des parties, et les supporters sont joyeux et assez exigeants. Les huées n'épargnent personne: l'arbitre, les joueurs et même les autorités. "Le Brésilien ne respecte même pas la minute de silence", écrivait notre chroniqueur sportif le plus célèbre, Nelson Rodrigues, qui, non par coïncidence, fut également le plus grand dramaturge du pays. Parce que, au Brésil, drame et football ne font qu'un. Et ainsi, indépendamment du système politique en vigueur, de la conjoncture économique, des crises internationales et des cataclysmes de toutes sortes, tant que le maillot de la *Seleção* sera jaune – de ce jaune que la sueur transforme en or – et tant qu'il portera brodées les étoiles de nos grandes conquêtes footballistiques, le Brésil sera un pays uni, pacifique et heureux. Extrêmement heureux.

Marcos Caetano,
chroniqueur sportif

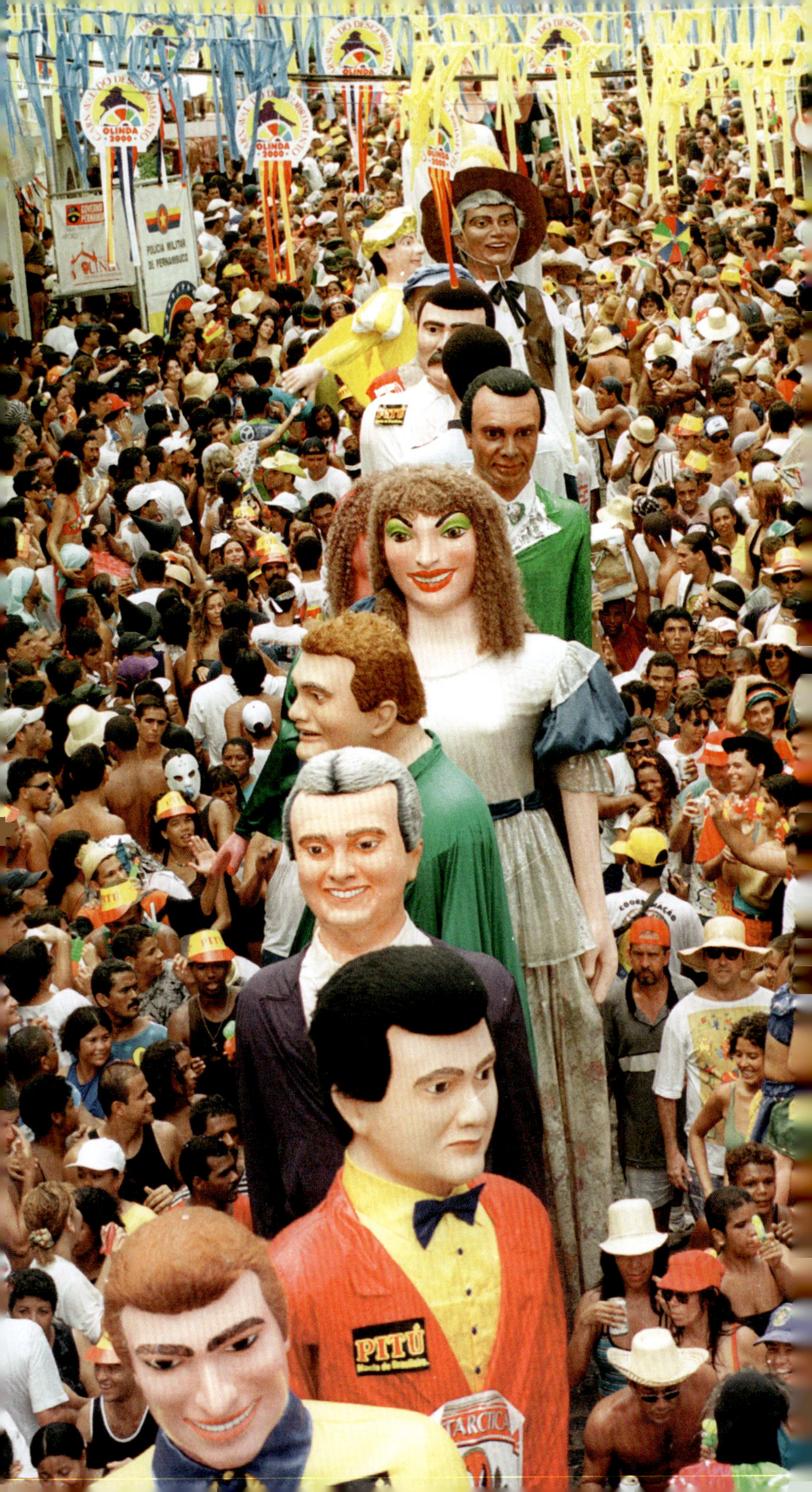

OLINDA 2000
PITÚ

Le Carnaval

Fête d'origine européenne transformée par la population noire du Brésil, le Carnaval s'est modifié au cours des siècles, mais reste la célébration collective la plus grandiose de la planète.

Aux yeux du monde, le Brésil est le pays du Carnaval – une étiquette aussi simplificatrice et discutable que n'importe quelle autre, mais qui contient une bonne part de vérité. Ces quatre jours de fête sont célébrés sur tout le territoire national; les liesses mobilisent les foules, attirent des légions de touristes, font tourner l'économie. On peut critiquer sa commercialisation, le prix exigé pour les billets ou les costumes, la naïveté de l'idée selon laquelle les hiérarchies sociales peuvent se dissoudre pendant quelques jours. Cependant, un fait reste indiscutable: pour une grande partie de la population brésilienne, le Carnaval est un rituel de célébration de la vie, un élan authentique supérieur à toutes tentatives de domestication de la fête, qui veulent la mouler aux exigences du marché, du tourisme et de la télévision.

DE L'ENTRUDO AU DÉFILÉ

L'ancêtre portugais du Carnaval s'appelait l'*entrudo* et débarqua au Brésil au XVIe siècle. Il consistait à envahir les maisons et à participer aux batailles de boue, de farine, d'œufs et d'eau dans les rues, le tout accompagné de danses, de chansons et de copieux repas communautaires. Cette fête dura des siècles, se modifiant peu à peu. En 1840, un hôtel de Rio organisa un bal de Carnaval (le mot était employé pour la première fois au Brésil) inspiré de ceux de Venise, avec masques et déguisements – une fête destinée à l'élite. Au Carnaval de 1907, les filles du Président Afonso Pena sortirent dans les rues de Rio en voiture ouverte: surgissait alors le *corso*, cortège d'automobiles décorées qui enchantait la population amassée dans les rues.

Tandis que les riches se promenaient en voiture et se divertissaient dans les bals au son de la polka, les habitants des banlieues cariocas transformaient l'*entrudo* en organisant des groupes qui sortaient dans les rues et jouaient de la samba et des *marchinhas* (marches allègres), genres musicaux nouveaux à l'époque. Ces groupes – appelés *ranchos*, *cordões* ou *blocos* – seraient à l'origine des premières écoles de samba,

Carnaval d'Olinda: la fête est dans la rue

Défilés au Sambodrome Marquês de Sapucaí, à Rio : samba jusqu'au petit matin

créées à la fin des années 1920, et en peu de temps ils se verraient accorder le droit de défiler dans les mêmes avenues que le *corso* : le Carnaval populaire s'approchait de l'élite.

En 1932 eut lieu le premier défilé compétitif entre les écoles de samba de Rio de Janeiro. En 1935, elles reçurent pour la première fois le soutien de la mairie, qui commençait à prendre conscience du potentiel touristique du Carnaval ; c'est également à cette époque que les liens s'établirent entre le Carnaval et l'univers du *jogo do bicho* (loterie clandestine), qui, aujourd'hui encore, assure un parrainage très important des écoles. S'amorçait alors le passage de l'amateurisme de la fête en professionnalisme qui se développa au cours du siècle et s'accentua dans les années 1960 avec l'introduction de la télévision.

Carnaval, Carnavals

Les transformations qui avaient lieu à Rio de Janeiro firent écho dans les autres villes brésiliennes. L'*entrudo* fut peu à peu remplacé par la nouvelle mode carioca, le Carnaval, avec ses bals, ses défilés et ses *corsos*. Chaque région, toutefois, le combina avec ses traditions et sa musique. Aujourd'hui, la fête est célébrée dans tout le territoire, mais de manières différentes.

À Rio, les défilés ont pris une telle dimension qu'aujourd'hui ils ont lieu sur un site leur étant spécialement consacré, le Sambodrome, inauguré en 1984. La compétition entre les écoles de samba obéit à des règlements rigides et attire des célébrités et des touristes du monde entier. Il s'agit d'un spectacle magnifique et cher, organisé par des professionnels spécialisés. La musique, actuellement, est la *samba-enredo*, dont les paroles développent le thème du défilé de chaque école. Les *marchinhas* survivent dans les bals et dans les *blocos* qui parcourent toujours la ville. São Paulo et la plupart des autres capitales reproduisent le modèle carioca en l'adaptant, avec peu de modifications, à la réalité locale. Échappent à ce modèle les fêtes des petites villes de campagne, ainsi que les carnavals de Recife et d'Olinda au Pernambuco, et de Salvador de Bahia.

Au Pernambuco, le Carnaval est une fête de rue. La rencontre des traditions européennes et des rythmes africains y a engendré le *frevo*. Outre ce rythme, le Carnaval de Pernambuco présente diverses manifestations: *maracatus* (danse inventée par les esclaves, accompagnée d'instruments de percussion et pleine de symboles religieux et historiques), et les danses *caboclinhos* et *ursos*. À Salvador, les folies sont menées par les *trios elétricos*, énormes camions sonorisés sur lesquels se produisent des groupes. Créés en 1950, les *trios* entraînent des foules dans les rues de la ville, sur des airs de *frevo* et d'*axé music*, genre créé au début des années 1980 et qui depuis est resté populaire. Recife, Salvador et plusieurs autres villes brésiliennes organisent également des Carnavals hors saison comme les *micaretas*, attractions touristiques dont profite joyeusement la population locale. Tradition européenne réinventée par la présence africaine, le Carnaval survit aussi bien comme célébration spontanée que comme spectacle touristique, comme fête du peuple et de l'élite, comme la preuve la plus indiscutable de la vocation brésilienne à la gaieté.

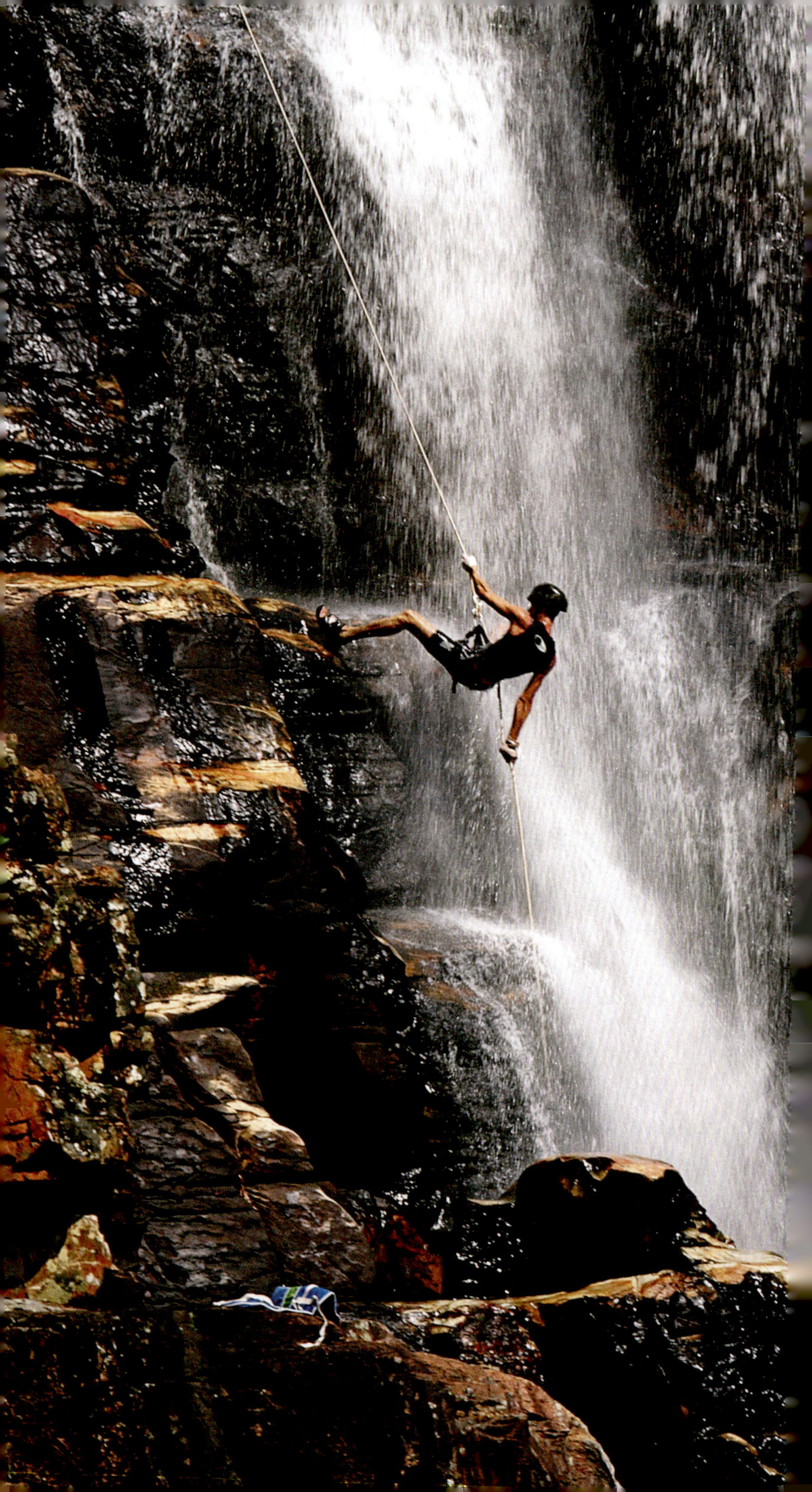

Tourisme et Aventure

Toutes les régions du Brésil offrent des possibilités de tourisme écologique et d'aventure. Si pour certaines l'infrastructure d'accueil presente des lacunes, les paysages sont d'une beauté sauvage et quasiment intacte.

Selon les spécialistes, il y a une différence entre tourisme d'aventure et sport d'aventure. Le premier est une notion ample qui comprend le sport et d'autres types d'activités. Ainsi, le vélo tout-terrain et le rafting sont des sports, car ils demandent de l'entraînement, de la discipline, de l'organisation. En revanche, le rappel et la plongée libre n'en sont pas: le premier est une technique pouvant être appliquée dans diverses situations, la seconde un loisir n'exigeant pas de préparation. Subtilités à part, il s'agit là de quelques-unes des nombreuses activités physiques qui peuvent être pratiquées en contact avec l'environnement naturel – et avec tout ce qu'il a d'imprévisible et d'aventureux.

Si nature et sports d'aventure vont de pair, il n'est pas difficile de comprendre pourquoi le Brésil représente une destination importante pour le tourisme vert. La taille du territoire et la diversité de ses paysages le rendent irrésistible aussi bien pour ceux qui recherchent des émotions – l'"adrénaline", dans le jargon des aventuriers – que pour ceux qui ne souhaitent qu'en contempler la beauté. Souvent, malheureusement, ce qui déborde d'exubérance et de diversité manque d'organisation et d'infrastructure, constatation qui vaut même pour les régions légalement qualifiées d'Unités de Conservation – parcs nationaux, zones de protection naturelle et réserves privées. La première précaution du voyageur sera donc de collecter le maximum d'informations dans les offices du tourisme, dans les agences de voyage, dans les publications spécialisées et auprès d'autres touristes et aventuriers chevronnés.

Circuit aux Possibilités Infinies

Plusieurs circuits peuvent être proposés à un amateur de tourisme vert disposé à explorer le Brésil. Une suggestion de départ pourrait être la ville de Brotas, dans l'État de São Paulo, où de nombreuses ri-

Canyoning dans l'État de Bahia

vières et une structure géologique singulière engendrent une trentaine de chutes d'eau. Grâce à cette formation naturelle, la ville est devenue l'un des pôles de référence du tourisme vert au Brésil: on y pratique le rafting, la descente en bouée, le rappel, l'équitation, le trekking, le vélo tout terrain et la randonnée dans les arbres. Rio de Janeiro a réussi à conserver une magnifique réserve forestière – le Parc National de Tijuca – au sein d'un grand centre urbain, avec d'innombrables chemins de randonnée menant à des cascades et des cavernes, et un site traditionnel de saut en deltaplane, Pedra Bonita. Les alpinistes ont également le choix hors de la forêt : ils peuvent escalader le Pain de Sucre et une grande partie de ces mornes qui sont devenus l'image de Rio.

Une autre précieuse suggestion est la Chapada Diamantina, une oasis d'eaux cristallines et de montagnes douces en plein *sertão* de Bahia qui recèle grottes, étangs, rivières et cascades et de paysages qui sont parmi les plus beaux du pays.

Dans l'État du Mato Grosso do Sul, figure une autre destination classique: la ville de Bonito, un paradis pour la marche, la plongée et le rafting. Près de là, le Pantanal, l'un des plus importants sanctuaires écologiques du pays, est idéal pour les randonnées et les promenades à cheval. La région est aussi très réputée pour la pêche sportive. Le Jalapão, dans l'État de Tocantins, est l'un des meilleurs sites du Brésil pour le rafting, dans un environnement presque intact, parfait pour celui qui se passe de confort et désire se retrouver au sein de la nature la plus sauvage. À l'autre bout de la carte – dans l'État de Santa Catarina, région Sud du pays –, Florianópolis allie de beaux chemins de randonnée à un littoral excellent pour le surf et la plongée. D'ailleurs, soulignons que la vaste côte brésilienne offre d'innombrables possibilités de sports aquatiques: les destinations classiques des plongeurs sont Fernando de Noronha (Pernambuco, PE), Abrolhos (Bahia, BA), Arraial do Cabo (Rio de Janeiro, RJ) et Bombinhas (Santa Catarina, SC); les amateurs de voile se retrouvent à Ilhabela (São Paulo, SP), Angra dos Reis (RJ), Jericoacoara (Ceará, CE) et à Imbituba (SC).

Bien sûr, cette liste est loin de présenter exhaustivement les attractions que le pays offre au voyageur. Le Brésil possède également les montagnes du Sud, les monts et les pics du Sud-Est, les plages sauvages du Nord-Est, la richesse et l'exubérance de la forêt amazonienne – un éventail ample et surprenant de possibilités qui s'ouvre généreusement au voyageur en quête d'aventure ou de paix, de défi ou de beauté.

TOURISME ET AVENTURE

Voile

Plongée

Parapente

Motocross

Surf

Escalade

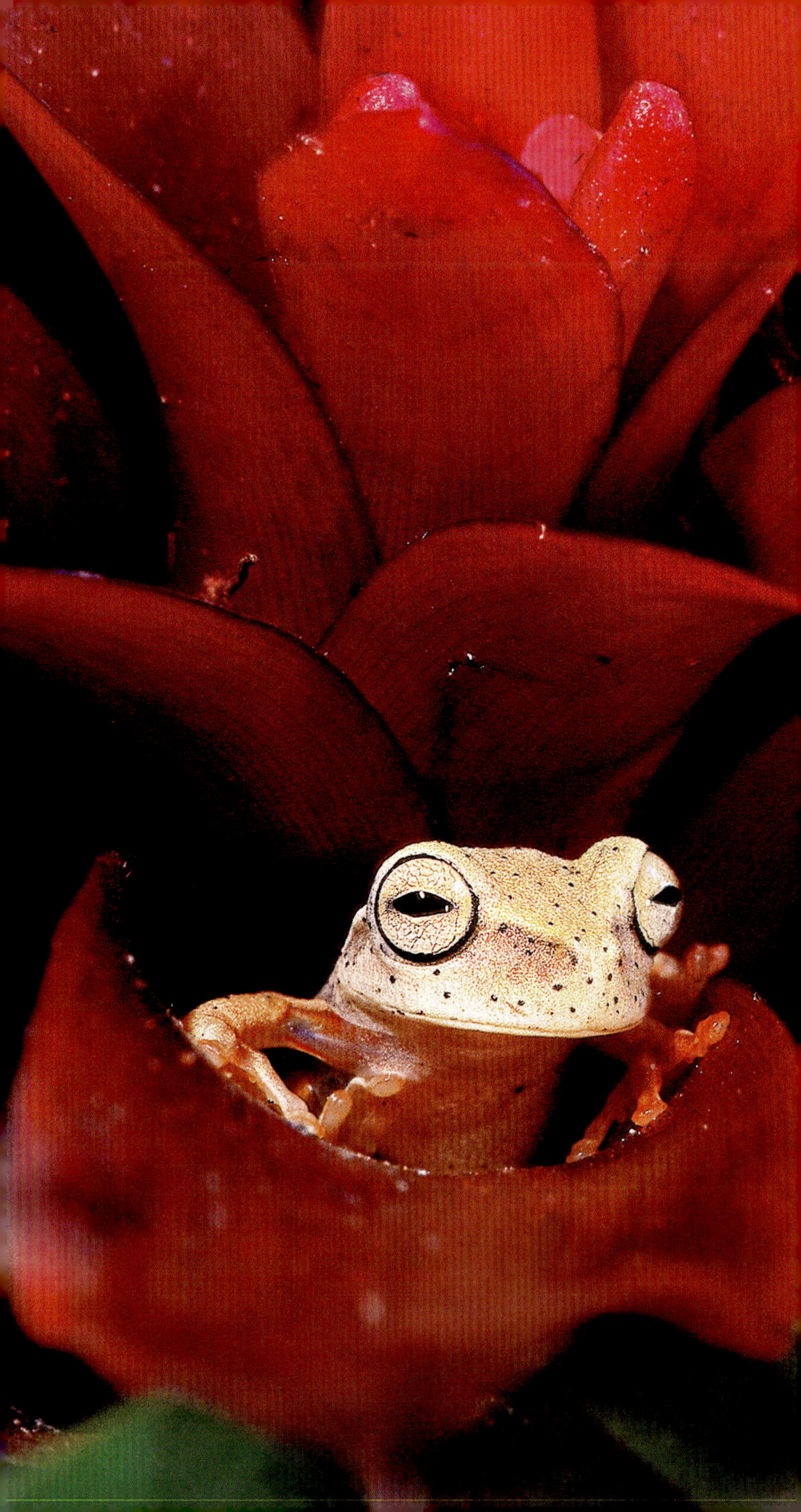

Faune et Flore

L'étendue du territoire brésilien favorise la multiplicité des milieux naturels. Chaque écosystème est un univers : les parcourir, c'est retrouver la sensation d'enchantement et de surprise qu'éprouvèrent les premiers voyageurs étrangers.

Au long du XIXe siècle, de nombreux savants européens parcoururent les terres brésiliennes afin de dresser l'inventaire de leurs richesses. Venus de France, d'Angleterre, d'Allemagne, de Hollande, les naturalistes – terme qui désignait de façon générale botanistes, zoologistes, géologues et autres spécialistes en sciences naturelles – décrivaient non seulement une infinité d'espèces animales et végétales du Brésil, mais classaient aussi pour la première fois les différents milieux du territoire brésilien, en établissant les grandes lignes de ce que, longtemps après, la science appellerait un écosystème. Actuellement, l'IBAMA (Institut Brésilien de l'Environnement et des Ressources Naturelles Renouvelables) reconnaît dans le pays sept écosystèmes, en adoptant une classification assez proche de celle proposée par les études pionnières des naturalistes.

La Forêt Amazonienne

Lorsque l'on évoque la faune et la flore brésiliennes, il est impossible de ne pas mentionner, avant tout, l'immense tache verte qui s'étend au nord-ouest des cartes du Brésil. Sur une superficie de plus de 7 millions de kilomètres carrés de forêt amazonienne, environ 3,5 millions se trouvent en territoire brésilien. Le fleuve Amazone et ses affluents y forment un réseau complexe de cours d'eau, base d'une fantastique biodiversité.

Une telle multiplicité s'explique par la variété des paysages de forêt. L'Amazonie est formée de zones d'*igapó*, la forêt inondée en permanence ; de régions alluviales, les *várzeas*, où les inondations sont périodiques ; et de régions de terre ferme, ne subissant pas l'action directe de l'eau. Enclavées au cœur de la forêt se cachent aussi des zones de savane, le *cerrado*, et même une zone de *caatinga* semi-aride, connue localement sous le nom de *campinarana*. Chaque région possède des animaux et des plantes qui lui sont propres : des arbres

Grenouille dans une broméliacée, Forêt Atlantique

Victoria regia, Forêt Amazonienne

comme l'acajou mahogani (menacé par la déforestation prédatrice), l'angelim, le cèdre, le palmier babaçu, l'arbre à noix du Brésil, le fromager, le balata, le *pau-mulato*, le palmier buriti, le pachira, l'awara, outre une immense variété d'herbes et de graminées, ainsi que la plante qui est devenue le symbole de l'Amazonie: la *victoria regia*, nénuphar géant qui flotte sur les fleuves et dans les bras morts, sa fleur posée sur une grande feuille ronde. Parmi les animaux figurent des oiseaux tels que les aras, les toucans, les pics, les hoazins, les uirapurus, les coqs de roche, les tangaras; des reptiles comme les tortues terrestres jabuti, les tortues d'eau, les lézards, ainsi que les anacondas, les boas, les surucucus et des dizaines d'autres espèces de serpents; parmi les mammifères il y a des chiens des bois, des coatis, des pécaris, des fourmiliers, des paresseux, des agoutis, des tapirs et des chauves-souris; plusieurs espèces de primates (ouakaris, sapajous, singes hurleurs) et de félins, comme le jaguar et le puma. Circulent dans les rivières environ trois mille espèces de poissons et de mammifères aquatiques comme le dauphin et le lamantin de l'Amazone.

Le Cerrado

Dans un paysage unique formé de grandes plaines couvertes de végétation rase, sont éparpillées des arbres au tronc noueux et à l'écorce épaisse. L'hiver sec du *cerrado* – nom des savanes brésiliennes – jaunit les prairies et met les arbres à nu. En été viennent les pluies qui font reverdir le paysage. Les rivières qui traversent le *cerrado* sont bordées par la végétation dense de la forêt-galerie. Dans les marais des fonds de vallées poussent les buritis. La savane brésilienne abrite dix mille espèces végétales: des arbres comme l'ipé, le murici, le jacaranda, le copaïba; des arbustes comme la canela de ema; des fleurs comme les immortelles et des arbres fruitiers tel que le pequi, dont le fruit est très utilisé dans la cuisine locale. Ces écosystèmes sont l'habitat de centaines d'animaux. Parmi les oiseaux figurent les nandous et les *seriemas* (cariama huppé), des colibris et des *quero-queros* (vanneaux), des éperviers et des urubus, des anis, des chouettes, des perroquets, des *maritacas* (piones). Dans les prairies circulent des mammifères comme le fourmilier, le cerf, le tatou, le jaguar et le puma, le chien des bois et le loup à crinière, ainsi que des serpents, des lézards et une grande quantité d'insectes, loin d'être tous identifiés.

Le Pantanal

Les eaux qui descendent des Andes et du Plateau brésilien rejoignent celles du bassin du Paraguay pour former le Pantanal, grande plaine située au cœur des États de Mato Grosso et de Mato Grosso do Sul, avançant à l'ouest vers la Bolivie et le Paraguay, sur une superficie de 250 000 km². Il s'agit d'un vaste système composé de plus d'une centaine de rivières, d'un univers scindé en deux saisons – celle des pluies, "l'hiver" allant de novembre à mars, et caractérisée par les grandes crues;

Toucan ariel dans l'Amazonie

Tapir, Forêt Amazonienne

Ara, Forêt Amazonienne

Saki, Forêt Amazonienne

Fromager, Forêt Amazonienne

Cabiais, Pantanal

Carandas (palmiers à cire), Pantanal

Chat-tigre, Plaines du Sud

Spèces de la Forêt Amazonienne, du Pantanal, du Cerrado, de la Caatinga et des Prairies du Sud

Figuier de Barbarie, Caatinga

Tatou à six bandes, Caatinga

Cobaye des roches, Caatinga

Tamanoir, Cerrado

Buse à tête blanche, Pantanal

Loup à crinière, Cerrado

Buritis, Cerrado

ZONES DE TRANSITION
- Amazonie/Caatinga
- Amazonie/Cerrado
- Cerrado/Caatinga

ÉCOSYSTÈMES
- Forêt Amazonienne
- Caatinga
- Cerrado
- Forêt Atlantique
- Pantanal
- Prairies du Sud
- Littoral

et celle de la sécheresse, "l'été", qui s'étend d'avril à octobre, avec une lente décrue du niveau des rivières qui dépose dans la plaine les alluvions nutritifs permettant à la vie de se multiplier. La terre inondée se transforme alors en une vaste étendue parsemée d'arbres et recouverte d'une herbe rase qui fournit un excellent fourrage pour le bétail. Ce n'est donc pas un hasard si l'élevage extensif est l'une des bases de l'économie du Pantanal.

Cet environnement singulier est le point de rencontre de la faune et de la flore typiques d'Amazonie, du *cerrado* et de la plaine. Parmi la faune, les oiseaux sont particulièrement diversifiés – aras bleus et rouges, toucans, colibris, spatules, éperviers, jabirus, martins-pêcheurs, cormorans viguas. Parmi les mammifères, on trouve des cabiais, des jaguars, des fourmiliers, des cerfs et l'*ariranha*, la loutre géante; une profusion d'anacondas, de boas et de vipères, de caïmans, de lézards – tejus et iguanes –, de grenouilles et de crapauds de tailles et de couleurs différentes, ainsi que des libellules, des papillons et une infinité de moustiques. Les poissons forment un chapitre à part: dans les eaux du Pantanal vivent plus de deux cents espèces, notamment des *dourados*, des *pintados* et des piranhas, qui attirent les pêcheurs du monde entier. Cependant la pêche est interdite lors de la *piracema*, quand les bancs de poissons remontent les rivières pour frayer. La végétation du Pantanal varie selon les niches écologiques qui le composent. Il y a une végétation de *cerrado*, avec des palmiers comme le *caranda*, le *buriti* et l'*acuri*; des arbres comme les ipés jaunes et violets, les *pequis*, les *ingas*, les *jatobás*, les figuiers. Sur les hauteurs

Puma aux aguets

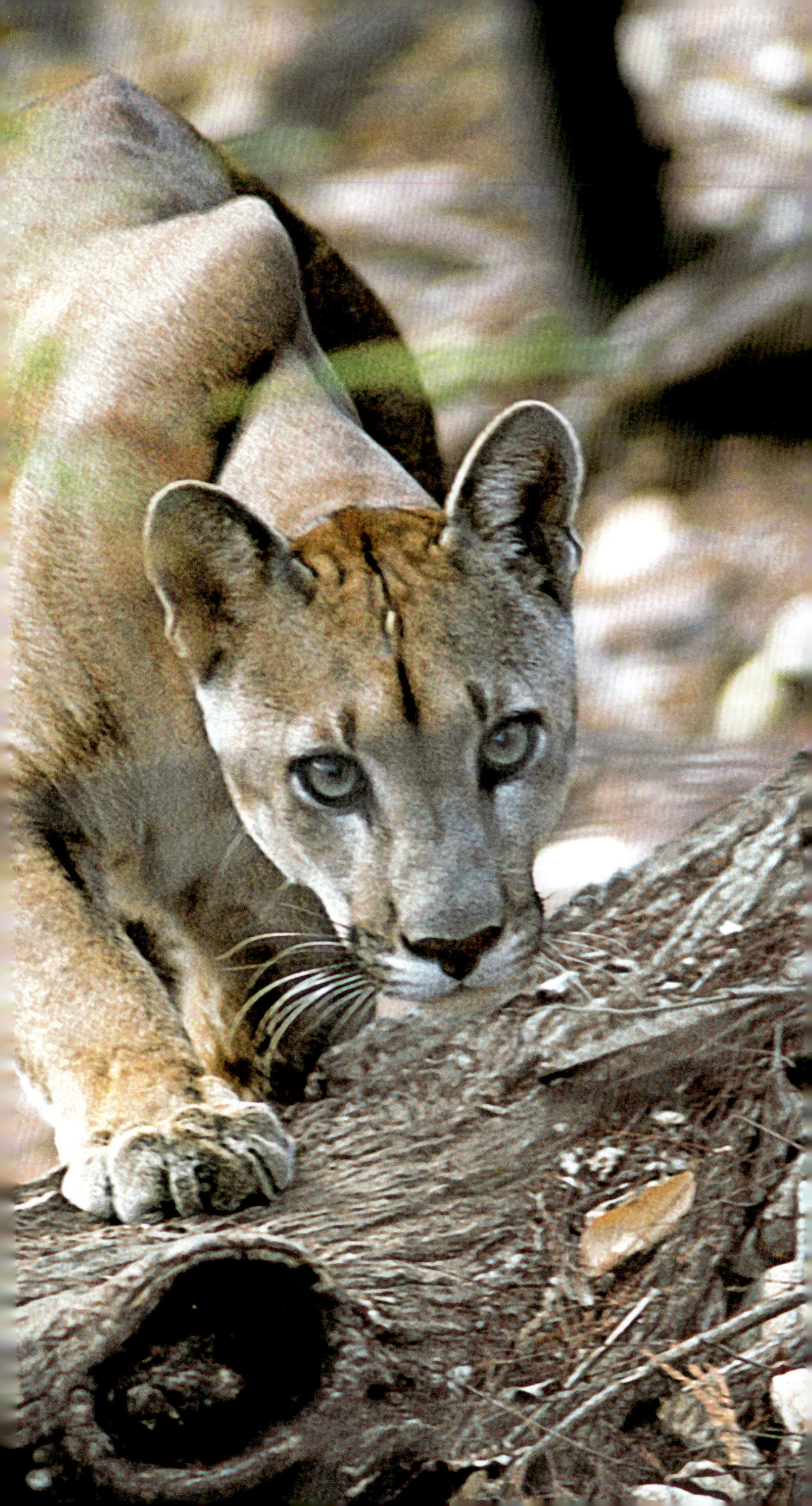

Bois brésil, Forêt Atlantique

plus sèches des collines poussent le *mandacaru*, un grand cactus typique de la *caatinga*, et des broméliacées. Le Pantanal possède également une riche végétation aquatique, essentielle pour le développement de la vie animale des rivières. Souvent ces plantes se regroupent et forment des "îles" vertes, nommées *camalotes*. Dans les recoins des eaux du Pantanal, il est également possible de trouver le nénuphar géant, le *victoria regia*, typiquement amazonien – un exemple clair de l'interpénétration des deux régions.

La Caatinga

Il est facile de penser que dans l'immensité sèche de la *caatinga*, le *sertão* brésilien – "le cœur inviolable du Nord-Est", selon Jorge Amado –, ne naît aucune vie. Les 700 000 m² du *sertão* sont marqués par un sol pierreux et un climat sec et chaud.

Le climat semi-aride da la *caatinga* est caractérisé par deux saisons: celle des pluies, l'été, et celle de la sécheresse, l'hiver. En été, les rivières disparaissent, les plantes perdent leurs feuilles, le sol se crevasse. Lorsque la pluie revient, tout reverdit. *Caatinga* alterne les régions parsemées d'arbustes, de cactus et de plantes épineuses et les zones de basse végétation, où poussent des arbres de moyenne et de grande taille. Ainsi, on trouve des cactus comme le *mandacaru* (dont la floraison annonce la saison des pluies), le *xiquexique* (*Pilosocereus gounelleî*), le figuier de Barbarie, la *coroa de frade* (*Melocactus bahiensis*); des arbustes et des arbres comme le ricin, l'euphorbe avelo, la *jurema*, la *piaçava* et l'*angico*, des *ipês*, des *faveleiras*. Dans certaines régions croissent des espèces fruitières comme le mombin, l'anacardier, ainsi que la *baraúna* et le *cumaru*, des bois nobles, et le *juazeiro*. La faune du *sertão* est constituée de lézards, de serpents, de chauves-souris, de cobayes, de tatous et du cerf cariacou. Parmi les oiseaux, les plus communs sont le *suia*, la colombe picui, le pigeon picazuro, appelé aussi *asa branca*, et le *macaguã* rieur, petite buse dont le chant est considéré de mauvais présage.

La Forêt Atlantique

Lorsque les Portugais débarquèrent au Brésil, la forêt humide atlantique (*mata atlântica*) recouvrait plus d'un million de kilomètres carrés. Aujourd'hui, elle est réduite à environ 7% de sa superficie d'origine. Elle reste cependant l'un des écosystèmes les plus diversifiés du monde: elle s'étend de Natal à Porto Alegre, occupant le littoral et l'arrière-pays, sur une bande de territoire dont la largeur varie (200 kilomètres en moyenne).

La forêt, morcelée par la dévastation humaine, abrite une immense biodiversité. Outre une richissime faune d'invertébrés (beaucoup encore inconnus) et de poissons, d'amphibiens, de serpents et d'autres reptiles, on y dénombre 25 espèces de primates, dont un grand nombre sont endémiques – parmi eux, le tamarin lion à tête dorée (sud de la Bahia), le ouistiti à tête jaune (entre l'Espírito Santo et le Minas Gerais), le singe araignée ou muriqui (région Sud-Est). Il y a sur toute l'étendue de la forêt des félins comme les chats-tigres, les ocelots et les jaguars, ainsi que des fourmiliers, des tatous et des paresseux. Les oiseaux les plus connus sont le tangara du Brésil (qui habite les zones littorales du Nord-Est jusqu'au Sud), le tangara fastueux (Alagoas et Pernambuco) et, dans toute la forêt, le toucan et la grande aigrette blanche, les aras et perroquets. Parmi les espèces végétales typiques figurent fougères, broméliacées et orchidées, ainsi que des arbres à la floraison exubérante (*manacá*, *quaresmeira* et *cássia*, entre autres), des palmiers (comme le *juçara*, dont on récolte le cœur de palmier), des *embaúbas*, des *sibipirunas*, des cèdres, des *paus-ferro*, des *jequitibás* (pouvant atteindre 50 mètres de haut), des *guapuruvus* et des araucarias. Il convient aussi de rappeler que c'est dans la forêt atlantique que croît l'arbre qui donne son nom au pays – le bois brésil – *pau-brasil*, aujourd'hui pratiquement disparu.

Les Prairies du Sud

Dans la région Sud du Brésil s'étend une vaste prairie. Entre Santa

Catarina et Rio Grande do Sul, elle est formée d'une végétation plus dense, surtout dans les zones proches des versants. Là, outre les graminées, on trouve une grande variété de cactus et de broméliacées. A mesure qu'elles avancent vers le sud, ces prairies deviennent plus régulières et plus homogènes, formant un immense tapis vert qui dépasse la frontière du Rio Grande do Sul vers l'Uruguay et l'Argentine: on les appelle alors la pampa. La régularité de cette région est interrompue par des arbres tels que les figuiers et les *corticeiras*; parmi les animaux typiques figurent le *guaraxaim* (un petit renard connu également comme chien des bois), le chat des pampas, des cerfs, des jaguars et des ratons. Plus elles se rapprochent de la côte du Rio Grande do Sul, plus ces prairies sont entrecoupées de régions marécageuses, écosystèmes inondés dans lesquels vivent des plantes aquatiques tels qu'*aguapés* et joncs, et des comme le ragondin, le cabiai et le *tuco-tuco* chez les mammifères, le caïman à museau large chez les reptiles, et chaunas à collier, cygnes à col noir et canards de Patagonie parmi les oiseaux. L'un des poissons les plus communs de ces marais est le *cará*.

LE LITTORAL

La longue côte du territoire brésilien présente une vaste gamme de formations naturelles – falaises, plages, dunes, côtes rocheuses, lagunes et forêts. L'une de ces formations mérite une attention particulière: la mangrove, écosystème apparaissant en divers points du littoral, dans les régions où l'eau douce des fleuves rencontre l'eau de mer. Dans le sol vaseux et riche en sédiments et en matière organique apportés par les cours d'eau se développent les palétuviers, arbres à hauteur variable et aux racines aériennes qui abritent une faune composée de crevettes, de crabes, d'huîtres, de moules, de poissons marins (bars, poissons-chats et mulets), de loutres, de coatis, de ratons et d'oiseaux (ibis rouges, *socós* et aigrettes), qui cherchent ce lieu pour se reproduire. Curieusement, la mangrove – lieu sombre, royaume de la boue et des insectes – fut longtemps synonyme d'insalubrité et de retard. Beaucoup ont été remblayées ou, pire encore, utilisées comme dépôts d'ordures. Leur importance pour l'équilibre de la vie marine a été reconnue il y a quelques décennies et aujourd'hui plusieurs d'entre elles bénéficient d'une protection légale. Malgré une série de problèmes chroniques – pollution, trafic d'espèces naturelles, déboisement –, le Brésil mûrit. Et il offre toujours à ceux qui le parcourent la même sensation d'enchantement et d'étonnement qui a saisi les premiers explorateurs.

ESPECES DE LA FORÊT ATLANTIQUE ET DU LITTORAL

Mangrove, littoral

Ibis rouge, littoral

Crabe de la mangrove, littoral

Broméliacées, Forêt Atlantique

Champignons, Forêt Atlantique

Coléoptère (charançon), Forêt Atlantique

Ipé jaune, Forêt Atlantique

Orchidée, Forêt Atlantique

Singe araignée, Forêt Atlantique

ÉCOSYSTÈMES
- Forêt atlantique
- Littoral

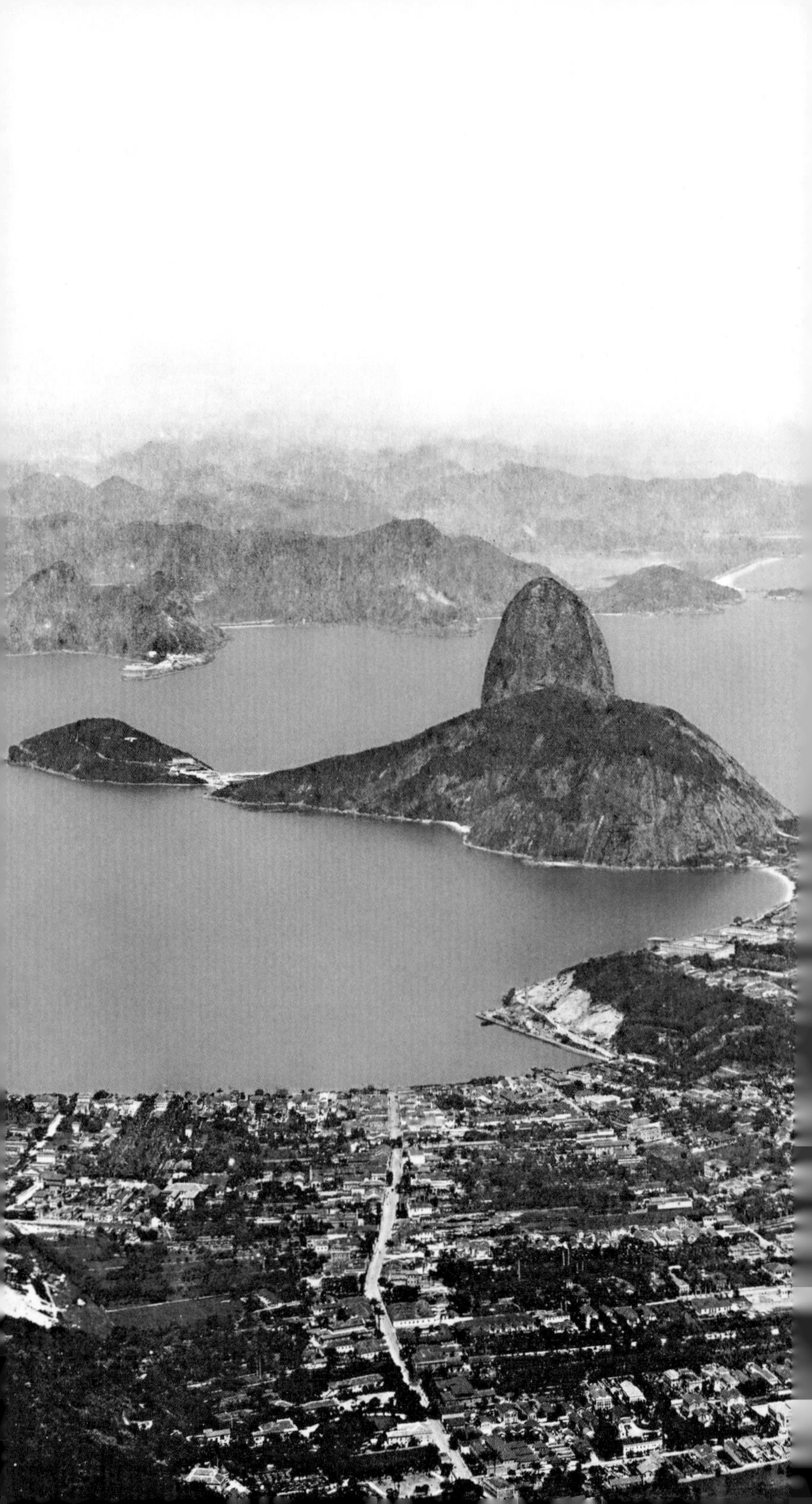

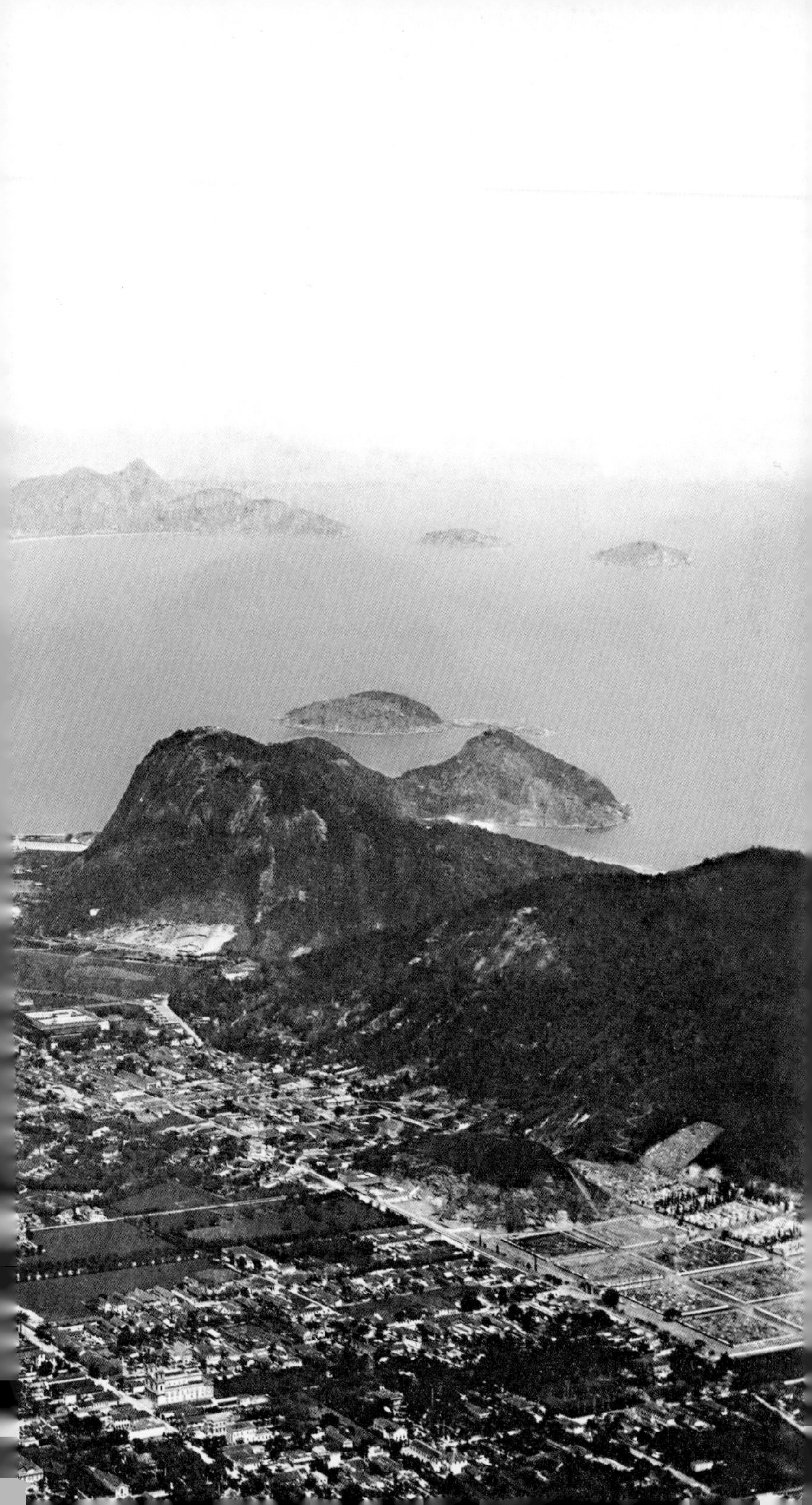

SUD-EST

Les points de départs des circuits que nous suggérons dans les pages suivantes sont les capitales des États qui forment cette région: Rio de Janeiro, São Paulo, Minas Gerais et Espírito Santo. Reliées par des routes nationales, ces villes offrent différentes options au touriste. Rio de Janeiro est l'une des capitales les plus belles et les plus vivantes du pays. São Paulo est le plus grand centre d'affaires, d'achats et de gastronomie de l'Amérique latine. Belo Horizonte conserve une solide tradition culturelle, et Vitória combine tranquillité et bonne structure urbaine. Cette région offre également d'autres grands centres d'intérêt, tels que le littoral de São Paulo ou sa province, qui enchante ceux qui aiment les sports ou recherchent le climat des montagnes. Le Minas Gerais préserve de magnifiques villes coloniales. Quant à l'Espírito Santo, sa côte et ses villes historiques combinent nature et histoire, également présentes dans les montagnes de Rio de Janeiro. Le littoral de Rio recèle des recoins paradisiaques, ainsi que l'un des joyaux de l'architecture coloniale brésilienne, Paraty.

Page précédente: vue panoramique de la baie de Botafogo,
à partir du haut du Corcovado, Rio de Janeiro (RJ), c. 1885. Marc Ferrez

DESTINATION
RIO DE JANEIRO

Rio de Janeiro a été le décor de nombreux films et est devenu la destination favorite des stars d'Hollywood. Dans l'imaginaire du monde, la ville représente l'essence du paradis tropical cosmopolite, dans une rare union entre glamour et exubérance naturelle. Malgré de sérieux problèmes urbains, comme ses gigantesques favelas, Rio conserve son aura. L'État offre également la magnifique côte de Paraty, Angra dos Reis et Ilha Grande sur le littoral sud, et la beauté de Búzios, Cabo Frio et Arraial do Cabo sur le littoral nord. Le passé historique et le climat agréable attendent aussi le touriste dans les charmantes villes de Petrópolis, Teresópolis, Vassouras, Visconde de Mauá et Itatiaia.

POINTS FORTS DE LA DESTINATION

VILLE DE RIO DE JANEIRO
  Centre Historique
  Cinelândia et Environs
  Lapa
  Santa Teresa
  Plages Branchées
  Rio en Plein Air
  Lagoa Rodrigo de Freitas
    et Jardim Botânico
  Barra da Tijuca
    et Recreio dos Bandeirantes
  Manifestations Spéciales

VILLE DE NITERÓI (17 km)

LA MONTAGNE ET LA CAMPAGNE
  Petrópolis (65 km)
  Pq. Nacional da Serra dos Órgãos
  Teresópolis (87 km)
  Vassouras (111 km)
  Visconde de Mauá (200 km)
  Parque Nacional do Itatiaia (167 km)

LITTORAL SUD
  Angra dos Reis (168 km)
  Ilha Grande (150 km + 1h30 de bateau)
  Paraty (248 km)

LITTORAL NORD
  Búzios (192 km)
  Cabo Frio (148 km)
  Arraial do Cabo (158 km)

Distances à partir de Rio de Janeiro

VILLE DE RIO DE JANEIRO

CENTRE HISTORIQUE

1 - Igreja do Mosteiro de São Bento
2 - Igreja Nossa Senhora da Candelária
3 - Casa França-Brasil
4 - Centro Cultural Banco do Brasil (CCBB)
5 - Centro Cultural Correios
6 - Igreja Nossa Senhora da Lapa dos Mercadores
7 - Paço Imperial
8 - Espaço Cultural da Marinha
9 - Igreja Nossa Senhora do Bonsucesso
10 - Igreja de São Francisco de Paula
11 - Real Gabinete Português de Leitura
12 - Centro de Arte Hélio Oiticica

Cette promenade à pied peut être faite en semaine, pendant les horaires commerciaux, quand la plupart des églises est ouverte. La plus grande présence des forces de police et de taxis en circulation permet d'observer à loisir le va-et-vient des *cariocas* (habitants de Rio) dans les rues animées du centre-ville. En fin de semaine, cependant, ont lieu d'importantes attractions, et même si l'on y perd en sécurité et en animation, il est possible de réaliser le circuit en partant de ces rues. C'est le cas des messes et des expositions dans les centres culturels.

❶ IGREJA DO MOSTEIRO DE SÃO BENTO

L'église du Monastère de Saint Benoît est

Igreja do Mosteiro de São Bento

Igreja Nossa Senhora da Candelária: magnificence au milieu des rues du centre

l'expression maximale du baroque à Rio. Érigée par les Bénédictins au XVIIe siècle, elle offre une façade austère qui cache un riche intérieur revêtu de boiseries dorées. Les huit magnifiques autels latéraux comportent des peintures des XVIIe et XVIIIe siècles. Le cloître est ouvert en de rares occasions, dont le Dimanche des Rameaux et le jour de la Fête Dieu, en juin. Le dimanche à 10 heures a lieu la messe très fréquentée au cours de laquelle les moines entonnent des chants grégoriens. Pour les écouter, il est conseillé d'arriver suffisamment à l'avance.
Rua D. Gerardo, 68, Centro, tél. (21) 2291-7122. Tous les jours, 8h/11h et 14h30/18h.

❷ **Igreja Nossa Senhora da Candelária**
Voisine de nombreux centres culturels, Notre-Dame de la Candelária se situe à l'une des extrémités de l'avenue Presidente Vargas, qui traverse le Centre. Construite entre 1775 et 1898, son intérieur est recouvert de marbres de différentes couleurs et les escaliers des chaires sont en bronze. Prenez le temps d'admirer les jolies portes, également en bronze, sculptées par le sculpteur portugais Antônio Teixeira Lopes (1866-1942).
Praça Pio X, Centro, tél. (21) 2233-2324. Lun. à vend., 8h/16h; sam., 8h/12h; dim., 9h/13h.

❸ **Casa França–Brasil**
La Maison France-Brésil fut projetée par Grandjean de Montigny, l'architecte qui diffusa le style néoclassique, arrivé en 1816 avec la Mission Française (cette initiative de João VI, dirigée par l'intellectuel Joaquim Lebreton, visait à faire venir des artistes français, comme le peintre Jean-Baptiste Debret, pour fonder à Rio une Académie des Beaux-Arts, semblable à celle de Paris). Le bâtiment fut inauguré en 1820 comme centre d'affaires. Un an plus tard il allait être la scène d'une violente répression: les troupes royales l'envahirent pour disperser la foule qui exigeait la permanence au Brésil de la Cour portugaise. Puis il abrita les douanes, les archives des banques et fut le siège de la seconde Cour d'Assises (1956 à 1978). Suite à des travaux de rénovation,

le local fonctionne aujourd'hui comme centre culturel et, bien qu'il n'ait pas de collection propre, abrite des expositions tout au long de l'année (consulter la programmation). À noter les 24 colonnes de style dorique qui jalonnent l'espace sous la grande voûte centrale avec claire-voie. On y trouve une librairie, un café et un cinéma qui projette des films en journée.
Rua Visconde de Itaboraí, 78, Centro, tél. (21) 2253-5366, Mar. à dim., 1h/20h.

❹ Centro Cultural Banco do Brasil (CCBB)

Depuis 1989, le Centre Culturel Banco do Brasil abrite la programmation la plus attrayante et respectée de la ville et constitue une référence en la matière. Doté de salles d'exposition et de vidéo, d'un théâtre, d'un cinéma, d'une bibliothèque, d'une librairie et d'un restaurant, il est également un point de rencontre, de loisir où l'on vient prendre un pot entre amis. Il s'y passe toujours quelque chose d'intéressant, aussi il n'est franchement pas indispensable de vérifier la programmation au préalable. Voisin de la Casa França-Brasil, le bâtiment projeté par un des disciples de Grandjean de Montigny et construit en 1880, a aussi abrité un centre commercial.
Rua Primeiro de Março, 66, Centro, tél. (21) 3808-2020, Mar. à dim., 10h/2h.

❺ Centro Cultural Correios

Le Centre Culturel des Postes, inauguré en 1993, comporte dix salles dans lesquelles ont lieu des expositions gratuites, un auditorium de 200 places pour les films, les pièces et les concerts de musique brésilienne, ainsi qu'une petite salle vidéo. L'ascenseur datant de 1922 pour trois passagers, plus le liftier, est une relique de l'époque de la construction. Ce bâtiment, de style éclectique, a été construit entre 1921 et 1922 pour abriter l'école professionnelle de la compagnie anglaise d'assurances Lloyd au Brésil. Des années plus tard, une partie de l'administration des Postes s'y est installée. Au rez-de-chaussée se trouve une petite galerie avec des expositions, une agréable cafétéria et une agence de la

Paço Impérial: de résidence de la famille royale à centre de culture

> ## BARS ET RESTAURANTS DU CENTRE
>
> Bars et restaurants, surtout ceux d'influence portugaise, occupent les rues étroites et historiques du centre. Dans le traditionnel et agréable **Rio Minho**, vous pourrez grignoter sur la terrasse tout en admirant ses *azulejos*. Ouvert en 1884, il est devenu célèbre pour ses plats tels que la *sopa Leão Veloso*, soupe à base de fruits de mer *(rua do Ouvidor, 10, tél. 21/2509-2338. Lun. à ven., 11h/16h)*. Dans une ambiance simple, **Penafiel** sert des plats bien garnis, tels que l'*arroz de lula e de pescadinha* (riz au calmar et merlan), le *mocotó à portuguesa* (potage de pieds de bœuf), la *dobradinha* (tripes et haricots blancs) et le *bacalhau com arroz e brócolis* (morue avec riz et brocolis). L'intérieur de la maison est classé par le patrimoine culturel de Rio *(rua Senhor dos Passos, 121, tél. 21/2224-6870. Lun. à ven., 11h/15h30)*. Le **Bar Luiz**, ouvert en 1887 par l'Allemand Adolf Rumjaneck, est un arrêt obligé pour une bière bien fraîche. Situé depuis 1927 dans la rua da Carioca, il propose une bonne cuisine allemande ainsi que des charcuteries et diverses viandes. Sur les murs, des photos anciennes de Rio donnent un style d'époque *(rua da Carioca, 39, tél. 21/2262-6900, Lun. à sam., 11h/23h30; dim., 12h/18h)*. Le Bar Luiz fait partie du circuit *Cinêlandia et environs* de ce guide, page 96.

Poste en fonctionnement. Sur la **Praça dos Correios**, à côté, ont lieu des événements en plein air. La place est parfois recouverte pour la projection de films lors du festival d'animation Anima Mundi et du Cinesul.
Rua Visconde de Itaboraí, 20, Centro, tél. (21) 2503-8770. Mar. à dim., 12h/19h.

❻ IGREJA NOSSA SENHORA DA LAPA DOS MERCADORES

En sortant du Centro Cultural Correios et en empruntant la rua Visconde de Itaboraí, dans le sens du Restaurant Cais do Oriente, vous allez rencontrer cette petite église, considérée par beaucoup comme la plus charmante de la ville. Érigée par des colporteurs en 1750 dans une rue historique qui conserve aujourd'hui encore ses gracieux éclairages, l'église fut au départ un oratoire public avant de subir de profondes modifications au XIXe siècle. En 1893, au cours de la Révolte de la Marine Militaire un boulet destiné au Palais d'Itamaraty atteignit son clocher et renversa une statue en marbre de Notre Dame. La statue (restée intacte) et le projectile qui l'atteignit se trouvent dans la sacristie.
Rua do Ouvidor, 35, Centro, tél. (21) 2509-2339, Lun. à ven., 8h/14h.

❼ PAÇO IMPERIAL

En sortant de l'Eglise Nossa Senhora da Lapa dos Mercadores, prenez à droite la **travessa do Comércio**, passez devant les bars – installés dans d'anciennes maisons coloniales et continuez, jusqu'à attendre le petit **Arco do Teles**; vous arrivez alors en face de la grande **praça Quinze de Novembro** et, juste après, devant le bâtiment du **Paço Impérial**. À sa gauche, près de la mer, se trouve **le chafariz de Mestre Valentim**. Cette fontaine de 1789 était sculptée en forme de pyramide dans le granit et le marbre. Un peu plus loin, près de la mer, se situe le point de départ des bateaux pour Niterói, Ilha do Governador et Paquetá. La place Quinze de Novembro, anciennement *Quai Pharoux*, fut pendant des siècles la porte d'entrée et de sortie pour ceux qui accostaient à Rio. Le **Paço Imperial**, érigé en 1743 pour être le siège du gouvernement et la résidence du gouverneur, accueillit la famille royale lors de son arrivée en 1808, et fut le décor d'épisodes historiques tels que la signature de la loi qui abolit l'esclavage *(Lei Áurea)* et le sacre des empereurs Pedro I et Pedro II. C'est aujourd'hui un centre culturel qui offre une excellente programmation d'art contemporain et

Igreja da Ordem Terceira do Monte do Carmo: un décor impressionnant

comprend un cinéma, un café et un restaurant *(praça Quinze de Novembro, 48, Centro, tél. (21) 2533-4407. Mar. à dim., 12h/18h).* De l'autre côté, dans la rue animée Primeiro de Março, se trouvent côte à côte deux églises: l'**Igreja Nossa Senhora do Carmo da Antiga Sé** – cathédrale de la ville jusqu'en 1977, considérée par beaucoup d'historiens comme celle qui a le mieux conservé les caractéristiques baroques à Rio *(rua Primeiro de Março, s/n, Centro, tél. 21/2242-7766. Lun. à ven., 7h/17h. Fermée sam. et dim.)* et l'**Igreja da Ordem Terceira de Nossa Senhora do Monte do Carmo** – construite par étapes, essentiellement entre 1755 et 1768, dans un style baroque et rococo, dont le Chemin de Croix mérite un détour *(rua Primeiro de Março, Centro, tél. 21/2242-4828, Lun. à ven., 8h/15h30; sam., 8h/11h. Fermée le dimanche).*

⑧ Espaço Cultural da Marinha

L'Espace Culturel de la Marine abrite le navire-musée Bauru, le sous-marin-musée Riachuelo et la galiote utilisée par la famille impériale. Le lieu propose une visite guidée de l'**Ilha Fiscal**, île où fut réalisé le dernier et somptueux bal donné par la monarchie, quelques jours avant l'institution de la République. *Avenida Alfredo Agache, Centro, tél. (21) 2104-6025. Mar. à dim., 12 h/17 h. Promenades à l'Ilha Fiscal: jeu. à dim., 13h/16h. Promenades dans la Baie de Rio (Baía da Guanabara): jeu. à dim., 13h15/15h15.*

⑨ Igreja Nossa Senhora do Bonsucesso

Chapelle construite en 1567, deux ans après la naissance officielle de la ville, après l'expulsion des Français par les Portugais. L'église a subi de multiples transformations architecturales. La façade date du XIXe siècle, époque où elle fut reconstruite. On peut y voir le crucifix et l'étendard de miséricorde qui accompagnèrent l'*inconfidente* (membre du mouvement révolutionnaire Inconfidência Mineira) Tiradentes au gibet, des orgues du XVIIIe siècle, une chaire, un autel et des retables du collège des Jésuites du morne do Castelo, démoli en 1922. Peints au XVIIe siècle, les retables sont considérés comme les plus anciens de Rio et les seuls d'influence maniériste

(architecture portugaise typique des XVIe et XVIIe siècles, également appelée jésuite). Le bâtiment est reliée à la Santa Casa de Misericórdia.
Largo da Misericórdia, Centro, tél. (21) 2220-3001, Lun. à ven., 7h/15h30. Fermée samedi et dimanche.

⑩ IGREJA DE SÃO FRANCISCO DE PAULA

Érigée au XVIIIe siècle, cette église est mal conservée mais réserve des surprises à l'interieur. On peut y découvrir l'entaillage du début du XIXe siècle, de style baroque, les ornements de Mestre Valentim dans le sanctuaire, des entailles d'Antônio de Pádua Castro et des peintures de Vítor Meireles.
Largo de São Francisco, Centro, tél. (21) 2509-0067, Lun. à ven., 9h/13h.

⑪ REAL GABINETE PORTUGUÊS DE LEITURA

Le Cabinet Royal Portugais de Lecture est la bibliothèque d'œuvres portugaises hors du Portugal la plus spectaculaire, avec une collection de plus 350 000 ouvrages. Inauguré en 1837, il est de style néomanuélin. L'imposante et superbe salle de lecture, de 400 m² et une hauteur sous plafond de 23 m, laisse apparaître la structure métallique ornée de motifs médiévaux dorés qui se termine par un vitrail en fer forgé et en verre couvrant toute la salle. Les tables de lecture sont en jacaranda sculpté. Parmi ses raretés, la collection comprend la première édition de *Os Lusíadas* de Camões, de 1572. Une partie de la collection peut être visitée, à l'exception des œuvres rares.
Rua Luís de Camões, 30, Centro, tél. (21) 2221-3138. Lun. à ven., 9h/18h.

⑫ CENTRO DE ARTE HÉLIO OITICICA

Le Centre d'Art Hélio Oiticica abrite la collection de l'un des artistes brésiliens les plus expressifs des années 1960 et 1970. La collection appartient à la famille d'Oiticica (1937-1980) et retrace les différentes phases de l'artiste. Dans ses six galeries sont organisées des expositions temporaires. Les catalogues des expositions font partie de la bibliothèque du MoMA de New York.
Rua Luís de Camões, 68, Centro, tél. (21) 2242-1012. Mar. à ven., 11h/19h; sam., dim. et jours fériés, 11h/17h.

Vestiges du passé colonial conservés dans le Real Gabinete Português de Leitura

CINELÂNDIA ET ENVIRONS

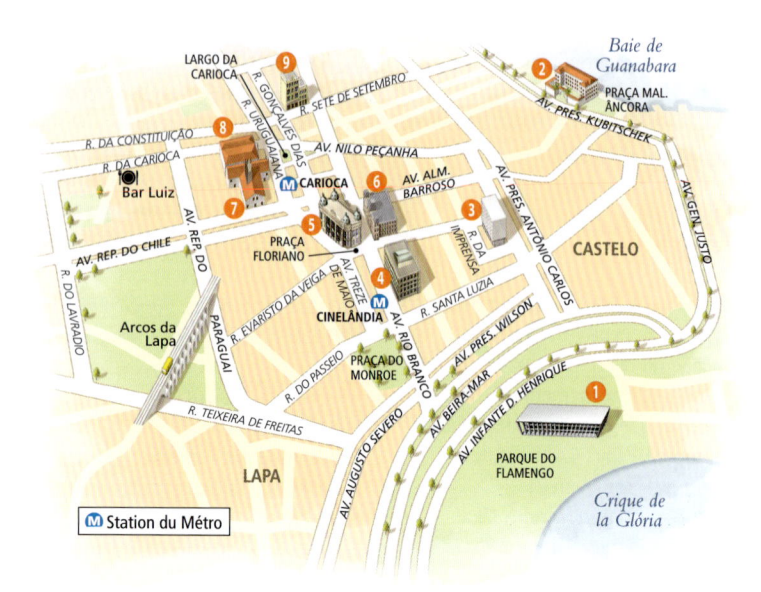

Map labels: Baie de Guanabara, LARGO DA CARIOCA, R. GONÇALVES DIAS, R. SETE DE SETEMBRO, AV. PRES. KUBITSCHEK, PRAÇA MAL. ÂNCORA, R. DA CONSTITUIÇÃO, R. URUGUAIANA, AV. NILO PEÇANHA, R. DA CARIOCA, Bar Luiz, CARIOCA, AV. ALM. BARROSO, AV. PRES. ANTONIO CARLOS, AV. GEN. JUSTO, CASTELO, AV. REP. DO CHILE, PRAÇA FLORIANO, R. DA IMPRENSA, AV. REP. DO PARAGUAI, AV. EVARISTO DA VEIGA, AV. TREZE DE MAIO, CINELÂNDIA, R. SANTA LUZIA, R. DO LAVRADIO, Arcos da Lapa, R. DO PASSEIO, PRAÇA MONROE, AV. RIO BRANCO, AV. PRES. WILSON, R. TEIXEIRA DE FREITAS, AV. AUGUSTO SEVERO, AV. BEIRA-MAR, AV. INFANTE D. HENRIQUE, PARQUE DO FLAMENGO, LAPA, Crique de la Glória, Station du Métro

1 - Museu de Arte Moderna
2 - Museu Histórico Nacional
3 - Palácio Gustavo Capanema
4 - Biblioteca Nacional
5 - Theatro Municipal
6 - Museu Nacional de Belas-Artes
7 - Igreja e Convento de Santo Antônio
8 - Igreja da Ordem Terceira de São Francisco da Penitência
9 - Confeitaria Colombo

Historiquement, la région de Cinelândia réunissait – au début du XXᵉ siècle et autour de l'avenida Central alors récemment inaugurée (aujourd'hui avenida Rio Branco) – des politiciens, artistes et intellectuels ou simplement tous ceux qui souhaitaient faire un brin de causette tranquillement. C'est là que surgirent les premiers cinémas de la ville – aujourd'hui une bonne partie sont devenus des temples pentecôtistes. La région reste cependant l'un des plus importants couloirs culturels de la vie de Rio : y sont concentrés le **Teatro Municipal**, la **Biblioteca National**, le **Museu Nacional de Belas-Artes** et le **Cine Odeon** BR rénové. L'ensemble a été construit durant la rénovation promue par le maire Pereira Passos au début du XXᵉ siècle. Il est recommandé de débuter la promenade par le **Museu de Arte Moderna**, situé sur l'**Aterro do Flamengo**, stratégiquement placé en bord de mer.

❶ **MUSEU DE ARTE MODERNA (MAM)**
Le Musée d'Art Moderne (MAM) est l'une des plus extraordinaires constructions de l'architecture mondiale du XXᵉ siècle. Inauguré en 1958, il est le chef-d'oeuvre de l'architecte carioca Affonso Reidy, et bénéficie du paysagisme inspiré de Roberto Burle Marx. Il s'agit d'un immense bâtiment horizontal qui semble flotter, suspendu par des colonnes perpendiculaires en "v", situé sur le remblai de l'Aterro do Flamengo, également une œuvre de Reidy. La structure creuse n'interrompt pas le chemin des jardins jusqu'à la mer.

En 1978, un violent incendie détruisit une bonne partie de sa collection, laissant le musée paralysé et fermé pendant plus d'une décennie. Aujourd'hui il abrite 11 000 pièces d'art moderne et contemporain, aussi bien brésiliennes qu'internationales, et la collection Gilberto Chateaubriand avec des œuvres des premiers modernistes brésiliens. On peut y admirer *Urutu* de Tarsila do Amaral, *Number 16* de Jackson Pollock et l'installation *O fantasma* d'Antônio Manuel. C'est au MAM qu'a lieu le *Fashion Rio*, semaine de la mode de Rio. Profitez de la visite au musée pour explorer à pied l'**Aterro do Flamengo**, le plus grand projet paysagiste de Burle Marx. Vous y découvrirez les plantes et les fleurs qu'il a su redécouvrir, au milieu d'un vaste espace de loisir et de sports. Les dimanches et jours fériés, les avenues sont interdites à la circulation automobile.
Avenida Infante Dom Henrique, 85, Parque do Flamengo, tél. (21) 2240-4944. Mar. à ven., 12h/18h; sam., dim. et jours fériés, 12h/19h.

❷ **Museu Histórico Nacional**
La **Fortaleza de Santiago**, de 1603, et la **Prisão do Calabouço**, de 1693, sont à l'origine de l'ensemble architectural du Musée Historique National. Sa collection comprend 287 000 éléments liés à l'histoire coloniale brésilienne, mais seule une partie est exposée. A noter les carrosses et la plus grande collection de pièces de monnaie d'Amérique latine.
Praça Marechal Âncora, Centro, tél. (21) 2550-9260, Mar. à ven., 10h/17h30; sam., dim. et jours fériés, 14h/18h.

❸ **Palácio Gustavo Capanema**
Le Palais Gustavo Capanema est l'une des icônes de l'architecture mondiale. Il fut le premier grand bâtiment moderniste au monde, construit entre 1937 et 1943. Le Corbusier participa à sa construction au titre d'architecte conseil. Il fut dessiné et réalisé par une équipe brillante mais encore jeune dont faisaient partie Lucio Costa, Oscar Niemeyer et Affonso Reidy. Le bâtiment s'appuie sur des piliers de

Museu de Arte Moderna (MAM) de Rio de Janeiro: symbole de l'avant-garde artistique de les années 1950 et 1960

La colonnade du Palácio Capanema, qui inaugura l'époque des constructions modernistes

10 m de haut – première œuvre de Niemeyer –, ce qui permet la libre circulation dans cet espace ouvert sur la rue. Ancien siège du Ministère de l'Éducation et de la Culture, le bâtiment du palais est encore utilisé par l'administration publique, d'où son accès restreint. Découvrez le beau jardin de Burle Marx, les panneaux d'*azulejos* de Cândido Portinari et les sculptures de Bruno Giorgi.
Rua da Imprensa, 16, Centro, tél. (21) 2220-1490, Lun. à ven., 9h/17h.

❹ Biblioteca Nacional
Achevé en 1910, l'édifice de la Bibliothèque Nationale impressionne dès l'entrée, avec son escalier majestueux qui mène au premier étage. Cependant, la principale raison de la visite reste la collection de plus de 3 millions de titres. Quelques œuvres sont uniques ou rarissimes, comme les lettres de la famille impériale, deux exemplaires de la première édition de *Os Lusíadas*, de Camões, de 1572 et deux exemplaires de la Bible de Mayence, imprimés sur parchemin en 1462. Les visites guidées permettent l'accès à tous les secteurs. Elles ont lieu du lundi au vendredi à 11h, 13h et 16h et durent entre 30 et 40 minutes.
Avenida Rio Branco, 219, Cinelândia, tél. (21) 2262-8255. Lun. à ven., 9h/20 h; sam., 9h/15h.

❺ Theatro Municipal
La programmation culturelle du théâtre s'étend de mars à décembre. Mais il peut – et doit – être visité même en dehors de cette période pour pouvoir admirer son architecture inspirée du bâtiment de l'Opéra de Paris, pour ses escaliers en marbre et ses rampes en onyx, pour les sculptures de Rodolfo Bernardelli et les peintures d'Eliseu Visconti. Inauguré en 1909, ce charmant théâtre de 2 400 places fut construit à côté de la nouvelle avenida Rio Branco, afin de profiter de la vue de la Baie de Guanabara et de l'aqueduc des Arcos da Lapa, cachés aujourd'hui par les immeubles.

Possibilité de visites guidées, du lundi au vendredi, toutes les heures à partir de 10h et jusqu'à 17h. Le dimanche à 11h a lieu le *Domingo no Municipal*, avec présentation de concerts.
Praça Floriano, Cinelândia, tél. (21) 2262-3935. Lun. à ven., 10h/17h.

❻ Museu Nacional de Belas-Artes

Le Musée National des Beaux-Arts fut construit sur initiative de João VI, dans le but de conserver les œuvres rapportées d'Europe par la Mission Française en 1816. Anciennement appelé Académie Royale des Beaux-Arts, le musée possède une superbe collection de près de 5 000 oeuvres d'art brésilien du XIXe siècle. Il s'agit surtout de dessins, dont notamment *Batalha dos Guararapes* de Vítor Meireles, *Juventude* d'Eliseu Visconti et *São Tomé das Letras* de Nicolau Facchinetti. Les images illustrant les grands moments historiques nationaux dans les livres scolaires se trouvent là, avec toutes leurs couleurs. Le fonds complet a plus de 16 000 oeuvres d'artistes tels que Frans Post, Cândido Portinari, Anita Malfatti, Lasar Segall, Alfredo Volpi et Auguste Rodin.
Avenida Rio Branco, 199, Cinelândia, tél. (21) 2240-0068. Mar. à ven., 10h/18h; sam., dim. et jours fériés, 14h/18h.

❼ Igreja e Convento de Santo Antônio

À proximité de l'agitation du largo da Carioca, l'Église et le couvent de Santo Antônio se situent dans la partie qui a subsisté du morne qui portait le nom du saint. Construite de 1608 à 1620, l'église possède des objets précieux, dont un chapier dans la sacristie, réalisé en 1749 par Manuel Setúbal. *Azulejos* et peintures retracent des scènes de la vie de Saint Antoine. Le couvent fut bâti plus tard, pendant la seconde moitié du XVIIIe siècle. L'ensemble est classé patrimoine historique depuis 1938.
Largo da Carioca, Centro, tél. (21) 2262-0129. Lun. à ven., 8h/18h30; sam., 9h/11h; dim., 10h/11h.

❽ Igreja da Ordem Terceira de São Francisco da Penitência

Rares sont les ouvrages coloniaux de la ville qui peuvent rivaliser en importance avec cette église du Tiers Ordre de Saint François de la Pénitence. L'opulence de la boiserie dorée semble aveugler le visiteur. Construite en 1657 et réouverte au public en 2000, après 12 ans de fermeture pour restauration, elle est un monument précurseur du baroque au Brésil, devançant même le baroque de Minas Gerais. Elle est aussi située sur ce qui reste du morne de Santo Antônio.

De la Mission Française aux Reformes Urbaines

L'arrivée de la Mission Française en mars 1816 marqua la naissance au Brésil d'une production artistique inspirée des modèles européens. L'objectif de João VI était de créer l'Académie des Arts et Métiers et d'implanter les enseignements artistiques et professionnels. L'intellectuel Joaquim Lebreton, chef de la mission, apporta une petite collection de tableaux qui fut à l'origine de la collection actuelle du Musée National des Beaux-Arts (MNBA), né au milieu des bouleversements qu'a connus la ville. Au début du XXe siècle, Rio vécut en effet sa plus grande transformation urbanistique. Les anciens taudis et les demeures bourgeoises cédèrent la place à l'avenida Central, devenue depuis avenida Rio Branco, qui coupa la région du port à la plage de Flamengo et transforma la ville. C'est à cette époque que Rio édifia la Cinelândia et les bâtiments de style éclectique aux traits néoclassiques, à l'image du trio Théâtre Municipal/MNBA/Bibliothèque Nationale.

Vue aérienne de l'exubérante Igreja da Penitência

Admirez en toute tranquillité son art sacré, les chaires et les images taillées dans le bois et dorées à la feuille. La majorité des œuvres sont des Portugais Manuel de Brito, tailleur, Francisco Xavier de Brito, sculpteur et maître d'Aleijadinho, et Caetano Costa Coelho, auteur du magnifique trompe-l'œil de la glorification de saint François sur les 35 mètres du plafond de la nef principale. Découvrez la statue de Nossa Senhora Imaculada Conceição, du XVIIIe siècle, de près de deux mètres. Dona Maria Desidéria qui s'occupe de l'église pourra vous raconter son histoire. Le couvent et l'église forment un bel ensemble colonial au cœur de la ville.
Largo da Carioca, 5, Centro, tél. (21) 2262-0197. Mar. à ven., 9h/12h et 13h/16h.

❾ CONFEITARIA COLOMBO

La Pâtisserie Colombo est, dans son genre, le lieu le plus traditionnel de la ville. Ouverte depuis 1894, elle semble s'être arrêtée dans le temps : les immenses miroirs importés de Belgique, les vitraux, le plancher et les marbres, tout est d'origine. Arrêt excellent pour prendre un café et se restaurer avant de continuer la balade en ville ou pour prendre un thé en fin d'après-midi. La pâtisserie possède une petite filiale au Fort de Copacabana, sans le même charme toutefois.
Rua Gonçalves Dias, 32, Centro, tél. (21) 2232-2300. Lun. à ven., 9h30/20h; sam., 9h30/17h; Fermée le dimanche.

Retour dans le passé dans le charmant intérieur de la Confeitaria Colombo

Arcos da Lapa, avec le tramway qui monte vers Santa Teresa. Au loin, l'église et le couvent de Santa Teresa

Lapa

C'est à Lapa qu'est né le voyou de Rio, le *malandro*. Fréquentée dans les années 1930 par les bohèmes comme Noel Rosa et Madame Satã, le quartier est occupé depuis le XVIIIe siècle, et doit son nom à l'église Nossa Senhora do Carmo da Lapa do Desterro de 1751 qui, malgré les nombreux changements, existe encore. Il y a dans la région des recoins chargés d'histoire, prêts à être redécouverts. L'un d'eux est le **Passeio Público**, une allée entre Lapa et Cinelândia élaboré par Mestre Valentim au XVIIIe siècle et offert par le vice-roi Luís de Vasconcelos à sa maîtresse *(rua do Passeio, Centro, tous les jours, 9h/17h)*. Un autre est l'ancien Entrepôt Romão, érigé en 1896 et où fonctionne aujourd'hui la **Sala de Concertos Cecília Meireles**, rénovée et d'une capacité de 835 places *(Largo da Lapa, 47, tél. 21/2224-4291. Billetterie : lun. à ven., 13h/18h; sam. et dim., 13h/18h, quand il y a des spectacles)*. À Lapa vécurent les poètes Manuel Bandeira et Antônio Maria. Le peintre Cândido Portinari y installa son atelier. Dans les années 1950 et 1960, ce fut le centre musical de la ville. Ses cafés, restaurants et crémeries devinrent des points de rencontre d'artistes et d'intellectuels. Expropriés et démolis, ils cédèrent la place à d'autres établissements qui restèrent ouverts à la vie de bohème. Là se trouve le fameux **Circo Voador** *(Rua dos Arcos, tél. 21/2533-5873/0354)*, chapiteau qui fit fureur dans les années 80 en recevant les premiers concerts de groupes tels que Barão Vermelho, ou de Cazuza, Blitz, Legião Urbana et Kid Abelha, ainsi que des représentations d'acteurs comme Regina Casé et Luís Fernando. Fermé pendant la décennie de 1990, le local fut réouvert en 2004 après des rénovations. Derrière le Circo Voador se trouve la **Fundição Progresso** *(Rua dos Arcos, 24, tél. 21/2220-5070)*, énorme centre culturel abritant des concerts, des présentations de cirque et un ciné-club.

La Nuit à Lapa

Compositeurs et chanteurs traditionnels de samba, jeunes B.C.B.G., branchés couverts de piercings, étudiants, touristes étrangers, cadres, travestis et prostituées font de la région des **Arcos da Lapa** une Babel nocturne riche et animée. Les bars à la mode, installés dans les anciennes et étroites maisons de la Lapa, en particulier sur les avenidas Mem de Sá et Gomes Freire et dans la rua do Lavradio (célèbre pour sa concentration de brocanteurs et magasins d'antiquité), présentent des groups de musique brésilienne (MPB, *chorinho* et *samba*) jusqu'à deux ou trois fois par soirée. L'un des lieux à connaître est le traditionnel **Carioca da Gema** *(avenida Mem de Sá, 79, tél. 21/2221-0043. Lun. à jeu., 18h/1h; ven., 18h/3h; sam., 21h/2h)*. Un autre est le bar **Comuna do Semente**, juste en dessous de l'Aqueduc, tenu par des musiciens *(rua Joaquim Silva, 138, tél. 21/2509-3591. Jeudi à partir de 21h; dimanche, 17h/23h)*. Le bar à cachaças **Mangue Seca** mêle musique *live*, fruits de mer et petites tables sur le trottoir *(rua do Lavradio, 23, tél. 21/3852-1947. Lun., 11h/15h; mar. à sam., de 11h jusqu'au dernier client)* et se trouve presque en face de la surprenante salle de concerts **Rio Scenarium**. Pour le dîner, une bonne adresse est le très traditionnel restaurant **Nova Capela**, qui reste ouvert jusqu'à l'aube et accueille au petit matin les musiciens des environs et les journalistes *(avenida Mem de Sá, 96, tél. 21/2252-6228. Tous les jours, 11h/4h)*.

Un Plus

🍽 Le **Rio Scenarium**, splendide salle de concerts de trois étages décorée de pièces anciennes, est le point fort de la nuit à Lapa. Les spectacles de musique populaire animent les couples sur la piste de danse, y compris les touristes les plus timides – en deux semaines 106 musiciens s'y produisent. Pendant la journée, les centaines d'objets (une ancienne pharmacie complète, un buste de Getúlio Vargas, des canapés, des étagères, etc.) sont loués pour composer le décor de films, de théâtre ou de TV. C'est pourquoi le mobilier de la salle est en constante transformation. L'accès aux trois étages se fait par un curieux ascenseur ancien. Dans l'annexe, un cabaret et un espace pour des expositions apportent la touche finale *(rua do Lavradio, 20, tél. 21/3852-5516; mar. à sam., à partir de 19h)*.

La bohème arrosée de *chorinho* et de bière glacée dans les bars de Lapa

Vue de l'historique Largo das Neves, à partir du bar Santa Saideira

Santa Teresa

Situé sur les hauteurs du morne, le quartier de Santa Teresa, connu comme le Montmartre de Rio, est marqué par l'atmosphère bohème que lui donnèrent les artistes en y installant leurs ateliers, à l'exemple de José Bechara, Marcos Chaves et Raul Mourão. Pour emprunter les ruelles étroites et pentues et accéder aux vieilles maisons et aux jardins bien entretenus, il faut prendre le *bonde* (tramway). Pendant la journée, il circule du Centre à Santa Teresa en passant sur l'**Aqueduto da Carioca**, connu comme **Arcos da Lapa**. Cet aqueduc possède 42 arcades de couleur blanche et est long de 270 m; il a été construit en 1750 pour alimenter la ville en eau de la rivière Carioca (*Tramway: Estação de Bondes: rua Lélio Gama (bâtiment de Petrobras, à côté de l'Aqueduto da Carioca, près de la Catedral Metropolitana), Centro, tél. 21/2240-5709. Tous les jours, 6h/23h, départ toutes les 15 minutes*).

Bière et Amuse-gueule

À Santa Teresa, des petits bars et restaurants autour des petites places du largo dos Guimarães et du largo das Neves vous attendent pour le déjeuner ou pour une longue nuit. Découvrez la carte du **Bar do Arnaudo**, territoire de la cuisine du Nord-Est et qui ne désemplit pas (*Rua Almirante Alexandrino, 316-B, tél. 21/2252-7246. Mar. à ven., 12h/22h; sam. et dim., 12h/20h*), la bière de l'**Adega do Pimenta** (*Rua Almirante Alexandrino, 296, tél. 21/2224-7554. Lun. et mer. à*

Personnage

Le sculpteur bahianais Zé Andrade a déjà transformé en petits personnages d'argile plus de soixante-dix personnalités nationales. Vinicius de Moraes, Toquinho, Tom Jobim, Cartola, Carlos Drummond de Andrade et plus récemment le président Lula ont inspiré les créations de l'artiste. On peut les trouver dans les libraries du réseau Travessa, à la Toca do Vinicius, à Ipanema et à la Bibliothèque Nationale. Il reçoit dans son atelier, sur rendez-vous (*rua Leopoldo Fróes, 83-A, Santa Teresa, 21/2242-1415*).

Un Plus

🍴 La pâtisserie **Alda Maria Doces Portugueses** consomme près de 500 oeufs par jour pour offrir aux Brésiliens le goût des pâtisseries du Portugal. *Pastéis de nata, ovos moles, toucinho do céu, fios de ovos*, tartes et compotes vous y attendent *(rua Almirante Alexandrino, 1116, tél. 21/2232-1320).*

---

ven., 12h/22h; sam. et dim., 12h/20h), ou encore le **Sobrenatural** (*Rua Almirante Alexandrino, 432, tél. 21/2224-1003. Tous les jours, à partir de 12h),* lieu simple et agréable spécialisé dans les fruits de mer fraîchement pêchés par les bateaux des propriétaires.

Museu Chácara do Céu

Ce musée rassemble des pièces léguées par l'homme d'affaires et collectionneur Raimundo Castro Maya (1894-1968). Il s'agit d'œuvres d'artistes comme Picasso, Dali et Miró. Dans la collection brésilienne se trouvent des œuvres de Portinari, Di Cavalcanti et Iberê Camargo. Admirez la série *Dom Quixote* de Portinari, inspirée du livre de Miguel de Cervantès et composée de 21 dessins au crayon de couleur. À noter aussi dans la collection brésilienne les aquarelles et dessins de Debret ainsi que les peintures, gravures et cartes de voyageurs du XIXe siècle. À voir encore des œuvres de Matisse et de Taunay. Le bâtiment actuel du musée a été projeté en 1954 par l'architecte Wladmir Alves de Souza. Les jardins, conçus par Burle Marx, sont un attrait supplémentaire de ce musée installé dans la maison ayant appartenu à Castro Maya. Sur le parking, ne manquez pas d'admirer la belle vue sur la Baie de Guanabara. *Rua Murtinho Nobre, 93, Santa Teresa, tél. (21) 2507-1932 ou 2224-8981. Mer. à lun., 12h/17h.*

Parque das Ruínas

Le Parc des Ruines est ce qui reste du petit palais néoclassique où vécut

Museu Chácara do Céu : jardins, collection et vue spectaculaires

Laurinda Santos Lobo au début du XXe siècle, surnommée la "maréchale de l'élégance" par le célèbre chroniqueur João do Rio. En haut de la colline la vue est très belle. Le jardin est ouvert aux visites, mais pas les ruines. Concerts, théâtre et expositions sont parfois programmés.
Rua Murtinho Nobre, 169, Santa Teresa, tél. (21) 2252-1039. Mar. à dim., 8h/20h.

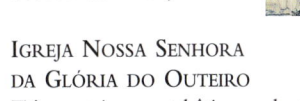

IGREJA NOSSA SENHORA DA GLÓRIA DO OUTEIRO

Très certainement bâtie pendant la première moitié du XVIIIe siècle en haut d'un morne avec vue sur la Baie de Guanabara, cette église était l'une des préférées de la famille royale.
On peut y voir sur sa nef et dans la chapelle principale de superbes *azulejos* du XVIIIe siècle, produits entre 1735 et 1740. Le musée annexe possède environ mille pièces cataloguées *(mar. à ven., 9h/17h; sam. et dim., 9h/13h)*. Un plan incliné relie la partie basse du quartier à l'église. L'église a été sans doute l'une des plus reproduites par les peintres qui voyageaient dans le pays.
Praça Nossa Senhora da Glória, 135, Glória, tél. (21) 2557-4600. Lun. à ven., 8h/17h; sam. et dim., 8h/12h.

Igreja Nossa Senhora da Glória do Outeiro et, ci-dessus, détail de ses azulejos à l'intérieur

Une Irrésistible Vocation pour la Gaieté

Comme tout bon habitant de Minas Gerais, je suis de Rio; comme tout bon carioca, je suis de Minas Gerais. Peu importe l'ordre, je suis un fanatique impartial de Rio de Janeiro, s'il est possible qu'un fanatisme soit impartial. D'ailleurs, on ne connaît personne qui aime plus ou moins Rio. On peut ne pas aimer, mais si on aime on adore, sans moyen terme. La poétesse Elizabeth Bishop, par exemple, a détesté Rio quand elle s'y est arrêtée pour une courte escale: "Tout est négligé, corrompu. Rio me déprime. Comment arrivent-ils à vivre ici?". Puis elle est restée, elle a fini par rester 15 ans, au bout desquels elle a dû avouer que la ville lui avait sauvé la vie.

La plupart des étrangers en sont vite tombés amoureux, frappés du coup de foudre. Dès sa plus tendre enfance, la ville s'est habituée aux éloges. Elle n'était encore qu'une enfant quand un de ses amants, le tout-puissant premier gouverneur général Tomé de Sousa, écrivit: "Tout ce que l'on peut dire d'elle est grâce". Même les religieux la regardèrent d'un œil profane. "C'est la baie la plus élégante et la plus amène de tout le Brésil", soupira le père Anchieta, entièrement catéchisé par la beauté du lieu. Peu de temps après, son collègue de la Compagnie de Jésus, le père Fernão Cardim, ressentit presque la même chose: "C'est une chose splendide et la plus agréable de tout le Brésil".

Ils sont si nombreux à avoir chanté sa beauté qu'elle a fini par devenir coquette et narcissique, alimentant son amour propre des éloges étrangers qu'elle a peu à peu incorporés à sa nature. La Ville Merveilleuse pleine de mille charmes est ce qu'elle est, mais aussi ce qu'elle paraît être en prose et en vers, à travers le regard de la séduction et du langage de la passion. Peu importe que le nom de la ville soit masculin; on lui attribue des vertus et des vices féminins, dans un processus d'animisme qui tente de transformer en personne ce très animé être inanimé. On dit qu'elle est voluptueuse, charmante, exubérante, sexy, attirante, séductrice. On parle de sa faune et de sa flore, de ses montagnes et de ses criques comme si l'on parlait d'un objet du désir.

À l'exemple des courbes et des lignes des femmes de Rio, les accidents géographiques de la ville sont aussi porteurs de suggestions érotiques. Il y a des forêts vierges, des contours sensuels, des cavités sinueuses. La baie n'est pas seulement une entrée géographique, elle est aussi une évocation métaphysique du ventre et de l'utérus, invitant, avec ses sentiers, ses concavités et ses dépressions profondes, voyageurs et pèlerins à la pénétration et à la jouissance – tous les amants sur le chemin de la perdition des sens. "Cette belle femme n'a pas besoin de bijoux ni de soie; elle a avant tout besoin d'être propre. À notre grande honte et tristesse, elle est avant tout sale", écrivit Rubem Braga, l'un de ses tendres amoureux, dans un moment d'irritation causé par le manque de propreté de l'être aimé – toutefois, une irritation passagère, aléas de l'amour.

Par la ferveur de ses amants et par son propre mérite, elle fut créée pour être muse. Solaire, sensuelle et spectaculaire, elle a toujours exhibé avec beaucoup d'impudeur ses formes et ses couleurs. Elle a fait du charme à Debret, elle a posé pour Rugendas et s'est pâmée devant les objectifs d'Augusto Stahl, d'Augusto Malta ou de Marc Ferrez. Elle a tenté tous ceux qui portaient un chevalet ou un trépied, une caméra ou un appareil photo. Peu d'espaces physiques ont exercé autant de fascination et excité si ardemment le regard de peintres et chroniqueurs, poètes et compositeurs de sérénades, d'ici et d'ailleurs.

Vinicius de Moraes disait qu'être un habitant de Rio est un état d'esprit. Peut-être est-ce plus que cela, car il ne s'agit pas seulement de l'âme mais de corps et âme. On aime cette ville avec tous les sens, à commencer par les yeux. Elle est toute sensorielle. La première révélation est évidemment visuelle. Elle est aussi sonore et tactile, surtout tactile, une question de peau. Quelle chose superbe qu'une *garota* (fille) d'Ipanema ou de Copacabana dans un doux balancement des hanches s'en allant vers les vagues. Elle va se baigner puis s'étend sur le sable pour sécher et dorer encore plus son corps hâlé et presque nu. Cette relation avec l'eau, le sable et le soleil est un rite hédoniste, presque érotique.

D'après Tom Jobim, qui a mis tout cela en musique, nous avons hérité de nos ancêtres indigènes *tamoios* le goût pour l'eau, la brousse, la musique et la danse. Aurait-il pu naître ailleurs? D'où auraient pu surgir le mini bikini et le *string* sinon dans l'espace idéal pour la pratique du *carpe diem*? S'asseoir sur une chaise pliante à la plage et observer le rituel des nouveaux *tamoios* jouant avec la mer, écouter la conversation des jeunes, voir les gestes, les rapprochements, les flirts, les rencontres et les non-rencontres sont en soi un programme divertissant, pas cher et démocratique. Mais il en existe d'autres. Contrairement à Salvador, qui est historique (même le H de Bahia appartient au passé), Rio est plus géographique. Ce qu'il y a de plus beau n'a pas été créé par l'homme. Ses lieux de balade, ses attractions touristiques font en général partie de la nature: le Pão de Açucar, le Corcovado, les plages de Copacabana, Ipanema, Leblon, l'Aterro do Flamengo, la Quinta da Boa Vista et la forêt de Tijuca.

Il est significatif qu'une ville merveilleuse, qui aime mélanger le sacré et le profane, ait comme protecteur le Christ aux bras ouverts et comme patron saint Sébastien criblé de flèches, un saint zen ayant triomphalement résisté au supplice. Les deux composent un discours visuel qui exprime deux états communs au carioca: la générosité proposée par l'un et la sérénité démontrée par l'autre devant l'adversité. Ils ont, de fait, tout à voir avec cette terre à la fois gaie et souffrante. L'un est l'instance maximale de la rédemption; l'autre, plus proche, sert d'intercesseur et d'exemple, avec son beau corps jeune presque toujours dévêtu, à la manière des habitants de Rio.

Parfois paradis, parfois enfer, plus probablement "purgatoire de la beauté et du chaos" selon la chanteuse Fernanda Abreu, Rio vit en recourant à ces deux puissants protecteurs. La ville expose ses beautés sans hypocrisie, et laisse voir avec la même franchise ses plaies, en masquant la douleur et en dédramatisant la souffrance. Comme le savent tous ses chroniqueurs d'hier et d'aujourd'hui, Rio a la gaieté comme irrésistible vocation.

Zuenir Ventura,
écrivain et journaliste

VUES PANORAMIQUES ET PLAGES BRANCHÉES

← São Paulo

GUADALUPE · COSTA BARROS · ACARI
VILA MILITAR · DEODORO · TURIAÇU
JARDIM SULACAP · MARECHAL HERMES · CASCADURA
SERRA DO NOGUEIRA · ABOLIÇÃO
TAQUARA · ÁGUA SANTA
Projac · JACAREPAGUÁ · JACAREZINHO
Autódromo Nelson Piquet · CIDADE DE DEUS · FREGUESIA · SERRA DOS PRETOS FORROS · MÉIER · BENFICA
GARDÊNIA AZUL · ANIL
LIGNE JAUNE
Morro da Panela · SERRA DOS TRÊS RIOS · GRAJAÚ

Lagune de la Tijuca

ALTO DA BOA VISTA · Floresta da Tijuca · ANDARAÍ

Les routes d'accès au Parc National de la Tijuca offrent de belles vues sur différents sites de Rio.

Pedra da Gávea 842 m · Pedra Bonita 696 m · ESTRADA DAS FURNAS · USINA · MUDA

Marina Barra Grande

Vue de la Pedra da Gávea et de la plage de São Conrado. Sauts en deltaplane et parapente.

Mesa do Imperador 483 m · Estrada das Paineiras

BARRA DA TIJUCA · Morro do Cochrane · ESTRADA DA VISTA CHINESA · Parque Nacional da Tijuca

AV. DAS AMÉRICAS

JOÁ · ESTRADA DA CANOA · Vista Chinesa 413 m

Cabo da Gávea · Ponta do Mourisco

De la route de la Canoa on peut voir São Conrado et une partie de la côte en direction de Guaratiba.

Du belvédère de la Vista Chinesa et de la Mesa do Imperador on peut voir la forêt et la tache urbaine entourant la Lagune Rodrigo de Freitas. Accès par la route Dona Castorina, dans le quartier du Jardim Botânico.

Favela da Rocinha · Jardim Botânico · JARD. BOTÂN.

Praia de São Conrado · SÃO CONRADO

Ilha do Meio · Gruta da Imprensa · Morro Dois Irmãos · GÁVEA · Jockey Club Brésilien · Lagune Rodrigo de Freitas

VIDIGAL · AV. BORGES DE MEDE... · Ski nautique

Cabo Dois Irmãos · AV. NIEMEYER · LEBLON · AV. DELFIM MOREIRA

12 Baixo Bebê **11**

Praia do Leblon

"Point" de volley-ball **10**

Praia de Ipanema (entre 9 et 10) · Football, Footvolley et Volley **9** · IPANEMA · AV. VIEIRA SOUTO

"Point" Gay (entre 8 et 9) · "Point" Bodyboard

Ilha das Palmas
Ilha Comprida · Ilha Cagarra

Cette carte indique les meilleurs points de vue et les plages les plus recherchées de Rio – Leme, Copacabana, Ipanema et Leblon. Les lieux de rencontre des différents groupes – touristes, jeunes, personnes âgées et enfants – sont les 12 postes de sauvetage, espacés de 800 m ou 1 km depuis le Leme (Posto 1) jusqu'à Leblon (Posto 12). Sur cette étendue de presque 10 km se pratiquent football de plage, volley, footvolley, tennis de plage, patinage, surf, gymnastique, cyclisme, jogging et marche.

Serra dos Órgãos / Baie de Guanabara / Rio

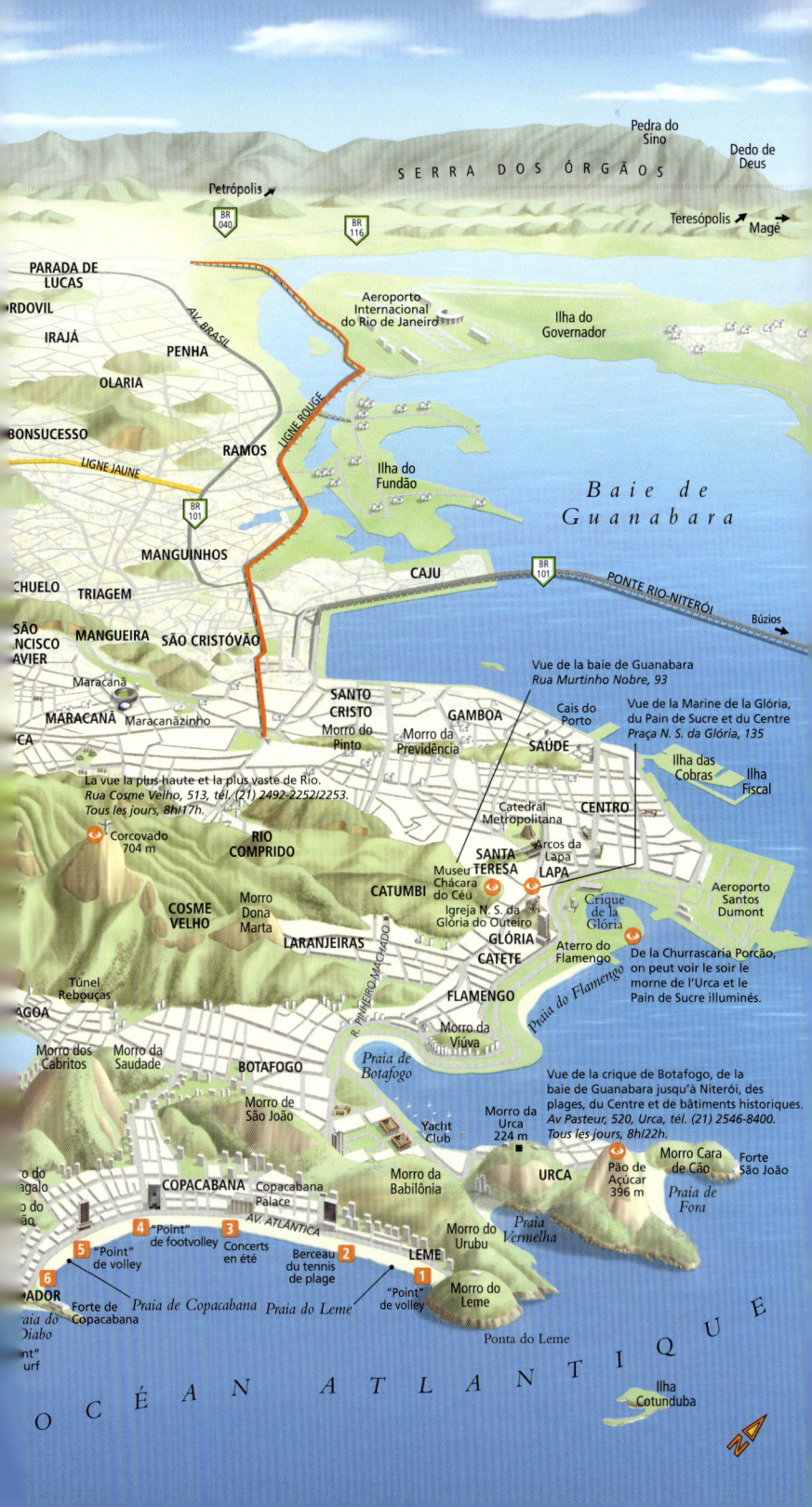

Serra dos Órgãos
- Pedra do Sino
- Dedo de Deus
- Petrópolis
- Teresópolis → Magé

Routes:
- BR 040, BR 116, BR 101
- Ligne Rouge
- Ligne Jaune
- Av. Brasil
- Ponte Rio-Niterói → Búzios

Nord/Quartiers nord-ouest:
- Parada de Lucas
- ...dovil
- Irajá
- Penha
- Olaria
- Bonsucesso
- Ramos
- Manguinhos
- ...chuelo
- Triagem
- Mangueira
- São Cristóvão
- Maracanã / Maracanãzinho
- São Francisco Xavier

Aéroport & îles:
- Aeroporto Internacional do Rio de Janeiro
- Ilha do Governador
- Ilha do Fundão
- Caju
- Ilha das Cobras
- Ilha Fiscal
- Aeroporto Santos Dumont

Baie de Guanabara

Centre:
- Santo Cristo – Morro do Pinto
- Gamboa – Morro da Previdência
- Saúde – Cais do Porto
- Centro
- Catedral Metropolitana
- Santa Teresa – Museu Chácara do Céu
- Lapa – Arcos da Lapa
- Glória – Igreja N. S. da Glória do Outeiro
- Catete
- Flamengo – Aterro do Flamengo
- Enseada da Glória / Crique de la Glória
- Praia do Flamengo

Points de vue (encadrés):

Vue de la baie de Guanabara
Rua Murtinho Nobre, 93

Vue de la Marine de la Glória, du Pain de Sucre et du Centre
Praça N. S. da Glória, 135

La vue la plus haute et la plus vaste de Rio.
Rua Cosme Velho, 513, tél. (21) 2492-2252/2253.
Tous les jours, 8h/17h.

Corcovado 704 m

De la Churrascaria Porcão, on peut voir le soir le morne de l'Urca et le Pain de Sucre illuminés.

Vue de la crique de Botafogo, de la baie de Guanabara jusqu'à Niterói, des plages, du Centre et de bâtiments historiques.
Av. Pasteur, 520, Urca, tél. (21) 2546-8400.
Tous les jours, 8h/22h.

Zone centre-sud:
- Rio Comprido
- Cosme Velho – Morro Dona Marta
- Catumbi
- Laranjeiras
- R. Pinheiro Machado
- Túnel Rebouças
- ...agoa
- Morro dos Cabritos
- Morro da Saudade
- Botafogo – Morro de São João
- Praia de Botafogo
- Yacht Club
- Morro da Viúva
- Morro da Urca 224 m
- Morro da Babilônia
- Morro do Urubu
- URCA
- Pão de Açúcar 396 m
- Morro Cara de Cão
- Forte São João
- Praia Vermelha
- Praia de Fora

Copacabana / Leme:
- Morro do Leme
- Ponta do Leme
- LEME – ① "Point" de volley
- ② Berceau du tennis de plage
- ③ Concerts en été
- ④ "Point" de footvolley
- Copacabana Palace
- COPACABANA
- Av. Atlântica
- ⑤ "Point" de volley
- Praia de Copacabana
- Praia do Leme
- ⑥ ...ador – Forte de Copacabana
- Morro do ...agalo
- ...o do...
- Praia do Diabo
- "...nt" surf

Ilha Cotunduba

OCÉAN ATLANTIQUE

Vue aérienne de l'avenida Atlântica, sur le bord de mer le plus animé du pays

COPACABANA

Les 4 km de bord de mer entre Leme et le Fort de Copacabana reflètent parfaitement l'esprit de Rio. Copacabana, l'un des quartiers les plus peuplés de la ville, est en ébullition jour et nuit – kiosques, trottoir et voie cyclable, matchs de volley et de foot. C'est la plage préférée des *cariocas* plus âgés et pleins d'entrain, qui y font leur promenade quotidienne et leurs exercices de gymnastique. Avec la décadence de la classe moyenne, le quartier a perdu un peu de sa poésie, mais il reste l'adresse du plus bel hôtel de Rio – le **Copacabana Palace** – et de la très grande fête populaire du nouvel an. C'est là que des milliers de personnes, cariocas et touristes venus du monde entier, célèbrent le Réveillon et assistent, massés sur les plages, au spectaculaire feu d'artifice du bord de mer.

Pour Manger
À Copacabana, le touriste trouvera facilement à se restaurer – du petit bistrot aux endroits les plus raffinés dispersés sur le bord de mer et dans les rues du quartier. À connaître absolument l'**Alfaia** et **A Marisqueira**. Dans le premier, les portions généreuses de *bacalhau à patuscada* (morue) sont le principal attrait de ce petit et accueillant restaurant *(rua Inhangá, 30, loja B, tél. 21/2236-122. Lun. à sam., 12h/24h; dim., 12h/23h)*. Dans le second, la morue est également à l'honneur, avec notamment le *bacalhau à Mário Soares*, en plus de l'appétissante *caldeirada de frutos do mar* (casserole de fruits de mers) *(rua Barata Ribeiro, 232, tél. 21/2236-2062. Lun. à dim., 11h/24h)*. À découvrir également le restaurant **Cais da Ribeira**. Donnant directement sur la mer de Copacabana, il offre le soir, en plus d'une jolie vue, une délicieuse cuisine portugaise *(avenida Atlântica, 2 964, tél. 21/2548-6332. Tous les jours, 12h/15h et 19h30/23h30)*. Roland Villard, l'un des meilleurs chefs de la ville, est à la tête du **Pré**

Catelan, dont la cusine – française – est irrésistible et change toutes les quinzaines *(avenida Atlântica, 4 240, tél. (21) 2525-1160. Tous les jours, 19h30/23h30).*

Depuis cinquante ans, le **Shirley**, restaurant petit et simple, offre des plats copieux de cuisine espagnole, tels que *camarão ao lulu* (crevettes) et *polvo à espanhola* (pieuvre) *(rua Gustavo Sampaio, 610, Leme, tél. 21/2542-1797. Tous les jours, 12h/1h).*

COPACABANA PALACE

Hôtel-symbole de Rio de Janeiro et premier immeuble de Copacabana, il fut érigé en 1923 par la famille Guinle. Cet imposant et élégant bâtiment de 225 chambres s'avéra décisif dans l'internationalisation du quartier. Il a accueilli des présidents, des rois et des stars d'Hollywood. Il fut le décor de *Carioca*, film de 1933 dans lequel Fred Astaire et Ginger Rogers dansèrent ensemble pour la première fois. Classé patrimoine historique, le Copa a indéniablement du cachet : profitez d'une partie de l'après-midi pour lire devant la piscine en dégustant une part de tarte avec un café au **Pérgola**. Le Copa abrite aussi le **Cipriani**, l'un des restaurants de Rio les plus chics, dirigé par le chef Francesco Carli. *Avenida Atlântica, 1702, tél. (21) 2548-7070.*

FORTE DE COPACABANA

Le fort a été construit pendant les quinze premières années du XXe siècle à l'endroit où se trouvait l'église Nossa Senhora de Copacabana, qui a donné son nom au quartier. L'épisode le plus célèbre du fort est resté connu comme "Les 18 du Fort". Le lieu abrite le **Museu Histórico do Exército** (Musée Historique de l'Armée) et l'unique filiale de la centenaire **Confeitaria Colombo** (pâtisserie), sans oublier la vue imprenable sur la plage de Copacabana. On peut y prendre un petit-déjeuner ou un thé l'après-midi sous les parasols et apprécier le paysage. Marcher jusqu'à la pointe du fort permet d'avoir une belle vue sur l'océan.
Praça Coronel Eugênio Franco, 1, Posto 6, Copacabana, tél. (21) 2287-3781. Mar. à dim., 10h/17h.

Les mosaïques portugaises de pierres blanches et noires : marque des trottoirs de Copacabana

LA BASSE GASTRONOMIE

Dans de nombreuses villes, la décoration, la renommée du chef et surtout les prix sont des signes de la qualité d'un restaurant. Ces règles ne s'appliquent pas à Rio de Janeiro. Les habitants se plient à la rigueur de la température de 30 ou 40 degrés et ne cherchent donc pas à faire un effort vestimentaire au retour de la plage pour aller assouvir leur faim. Ils valorisent les endroits d'aspect simple, dans lesquels la nourriture est copieuse et savoureuse, sans prétention, où l'on peut s'asseoir en tongs et en short, voire torse nu, sans que le serveur ne vous regarde de travers. Ce réseau de petits restos, de bars de jus de fruits et de glaciers où la décontraction est déconcertante porte même un nom : la *baixa gastronomia* (basse gastronomie). Le glacier **Mil Frutas** (*Rua Garcia d'Ávila, 134, loja A, Ipanema, tél. (21) 2521-1384. Lun. à dim., 18h30/0h30*) offre des créations composées de fruits brésiliens les plus divers (*mangaba, pitanga*, banane) et la délicieuse *goiabada com queijo* (pâte de goyave et fromage). Quant aux bars, ils sont la base de la sociabilité de la ville. Profession, classe sociale ou nom de famille sont mis de côté, et font place à la conversation autour d'une bière bien glacée. Certains bars sont devenus des classiques, comme le **Jobi** (*avenida Ataulfo de Paiva, 1166, Leblon, tél. 21/2274-0547. Tous les jours, 9h/4h*), dernier refuge pour un verre au petit matin. Dans le même quartier, le **Bracarense** (*rua José Linhares, 85-B, Leblon, tél. 21/2294-3549. Lun. à sam., 7h/24h; dim., 7h/22h*) est devenu une attraction touristique, avec ses amuse-gueule comme le *bobozinho* (petites croquettes fourrées) et les *bolinhos de camarão com catupiry* (croquettes de crevettes au fromage). Le bar **Devassa** (*avenida General San Martin, 1241, Leblon, tél. 21/2540-6087. Lun. à ven., à partir de 17h; sam. et dim., à partir de 14h*), avec sa bière artisanale, a été également adopté par les habitants, de même que le **Belmonte**, qui possède des filiales à Leblon, Ipanema et au Flamengo (*praia do Flamengo, 300, tél. 21/2552-3349. Tous les jours, 7h30/3h*). Dans la même lignée, le **Cervantes** (*avenida Prado Júnior, 335, Copacabana, tél. 21/2275-6147. Mar à jeu., 12h/4h; ven. et sam., 12h/5h30; dim., 12h/4h*), offre bières et sandwichs, dont le *Cervantes especial* composé de filet de bœuf et ananas. Autre institution dans la ville, les *casas de sucos* (bars de jus de fruits) : découvrez notamment le **Balada Sumos** (*Avenida Ataulfo de Paiva, 620, loja B, Leblon, tél. 21/2239-2699, dim. à jeu., 7h/2h; ven. et sam., 7h/3h*), et ses dizaines de saveurs et de mélanges inhabituels, ainsi que le **Polis Sucos**, traditionnel à Ipanema (*Rua Maria Quitéria, 70 A, tél. 21/2247-2518. Tous les jours, 8h/24h*).

La beauté des rochers de l'Arpoador, entre les plages agitées de Copacabana et Ipanema

IPANEMA ET LEBLON

Le bord de mer le plus valorisé de la ville a entendu les premiers accords de *Garota de Ipanema*, de Tom Jobim et Vinicius de Moraes. Cette chanson a immortalisé Ipanema, qui s'étend de l'Arpoador jusqu'au canal du Jardim de Alah – canal de liaison entre la lagune Rodrigo de Freitas et la mer –, qui sépare Ipanema et Leblon. Les quelques 6 km de plage d'Ipanema et de Leblon sont animés jour et nuit. La vitalité du bord de mer tient à son trottoir et à sa piste cyclable très fréquentés, aux incroyables applaudissements collectifs qui saluent le coucher de soleil au Poste 9, aux mini-écoles de volley tenues par des joueurs célèbres, au footvolley féminin, aux matchs de foot et même au lieu spécialement conçu pour les enfants: le **Baixo Bebê**, avec aire de jeux et tables à langer, en face de la Rua Venâncio Flores à Leblon.

POUR MANGER

Sur les *avenidas* de bord de mer Vieira Souto et Delfim Moreira, ainsi que sur les artères Prudente de Morais, Visconde de Pirajá et Barão da Torre se côtoient nombre de bars et restaurants de haute et basse gastronomie, petites boutiques et galeries vendant vêtements et objets de marques locales et internationales. Ceux qui recherchent le raffinement choisiront de dîner dans le traditionnel et renommé **Antiquarius**. Son menu de cuisine portugaise va bien au-delà de la morue: l'*arroz de pato* (riz au canard) et l'*açorda* (panade) sont à goûter absolument. Après le repas, visitez la boutique d'antiquités située dans la mezzanine *(Rua Aristides Espínola, 19, Leblon, tél. (21) 2294-1049. Tous les jours, 12h/2h)*. Le **Margutta** est indiqué pour les amateurs de poissons et de fruits de mer ou de cuisine italienne *(Avenida Henrique Dumont, 62, Ipanema, tél. 21/2259-3718. Lun. à ven., 17h/24h; sam., dim. et jours fériés, 12h/1h; dim.)*. Le traditionnel **Porcão** d'Ipanema attend ceux qui ne peuvent pas se passer de viande *(Rua Barão da*

Cinémas
1. Espaço Leblon de Cinema
2. Leblon
3. Estação Ipanema
4. Cineclube Laura Alvim

Libraries
1. Letras & Expressões Leblon
2. Argumento
3. Livraria da Travessa
4. Travessinha
5. Letras & Expressões
6. Toca do Vinicius

Torre, 218, tél. 21/2522-0999. *Tous les jours, 12h/24h)*. Pour les amateurs de pizzas, rendez-vous à la prestigieuse et animée pizzeria **Capricciosa** *(rua Vinicius de Moraes, 134, tél. 21/2523-3394. Tous les jours, 18h/2h)*.

LA MODE PLAGE

Ipanema abrite l'un des grands circuits de la mode de Rio, dont son incomparable *moda praia* (mode plage), exportée aux quatre coins du monde. Les boutiques se concentrent dans le carré des rues **Barão da Torre, Garcia d'Ávila, Visconde de Pirajá** et **Aníbal de Mendonça**. Le nec plus ultra est que tout peut se faire à pied, en empruntant les rues agréables, charmantes et animées, ombragées de badamiers, avec des kiosques à journaux et marchands de fleurs. Dans la **Galeria Ipanema 2000** *(rua Visconde de Pirajá, 547)* se trouvent la boutique de bikinis **Salinas** *(loja 204, tél. 21/2274-0644. Lun. à ven., 9h/19h; sam., 9h30/15h)* et **Totem**, magasin de robes et de tee-shirts colorés et charmants *(loja 212, tél. 21/2540-0661. Lun. à ven., 10h/19h30; sam., 10h/16h)*. À proximité se trouve la **British Colony**, boutique de vêtements de Maxime Perelmuter, l'un des jeunes stylistes les plus renommés de la mode de Rio *(rua Visconde de Pirajá, 550, loja 111 A, Top Center, tél. 21/2274-1693. Lun. à ven., 9h/20h; sam., 9h/17h)*. Un peu plus loin une autre marque branchée de vêtements, **Fórum** *(rua Barão da Torre, 455, Ipanema, tél. 21/2521-7415. Lun. à ven., 10h/20h; sam., 10h/16h)*. À noter enfin la bijouterie du célèbre designer brésilien **Antonio Bernardo** où sont exposées ses créations *(rua Garcia d'Ávila, 121, Ipanema, tél 21/2512-*

TOCA DO VINICIUS

L'Espace Culturel **Toca do Vinicius** est à la fois un charmant magasin de disques, une librairie, un musée et un centre culturel spécialisé dans tout ce qui est brésilien (musique populaire brésilienne, *bossa nova*, *samba*, *choro*). Un petit musée à l'étage supérieur conserve des articles de journaux, des photos et des objets personnels de Vinicius de Moraes. Sur le trottoir ont lieu le dimanche des concerts ou des conférences. Il y a même des jours où l'on descend un énorme piano dans la rue.
Rua Vinicius de Moraes, 129, Ipanema, tél. 21/2247-5227.

Galeries

1. Anita Schwartz Galeria
2. Galeria de Arte Ipanema
3. Galeria Jean Boghici
4. Bolsa de Arte
5. Silvia Cintra Galeria de Arte
6. Laura Marsiaj Arte Contemporânea
7. Athena Galeria de Arte
8. Marcia Barrozo do Amaral Galeria de Arte
9. Maurício Pontual Galeria de Arte

7204. *Lun. à ven., 10h/20h; sam., 10h/17h).* Le magasin principal du joaillier et bijoutier **H. Stern** offre des visites guidées (dans les principales langues) où l'on peut observer les orfèvres tailler et polir les pierres précieuses et semi-précieuses brésiliennes. Un service de navette gratuit ramasse, sous réservation, les touristes à leur hôtel *(rua Garcia d'Ávila, 113, Ipanema, tel. 21/2274-8897; pour les groupes, 2106-0000, poste 1465. Lun. à ven., 8h30/18h30; Sam, 8h30/14h).*

Le marché Hippie

La traditionnelle **Feira Hippie de Ipanema** a lieu le dimanche, de 8h du matin jusqu'au coucher du soleil. Située place **General Osório**, à 100 m de la plage, elle existe depuis 35 ans et rassemble une soixantaine d'exposants qui vendent bijoux, artisanat et vêtements.

Le Circuit des Librairies

La Zone Sud de Rio, où se concentrent les meilleurs quartiers, dispose également d'excellentes librairies. La

Les charmantes librairies, comme celle de la Travessa, sont fréquentées par les bohèmes et les intellectuels

plus grande des quatre filiales de la **Livraria da Travessa** *(rua Visconde de Pirajá, 572, Ipanema, tél. 21/3205-9002. Lun. à sam., 9h/24h; dim., 11h/24h)* possède toute une collection de livres sur Rio sur ses étagères qui rappellent les rayonnages d'une bibliothèque. Le restaurant **B!**, dans la mezzanine, sert des repas et des amuse-gueule. La petite filiale du réseau, la **Travessinha** *(rua Visconde de Pirajá, 462, Ipanema, tél. 21/2287-5157. Lun. à ven., 10h/19h; sam., 10h/16h; fermée le dimanche)* mérite aussi une visite. Le **Café Severino**, dans la librairie **Argumento** *(rua Dias Ferreira, 417, tél. 21/2239-5294)* est ouvert jusqu'à minuit. Le capuccino du **Café Ubaldo**, de la librairie **Letras & Expressões** *(rua Visconde de Pirajá, 276, Ipanema, tél. 21/2521-6110. Lun. à jeu., 8h/24h; ven. et sam., 8h/2h; dim., 8h/24h)* est réputé. Avec trois étages, un bar, un café et une grande collection de revues, elle est le point de rencontre des intellectuels noctambules, surtout les vendredis et samedis. Dans sa filiale du Leblon *(avenida Ataulfo de Paiva, 1292, tél. 21/2511-5085)* le menu est le même, seul change le nom: **Café Antônio Torres**.

Cinémas

Après une journée à la plage, deux cinémas à Ipanema et deux à Leblon vous attendent pour passer la soirée. Le **Cineclube Laura Alvim**, sur l'avenue de la plage à Ipanema, possède trois petites salles *(avenida Vieira Souto, 176, tél. 21/2267-1647)* et l'**Estação Ipanema** deux autres *(rua Visconde de Pirajá, 605, tél.(21/3221-9221)*. À trois rues de la plage du Leblon se trouve l'**Espaço Leblon de Cinema** *(rua Conde Bernadotte, 26, loja 101, tél. (21) 2511-8857)*. Le plus grand de tous, le cinéma **Leblon**, offre deux grandes salles *(avenida Ataulfo de Paiva, 391, tél. 21/3221-9292)*.

Le Circuit des Galeries

Avec autant d'inspiration naturelle, humaine et architecturale, il n'est pas

Nature, charme et agitation sur le bord de mer entre Arpoador et Leblon

Dimanche en été: trottoir élargi pour le loisir des habitants de Rio

surprenant que les arts plastiques se soient développés à Rio de Janeiro. Il existe tout un circuit de galeries d'art à visiter, à commencer par celles qui sont spécialisées en art contemporain brésilien: la galerie **Laura Marsiaj Arte Contemporânea** *(Rua Teixeira de Melo, 31 C, Ipanema, tél. 21/2513-2074. Mar. à ven., 10h/19h; sam., 12h/18h)* travaille avec des artistes comme Hildebrando de Castro et Rosângela Rennó. À proximité se trouve la **Silvia Cintra Galeria de Arte** *(rua Teixeira de Melo, 53, loja D, Ipanema, tél. 21/2267-9401. Lun. à ven., 10h/19h; sam., 12h/16h)*, avec des œuvres d'Antônio Dias et Daniel Senise, entre autres. La **Bolsa de Arte**, maison de vente aux enchères, évaluation et authentification d'œuvres, réalise ses ventes aux enchères au Copacabana Palace. Cinq jours d'exposition sur deux étages précèdent les ventes aux enchères, au nombre de quatre par an en moyenne, qui établissent les paramètres du marché d'art brésilien *(rua Prudente de Morais, 326, Ipanema, tél. 21/2522-1544. Lun. à ven., 11h/19h)*. La grande expérience du marchand Jean Boghici, qui dirige la **Galeria Jean Boghici,** garantit l'excellence et la diversité des œuvres en vente – de Portinari à Wesley Duke Lee *(rua Joana Angélica, 180, Ipanema, tél. 21/2522-4660 et 2547-1972. Lun. à ven., 14h/20h; sam., 14h/18h)*. Autre lieu traditionnel, le **Marcia Barrozo do Amaral Galeria de Arte**, qui possède des œuvres de Frans Krajcberg, Anna Letycia et Sued *(avenida Atlântica, 4 240, sous-sol, loja 129, Shopping Cassino Atlântico, Copacabana, tél. 21/2521-5195. Lun. à ven., 10h/18h; sam. 12h/18h)*. À côté est installée l'**Athena Galeria de Arte** de Liecil Oliveira *(avenida Atlântica, 4 240, sous-sol, loja 129, Shopping Cassino Atlântico, Copacabana, tél. 21 2523-8621 et 3813-2222. Lun. à ven., 15h/20h)*, spécialisée dans les modernistes tels que Di Cavalcanti, Segall et Tarsila. D'autres bonnes galeries se trouvent dans les quartiers de Botafogo, Laranjeiras, Leblon, Gávea et Jardim Botânico. La collection de **Lurixs Arte Contemporânea** *(rua Paulo Barreto, 77,*

Vue aérienne de Leblon et d'Ipanema

Botafogo, tél. 21/2541-4935, Lun. à ven., 10h/19h) mêle les œuvres d'artistes renommés avec celles d'autres moins connus, et expose aussi des photographies. La boutique spécialisée **Pé de Boi** regroupe de beaux objets de l'artisanat national, en provenance de presque toutes les régions: cela va des personnages en terre cuite de la Vallée du Jequitinhonha à la céramique *marajoara*, de l'Île de Marajó *(rua Ipiranga, 55, Laranjeiras, tél. 21/2285-4395 et 2285-5833. Lun. à ven., 9h/19h; sam., 9h/13h).* Traditionnelle à Rio, l'**Anita Schwartz Galeria** possède deux adresses – la plus accessible est celle de Leblon *(avenida Ataulfo de Paiva, 270, loja 30 A, Rio Design Leblon, tél. 21/2274-3873. Lun. à ven., 10h/22h; sam., 10h/20h).* La petite **Mínima Galeria Bistrô** réalise de belles expositions temporaires. Pour ses peintures, ses sculptures et ses dessins, ne manquez pas de découvrir la **Galeria Anna Maria Niemeyer** *(rua Marquês de São Vicente, 52, loja 205, Shopping da Gávea, tél. 21/ 2239-9144, lun. à ven., 10h/21h; sam., 10h/18h),* qui appartient à la fille d'Oscar Niemeyer. L'**H.A.P. Galeria** d'Heloisa Amaral, pleine de charme, alterne des expositions de sa collection et d'autres individuelles d'artistes contemporains nationaux *(rua Abreu Fialho, 11, Jardim Botânico, tél. 21/ 3874-2830 et 3874-2726. Lun. à ven., 11h/19h; sam., 14h/20h).* Pas loin de là, dans le Parque Lage, l'espace **Cavalariças** mérite le détour. Les artistes interviennent sur la structure de la construction ancienne, située juste à côté de l'**Escola de Artes Visuais do Parque Lage**, où l'on peut observer les créations des étudiants *(rua Jardim Botânico, 414, tél. (21) 2538-1091 et 2538-1879. Lun. à jeu., 9h/12h; ven., 9h/19h; sam., 14h/17h).*

LE POINT DE RENCONTRE GAY
C'est entre les postes 8 et 9, en face de la rua Farme do Amoedo, que se concentrent les gays de Rio par ailleurs au top mondial des circuits Gays et Lesbiennes. Après la plage, les groupes se réunissent dans les bars de la rua Farme, entre les rues Visconde de Pirajá et Barão da Torre. L'un des plus fréquentés est le **Bofetada** *(rua Farme de Amoedo, 87 A, Ipanema, tél. 21/2227-1675. Tous les jours, 12h jusqu'au dernier client).* Pas très loin, en direction de la lagune Rodrigo de Freitas, se trouve le bar-discothèque **Dama de Ferro** *(rua Vinicius de Moraes, 288, Ipanema, tél. 21/2247-2330. Mer. à sam., 23h jusqu'au dernier client).* Autre lieu, plus traditionnel, la boîte de nuit **Le Boy** à Copacabana *(rua Raul Pompéia, 102, Posto 6, Copacabana, tél. 21/2513-4993. Mar. à dim., à partir de 23h).* Des fêtes très courues ont lieu à la **Fundição Progresso**, à Lapa *(rua dos Arcos, 24, tél. 21/2220-5070, à partir de 21h).* Téléphoner avant.

Rio en Plein Air

Les Sentiers

Le carioca a l'habitude de se promener à pied, profitant pleinement de la topographie et des paysages de la ville. Sans compter les magnifiques sentiers au milieu de la forêt de la Tijuca, l'un des endroits les plus agréables pour marcher est la **Pista Cláudio Coutinho**, proche du morne de la Urca et du Pain de Sucre. Cette piste offre une immersion totale dans la nature. Les autres sentiers importants sont celui de la **Pedra do Conde**, du **Pico da Tijuca**, da **Tijuca-Mirim**, du **Bico do Papagaio**, des montagnes du Parc National de la Tijuca et enfin de la **Pedra da Gávea**, qu'il vaut mieux entreprendre avec un guide expérimenté.
Contacter. Trilhas do Rio Ecoturismo & Aventura, tél. (21) 2424-5455 ou 9207-1360. www.trilhasdorio.com.br.

Les Marathons

Pour les amateurs de courses urbanes, Rio organise deux événements majeurs. Le **Demi Marathon International de Rio**, qui a toujours lieu au second trimestre, mais sans date fixe. Il réunit environ 12 000 coureurs pour un parcours qui part de la plage de São Conrado, longe les avenues du bord de mer et arrive au largo do Machado, après la plage du Flamengo *(informations: 11/3714-0506).* Le **Marathon de la Ville de Rio de Janeiro** attire près de 3 000 coureurs le dernier dimanche de juin. Le parcours de 41 195 km va de la praça do Pontal do Recreio, au Recreio dos Bandeirantes, longe le bord de mer jusqu'à l'Aterro do Flamengo et se termine rua Cruz Lima (informations: 21/2223-2773).

Survoler Rio en Hélicoptère

Survoler la ville en hélicoptère est le meilleur moyen pour comprendre pourquoi Rio est surnommée la Ville Merveilleuse. Les principaux héliports

sont dans le **quartier de la lagune Rodrigo de Freitas**, au **morne de la Urca** et au **belvédère du morne Dona Marta**. Pour les vols nocturnes, il faut réunir 20 personnes.
Contacter. Helisight, tél. (21) 2511-2141.

L'Escalade

La ville de Rio est le plus grand centre urbain d'escalade au monde. La nature offre différents *morros* (mornes), permettant des escalades pour tous les niveaux. Vues saisissantes et contact avec la végétation locale garantis. Le **morro do Pão de Açúcar**, le Pain de Sucre, possède plus de 40 voies d'escalade. On peut en choisir une puis, arrivé en haut, redescendre en *bondinho* (téléphérique). Une autre possibilité est la voie k2, au **Corcovado**, qui se termine en haut de la montagne et offre une vue à couper le souffle. Enfin, on peut aussi escalader la **Pedra da Gávea**, le **morro Dois Irmãos**, le **Cantagalo** ou les mornes à l'extérieur de la baie de Guanabara.
Contacter. Centro de Escalada Limite Vertical, tél. (21) 2527-4938 ou 9343-8972. www.escaladarj.com.br

Sauter en Parapente et Deltaplane

Chaque weekend, la **praia do Pepino**, à São Conrado, devient l'aire de parking des parapentes et deltaplanes, formant un joli ensemble coloré à ciel ouvert. Partant de la rampe de la **Pedra Bonita**, les pilotes agréés par l'Association Brésilienne de Vol Libre (ABVL) proposent des vols à deux (instructeur et touriste), avec la possibilité de filmer et de prendre des photos.
Contacter. ABVL, Bruno Menescal, tél. (21) 3322-0266 ou 9962-7119.

Escalade du Corcovado, avec le Pão de Açucar en toile de fond

Concentration urbaine autour de la lagune Rodrigo de Freitas, où se pratiquent les sports nautiques

Lagoa Rodrigo de Freitas et Jardim Botânico

Marcher, courir, pédaler ou patiner sur la piste cyclable de 7,4 km qui contourne **la lagune Rodrigo de Freitas** est l'un des plus grands plaisirs qu'offre Rio. Le soir, on peut écouter de la musique dans l'un des kiosques placés autour de la lagune – les meilleurs sont au **Parque dos Patins** et au **Corte do Cantagalo**. D'autre part, la lagune est entourée de clubs qui permettent la pratique de nombreux sports, dont le ski nautique, le tennis et l'aviron.

Fundação Eva Klabin Rapaport

Les sœurs Eva (1903-1991) et Ema Klabin (1907-1994) ont hérité de la collection d'œuvres d'art de leur père, entrepreneur industriel de cellulose, et du goût de les acquérir. La collection d'Eva Klabin peut être admirée dans sa maison de style normand, caractéristique des années 30 à Rio. Elle réunit plus de mille pièces archéologiques d'art égyptien et grec, des toiles flamandes et de la Renaissance ainsi que des peintures anglaises du XVIIIe siècle. Admirez le portrait de *Nicolaus de Padavinus* du Tintoret, les céramiques d'Andrea della Robbias et la collection de verres romains (IIe au Ve siècle).
Avenida Epitácio Pessoa, 2480, Lagoa, tél. (21) 2523-3471. Mar. à dim., 14h/18h, seulement sur rendez-vous.

Jardim Botânico

Plus de 8000 espèces de plantes font du lieu l'un des dix plus importants jardins botaniques au monde. Il est impossible de rester indifférent à la grandeur des palmiers impériaux. João VI a fondé le Jardim Botânico en 1808, peu de temps après l'arrivée de la famille royale portugaise au Brésil. Le domaine de 137 hectares a été classé Réserve de la Biosphère par l'Unesco en 1992. Deux de ses points forts sont le **Museu Botânico** et l'**Orquidário**, qui compte plus de mille espèces d'orchidées, la plupart exotiques. Sur l'avenida Pacheco Leão (à côté du jardin), on y vend des plants. On peut prolonger la promenade sur cette avenue et voir les petites maisons de l'ancienne cité ouvrière

Allée de palmiers dans le Jardim Botânico

classée, où se trouvent les ateliers d'artistes contemporains comme Gabriela Machado, Adriana Varejão et Beatriz Milhazes. Puis emprunter en taxi la route Dona Castorina et découvrir l'Impa (Institut National de Mathématique Pure et Appliquée), une importante référence en matière de recherche scientifique. Et enfin arriver à la Vista Chinesa et à la Mesa do Imperador, magnifiques points de vue aménagés au temps de l'Empire.

Rua Jardim Botânico, 1 008, tél. (21) 2294-6012. Tous les jours, 8h/17h.

FAVELA DA ROCINHA

Avec sa vue incomparable sur Rio, la **Favela da Rocinha** est devenue une attraction touristique et, urbanisée, tente de se transformer en quartier. Ses plus de 100 000 habitants disposent de nombreux commerces, d'une banque, d'un hôtel et d'une chaîne de TV câblée qui traite du quotidien du bidonville. Pour une question de sécurité, les visites doivent être faites avec des guides – c'est le moyen le plus sûr pour circuler dans ce bidonville, qui est parfois secoué par des fusillades entre policiers et trafiquants de drogue. Renseignez-vous sur la situation avant de prévoir la visite. *Contacter: Favela Tour (www.favelatour.com.br et info@favelatour.com.br), tél. (21). 3322-2727/9989-0074.*

PLANETÁRIO

Le Planétarium de Rio est considéré le plus moderne d'Amérique latine. Une de ses coupoles, de 23 m de diamètre, abrite le planétarium Universarium VIII, qui peut montrer jusqu'à 9 000 étoiles. L'autre, de 12,5 m, accueille le Spacemaster, doté de mécanismes permettant de simuler les mouvements

Agréable piste cyclable autour de la lagune Rodrigo de Freitas

La verte luxuriance de l'imposante forêt de la Tijuca, à quelques minutes du centre

des astres, de reconstituer le ciel avec 6 500 étoiles à n'importe quelle latitude et de reproduire le firmament avec la clarté d'un ciel sans pollution atmosphérique. Après la visite, les amateurs de musique électronique peuvent aller au 00 ("zéro zéro"), restaurant de cuisine contemporaine et bar avec DJ, dans le Planétarium (tél. (21) 2540-8041).
Avenida Padre Leonel Franca, 240, Gávea, tél. (21) 2274-0046. Mar. à jeu. (seulement pour observer les étoiles), 18h30/20h30; sam., dim. et jours fériés (seulement pour les séances de coupole) 16h/17h30 (enfants) et 19h (adulte).

Floresta da Tijuca
La forêt dans les montagnes du **massif de la Tijuca** a presque disparu au XIXᵉ siècle, en raison de son exploitation inconsidérée destinée à alimenter en bois de chauffe les moulins à sucre, les ateliers de poteries et les plantations caféières en expansion. Ceci causa un désastre écologique, qui faillit priver la ville de son eau. En 1861, Pedro II fit replanter des essences locales, faisant de cette zone de 3 300 hectares le premier exemple, au Brésil, de décision gouvernementale pour reconstitution de la couverture végétale d'origine. Au fil des ans, la nature a repris ses droits et aujourd'hui elle est l'une des plus grandes forêts urbaines du monde, avec à nouveau une flore riche et diversifiée: *ipês-amarelos*, *angicos* et *jequitibás* sont des arbres qui abritent sagouins, *quatis*, tatous, fourmiliers et une multitude d'oiseaux. Les sentiers permettent d'accéder au cœur de la forêt, ainsi qu'à ses belvédères et à ses chutes d'eau cristalline – il y en a 43 –, excellent programme pour se rafraîchir en été. Il y a certains itinéraires plus faciles qui partent du **Largo do Bom Retiro**, point central du parc. D'autres sont destinés seulement aux sportifs, qui peuvent obtenir des informations au Centro de Visitantes. À noter parmi les points historiques la **capela Mayrink**. Cette chapelle, construite en 1850 et restaurée à la fin des années 1940, a reçu à l'époque trois panneaux internes de Cândido Portinari. Des agences proposent aussi des visites en véhicules ouverts.
Praça Afonso Viseu, Tijuca, tél. (21) 2492-2253. Tous les jours, 8h/18h.
Contacter: Jeep Tour, tél. (21) 3890-9273.

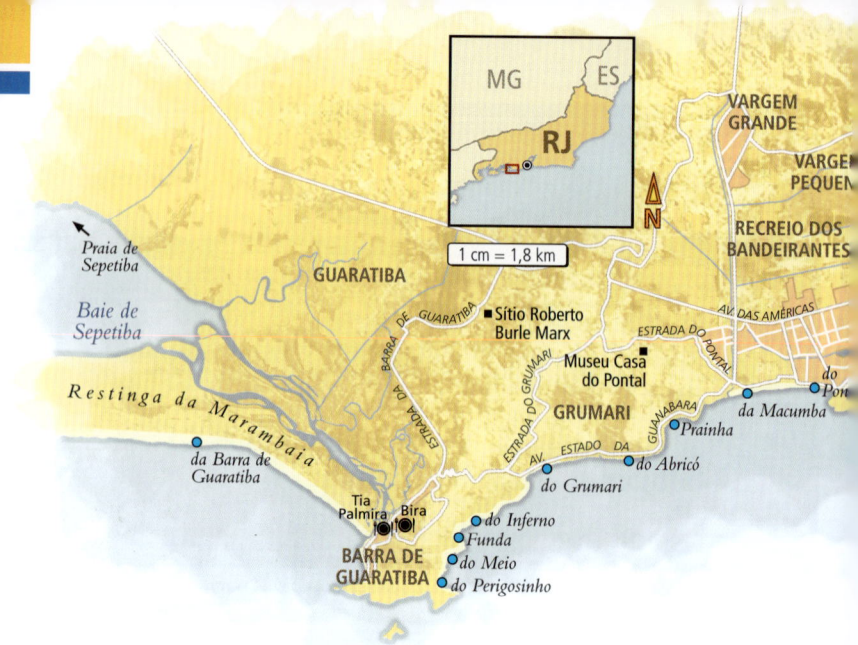

Barra da Tijuca et Recreio dos Bandeirantes

Il y a cinquante ans, alors qu'Ipanema inspirait la bossa nova, **Barra da Tijuca** était une vaste grève. Avec la construction du viaduc de Joá dans les années 70, les cariocas eurent accès aux fortes vagues de Barra, aux eaux transparentes de la plage de Grumari et au charme de Prainha, ou petite plage. La région connut un boom immobilier dans les années 80 et 90, suivant un modèle d'urbanisation à l'américaine, avec condominiums et centres commerciaux, qui ont fait de Barra le "Miami brésilien".

Les Plages de Barra da Tijuca

Le bord de mer de la Zone Ouest est composé de cinq plages principales : **Barra da Tijuca**, **Recreio dos Bandeirantes**, **Macumba**, **Prainha** et **Grumari**. Ces deux dernières sont les préférées des surfeurs. **Grumari** est réputée pour avoir l'eau la plus propre de tout le bord de mer. La plage de **Barra da Tijuca**, avec ses 15 km de long, est la plus grande de Rio et la plus fréquentée, avec ses kiosques et sa piste cyclable. Le "point" le plus branché est la **praia do Pepê**, fréquentée par les acteurs et actrices de télé, les joueurs de foot comme Romário et Ronaldinho, les fanatiques des salles de sport et les pratiquants de windsurf et kitesurf. Au Posto 4 de la plage de Barra, presque en face de l'hôtel Sheraton Barra, fonctionne la première école de surf du Brésil. Elle est dirigée par le champion brésilien et vice-champion mondial Rico de Souza et dispose d'instructeurs bilingues (*informations: tél. 21/2438-1821 et www.ricosurf.com.br*). La plage du **Recreio dos Bandeirantes** est grande, idéale pour surfer ou se promener à pied et à vélo. Ses voisines **Grumari** et **Prainha** sont un peu plus éloignées, en direction du sud. C'est pourquoi elles sont parmi les plus propres. Toutes deux se trouvent dans une zone de protection de l'environnement et sont entourées de mornes et de végétation lagunaire. **Abricó**, une minuscule bande de sable, est la continuation de Grumari, et la plage officielle des naturistes. Il n'existe pas de bus pour se rendre sur ces plages, ce qui ne les empêche pas d'être envahies les weekends. En semaine, par contre, elles sont semi-désertes et surtout fréquentées par les surfeurs. Ensuite, viennent les plages **do Inferno, Funda, do Meio, do Perigosinho, da Barra de Guaratiba, da Pedra de Guaratiba** et **de Sepetiba**.

Casa do Pontal et Sítio Burle Marx

Musée possédant la plus grande collection d'art populaire de Rio, la **Casa do Pontal** se situe dans une agréable zone bucolique de 12 000 m², au Recreio dos Bandeirantes. Elle réunit 8 000 pièces retraçant le quotidien du Brésilien, produites par plus de 200 artistes de tout le pays. Le projet est l'œuvre du designer français Jacques Van de Beuque, décédé en 2000. *(estrada do Pantanal, 3295, tél. 21/2490-3278. Mar. à dim., 9h30/17h).* Pour compléter la promenade, allez jusqu'au **Sítio Roberto Burle Marx**, propriété où le célèbre paysagiste a vécu ses derniers jours, et y est décédé en 1994 à l'âge de 84 ans. Elle se trouve à environ 5 km de la Casa do Pontal *(estrada da Barra de Guaratiba, 2019, tél. 21/2410-1412). Visites sur rendez-vous (mar. à sam., 9h30 et 13h30; dim., 9h30).* Dans la propriété de 36,5 hectares, vous pourrez admirer près de 3 500 espèces de plantes du Brésil et du monde entier collectionnées par le paysagiste depuis son enfance et organisées par Harri Lorenzi.

Barra de Guaratiba

Profitez de votre visite dans cette région pour aller manger chez **Tia Palmira** *(caminho do Souza, 18, Barra de Guaratiba, tél. 21/2410-8169. Mar. à ven., 11h30/17h; sam., dim. et jours fériés, 11h30/18h)* ou chez **Bira** *(estrada da Vendinha, 48, Barra de Guaratiba, tél. 21/2410-8304. Jeu. et ven., 12h/18h; sam., dim. et jours fériés, 12h/20h),* neveu et rival de sa Tante Palmira. Restaurants rustiques, dont le raffinement se limite aux plats servis, tous deux proposent une excellente cuisine bahianaise et des fruits de mer. Côté nature, vous pourrez apprécier la **restinga da Marambaia**.

La Cité de la Musique

La place, conçue par l'urbaniste Lúcio Costa à l'intersection des *avenidas das Américas* et *Ayrton Senna* (le Cebolão), est en chantier depuis 2003. L'objectif est d'en faire la **Cidade da Música** (Cité de la Musique), une création de l'architecte français Christian de Portzamparc, responsable du projet de la Cité de la Musique de Paris et détenteur d'un prix Pritzker, le Nobel de l'architecture. Le complexe culturel avec des bâtiments en forme de bateau abritera la plus grande salle de concerts de l'Amérique latine – destinée à être le siège de l'Orchestre Symphonique Brésilien –, des cinémas, des boutiques et des restaurants.

# Manifestations Spéciales

Le Carnaval

Rares sont les fêtes populaires qui égalent – en dimension et en signification – le Carnaval de Rio. L'énergie et la décontraction des milliers de participants, la musique, la percussion et la technologie des chars allégoriques impressionnent et contaminent jusqu'au touriste le plus compassé. Officiellement, la fête dure quatre jours, mais les répétitions (*ensaios*) des écoles de samba et des groupes de quartiers (*blocos*) donnent le ton bien avant. Les billets pour assister aux répétitions ne coûtent pas cher, cependant ne vous attendez pas à être reçu dans une bonne infrastructure, à l'exception des écoles **Mangueira** et **Salgueiro**. Bière tiède, chaleur suffocante et queue devant les WC sont le prix à payer pour ressentir l'inévitable frisson qui accompagne le grondement des *surdos* (tambour basse) donnant le signal d'envoi. Personne ne reste indifférent à la puissance de l'orchestre. Sinon, en avant-goût, les bandes et les *blocos* de rue, gratuits et aérés, sont une excellente option en fin d'après-midi après la plage: rejoignez les *blocos* des **Carmelitas,** la **Banda de Ipanema** et les **Escravos da Mauá**. D'autres, tels que **Simpatia é Quase Amor, Suvaco do Cristo** et **Monobloco**, ont l'habitude d'effectuer leurs répétitions dans des lieux fermés et payants. Si vous avez l'intention de participer au défilé des écoles de samba, inscrivez-vous plusieurs mois avant. Plus on s'approche du Carnaval plus le

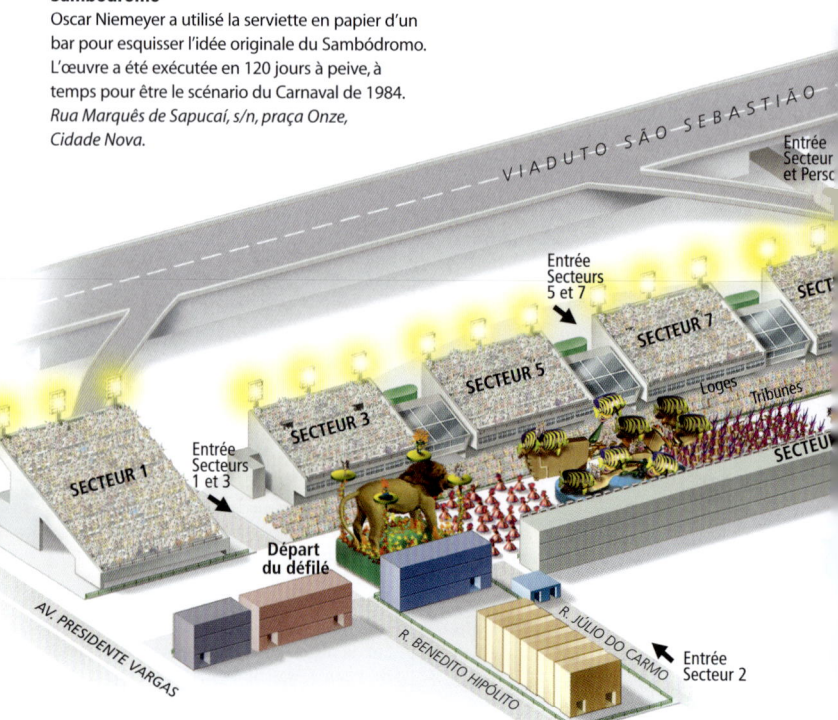

Sambódromo
Oscar Niemeyer a utilisé la serviette en papier d'un bar pour esquisser l'idée originale du Sambódromo. L'œuvre a été exécutée en 120 jours à peive, à temps pour être le scénario du Carnaval de 1984.
Rua Marquês de Sapucaí, s/n, praça Onze, Cidade Nova.

déguisement coûte cher, pouvant atteindre 500 R$ (environ 200 US$). Deux choses à savoir: informez-vous sur le déguisement (certains sont très chauds) et l'ordre d'entrée de l'école dans l'avenue. Les billets doivent aussi être achetés à l'avance si vous ne voulez pas dépendre du marché noir.

Les Répétitions de la Mangueira et du Salgueiro

Deux des répétitions les plus fréquentées ont lieu à partir du mois d'octobre: celles des écoles de la Mangueira et du Salgueiro, toutes deux à dix minutes du centre. Elles possèdent une bonne infrastructure, un parking et des loges. Le **Palácio do Samba**, au pied du morne de la Mangueira, est un espace démocratique qui attire des habitants du voisinage, des jeunes de différentes parties de la ville et beaucoup de touristes brésiliens et étrangers. À partir de janvier, l'affluence devient très grande. Arrivez tôt, avant 22 heures. Si vous souhaitez une table, réservez par téléphone. Quant à l'école du Salgueiro, située dans le quartier de la Tijuca dans la Zone Nord, les jeunes en ont fait leur point de rencontre amoureuse. Un peu plus loin du centre, à Madureira, se trouvent également les écoles traditionnelles et presque voisines de la **Portela** et d'**Império Serrano**.
Contacter: Carioca Tropical Tour Operator, tél. (21) 2547-6327/2256-6273.

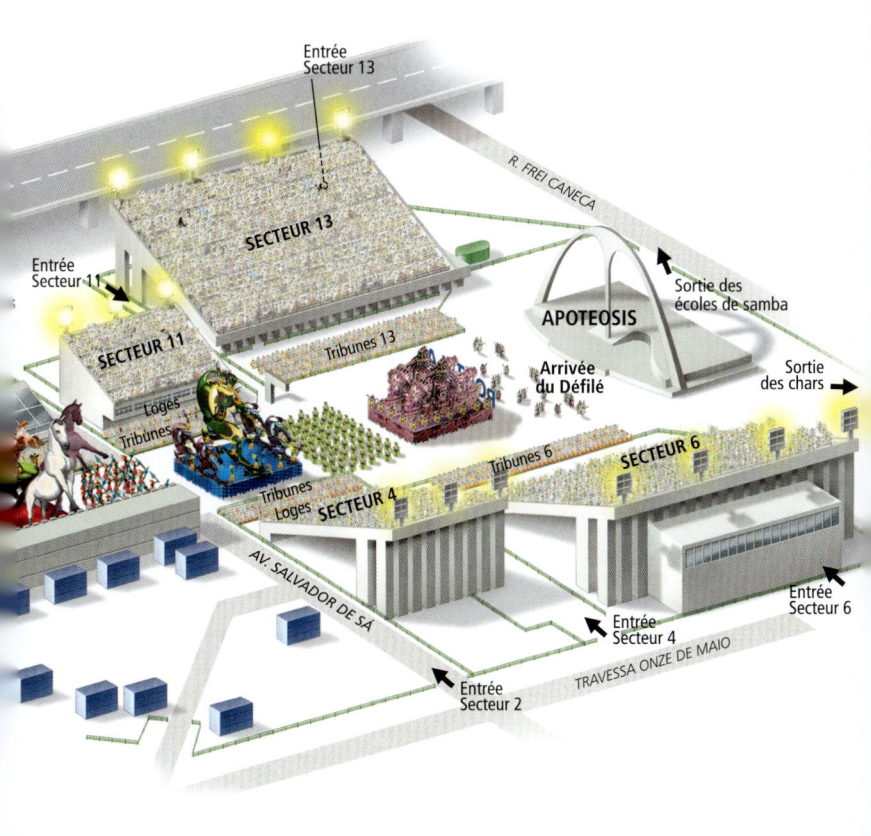

MARACANÃ

Celui qui entre ici pour la première fois en ressortira assurément impressionné. Le Stade du Maracanã a réduit sa capacité à un peu plus de 80 000 places, mais il n'a pas perdu son caractère grandiose et imposant de plus grand stade de football du Brésil. Construit en 1950 pour accueillir la Coupe du monde, il a hélas été le témoin de la tragique défaite en finale de la Seleção face à l'Uruguay. La visite guidée vous fera découvrir les tribunes spéciales, les vestiaires et le tunnel menant au terrain. Un autre centre d'intérêt est le Museu dos Esportes Mané Garrincha dans le hall du stade, avec des photos, des tenues de joueurs et le ballon du millième but de Pelé. Si vous en avez le temps, assistez à un match au milieu de la foule des supporters. Une expérience qui restera à jamais gravé dans votre mémoire.
Rua Prof. Eurico Rabelo e Avenida Maracanã, tél. (21) 2568-9962. Portão 18. Tous les jours, 9h/17h.

MUSEU NACIONAL DA QUINTA DA BOA VISTA

Après l'arrivée de João VI au Brésil, ce palais fut élevé au statut de résidence de la famille royale. Depuis 1892 il abrite le Musée National. Sa riche collection est composée de pièces rares, tels que squelettes d'animaux préhistoriques, tombeaux égyptiens, momies, armes indigènes. Malheureusement, l'état de conservation des lieux est précaire.
Quinta da Boa Vista, São Cristóvão, tél. (21) 2568-1149. Mar. à dim., 10h/16h.

MUSEU DO AÇUDE

Cet élégant musée est situé dans un grand parc de 15 hectares enclavé dans la forêt de la Tijuca. Il possède une jolie collection d'art à ciel ouvert, entourée par la nature luxuriante. Le visiteur se promène parmi des pièces produites par d'importants artistes contemporains brésiliens comme Hélio Oiticica, Lygia Pape, Iole de Freitas et Nuno Ramos. Dans la demeure néocoloniale qui a appartenu au collectionneur Raymundo Castro Maya, vous rencontrerez des panneaux en azulejos portugais des XVIIIe et XIXe siècles et des pièces du mobilier luso-brésilien. Le dernier dimanche du mois a lieu une rencontre culturelle avec des concerts de musique populaire brésilienne (MPB). N'oubliez pas d'aller admirer la collection d'art oriental de Castro Maya, composée notamment de sculptures en fer forgé et de céramiques.
Estrada do Açude, 764, Alto da Boa Vista, tél. (21) 2492-2119/2492-5219. Jeu. à dim., 11h/17h.

CASA NIEMEYER (CASA DAS CANOAS)

La maison fut construite au début des années 1950 par Niemeyer lui-même pour être sa résidence familiale. Il s'agit d'un exemplaire précieux de l'architecture moderne brésilienne, au tracé sinueux et intégré dans la nature. On peut visiter.
Estrada das Canoas, 2 310, São Conrado, tél. (21) 3322-3581. Mar. à ven., 14h/17h; sam. et dim., 9h/12h.

CORCOVADO

Les habitants de Rio racontent que même le Christ, le Rédempteur, a voulu rester à Rio en haut du morne du Corcovado pour y jouir de la vue la plus élevée et la plus vaste de la ville. Arriver à destination requiert cependant une patience de dévot. La mairie a interdit l'accès des voitures et il s'est formée une petite mafia de taxis et de minibus. L'une des options est de monter par le *trenzinho* (train à crémaillère) qui part de Cosme Velho toutes les demi-heures. Le voyage est

Museu do Açude: sofistication et importantes œuvres au milieu du sois

court, mais vous aurez la chance d'apprécier une vue spectaculaire de la Zone Sud, des plages et de la lagune Rodrigo de Freitas. Durant le trajet, à la sortie de la forêt, dans les derniers virages vous verrez surgir des vues spectaculaires sous les angles les plus inattendus. Pour accéder au Christ, le système d'escaliers roulants et l'ascenseur panoramique épargne au visiteur la montée des 220 marches.
Rua Cosme Velho, 513, Cosme Velho, tél. (21) 2492-2252/ 2492-2253. Tous les jours, 9h/19h.

Instituto Moreira Salles (IMS)
La jolie maison qui abrite l'Institut Moreira Salles a été conçue par l'architecte Olavo Redig de Campos, et Burle Marx en a fait le projet paysager. Ce dernier a laissé un beau panneau d'*azulejos* derrière la fontaine extérieure. La seule architecture de la maison, avec un ample jardin traversé par un ruisseau, vaut déjà la visite. La construction abrite un important centre culturel, avec une salle de cinéma, des salles d'exposition, un café, une boutique d'art, un atelier et une grande collection de photographie et de musique – la Reserva Musical de l'Institut conserve et diffuse la musique populaire brésilienne et possède l'une des plus grandes collections de musique brésilienne, avec pas moins de 13 000 enregistrements anciens.
Rua Marquês de São Vicente, 476, Gávea, tél. (21) 3284-7400. Mar. à dim., 13h/20h.

Palácio do Catete
Le Palácio do Catete, qui abrite le Museu da República fut le siège de la présidence de la République lorsque Rio de Janeiro était la capitale du pays. Aujourd'hui c'est un espace culturel qui réunit du mobilier et des objets de la République, des tableaux et des sculptures. Pendant la visite, ne manquez pas d'admirer la ravissante décoration de ce qui fut l'un des petits palais les plus luxueux de la ville aux XIXe et XXe siècles. Au troisième étage, l'exposition sur Getúlio Vargas conserve intacte la chambre où l'ancien président s'est suicidé en 1954.
Rua do Catete, 153, Catete, tél. (21) 2558-6350. Mar., jeu. et ven., 12h/17h; mer., 14h/17h; sam., dim. et jours fériés, 14h/18h.

Museu Carmen Miranda
Ce petit musée, installé en plein Aterro do Flamengo, dans un pavillon conçu par l'architecte Affonso Reidy, le créateur du MAM, expose la garde-robe, les parures et les objets de Carmen Miranda. Visite sur rendez-vous.
Avenida Rui Barbosa, en face du parc Brigadeiro Eduardo Gomes, 560, Flamengo, tél. (21) 2299-5586. Mar. à ven., 10h/17h; sam. et dim., 12h/17h.

RIO DE JANEIRO

Niterói sera le site de l'implantation d'un grand ensemble architectural d'Oscar Niemeyer.

NITERÓI

Pour visiter Niterói, située à 17 km de Rio, vous pouvez prendre l'un des bateaux qui partent de la praça Quinze de Novembro (compter 20 mn) ou traverser le pont Rio-Niterói. Le Museu de Arte Contemporânea (MAC, Musée d'Art Contemporain) de Niterói *(mirante da Boa Viagem, tél. 21/2620-2400. Mar. à dim., 11h/18h)* est probablement le seul musée où les visiteurs détournent leur attention des tableaux pour admirer, de la vaste baie vitrée qui l'entoure, la vue étourdissante sur la baie de Guanabara. Projeté par Oscar Niemeyer et inauguré en 1996, il est devenu la carte postale de la ville et l'un des symboles architecturaux de la fin du XXe siècle. Le MAC abrite des oeuvres de Daniel Senise et la Collection João Sattimini, qui compte des œuvres de près de 80 grands artistes brésiliens contemporains.

Terminez l'excursion en vous rendant au

Caneco Gelado do Mário, au centre de Niterói (*rua Visconde do Uruguai, 288, loja 5, tél. (21) 2620-6787. Lun. à ven., 9h/22h; sam., 9h/19h. Fermé le dimanche*) pour y déguster les *bolinhos de bacalhau* (boulettes de morue) avec une bière glacée à souhait.

Caminho Niemeyer

Le MAC est la première construction du Caminho Niemeyer, itinéraire composé d'un ensemble de neuf bâtiments et d'une place qui feront de Niterói, à la fin de l'anée 2005, la ville abritant le plus grand nombre d'ouvrages d'Oscar Niemeyer, après Brasília. La praça Juscelino Kubitschek a déjà été inaugurée. Les autres édifices du Caminho Niemeyer seront la Fondation Oscar Niemeyer, qui conservera la collection de son créateur, la cathédrale de Niterói, la Cathédrale Baptiste, le Mémorial Roberto Silveira, la nouvelle gare maritime, le Musée BR du Cinéma Brésilien, un théâtre et une chapelle.

LA MONTAGNE ET LA CAMPAGNE

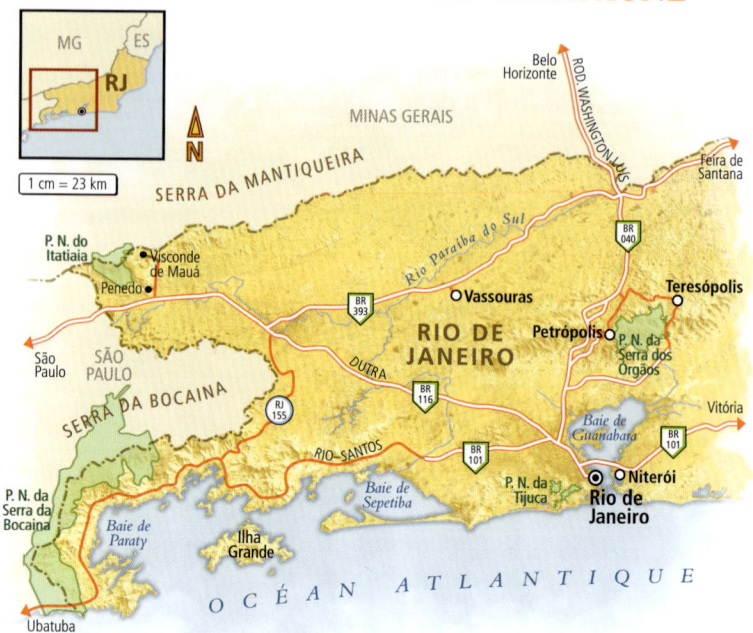

PETRÓPOLIS

À 800 m d'altitude, jouissant d'un climat agréable et entourée de montagnes parées du vert exubérant de la forêt Atlantique, Petrópolis était, en été, le lieu de séjour favori de la famille impériale brésilienne au XIXe siècle. Les nobles avaient bon goût. Aujourd'hui encore, les *cariocas* font de cette ville, située dans la cordillère de la serra dos Órgãos à seulement 65 km de Rio de Janeiro par la route BR-040, leur lieu de villégiature. C'est Pedro I qui acheta un terrain pour y construire sa résidence d'été. Mais son rêve fut réalisé plus tard, par son fils Pedro II qui fonda Petrópolis en 1843. L'ingénieur Júlio Frederico Koeler fut le précurseur du style de nombreuses constructions édifiées par les immigrés allemands, et l'une des plus jolies rues de la ville porte son nom. L'arrivée de la République n'a pas ôté le charme de la ville, dans laquelle se trouve le **Palácio Quintandinha**. Dans ce palais superbement *kitsch* fonctionna un casino durant les années 1940. Plus récemment, plusieurs bons restaurants se sont installés dans cette région que l'on surnomme à juste titre la "Vallée des Gourmets".

CATEDRAL DE SÃO PEDRO DE ALCÂNTARA

Cette cathédrale ne fut achevée qu'en 1939. Imposante construction de style néogothique français, de 70 m de hauteur, elle possède un clocher avec cinq cloches en bronze fondues en Allemagne et pesant 9 tonnes. À l'intérieur, admirez la Capela Imperial, à droite, construite en marbre, onyx et bronze. Cette chapelle conserve le mausolée contenant les restes mortels de Pedro II, de Teresa Cristina, de la

princesse Isabel et du comte d'Eu. L'autel contient des reliques, rapportées de Rome, de saint Magnus, sainte Aurélie et sainte Thècle. Les vitraux reproduisent des poèmes écrits par Pedro II pendant son exil.
Rua São Pedro de Alcântara, 60, tél. (24) 2242-4300. Mar. à dim., 8h/12h et 14h/18h.

MUSEU IMPERIAL
Pour visiter ce musée il est nécessaire d'enfiler des chaussons avec des semelles de feutre. C'est donc en se laissant glisser au sein de ce bâtiment néoclassique de couleur rose que le visiteur découvre le quotidien de la famille impériale brésilienne. Le raffinement de l'entrée, dont le sol est revêtu de marbre blanc de Carrare et de marbre noir de Belgique, se retrouve à l'intérieur: mobilier de la salle à manger en acajou, celui de la salle de musique en jacaranda – où Pedro II organisait des soirées et des récitals –, la chambre des princesses Isabel et Leopoldina, les tableaux et les objets, le cabinet-refuge de l'empereur, la décoration du salon de l'impératrice Teresa Cristina. Bijoux, tableaux et objets du quotidien complètent la collection exposée dont le clou est la courone impériale. Avec leurs palmiers impériaux et une centaine d'espèces de plantes et d'arbres exotiques tels que le cyprès lusitain, les jardins créés par le paysagiste français Jean-Baptiste Binot sont le décor d'un spectacle son et lumière projeté sur la façade du bâtiment.
Rua da Imperatriz, 220, tél. (24) 2237-8000. Mar. à dim., 11h/17h30.
Spectacle: *jeu. à sam., 20h.*

PALÁCIO RIO NEGRO
Construit en 1889, peu de temps avant la Proclamation de la République, le bâtiment néoclassique a reçu comme nom le titre de son propriétaire, le baron de Rio Negro, riche propriétaire de plantations de café. Il fut le siège du gouvernement de l'État de Rio de Janeiro entre 1894 et 1902, lorsque Petrópolis était sa capitale. Puis, en 1903, il devint la résidence d'été officielle des présidents du Brésil, d'ailleurs peu utilisée. Son mobilier porte la marque personnelle des différents chefs d'État

Museu Imperial, exposition du quotidien de la royauté brésilienne

L'imposante Catedral de São Pedro de Alcântara

qui y sont passés. Getúlio Vargas transforma la cave en une salle de bains d'inspiration romaine et Juscelino Kubitschek fit installer des placards.
Avenida Koeler, 255, tél. (24) 2246-9380. Lun., 12h/17h; mer. à dim., 9h30/17h.

Casa da Princesa Isabel

Cette construction néoclassique de couleur rose fut la résidence de la princesse Isabel et du comte d'Eu jusqu'en 1889. Aujourd'hui elle est le siège de la Cie Immobilière de Petrópolis ainsi que de l'**Antiquário da Princesa**, tous deux propriétés des descendants de la famille impériale. On peut y consulter le plan du lotissement qui fut à l'origine à la ville.
Avenida Koeler, 42, Centro, tél. (24) 2242-4706.

Palácio de Cristal

Les structures métalliques et les verrières qui composent le Palais de Cristal furent produits en 1879 à Saint-Sauveur-les-Arras en France. Type de construction très populaire en Europe après la révolution industrielle pour la réalisation d'expositions et de fêtes, il fut parrainé par la princesse Isabel et construit pour l'Association Horticole de Petrópolis, présidée par son mari, le comte d'Eu. La plus belle fête qui reste à jamais gravée dans les mémoires est celle qu'Isabel donna en 1888, quatre ans après son inauguration. À cette occasion elle remit des lettres d'affranchissement aux esclaves, avant même de signer la loi d'abolition de l'esclavage. Aujourd'hui s'y déroulent des expositions, des présentations musicales et théâtrales. Les samedis, ont lieu des concerts de musique brésilienne et de musique classique. Consultez le programme en appelant le serveur vocal du service touristique de la ville *(0800-241516)*.
Rua Alferdo Pachá, tél. (24) 2247-3721. Mar. à dim., 9h/17h30.

Casa de Santos Dumont

Santos Dumont, le Brésilien qui étonna le monde en 1906 en contournant la Tour Eiffel à bord du 14 Bis, a projeté cette charmante maison en 1918 et y a

---

Qui Fut le Premier Aviateur?

Lorsqu'en 1906 la nouvelle du vol du Brésilien Santos Dumont dans un appareil plus lourd que l'air fit le tour du monde, les frères américains Wilbur et Orville Wright se hâtèrent d'annoncer qu'ils avaient déjà réalisé cette prouesse trois ans auparavant. Le vol de Dumont à bord du 14 Bis, autour de la Tour Eiffel à Paris, fut enregistré et photographié en présence de témoins. Par contre, personne n'a assisté à celui des frères Wright. Ce n'est qu'en 1908 qu'ils apparurent aux États-Unis et en France à bord de leur *Flyer*. Pourtant, jusqu'à aujourd'hui, les Américains revendiquent l'invention et ignorent l'exploit de Santos Dumont.

> ## Un Peu de Shopping
>
> Gardez un peu de temps pour faire des courses dans les rues Teresa et Paulo Hervê où se trouvent les meilleures boutiques de vestes tricotées. Dégustez aussi l'*apfelstrudel*, les mille-feuilles et les chocolats des pâtisseries de la ville. Visitez les magasins de vente de *bromélias* à Quinta do Lago (Bonsucesso), Florália (Samambaia) ou au Binot (Retiro).

habité de temps en temps. La première marche de l'escalier qui relie les trois étages de la maison fut conçue de telle sorte que le visiteur doit commencer sa montée du pied droit. Une autre création surprenante est la douche avec chauffage à alcool. En haut de la maison, Santos Dumont a installé un télescope pour admirer les étoiles.
Rua do Encanto, 22, tél. (24) 2247-3158. Mar. à dim. 9h30/17h.

Palácio Quitandinha

Cet opulent édifice fut construit pour être le plus grand casino d'Amérique latine, mais il n'a fonctionné que pendant deux ans à cause de l'interdiction des jeux au Brésil en 1946. Actuellement c'est un centre de congrès et de manifestations diverses. Vu de l'extérieur, c'est un palais en style normand austère, mais à l'intérieur il ressemble au décor d'un mélodrame hollywoodien des années 1940, avec des murs rose vif, rouge, vert et bleu turquoise. Dorothy Draper, célèbre décoratrice américaine de l'époque, est la responsable d'une telle irrévérence. Dans ses couloirs ont défilé des personnalités telles que Marlene Dietrich, Lana Turner et Orson Welles. Le lieu est superlatif : le **Salão Mauá** possède une coupole de 30 m de hauteur et 50 m de diamètre. Un théâtre mécanisé à trois scènes tournantes et une capacité de 2 000 places. Ensemble, ses salons peuvent accueillir 10 000 personnes. Sur le lac, en forme de carte du Brésil, un phare est construit à l'endroit correspondant à l'île de Marajó.
Avenida Joaquim Rolla, 2, Quitandinha, tél. (24) 2237-1012. Mar. à dim., 9h/1h.

Balade Dans les Environs

La région de Petrópolis forme un pôle gastronomique et tout gourmet qui se respecte rêvera d'y passer le reste de ses jours. Le chemin du péché de la gourmandise est l'estrada União-Indústria, route qui sort du centre de la ville impériale et mène à **Correas**, **Araras** et **Itaipava**. À Correas, découvrez la **Pousada da Alcobaça**, une propriété de style normand avec des jardins charmants, un ruisseau, une petite cascade et un jardin potager qui approvisionne le restaurant du même nom *(rua Agostinho Goulão, 298, Correas, tél. (24) 2221-1240)*. C'est la première escale d'un circuit gastronomique qui comblera tous les goûts. Parmi les meilleurs restaurants d'Araras, le **Locanda Della Mimosa** *(al. das Mimosas, 30, Vale Florido, accès par le km 72 de la BR-040, tél. (24) 2233-5405)*. À la tête de sa cuisine le chef plusieurs fois primé Danio Braga, dont les plats de cuisine régionale italienne, avec ses pâtes maison, sont à déguster absolument. Les amateurs de vin se régaleront à la **Fazenda das Videiras** *(estrada Paulo Meira, 6000, accès par la route Araras – Vale das Videiras, tél. (24) 2225-8090)*, sorte de gîte-auberge de style européen avec une cave de crus des meilleures régions viticoles du monde. À Itaipava, district à la vie nocturne animée, profitez de votre passage pour jeter un coup d'oeil au **Castelo do Barão de Itaipava**, construction de style Renaissance érigée dans les années 1920 par l'architecte Lúcio Costa, l'urbaniste de Brasília, et de son associé Fernando Valentim.

Parque Nacional da Serra dos Órgãos

Créé en 1939, le Parque Nacional da Serra dos Órgãos s'étend sur Petrópolis, Guapimirim, Magé et Teresópolis, sur presque 12 000 hectares de montagnes, avec une végétation caractéristique de la forêt Atlantique, et dans la partie la plus élevée, une végétation basse, typique de l'altitude. Sa principale curiosité touristique est la formation rocheuse **Dedo de Deus** (Doigt de Dieu), un pic de 1692 m, mais le point le plus haut est la **Pedra do Sino**, s'élevant à 2263 m. Paradis des amateurs de sports d'aventure, le parc et ses sentiers sont également un plaisir pour l'œil. Par temps clair il est possible d'apercevoir Rio de Janeiro et la baie de Guanabara, qui se dessine au milieu de la végétation. Il y a deux accès au parc : par Petrópolis *(accès par l'estrada do Bonfim, km 18)* et l'autre par Teresópolis *(accès par l'avenida Rotariana, tél. 21/2642-1070)*. Pour les petites randonnées, le parc reste ouvert du mardi au dimanche, de 8h à 17 heures. D'autres horaires sont réservés aux alpinistes, avec achat préalable de tickets. La meilleure période pour le trekking est de mai à octobre. De novembre à février l'idéal est de se baigner dans les rivières. Attention aux crues soudaines en été : pendant la saison des pluies, les rivières débordent et le courant augmente subitement en emportant tout sur son passage. La principale rivière qui coupe le parc, le Soberbo, offre de merveilleuses cascades pour se baigner, d'accès facile par les sentiers. Les promenades les plus simples, comme celle de la **Primavera** et de la **Mozart Catão**, peuvent se faire en moins d'une heure. Celle qui mène à la fameuse cascade **Véu de Noiva**, située dans la vallée du Bonfim où se pratiquent rappel et canyoning, ne dépasse pas deux heures. La montée jusqu'à la Pedra do Açu, à 2 232 m, peut se faire en cinq heures et demie environ. Au sommet, la vue sur la baie de Guanabara récompensera vos efforts. Mais la meilleure randonnée reste indéniablement la traversée de la montagne pendant quatre jours en empruntant le sentier de 42 km, entre Petrópolis et Teresópolis (ou dans l'autre sens). Il est recommandé d'être accompagné par un guide. L'agence Mundo de Mato (tél. 21/2742-0811) dispose d'auberges et de guides agréés par l'Entreprise Brésilienne de Tourisme, l'Embratur.

Le paysage montagneux invite à l'aventure – ou au repos

RIO DE JANEIRO

TERESÓPOLIS

La "Ville de Teresa" est un hommage à la femme de Pedro II qui, à la fin du XIXe siècle, fut attirée par ses beautés naturelles et son climat de montagne. Située à 87 km de Rio, dans la serra dos Órgãos, on y accède par la BR-040 puis la BR-116. Il s'agit de la ville la plus haute de l'État de Rio de Janeiro – située à 919 m d'altitude. Elle est entourée de superbes paysages, de montagnes, de rivières et de cascades qui recèlent une faune et une flore locales très riches. Le **Parque Nacional da Serra dos Órgãos** y tient son centre administratif, avec un camping, des piscines naturelles et des sentiers de randonnée qui mènent vers les sommets. Teresópolis est restée intacte pendant de nombreuses années, grâce à cette muraille naturelle de pics et de forêt dense qui décourageait les explorateurs. C'est là que se trouve le **Dedo de Deus** (Doigt de Dieu), un pic symbole de l'alpinisme national, escaladé pour la première fois en 1912 par des Brésiliens. Dès l'origine de la ville, des *fazendas* se sont installées dans la région, approvisionnant la capitale en légumes. D'autres *cariocas* suivirent son exemple, et peu à peu apparut ce petit noyau qui constituait une ville étape pour les commerçants venant de Minas Gerais et se dirigeant vers le port d'Estrela, au fond de la baie de Guanabara, en passant par Petrópolis. Sa vocation touristique s'est développée à partir de 1908, peu de temps après la construction de la ligne de chemin de fer. Commencèrent alors à apparaître les hôtels, les restaurants et auberges. Reliée par la route à Rio de Janeiro depuis 1959, Teresópolis est devenue l'un des lieux les plus prisés de la région montagneuse de Rio. Tout en admirant la nature environnante, vous pourrez découvrir son artisanat de bois, de cuir, d'osier et de laine, ainsi que de délicieuses pâtisseries.

Un Plus

🍽 Le **Dona Irene** est un restaurant russe digne des tsars; préparez-vous donc à un véritable banquet. La nourriture, très abondante, est arrosée de vodka maison et d'histoires racontées par les propriétaires, José Hibello et Maria Emília. Goûtez le *varênik*, pâte fourrée cuite avec des pommes de terre, des herbes, des escalopes et des oignons frits. Il faut réserver (*rua Tenente Luiz Meirelles, 1800, tél. (21) 2742-2901*).

🏨 Construit dans un parc privé de 100 hectares, en pleine montagne, l'**Hotel e Fazenda Rosa dos Ventos** est une véritable station touristique. C'est le seul hôtel brésilien appartenant au réseau Relais & Châteaux.

Plus d'informations à partir de la page 462.

Dedo de Deus, un défi pour les alpinistes

Vassouras

Située dans la vallée du Paraíba, Vassouras est distante de 111 km de Rio par la BR-116 puis par la RJ-127. Au milieu du XIXe siècle, la ville était la plus grande productrice de café du Brésil, la grande richesse de l'Empire. Ayant fait fortune rapidement, ses *fazendeiros* érigèrent de beaux petits palais, ornèrent les rues de palmiers impériaux et d'énormes figuiers. Les habitations des *fazendas* de café devinrent majestueuses, avec beaucoup de mobilier et de matériaux importés d'Europe. Cependant, l'appauvrissement du sol et la fin de l'esclavage entraînèrent la décadence économique de la vallée. N'ayant pas grandi, la ville a pu préserver son patrimoine.

Centre Historique
Les bâtiments les plus importants se trouvent autour de la praça Barão de Campo Belo : l'**Igreja Matriz Nossa Senhora da Conceição**, église de style néoclassique construite en 1846 ; la **Prefeitura** (mairie), installée dans une grande maison de 1849 ; et la **Casa da Cultura**, dans un bâtiment de 1844. Ne manquez pas d'admirer la jolie fontaine en pierre de taille. Le musée de la **Casa da Hera**, de style colonial datant de 1830, possède une riche collection d'objets et de mobilier du XIXe siècle. *Tél. (24) 2471-2342.*

Fazendas Impériales
Il existe quinze *fazendas* conservées et ouvertes à la visite. Beaucoup proposent une collation voire un thé colonial. L'une des plus anciennes est la *fazenda* **Cachoeira Grande**, de 1825, alors propriété du baron de Vassouras. On peut y admirer une chaise ayant appartenu à Pedro II, un piano de 1803, un gramophone, sans oublier les paons qui se promènent en liberté dans le jardin. Demandez à l'avance de visiter la collection de voitures anciennes de la famille, dont certaines datent de 1910. *Tél. (24) 2471-1264.*

Salle de séjour de la Casa da Hera, demeure typique des barons du café

La région possède des hôtels et des restaurants charmants, dans un décor romantique de chutes d'eau

VISCONDE DE MAUÁ

Fief de hippies dans les années 1970 et 1980, Visconde de Mauá, situé à 200 km de Rio, a gardé le charme des années rebelles sans l'aspect précaire d'une communauté rurale. Avec ses hôtels, qui sont parmi les plus agréables de la région des montagnes, et ses excellents restaurants, cette petite ville est la destination la plus romantique de l'État. On y accède à partir de Rio en empruntant la route Presidente Dutra jusqu'au km 304, à Resende, où il faut prendre la RJ-163. Pour y arriver à partir de São Paulo (distant de 305 km) empruntez également la Dutra, jusqu'au km 311, et prenez la route secondaire. Les basses températures en hiver, surtout en juillet, attirant les couples d'amoureux. Surtout destinées aux couples, la majorité des auberges n'accepte pas les enfants et sert le petit déjeuner jusqu'à midi. En été, de décembre à mars, le froid rude de la montagne fait place à une température amène, idéale pour profiter des dizaines de cascades des environs. Située à la frontière des États de Rio de Janeiro et de Minas Gerais, cette destination est en réalité composée de trois petites villes: **Visconde de Mauá**, **Maromba** et, la plus agréable d'entre elles, **Maringá**. Le centre de Maringá est occupé par de nombreuses boutiques d'artisanat, toutes en bois – héritage du passé. La RJ-163, route de terre sinueuse qui mène à Visconde de Mauá à partir de la route Presidente Dutra, est assez escarpée, mais accessible en une quarantaine de minutes. Par contre, par temps pluvieux, des glissements de terrains peuvent bloquer la route. Pour éviter ce désagrément, téléphonez à l'une des auberges de la ville avant votre départ. Conduisez lentement, à la fois pour votre sécurité et pour apprécier le paysage. Le nom Visconde de Mauá vient du baron (puis vicomte) de Mauá, banquier et industriel, à qui appartenait la plus grande partie des terres de la région. À la fin du XIXe siècle et avec le soutien du gouvernement, son fils créa un noyau de colonisation européenne et, à l'époque, les terres furent divisées en plus de deux cents lots, dont le siège était l'actuelle ville de Visconde de Mauá, aujourd'hui totalement tournée vers le tourisme.

Vale do Acantilado

Visconde de Mauá recèle de jolies cascades et de beaux paysages. Avant d'atteindre la cascade **Cachoeira do Acantilado** haute de 20 mètres, la plus grande et la principale curiosité de la vallée, le visiteur en découvrira huit autres sur son chemin. La randonnée dure environ une heure et demie – à l'aller – et dès le départ il est possible d'apercevoir la chute d'Acantilado sur les hauteurs. La vue impressionnante sert de puissant stimulant pour poursuivre la montée. Pour ceux qui ne sont pas en mesure de continues, les trois premières chutes, situées à environ dix minutes du parking, assurent déjà une agréable baignade. Le *vale* étant dans une propriété privée, l'entrée est payante.
Estrada Mauá-Mirantão, km 3, tél. (24) 9264-5146/(12)3931-1303.

Vue de la Pedra Selada

Beaucoup de touristes, de sportifs et d'aventuriers se rendent à Visconde de Mauá dans le but d'escalader la **Pedra Selada**. La randonnée de 1,7 km jusqu'au pic demande environ deux heures et demie, avec certains passages abrupts en forêt dense. Mais l'effort physique est largement récompensé par la vue qu'offre le sommet sur la vallée du Paraíba. Un paysage à vous couper le souffle... ou ce qu'il vous en reste.

Une des nombreuses cascades de la montagne autour de Visconde de Mauá

La formation Conjunto das Prateleiras, à Itatiaia, le premier parc national du Brésil

Parque Nacional do Itatiaia

Le plus ancien parc national du Brésil a été créé en 1937. Situé à la frontière des États de Minas Gerais et Rio de Janeiro – à 167 km de Rio et à 265 km de São Paulo – il possède 30 000 hectares de paysages spectaculaires, divisés en zone de forêt (partie basse) et zone de montagne (partie haute). Dans la partie basse, à laquelle on accède par la ville d'**Itatiaia** (route Presidente Dutra, km 316), la végétation dense de la forêt Atlantique est entrecoupée de belles cascades, telle que le **Véu da Noiva**, de 40 mètres de chute et une vasque où l'on peut se baigner. Vous y trouverez des auberges et une infrastructure touristique. Dans la partie haute, à laquelle on accède au km 330 de la même route, le paysage dominant est plus austère et rocheux. Le nom *Itatiaia* ("pierres pointues", en langue tupi-guarani) renvoie aux deux pics les plus connus – **Agulhas Negras** et **Prateleiras**. Il est conseillé de prendre un guide pour les longues randonnés et les escalades. Avant de partir, arrêtez-vous au **Mirante do Último Adeus**, belvédère à 2 km de l'entrée de la partie basse.

Dîner à Penedo
Les hôtels d'Itatiaia proposent des séjours en pension complète. Pour sortir de l'ordinaire, allez dîner à **Penedo**, ancienne colonie finlandaise à 12 km du centre d'Itatiaia. Le **Koskenkorva** *(tél. 24/3351-2532)* propose une excellente cuisine finlandaise, en plus d'un splendide décor naturel. Le **Rei das Trutas**, plus simple, propose divers plats à base de poisson *(tél. 24/3351-1387)*. Au **Zur Sonne**, dans la petite montagne de l'Alambari (à 15 km de Penedo, dont quatre sur route de terre), la cuisine allemande est raffinée. *(tél. 24/3381-7108)*.

Un Plus
L'accueillant **Hotel Donati**, situé dans la zone protégée du parc, possède des piscines naturelles et des piscines chauffées, un sauna et une très agréable salle de séjour dans la maison principale. Les chalets individuels sont très confortables.

Plus d'informations à partir de la page 462.

Littoral Sud

Angra dos Reis

Ce qui fait de la baie d'Angra dos Reis l'un des plus incroyables lieux du Sud-Est brésilien n'est pas en terre ferme : c'est sa splendide mer aux eaux transparentes, avec plus de cinquante plages pour tous les goûts, parsemée de centaines d'îles et d'îlots. L'océan offre donc de nombreux circuits de balades en bateau, à durée variable et avec des escales pour la baignade ou la plongée. Angra est située à 165 km au sud de Rio de Janeiro, en passant par la route Rio–Santos, BR-101. Le nom *Angra dos Reis (Anse des Rois)* vient de la date de sa découverte le 6 janvier 1502 – jour des Rois. En ville, il est possible de louer des embarcations diverses à des prix variés à l'Associação dos Barqueiros *(tél. 24/2265-3165),* mais pratiquement tous les hôtels offrent ce service et l'incluent dans le prix de la nuitée. Une option intéressante est de faire une excursion en goélette aux îles **Cataguases, Botinas, Gipóia** et **Francisco**. Ne vous effrayez pas en arrivant à Angra. Son petit centre possède peu d'intérêt et les plages qui baignent la ville sont loin d'être aussi belles que celles que vous découvrirez par la suite. Le mieux est d'aller directement dans l'un des hôtels de luxe, complexes hôteliers ou auberges de la ville. Dotés de belles vues, de plages privées et d'une bonne infrastructure, ils concentrent ce qu'il y a de meilleur dans la région. De nombreux brésiliens célèbres y ont leur résidence secondaire et viennent y passer le Nouvel An, fêté par une célèbre procession maritime, animée et composée de dizaines de bateaux richement décorés. Au départ de la **praia do Anil**, l'on peut connaître les beautés naturelles de l'île voisine, ilha Grande.

Gipóia

Île située à une demi-heure de bateau du continent en partant du quai de Santa Luzia au centre, Gipóia est la deuxième plus grande île d'Angra. Elle est très recherchée pour ses plages magnifiques et ses nombreux sites pour la plongée. La vie trépidante se concentre à **Jurubaíba** (ou **praia do Dentista**), où les bars flottants vont jusqu'aux nombreux bateaux pour servir amuse-gueule et boissons. Pour ceux qui préfèrent les plages plus tranquilles, rendez-vous à **Juruaba**. Protégée par les collines, les côtes et la végétation locale, elle n'est accessible qu'en bateau. C'est là que les pêcheurs préparent leurs filets et montent les pièges à poissons en palissades. Autre jolie plage de sable blanc et fin, la **praia do Norte**. Pratiquement déserte, **Sururu** possède un sable jaunâtre et de fortes vagues se brisent sur ses récifs. **Oeste** est sauvage, avec une eau peu profonde et chaude.

Un Plus

Les 27 bungalows du **Pestana Angra Beach Bangalôs** donnent tous sur la mer. Au milieu de la végétation, ils offrent la tranquillité dans une ambiance romantique. Les petits bungalows sont équipées de jacuzzi sur la terrasse et de sauna; les chambres sont spacieuses et très confortables. Un restaurant et un héliport viennent compléter l'ensemble.

Plus d'informations à partir de la page 462.

La Plongée

Ses eaux calmes et cristallines, avec une température moyenne de 23 °C et une bonne visibilité pendant une grande partie de l'année, font de la baie d'Angra un lieu idéal pour la plongée. Sur les îles de **Búzios** et **Cobras**, on peut descendre jusqu'à 12 m de profondeur et admirer les nombreux chemins *(parcéis)* dessinés par les formations rocheuses. Sur les îles de **Brandão, Josefa, Redonda** et **Papagaio**, la plongée se fait près de la côte et les eaux sont peuplées

Eaux excellentes pour la pratique de sports nautiques, comme la voile et le jet-ski

> **ATTENTION**
>
> Pour aller faire de la plongée, évitez de prendre les embarcations ordinaires. Contactez des agences expérimentées: ainsi vous serez assuré d'arriver à bon port et de recevoir de l'aide en cas d'urgence. Les jours où la visibilité est réduite, restez près de votre partenaire. Si vous le perdez de vue, remontez – il doit faire la même chose. Il est plus facile de le localiser à la surface. Ne plongez jamais seul et n'allez au fond qu'après avoir suivi un cours et effectué un "baptême sous-marin" avec un instructeur.
> *Contacter*. www.scubapoint.com.br; www.kokasub.com.br; www.scafo.com.br

d'éponges, de coraux et de poissons multicolores. C'est ce même paysage sous-marin que vous retrouverez à la **laje Zatim** et aux îles **Imboassica** et **Queimadas** (Grande et Petite). Sur les îles **Botinas** et **dos Porcos**, les poissons sont si nombreux et la mer si claire que même sans quitter le bateau vous pourrez observer distinctement les immenses bancs de poissons. À **laje Preta**, où l'on peut aussi descendre de 4 à 12 m.

Pour Voir des Épaves

Les restes du cargo panaméen *Pinguino*, qui coula en 1967, se trouvent dans l'**enseada do Sítio Forte**. C'est l'un des sites de plongée les plus fréquentés. Entre 15 et 20 m de profondeur, les plongeurs peuvent explorer ses fonds de cale, la salle des machines et la cabine de pilotage. Dans l'**enseada de Araçatiba**, près de la plage Vermelha sur l'ilha Grande, se trouve le *California*, navire brésilien qui coula en 1866. À **laje Matariz**, on peut voir un hélicoptère à environ 7 m de profondeur. Les eaux sont si transparentes que, par jour très clair, il est possible de l'apercevoir en utilisant seulement un masque et un tuba. Enfin, à l'extrémité de la ville se trouvent les restes du *Bezerra de Menezes*, bateau à vapeur naufragé en 1860.

Baie d'Angra: eaux limpides, sable blanc et végétation sauvage

Sur Ilha Grande, 106 plages exubérantes, la plupart désertes

ILHA GRANDE

Propriété de la municipalité d'Angra dos Reis, Ilha Grande, la plus grande île de la région, est située à 150 km de Rio. Compter environ 1h 30 de bateau à partir du continent. Elle possède plus de cent plages, dont la magnifique **Lopes Mendes**, idéale pour les surfeurs. Certaines de ces plages peuvent être visitées en une journée, avec retour sur le continent au coucher de soleil. Mais Ilha Grande est si belle, si grandiose et si bien desservie en termes d'infrastructure hôtelière qu'elle mérite que l'on y passe quelques jours. Vous pourrez alors explorer ses sentiers, visiter ses plages les plus éloignées et pratiquer la plongée. Ses 192 km² de végétation sont protégés par la Zone de Protection de l'Environnement (APA) des Tamoios, ainsi que par trois autres unités de conservation: le **Parque Estadual Marinho do Aventureiro**, le **Parque Estadual da Ilha Grande** et la **Reserva Biológica da Praia do Sul**. La circulation des voitures étant interdite sur l'île, la nature locale demeure encore assez sauvage, et ce malgré l'expansion de l'occupation humaine. Presque tous les services sont concentrés dans le petit village **Vila do Abraão**, où accostent les bateaux. Par contre, les meilleurs hôtels sont dispersés, avec parfois un accès un peu plus difficile. Dans le village, des agences de tourisme proposent des promenades et vous indiqueront des restaurants. Le weekend, quand les habitants et les touristes se réunissent, avides d'un peu de distraction vous passerez d'agréables soirées au son du *forró* – rythme du Nord-Est. Au **Saco do Céu**, l'une des criques les plus charmantes de l'île, les eaux calmes servent de refuge aux embarcations qui y jettent l'ancre le soir. Par les nuits sans nuages, la mer ressemble à un miroir où se reflètent les étoiles.

TREKKING SUR L'ÎLE
Il existe au moins seize sentiers de randonnée aux degrés de difficulté variés pour aller à la découverte des pics, de la **gruta do Acaiá** (grotte), des chutes d'eau, des plages, des fermes

d'élevage de moules. L'excursion la plus intéressante exige que vous soyez en bonne forme physique et dure environ une semaine : on peut faire le tour de l'île, en s'arrêtant pour camper dans les lieux autorisés. Une autre option consiste à affronter les 990 m de montée jusqu'au **pico do Papagaio**. La vue qu'offre le sommet récompera largement votre effort. La meilleure époque pour ces randonnées va de mai à juillet, ainsi qu'en octobre et novembre, quand la température est agréable et la pluie plus rare. Les sentiers sont bien balisés mais certains sont dangereux et il est donc recommandé d'être accompagné par un guide. Vous pouvez notamment contacter l'agence *Sudoeste SW Turismo (tél. 24/3361-5516)*.

Promenades en Bateau

Partant de la Vila do Abraão, la promenade en *saveiro* (goélette de la région) jusqu'à Freguesia de Santana offre une vue merveilleuse sur le littoral d'Angra dos Reis. À Freguesia se trouve la petite **igreja de Santana**, église construite en 1796 et considérée comme le patrimoine historique le plus important de l'île. En plus des superbes plages, l'excursion comprend une escale pour pratiquer librement la plongée à la **lagoa Azul**, sorte de crique formée d'îlots et peuplée de poissons multicolores. Elle passe également par **Saco do Céu** et **Japariz**. Là la mer est plutôt calme et la zone proche des mangroves est idéale pour pratiquer le jet-ski. Un autre circuit possible part en direction de Palmas, à une heure de distance, jusqu'à **Lopes Mendes**, avec arrêts sur l'**ilha do Morcego** et à **Abraãozinho**. Par beau temps, ne manquez pas de faire la promenade en haute mer dans une embarcation appropriée. Louez-en une à l'*Associação dos Barqueiros de Ilha Grande (tél. 24/3361-5920)*. Les bateaux sont en bon état, inscrits à la Capitainerie des Ports et pilotés par des personnes qualifiées.

Mouillage de bateaux à Provetá, Ilha Grande

Bucolique et coloniale, Paraty est un important centre gastronomique et culturel

Paraty

Paraty est l'un des endroits les plus charmants de la côte du Sud-Est, à 248 km de Rio de Janeiro et à 350 km de São Paulo. On y accède par la BR-101, la route Rio–Santos. Paraty est un véritable voyage dans le temps. Fondée au milieu du XVIIe siècle, la ville est classée patrimoine historique national depuis 1996. Interdit aux voitures, son centre historique a préservé un riche ensemble architectural du XVIIIe siècle. Les rues en pierre, avec leur dallage d'origine irrégulier, ont été conçues pour permettre le reflux de la mer, qui inonde parfois la ville basse à marée haute. La vie culturelle y est intense pendant toute l'année, avec des manifestations gastronomiques, folkloriques (la jolie Festa do Divino) ou musicaux. Depuis 2003, la ville est devenue le siège d'une fête littéraire internationale, la Flip, qui a lieu au milieu de l'année et est organisée par l'éditrice anglaise Liz Calder, une passionnée de la ville. Paraty fabrique également de bonnes *cachaças* (eau-de-vie de canne à sucre), grâce aux nombreux alambics des environs qui produisent un alcool de première qualité. La région est bordée par la cordillère de la Bocaina et possède, en outre, une soixantaine de petites îles à proximité des côtes et des plages paradisiaques, dont certaines sont presque désertes. Située au pied de la montagne, Paraty peut également servir de point de départ pour faire du trekking en montagne et visiter les cascades.

Le Centre Historique

Flâner dans les ruelles du centre historique est un des grands plaisirs de Paraty. Visitez la belle **Casa da Cultura** *(rua Dona Geralda, 177, tél. 24/3371-2325)*, Maison de la Culture installée dans une demeure de 1754, elle abrite des manifestations culturelles et une exposition permanente sur l'histoire et la culture locales. Dans la même rue, le **Teatro**

RIO DE JANEIRO

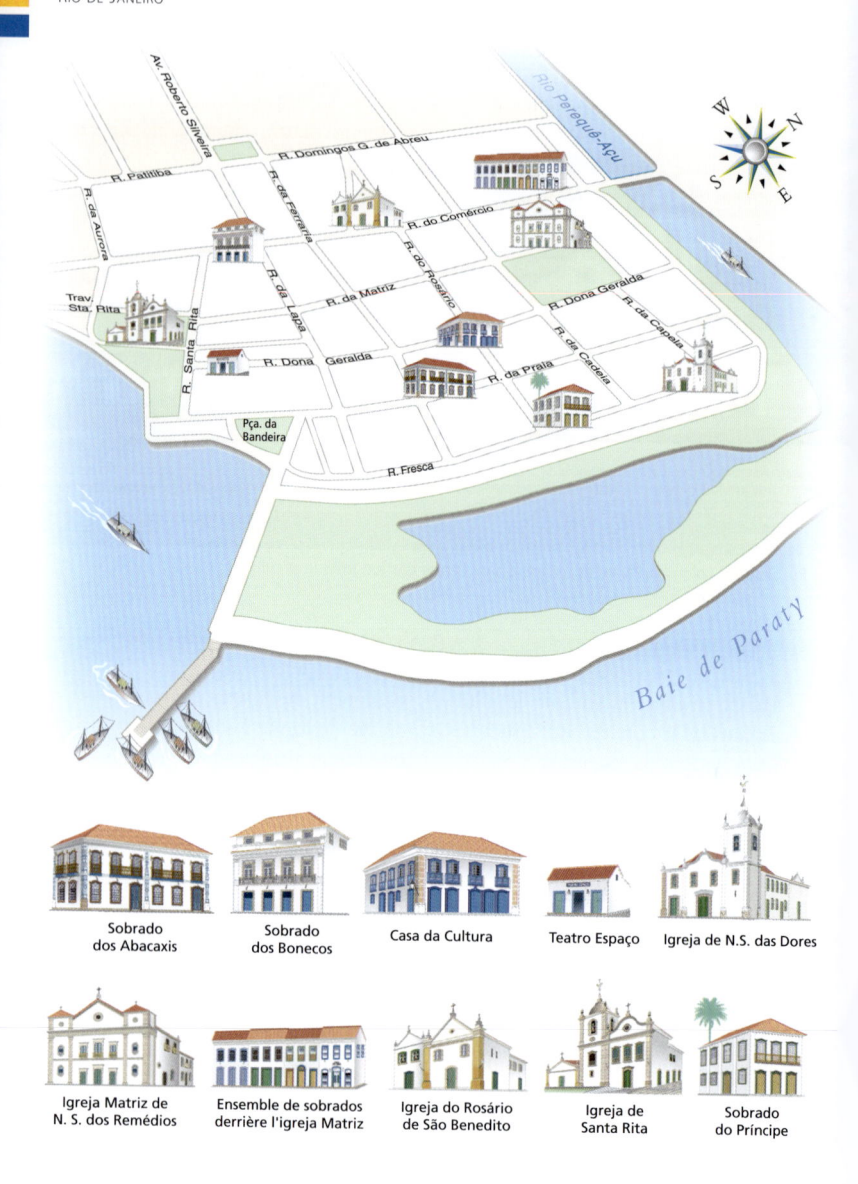

Sobrado dos Abacaxis — **Sobrado dos Bonecos** — **Casa da Cultura** — **Teatro Espaço** — **Igreja de N.S. das Dores**

Igreja Matriz de N. S. dos Remédios — **Ensemble de sobrados derrière l'igreja Matriz** — **Igreja do Rosário de São Benedito** — **Igreja de Santa Rita** — **Sobrado do Príncipe**

Espaço propose son traditionnel théâtre de marionnettes, mondialement connu. Les églises offrent un intérêt particulier. Celle de **Santa Rita** fut construite en 1722 au largo de Santa Rita et abrite le **Museu de Arte Sacra** (Musée d'Art Sacré). Celle du **Rosário**, au largo do Rosário, fut bâtie en 1725; elle était l'église des esclaves, et bien qu'elle soit la seule à posséder des autels dorés elle est assez simple (la dorure fut réalisée au début du XXe siècle). L'église de la **Matriz** vaut également le détour: sa construction débuta en 1787 et dura presque un siècle – le projet, grandiose, était trop onéreux. En face de cette église, sur la praça da Matriz, un petit marché artisanal fonctionne tous les jours et est accompagné de concerts de musique et de spectacles de marionnettes. Dans la rua Fresca (le nom – rue fraîche – vient de la délicieuse brise marine qui la traverse), admirez l'**igreja de Nossa Senhora das Dores**. Érigée en 1800, à partir d'un plan typique du XVIIIᵉ siècle, elle est aussi appelée Capelinha (petite chapelle) et fut fréquentée par l'aristocratie au moment de l'Empire. Ne manquez pas d'admirer la dentelle de pierre des balcons intérieurs et le lustre en cristal du chœur. Enfin, prenez le temps de contempler l'architecture des maisons anciennes **sobrados dos Bonecos, dos Abacaxis** et le **Sobrado do Príncipe** qui appartient à la famille royale d'Orléans et Bragance.

PROMENADES EN BATEAU
Sur les quais, des dizaines de *saveiros*, et *escunas* (goélettes) et *traineiras* (bateaux de pêche) proposent un grand choix d'excursions. La vue est très belle, et dans les îles du **Algodão** et **Sapeca** il est possible de pratiquer la plongée. La fantastique crique aux eaux vertes, le **Saco do Mamanguá**, surplombée de falaises, est une autre destination inoubliable.

À LA DECOUVERTE DE CUNHA
En quittant Paraty, il est possible de partir en montagne à la découverte de la ville historique de **Cunha**. La route de terre est escarpée et sinueuse, étroite, souvent défoncée. En période de pluie, seuls les 4x4 vont jusqu'au bout. Néanmoins, la beauté de la végétation et la vue sur la baie récompenseront vos efforts. Pour en savoir plus, consultez la **Destination São Paulo**.

SURF ET PLONGÉE À TRINDADE
Située à 25 km de Paraty, Trindade est une excursion mémorable. Les 7 km à partir de la route Rio-Santos sont goudronnés et bien signalisés. Ce petit village de pêcheurs au passé hippie survit grâce au touristes qui affluent les jours fériés. Il existe de bonnes plages pour le surf, telles celles de **Cepilho** et **Brava,** et d'autres, plus calmes, offrent des piscines naturelles, telles que la **praia do Meio** et **Cachadaço**. Cette dernière possède une immense piscine naturelle dans les rochers où on peut s'adonner à la plongée et admirer la grande variété de poissons. Un peu plus éloignées, sans infrastructure pour le touriste mais d'une rare beauté, les plages **do Sono** (une heure de marche à partir de Vila Oratório) et **Antigos** (plus de 40 minutes de randonnée depuis la praia do Sono) sont des destinations rêvées pour ceux qui se sentent une âme d'explorateur.

L'architecture coloniale du Sobrado dos Abacaxis

Un Lieu Idyllique Nommé Paraty

Paraty s'est emparée de mon imagination bien avant que je la connaisse. Quand j'avais une vingtaine d'années, j'ai vécu quatre ans à São Paulo. C'était dans les années 1960, et le Brésil et ses charmes – sur le plan de la musique, de l'art, de la littérature et du cinéma – me fascinaient. Avec des amis nous faisions la fête toute la nuit, nous couchions sur les plages de Guarujá et dansions au son de la musique des jeunes Chico Buarque et Gilberto Gil. C'était le paradis.

Parfois les gens mentionnaient un lieu mystérieux sur le littoral entre São Paulo et Rio, un lieu accessible seulement par la mer ou à dos d'âne, un lieu idyllique dans lequel artistes, bohèmes, gays (à l'époque ils ne s'appelaient pas encore comme çà) vivaient en état d'extase perpétuel aux côtés des pêcheurs, un lieu secret à la beauté naturelle et à l'architecture merveilleuse. Paraty – rien que le nom était déjà romantique, et je rêvais de la connaître. Mais ce ne fut pas possible à l'époque.

En 1992, je suis revenue pour une petite visite. À cette époque, une route avait été construite et Paraty était devenu patrimoine national et l'une des destinations favorites des habitants de São Paulo pour les vacances. C'était la période du Carnaval, et le Centre Historique se préparait pour la fête qui envahissait les ruelles. Tout le monde flânait dans les rues décorées de mille couleurs, partout des gens qui dansaient, de la musique et des enfants costumés.

La ville était exactement comme je l'avais imaginée. Accueillante, joyeuse, parfois mélancolique; à certains moments, débordante de vie dans les rues, à d'autres, tranquille et sérieuse. Incrustée sur une étroite bande de terre plane entre les montagnes protectrices et la mer sereine, elle se dresse sur un point privilégié au fond de la baie, ornée par la plus ravissante des forêts tropicales, et invite les visiteurs à partager sa luxuriance. Puis elle a un grand soupir de soulagement quand tous repartent... Son charme singulier vient de la rencontre entre cette incomparable beauté naturelle et la grâce des édifices coloniaux du XVIIIe siècle, construits d'abord par l'or de l'État de Minas Gerais (Paraty était le seul port où il était permis de négocier l'or en direction du Portugal), puis du café.

Pendant que j'écris, j'ai devant de moi une carte postale que j'avais envoyée à mon mari, Louis Baum, à Londres, lors de ce voyage en 1992. La carte montre la vue classique de Paraty: l'église de Santa Rita et le quai, photographiés depuis la mer. J'y avais écrit: "Voilà l'endroit où on va habiter. Commence à faire tes valises maintenant!" Comment le savais-je?

En 1999 nous sommes revenus pour visiter une propriété qui était en vente, abandonnée et envahie par la végétation; sur le terrain, qui dégringolait vertigineusement vers la mer, il y avait une petite maison. Protégées par l'île do Araújo, ses pentes escarpées furent adoucies par des terrasses, par les sentiers en zigzag et l'architecture inspirée de Mauro Munhoz, architecte visionnaire de São Paulo qui travaille depuis de longues années sur un projet de récupération du littoral de Paraty, victime de l'érosion.

Comment Paraty a-t-il hérité d'un festival littéraire – et qui plus est d'un festival littéraire international? Depuis longtemps, depuis que nous avions rencontré Mauro pour la première fois, nous rêvions de trouver un moyen d'attirer l'attention de plus de gens – pas trop, quand même – sur les richesses de Paraty. Pendant la majeure partie de l'année il existe dans la ville une tranquillité très précieuse pour ses habitants.

Pendant les vacances, elle se remplit de visiteurs, et ses boutiques, restaurants et auberges font leurs affaires.

Qu'est-ce qui pourrait aider la ville à prospérer pendant la basse saison? La beauté et le charme du centre historique du XVIIIe siècle, la présence de tant d'auberges – bien plus de cent – et de tant de bars charmants, restaurants, boutiques et galeries d'art, tout cela fait de Paraty un lieu idéal pour les festivals. Elle en accueille plusieurs, aussi bien religieux que culturels. Mais comme Louis et moi sommes tous deux amants des livres, nous avons commencé à nous demander s'il n'était pas possible de produire un festival littéraire ici. Un puissant facteur de motivation fut notre conviction que les richesses de l'art et de la littérature brésilienne (sans oublier bien sûr sa beauté naturelle) ne sont pas suffisamment appréciées dans le reste du monde: qu'est-ce qui pourrait mieux élever son image internationale que d'inviter les plus grands écrivains du monde à rencontrer leurs collègues brésiliens dans un décor aussi beau et aussi accueillant que Paraty?

La première Flip (Fête Littéraire Internationale de Paraty) a eu lieu en 2003 et elle a remporté un succès extraordinaire. Je dis extraordinaire parce qu'aucun de nous ne s'attendait à un tel engouement de la presse, du public (plus de 6 000 personnes ont visité Paraty pendant les quatre jours du festival), des auteurs et de la population. Nous avons fait venir Gilberto Gil, le ministre de la Culture, pour sa première visite à Paraty, ainsi que Chico Buarque et Adriana Calcanhoto. Étaient également présentes des célébrités internationales comme Don DeLillo, Julian Barnes et Hanif Kureishi, l'un des plus grands historiens du monde, Eric Hobsbawn, et une bonne représentation des principaux écrivains brésiliens, dont Patrícia Melo, Ana Maria Machado et Dráuzio Varella. Et Paraty a répondu avec toute l'hospitalité et les ressources dont elle disposait.

Le succès du festival montre à la ville un chemin à suivre. Malgré sa beauté – et *de par* sa beauté – Paraty se trouve à la croisée de chemins. Contrairement à sa voisine Angra dos Reis (un avertissement triste et retentissant à tous les jolis petits coins qui rêvent de grandir), Paraty a été préservé par son isolement. Mais depuis la construction de la route Rio–Santos et le développement du transport et des communications internationales, le tourisme s'est développé. Cela apporte, certes, de grands bénéfices à la ville mais recèle aussi de grands dangers. Les communautés traditionnelles établies dans ses environs perdent leurs habitants au profit de la ville, et les relations subtiles qui unissent la ville et les villages environnants, qui en font le joyau qu'elle est, sont menacées. Oui, Paraty a besoin de plus de touristes – mais de touristes sensibles non seulement à sa beauté, mais aussi à la fragilité de sa beauté.

Nous pensons que Paraty a également besoin d'un soutien du gouvernement de l'état et du pays pour développer son infrastructure, afin de permettre à la ville d'accueillir un nombre toujours plus grand de visiteurs sans nuire à son environnement naturel et urbain. Si nous ne restons pas vigilants, tout ce qui fait de Paraty l'une des plus belles villes côtières du monde sera menacé.

Liz Calder, directrice-fondatrice de la Maison d'Édition Bloomsbury et présidente de la Fête Littéraire Internationale de Paraty

LITTORAL NORD

Une structure urbaine sophistiquée avec une ambiance de village côtier

BÚZIOS

Située à 192 km à l'est de Rio de Janeiro, Búzios est une péninsule naturelle bucolique de 8 km de long, entourée d'une mer verte et transparente. On y accède par la BR-101, puis par la RJ-124 et la RJ-106. Búzios est également un village cosmopolite où des visiteurs du monde entier se croisent dans ses rues et sur ses plages. Dans les années 1950, avec son accès précaire, il était le refuge presque secret des *cariocas* qui venaient à la plage. Lors de la décennie suivante, Brigitte Bardot découvrit le lieu et le transforma en une destination touristique internationale branchée. Aujourd'hui, la station balnéaire qui compte plus de deux cents hôtels et auberges a beaucoup perdu de son charme et de l'aura qui flottait autour de l'ancien village de pêcheurs. Cependant, l'infrastructure de qualité, avec de bons hôtels et auberges, des bars accueillants, des restaurants raffinés, des boutiques élégantes et même un cinéma qui porte le nom de l'actrice française, combine parfaitement avec la simplicité des plages. À 30 km de Búzios, **Barra de São João** constitue une agréable balade d'une journée. Il s'agit d'un petit village où est né le poète Casimiro de Abreu, qui l'a chanté dans ses vers. Vous pourrez y admirer l'ensemble de demeures du XVIIe siècle, ansi que les eaux transparentes et le charme de la rivière São João et de ses mangroves.

RUA DAS PEDRAS

Cette artère constitue le cœur de Búzios. Ses 400 m de long sont un morceau de l'avenida Bento Ribeiro Dantas, qui traverse toute la ville. Son surnom (Rue des Pierres) est dû à sa chaussée irrégulière, qui rend difficile la traversée en voiture et invite à la marche

RIO DE JANEIRO

à pied. Avec ses boutiques de stylistes célèbres, ses discothèques, ses glaciers, ses crêperies et ses artistes de rue, elle est le lieu de rendez-vous des habitants et des touristes. L'animation débute au coucher de soleil et se prolonge jusqu'à très tard dans la nuit.

Les Plages

La péninsule d'**Armação de Búzios** est très découpée et offre un grand nombre de criques charmantes, avec des plages pour tous les goûts. Sa mer est également le paradis des amateurs de tourisme nautique. La ville compte quatre yachts clubs et accueille au moins quinze manifestations et championnats sportifs, à l'exemple du Búzios Sailing Week. Il faut également y ajouter les promenades en bateau, qui partent toutes les heures de la plage da Armação. À bord, *caipirinhas*, eau, fruits et sodas garantis.

❶ Manguinhos
Les vagues ne sont pas fortes mais le vent est idéal pour la pratique du windsurf. Idem à la **baía Formosa**, qui se trouve juste à côté. En face se trouve l'**ilha Feia**, un lieu excellent pour la plongée.

❷ Tartaruga
Cette plage branchée possède des piscines naturelles, une végétation sauvage et des rochers aux multiples couleurs. Les coraux au fond de la mer invitent à la plongée.

❸ Praia dos Amores
Déserte, sauvage et avec une mer calme, elle est idéale pour la baignade. Le nudisme y est pratiqué de manière informelle. On y accède par la mer ou par la côte.

❹ Praia das Virgens

Encore plus déserte. L'accès à cette plage se fait par les rochers ou par la mer à partir de la praia dos Amores, mais seulement aux heures de marée basse. Soyez vigilant.

❺ Praias do Canto e da Armação

Avec ses petites maisons coloniales et ses bateaux de pêcheurs, ces deux plages sont impropres à la baignade. La **praia da Armação**, proche de la **praia do Canto**, a une rade et une sculpture de Brigitte Bardot.

❻ Praia dos Ossos

Cette petite crique avec une mer tranquille et d'un bleu profond est l'une des plus connues. Un escalier mène à l'**igreja de Sant'Ana**. Église datant de 1740, elle porte le nom de la patronne de la ville. On peut y louer des goélettes et des bateaux à fond transparent pour l'observation sous-marine.

❼ Azeda

Accessible à pied à partir de la praia dos Ossos. Le paysage est superbe et la mer calme. Bon site pour la plongée.

❽ Azedinha

Comme Azeda, elle est une zone de protection de l'environnement. Magnifique crique et mer verte. Également indiquée pour la plongée.

❾ João Fernandes

Agitée, très fréquentée et pleine de rochers. Possibilité de déguster des langoustes et des poissons de la région.

❿ João Fernandinho

Malgré ses très belles piscines naturelles, elle est quasiment déserte. On y accède à partir de la praia João Fernandes. Ces deux plages sont idéales pour la pêche et la plongée.

⓫ Brava

Grande plage, avec des belvédères et de puissantes vagues qui attirent les surfeurs. Attention à la force du courant près de la laje do Criminoso.

⓬ Olho-de-boi

Elle est si tranquille que certains s'y adonnent au nudisme. On y accède à pied à partir de la praia Brava.

⓭ Forno

Jolie crique, mer calme, peu de vent, piscines naturelles. Idéale pour la plongée ou simplement pour un moment de détente.

⓮ Foca

Accessible par la mer ou par un sentier. Petite plage avec de fortes vagues.

⓯ Ferradura

Crique aux eaux calmes, bordée de bars de plage et de maisons. Idéale pour la plongée, pour la pratique de sports à voile et pour les enfants. De là on peut accéder à la côte de la **Ponta da Lagoinha**, excellent endroit pour admirer le coucher de soleil.

⓰ Ferradurinha

Sable, mer calme, claire et transparente, avec des piscines naturelles entre les rochers. On y arrive en voiture par le Portal da Ferradura, ou à pied à partir de la praia de Geribá. Indiquée pour la plongée.

⓱ Geribá

Point de rencontre des jeunes. Il faut payer pour profiter de l'ombre des parasols, mais le visiteur est gâté par une bonne infrastructure hôtelière. Longue de 4 km, à certains endroits les vagues sont très fortes.

RIO DE JANEIRO

Eaux froides et plages de sable blanc, entourées de petites dunes

CABO FRIO

Beaucoup plus fréquentée que Búzios, c'est la ville la plus grande et la plus structurée de la Região dos Lagos, à environ deux heures de Rio de Janeiro (148 km) par la BR-101 puis par la RJ-124 et la RJ-140. La mer y est froide et limpide et le climat agréable pratiquement tout au long du l'année: la force du soleil est atténuée par le souffle constant du vent, responsable de la formation de dunes de sable blanc et fin. Cabo Frio étant l'un des plus importants producteurs de sel du pays, on y trouve encore les anciens moulins à vent des salines.

RUA DOS BIQUÍNIS

Avec ses deux cents boutiques, **Gamboa** est connue comme la "rue des bikinis". En été, plus de 3 500 personnes viennent chaque jour pour y acheter des vêtements d'été et de plage. Shorts, tee-shirts, maillots de bain, sandales et bien sûr bikinis vous attendent.

LES PLAGES

La plus connue et la plus fréquentée est la **praia do Forte**, proche du centre ville, qui abrite la forteresse de São Mateus, érigée en 1620. Les trottoirs en bord de mer sont souvent animés par des concerts. En été, il est assez difficile de trouver une place au soleil, cependant elle est une plage idéale pour ceux qui aiment pratiquer la voile ou le surf. En la parcourant à pied vous atteindrez les dunes (attention à celle de la **Dama Branca**: c'est la plus haute mais elle n'est pas très sûre) et **la praia do Foguete**, peuplée de résidences d'été et idéale pour le surf (fortes vagues) et la pêche. Vers le nord vous arriverez à la **praia Brava**, qui attire aussi les surfeurs. Puis vient la petite **praia das Conchas**, où vous pourrez pratiquer la pêche et vous promener à cheval. De là on accède à la **praia do Peró**, propice pour un apéritif au bord de la mer. Profitez-en pour découvrir les superbes dunes du même nom.

Arraial do Cabo

Cette ville, entourée de collines et aux airs de village de pêcheurs, possède des dunes de sable blanc, des lagunes, des lacs, des plages propres et de jolies côtes rocheuses, telles que le **pontal do Atalaia**, qui offre un point de vue idéal pour admirer un magnifique coucher de soleil. Située à 158 km de Rio, on y accède par la BR-101, puis par la RJ-124, la RJ-106 et enfin la RJ-140. Terre primitive des Indiens Tupinambás et dotée de bois brésil de haute qualité, Arraial vit se dérouler le trafic de bois des Hollandais, des actes de piraterie et de nombreux naufrages durant la colonisation. On estime que ses fonds marins renferment 88 épaves anciennes. Actuellement, Arraial do Cabo réussit à être encore plus bucolique que ses voisines très fréquentées. Allez prendre l'apéritif en fin d'après-midi sur la **praia Grande**. C'est sur cette plage, qui s'étend à perte de vue en direction de **Saquarema**, que se pratique la pêche au filet. Pour les amateurs de sports, en plus de la plongée, adonnez-vous à la randonnée en empruntant par exemple le sentier qui va jusqu'à l'ancien phare. Ne manquez pas les promenades en bateau, en particulier celle qui va jusqu'à la **gruta Azul** en faisant une escale au pontal do Atalaia.

Ilha de Cabo Frio

L'île de Cabo Frio, située à 40 minutes en bateau à partir d'Arraial do Cabo, est un endroit magnifique qui mérite un détour. Le départ se fait depuis la praia dos Anjos, et il faut une autorisation de la Marine nationale pour y passer la journée. La petite **praia do Forte**, avec ses dunes recouvertes de végétation sous-marine, son eau bleu, transparente et froide et son sable blanc et fin, a été considérée par l'Institut National de Recherches Spatiales (Inpe) la plage brésilienne la plus parfaite en 1997. De là, il est possible d'admirer de jolis paysages tels que la formation rocheuse **Racha de Nossa Senhora**, les rochers du pontal do Atalaia, l'**ilha dos Porcos** et la **Prainha**. Elle est aussi le point de départ pour une randonnée d'environ une heure et demie jusqu'au nouveau phare, aux ruines de l'ancien (construit en 1833) et à la maison du gardien du phare au sommet. Arrivé sur place, vous pourrez admirer la vue sur toute la Região dos Lagos. La forte brume – fréquente, motif de la désaffection du phare – produit une atmosphère mystérieuse. Les fonds autour de l'île invitent à la plongée, avec une bonne visibilité et des dizaines d'espèces de poissons et de coraux.

Les eaux d'Arraial: idéales pour la plongée

Rio de Janeiro

Très différent des autres sites de plongée du Brésil en raison de ses caractéristiques géographiques, Arraial do Cabo a reçu le titre de capitale de la plongée. Sur cette partie du littoral brésilien, le courant change de direction: de nord-sud il passe à ouest-est, ce qui provoque la résurgence, c'est-à-dire la remontée des eaux profondes venues de l'Antarctique à la surface. Ce phénomène favorise le développement des nombreuses espèces marines que les plongeurs observer à loisir. Ne plongez jamais seul et de préférence avec un instructeur.

❶ Saco do Cherne
Idéal pour la plongée peu profonde, avec un fond de coraux.

❷ Teixeirinha
En plus de l'abondante vie marine incrustée dans les grands blocs de pierre, vous pourrez apercevoir à la Ponta da Jararaca (à différents niveaux de profondeur) l'épave du vapeur *Teixeirinha*, qui a fait naufrage en 1923.

❸ Porcos (Extérieur)
Pour y pratiquer la plongée, il est recommandé d'avoir un niveau avancé. Près des rochers, la profondeur atteint 40 mètres.

❹ Porcos (Intérieur)
Plongée à 15 m de profondeur. En plus des forêts de gorgones, les "éventails de mer", vous pourrez admirer les hippocampes et parfois quelques tortues.

❺ Cardeiros
Plongée peu profonde, de 6 à 10 m, dans une mer calme. Vous y observerez des éponges vertes, des hippocampes et des coraux roses.

⑥ Maramutá et ⑦ Pedra Vermelha

Toutes les deux sont très appréciées par les écoles de plongée, qui y donnent les premières leçons et y font les "baptêmes" des nouveaux plongeurs. Mais l'Ibama (Institut Brésilien de l'Environnement et des Ressources Naturelles Renouvelables) a interdit la plongée dans la région, désormais réservée à la recherche.

⑧ Anequim

En plus des forêts de gorgones, vous pourrez apercevoir les épaves du navire *Wizard*, qui a coulé en 1839. Profondeur de 10 à 15 m.

⑨ Ponta Leste

Ici la vie marine est riche. Vous pourrez notamment apercevoir barracudas, sérioles ambrées et maquereaux.

⑩ Gruta da Camarinha

Seulement pour plongeurs chevronnés. Plongée recommandée lorsque la mer est calme et la visibilité excellente.

⑪ Gruta Azul

Site touristique traditionnel, la grotte apparaît bleue suivant l'angle d'incidence du soleil. La plongée dans la caverne sous-marine ne peut être faite que dans d'excellentes conditions de visibilité et lorsque la mer est calme.

⑫ Harlinger

Sur la côte droite du pontal do Atalaia, se trouve l'épave du navire hollandais *Harlinger*, qui a coulé en 1906. De 18 à 25 m de profondeur, ces fonds demandent beaucoup de prudence car ils se situent sur la côte en mer ouverte.

⑬ Dona Paula

C'est ici que coula en 1827 le navire de guerre de la Marine brésilienne *Dona Paula*, alors qu'il poursuivait un navire pirate au service de l'Argentine. La profondeur de la plongée est de 5 à 15 m.

Pour les plongeurs, des sites aux eaux limpides et à la faune abondante

DESTINATION
SÃO PAULO

Dans la ville la plus riche du Brésil, la population de près de 11 millions d'habitants (18 millions si l'on compte la région métropolitaine) bénéficie de la vie culturelle et nocturne la plus animée du pays, d'une rare diversité gastronomique et d'un luxueux centre de commerce. Au premier abord, la métropole peut paraître grise et inhospitalière; mais il ne faut pas longtemps pour se rendre compte que si elle manque de beautés naturelles, elle déborde de vitalité et de possibilités de divertissement et de consommation. São Paulo, la ville, est la capitale de l'État du même nom, et offre un choix varié d'attractions touristiques: un littoral magnifique, une campagne propice aux sports d'aventure et d'agréables villes de montagne.

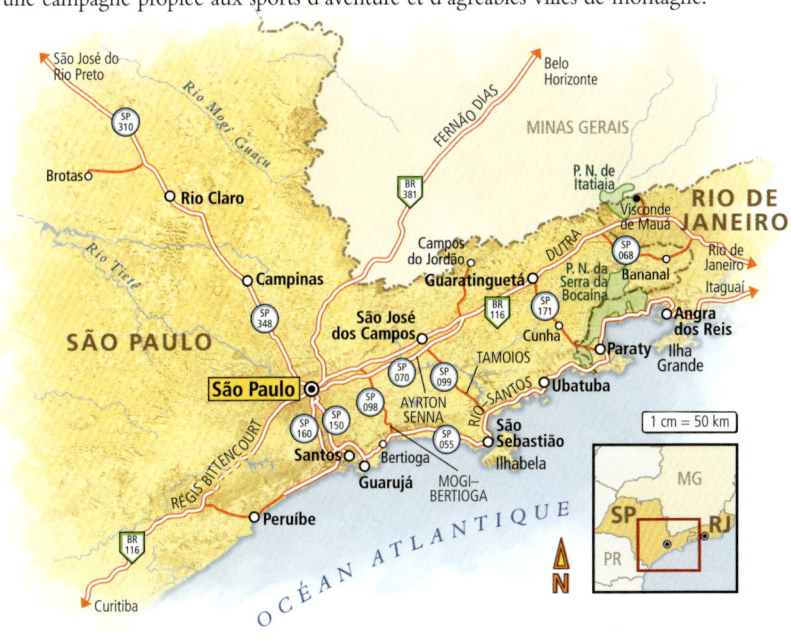

POINTS FORTS DE LA DESTINATION

VILLE DE SÃO PAULO
  Centre Historique
  Mercado Municipal
  Liberdade
  Higienópolis
  Avenida Paulista
  Jardins
  Gabriel Monteiro da Silva
  Parque do Ibirapuera
  Vila Madalena
  Attractions Spéciales

BROTAS (245 km)

LITTORAL
  Juréia (153 km)
  Santos (85 km)
  Guarujá (87 km)
  São Sebastião (214 km)
  Ilhabela (224 km)
  Ubatuba (235 km)

LA MONTAGNE ET LA CAMPAGNE
  Campos do Jordão (167 km)
  Cunha (222 km)
  São Luís do Paraitinga (171 km)
  Parque Nacional da Serra
    da Bocaina (295 km)

Distances à partir de la ville de São Paulo

VILLE DE SÃO PAULO

CENTRE HISTORIQUE

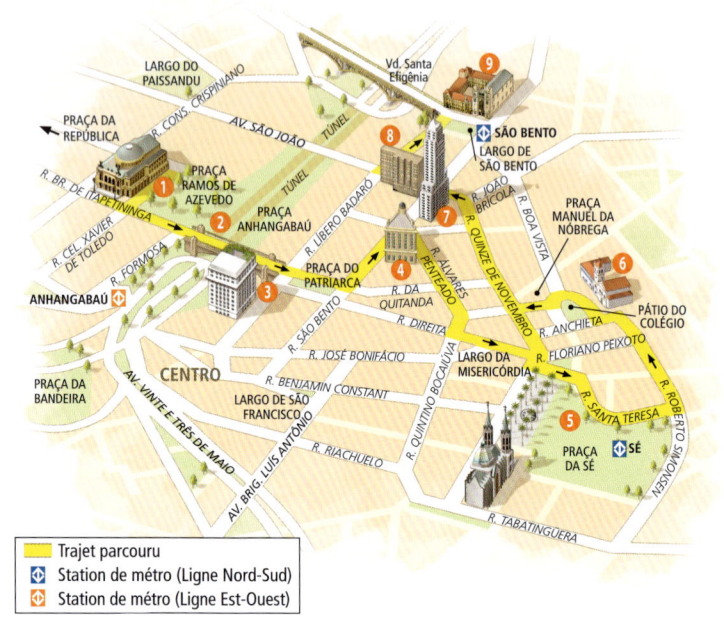

Légende :
- Trajet parcouru
- Station de métro (Ligne Nord-Sud)
- Station de métro (Ligne Est-Ouest)

1 - Teatro Municipal
2 - Viaduto do Chá
3 - Palácio do Anhagabaú
4 - Centro Cultural Banco do Brasil
5 - Praça da Sé et Alentours
6 - Pátio do Colégio
7 - Prédio do Banespa
8 - Edifício Martinelli
9 - Largo São Bento

São Paulo change tellement et si vite qu'il ne subsiste aucun bâtiment datant de sa fondation, le 25 janvier 1554. Telle est la dynamique de la troisième plus grande agglomération humaine du monde (après Tokyo et Mexico). Une promenade à pied dans le centre révèle la prédominance du style éclectique des grands édifices de la fin du XIXᵉ et du début du XXᵉ siècles, ainsi que les interminables travaux de rénovation que le quartier connaît continuellement. Le centre-ville est officiellement divisé en deux par la vallée de l'Anhangabaú : l'ancien centre *(centro velho)* et le nouveau *(centro novo)*. Le **Centro Velho**, sur la butte, comprend les alentours du Pátio do Colégio, la Catedral da Sé et le Mosteiro de São Bento ; le **Centro Novo**, de l'aute côté de la vallée, réunit le quartier da Praça da República et les avenidas Ipiranga, São João et São Luís. Aux yeux de l'observateur, cependant, le paysage ne fait qu'un – une grande agglomération de béton typique des mégalopoles.

❶ TEATRO MUNICIPAL

Opéras, spectacles de danse et de théâtre constituent le programme principal du théâtre municipal, où se présentent régulièrement les compagnies Orquestra Sinfônica Municipal, Orquestra Experimental de Repertório, Coral Lírico, Coral

Paulistano, Quarteto de Cordas et Balé da Cidade. Matinées lyriques tous les lundis, à 18 heures, et concerts chaque mercredi à midi et demi. Ces séances sont ouvertes au public, l'entrée est gratuite. D'une capacité de 1464 places, le théâtre propose des visites guidées gratuites *(mar. et jeu., 12h/13h ou 13h/14h; tél. 11/223-3022)*. Inauguré en 1911, le bâtiment de style éclectique, inspiré de l'Opéra de Paris, fut dessiné par le bureau de l'architecte Francisco Ramos de Azevedo. En 1922, il fut le cadre d'un évènement-clé de la culture brésilienne: la Semaine d'Art Moderne, où un groupe d'artistes et d'intellectuels, parmi lesquels Mário de Andrade, Oswald de Andrade, Di Cavalcanti, Anita Malfatti et Villa-Lobos, rompit avec les canons de l'académisme qui régnaient encore sur les arts nationaux.
Praça Ramos de Azevedo s/n, tél. (11) 222-8698. Billetterie: tous les jours, 10h/19h.

❷ Viaduto do Chá

Premier viaduc de São Paulo, inauguré en 1892, il fut construit sur un terrain de cultures maraîchères et une plantation de thé – d'où son nom ("Viaduc du thé"). Il fut reconstruit et élargi en 1938, en raison du développement urbain. Du viaduc, observez la vallée de l'Anhangabaú.

❸ Palácio do Anhangabaú

L'ancien immeuble Matarazzo est devenu le nouveau siège de la mairie de São Paulo et a été rebaptisé Palácio do Anhangabaú. Contemplez la façade, créée par l'architecte italien Marcello Piacentini, sur une commande du comte Matarazzo.
Viaduto do Chá, 15, tél. (11) 3113-8000.

❹ Centro Cultural Banco do Brasil

La programmation variée de ce centre culturel met l'accent sur les expositions d'arts plastiques, les festivals de cinéma, le théâtre et les rencontres avec des artistes. Le centre comprend une salle vidéo, un théâtre, un auditorium, un restaurant, une confiserie, un café et une librairie; les expositions ont lieu au sous-sol, à l'intérieur des anciens coffres de la banque. Le CCBB a été inauguré en 2001, dans un bâtiment construit en 1901 qui fut le premier siège de la Banco do Brasil à São Paulo. Observez le sol en mosaïque émaillée, les fresques, les lustres, les appliques en laiton et les vitrages d'époque. Visites guidées du mardi au samedi, sur rendez-vous *(tél. 11/3113-3649. Lun. à ven., 9h/18h).*
Rua Álvares Penteado, 112, tél. (11) 3113-3651.

❺ Praça da Sé et Alentours

Autre étape importante du circuit historique de São Paulo, la Praça da Sé est le kilomètre zéro de la ville et un lieu traditionnel de manifestations

---

Les Taxis

Le taxi est indispensable pour explorer la ville de São Paulo, vaste et chaotique. Il est recommandé de le prendre à l'un des nombreux arrêts de la ville ou de faire appel à une entreprise spécialisée *(Ligue Táxi, tél. 11/3866-3030 ou 3873-2000; Coopertax, tél. 11/6195-6000; Rádio-Táxi Vermelho e Branco, tél. 11/3146-4000 – ce dernier étant plus cher).* Il est utile d'avoir quelques points de repère afin d'aider le chauffeur à se situer durant le trajet – il est normal qu'il ne connaisse que sa propre zone. Avant qu'il ne démarre, demandez-lui s'il connaît l'endroit auquel vous souhaitez vous rendre. S'il ne sait pas, exigez qu'il consulte un plan de la ville au préalable.

L'"Empire State" Banespa et l'Edifício Martinelli, à droite: Manhattan *paulista*

populaires. Dans ce quartier – pas très sûr, il faut le souligner – circulent des milliers de personnes chaque jour. Sur la Praça da Sé, la cathédrale métropolitaine, inaugurée en 1954 et mélangeant les styles néogothique et byzantin, mérite une rapide visite. Dans cette grande église (pouvant recevoir 8000 personnes), observez l'orgue italien, les vitraux et le carillon aux 61 cloches. Elle a été restaurée en 2001 sous la direction de l'architecte Paulo Bastos *(tél. 11/3107-6832. Lun. à sam., sauf mar., 9h30/11h30 et 13h/16h30; dim., 15h/17h).* A côté de la cathédrale, à proximité de la station de métro Sé, se trouvent le **Conjunto Cultural da Caixa**, dont le bâtiment, inauguré en 1939 et de style art déco, abrite des expositions provisoires de photographie et d'arts plastiques, et le **Museu da Caixa**, au quatrième étage du même bâtiment, exposant des objets de mobilier d'anciennes agences bancaires et des collections de monnaies et de billets de banque anciens. Entrée libre *(Praça da Sé, 111, tél. 11/3107-0498. Mar. à dim., 9h/21h).*

❻ Pátio do Colégio
Le nom "Cour du Collège" est une allusion au Collège des Jésuites, lieu de naissance de la ville, bâti par les Indiens après la fondation du village et dont il ne reste aujourd'hui qu'un mur de torchis. Actuellement, ce site abrite le **Museu Anchieta**, avec une collection d'objets religieux et d'objets ayant appartenu aux premiers *paulistas* – nom des habitants de São Paulo *(tél. 11/3105-6899, postes 118/119. Mar. à dim., 9h/17h).* Bibliothèque, chapelle et café. *Praça Pátio do Colégio, s/n.*

❼ Prédio do Banespa
Modèle réduit de l'Empire State Building de New York, le Altino Arantes, ou immeuble du Banespa (Banque de l'État de São Paulo), de 161 mètres, bâti en 1947, est l'un des plus hauts gratte-ciel de la ville. Situé sur le point le plus élevé du centre,

il offre, de la tour du 35ᵉ étage, une vue panoramique sur une partie de la ville. Quatre longues-vues permettent de contempler la région dans un périmètre pouvant aller jusqu'à 40 km par temps dégagé. Visites guidées gratuites *(tél. 11/3249-7405. Lun. à ven., 10h/17h)*.
Rua João Brícola, 24, tél. 3249-7180.

❽ Edifício Martinelli

Bâti par l'homme d'affaires italien Giuseppe Martinelli entre 1925 et 1929, avec ses 30 étages et ses 130 mètres de hauteur, cet immeuble fut le premier gratte-ciel de la ville. En réalité, il fut précédé de l'édifice Sampaio Moreira, bâti dans la rua Líbero Badaró voisine, mais celui-ci, plus modeste, fut vite oublié. L'édifice Martinelli mélange différents styles européens, bien au goût des années 1920. Restauré en 1970, il a été classé au patrimoine historique en 1992 et est actuellement le siège de services publics. De la terrasse on peut voir plusieurs points de la ville comme le Parque Dom Pedro, la Serra da Cantareira et les tours de l'avenida Paulista. L'accès à la terrasse est gratuit mais les groupes doivent réserver *(tél. 11/3104-2477. Lun. à ven., 9h/11h et 14h/17h, sauf jeu.; sam. et dim., 9h/11h)*.
Avenida São João, 35, tél. (11) 3104-3693.

❾ Largo São Bento

Sur cette place se trouvent le **Colégio**, le **Mosteiro** et la **Basílica de São Bento**. Cette dernière *(lun. à ven., 7h/18h30, sauf jeu., 14h/18h30; sam. et dim., 6h/12h et 14h/18h)* fut bâtie par des moines bénédictins en 1598, puis reconstruite entre 1910 et 1922. Il est recommandé d'assister aux messes avec chants grégoriens *(lun. à ven., 7h; sam., 6h; dim., 10h)* et de goûter aux spécialités préparées par les moines et vendues dans le magasin du monastère *(lun. à ven., 7h/18h; sam., 8h/12h; dim., 11h/12h)*: des queues se forment pour acheter le *pão São Bento* (pain à base de manioc), le *bolo Santa*

Bexiga, le Quartier Italien

Le quartier Bexiga – certains écrivent Bixiga, suivant la prononciation populaire – s'est formé vers la fin du XIXᵉ siècle. À l'époque, il concentrait les milliers d'immigrés italiens qui venaient à São Paulo pour travailler, notamment comme ouvriers dans les usines de la ville, qui s'industrialisait alors rapidement. Au début des années 1980, bohèmes et artistes élurent domicile dans ce quartier, situé près du centre, et peuplèrent ses bars et ses petites salles de spectacles. Vingt ans plus tard, la colonie italienne, tout comme la bohème, s'est dispersée, laissant dans le quartier une certaine atmosphère d'abandon. Bexiga garde cependant les vestiges de ces deux époques, ce qui vaut une visite. Cantines et pizzerias y restent nombreuses: la cantine **Capuano**, fondée en 1907, est la plus ancienne en activité *(rua Conselheiro Carrão, 416, tél. 11/3288-1460)*. Plus récente, datant de 1958, mais forte d'une grande tradition, la pizzeria **Speranza** *(rua Treze de Maio, 1004, tél. 11/3288-8502)* sert de savoureuses pizzas et un excellent pain fourré à la saucisse. Les pains sont d'ailleurs une attraction à part dans le quartier, dont les vieilles boulangeries attirent les gastronomes des quartiers plus cossus et fournissent les meilleurs supermarchés de la ville – profitez d'une promenade pour connaître la boulangerie **Basilicata** *(rua Treze de Maio, 614, tél. 11/3289-3111)*, ainsi que la **São Domingos** *(rua São Domingos, 330, tél. 11/3104-7600)* et la **14 de Julho** *(rua Catorze de Julho, 90/92, tél. 11/3106-4795)*. A Bexiga se trouvent également de nombreux théâtres, figurant parmi les meilleurs de la capitale: le **Teatro Abril**, connu pour ses grands spectacles musicaux *(avenida Brigadeiro Luiz Antônio, 411, tél. 11/6846-6060)*, le très traditionnel **Sérgio Cardoso** *(rua Rui Barbosa, 153, tél. 11/3288-0136)* et le petit et historique **Ruth Escobar** *(rua dos Ingleses, 209, tél. 11/3289-2358)*.

Le gigantesque Copan, œuvre d'Oscar Niemeyer, au centre, et l'Edifício Itália, à gauche

Escolástica (gâteau aux pommes et aux noix) et le *bolo dos Monges* (gâteau aux prunes et à la banane).
Largo São Bento, tél. (11) 3228-8799.

EDIFÍCIO ITÁLIA

Figurant parmi les immeubles les plus hauts de São Paulo (165 m de haut et 42 étages), dessiné par Adolf Franz Heep, il offre le point d'observation le plus élevé de la ville, avec l'une des plus belles vues panoramiques. La terrasse, qui occupe le 41e et le 42e étage, fut inaugurée en 1967, deux ans après la construction de l'immeuble. Il est obligatoire de consommer pour avoir accès à la terrasse, d'où l'un peut admirer l'édifice Copan ou contempler le coucher du soleil. Déjeuner *(lun. à ven., 12h/15h; sam. et dim., 12h/16h)*, dîner *(lun. à jeu., 19h/24h; ven. et sam., 19h/1h; dim., 19h/23h)* et dîner dansant avec orchestre *(mar. à sam., 21h/2h)*.
Avenida Ipiranga, 344, tél. (11) 3257-6566.

EDIFÍCIO COPAN

Inauguré en 1966, soit quinze ans après

UN PLUS

🍽 Le petit **Bar Léo**, dans le centre ville, est à ne pas manquer. Assis à l'une de ses tables ou au comptoir très disputé, goûtez le *bolinho de bacalhau* (croquette de morue) accompagné d'une bière pression – réputée par les experts comme étant la meilleure de la ville. Inauguré en 1940, le bar doit son nom à l'un de ses anciens propriétaires, monsieur Leopoldo. Le bar est très souvent plein en fin d'après-midi *(rua Aurora, 100, tél. 11/221-0247).*

avoir été conçu, cet immeuble de l'architecte Oscar Niemeyer est l'œuvre la plus importante de l'architecture moderniste de São Paulo. La forme serpentine du bâtiment, qui évoque la lettre "S", et les lignes horizontales des brise-soleil sont étonnantes.
L'immeuble de 38 étages, divisé en six blocs, comporte 1160 logements (grands appartements ou studios) et 72 magasins au rez-de-chaussée. Le Copan, avec ses 115 mètres de haut et ses 120 000 m² de surface construite, est l'une des plus grandes structures en béton armé du Brésil.
Avenida Ipiranga, 200.

Sala São Paulo

L'acoustique impeccable de la moderne Sala São Paulo et son installation harmonieuse au sein de l'ancienne gare Júlio Prestes, construite entre 1926 et 1938, en font la meilleure salle de concerts symphoniques et de musique de chambre de la ville. Dessinée par l'architecte Nelson Dupré et pouvant recevoir 1501 spectateurs, elle égale les meilleures salles de concert du monde. La construction pleine de charme où se trouvait le jardin intérieur de l'ancienne gare a été revitalisée et inaugurée en juillet 1999. Elle est devenue le siège de l'Orquestra Sinfônica do Estado de São Paulo. Le plafond de la salle est composé de quinze panneaux acoustiques mobiles qui sont déplacés selon le genre de musique exécutée. Suivant la position des panneaux, ceux-ci cachent ou dévoilent deux vitraux formant le blason de l'ancienne compagnie de chemin de fer Sorocabana. Des visites guidées *(lun. à ven., 12h 30 et 16h 30; sam., 14h et dom., 13h)* permettent de connaître l'intérieur de la salle, équipée de fauteuils et de panneaux muraux en bois de *guatambu* (d'une bonne densité acoustique), et l'**Estação das Artes**, dont les vitraux reproduisent l'histoire des chemins de fer et de l'époque du café *sur rendez-vous tél. 11/3351-8286/ 3337-5414)*. Concerts matinaux le dimanche, à 11 heures (musique classique ou populaire). Restaurant et cafétéria.
Praça Júlio Prestes, s/n, tél. (11) 3337-5414. Billetterie: lun. à ven., 10h/18h; sam., 10h/16h. La billetterie ferme deux heures avant le spectacle.

Edifício Viadutos

Cet énorme immeuble résidentiel fut inauguré en 1955, quand le centre était encore très valorisé. Dessiné par

La Sala São Paulo, dans une ancienne gare: la meilleure acoustique et le meilleur orchestre du Brésil

L'Edifício Viadutos, œuvre d'Artacho Jurado

l'autodidacte João Artacho Jurado, il révèle l'éclectisme de l'architecte: traits modernistes, art déco et art nouveau, revêtement de mosaïque colorée et espaces communs opulents.

De la salle des fêtes revêtue de mosaïque violette et aux larges baies, au 27e étage, on a l'une des meilleures vues panoramiques de la ligne d'horizon de São Paulo. Malheureusement, l'entrée est interdite au public.
Praça General Craveiro Lopes, 19.

Pinacoteca do Estado

Ce musée organise des expositions d'arts plastiques figurant parmi les plus belles du Brésil. Dessiné par Ramos de Azevedo, le bâtiment néoclassique, construit en 1896, a subi de 1993 à 1998 des travaux de rénovation révolutionnaires menés par l'architecte Paulo Mendes da Rocha, qui ont obtenu le prix de la Fondation Mies van der Rohe. Son fonds est composé de 6000 œuvres – quatre cents sculptures –, dont 1200 sont exposées. Œuvres d'artistes du XIXe et du XXe siècles, comme Benedito Calixto, Almeida Júnior, Eliseu Visconti, Vítor Meireles, Pedro Américo, Anita Malfatti, Cândido Portinari,

---

La Pizza, une Institution

Si vous visitez São Paulo, que ce soit en voyage d'affaires ou comme touriste, vous n'échapperez pas au plat qui dans cette ville a acquis le statut d'institution: la pizza. C'est là sans doute le meilleur symbole de la force de l'influence italienne sur la gastronomie de la ville et sur les habitudes du *paulista*. À pâte fine ou épaisse, avec beaucoup ou peu de fromage, la croûte fourrée ou non, la pizza est le menu obligé du dimanche soir, et, dans presque tous les quartiers, on livre à domicile. Les plus anciennes pizzerias se trouvent dans les quartiers où habitaient les premiers immigrés italiens, et quelques-unes résistent toujours bravement dans le centre et dans les quartiers aujourd'hui dégradés, préservant les recettes consacrées par le temps. D'autres ont cependant migré vers des quartiers plus riches (on trouve des pizzerias en tous genres dans les différentes zones de la capitale) et se sont adaptées aux oscillations de la mode et du goût. Si le *paulista* tolère et, éventuellement, apprécie les innovations, il reste cependant une chose qui l'offense au plus haut point: ce sont les gens qui, naïvement, "assaisonnent" ce mets avec de la moutarde, de la mayonnaise ou même du ketchup. La meilleure manière de savourer l'authentique pizza *paulista* est de rechercher les maisons qui actualisent les recettes sans pour autant perdre l'esprit traditionnel de la pizza, veillant à la qualité des ingrédients, de la sauce à la pâte. En voici trois: **Braz** *(rua Vupabussu, 271, Pinheiros, tél. 11/3037-7975)*, **Camelo** *(rua Pamplona, 1873, Jardins, tél. 11/3887-8764)* et **Castelões** *(rua Jairo Góes, 126, Brás, tél. 11/229-0542)*.

Di Cavalcanti et Tarsila do Amaral. Sculptures de Rodin, de Maillol et de Brecheret, entre autres. À voir également l'exposition permanente *Vistas do Brasil – Coleção Brasiliana*, œuvres d'artistes du XIXe siècle représentant des paysages brésiliens. Visites guidées gratuites sur rendez-vous *(tél. 11/3227-1655)*. La pinacothèque possède un auditorium, un restaurant, un café et une bibliothèque *(praça da Luz, 2, tél. 11/3229-9844. Mar. à dim., 10h/17h30)*. Sur le *largo General Osório*, à côté de la gare Júlio Prestes et de la Sala São Paulo, se trouve l'**Estação Pinacoteca**, dans l'ancien du DOPS – organisme chargé de la répression politique sous le régime militaire. Le bâtiment, modifié par l'architecte Haron Cohen, abrite des expositions temporaires de la pinacothèque. Au rez-de-chaussée, dans le **Memorial da Liberdade**, on peut voir les cellules où étaient enfermés les prisonniers politiques. À côté du musée, se trouve le **Parque da Luz**, entretenu par la pinacothèque. Premier jardin botanique de la ville, le parc était un lieu de promenade au XIXe et au XXe siècles.

Estação da Luz
Cette gare ferroviaire, construite à l'origine pour acheminer la production de café de l'intérieur de l'Etat de São Paulo jusqu'au port de Santos, est un vestige de l'architecture européenne du début du XXe siècle et un témoin de l'histoire du café. Le lieu n'est pas des plus sûrs, mais la gare mérite un coup d'œil de l'extérieur, même bref, pour en apprécier l'architecture.
Praça da Luz, s/n.

Museu de Arte Sacra
Avec un fonds de près de quatre mille pièces, comprenant des images, de l'argenterie, de l'orfèvrerie, des retables, des autels, du mobilier et de la peinture, ce musée rassemble quelques-uns des plus importants objets d'art sacré du pays. Œuvres d'Antônio Francisco Lisboa, surnommé Aleijadinho (l'Estropié) *(Nossa Senhora das Dores)*, de Francisco Xavier de Brito *(Santa Madalena)*, de frei Agostinho da Piedade et de Manuel da Costa Ataíde. À voir également, le **Museu dos Presépios** (Musée des Crèches), où sont exposés 190 ensembles provenant du Brésil et d'autres pays, dont le *Presépio Napolitano*, qui reproduit un ancien village italien, et la collection numimastique, de 9 000 pièces, notamment de monnaies de l'époque coloniale. Visites guidées sur rendez-vous.
Avenida Tiradentes, 676, tél. (11) 3326-1373/5393. Mar. à dim. et jours fériés, 11h/19h.

Pinacoteca: expositions dans un bâtiment primé

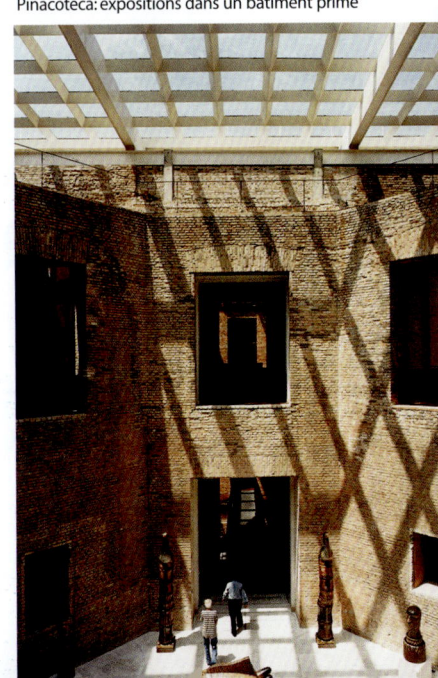

São Paulo

MERCADO MUNICIPAL

Le *Mercadão* (Grand Marché), comme sont surnommées les halles de São Paulo, fut inauguré en 1933. Vous remarquerez notamment son illumination naturelle – des claires-voies et des tuiles de verre assurent l'entrée de la lumière du jour –, la hauteur interne et les 55 vitraux colorés provenant d'Allemagne. À l'époque de son inauguration, le marché recevait des fermes des alentours les fruits et légumes qui arrivaient par bateau sur la rivière voisine, le Tamanduateí. Actuellement, ses 319 magasins vendent 350 tonnes de produits par jour ; 1 600 personnes y travaillent et environ 14 000 personnes y passent chaque jour – chefs de cuisine renommés ou simples consommateurs paulistes, tous à la

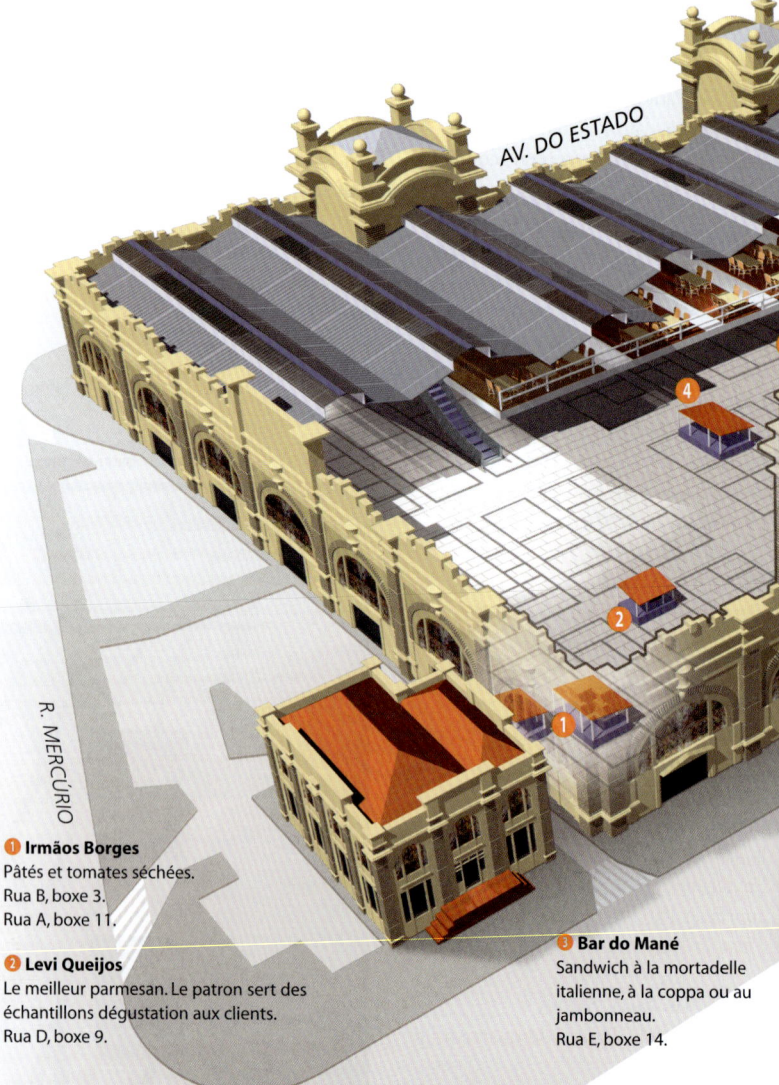

❶ **Irmãos Borges**
Pâtés et tomates séchées.
Rua B, boxe 3.
Rua A, boxe 11.

❷ **Levi Queijos**
Le meilleur parmesan. Le patron sert des échantillons dégustation aux clients.
Rua D, boxe 9.

❸ **Bar do Mané**
Sandwich à la mortadelle italienne, à la coppa ou au jambonneau.
Rua E, boxe 14.

GUIDE BRÉSIL

recherche de produits de qualité ou rares, que seul le Mercadão peut offrir. Il est agréable de flâner entre les échoppes de condiments du monde entier, d'articles à tabac, de fruits brésiliens et étrangers, de fruits de mer, de viandes et de poissons. Le stand d'Hocca, connu pour son *pastel de bacalhau* (sorte de beignet à la morue), et celui du Mané, aux fameux sandwichs à la mortadelle, à la coppa ou au jambonneau, sont à ne pas manquer. Du fait qu'il conserve les traditions de nombreux immigrés qui aujourd'hui travaillent encore aux côtés de leurs fils et petits-fils, le Mercadão est plus qu'un marché : il a des airs de patrimoine historique. Actuellement, un projet de la mairie vise à le transformer en centre gastronomique, avec la création de restaurants en mezzanine. *Rua da Cantareira, 686, Parque Dom Pedro II, tél. (11) 6203-8850. Mar. à sam., 8 h/19 h ; dim., 8 h/13 h.*

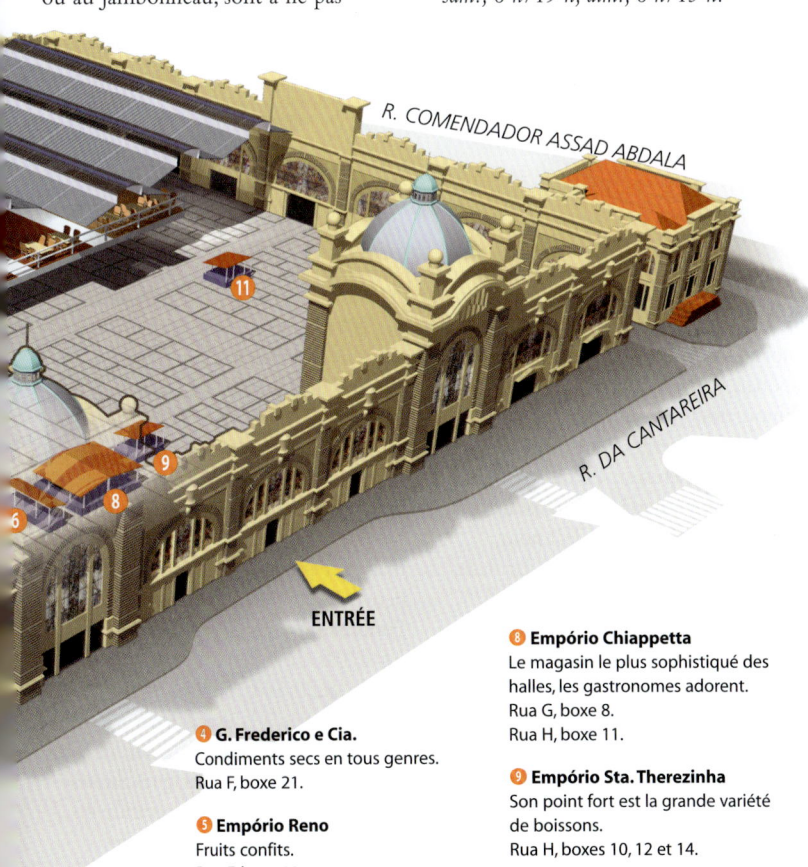

ENTRÉE

❹ **G. Frederico e Cia.**
Condiments secs en tous genres.
Rua F, boxe 21.

❺ **Empório Reno**
Fruits confits.
Rua F, boxe 12.

❻ **Hocca Bar**
Le meilleur pastel à la morue.
Rua G, boxe 7.

❼ **Empório Raga**
Morue, pignons et pecorino.
Rua G, boxe 11.

❽ **Empório Chiappetta**
Le magasin le plus sophistiqué des halles, les gastronomes adorent.
Rua G, boxe 8.
Rua H, boxe 11.

❾ **Empório Sta. Therezinha**
Son point fort est la grande variété de boissons.
Rua H, boxes 10, 12 et 14.

❿ **Banca do Juca**
Spécialisé en fruits tropicaux.
Rua H, boxe 24.

⓫ **Geração Saúde**
Eau de noix de coco, jus de canne à sucre et piments.
Rua L, boxe 30.

LIBERDADE

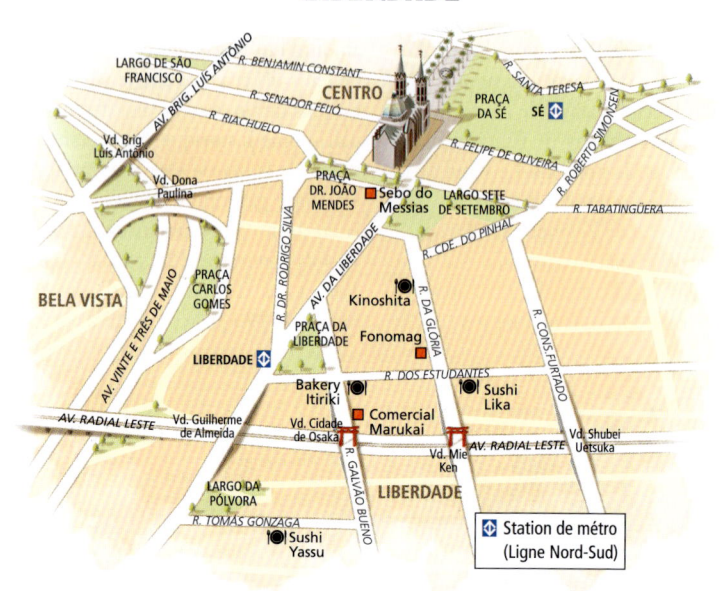

Dans les rues du quartier – surtout dans la **rua Galvão Bueno** et la **rua da Glória** – se concentrent des restaurants japonais et quelques restaurants chinois, des boutiques de produits importés, des petites épiceries et des centres commerciaux. Le dimanche, le traditionnel **marché de la praça da Liberdade** est l'endroit idéal pour sentir toute l'atmosphère de Liberdade. À Liberdade, on peut déguster de la cuisine japonaise de qualité. Voici trois bonnes adresses: le **Kinoshita**, avec un fantastique menu dégustation, à commander à l'avance *(rua da Glória, 168, tél. 11/3105-4903)*, le **Sushi Yassu** *(rua Tómas Gonzaga, 98, tél. 11/3209-6622)* et le **Sushi Lika**, qui prépare de délicieux teppanyakis de saumon *(rua dos Estudantes, 152, tél. 11/3207-7435. Lun. à sam., 11h30/14h30 et 18h30/24h30)*. Une énorme variété de produits alimentaires orientaux et d'articles importés peuvent être trouvés au **Comercial Marukai** *(rua Galvão Bueno, 34, tél. 11/3341-3350. Tous les jours, 8h/20h)*. Une autre curiosité du quartier est l'énorme boulangerie **Bakery Itiriki** *(rua dos Estudantes, 24, tél. 11/3277-4939. Tous les jours, 8h/19h30)*, avec un système de self-service, une ambiance joyeuse et une grande variété de pains japonais et brésiliens. Les amateurs d'origamis, de mangas, de revues et de livres japonais peuvent se rendre à la librairie **Fonomag** *(rua da Glória, 242, tél. 11/3104-3329. Lun. à ven., 8h30/18h30; sam., 8h30/17h)*. En poussant jusqu'à la **praça João Mendes** le visiteur trouvera des magasins de livres d'occasion avec quelques raretés – livres de philosophie, de littérature et d'arts. La célèbre librairie de livres d'occasion **Sebo do Messias** possède quatre magasins; le plus grand est situé derrière la Catedral da Sé *(praça João Mendes, 166, tél. 11/3104-7111. Lun. à ven., 9h/19h; sam., 9h/17h)*. Il y a d'autres librairies de livres d'occasion près de la **praça Carlos Gomes**.

SÃO PAULO

HIGIENÓPOLIS

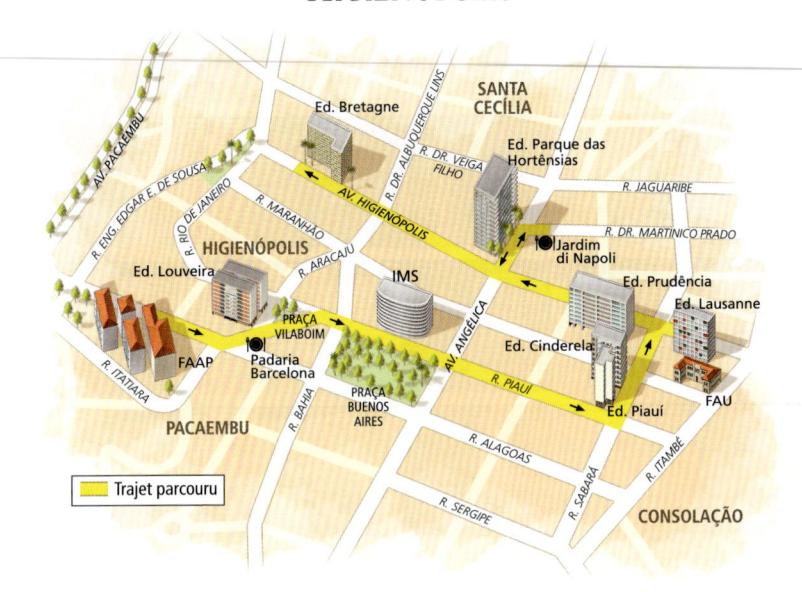

L'un des quartiers les plus charmants de São Paulo, Higienópolis fut le premier lotissement urbanisé et assaini de la ville – d'où son nom de "ville de l'hygiène", par allusion à son emplacement sur une hauteur, à l'abri des inondations et des épidémies qui touchaient d'autres quartiers de São Paulo à la fin du XIXe siècle. Quelques hôtels particuliers de cette époque subsistent mais beaucoup ont été remplacés par des immeubles. Avec le temps, Higienópolis a absorbé de nouveaux styles sans perdre sa personnalité – une élégance singulière qui continue de conquérir les visiteurs du monde entier: d'après la revue anglaise de design et d'architecture *Wallpaper*, ses rues sont l'une des plus grandes concentrations d'immeubles résidentiels modernistes du monde. Pour les connaître, nous suggérons une promenade à pied au long de ses rues arborisées et de ses places, avec, pour point de départ, la traditionnelle **Padaria Barcelona** (*rua Armando Penteado, 33*), au coin de la rua Alagoas. La **FAAP** (**Fondation Armando Álvares Penteado**), qui comprend un théâtre, un musée et une université, se trouve juste en face de la boulangerie, de l'autre côté de la rue. La promenade continue jusqu'à la charmante petite **praça Villaboim**. Traversez la place pour apprécier le **Condomínio Louveira** (*rua Piauí, 1081*), très belle construction de l'architecte Vilanova Artigas, bâtie en 1940 et classée au patrimoine historique par le Condephaat en 1992. De retour à la Praça Villaboim et en continuant par la rue latérale, vous arrivez sur la **praça Buenos Aires** – une vieille place arborisée et fréquentée par les habitants du quartier.

INSTITUTO MOREIRA SALLES (IMS)
Situé près de la Praça Buenos Aires, l'IMS est un centre culturel qui réalise des expositions d'arts plastiques et de photographie, des cours, des ateliers, des conférences et des rencontres avec des écrivains. Consultez la programmation.

Edifício Lausanne, œuvre d'Adolf Franz Heep : l'un des nombreux immeubles modernistes d'Higienópolis

Rua Piauí, 844, 1ᵉʳ étage, tél. (11) 3825-2560. Mar. à ven., 13h/19h; sam. et dim., 13h/18h.

ÉDIFICES RESIDENTIELS DES ANNÉES 1940 ET 1950

Impossible de connaître Higienópolis sans admirer les immeubles de l'architecte polémique João Artacho Jurado. Dans ses somptueux édifices résidentiels, il mêlait modernisme et références au cinéma hollywoodien, grâce à l'emploi de mosaïques en pâte de verre aux tons bleus, roses et violets – les couleurs des mélodrames des années 1940 et 1950. Son premier immeuble dans le quartier est l'**edifício Piauí** *(rua Piauí, 428, au coin de la rua Sabará)*, bâti en 1949. Dans le même pâté de maisons se trouve l'**edifício Cinderela** *(rua Maranhão, 163, au coin de la rua Sabará)*, construit en 1956, qui marie granit, marbre et mosaïque. Entrez sur la gauche dans l'avenida Higienópolis et admirez deux immeubles conçus par d'autres architectes modernistes célèbres : l'**edifício Prudência**, dessiné par Rino Levi et Roberto Cerqueira César, avec un jardin conçu par le paysagiste Burle Marx, et l'**edifício Lausanne**, d'Adolf Franz Heep. La façade du Prudência *(avenida Higienópolis, 265)*, l'un des premiers ensembles résidentiels de São Paulo, construit entre 1944 et 1948, a été classée au patrimoine historique. Le bel immeuble Lausanne *(avenida Higienópolis, 101)* innove avec des brise-soleil métalliques et des couleurs sur la façade. Lorsque vous arrivez sur l'avenida Angélica, tournez à droite afin d'admirer une autre création d'Artacho Jurado, l'**edifício Parque das Hortênsias**, lui aussi vaste et doté d'un jardin, datant de 1957 *(avenida Angélica, 1106)*. De retour à l'avenida Higienópolis, face au Colégio Sion, se trouve le chef-d'œuvre d'Artacho : l'énorme **edifício Bretagne** *(avenida Higienópolis, 938)*. Jurado y a mélangé des mosaïques de tons extrêmement colorés en revêtement, y a créé plusieurs espaces de vie en commun – même un bar – et y a installé des marquises ondulées sur un jardin d'hiver au sommet de l'immeuble.

FACULDADE DE ARQUITETURA E URBANISMO DA USP

Cette construction, datant de 1902, est la première de la ville à avoir complètement adopté le style art nouveau. Dessinée par Carlos Ekman, elle fut la résidence du comte Antônio Álvares Penteado. Classée au patrimoine historique, elle appartient aujourd'hui à la Faculté d'Architecture et d'Urbanisme de l'Université de São Paulo. Les visites sont limitées, mais la construction mérite un coup d'œil de l'extérieur.
Rua Maranhão, 88, tél. (11) 3091-4796.

MUSEU DE ARTE BRASILEIRA

Un fonds d'œuvres du mouvement moderniste significatif et des expositions internationales gratuites de qualité font du Museu de Arte Brasileira, situé à l'intérieur de la FAAP, un lieu idéal pour apprécier la production artistique nationale. Au moins 2 500 œuvres d'artistes brésiliens, toiles, gravures et sculptures, sont conservées dans ce bâtiment inauguré en 1961. À voir notamment la collection Flávio de Carvalho, qui comprend peintures, dessins, photographies, plans architecturaux et reproductions de vêtements créés et portés par cet artiste moderniste, ainsi que les collections Heinz Khün – la plus grande du musée –, Arcângelo Ianelli et Clóvis Graciano.
Rua Alagoas, 903, Pacaembu, tél. (11) 3662-7198. Mar. à ven., 10h/21h; sam., dim. et jours fériés, 13h/18h.

ESTÁDIO DO PACAEMBU

L'un des plus anciens stades de São Paulo, de style art déco, le Stade Municipal Paulo Machado de Carvalho, plus connu sous le nom de Pacaembu, d'une capacité de 45 000 spectateurs, fut inauguré en 1940. Visite guidée sur rendez-vous *(tél. 11/3661-9111, postes 113 et 144; lun. à ven., 9h/16h). Praça Charles Miller, s/n.*

PASTEL ET JUS DE CANNE A SUCRE

Les marchés de rue, les *feiras*, existent dans différents quartiers de São Paulo. La *feira* de la praça Charles Miller, face au stade de Pacaembu, est l'une des plus réputées: ses *pastels* sont appréciés par les gastronomes *paulistas* les plus exigeants. Pour l'accompagner, rien de mieux qu'un traditionnel *caldo de cana*, jus de canne à sucre *(praça Charles Miller, s/n, mar., jeu., ven. et sam., 5h/13h).*

Estádio do Pacaembu: matchs de football et concerts de rock dans une construction art déco

SÃO PAULO

AVENIDA PAULISTA

1 - Instituto Itaú Cultural
2 - Fiesp
3 - Masp
4 - Conjunto Nacional

Symbole de l'opulence de São Paulo, l'avenida Paulista, ouverte en 1891, est l'un des plus grands centres financiers du Brésil. Sur presque 3 km de long – elle commence dans le quartier du Paraíso et termine dans celui de Consolação –, se succèdent des banques, des bureaux, des magasins, des centres culturels, des cinémas et quelques immeubles résidentiels. L'avenue est le cadre de manifestations et des plus importantes fêtes populaires de la ville, telles que la fête du Nouvel An, la course de la Saint-Sylvestre, la Gay Pride et les commémorations des victoires des équipes de foot. Au début du XXe siècle, le paysage était complètement différent, composé d'une succession d'amples jardins et d'hôtels particuliers construits par les barons du café. Restent de très rares exemplaires de ces constructions, démolies entre 1940 et 1970, lorsque l'avenida Paulista commença à consolider son caractère de centre financier. Parmi les anciens bâtiments qui restent sur pied figure la **Casa das Rosas**, dessinée par Ramos de Azevedo. Située au numéro 37, elle abritait un centre culturel depuis 1991 et garde la bibliothèque du poète Haroldo de Campos.

❶ Instituto Itaú Cultural
Cet Institut propose une programmation entièrement gratuite de cinéma et vidéo, documentaires, rencontres avec des écrivains et concerts. Il abrite le **Museu da Moeda** (Musée de la Monnaie) et un centre de documentation culturelle. Consultez la programmation quotidienne.

Avenida Paulista, 149, Paraíso, tél. (11) 2168-1776. Mar. à ven., 10h/21h; sam., dim. et jours fériés, 11h/19h.

❷ Fiesp

Organisme suprême de l'industrie pauliste, la Fédération des Industries de l'Etat de São Paulo est située dans un immeuble dessiné par Roberto Cerqueira César et Luís Roberto Carvalho Franco. Des travaux réalisés par l'architecte Paulo Mendes da Rocha ont permis de réunir en un seul volume plusieurs espaces culturels du rez-de-chaussée (*consultez la programmation, tél. 11/3146-7405*). La **Galeria do Sesi** est aujourd'hui l'un des plus importants centres culturels de la ville.
Avenida Paulista, 1313, Cerqueira César, tél. (11) 3549-4499.

❸ Museu de Arte de São Paulo (Masp)

Le MASP possède le plus important fonds de peinture occidentale d'Amérique latine. Il a été inauguré par l'homme d'affaires Assis Chateaubriand et par le critique d'art italien Pietro Maria Bardi, en 1947, au 230 de la rua Sete de Abril. Le bâtiment actuel, de 1968, a été conçu par l'architecte Lina Bo Bardi. Il forme un volume unique, un grand parallélépipède, suspendu à une structure externe appuyée sur quatre piliers, dont la portée de 74 mètres permet de dégager au sol un vaste espace public. Le musée abrite environ 5500 œuvres: des toiles de Van Gogh, Toulouse-Lautrec, Cézanne, Monet, Modigliani, Manet, Renoir, Velázquez, Goya, Rembrandt, Botticelli et Raphaël, ainsi qu'une collection de sculptures en bronze d'Edgar Degas et de nombreuses œuvres de peintres brésiliens et étrangers qui ont peint le Brésil, tels que Post, Eckhout, Debret, Taunay, Segall, Di Cavalcanti, Portinari. Visites guidées sur rendez-vous (*tél. 11/3283-2585. Mar. à ven., 11h, 13h15, 13h30 et 15h15*). Un restaurant se trouve au sous-sol (*tél. 11/3253-2829. Lun. à ven., 12h30/15h; sam. et dim., 12h/16h30*). Le dimanche, sur l'esplanade du musée se tient une brocante traditionnelle. De l'autre côté de l'avenue se trouve le **Parque do Trianon**, un coin de

---

Faites vos Achats

La librairie Cultura et la FNAC méritent une longue visite. Chacune dispose d'au moins 100 000 livres brésiliens et importés. La librairie Cultura (*avenida Paulista, 2073, Cerqueira César, tél. 11/3170-4033. Lun. à ven., 9h/22h; sam., 9h/20h*) a quatre magasins dans le Conjunto Nacional, avec 20 000 livres d'art et une collection de livres en anglais, et une grande filiale dans le centre commercial Villa-Lobos, dans le quartier Pinheiros. Il est particulièrement intéressant de participer au *Café Filosófico*, un débat avec des intellectuels, toujours à 19h30 mais sans jour précis (téléphonez pour connaître le calendrier). La FNAC possède environ 60 000 CD et au moins 7 000 DVD. Dans ses vastes magasins se trouve une cafétéria et ont lieu des petits concerts, des ateliers et des séances de dédicace (*avenida Paulista, 901, Cerqueira César, tél. 11/2123-2000. Tous les jours, 10h/22h*).

MASP: une grande collection d'art

Gay Pride

La **Gay Pride** s'est définitivement intégrée dans le calendrier touristique de São Paulo et a acquis un statut d'événement mondial. Lors de sa huitième édition, en 2004, elle a dépassé en nombre de participants les manifestations traditionnelles de San Francisco et de New York, en rassemblant environ 1,5 million de personnes, dont de nombreux touristes brésiliens et étrangers, qui ont défilé sur l'avenida Paulista, derrière une vingtaine de camions sonorisés. Le défilé, qui a lieu en juin, est le principal événement du Mois de la Fierté GLBT (Gays, Lesbiennes, Bisexuels et Transsexuels), qui anime bars, restaurants et discothèques du circuit homosexuel de la ville. Informations auprès de l'Associação do Orgulho GLBT de São Paulo *(tél. 11/3362-2361. Lun. à ven., 10h/18h)*. Au cours de l'année, les principaux points de rencontre GLS (Gays, Lesbiennes et Sympathisants) sont la brocante de la praça Benedito Calixto, le samedi, et les très nombreux bars et discothèques gay concentrés au coin de la rua Consolação et de l'alameda Franca, dans le quartier des Jardins.

---

verdure au milieu du béton.
Avenida Paulista, 1578, Bela Vista, tél. (11) 3251-5644. Mar. à dim., 11h/18h. Fermeture de la billetterie à 17h.

❹ **Conjunto Nacional**
Bâtiment multifonctionnel le plus ancien de la ville, il comprend des appartements, des bureaux, des cinémas, des restaurants, des magasins, une salle de gymnastique, une librairie et un espace culturel. Près de 25 000 personnes circulent chaque jour dans cet ensemble moderniste datant de 1958 et dessiné par David Libeskind.
Avenida Paulista, 2073, Cerqueira César, tél. (11) 3179-0656. Tous les jours, 8h/22h.

Du Cinéma toute l'année

L'avenida Paulista et les quartiers Consolação et Jardins concentrent des dizaines de salles de cinémas de qualité et aux programmes variés. Parmi les meilleurs cinémas de São Paulo, qui compte 230 salles, figurent le **Cinesesc**, le **Cinearte**, l'**Espaço Unibanco de Cinema**, l'**Unibanco Arteplex**, dans le Shopping Frei Caneca, le HSBC **Belas Artes** et le **Museu da Imagem e do Som (MIS)**, dans le Jardim Europa. Outre la programmation régulière, d'importants festivals ont lieu au cours de l'année: en mars/avril, le festival international de documentaires **É Tudo Verdade**; en juillet c'est le tour du festival international du film d'animation, **Anima Mundi**; en août, le MIS organise le **Festival International de Curtas-Metragens de São Paulo**, une sélection de courts-métrages brésiliens et internationaux. Le festival le plus important de la ville a lieu en octobre: il s'agit de la **Mostra Internacional de Cinema em São Paulo**, qui présente un vaste panorama du cinéma mondial ainsi que des rétrospectives. Consacré à des thèmes liés à la sexualité, avec une forte thématique homosexuelle, le **Mix Brasil – Festival da Diversidade Sexual** a lieu en novembre. Enfin, le **Festival Mundial do Minuto**, consacré à des films d'une minute seulement, est réalisé en juin ou novembre, selon les années.

Jardins

La région des Jardins, qui comprend aussi le quartier Cerqueira César, concentre les meilleurs magasins et restaurants. L'axe principal du quartier est l'effervescente **rua Oscar Freire** – qui compose avec les rues transversales et parallèles une espèce de version plus modeste de la zone de consommation haut de gamme de la Madison Avenue, à New York. Dans les rues des Jardins se trouvent les vitrines des marques de vêtements les plus en vogue, Forum, Ellus, Triton, Zoomp, Clube Chocolate, Alexandre Herchcovitch, Maria Bonita, ainsi que les griffes internationales Armani, Louis Vuitton, Tiffany, Versace, Bulgari. Une succession d'excellents restaurants, chacun avec une atmosphère, un esprit, un menu et un chef qui leur sont propres, offrent les tables les plus irréprochables de São Paulo. Parmi les plus recommandés figurent la magnifique cuisine portugaise du sophistiqué **Antiquarius** *(alameda Lorena, 1884, tél. 11/3082-3015)*, le menu italien classique et irrésistible du **Fasano** *(rua Vitório Fasano, 88, tél. 11/3896-4077)* et du **Gero** *(rua Haddock Lobo, 1629, tél. 11/3064-0005)*, la tradition du **Massimo** *(alameda Santos, 1826, tél. 11/3284-0311)*, la créativité contemporaine du **D.O.M.** *(rua Barão de Capanema, 549, tél. 11/3088-0761)* et la cuisine aux accents méditerranéens du beau **A Figueira Rubaiyat** *(rua Haddock Lobo, 1738, tél. 11/3063-3888)*. Moins formel que les autres restaurants du quartier, la cuisine simple et contemporaine du **Spot** *(rua Ministro Rocha Azevedo, 72, tél. 11/3284-6131)* est, depuis une dizaine d'années, un des rendez-vous les plus tendance de la ville. A un pâté de maisons de la rua Oscar Freire, la **Galeria dos Pães** *(rua Estados Unidos, 1645, tél. 11/3064-5900)* est un mélange de boulangerie, de cafétéria et d'épicerie: ouverte 24h/24h, elle réunit les noctambules du quartier.

Un plus

L'hôtel Fasano possède 64 appartements confortables, un centre d'affaires, un centre fitness, un spa et un service de navette vers les aéroports. Dans une somptueuse décoration de style années 1940, il abrite également le club Baretto, où l'on peut écouter du jazz, ainsi que le restaurant Fasano, dirigé par le chef Salvatore Loi et le Nonno Ruggero – en hommage à l'aïeul du clan Fasano – espace petit déjeuner et *trattoria* au déjeuner et au dîner. Situé entre la rua Oscar Freire et la rua Estados Unidos, l'hôtel a des chambres offrant une belle vue panoramique.

Plus d'informations à partir de la page 462.

Hotel Fasano: luxe dans les Jardins

São Paulo Cosmopolite et Globalisée

Les Jardins sont un lieu mythique dans lequel les *paulistas* partagent, outre les vêtements de grandes marques, les tables étoilées et l'architecture branchée, la conviction de vivre dans une métropole cosmopolite. Les Jardins sont un concentré de marques de luxe, dont l'emblème est ce que l'on appelle le *Quadrilatère* – zone autour du croisement de la rue Oscar Freire et de la rue Haddock Lobo – qui se veut un paradis de consommation à la hauteur de l'avenue Montaigne à Paris, de la Sloane Street à Londres et de l'*upper* Madison Avenue à New York.

En réalité, ses contours sont indéfinis, même si l'on entend généralement par Jardins l'univers densément urbain qui descend depuis la crête hérissée d'immeubles de l'avenida Paulista où autrefois fleurissaient les manoirs des fortunes du café et de l'industrie, aujourd'hui *skyline* du grand capital jusqu'à ce qui, dans les années 1940, n'était guère qu'un marécage infecté par les crues du Pinheiros.

Les Jardins étant aujourd'hui ce qu'ils sont, un eldorado où les amazones portent des sacs à main Vuitton et s'entraînent pour combattre les affres de la vie dans les *fitness centers*, il faut rappeler qu'étrangement rien ne laissait présager cette vocation à jouer les Beverly Hills. Selon le témoignage de l'écrivain Zélia Gattai (dans le livre *Anarquistas, graças a Deus*), si l'avenida Paulista avait effectivement une lignée de sang et de fortunes, à partir de l'alameda Santos, en revanche, ce que l'on pouvait voir, c'était un défilé de cortèges funéraires et de camionnettes de livraison, dont la circulation plébéienne était interdite sur le boulevard des millionnaires. Au gré de la topographie s'éparpillaient des pavillons discrets et de petites maisons jumelles.

La mise en place de ce bastion du charme commença avec l'investissement immobilier, qui inventa le marketing au Brésil. Le Jardim América, lancé par les Anglais de la Compagnie City dans les années 1920, commercialisa un nouveau concept: habiter entre des arbres touffus et des voies en méandres constituant plutôt un obstacle à la circulation. C'est donc d'une entreprise commerciale qu'est née cette mystique de raffinement des Jardins, qui y attira des initiatives comme le Museu de Arte de São Paulo, le Clube Paulistano, la fine fleur de la communauté juive qui affluait et des noms de familles traditionnelles comme Matarazzo et Fasano.

Avec son métabolisme pantagruélique qui la pousse à dévorer de nouveaux espaces pour les rejeter par la suite, São Paulo abandonna son centre-ville et fixa, dès les années 1960, l'axe de sa trépidation mondaine dans la rua Augusta, épicentre du commerce et des soirées où la drague et les flirts ne pouvaient se passer d'un ingrédient: l'automobile. Tandis que la jeunesse de la *Jovem Guarda* (la génération yéyé des années 1960) remontait l'Augusta à tombeau ouvert, renforçant ainsi la légende de la ville qui ne peut jamais s'arrêter, le Conjunto Nacional venait s'affirmer comme la nouvelle frontière du bon chic bon genre. Si autrefois les Jardins avaient Bibba, Paraphernalia, Spinelli, Old England et Hi-Fi pour façade, aujourd'hui l'empire du *high fashion* exprime sa fascination pour la mondialisation au travers de marques comme Armani, Versace, Boss, Cartier, Tiffany, Montblanc, Hermès, Ferragamo, Dior et Baccarat – tout cela à portée d'une simple promenade, mais pas toujours à portée de toutes les bourses.

Nirlando Beirão,
journaliste originaire de Minas Gerais se résignant à vivre à São Paulo – par intermittence

Gabriel Monteiro da Silva et Alentours

Les designers brésiliens les plus renommés exposent leurs créations dans les magasins de l'alameda Gabriel Monteiro da Silva, dans le Jardim Europa. Neuf adresses méritent une visite : **Etel Interiores**, meubles en bois labellisé de Carlos Motta, de Claudia Moreira et de la propriétaire Etel Carmona *(n. 1834, tél. 11/3064-1266. Lun. à ven., 9h/18h30; sam., 10h/14h)*; **Conceito: Firma Casa**, des objets "conceptuels", qui vont des tasses aux vêtements dessinés par les frères Campana *(n. 1522, tél. 11/3068-0380. Lun. à ven., 10h/19h; sam., 10h/14h)*; **Firma Casa**, meubles comme le canapé *Banquete* et la chaise *Favela*, des frères Campana, et la chaise *Cadê*, de Gerson de Oliveira et Luciana Martins *(n. 1487, tél. 11/3068-0377. Lun. à ven., 9h/19h; sam., 10h/14h)*; **La Lampe**, luminaires *(n. 1258, tél. 11/3082-4055. Lun. à ven., 9h/19h; sam., 10h/14h)*; **D-Pot**, rééditant les meubles de Sergio Rodrigues, comme son *Fauteuil Mou* *(n. 1250, tél. 11/3086-0692. Lun. à ven., 10h/19h; sam., 10h/15h)*; **House Garden**, meubles de jardin et de terrasse *(n. 1218, tél. 11/3081-7999. Lun. à ven., 10h/19h; sam., 10h/14h)*; **Ornare**, armoires et étagères *(n. 1101, tél. 11/3061-1713. Lun. à ven., 10h/20h; sam., 10h/16h)*; **Tecer**, de beaux tapis, de la marque italienne Cappellini *(n. 785, tél. 11/3064-6050. Lun. à ven., 10h/19h; sam., 10h/14h)*; **Benedixt**, travaux en verre de Jacqueline Terpins et céramiques de Caroline Harari *(n. 663, tél. 11/3088-1045. Lun. à ven., 9h30/19h30; sam., 10h/15h)*.

Museu Brasileiro da Escultura (MuBE)

Inauguré en 1995, dans un bâtiment dessiné par Paulo Mendes da Rocha, ce musée abrite des expositions itinérantes et organise des ateliers, des récitals, des congrès et des séminaires. À l'extérieur se tient une foire de design et d'artisanat le samedi et une foire d'antiquités et brocante le dimanche. Visites guidées sur rendez-vous.
Rua Alemanha, 221, Jardim Europa, tél. (11) 3081-8611. Mar. à dim., 10h/19h.

Museu da Casa Brasileira

Ce musée, datant des années 40, possède un fonds d'objets représentatifs de l'évolution du mobilier au Brésil, du XVIIe siècle à la fin du XXe siècle. Voir notamment la collection Crespi Prado, qui réunit des œuvres de Victor Brecheret, d'Andrea Locatelli et d'Almeida Júnior.
Avenida Brigadeiro Faria Lima, 2705, Jardim Paulistano, tél. (11) 3032-3727. Mar. à dim., 10h/18h.

Shopping Iguatemi

Inauguré en 1966, c'est le plus ancien centre commercial d'Amérique latine. Il compte 330 magasins qui proposent les marques les plus renommées de la mode brésilienne et internationale.
Avenida Brigadeiro Faria Lima, 2232, Jardim Paulistano, tél. (11) 3038-6000. Lun. à sam., 10h/22h; dim., 11h/22h.

Un plus

🍽 Le chef de cuisine **Jun Sakamoto** dirige l'impeccable restaurant qui porte son nom. Régalez-vous avec les harumakis, sushis et sashimis aux poissons très sélectionnés. Si vous parvenez à trouver une place au comptoir âprement disputé, goûtez les créations improvisées. N'ouvre que pour le dîner. Réservation nécessaire *(rua Lisboa, 55, Pinheiros, tél. 11/3088-6019).*

SÃO PAULO

PARQUE IBIRAPUERA

1 - Museu de Arte Moderna
2 - Pavilhão da Bienal
3 - Oca

Le parc Ibirapuera est le plus vaste espace vert de la ville et aussi le plus fréquenté. D'une superficie de 158 hectares, il fut inauguré en 1954, sur un projet de l'architecte Oscar Niemeyer et du paysagiste Roberto Burle Marx. Parmi les huit pavillons, les trois étangs, les rues et les espaces verts, se trouvent le Museu de Arte Moderna (MAM), le bâtiment de la **Bienal de Artes** et l'**Oca** (renseignez-vous pour connaître l'intense programmation culturelle de ces espaces). Le parc Ibirapuera est aussi le cadre de concerts en plein air et de compétitions sportives. A l'entrée, observez le *Monumento às bandeiras*, de Victor Brecheret, en hommage aux pionniers *paulistas*.
Avenida Pedro Álvares Cabral, s/n, Ibirapuera, tél. (11) 5574-5177. Tous les jours, 5h/24h.

❶ MUSEU DE ARTE MODERNA

Ce musée a un fonds d'environ 3700 œuvres, comprenant des sculptures, des peintures, des gravures d'artistes modernes et contemporains brésiliens comme Amilcar de Castro, Hélio Oiticica, Leda Catunda,

comprend également un auditorium, un atelier, une boutique et un restaurant. Lors de votre visite, admirez notamment la sculpture *Aranha*, de Louise Bourgeois.
Parque Ibirapuera, portão 3, s/n, Ibirapuera, tél. (11) 5549-9688. Mar., mer. et ven., 12h/18h; jeu., 12h/22h; sam., dim. et jours fériés, 10h/18h.

❷ Pavilhão da Bienal

Ce pavillon fut conçu en 1962 par Oscar Niemeyer afin d'abriter les biennales d'art de la ville. Depuis, tous les deux ans – généralement entre octobre et décembre –, les trois étages du Pavilhão Ciccillo Matarazzo exposent les œuvres de centaines d'artistes brésiliens et étrangers, sculpteurs, peintres et photographes. Se tiennent également dans ce pavillon la Biennale d'Architecture, les défilés de mode de Leonilson et Volpi. Fondé en 1948, c'est le plus ancien musée d'art moderne d'Amérique latine. Installé à l'origine dans des locaux provisoires, il fut transféré en 1968 à son siège actuel, sous la marquise de l'Ibirapuera, dans un pavillon de 1953 conçu par Oscar Niemeyer, puis restauré dans les années 1980 par Lina Bo Bardi. Le MAM est le cadre d'expositions nationales et internationales, de récitals, de projections de films, de pièces de théâtre, de conférences et de lancements de livres. Le musée

---

Capitale de la Mode

Deux fois par an, la Semaine de la Mode, ou **São Paulo Fashion Week**, rassemble environ 100 000 personnes au Pavilhão da Bienal du parc Ibirapuera. C'est une des plus grandes concentrations au mètre carré de célébrités, de mannequins et de glamour au Brésil (à ce propos, signalons que São Paulo attire les jeunes, belles et sveltes brésiliennes de toutes les régions du pays qui rêvent de devenir ume nouvelle Gisele Bündchen qui, d'ailleurs, y a démarré sa carrière de mannequin). Cet événement est le plus important de ce genre en Amérique latine et fait déjà partie du calendrier touristique. Vendeurs, journalistes brésiliens et étrangers, acheteurs avides viennent de partout pour y suivre les dernières tendances. Une quarantaine de défilés ont lieu pendant sept jours, avec des dizaines de mannequins, ce qui demande une scénographie spéciale ainsi qu'une infrastructure considérable comprenant des restaurants, une librairie et un bar. Pour assister aux défilés, il faut obtenir des invitations – âprement disputées.

L'interieur de la Oca : un espace révolutionnaire crié par Niemeyer

la *São Paulo Fashion Week*, ainsi que des projections de films lors du festival d'animation *Anima Mundi*. A proximité, demeure le **Museu Afro-Brasil** (Pavilhão Manuel da Nóbrega).
Parque Ibirapuera, portão 3, s/n, tél (11) 5579-0593.

❸ Oca

Le nom officiel de cet immense dôme blanc conçu par Oscar Niemeyer et inauguré en 1951 est Pavilhão Lucas Nogueira Garcez, mais les *paulistas* l'appellent la *Oca* – nom des grandes huttes communautaires des indiens d'Amazonie. Il s'agit d'un lieu idéal pour apprécier les arts plastiques : de grandes expositions temporaires y ont été organisées, dont certaines – comme la rétrospective Picasso, l'Armée du Xian et les Trésors de la Cité Interdite, sur la Chine impériale, et la *Mostra do Redescobrimento* – ont attiré des foules au parc Ibirapuera.

> #### Coucher de soleil sur le parc
>
> Au coucher du soleil, on a du bar du **restaurant Skye** – sur la terrasse de l'**hôtel Unique** *(avenida Brigadeiro Luís Antônio, 4700, tél. 11/3055-4702)* – une belle vue du parc Ibirapuera et des immeubles du quartier des Jardins. Cela vaut la peine d'y monter, de commander une boisson et d'apprécier le panorama. Dans une ambiance balnéaire, la terrasse géante dispose de chaises confortables pour admirer le paysage. L'éclairage est réduit : il est à la charge des lumières des immeubles voisins.

Cependant, la Oca vaut la visite en elle-même. Du rez-de-chaussée, admirez les courbes des rampes internes et l'absence de colonnes. En montant (ou en descendant) les rampes sur les quatre étages, observez la sinuosité interne de la construction, légèrement éclairée par la lumière du jour provenant des ouvertures en hublots, qui ponctuent la base du bâtiment.

Avenida Pedro Álvares Cabral, s/n, Ibirapuera, tél. (11) 5549-0449. Mar. à ven., 9h/21h; sam., dim. et jours fériés, 10h/21h. La billetterie ferme à 20h.

Vila Olímpia

Des restaurants, des discothèques et des bars sans cesse renouvelés, tel est le rythme de Vila Olímpia, prolongement du quartier d'Itaim sur Vila Funchal, à proximité du quartier d'Ibirapuera. Cette zone concentre une bonne partie de la vie nocturne de São Paulo: les discothèques où la musique électronique bat son plein jusqu'au matin côtoient les salles de spectacles, les bistrots, les pubs et même des bars plus romantiques. Le public est généralement composé de jeunes BCBG. Le quartier a une vaste liste d'établissements et il est difficile d'indiquer les plus en vogue. Il est recommandé de consulter les "suppléments week-end" des journaux et hebdomadaires. Le public plus âgé a également l'occasion de s'amuser à Vila Olímpia: trois des meilleurs restaurants argentins de la ville y sont installés, et l'on peut y savourer d'excellentes viandes, dont la coupe et la préparation suivent rigoureusement les traditions du pays voisin. Le "triangle porteño" est formé par le **Rincón de Buenos Aires** *(rua Santa Justina, 99, tél. 11/3849-0096)*, le **Bárbaro** *(rua Doutor Sodré, 241, tél. 11/3845-7743)* et l'agréable **348 Parrilla Porteña** *(rua Comendador Miguel Calfat, 348, tél. 11/3849-5839)*. Dans la *rua Doutor Sodré* se trouve également le restaurant italien **Totó** (le nom est un hommage au célèbre comédien italien), qui sert de bonnes pâtes, sans prétention, dans un cadre simple, et cache un atout supplémentaire: on y prépare l'une des meilleures *caipirinhas* de la ville *(rua Doutor Sodré, 77, tél. 11/3841-9067)*. Enfin, en raison de la proximité du parc Ibirapuera, les cafétérias et les bars de Vila Olímpia sont toujours fréquentés par un public jeune et sportif: **Bread and Co.** est un mélange de boulangerie et de cafétéria très prisée aussi bien pour son petit déjeuner le week-end que pour ses en-cas ou ses plats rapides l'après-midi *(rua Lourenço de Almeida, 470, tél. 11/3842-5156)*.

Luxe et Confort chez Daslu

Daslu n'est pas seulement le plus grand magasin de marques importées à São Paulo. Le nom est synonyme, au Brésil, de commerce de luxe et de prestige. Dans le secteur féminin les articles – accessoires, vêtements, chaussures, maroquinerie – sont disposés par couleurs. On y trouve des griffes comme Dolce & Gabbana, Christian Dior, Maison Chanel, Prada et Gucci. Le secteur masculin (Daslu Homem) offre des articles de Ermenegildo Zegna et Salvatore Ferragamo, entre autres. Dans Daslu Casa il y a des porcelaines, cristallerie, argenterie et articles de linge de maison haut de gamme. Enfin, il existe aussi un secteur pour les adolescents, les enfants et les bébés. Dans le magasin, les espaces sont réservés à différents types de produits et de marques, et on peut y trouver des accessoires, des bijoux, des vins, de la lingerie, des revues, des articles de papeterie et même des immeubles de grand standing. La plupart des vendeuses sont de jeunes clientes (ou filles de clientes), ce qui assure le bon accueil et la sensation d'exclusivité valorisée par les consommatrices. Le magasin offre un service de vente personnalisée sur rendez-vous, un service de couture sur mesure, sur place ou à domicile, et un service de livraison d'articles à domicile ou sur le lieu de travail du client. Daslu est située à la Avenida Chedid Jafet, 131, Vila Olímpia, depuis juin 2005. Ouvert du lundi au samedi (lun., mer., jeu. et ven., 10h/20h; mar., 10h/22h; sam., 10h/18h). Plus d'information: www.daslu.com.br.

Vila Madalena

Vila Madalena est un quartier très vivant grâce à ses nombreux ateliers d'artistes, ses galeries, ses cafés, ses restaurants, ses bars et ses librairies. La meilleure façon de le connaître est de le parcourir à pied, le samedi matin. Partez de la rua Harmonia :

DeliParis *(rua Harmonia, 484, tél. 11/3816-5911)*. Petit déjeuner inégalable avec croissants aux amandes.

❶ Satiko *(rua Harmonia, 478, tél. 11/3032-4905)*. Vente de vêtements créés par les architectes Satiko et Isabel Mascaro et accessoires de designers sélectionnés.

❷ Marcenaria Trancoso *(rua Harmonia, 233, tél. 11/3032-3505)*. Vente de meubles et d'objets en bois du Brésil.

❸ Marcenaria Baraúna *(rua Harmonia, 87, tél. 11/3813-3972)*. Objets design en bois.

Sacolão *(rua Medeiros de Albuquerque, 352)*. Un marché couvert qui possède de bons restaurants comme le **Sushi do Sacolão** *(tél. 11/3813-5482)*, **Kafaraka – Empório Árabe** *(tél. 11/3819-2876)* et **Acarajé da Keka**.

❹ Ateliê Carlos Motta *(rua Aspicuelta, 121, tél. 11/3815-9228)*. Vente de meubles.

❺ Fábrica Livros e Brinquedos *(rua Aspicuelta, 135, tél. 11/3813-0889)*. Livres et jouets.

Feijoada da Lana *(rua Aspicuelta, 421, tél. 11/3814-9191)*. L'une des plus célèbres *feijoadas* de la ville.

❻ Galeria Gravura Brasileira *(rua Fradique Coutinho, 953, tél. 11/3097-0301)*.

❼ Ateliê Piratininga *(rua Fradique Coutinho, 934, tél. 11/3816-6891)*. Travaux de plusieurs artistes.

❽ Livraria da Vila *(rua Fradique Coutinho, 915, tél. 11/3814-5811)*. Librairie.

❾ Livraria FNAC *(rua Pedroso de Morais, 858, tél. 11/4501-3000)*.

❿ Cemitério São Paulo *(rua Cardeal Arcoverde, 1250, tél. 11/3032-5986)*. Il est préférable de se rendre à ce cimetière en taxi. Sculptures d'artisans italiens des années 1940 et 1950.

⓫ Praça Benedito Calixto. Tous les samedis s'y tient une brocante d'antiquités très concourue. Autour de la place, de bons magasins de design, comme **Cor do Sol** *(praça Benedito Calixto, 50, tél. 11/3062-8272)*, **L'Œil** *(praça Benedito Calixto, 182, tél. 11/3088-3143)* et **Benedixt** *(praça Benedito Calixto, 103, tél. 11/3062-6551)*.

⓬ Amoa Konoya *(rua João Moura, 1002, tél. 11/3061-0639)*. Vente d'artisanat et d'objets indigènes.

Sergio Fingermann,
artiste plastique et habitant de Vila Madalena

Attractions Speciales

Théâtres

São Paulo compte plus de cent théâtres. Le quartier de la traditionnelle rue **Nestor Pestana** en concentre plusieurs. Dans les deux salles du **Teatro Cultura Artística**, d'une capacité totale de plus de 1500 places, sont présentés des spectacles de compagnies brésiliennes et étrangères, des concerts de musique classique, de jazz, ainsi que des expositions de photographie, des cours de théâtre et de musique classique et populaire. Les abonnements sont vendus en début d'année, mais il reste généralement des places, qui sont mises en vente quinze jours avant le spectacle. Profitez de votre visite pour admirer la façade et sa grande fresque en mosaïque de verre, œuvre de Di Cavalcanti *(rua Nestor Pestana, 196, Consolação, tél. 11/3256-0223. Billetterie: 12h/19h pour la vente anticipée et 12h/21h jours de spectacle)*. Le **Teatro Sergio Cardoso** comporte deux salles, d'une capacité totale de près de 1000 places *(rua Rui Barbosa, 153, Bela Vista, tél. 11/288-0136. Mer. à dim., 15h/21h)*. Classé patrimoine historique, le **Teatro Oficina** fut conçu à l'origine par Joaquim Guedes. Après un incendie, il fut reconstruit par Flávio Império, puis restauré par l'architecte Lina Bo Bardi et par Edson Elito. L'Oficina fut inauguré dans les années 1960, parallèlement à la création d'un groupe de théâtre d'avant-garde du même nom, dirigé jusqu'à aujourd'hui par le metteur en scène José Celso Martinez Corrêa, surnommé Zé Celso. Il s'agit d'une salle contemporaine de 150 places *(rua Jaceguai, 520, Bela Vista, tél. 11/3106-2818. Mar. à sam., 11h30/18h)*.

Sesc Pompéia

Inauguré en 1982, ce centre culturel et sportif occupe les bâtiments d'une ancienne fabrique de fûts métalliques. Le projet architectural de Lina Bo Bardi a préservé les bâtiments industriels, qui abritent, une bibliothèque, un restaurant, un théâtre et la mezzanine, avec ses salles de lecture et ses tables de jeu. Les attractions principales sont les expositions et les concerts fréquents de musique populaire brésilienne, de rock et de groupes d'avant-garde. Consultez le programme.
Rua Clélia, 93, Pompéia, tél. (11) 3871-7700. Mar. à ven., 10h/20h; dim., 9h/17h.

Concerts et Spectacles

À la fin des années 1990, São Paulo atteignit un niveau d'excellence en matière de spectacles grâce à ses nouvelles salles et une programmation étalée tout au long de l'année. Sur la scène du **DirectTv Music Hall**, pouvant accueillir 3000 spectateurs, se présentent des chanteurs ou groupes brésiliens de tous styles, de la MPB au rock *(avenida dos Jamaris, 213, Moema, tél.*

Teatro Oficina: scenário para l'avant-garde

Fundação Maria Luísa e Oscar Americano: thé et fonds d'art dans un oasis vert

(11) 6846-6040. Billetterie: lun. à dim., 12h/20h, ou jusqu'à l'heure du spectacle). Le **Teatro Alfa**, de 1212 places, est consacré à la danse, à la musique classique et à l'opéra *(rua Bento Branco de Andrade Filho, 722, Santo Amaro, tél. 11/5693-4000. Billetterie: lun. à sam., 11h/19h; dim., 11h/17h; jours de spectacles, de 11h à l'heure du spectacle).* Le **Credicard Hall**, pour 7000 spectateurs, organise des méga-concerts et des spectacles musicaux *(avenida das Nações Unidas, 17955, Santa Amaro, tél. 11/6846-6010. Billetterie: lun. à dim., 12h/20h ou jusqu'à l'heure du spectacle).* Le SESC **Vila Mariana** propose une remarquable programmation, vaste et diversifiée, allant des concerts de samba, MPB et musique pop, aux spectacles de danse et de théâtre *(rua Pelotas, 141, Vila Mariana, tél. 11/5080-3000. Billetterie: mar. à ven., 8h/21h30; sam. et dim., 9h/18h30).* Pour les passionnés de jazz, de blues et de soul, le **Bourbon Street** est l'adresse idéale. Cette petite salle de 400 places, inaugurée par B. B. King et inspirée des bars de la New Orleans, a déjà accueilli Billy Paul, Nina Simone, Dianne Schuur, entre autres. Le dimanche, salsa, merengue, mambo et rythmes brésiliens sont au programme *(rua dos Chanés, 127, Moema, tél. 11/5095-6100. Mar. à dim., à partir de 21h).*

Fundação Maria Luísa e Oscar Americano

Passer un après-midi entier au milieu des bosquets dans cette charmante maison conçue par l'architecte Osvaldo Bratke est l'un des passe-temps les plus agréables qui soit à São Paulo. La maison conserve des peintures, des sculptures, du mobilier, de la vaisselle et de l'argenterie de la famille Americano. Le fonds permanent retrace une partie de l'histoire du Brésil et est divisé en: Brésil colonial (huit tableaux du Hollandais Frans Post, tapisseries et porcelaines, entre autres), Brésil impérial (bustes de Dom Pedro II et de l'impératrice Dona Teresa Cristina, de Zéphyrin Ferrez et de Rodolfo Bernardelli, respectivement) et maîtres

du XXe siècle (peintures de Guignard, de Di Cavalcanti et de Portinari, sculptures de Brecheret et de Bruno Giorgi). À la fin de la visite, rendez-vous rendre au salon de thé, célèbre pour sa qualité et son accueil. Concerts de musique classique le dimanche, dans l'auditorium de 107 places.
Avenida Morumbi, 4077, Morumbi, tél. (11) 3742-0077. Musée: mar. à ven., 11h/17h; sam. et dim., 10h/17h. Parc et salon de thé: mar. à dim., 11h30/18h.

Museu de Arte Contemporânea da USP

Un peu à l'écart dans la Cité Universitaire de l'Université de São Paulo (USP), le Musée d'Art Contemporain, créé en 1963, possède un fonds de 8 000 œuvres d'artistes tels que Giorgio de Chirico, Max Bill, Kandinsky, Paul Klee, Maria Martins, Matisse, Miró, Modigliani, Braque, Henry Moore, Tarsila do Amaral, Di Cavalcanti, Volpi, Brecheret, Flávio de Carvalho, Manabu Mabe et Umberto Boccioni. Une série d'expositions temporaires d'artistes invités ou d'œuvres du fonds permanent se succèdent au long de l'année. Visites guidées sur rendez-vous *(tél. 11/3091-3328)*.
Rua da Reitoria, 160, Cidade Universitária, tél. (11) 3091-3039. Mar. à ven., 10h/19h; sam., dim. et jours fériés, 10h/16h.

Museu Lasar Segall

Situé dans l'ancienne résidence et atelier du peintre Lasar Segall, une des premières maisons modernistes du Brésil, dessinée par Gregori Warchavchik, le musée conserve environ 3 000 œuvres de l'artiste, comme le célèbre *Navio de emigrantes*, chef-d'œuvre du modernisme brésilien. Des expositions temporaires

> ### Où Jouer au Golf
> L'élégant **São Paulo Golf Club** a un terrain de dix-huit trous, assez plat *(praça Dom Francisco de Souza, 540, Santo Amaro, tél. 11/5521-9255. Mar. à sam., 8h/17h)*. Le terrain de dix-huit trous du **São Fernando Golf Club**, considéré difficile, est approprié pour les joueurs professionnels. C'est là que se tiennent les principaux tournois du pays *(estrada Fernando Nobre, 4000, Cotia, tél. 11/4612-2544. Mar. à ven., 8h/17h; sam., dim. et jours fériés, 7h/17h)*. Dans ces deux clubs, les personnes invitées ne peuvent jouer que si elles sont accompagnées d'un membre. Ceux qui ne connaissent aucun membre peuvent jouer au **São Francisco Golf Club** (il suffit de payer le *green fee*), sur un terrain de neuf trous, à l'infrastructure plus modeste, mais possédant d'appréciables étangs peuplés de quelques caïmans *(avenida Martin Luther King, 1527, Osasco, tél. 11/3681-8752. Mar. à dim., 7h/18h)*. Des clubs peuvent être loués à ces trois adresses.

permettent également de découvrir de jeunes talents. Le musée abrite aussi le **Cine Segall**, qui propose de bons films *(mar. à dim., 17h/20h)*, et une bibliothèque. Il offre également des cours de gravure, de photographie et de création littéraire. Visites guidées sur rendez-vous *(tél. 11/5574-7322)*. Profitez de la visite pour apprécier les maisons modernistes de la rua Berta.
Rua Berta, 111, Vila Mariana, tél. (11) 5574-7322. Mar. à sam., 14h/19h; dim., 14h/18h.

Museu do Ipiranga

L'énorme palais néo-Renaissance aux jardins à la française inspirés de ceux du Palais de Versailles fut inauguré en 1890 à l'endroit même où Pedro I a déclaré l'Indépendance du Brésil. Son nom officiel est Museu Paulista da Universidade de São Paulo. Le fonds est constitué d'au moins 125 000 pièces, comprenant sculptures, objets divers (médailles, boutons de

Le Museu do Ipiranga raconte une partie de l'histoire du pays

manchettes, armes), images et documents du XVIe au milieu du XXe siècles. Dans le salon noble est exposé le tableau *Independência ou morte*, de Pedro Américo représentant la scène historique de la déclaration de l'indépendance. Dans la Chapelle Impériale se trouvent les restes mortels de l'impératrice Leopoldina et de Pedro I.
Parque da Independência, s/n, Ipiranga, tél. (11) 6165-8000. Mar. à dim, 9h/17h.

Memorial da América Latina
Dessiné par Oscar Niemeyer, le Mémorial de l'Amérique latine, inauguré en 1989, a été destiné à la divulgation de la culture du continent latino-américain. Des objets des cultures andines et d'artisanat brésilien et une maquette de l'Amérique latine sont exposés au Pavilhão da Criatividade Popular Darcy Ribeiro. Avec un fonds de 30000 volumes, la bibliothèque latino-américaine Victor Civita offre une vaste médiathèque. Le Mémorial possède également un auditorium (auditório Simón Bolívar), une salle de spectacles et de conférences, un salon officiel orné de panneaux d'artistes latino-américains, comme le *Tiradentes*, de Cândido Portinari, de 1948, et une galerie, la Galeria Marta Traba, avec des expositions temporaires. Sur la Praça Cívica, admirez la *Grande mão*, sculpture de Niemeyer. Bien que le Mémorial soit l'un des plus grands centres culturels de São Paulo, d'accès facile par le métro et par la gare routière voisine, sa programmation laisse à désirer, tout comme l'architecture du complexe, fruit d'un moment moins inspiré de l'œuvre de l'architecte. Visites guidées sur rendez-vous *(tél. 11/3823-4667/4746/4747)*.
Avenida Auro Soares de Moura Andrade, 664, Barra Funda, tél. (11) 3823-4600.

Estádio Morumbi et Museu do São Paulo
Le stade Cícero Pompeu de Toledo, plus connu sous le nom de Morumbi, inauguré en 1960, peut accueillir jusqu'à

80 000 supporters. Les visiteurs peuvent accéder à la salle de presse, aux vestiaires, au terrain, aux tribunes et à la zone V.I.P., ainsi qu'au Mémorial (fermé les jours de matchs) qui, sur deux étages, retrace l'histoire de l'équipe du São Paulo Futebol Clube présentant trophées, photographies, panneaux, archives historiques et le Cine Tricolor, un petit cinéma d'une cinquantaine de places. Visites *(lun. à ven., 9h/16h; sam., 12h/16h)* sur rendez-vous *(tél. 11/3749-8037)*.
Praça Roberto Gomes Pedrosa, portão 17, Morumbi, tél. (11) 3749-8019/8020.

ZOOLÓGICO DE SÃO PAULO
Environ 3800 animaux vivent au parc zoologique de São Paulo, fondé en 1958. Ce nombre fait de lui le plus grand zoo du Brésil et l'un des plus grands du monde. Situé dans le Parque Estadual das Fontes do Ipiranga, une zone de forêt atlantique au sein de la ville, il comporte la plus grande collection d'animaux de la faune brésilienne, dont le singe hurleur, le toucan à ventre rouge et le lézard *teju*. Visites guidées de groupes, pouvant être nocturnes, sur rendez-vous *(tél. 11/5073-0811, poste 2081)*. Après s'être promené dans les allées du parc et avoir vu 102 espèces de mammifères, 216 d'oiseaux, 95 de reptiles, 15 d'amphibiens et 16 d'invertébrés, le visiteur pourra connaître la maison des serpents géants, la fourmilière (unique au Brésil) et la maison de l'éducation à l'environnement.
Avenida Miguel Stéfano, 4241, Água Funda, tél. (11) 5073-0811. Mar. à dim., et jour fériés, 9h/17h.

HOPI HARI
Pouvant accueillir jusqu'à 23 600 visiteurs dans un domaine de 36 hectares, Hopi Hari est le plus grand parc d'attractions d'Amérique latine. Il est situé dans la commune de Vinhedo, à 79 km de São Paulo. Le parc propose une quarantaine d'attractions, divisées en cinq zones et par âge. Dans le circuit "aventure", les attractions principales sont le simulateur de vol en deltaplane à environ 55 m de haut, la montagne russe, avec son looping, et l'ascenseur de 69,5 m qui tombe en chute libre, atteignant 94 km à l'heure. Le parc possède une cafétéria, des restaurants et des glaciers. On peut acheter le forfait Hopi Hari, qui donne accès à toutes les attractions, ou le billet d'accès spécial pour les adultes qui ne font qu'accompagner des enfants. Le site du parc (www.hopihari.com.br) fournit une liste de points de départ et d'horaires de cars d'entreprises associées partant de São Paulo et du reste de l'État (littoral et province).
Rodovia dos Bandeirantes, km 72,5, Vinhedo, tél. 0300-7895566/ (11) 3058-2207, heures d'ouverture variables.

OÙ JOUER AU TENNIS
L'**Unisys Arena** est le complexe le plus grand et le plus moderne d'Amérique latine, avec douze courts, dont six couverts (cinq en terre battue, un en revêtement synthétique). *Marginal Pinheiros, 16741, Morumbi, tél. 11/3758-1377. Lun. à ven., 6h/24h; sam. et dim., 8h/18h.* **Vertical Tennis** a six terrains couverts (trois en revêtement synthétique, trois en terre battue), dans un bâtiment d'une hauteur de neuf étages. Du restaurant on peut assister aux matchs *(rua Gomes de Carvalho, 127, Vila Olímpia, tél. 11/3845-0066. Lun. à ven., 7h/23h; sam., 8h/18h; dim., 9h/16h)*. **Play Tênis** propose onze courts extérieurs, trois en terre battue et huit en revêtement synthétique *(avenida Giovanni Gronchi, 3399, Morumbi, tél. 11/3744-7075. Lun. à ven., 6h30/24h; sam., 8h/20h; dim., 8h/18h).*

BROTAS

Tous les jours fériés, Brotas, la Mecque du tourisme vert, à 245 km de São Paulo par la rodovia dos Bandeirantes, est prise d'assaut par des centaines de jeunes avides de montée d'adrénaline et de contact avec la nature, qui viennent remuer, cette paisible petite ville provinciale. Avec une forêt native préservée, et des rivières prenant leur source sur le plateau Itaqueri et descendant la *serra* de São Pedro, la région réunit les conditions idéales pour les sports d'aventure aquatiques comme le rafting et le *canyoning* (descente de cascades en rappel). À chaque saison nouvelle activité sportive est créée. L'une des dernières modalités à avoir vu le jour est la randonnée au sommet des arbres, au moyen de cordes, de plate-formes suspendues et de tyroliennes. Mais il n'y a pas que les athlètes qui s'amusent à Brotas: il y a de belles cascades, d'accès facile, deux rues principales – *avenidas* Mário Pinotti et Rodolpho Guimarães – où se concentrent l'animation et la plupart des commerces. Dotée d'une excellente structure d'accueil, Brotas possède au moins dix agences de tourisme organisant randonnées et excursions, ainsi qu'une dizaine d'hôtels et d'auberges de qualité. Pour les longs week-ends, un conseil: réservez à l'avance.

LE RAFTING, RELAXANT ET DIVERTISSANT

Monter dans un petit canot pneumatique avec cinq autres personnes, s'affubler d'un casque, d'un gilet de sauvetage et descendre les rapides d'une rivière, affronter les chutes d'eau et éviter les rochers peut sembler un peu effrayant à première vue, mais au bout d'une heure et demie de beaucoup d'aventure et de divertissement, il est impossible de ne pas en redemander. Le rafting ne demande pas de préparation physique et peut être pratiqué à tout âge.
Contacter: *Mata'dentro Ecoturismo e Aventura, tél. (14) 3653-5656.*

Cascade à Brotas, la terre du rafting

UN PLUS

🍽 Décoré de motifs évoquant le piment qui lui donne son nom, le restaurant **Malagueta**, avec son ambiance sobre et tamisée, est le plus agréable de Brotas. Le menu propose des plats élégamment simples et savoureux, comme de bonnes grillades et des pâtes maison. Une grande fenêtre montre la cuisine, efficace et bien équipée. La carte est bilingue (portugais et anglais) et la patronne reçoit personnellement les clients étrangers en anglais ou en français *(avenida Mário Pinotti, 243, tél. 14/ 3653-5491).*

LITTORAL

Parque da Juréia: réserve de forêt Atlantique intacte à deux heures de São Paulo

Juréia

Peruíbe (accès par la rodovia Anchieta ou par la rodovia Imigrantes presque jusqu'à Guarujá, puis par la SP-055) est le point de départ pour ce paradis sauvage, situé à 153 km de São Paulo. Pour gagner le parc de la Juréia, passez par le centre de Peruíbe, puis prenez la direction du quartier Guaraú: la route de 6 km qui grimpe est étroite et sinueuse, mais goudronnée et bien signalisée. Guaraú est doté d'une structure précaire, les rues en terre sont impraticables quand il pleut, et il y a de fréquentes coulées de boue sur la route. En compensation, il y règne une atmosphère tranquille de plage et de montagne. Le parc naturel **Estação Ecológica Juréia-Itatins** s'étend sur 80 000 hectares, mais seulement 5% du parc sont ouverts aux visiteurs. Cette région de forêt Atlantique abrite des écosystèmes très variés et des animaux en voie d'extinction. Les agences de tourisme proposent des circuits intéressants de trekking, de randonnées en jeep ou de promenades en canoë d'environ 3 $^1/_2$ heurs sur la rivière Guaraú, mais l'effort est récompensé: le paysage est exotique et la baignade dans la **cachoeira Secreta** est délicieuse. Les guides montrent la végétation, identifient les espèces et racontent les légendes locales.
Contacter: Eco Adventure, tél. (13) 3457-9170/3457-9390.

Un Plus

Le sympathique Allemand Remo, patron du **Waldhaus Hotel**, connaît le parc de la Juréia comme sa poche. Sa femme, Ana Paula, complète l'accueil avec des renseignements sur la région et sur ses centres d'intérêt – le terrain même de l'auberge est traversé par un chemin de randonnée qui mène à un belvédère panoramique. Les appartements sont simples, mais la vue est éblouissante. Remo propose également un service exclusif d'accompagnement dans des lieux comme Ilhabela et Florianópolis. Réservation nécessaire.

SANTOS

Fondée en 1546, Santos (à 72 km de São Paulo, accès par les autoroutes – *rodovias* – Anchieta ou Imigrantes) est l'une des plus anciennes villes du Brésil. La ville, qui connut son apogée durant le cycle du café et se développa notamment grâce aux activités de son port maritime – le plus important du Brésil –, est dotée d'une très bonne structure d'accueil balnéaire. De plus, Santos a une vie nocturne très animée, de beaux paysages et différentes possibilités de promenade (allant de la plongée au vol en deltaplane). Si ses plages urbaines sont dépourvues de charme, il n'en est pas de même de ses célèbres jardins en front de mer. Profitez d'une journée ensoleillée pour faire la traversée jusqu'à l'île de Santo Amaro, où se situe **Guarujá** (cinq minutes en bateau à partir de la Ponta da Praia) et y passer la journée.

CENTRE HISTORIQUE

Pour commencer, prenez le tramway, le **Bonde Turístico** *(praça Mauá, s/n. Mar. à dim., 11h/17h)*, et faites la promenade guidée (15 min) passant par les principaux lieux historiques. Au retour, refaits le parcours à pied. Commencez par le **Paço Municipal**, sur la praça Mauá même, puis continuez jusqu'à la praça Barão do Rio Branco, où se trouve l'**Igreja do Carmo**. Classée au patrimoine historique, cette église fut construite en 1599: il y a, en annexe, une chapelle bâtie en 1760 – observez les autels dorés de l'église et les autels en bois de la chapelle. En quittant l'église, tournez à gauche dans la rua Quinze de Novembro, jusqu'à la **Bolsa Oficial do Café**, inaugurée en 1922 *(rua Quinze de Novembro, 95, tél. 13/ 3219-5585. Mar. à sam., 9h/17h: dim., 10h/17h)*. Vous remarquerez les meubles d'époque, les tableaux et les vitraux de Benedito Calixto, ainsi que la tour de l'horloge, de 40 m de haut. Continuez dans la rua Quinze de Novembro et tournez à droite, dans la rua do Comércio: admirez, dans le pâté

Bolsa do Café: splendeur de la Belle Époque au centre historique de Santos

de maison suivant, la magnifique **Casa da Frontaria Azulejada**, une maison datant de 1865 dont la façade est couverte d'*azulejos* portugais. Deux cents mètres plus loin se trouve le largo Marquês de Monte Alegre, avec l'**Igreja de Santo Antônio do Valongo**, construite en 1691 en style baroque, avec des panneaux d'*azulejos* et de belles fresques, et la gare récemment restaurée **Estação São Paulo Railway** (Santos–Jundiaí): inaugurée en 1867, de style anglais, elle est la plus ancienne gare de l'État de São Paulo.

JARDIM DA PRAIA ET IMMEUBLES PENCHÉS

D'une superficie de 22 hectares et de 5,5 km de long, le jardin du bord de mer est planté de 1 700 arbres, notamment des palmiers et des badamiers, et de 77 espèces de fleurs. Des brasseries du débarcadère de Santos, sur la pointe de la plage, on aperçoit le fort de la **barre de Santos** et le passage des navires. Tout près de là se trouve le **Museu da Pesca** (*avenida Bartolomeu de Gusmão, 192. Mer. à dim., 10h/18h*), où est exposé un squelette de baleine de 23 m de long et de 7 tonnes, ainsi que des calmars et des requins empaillés. Les immeubles penchés du front de mer, surtout entre les Canaux 3 et 4, sont une curiosité. Certains atteignent vingt étages, construits entre 1940 et 1960, et se sont fortement inclinés en raison des tassements de terrain. Plus loin, se trouve la **Pinacoteca Benedito Calixto** (*avenida Bartolomeu de Gusmão, 15. Mar. à dim., 14h/19h*). Cette maison art nouveau, de 1900, est l'une des dernières résidences des barons du café subsistant sur le bord de mer. Outre les œuvres de Calixto, le musée abrite des expositions temporaires et possède de beaux jardins. À voir également le panorama du sommet du **morne de José Menino**, dernier morne avant São Vicente, qui est également un site de vol en deltaplane.

MIRANTE OSCAR NIEMEYER

Sur la route longeant la mer jusqu'à São Vicente, ville voisine de Santos, se trouve le Mirante dos 500 anos, point de vue panoramique créé par Oscar Niemeyer. Situé au sommet de l'**ilha Porchat** (*alameda Paulo Gonçalves, s/n*), il offre un beau panorama de Santos et de São Vicente.

VILA BELMIRO

Assister à une partie de foot dans le stade où Pelé a débuté est un moment émouvant. À votre arrivée à Santos, demandez quand joue l'équipe du Santos Futebol Clube. C'est une bonne occasion pour connaître le stade Vila Belmiro. Visitez également le Memorial das Conquistas, qui retrace l'histoire du club.
Rua Princesa Isabel, 77, tél. (13) 3257-4000. Lun., 13h/19h: mar. à dim., 9h/19h.

PLONGÉE SUR LA LAJE DE SANTOS

Près d'une heure et demie en bateau ou 45 km vers le large séparent la laje de Santos du continent. L'embarquement a lieu à São Vicente. Cette grande île de pierre, de 500 m de long, semble avoir été sculptée par l'homme et sa forme évoque celle d'un cachalot. Dans ce paradis écologique, où il est interdit de toucher même la roche, la visibilité qui atteint 20 m de profondeur les jours ensoleillés et fait le plaisir des plongeurs, qui se retrouvent face à face avec des tortues marines, des dauphins et d'innombrables espèces de poissons. L'excursion dure environ sept heures.
Contacter: *Agência Cachalote, tél. (13) 3239-7213.*

Pitangueiras, à Guarujá: plage urbaine très animée et bonne structure d'accueil

Guarujá

La plupart de ses belles plages sont toujours pleines. Symbole de statut social dans les années 1970, Guarujá, à 87 km de São Paulo, possède une bonne structure d'accueil, et certaines de ses plages, moins accessibles, demeurent tranquilles. Pour se rendre à **Iporanga** et à **São Pedro** – deux des meilleures plages, au nord des célèbres **Enseada** et **Pitangueiras** –, il faut traverser une propriété privée et le nombre de véhicules autorisés est limité. Sur la calme Iporanga, une grande cascade forme une délicieuse piscine naturelle. São Pedro, avec ses eaux profondes et agitées, est un des points de rencontre des surfeurs. Ces plages sont privées, la structure d'accueil et est réservée aux propriétaires. Trois autres points de rencontre de surfeurs, les plages **Preta, do Camburi** et **Branca** ne sont accessibles qu'à pied ou en bateau.

Acqua Mundo, Diversion et Savoir

L'Acqua Mundo, de 3 000 m², est l'un des plus grands aquariums d'Amérique latine. Des requins, des raies, des pingouins, des poissons d'eau douce et d'eau de mer, des tortues, des serpents et même des caïmans peuvent être observés dans les décors des 35 aquariums qui reproduisent leur habitat naturel. Toutes les heures, l'alimentation des pingouins, des requins ou des poissons se transforme en un véritable spectacle – ces moments sont annoncés par haut-parleurs et les guides fournissent alors des explications tout en jouant avec les animaux. Activité d'une durée de près de trois heures, indiquée tout particulièrement pour les familles ayant des enfants.
Avenida Miguel Stéfano, 2001, tél. (13)3351-8867. Fermé le lundi. Les heures d'ouverture étant assez irrégulières, il est recommandé de téléphoner pour se renseigner.

São Sebastião

Les plages les plus en vogue du littoral nord de Sao Paulo se trouvent à São Sebastião, à 214 kilomètres de la capitale – accès à partir des *rodovias* Mogi-Bertioga (SP-098) et SP-055 ou par la Rio-Santos (BR-101). Les plages agitées de **Maresias, Camburi, Camburizinho, Baleia, Paúba** et **Juqueí** figurent en tête de liste. Le week-end, certaines d'entre elles sont envahies par des jeunes à la recherche de fortes vagues et de nouveaux flirts. En haute saison, surtout de décembre à mars, toute l'agitation de São Paulo descend la *serra* et de nombreux bars à la mode, magasins de marques célèbres et restaurants branchés ouvrent leurs filiales au bord de la mer. São Sebastião a des plages pour tous les goûts: il y a les plus calmes, fréquentées par les familles: d'autres dont les grandes vagues font le bonheur des sportifs: les bondées et celles qui restent pratiquement désertes. Les plages se succèdent sur une côte d'environ 100 km de long – la descente en voiture à partir de São Paulo par la route Rio-Santos, qui traverse un paysage de forêt Atlantique, est en soi une agréable promenade. Il est important de souligner qu'à São Sebastião le trajet entre une plage et l'autre requiert de la prudence, notamment le soir: il n'est pas rare de trouver des automobilistes conduisant bien au-dessus de la vitesse autorisée et effectuant des dépassements dangereux, même dans les virages les plus serrés. Mais São Sebastião offre plus que des plages adorables et des groupes de jeunes impétueux: la ville, fondée à la fin du XVIIe siècle, possède un centre historique bien préservé, classé au patrimoine par le Condephaat en 1970. À chaque coin de rue se trouvent des vestiges du passé et dans les jardins de l'avenue principale résistent toujours, intacts, les canons qui protégeaient la cité coloniale des assauts incessants des pirates anglais et français.

La *serra* et la forêt Atlantique rejoignent la mer parsemée d'îles

La Côte de São Sebastião

❶ Barra do Una
À l'extrémité gauche de cette plage débouche la rivière Una: un grand bras de sable sépare l'eau douce de la mer. La plage, longue et aux eaux calmes, rassemble des groupes d'amis et des familles.

❷ Juquei
Bonne structure hôtelière et bons services en général. La plage étendue, de sable clair et aux eaux calmes, est surtout fréquentée par des familles.

❸ Barra do Saí
Longue plage en forme de croissant de lune, eaux amènes et sable clair. Ambiance familiale et tranquille, mais fréquentation importante le week-end. Belle piscine naturelle sur l'extrémité droite.

❹ Baleia
On y accède en voiture à partir de Camburi ou par la route Rio–Santos. Les eaux sont plus calmes que celles de la plage voisine, mais la structure d'accueil est inférieure. Étendue et droite, elle est idéale pour marcher.

❺ Camburi et Camburizinho
Le sable clair de **Camburi**, point de rencontre des surfeurs, est toujours très agité. Séparée par un petit morne, la plage de **Camburizinho** est un peu plus tranquille. Dans la rue en terre longeant la côte se concentrent les services des deux plages, avec bars, restaurants, hôtels et discothèques.

❻ Maresias
Point de rencontre de surfeurs et de célébrités, lieu de championnats de surf, de festivals et de concerts. Sont 5 km de sable clair, toujours en ambiance de fête. Mais toute cette animation est accompagnée d'embouteillages et de files interminables.

❼ Paúba
Sable fin et collines à la végétation exubérante. Ses eaux tranquilles sont parfaites pour la plongée.

❽ Toque-Toque Pequeno, Calhetas et Toque-Toque Grande
Même si elles ne disposent d'aucune structure d'accueil, ces trois petites plages voisines méritent le détour. À **Toque-Toque Pequeno** et à **Toque-Toque Grande**, le décor éblouissant est assuré par des îles très proches. **Calhetas** est petite, jolie et d'accès difficile.

Map labels

- Paraty
- Taubaté
- Ubatuba
- SP 125
- do Tenório
- das Toninhas
- SP 055
- Ilha das Palmas
- Ilha Anchieta
- Maranduba
- Ilha do Mar Virado
- Galhetas
- Ilha do Tamanduá
- SERRA DO MAR
- Massaguaçu
- São José dos Campos
- SP 099
- Caraguatatuba
- Martim de Sá
- Indaiá
- das Palmeiras
- Enseada
- Cigarras
- SP 131
- Ilhabela
- São Sebastião
- Ilhabela (Ilha de São Sebastião)
- Maresias
- Pauba
- Toque-Toque Grande
- Calhetas
- Toque-Toque Pequeno
- Guaecá
- Barequeçaba
- Pitangueiras
- Borrifos
- Bonete

Inset: GO, MS, MG, SP, PR — 1 cm = 4.7 km

⑨ Guaecá
Plage de sable blanc, assez mouvementée.

Calhetas: accès difficile, décor paradisiaque

Plage de Toque-Toque Grande : malgré son nom, elle est petite, déserte et tranquille

Les Îles en Bateau

La structure d'accueil touristique reste peu développée à São Sebastião et, malgré les bons services hôteliers et gastronomiques, tenter de faire une excursion plus sophistiquée – en bateau, dans un cadre adéquat et professionnel – peut se transformer elle-même en une véritable aventure. Les promenades en bateau dépendent du temps (la mer doit être calme) et ne sont pas très recherchées par les touristes – c'est pourquoi il n'est pas toujours possible d'en organiser. Même avec le risque de voir l'excursion annulée par l'agence, le beau paysage des îles proches vaut la peine d'essayer. Le circuit, formé par **As Ilhas** (deux îles unies par un banc de sable) et les îles **dos Gatos**, **das Couves** et **Montão de Trigo**, est ponctué d'arrêts pour la plongée libre et la baignade.
Contacter: Marina Canoa, avenida Magno Passos Bittencourt, 325, tél. (12) 3867-1699.

Un Plus

🍽 Caché dans une ruelle de Camburizinho et entouré de verdure, le **Manacá** *(rua Manacá, 102, tél. 12/3865-1566)* est l'un des restaurants les plus agréables et les meilleurs de la région. Son cadre intime est garantie par trois charmants kiosques construits sur pilotis. Spécialisé dans les poissons et les fruits de mer, le menu varie souvent grâce à la créativité du chef Edinho Engel. Il propose une carte de vins internationaux respectable, ce qui est rare dans la région. Il est recommandé de réserver, car les quelques tables du restaurant sont très disputées.

🏨 L'hôtel le plus charmant du littoral nord se trouve à Camburizinho. Le **Villa Bebek** est décoré en style thaïlandais, avec une piscine ressemblant à une rivière – étroite (3 ou 4 m de large), longue (30 m de long) et curviligne. Les 22 appartements avec terrasse, bâtis sur pilotis, sont dispersés autour de la piscine et entourés d'un jardin impeccable. Chaque chambre a sa propre décoration, un canapé et un bureau. Le personnel, vêtu en habits typiques, est très aimable.

Plus d'informations à partir de la page 462.

SÃO PAULO

ILHABELA

Impossible de ne pas tomber amoureux des plages merveilleuses et de l'ambiance décontractée d'Ilhabela, située à un quart d'heure en bateau du centre de São Sebastião, ou à 224 km de São Paulo par la Rio-Santos (BR-101). À l'ouest de l'île, face au continent, se concentrent les plages aux eaux calmes et d'accès facile. C'est là que se trouve la **Vila**, le bourg, dont les rues commerçantes et les restaurants sont toujours pleins. De l'autre côté de l'île, les plages tournées vers le large demeurent sauvages, et y accéder devient une prouesse qui requiert de la marche à pied, un bateau ou un véhicule 4x4 (les voitures de tourisme ne vont que jusqu'à Jabaquara, au nord, et à Sepituba, au sud). Cette île, appelée la "capitale de la voile", offre d'excellentes possibilités pour pratiquer la voile, notamment à **Ponta das Canas**, au nord, et sur les plages **do Pinto**, **Armação** et **Feiticeira**. Il faut une voiture pour aller d'une plage à l'autre et pour se rendre aux restaurants. Une longue route traverse l'île, sur le côté ouest, mais comme elle n'a qu'une seule voie, les embouteillages sont inévitables. Outre ses plages, Ilhabela a des dizaines de chutes d'eau et de beaux paysages de forêt Atlantique. Le week-end ou les jours fériés, l'affluence est grande et la

UN PLUS

🍽 La cafétéria sophistiquée **Free Port Café**, dont la décoration évoque l'intérieur d'un bateau, est l'une des meilleures attractions de la Vila. Savourez un café à la glace ou à la crème chantilly, accompagné de délicieux gâteaux, au son d'un piano. Vente également de parfums, de lunettes et de sacs *(rua Doutor Carvalho, 112, tél. 12/ 3896-5577/2237)*.

🏠 Décorée en style européen, l'auberge **Porto Pacuíba** est l'une des plus charmantes *pousadas* d'Ilhabela. Elle est située sur la plage do Viana, à 2,5 km de la Vila. Les propriétaires parlent allemand et anglais et reçoivent personnellement les clients.

Plus d'informations à partir de la page 462.

Des navigateurs du monde entier participent à la Semaine Internationale de la Voile, en juillet

traversée en ferry peut prendre des heures. Un conseil: munissez-vouz de produits anti-moustiques.

SEMANA INTERNACIONAL DA VELA

En juillet, Ilhabela est le siège de la Semaine Internationale de la Voile, l'une des plus importantes compétitions du monde. L'île accueille alors des milliers de visiteurs et des centaines de compétiteurs *(BL3 Escola de Iatismo, avenida Perimetral Norte, 5013, praia da Armação, tél. 12/ 3896-1271: Maremar Turismo, rua Princesa Isabel, 90, Perequê, tél. 12/3896-1418/2443/3679)*. La mairie et le Yacht Club d'Ilhabela organisent des cours de voile *(informations: 11/5502-6720)*.

CÔTE EST: BATEAUX, JEEPS ET RANDONNÉES

Les plages de la côte est sont les plus belles de l'île, mais on ne peut s'y rendre qu'en bateau, en véhicule 4x4 ou à pied, par les sentiers, selon le cas. Pour vous rendre à la **praia do Bonete**, petite plage, qui mêle la tranquillité d'un village de pêcheurs à l'animation des surfers, il est préférable de prende le bateau, mais seulement par beautemps. Sinon, mieux vaut s'y rendre en jeep. Le bateau est également le meilleur moyen de gagner la **baía de Castelhanos**, également accessible en jeep. L'excursion en bateau la plus courte et la moins chère – et également la moins sujette aux intempéries – est celle qui va à la **praia da Fome**, au nord, en goélette. En cours de route, avec de la chance, l'embarcation peut être accompagnée par des dauphins. Arrêts pour la plongée et pour profiter des plages.

ÉPAVES

Une vingtaine de navires naufragés autour d'Ilhabela font le bonheur des plongeurs. Mais le succès de l'exploration dépend de la chance du plongeur, car la mer est souvent agitée et la visibilité réduite. Les plages **da Fome**, **de Jabaquara** et **do Poço** sont de bons endroits pour observer les poissons, en plongeant avec un simple tuba.

La plage tranquille de Feiticeira, au sud d'Ilhabela: facile d'accès

Plage de Domingas Dias: une des 80 plages d'Ubatuba, encerclée par la serra do Mar

UBATUBA

Ubatuba, à 235 km de São Paulo par les routes Ayrton Senna (SP-070) et Tamoios (SP-099), est un des plus beaux coins du littoral *paulista*: les mornes couverts de forêt Atlantique encerclant les plages forment un paysage particulier. Il y a des plages agitées, comme **praia Grande** et **Itamambuca**, avec de fortes vagues et des surfeurs, d'autres plus calmes, comme la **praia do Lázaro**, et même quelques-unes pratiquement désertes, d'accès difficile et dépourvues de structure d'accueil, comme la **praia da Figueira**, idéale pour les aventuriers. Mais les distractions ne se limitent pas aux simples baignades: le touriste peut faire du trekking sur les pistes du **Parque Estadual da Serra do Mar**, qui couvre 87 % de la superficie de la municipalité, faire de belles promenades en bateau ou de la plongée. Le littoral d'Ubatuba étant très étendu – plus de 80 plages sur une centaine de kilomètres –, une voiture est indispensable pour explorer la région. Il y a de bons hôtels un peu partout sur la côte, mais les meilleurs restaurants sont concentrés dans la ville. La fréquentation augmente sensiblement pendant les vacances d'été, de décembre à mars, et lors des jours fériés: la circulation devient alors difficile, les files d'attente se multiplient et la qualité du service baisse.

PLAGES DU SUD

Vers le sud, à une quinzaine de kilomètres du centre d'Ubatuba, est située la petite plage **Sununga**, aux

> ### UNE VUE À COUPER LE SOUFFLE
>
> Sur les hauteurs du **Saco da Ribeira**, de la **praia da Enseada**, de la **praia das Toninhas** et de la **praia do Félix**, sur la route Rio-Santos, on peut se garer en toute sécurité et profiter de la fantastique vue sur le littoral découpé et ses plages encadrées par des collines vertes et une mer bleue parsemée d'îles.

fortes vagues et à l'ambiance jeune. Elle abrite la légendaire **Gruta que Chora**, la "grotte qui pleure", dont les parois versent des larmes. Juste à côté, la **praia do Lázaro**, aux eaux calmes, est très recherchée par les familles en haute saison. À l'extrémité droite, un chemin étroit enclavé entre deux murs mène à **Domingas Dias** – une petite baie calme au sable très fin, dont l'accès en voiture est barré par une propriété privée.

Plages du Centre

La promenade du centre d'Ubatuba longe la **praia d'Itaguá** (impropre à la baignade) qui offre le plus beau point de vue en direction des montagnes, surtout au lever du soleil. La **praia das Toninhas**, très famille, possède une structure d'accueil de bonne qualité et, avec de la chance, il est encore possible de voir quelques dauphins au large. La **praia do Tenório** a des eaux calmes, et la **Vermelha**, plus forte, attire les surfeurs.

Plages du Nord

Itamambuca, à 12 km du centre, est la plage du surf: vagues parfaites et compétitions toute l'année. La **praia do Félix**, bonne aussi pour la plongée, offre l'un des plus beaux paysages découpés du littoral nord: la montagne plonge pratiquement dans la mer. À environ 18 km du centre se trouve la belle plage de Prumirim, près de laquelle coule la **cachoeira do Prumirim** (accès par la Rio-Santos). Pour arriver à la **praia do Puruba**, il faut traverser une rivière – sur l'étroite bande de sable qui s'étend jusqu'à la mer, aucune habitation… La nature règne.

Promenades en Bateau et Randonnées

Explorez la nature d'Ubatuba en goélette. Un bateau va jusqu'à l'**ilha de Prumirim**, face à la plage du même nom, et part de la **praia do Itaguá** et du **Saco da Ribeira**, offrant une vue fantastique. Il y a également des excursions jusqu'à l'**ilha de Anchieta**. L'île a de beaux chemins de randonnée qui ne peuvent être explorés qu'avec un guide autorisé (consultez l'Associação dos Monitores de Ubatuba, tél. 12/9142-3692, ou les agences de tourisme locales). Ne manquez pas de faire la randonnée jusquá'la **praia do Sul**.
Contacter: Mykonos Turismo. Sur la praia do Itaguá: avenida Leovigildo D. Vieira, 1052, tél. (12) 3832-2042; à Saco da Ribeira: rua Flamenguinho, 17, tél. (12) 3842-0329.

Picinguaba: Randonnées et Cascades

Presque tout le territoire d'Ubatuba se trouve dans le **Parque Estadual da Serra do Mar**. La majeure partie de cette réserve naturelle est peu contrôlée, mais le **Núcleo Picinguaba** – unique partie préservée touchant la mer, comprenant des plages, des mangroves, des côtes rocheuses et de la végétation sous-marine – est doté d'une assez bonne structure d'accueil. L'entrée des touristes est contrôlée et limitée. Promenades guidées sur des chemins avec de belles cascades et des plages sauvages. Visites sur rendez-vous.
Rodovia Rio–Santos (BR-101), km 8, tél. (12) 3832-9011. Tous les jours, 9h/17h.

Un Plus

🍽 Le menu sophistiqué et créatif composé par la patronne, Vanice, le beau jardin donnant sur la plage et le décor simple font du restaurant **Terra Papagalli**, sur la **praia do Itaguá**, un lieu agréable pour un déjeuner ou un dîner de poissons et de fruits de mer. Une suggestion: goûtez les calmars grillés et la pieuvre à la provençale *(rua Xavantes, 537, Itaguá, tél. 12/3832-1488).*

La Montagne et La Campagne

L'araucaria est l'arbre typique de Campos do Jordão : à l'arrière-plan, la Pedra do Baú

Campos do Jordão

Campos do Jordão, à 167 km de São Paulo par la route Ayrton Senna (SP-070), est la destination préférée des vacanciers *paulistas* en hiver (juin et juillet). Le climat froid, l'architecture inspirée des villages alpins et le Festival Musical d'Hiver attirent des milliers de touristes dans cette ville de la serra da Mantiqueira. Hors saison, cependant, Campos do Jordão surprend : bons restaurants, services de qualité et tourisme d'aventure, alliés au beau paysage de montagne, valent les deux heures et demie de déplacement en voiture depuis la capitale. Sur la **pedra do Baú**, on peut faire de l'escalade ou des randonnées (il est recommandé de faire appel à un guide pour les plus difficiles) *(informations : 12/3971-1470)*. Visitez le **Palácio Boa Vista**, la résidence d'hiver officielle du gouverneur de l'État de São Paulo, qui abrite des œuvres de Tarsila do Amaral, de Cândido Portinari et de Di Cavalcanti *(avenida Ademar de Barros, 3001, tél. 12/3662-1122. Mer. à dim., 10h/12h et 14h/17h)*. Enfin, promenez-vous dans les agréables chemins de randonnée au milieu des araucarias du parc forestier *(avenida Pedro Paulo, s/n, à 12 km du centre. Mar. à dim., 8 h/17 h. En juillet, ouvre aussi le lundi)*.

Une Journée de Brasseur

Créée il y a moins de cinq ans, la bière artisanale **Baden Baden** est déjà une institution locale. Le restaurant du même nom, dans le centre de Campos do Jordão, sert de la bière pression sur les petites tables de la terrasse. La brasserie est ouverte aux visites guidées, avec dégustation, et propose un cours rapide, au cours duquel le visiteur produit sa propre bière et emporte avec lui cinquante bouteilles fabriquées pendant le cours, avec une étiquette personnalisée (R$ 420 par groupe de six personnes maximum). Sur réservation.
Cervejaria Baden Baden : rua Mateus da Costa Pinto, 1653, tél. (12) 3664-2004.

Cunha

À toute heure de la journée les bancs de la place et les fenêtres des maisons sont pleins de gens qui bavardent ou qui regardent la vie passer. L'étranger est suivi par des regards curieux, mais il rencontrera toujours un habitant sympathique prêt à lui fournir un renseignement et, qui sait, à le guider dans la ville. Cunha, situé à 222 km de São Paulo par la route Presidente Dutra (BR-116) et par la SP-171, est connu pour ses chemins de randonnée qui mènent à d'agréables cascades et à la **pedra da Macela**, d'où l'on peut voir la côte de Paraty. La route partant de la Presidente Dutra et menant à la ville est à voie unique et en bon état de conservation.

Circuits des Céramistes

Dans les années 70 s'est installé à Cunha un groupe de céramistes japonais qui utilisaient la technique orientale de cuisson de la céramique dans des fours à bois à plusieurs chambres construits en pente, appelés "noborigama". Les pièces modelées en argile, mises au four, puis peintes et vernies, sont très résistantes grâce à leur surface vitrifiée. Cinq céramistes travaillent toujours avec ce four à bois traditionnel et réalisent plusieurs fois par an le défournage des céramiques, auquel le public peut assister: l'événement est ainsi pour les artistes une occasion d'exposer leurs œuvres *(Mieko Ukeseni et Mário Konishi, tél. 12/3111-1468)*. L'**Atelier do Antigo Matadouro** organise des cours et des conférences *(tél. 12/3111-1628)*.

Pedra da Macela

La vue panoramique de la serra da Bocaina, avec la côte de Paraty en fond, mérite le détour. Le paysage magnifique compense la difficulté des 2 km de montée jusqu'à la pedra da Macela, précédés d'une partie faite en voiture. Le point de départ de cette ascension se trouve vers le 65e kilomètre de la route Paraty-Cunha, d'où l'on parcourt 5 km en voiture jusqu'à un portail: là on doit stationner pour entamer la marche. Si vous avez l'esprit aventurier, campez au sommet.

São Luís do Paraitinga

Profitez de votre séjour à Cunha pour connaître São Luís do Paraitinga, à environ 80 km (171 km de São Paulo). Cette ville a su garder intacte une grande partie de ses maisons et de ses églises du XVIIIe et du XIXe siècles, et est connue pour encourager la préservation des traditions populaires de la vallée de Paraíba et des alentours. Le Carnaval, fêté au son de marches allègres, les *marchinhas*, qui racontent l'histoire de São Luís, est un véritable voyage dans le temps. Les touristes se pressent dans les petites rues escarpées et étroites pour assister au défilé des énormes marionnettes en papier mâché. La **Festa do Divino Espírito Santo**, en mai ou juin, fait revivre le folklore avec des spectacles de bataille équestre et de danses d'origine africaine, comme le *moçambique* et la *congada*. La structure d'accueil de São Luís est modeste, mais c'est ce qui fait son charme. Pour les passionnés d'aventure, la ville offre des circuits de rafting sur le Paraibuna.

Parque Nacional da Serra da Bocaina

Au cœur de la forêt Atlantique, le Parque Nacional da Serra da Bocaina, à 259 km de São Paulo par la route Presidente Dutra (BR-116) et la SP-068, a des dizaines de cascades et une faune riche (du jaguar au singe araignée). Les auberges simples, à l'intérieur du parc, garantissent l'isolement idéal pour ceux qui, après avoir survécu à la précarité de la route d'accès, veulent se reposer au cœur de la nature. Pour arriver à l'entrée du parc, il faut parcourir 27 km de route de terre, partant de São José do Barreiro. La route étant précaire, il est préférable de louer un véhicule 4x4 à São José do Barreiro. À mi-chemin entre les capitales São Paulo et Rio de Janeiro, cette réserve naturelle couvre toute la serra da Bocaina et permet de se rendre sur la côte de Paraty par une piste spectaculaire traversant la forêt. Une autorisation est nécessaire pour accéder au parc. Pour les promenades d'une journée, l'autorisation est délivrée sur place. En revanche, pour y séjourner ou parcourir une petite partie de la **Trilha do Ouro** il faut obtenir une autorisation auprès du poste de l'Ibama *(tél. 12/3117-1225)*. Sur le **Parque Nacional de Itatiaia**, consultez **Destination Rio de Janeiro**.

Trois Jours au cœur de la Forêt

La piste appelée Trilha do Ouro, par laquelle les contrebandiers écoulaient une partie de l'or brésilien au XVIIIe siècle, peut être parcourue en trois jours de marche – certaines parties du pavage d'origine ont été conservées. La présence d'un guide est obligatoire pour faire la traversée, ponctuée de plusieurs cascades, dont celle du Veado, l'un des plus belles du trajet. Les petites maisons des habitants du parc assurent un hébergement simple et les repas à ceux qui ne souhaitent pas camper. La randonnée se termine sur la **praia de Mambucaba**, à Angra dos Reis. Mais attention: afin de ne pas avoir de problèmes en ce qui concerne le retour à São José do Barreiro, renseignez-vous auprès du guide lorsque vous organisez la randonnée. Informations à l'Office du Tourisme *(tél. 12/3117-1365)*.

Bananal

Autre point de départ pour connaître la serra da Bocaina, Bananal est situé à 348 km de São Paulo. Comme d'autres dans la région, cette petite ville s'est enrichie au début du cycle du café: les terres se sont appauvries et la décadence est venue – l'écrivain

Chemins de randonnée ponctués de cascades

Monteiro Lobato parla alors de "villes mortes". Mais aujourd'hui, Bananal retrouve une certaine vigueur en misant sur le tourisme historique: parcourir ses ruelles pleines de maisons anciennes est un délice. L'**Igreja da Matriz**, de 1811, et la **Pharmacia Popular** méritent le détour: cette dernière est la plus ancienne pharmacie du Brésil en activité et demeure telle qu'elle était lors de son inauguration en 1830; à l'intérieur, on voit des flacons, des verres gradués et des balances d'époque.

Fazendas de Café

Aux alentours de Bananal, des *fazendas* conservent l'histoire des barons du café. La **Fazenda dos Coqueiros**, de 1855, a des meubles anciens et des instruments de torture de l'époque de l'esclavage. La visite guidée, très professionnelle, est enrichie par le récit d'épisodes historiques et d'anecdotes *(rodovia dos Tropeiros, à 5 km de la ville de Bananal, tél. 12/3116-2007)*. Vous pouvez aussi connaître la **Fazenda Resgate**, qui fut la plus riche de la région. Les belles fresques du peintre espagnol Vilaronga rendent la visite plus intéressante. Sur rendez-vous *(SP-064, km 324, à 10 km du centre de Bananal: tél. 21/2203-2428)*.

Une autre *fazenda* importante, située dans la commune voisine São José do Barreiro, est celle de **Pau d'Alho**, datant de 1817 et classée au patrimoine historique par le Condephaat en 1968. Lors de la visite guidée, on pourra voir la maison des esclaves, la maison des maîtres et le moulin à eau où étaient décortiqués les grains de café *(rodovia dos Tropeiros, km 265, tél. 12/3117-1310)*.

Un Plus

🍽 La Fazenda Caxambu, à Arapeí, à 20 km de Bananal, a une cuisine en plein milieu de la salle à manger, pour que les clients puissent voir Dona Licéia, l'hôtesse, à l'œuvre. Au menu du restaurant **Dona Licéia**, d'excellents plats du jour comme le canard à l'orange et le poulet fermier *(rodovia dos Tropeiros [SP-068], tél. 12/3115-1412)*.

Fazenda Resgate, la plus riche de Bananal à l'époque des barons du café

MINAS GERAIS

DESTINATION
BELO HORIZONTE

Fondée en 1897, Belo Horizonte est la première ville du Brésil à avoir été construite selon un plan d'urbanisme. Elle se distingue par son architecture moderniste, dont le complexe de la Pampulha, créé en 1940 par Oscar Niemeyer, en est le principal symbole. Sa production artistique et culturelle est riche, tout comme sa vocation pour la bonne cuisine : c'est la terre du *pão de queijo* (petit pain au fromage), de la *goiabada com queijo branco* (goyave confite et fromage frais) et du *tutu à mineira* (spécialité à base de haricots noirs). La capitale du Minas Gerais est également le point de départ vers de superbes villes historiques, fondées au tournant des XVIIe et XVIIIe siècles, à l'époque de la ruée vers l'or: Sabará, Ouro Preto, Congonhas, Mariana, Tiradentes, São João del-Rei et Diamantina, avec leurs églises garnies du précieux métal et leurs saints sculptés par le maître Aleijadinho, le grand nom du baroque national. Cette concentration de belles et agréables villes de montagne au riche patrimoine historique fait du Minas Gerais l'une des destinations les plus attrayantes du Brésil.

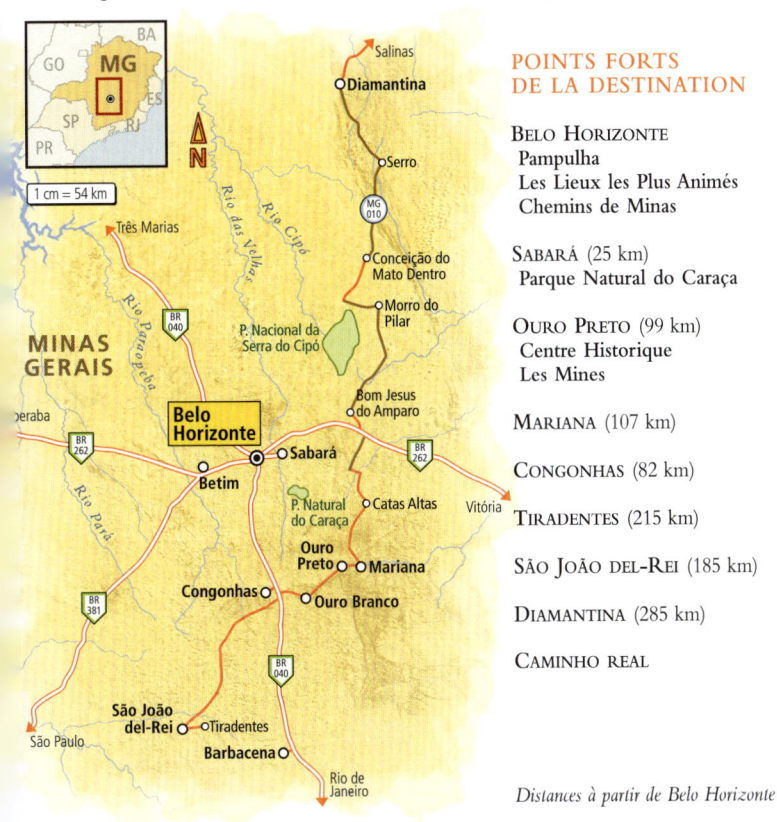

POINTS FORTS DE LA DESTINATION

BELO HORIZONTE
 Pampulha
 Les Lieux les Plus Animés
 Chemins de Minas

SABARÁ (25 km)
 Parque Natural do Caraça

OURO PRETO (99 km)
 Centre Historique
 Les Mines

MARIANA (107 km)

CONGONHAS (82 km)

TIRADENTES (215 km)

SÃO JOÃO DEL-REI (185 km)

DIAMANTINA (285 km)

CAMINHO REAL

Distances à partir de Belo Horizonte

Igreja de São Francisco de Assis, de 1943: œuvre de Niemeyer, Portinari et Burle Marx

BELO HORIZONTE

PAMPULHA

La **serra do Curral** encadre Belo Horizonte et est visible de plusieurs endroits de la ville. Construit en 1940, sur une étendue de 18 km autour d'un lac artificiel, l'ensemble de la Pampulha est formé par l'**Igreja de São Francisco de Assis**, le **Museu de Arte**, la **Casa do Baile** et le **Iate Clube**, ainsi que par les stades **Mineirão** et **Mineirinho** et par la **Fundação Zoobotânica**.

IGREJA DE SÃO FRANCISCO
Niemeyer a dessiné les lignes sinueuses de cette église; Burle Max l'a entourée d'un magnifique espace vert; Portinari a orné son intérieur d'œuvres précieuses, telles que les quatorze panneaux figurant le Chemin de Croix; et la sculpture du baptistère, où se trouvent les fonts baptismaux, est d'Alfredo Ceschiatti. Le mur extérieur à l'arrière de la nef est orné d'*azulejos* de Portinari, représentant l'histoire de saint François d'Assise. Sur les arcs des murs latéraux figure une composition de dessins abstraits en mosaïque, de l'artiste plastique Paulo Werneck. Cette église rompait si fortement avec l'architecture baroque des autres églises du Minas Gerais que l'Église catholique ne l'a consacrée qu'en 1959, presque quinze ans après son inauguration.
Avenida Octacílio Negrão de Lima, s/n, Pampulha, tél. (31) 3441-1198. Lun. à dim., 8h/18h.

MUSEU DE ARTE DA PAMPULHA
Connu également sous le nom de **Palácio de Cristal**, ce bâtiment, créé par Niemeyer, abrite une bibliothèque et un fonds d'environ mille œuvres d'art contemporain, malheureusement inaccessible au public.
Avenida Octacílio Negrão de Lima, 16.585, Pampulha, tél. (31) 3443-4533. Mar. à dim., 9h/19h.

CASA DO BAILE
Son architecture attire l'attention par ses lignes sinueuses. Construit en 1943, cet édifice, classé au patrimoine historique, abrite aujourd'hui un centre culturel.
Avenida Octacílio Negrão de Lima, 751, tél. (31) 3277-7443. Mar. à dim., 9h/19h.

MINAS GERAIS

Les Lieux les Plus Animés

Les habitants du Minas Gerais, les *mineiros*, aiment à rencontrer pour prendre l'apéritif et bavarder. Parmi les 8 000 bars de la capitale, où la fameuse *cachaça* est à l'honneur, beaucoup se concentrent sur la **praça da Savassi**, animée surtout le samedi. C'est là que l'on trouve la meilleur demi de la ville, au **Bar Albano's**. Le soir, l'animation se concentre dans la zone de Seis Pistas et dans les quartiers Santo Antônio et Santa Lúcia, notamment dans le romantique **Oficina d'Idéias** *(rua Congonhas, 539, Santo Antônio, tél. 31/3342-3232. Mar. à dim., 19h/3h).* Pour ceux qui préfèrent les bars plus mouvementés – l'**Utópica Marcenaria** *(avenida Raja Gabaglia, 4700, Santa Lúcia, tél. 31/3296-2868. Jeu. à sam., 21h/3h; dim., 19h/2h30),* présente un mélange d'atelier d'architecture, de bar et d'espace culturel, où ont lieu de bons concerts (samba, MPB et *forró*). La **praça da Liberdade** – où siège le palais du governeur – et l'avenida Afonso Pena sont aussi très fréquentés. Remarquez l'**Edificio Niemeyer**, conçu par l'architecte, qui ne compte que huit étages mais semble en avoir le double. Sur l'avenida Afonso Pena, le dimanche, se tient la **Feira de Artes e Artesanatos** (Foire d'Arts et d'Artisanats), la plus grande brocante du genre en Amérique latine. Le **Palácio das Artes**, dans le **Parque Municipal**, attire aussi bien les cinéphiles que les amateurs d'art.

Un Plus

🍽 Le meilleur *pão de queijo* (petit pain au fromage) est celui de la chaîne **Boca do Forno**, *(avenida André Cavalcanti, 571, tél. 31/3334-6377).* Le **Xapuri** met au goût du jour la cuisine *mineira* typique. Laissez-vous tenter par la *galinha ao molho pardo* (poulet au sang) *(rua Mandacaru, 260, tél. 31/3496-6455).* Le **Quintal** propose des viandes incomparables, comme la *costela de cabrito* (côte de chevreau) et la *costela defumada* (côte fumée). *(Rua Sebastião Antônio Carlos, 350, tél. 31/3443-5559).* Ne manquez pas le **Taste Vin** dont la carte compte près de 500 vins. Sur réservation *(rua Curitiba, 2105, tél. (31) 3292-5423).*

La compagnie Primeiro Ato lors du spectacle *Sem lugar*: présence *mineira* dans la danse contemporaine

Symbole de la culture populaire mineira, *le Mercado Central abrite échoppes et magasins*

Mercado Central

Imprégné des couleurs, des odeurs et des sons du Minas Gerais, le Marché Central – inauguré en 1929 – comprend au moins 400 magasins vendant des herbes médicinales, des marmites, de la vaisselle et les fameuses *cachaças* mineiras (eau-de-vie de canne à sucre), dont les prix vont de 2,5 R$ à 200 R$ la bouteille.
Avenida Augusto de Lima, 744, Centro, tél. (31) 3274-9434. Lun. à sam., 7h/18h; dim. et jours fériés, 7h/13h.

Vie Culturelle

Berceau des plus célèbres troupes de danse et de musique de la scène contemporaine brésilienne, Belo Horizonte ou BH (prononcez "Bé aga", comme l'appelle ses habitants), a vu sa production culturelle dépasser largement ses frontières. Le groupe **Corpo**, créée il y a 25 ans par les frères Pederneiras, s'est affirmé sur la scène internationale en mêlant langage populaire et musique brésilienne aux pas du ballet classique. La troupe **1° Ato**, qui suit ce même mouvement de rénovation du ballet, mélange danse et théâtre. En musique, le groupe **Uakti** mène depuis 1978 un travail d'avant-garde avec des instruments créés par les propres musiciens. Le groupe **Giramundo** se consacre au théâtre de marionnettes depuis les années 1970 *(rua Monte Carmelo, 222, Floresta, tél. (31) 3446-0686).*

La Table de Minas

La cuisine *mineira* est un mélange de plusieurs saveurs qui garde toujours son caractère de cuisine traditionnelle aux accents portugais et africains. Ses plats, qui mijotent sur un feu de bois, étaient déjà connus des mineurs ou de ceux qui parcouraient le *sertão* à dos de mule ou de cheval: *galinha ao molho pardo* (poulet au sang), *leitão à pururuca* (cochon de lait grillé), *feijão tropeiro* (plat à base de haricots), *torresmo* (lardon frit), *couve* (chou portugais) et *ora-pro-nobis refogada* (feuilles de pereskia). Minas Gerais est aussi la terre du lait, du mariage du café au lait et de spécialités à base de farine: pains *(pão de queijo, pão claro, broa),* biscuits *(biscoitos de polvilho, sequilhos, brevidades).* A la fin du repas, une vraie maison *mineira* vous offrira des sucreries du terroir, accompagnées de fromage, *doce de leite* (confiture de lait condensé), *doce de abóbora, de goiaba, de coco* (citrouille, goyave ou noix de coco confites), *ambrosia* (dessert à base d'œufs), riz au lait, fruits au sirop...

Chemins de Minas

Pour ceux qui aiment le sport et la nature, les alentours de Belo Horizonte offrent de nombreuses possibilités. La géographie de la région y est propice: le sol est montagneux, parsemé de carrières, sans contrôle d'accès. Il est possible de faire des randonnées à moto – les plus traditionnelles –, à vélo, en véhicule 4x4 et même à pied; sur des parcours à degré de difficulté variable. La commune de **São Sebastião das Águas Claras**, connue sous le nom populaire de **Macacos**, est célèbre pour ses promenades à moto et à vélo; il faut sortir tôt pour explorer à fond cet entrelacement de chemins. Il est recommandé au touriste de contacter un groupe de *"treieiros"*, comme sont appelés les amateurs de pistes, pour l'accompagner en randonnée. Le point de rencontre principal est le **Posto Fernanda**, situé sur la route allant de Belo Horizonte à Nova Lima, à environ un kilomètre du centre commercial BH Shopping; les aventuriers se retrouvent aussi dans les bars **do Engenho** et **do Marcinho**, à Macacos. Des auberges, des restaurants et des bars proposent des repas. Ceux qui préfèrent se promener en jeep peuvent choisir les pistes des alentours de **Sabará**. Plusieurs agences de tourisme de la région organisent des excursions. Le touriste peut même utiliser sa propre voiture et suivre un guide. Ces promenades méritent le détour: du sommet des montagnes la vue panoramique est merveilleuse et le contact avec la nature, au milieu de grands espaces verts coupés de nombreuses rivières et de chutes d'eau, est très stimulant.

Contacter: *Caminho das Pedras Expedições e Acessórios, avenida Raja Gabaglia, 3601, tél. (31) 3293-8608.*

Les pistes de Minas Gerais mêlent aventure et beaux paysages

Sabará

Fondée en 1674, située à 25 km à l'est de Belo Horizonte par la route BR-262, c'est l'une des plus anciennes villes de l'époque de l'or, qui se trouvait en abondance dans les rivières environnantes. Enclavée dans une vallée majestueuse où se rencontrent deux rivières – le **rio das Velhas** et le **Sabará**, qui lui donne son nom –, elle est entourée de sites écologiques et abrite des constructions historiques au centre du village. À voir notamment l'**Igreja Nossa Senhora do Ó**, du XVIIIe siècle. La façade dépouillée, polygonale et en torchis de cette église contribue à composer l'aspect simple de la place où elle est construite. Cette simplicité extérieure contraste avec la richesse intérieure, caractérisée par une profusion de rouge, de doré et de bleu, comme sur les sept panneaux aux motifs orientaux dorés à la feuille. Des historiens affirment qu'ils auraient été réalisés par des artisans venus des colonies portugaises d'Orient. Leonardo Ferreira, le responsable de la conservation de l'église, peut raconter cette histoire et encore bien d'autres. Informations au *tél. (31) 3671-1724*, à l'**Igreja da Matriz**. *Largo Nossa Senhora do Ó, Siderúrgica. Mar. à dim., 9h/12h et 13h30/17h30.*

Parque Natural do Caraça

En sortant de Sabará et en continuant sur la BR-262, on arrive au **maciço do Caraça**, massif à 1297 m au-dessus du niveau de la mer, dans la commune de Catas Altas. Réserve naturelle de 11 000 hectares, le Parc Naturel du Caraça ("masque") est ainsi baptisé parce que les contours du massif évoquent un visage gigantesque. Il abrite un séminaire fondé en 1820 par des missionnaires, et l'une des premières églises néogothiques du Brésil. Cet ensemble a été immortalisé par le peintre Rugendas. Un loup à crinière, bien que sauvage, apparaît tous les soirs pour être alimenté par les pères. Les chemins du Caraça mènent à cascades qui forment des piscines: la **Cascatinha**, avec ses quatre petites chutes, et la spectaculaire **Cascatona**, de plus de 100 m de haut, à l'eau couleur rouille. Le séminaire, ancien et humide, offre le gîte, rendez-vous plutôt à mais si vous souhaitez plus de confort l'**Hotel Quadrado**, dans la ville voisine de **Santa Bárbara**. Sur la route, vous trouverez la petite **Catas Altas**, ville de l'époque de l'or presque intacte, où vous pourrez déjeuner dans l'excellent restaurant **Histórias Taberna**.

Hôtels et restaurants à partir de la page 462.

Igreja do Caraça, de 1820: style néogothique

Ouro Preto

Centre Historique

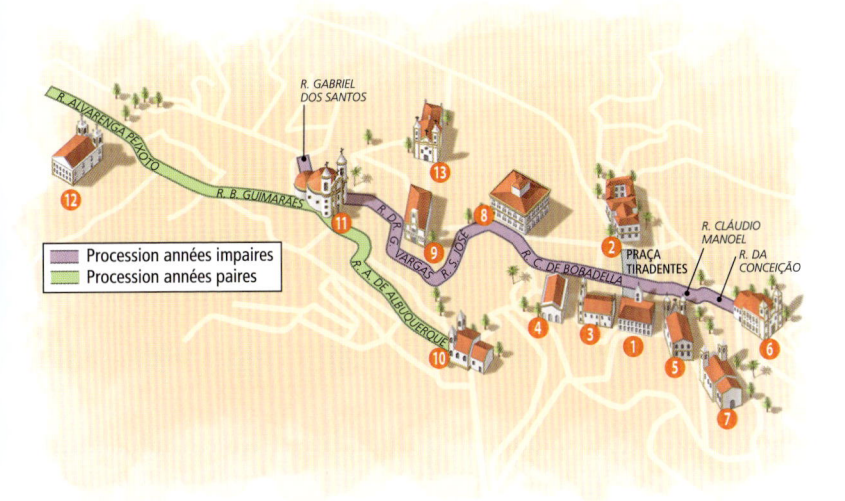

- Procession années impaires
- Procession années paires

1 - Museu da Inconfidência
2 - Museu da Mineralogia et Escola de Minas
3 - Igreja de Nossa Senhora do Carmo
4 - Teatro Municipal Casa da Ópera
5 - Igreja de São Francisco de Assis
6 - Matriz de Nossa Senhora da Conceição de Antônio Dias
7 - Capela do Padre Faria
8 - Casa dos Contos
9 - Igreja de São José
10 - Igreja de Nossa Senhora do Pilar
11 - Igreja de Nossa Senhora do Rosário
12 - Igreja do Bom Jesus de Matosinhos
13 - Igreja de São Francisco de Paula

Protégée par les montagnes, la ville d'Ouro Preto – autrefois Vila Rica et ancienne capitale de la Province des Mines Générales (devenue aujourd'hui l'État de Minas Gerais) – offre un panorama de l'histoire du cycle de l'or au Brésil, du XVIIe au XVIIIe siècle. Les explorateurs et les ordres religieux la peuplèrent intelligemment en y construisant des rues pavées de grosses pierres, des maisons austères et des églises, simples extérieurement mais luxueuses à l'intérieur. Le résultat architectural est d'une harmonie saisissante. Deux génies des arts brésiliens, l'architecte et sculpteur Antônio Francisco Lisboa, l'Aleijadinho (l'estropié), né à Ouro Preto, et le peintre Mestre Ataíde, originaire de Mariana, contribuèrent, en mêlant créativité et émotion, à faire d'Ouro Preto une ville unique. C'est là aussi, à 99 km de Belo Horizonte, que surgit le premier grand mouvement d'indépendance nationale, l'Inconfidência Mineira, pour lequel mourut Joaquim José da Silva Xavier dit *Tiradentes*. Le temps passa, l'or se raréfia, et la ville perdit tout prestige et tomba dans l'oubli. L'épuisement de ses richesses la laissa pendant longtemps figée dans le passé, à l'abri des destructions du progrès. Aujourd'hui, bien qu'elle soit classée au patrimoine culturel de l'Humanité, la croissance industrielle et urbain de la région menace l'héritage du passé. Ouro Preto est également célèbre pour son Carnaval de rue très animé. Lors de votre visite, suivez les traces du passé le long des ruelles. Comme l'indique à juste titre le poète Manuel Bandeira dans le *Guia de Ouro Preto*, publié en 1938, commencez par la **praça Tiradentes**. La promenade suggérée doit être faite en deux étapes, au fil des sites touristiques. Parcourez les rues escarpées de la ville en tenant compte des heures d'ouverture des lieux de visite.

❶ Museu da Inconfidência
Ancienne Chambre des élus et prison (1785-1855), cette construction aux traits néoclassiques abrite les restes mortels des douze insurgés du mouvement indépendantiste, l'Inconfidência Mineira, des œuvres d'art sacré et des répliques d'œuvres d'Aleijadinho.
Praça Tiradentes, 139, Centro, tél. (31) 3551-1121. Mar. à dim., 12h/17h30.

❷ Museu da Mineralogia et Escola de Minas (Palácio dos Governadores)
Ce bâtiment, construit en 1741, fut le siège du gouvernement de l'État jusqu'en 1898. Lorsque Belo Horizonte devint la capitale, il abrita l'École des Mines, et aujourd'hui abrite le Musée de la Science et de la Technique et le Musée de Minéralogie. La fontaine interne est une œuvre d'Aleijadinho. Sur le côté droit du bâtiment, un escalier en pierre conduit à une belle chapelle. À l'arrière du bâtiment, de la Girândola, la vue est splendide.
Praça Tiradentes, 20, Centro, tél. (31) 3559-1597. Mar. à dim., 12h/17h.

❸ Igreja de Nossa Senhora do Carmo
Les dernières œuvres du maître Aleijadinho se trouvent à l'intérieur de cette merveilleuse église – dans la sacristie et sur les autels de Nossa Senhora da Piedade et de Cristo Amarrado. Construite en 1766, cette église, la seule de la région dotée d'*azulejos* portugais du XVIIIe siècle, inaugure le style rococo dans le Minas Gerais. La peinture de la sacristie est de Mestre Ataíde. Le noviciat, situé à côté, abrite le magnifique **Museu do Oratório** (Musée de l'Oratoire), avec 300 pièces d'art sacré du XVIIe au XXe siècle et 160 splendides autels.
Rua Brigadeiro Musqueira, s/n, Centro, tél. (31) 3551-2601. Église: mar. à sam., 12h/16h45; dim., 9h45/11h, 13h/16h45. Musée: tél. (31) 3551-5369. Tous les jours, 9h30/17h30.

Igreja de Nossa Senhora do Carmo: le noviciat abrite le somptueux Musée de l'Oratoire

Le talent baroque multicolore de Mestre Ataíde sur le plafond de l'Igreja de São Francisco de Assis

❹ TEATRO MUNICIPAL CASA DA ÓPERA

Datant de 1769, en forme de lyre et d'une acoustique parfaite, c'est le plus ancien théâtre du Brésil en activité. On peut le visiter la journée. Le soir, il y a des concerts et des spectacles, notamment lors du festival d'hiver, au mois de juillet.
Rua Brigadeiro Musqueira, s/n, Centro, tél. (31) 3559-3224. Tous les jours, 12h/17h30.

❺ IGREJA DE SÃO FRANCISCO DE ASSIS

Ce chef-d'œuvre d'Aleijadinho, datant de 1776, est l'expression la plus marquante du style rococo. Ses détails sont curieusement militaristes: les tours, cylindriques, ressemblent à des tours de guet, avec au sommet des lances et des toits qui rappellent des casques. La Croix de Lorraine (à deux croisillons), entourée de boules de feu, est impressionnante. À l'intérieur de l'église, Aleijadinho est l'auteur des sculptures des pupitres, des panneaux en bois, de la porte sculptée en stéatite, des autels de la grande chapelle et de la fontaine de la sacristie. Mestre Ataíde, chargé de la peinture du plafond, créa un trompe-l'œil avec des colonnes et des balustrades qui font paraître le plafond plus haut qu'il n'est.
Informations au **Museu Aleijadinho** *(tél. 31/3551-4661).*
Largo de Coimbra, s/n, Centro. Mar. à dim., 8h30/11h50 et 13h30/17h.

❻ MATRIZ DE NOSSA SENHORA DA CONCEIÇÃO DE ANTÔNIO DIAS

La façade de cette église bâtie en 1727 ressemble assez à celle da la Matriz do Pilar. Mais l'intérieur est bien différent, notamment par la richesse des huit autels et par les sculptures d'Aleijadinho et de son père, Manuel Francisco Lisboa, à qui on attribue la décoration de la nef. Le **Museu Aleijadinho**, installé dans la sacristie, dans la cave et dans la salle du consistoire, abrite des pièces de valeur inestimable, comme une tête de saint François de Paule sculptée en stéatite, dont les yeux paraissent réels.
Praça Antônio Dias, s/n, Antônio Dias. Église: tél. (31) 3551-3282. Mar. à sam., 8h30/11h45 et 13h30/16h45; dim., 12h/16h45. Musée: tél. (31) 3551-4661.

⑦ Capela do Padre Faria

Bâtie au XVIIIᵉ siècle, sur l'initiative du père João de Faria, cette construction, connue également sous le nom d'**Igreja Nossa Senhora do Rosário dos Brancos**, est un petit bijou. L'importance de cette chapelle, bien préservée, est à la fois historique – elle est à l'origine de la ville – et architecturale, car c'est aujourd'hui le seul exemplaire des premières constructions des monts d'Ouro Preto. Lors de la visite, observez la croix à trois croisillons du parvis, les scènes de la vie de Marie sur les panneaux latéraux et les bas reliefs dorés des trois retables.
Rua Nossa Senhora do Parto, s/n, Padre Faria.

⑧ Casa dos Contos

Entre 1724 et 1735, ce bâtiment abritait l'Hôtel de la Monnaie, où l'or était pesé et fondu. Ce fut également une prison pour les insurgés, où mourut l'un d'eux, le poète Cláudio Manuel da Costa, en 1789. Elle comporte un logement d'esclaves au sous-sol, ce qui était coutume à l'époque. C'est l'une des habitations les mieux préservées d'Ouro Preto. Elle renferme aujourd'hui une exposition de mobilier du XVIIIᵉ et du XIXᵉ siècles, une bibliothèque et un centre d'études sur le cycle de l'or.
Rua São José, 12, Centro, tél. (31) 3551-1444. Mar. à sam., 12h30/17h30; dim. et jours fériés, 9h/15h.

⑨ Igreja de São José

Cette église, qui remplaça la chapelle primitive, datant de 1730, commença à être construite vers 1752 et fut achevée en 1811. Le dessin du retable de la grande chapelle et de la tour est attribué à Aleijadinho, qui fut juge de la confrérie. Observez particulièrement la balustrade, sculptée en stéatite, autour de la tour centrale.
Rua Teixeira Amaral, s/n. Sans heure d'ouverture fixe.

⑩ Igreja de Nossa Senhora do Pilar

Cette église, achevée en 1731, remplaça la primitive Matriz do Pilar, construite entre 1700 et 1703 en torchis et en bois. Elle est considérée comme un chef-d'œuvre de l'opulence et du caractère dramatique du baroque. Sa façade simple contraste avec l'extraordinaire richesse de l'intérieur, où furent utilisés 434 kilos d'or et 400 d'argent. Le maître-autel est attribué à Francisco Xavier de Brito, l'un des maîtres d'Aleijadinho. Visitez le **Museu de Arte Sacra** (Musée d'Art Sacré) au sous-sol.
Praça Monsenhor João Castilho Barbosa, s/n, Pilar, tél. (31) 3551-4735. Mar. à dim., 9h/10h45 et 12h/16h45.

⑪ Igreja de Nossa Senhora do Rosário

Son curieux tracé circulaire, formé de trois parties ovales, ressemble à celui des églises d'Europe du nord. Construite en 1785, cette église

Pupitre de l'Igreja do Pilar: opulence

Vue panoramique d'Ouro Preto, avec le Museu da Inconfidência (en haut, à droite)

remplaça la chapelle originelle, bâtie en 1709. Informations au *tél. (31) 3551-4735*.
Largo do Rosário, s/n, Rosário. Mar. à dim., 12h/16h45.

⑫ Igreja do Bom Jesus de Matosinhos
Datant de la seconde moitié du XVIIIᵉ siècle, cette église a un magnifique portail sculpté en stéatite par Aleijadinho. Les peintures de l'intérieur sont attribuées à Mestre Ataíde. Informations au *tél. (31) 3551-4735*.
Rua Alvarenga, s/n, Cabeças. Lun. à sam., 13h/16h45.

⑬ Igreja São Francisco de Paula
C'est l'église la plus récente de la ville. Sa construction, entamée en 1804, n'a été achevée que plus de 80 ans plus tard. La statue de saint François de Paule est attribuée à Aleijadinho. À l'étage, des sculptures grandeur nature représentent la Cène. À l'extérieur, la vue panoramique est d'une beauté singulière.
Rua Henrique Adeodato, s/n, São Cristóvão. Mar. à sam., 9h/11h15; dim., 13h30/16h40.

Processions Religieuses
Comme d'autres villes historiques, Ouro Preto préserve la tradition de ses processions. Les plus impressionnantes sont celles de la Semaine Sainte, qui culminent le dimanche de la Résurrection. Les habitants sortent dans les rues pour tapisser de fleurs et de sciure le sol foulé par la procession. Des tapis colorés et des banderoles sont pendus aux fenêtres.

Les Mines

Autrefois riches en or, les tunnels des mines maintenant épuisées sont aujourd'hui des lieux touristiques. La plus célèbre est celle de **Chico Rei**, un esclave qui était roi en Afrique et qui acheta sa liberté ainsi que la mine qui porte son nom, creusée au XVIIIᵉ siècle *(rua Dom Silvério, 108, Antônio Dias, tél. 31/3551-1749. Tous les jours, 8h/17h)*. Il fit construire l'**Igreja de Santa Efigênia dos Pretos** *(rua Santa Efigênia, 396, Alto da Cruz, tél. 31/3551-5047. Mar. à dim., 8h30/16h30)*, église riche en reliefs sculptés du baroque primitif. Au-dessus du portail, sur la façade, figure une œuvre d'Aleijadinho.

Mon Monde Imaginaire à Ouro Preto

Il y a de nombreuses années, j'ai visité le Brésil en touriste ordinaire et je me suis rendu compte à quel point ce pays était grand. Mais j'en suis reparti avec l'impression qu'il y avait une ligne ténue séparant ce Brésil-là d'un autre, plus réel. Plus tard, alors que je travaillais sur le projet d'une maison à Barra do Una, et que j'étais occupé à la construction d'un vaste complexe dans l'État de São Paulo, j'ai eu le privilège de connaître quelques Brésiliens extraordinaires qui m'ont honoré de leur amitié. Grâce à eux, je connais le pays et, bien sûr, une de premières villes que j'ai visitées a été Ouro Preto.

Il y a des villes qui possèdent une "âme" qui nous enveloppe, nous conquiert, nous absorbe. Dès mon arrivée, je me suis rendu compte qu'Ouro Preto était une de ces villes. La topographie et la végétation y sont puissantes, et la ville les respecte d'une façon impressionnante. Les rues suivent naturellement les niveaux du sol, les constructions s'adaptent au terrain d'une telle manière que les murs et les toits créent une sculpture urbaine. Les églises sont situées sur des points stratégiques et, sans s'imposer, elles sont des icônes au sein du paysage. Couleurs et textures mettent la dernière touche à cette ville éblouissante.

En marchant dans ses rues, en m'asseyant sur les bancs de ses places et de ses églises, j'ai pu réfléchir aux vraies valeurs de la vie, rêver des histoires romantiques et mystérieuses, créer un monde imaginaire qui ne nous est plus permis par le style de vie contemporain.

L'architecture coloniale et baroque d'Ouro Preto mérite que l'on s'y arrête. Peu connue hors du Brésil, c'est sans aucun doute l'une des villes les plus intéressantes des Amériques. Les églises d'Aleijadinho, aux proportions exceptionnelles, sont étonnantes. Une de leurs caractéristiques, toute particulière, est le contraste entre les grandes surfaces planes et le travail élaboré de la pierre, ainsi que l'intégration remarquable de la sculpture, aussi bien sur les façades que sur les parvis et les escaliers – un concept presque oublié par l'architecture moderne qui devrait faire l'objet d'une réflexion de la part des architectes. Il en va de même de l'adéquation des échelles et du dessin entre l'extérieur et l'intérieur, qui, dans le plus grand luxe de détails, accentue la spiritualité des lieux. En somme, cette architecture représente une riche leçon nous invitant à réfléchir et à en apprécier l'excellence.

J'ai eu le privilège de me trouver à Ouro Preto pendant la Semaine de Pâques, ce qui m'a donné l'occasion d'assister aux incroyables cérémonies et processions, qui m'ont transporté vers d'autres époques. Sans perdre la couleur locale, elles témoignent de la spiritualité de cette ville si particulière.

Les gens qui vivent ici sont élégants, pacifiques et humains, et ont un style de vie qui les rend meilleurs. Les hôtels, les restaurants et les lieux publics répondent à cette philosophie et font de la ville un lieu entier et attachant. Pour ceux qui apprécient la beauté, l'élégance et un mode de vie profondément émotionnel, Ouro Preto est un lieu incontournable.

Ricardo Legorreta,
architecte mexicain

MARIANA

Située à 15 km à l'est d'Ouro Preto par la route BR-356, cette ville est un autre joyau de l'art baroque, avec ses belles églises et ses maisons anciennes. Ce fut la première capitale de l'État des Minas Gerais, où naquit le peintre Manuel da Costa Ataíde – Mestre Ataíde –, qui décora les églises des villes historiques de la région. Ses figures bibliques et ses anges ont des traits métis, comme lui.

MINA DA PASSAGEM
Cette mine d'or est située sur la route venant d'Ouro Preto, à 4 km avant l'entrée de la ville. Elle était en activité jusqu'en 1985. Un wagonnet tracté par câble descend à une profondeur de 120 m en passant par les différentes galeries de la mine.
Rua Eugênio E. Rapallo, 192, Passagem de Mariana, tél. (31) 3557-5000. Lun. à mar., 9h/17h; mer. à dim., 9h/17h30.

CATEDRAL BASÍLICA DA SÉ
Cette cathédrale possède douze autels richement ornés, des lustres en cristal de Bohême et des peintures de l'illustre fils du pays, Ataíde, ainsi qu'un orgue allemand Arp-Schnitger, offert par João V. Construit en 1701 et doté de plus de mille tuyaux, cet instrument produit toujours des sons sublimes. Pour l'écouter, visitez la cathédrale le vendredi à 11 heures ou le dimanche à 12h15.
Praça Cláudio Manoel, Centro, tél. (31) 3557-1216. Mar. à dim., 7h/18h.

IGREJA DE SÃO FRANCISCO DE ASSIS
Le portail en pierre de taille orné d'un médaillon en stéatite et les reliquaires de l'autel sont d'Aleijadinho. Les panneaux du plafond de la nef et de la sacristie sont attribués à Mestre Ataíde, dont la sépulture se trouve au sein de l'église. Juste à côté se situe l'**Igreja de Nossa Senhora do Carmo**, aux tours cylindriques inspirées des églises d'Aleijadinho. Plus de renseignements à la Catedral Basílica da Sé *(tél.: 31/3557-1216).*
Praça Minas Gerais (ancien pelourinho), s/n, Centro. Mar. à dim., 9h/17h.

Igreja de São Francisco de Assis (à gauche) et de Nossa Senhora do Carmo: ensemble baroque

CONGONHAS

Née elle aussi de l'exploitation des mines d'or, Congonhas a beaucoup perdu de son ancienne splendeur. Contrairement aux autres villes qui ont été préservées, elle s'est développée avec l'extraction du minerai de fer à partir des années 1950. On y a construit des immeubles, véritable agression à l'harmonie de la vieille ville, et détruit des maisons anciennes. Heureusement, un joyau du XVIIIe siècle subsiste comme preuve du passé glorieux. Il s'agit de la **Basilica do Bom Jesus de Matosinhos**, basilique construite entre 1757 et 1761. La visiter avec calme, c'est en quelque sorte parcourir le chemin du ciel. Aleijadinho sculpta et Ataíde peignit les 66 images qui représentent les scènes de la Passion du Christ en grandeur nature et qui ornent les six chapelles conduisant au sanctuaire, situé sur une hauteur. Sur le parvis de l'église, douze prophètes semblent danser et souhaiter la bienvenue au visiteur. Au fond, une salle renferme une spectaculaire collection d'ex-voto, où aujourd'hui encore les fidèles laissent leurs souvenirs comme paiement de grâces obtenues.

Maître Aleijadinho

Fils du contremaître portugais Manuel Francisco Lisboa et de son esclave Isabel, Aleijadinho naquit à Vila Rica en 1730 et apprit tôt le métier de son père. Atteint de la lèpre en 1777, il ne se laissa jamais abattre par la maladie. Entre 1796 et 1805, époque où il exécuta les œuvres de Congonhas, aidé de ses disciples, le sculpteur était déjà physiquement très diminué.

La création des prophètes
Des spécialistes de l'œuvre d'Aleijadinho estiment que les sculptures des prophètes avec la colaboration de su disciples furent faites par le sculpteur. Celle de Daniel, la plus achevée, est admirable de par la beauté sévère du port du prophète. Les autres auraient été achevées avec la collaboration de ses disciples. On croit qui il fu sculptée uniquement par le maître.

MINAS GERAIS

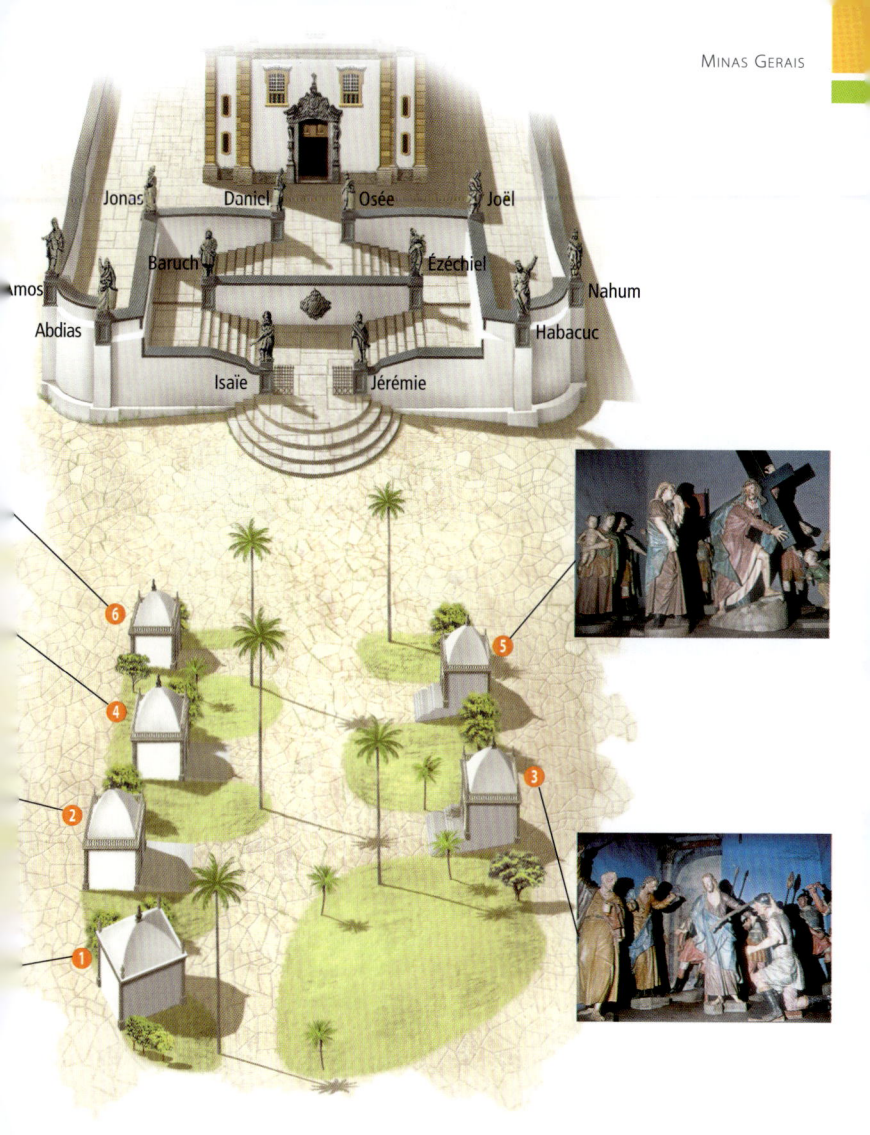

❶ La Cène
Quinze figures représentent le Christ, les douze apôtres et les deux domestiques. Les huit figures que l'on voit derrière la table ne sont sculptées qu'à mi-corps.

❷ Heure dernière au Jardin
Jésus prie au Jardin des Oliviers pendant que les apôtres Pierre, Jacques et Jean dorment.

❸ Arrestation du Christ
La scène du baiser dénonciateur de Judas est composée de huit figures. Le Christ, saint Pierre et Judas sont entièrement attribués à Aleijadinho. Les soldats ont été sans doute sculptés par ses disciples.

❹ Flagellation et dérision
Ces deux scènes sont réunies dans la même chapelle. Dans la première, des soldats ressemblant à des fantoches entourent Jésus, attaché à une colonne. Dans la seconde, sept soldats également grotesques l'entourent, prêts à lui mettre la couronne d'épines.

❺ Montée au Calvaire
Quinze figures forment l'un des moments les plus poignants de la Passion: la marche du Christ sur la colline, la croix sur le dos. Dans cette scène, il fait une pause et prie les fidèles de ne pas pleurer pour lui.

❻ Crucifixion du Christ
Cette scène, composée de dix personnages, montre Jésus cloué sur la croix entre les deux larrons.

Tiradentes

Une rue empierrée et des maisons coloniales encadrent l'Igreja Matriz de Santo Antônio

Toute petite et bien conservée, la ville de Tiradentes est la perle de la région. Si elle manque de joyaux architecturaux, abondants à Ouro Preto, elle regorge cependant de vieilles maisons colorées et harmonieuses. Apparemment arrêtée dans le temps, elle attire des touristes à la recherche de tranquillité ou de son calendrier culturel très varié. C'est dans la Fazenda Pombal, située à mi-chemin entre Tiradentes et la ville voisine, São João del-Rei, que naquit l'indépendantiste Joaquim José da Silva Xavier, surnommé *Tiradentes*. Baignée par le rio das Mortes, au pied de la serra de São José, cette petite ville resta ignorée de la fin du cycle de l'or jusqu'à la seconde moitié du XXe siècle. Dans les années 1970, la *carioca* Maria do Carmo Nabuco de Araújo la visita. Enchantée, elle décida de mobiliser des proches pour restaurer ses belles petites maisons et demanda des dons à des entrepreneurs de Rio de Janeiro. En peu de temps, les habitants s'unirent et travaillèrent ensemble afin de restaurer la ville, qui devint un refuge d'artistes et d'intellectuels de Rio de Janeiro et de São Paulo.

Matriz de Santo Antônio

L'église la plus importante de Tiradentes est dédiée à saint Antoine, et non pas à saint François, comme c'est le cas dans d'autres villes de Minas Gerais. Une demie tonne d'or fut utilisée à l'intérieur, sur les sculptures des riches autels et dans le chœur décoré avec des guirlandes de fleurs dorées. Son orgue, d'origine portugaise, fut acquis en 1788, et la caisse, fabriquée au Brésil, a une peinture et des formes rococo. L'escalier de pierre donne sur le parvis et sur un cadran solaire taillé en stéatite par les artisans locaux en 1785. Le dessin de la façade et du portail, de 1732, sont attribués à Aleijadinho.
Rua da Câmara, s/n, Centro. Presbytère: tél. (32) 3355-1238. Tous les jours, 9h/17h.

Igreja de Nossa Senhora do Rosário dos Pretos
Construite en 1708 par et pour les esclaves, cette église est ornementée d'un arc en pierre de taille avec des peintures au plafond et des images de saints noirs sur les deux autels latéraux. Plus d'informations sur l'église peuvent être obtenues au presbytère *(tél. 32/3355-1238).*
Praça Padre Lourival. Mar. à dim., 9h/12h et 14h/17h.

Chafariz de São José
Construite en 1749 en stéatite bleutée, cette fontaine est dotée d'un autel sur lequel figure une statue de saint José de Botas. Les trois visages d'où jaillit de l'eau potable représentent l'Amour, la Fortune et la Santé. L'eau provient du Bosque da Mãe-d'Água, au pied de la serra de São José. Une randonnée guidée de 6 km jusqu'au sommet, vous amènera au Canto do Chafariz, excellent restaurant de cuisine régionale.
Rua do Chafariz, s/n, Centro.

Culture et Gastronomie
Tiradentes a énormément investi dans le tourisme culturel. En janvier a lieu la Mostra de Cinema, cycle de cinéma qui rassemble artistes et intellectuels. En juin, l'est l'Encontro de Harley Davidson (Rencontre de Harley Davidson). En août, pendant dix jours, le Festival International de Culture et de Gastronomie réunit des chefs du Brésil et du monde entier. Les visiteurs peuvent y déguster plats et boissons tout en assistant à de surprenants concerts, spectacles, expositions et cours de cuisine.

Artisanat
À Tiradentes, argent et laiton sont les

L'artisanat simple et typique de Tiradentes

matières premières de bijoux, de calices, de bougeoirs et de vases. Les objets en fer, en bois, en tissu et en terre cuite racontent un peu de l'histoire des *Mineiros*. Visitez l'atelier de Zé Damas *(rua do Chafariz, 130)* et procurez-vous le symbole de la ville: les petites maisons colorées, peintes sur

Un Plus

Dans la plus vieille rue de Tiradentes, le restaurant **Tragaluz** mêle spécialités du terroir *mineiro* et une pincée de cuisine contemporaine *(rua Direita, 52, tél. (32) 3355-1424).* Le restaurant **Viradas do Largo** réinvente brillamment la cuisine régionale typique. Les repas peuvent être savourés près du feu de bois *(rua do Moinho, 11, tél. (32) 3355-1111).*

Les propriétaires du **Solar da Ponte**, Anna Maria et John Parsons, ont transformé une maison du XVIIIe siècle en cette auberge traditionnelle de Tiradentes. Anna, spécialiste en art baroque, a soigné la décoration des 18 chambres avec du mobilier colonial, respectant ainsi l'atmosphère historique de la ville.

Plus d'informations à partir de la page 462.

Maisons coloniales bien préservées à Tiradentes: la ville attire le tourisme culturel

les plus divers supports: plats, pots et galets. Un autre artisan local célèbre est Vantuil Onofre, qui transforme ses fleurs de fer en chandeliers, lustres et porte-clés. Téléphonez pour savoir comment accéder à son atelier *(tél. 32/3355-1866)*.

Bichinho
Petit village situé aux abords de Tiradentes, l'artisanat y est florissant. L'atelier le plus intéressant est l'**Oficina de Agosto**, dirigé par Antônio Carlos Bech, alias Toti, dont le travail a un objectif social: l'atelier est un lieu de stage pour des jeunes de la région, à condition qu'ils aillent à l'école, et de formation d'artisans professionnels, dont de nombreux possèdent aujourd'hui leurs propres ateliers. À Bichinho se trouve également l'**Igreja de Nossa Senhora da Penha de França**, église construite en 1737.

Alentours (Prados et Resende Costa)
La famille nombreuse Julião est devenue à elle seule une attraction touristique à **Prados**, près de Tiradentes. Les neufs frères et leurs enfants, disséminés en des endroits différents de la ville, sculptent des lions, des singes et des tortues en bois. On retrouve la tradition artisanale de la région à **Resende Costa**, ville voisine. Les femmes assurent les revenus de la ville grâce au tissage manuel. On trouve des tapis, des couvertures, des draps, des nappes et une infinité de pièces colorées dans les magasins qui se succèdent dans la rue principale.

Un Train à Vapeur Pour São João del-Rei
Sur un parcours rapide et charmant de 12 km, un sympathique train à vapeur, inauguré par Pedro II en 1881, conduit les passagers à la ville voisine de São João del-Rei en 35 minutes. Sur le trajet sinueux à travers la **serra de São José**, zone de préservation naturelle depuis 1990, on peut observer des parties du **rio das Mortes**. En avril-mai, le paysage est parsemé de fleurs des champs délicates et colorées.
Estação Ferroviária. Ven. à dim. et jours fériés, 13h/17h.

MINAS GERAIS

São João del-Rei

Les cloches sonnent de manières différentes pour annoncer les mariages, les funérailles, les baptêmes et les messes des treize églises de la ville. Elles résonnent entre les traces de l'architecture coloniale et le pavé. Du monument du Cristo Redentor, situé sur l'Alto da Bela Vista, on voit cette ancienne ville qui, en 1709, fut le théâtre de batailles entre *Paulistas* et Portugais.

ÉGLISES

Visitez la **Catedral Nossa Senhora do Pilar**, datant de 1721, la seule de la ville possédant des autels ornés de sculptures dorées *(rua Getúlio Vargas, s/n, tél. 32/3371-2568)*, et la **Catedral Nossa Senhora do Carmo** *(largo do Carmo, tél. 32/3371-7996)*, de 1733, aux tours octogonales. La **Catedral Nossa Senhora do Rosário**, sur le largo do Rosário, construite en 1719, est l'une des plus anciennes de la ville. La plus importante est l'**Igreja São Francisco de Assis** *(praça Frei Orlando)*, dont le plan et les images du frontispice ont sans doute été exécutés par Aleijadinho en 1774. À l'intérieur, voyez l'effet du doré sur le fond blanc de la grande chapelle et l'impressionnant lustre, en cristal de Baccarat, dont la forme évoque celle de la Couronne portugaise. Sur l'arc de la porte principale figure le visage du Christ, formé de têtes d'anges. Il est recommandé de téléphoner avant la visite, car les heures d'ouverture sont variables.

Museu Ferroviário

Ce Musée Ferroviaire expose également une collection de pièces mécaniques et de photographies.
Avenida Hermílio Alves, 366, Centro, tél. (32) 3371-8485. Mar. à dim., 9h/11h et 13h/17h.

Museu do Estanho

La fabrique John Sommers abrite le Musée de l'Étain, qui réunit des objets utilitaires de tout le Brésil et de plusieurs pays d'Europe, notamment des pièces retrouvées dans deux navires qui coulèrent sur la côte brésilienne en 1648 et en 1668.
Avenida Leite de Castro, 1150, Fábricas, tél. (32) 3371-8000. Lun. à sam., 9h/18h; dim., 9h/16h.

Igreja de S. Francisco de Assis: attribuée à Aleijadinho

CAPITALE DU ROCAMBOLE

Tous les habitants de Lagoa Dourada, sur la route BR-383, entre Belo Horizonte et São João del-Rei, jurent qu'ils préparent l'authentique, le légitime et le meilleur *rocambole mineiro* (biscuit roulé). Le moindre établissement de la ville vend cette spécialité fourrée à la confiture de goyave, au chocolat et à la confiture de lait condensé.

DIAMANTINA

Au XVIIIe siècle, Diamantina était l'une des destinations finales des expéditions paulistas, les *bandeiras*, dans la course aux diamants entreprise par la Couronne. Aujourd'hui, classée au patrimoine culturel de l'Humanité, c'est la ville la mieux conservée et la plus tranquille du circuit historique de Minas Gerais, même si elle n'est pas aussi opulente qu'Ouro Preto. Elle se situe aux abords du *sertão*, à 100 km des vallées du São Francisco et du Jequitinhonha. Entourée par des montagnes rocheuses, elle se trouve sur un grand plateau irrégulier, au bord de la serra do Espinhaço. Des hauteurs de Diamantina, on voit l'imposant **pico de Itambé**, de 2 002 m.

Rues d'époque et musique

Certaines rues du centre historique conservent le pavage d'origine, en pierres irrégulières. L'un des meilleurs exemples des vieilles rues est le **Beco do Mota**, immortalisé par une chanson de Milton Nascimento. Tout près de là, dans la rua da Quitanda, des musiciens jouent aux balcons et aux fenêtres des anciennes maisons du centre historique. Cet événement, appelé Vesperata, a lieu deux samedis par mois, de mars à octobre. Le président de la République Juscelino Kubitschek, né à Diamantina, était un grand admirateur de ces sérénades. En son hommage, la ville organise la Journée de la Sérénade – le jour de son anniversaire, le 12 septembre. "Une sérénade à Diamantina est plus belle qu'une nuit de troubadours à Naples", disait Juscelino.

Nossa Senhora do Carmo et autres édifices religieux

L'église la plus somptueuse de la ville, Nossa Senhora do Carmo *(rua do Carmo, s/n, Centro. Mar. à sam., 9h/12h et 14h/18h)* abrite un orgue travaillé en or de plus de 600 tuyaux. On dit que le clocher est à l'arrière de l'église parce que Chica da Silva – l'esclave qui avait obtenu tout ce qu'elle désirait en devenant la maîtresse de João Fernandes de Oliveira, négociant de la Couronne – était dérangée par le carillonnement.

L'Igreja de Nossa Senhora do Carmo et son clocher construit à l'arrière

Ensuite, allez à l'**Igreja Nossa Senhora do Rosário** *(largo do Rosário, s/n. Mar. à sam., 9h/12h et 14h/18h; dim., 9h/12h)*, dont les murs sont penchés. Hors du centre, visitez la **Basílica do Sagrado Coração de Jesus**, de style néogothique, et admirez les innombrables vitraux français de cet édifice bâti à la fin du XIXe siècle *(praça do Sagrado Coração de Jesus)*. La **Catedral Metropolitana**, sur la praça da Matriz, date des années 1930 – contraste avec l'architecture des constructions voisines.

Passadiço da Glória
Ce passage suspendu et couvert est situé entre la maison du premier évêque de la ville, João Antônio dos Santos, qui acheta l'immeuble en 1865, et le collège Nossa Senhora das Dores. Le passage aurait été construit par les sœurs, en 1876, afin d'assurer l'isolement des internes.
Rua da Glória, 298, Centro, tél. (38) 3531-1394. Mar. à dim., 13h/18h.

Caminho dos Escravos
Entouré de quartz blanc et de la végétation de *cerrado*, le Chemin des Esclaves, entre l'Arraial do Tijuco et Mendanha, était parcouru par les esclaves, au XVIIIe siècle, pour transporter les diamants et pour approvisionner la ville. Une partie du chemin a été restaurée et est devenue une excursion touristique. Elle est située près du **Cruzeiro**, un site d'où l'on voit un magnifique coucher de soleil et toute la ville de Diamantina.

São Gonçalo do Rio das Pedras et Milho Verde
Deux villages, situés à moins de 40 km au sud de Diamantina, méritent le détour. **São Gonçalo do Rio das Pedras**, un ancien campement de mineurs habité par moins de 3 000

Diamantina: maisons coloniales pleines de charme

personnes, est incrusté sur un promontoire rocheux, entre montagnes et cascades. Plus loin se trouve **Milho Verde**, une ancienne communauté hippie, lieu idéal pour faire de la marche et se baigner dans les chutes d'eau. La piste d'accès offre des risques d'embourbement ou d'enlisement.

Un Plus

Le restaurant **O Garimpeiro** est recommandé pour son *xinxim da Chica* (plat typique du Nordeste avec toute sorte de viandes), son *ora-pró-nobis com filé* (feuilles de pereskia avec de la viande), son *feijão-tropeiro* (haricots secs) et son *broto de samambaia com lombo* *(avenida da Saudade, 265, tél. (38) 3531-1044)*. Encore plus régional, le **Raimundo Sem Braço**, éloigné de la ville, propose une cuisine typique et un *churrasco* extraordinaire *(rua José Anacleto Alves, 18, BR-367, sortie direction Belo Horizonte, tél. 38/3531-2284)*.

Dessiné par Oscar Niemeyer, l'hôtel **Tijuco** conserve l'ambiance des années 50 et contraste admirablement avec les maisons coloniales des alentours. Les grands balcons des appartements offrent une vue inoubliable sur la ville.

Plus d'informations à partir de la page 462.

Caminho real

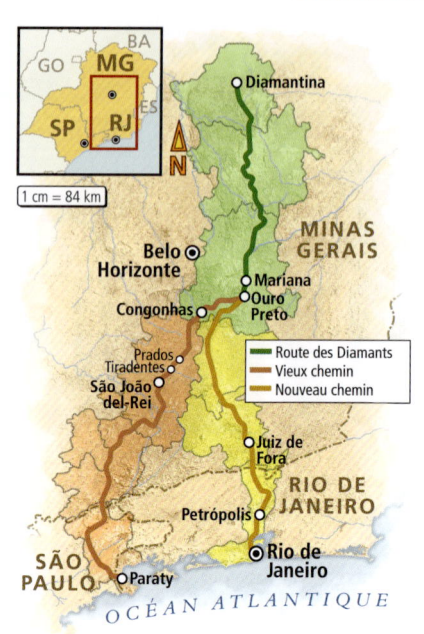

Si vous voulez faire un voyage de 300 ans dans le passé, l'**Estrada Real** (Route Royale) peut vous y conduire. On peut la prendre à partir de Paraty (RJ) ou du Centre Historique de Rio de Janeiro en direction d'Ouro Preto, et la parcourir jusqu'à Diamantina. L'ancienne route de l'or, traversant montagnes, plateaux, marais, cours d'eau et *cerrado*, permet de faire à la fois un voyage historique et culturel et des randonnées rythmées par l'aventure, sur ses innombrables pistes. À l'époque des expéditions pionnières, les *bandeiras*, au XVIIe siècle, un long chemin, appelé Caminho Velho (vieux chemin), fut frayé de Paraty jusqu'aux gisements aurifères. Au retour, les concessionnaires partaient d'Ouro Preto, traversaient la serra da Mantiqueira et arrivaient à une gorge qui débouchait sur Paraty. De là ils poursuivaient leur route vers Rio, où la cargaison était embarquée vers le Portugal. Le voyage durait trois mois.

C'est ainsi que Garcia Rodrigues, compagnon du célèbre *bandeirante* Fernão Dias Pais, eut l'idée de raccourcir le trajet en partant de Rio de Janeiro. En 1698, il obtint une concession de la Couronne portugaise pour construire ce qui fut appelé le Caminho Novo (nouveau chemin), entreprise qui fut mise en œuvre au début du XVIIIe siècle. En peu de temps, l'Estrada Real devint le seul chemin par lequel on pouvait convoyer l'or officiellement, en dix jours seulement, mais sous le contrôle exclusif de la Couronne. Actuellement, l'**Instituto Estrada Real**, en partenariat avec le gouvernement de l'État de Minas Gerais, restructure le chemin entier. Chemins vieux et neufs confondus, le trajet s'étend sur 1 400 km, passe par 177 villes, à partir de la pointe de l'État de São Paulo ou du cœur de Rio de Janeiro, et révèle le riche patrimoine de l'architecture coloniale, du baroque, et beaucoup de beaux paysages. Du cœur de Minas Gerais, le vieux chemin va de Diamantina à Ouro Preto, où il se sépare en deux. L'un passe par São João del-Rei et Tiradentes, continue par l'ésotérique São Tomé das Letras, par Caxambu et São Lourenço, dans le fameux Circuito das Águas Medicinais (Circuit des Eaux Thermales), et traverse la vallée du Paraíba par Guaratinguetá et Cunha jusqu'au port de Paraty. L'autre descend par Barbacena, Juiz de Fora, Itaipava et Petrópolis, vers la destination finale, Rio de Janeiro. S'engager sur ces chemins c'est découvrir Minas Gerais à l'état pur, des villes bâties par la fièvre de l'or au *sertão* immortalisé dans les pages de l'écrivain Guimarães Rosa. Organisez votre excursion en consultant le site www.estradareal.org.br.

ESPÍRITO SANTO

DESTINATION
VITÓRIA

Le littoral de l'État de l'Espírito Santo est extrêmement varié et comprend toute sorte d'endroits intéressants: des plages urbaines, dotées d'une bonne structure d'accueil, comme celles de Vitória et de Vila Velha, des plages pratiquement désertes, enserrées entre des dunes, comme celles d'Itaúnas, et les petites baies de Guarapari, dont le sable noir est connu pour ses effets médicinaux. À l'intérieur des terres, à seulement 50 km de Vitória, dans la paisible région montagneuse, l'aventure est au rendez-vous dans les cascades et les rapides, et en vous hébergeant dans les bons hôtels de la région vous ne manquerez pas de visiter la merveilleuse Pedra Azul et quelques-uns des lieux de rafting les plus propices du Brésil en émotions fortes. L'Espírito Santo possède aussi des réserves naturelles de forêt Atlantique, et la ville d'Anchieta constitue un centre important de pèlerinage religieux.

POINTS FORTS DE LA DESTINATION

VITÓRIA
 Centre Historique
 Plages

VILA VELHA (3 km)

SERRA CAPIXABA (50 km)
 Domingos Martins

GUARAPARI (58 km)
 Anchieta

ITAÚNAS (270 km)

Distances à partir de Vitória

GUIDE BRÉSIL

229

Vue de Vitória et de la Terceira Ponte, le pont qui relie la capitale à Vila Velha

Vitória

Le nombre de ponts construits sur le bord de mer et dans le centre ne manquera pas d'étonner le visiteur. À l'origine, l'archipel était formé de 34 îles – dont l'île de Vitória était la plus grande –, mais elles ont été reliées par des ponts et des remblais. La zone urbaine s'est donc largement étendue et compte aujourd'hui deux grands ports: **Tubarão** et **Vitória**. Le centre abrite des édifices classés au patrimoine historique et ouverts au public. Les mangroves qui entourent l'île, complétant le paysage naturel, peuvent être explorées au cours de promenades en bateau. Vitória est aussi un centre important de loisirs nautiques, notamment de pêche au large – elle détient le record mondial de pêche de marlin bleu.

Contacter: Fomatur, tél. (27) 3200-3155; Praia Tour, tél. (27) 3327-6834; *Vitória Receptive,* tél. (27) 3325-3637.

Centre Historique

La promenade à pied commence face au **port de Vitória** *(avenida Jerônimo Monteiro)*, à la hauteur du **Palácio Anchieta**, d'où l'on voit l'**Escadaria Bárbara Lindemberg** (1912) devant le palais. Cet escalier, ainsi que d'autres, relie les quartiers Cidade Baixa et Cidade Alta. Bâti par les jésuites au XVIe siècle, le palais est le siège du gouvernement de l'État de l'Espírito Santo. Derrière lui se trouve le **tombeau d'Anchieta**, ouvert au public *(tél. (27) 3321-3500. Mar. à dim., 12h/17h)*. En prenant la rua Comandante Duarte ou la São Gonçalo, on arrive à l'**Igreja de São Gonçalo** (1707-1715); puis, par la rua Carneiro Araújo, on gagne la **Capela de Santa Luzia** (XVIe siècle), d'où l'on a une vue partielle de la baie de Vitória. Face à la chapelle se situe la rua José Marcelino, où

Un Plus

🍽 La *moqueca* (marmite de poissons) du chef Hercílio Alves, du restaurant **Pirão**, arrive sur la table en exhalant des arômes de coriandre, d'herbes et d'huile d'olive – ce dernier ingrédient différencie la *moqueca* de l'Espírito Santo de celle de Bahia, que l'on prépare à l'huile de palme. Le cadre est agréable et élégant *(rua Joaquim Lírio, 753, Praia do Canto, tél. 27/3227-1165)*.

se trouvent deux belles maisons jumelées et restaurées, dernières traces des constructions du XIXe siècle. Dans la rua José Marcelino, **Catedral Metropolitana** (1920-1970) de style néogothique est dotée d'un bel agencement de vitraux. Faites le tour de la place de la cathédrale, descendez l'**Escadaria São Diogo** – l'escalier le plus ancien de la ville, datant du XVIIIe siècle – et allez jusqu'au **Teatro Carlos Gomes** (1927), théâtre inspiré de la Scala de Milan et situé sur la **praça Costa Pereira**, place centrale de la ville.

Les Plages

Les meilleures plages sont regroupées sur deux îles : l'**ilha do Frade** et l'**ilha do Boi**. Sur la première, la plage la plus renommée est la **praia das Castanheiras**, idéale pour la plongée. Sur l'**ilha do Boi** se trouvent les **praias da Direita** et **da Esquerda**, petites plages aux eaux claires, avec vue sur Vila Velha. Les plages urbaines de Vitória sont dotées d'une bonne structure d'accueil. La première plage en partant du nord est **Camburi**, dont les 46 bars sont ouverts 24/24. Sur la **praia do Canto**, les eaux sont propices à la pratique de sports nautiques, grâce à l'infrastructure du Iate Clube (Yacht Club). Près de là se trouve la **praça dos Namorados**, où se tient une brocante d'artisanat pendant le week-end, et la **praça da Ciência**, une sorte de musée en plein air *(tél. 27/3345-0882. Mar. à dim., 9h/18h)*. L'**enseada de Suá** est une crique qui abrite la **praia da Curva da Jurema**, prisée par les amateurs de jet-ski et de voile. Le soir, cette baie est le point de rencontre des jennes.

Praia de Manguinhos

La plage de Manguinhos, à Jacaraípe, à 30 km de Vitória (par la Rodovia do Sol), est un endroit excellent pour passer la journée. Au déjeuner, savourez des fruits de mer dans le jardin du restaurant **Estação Primeira de Manguinhos** *(avenida Atapuã, s/n, esquina rua Piraquira, tél. 27/3243-2687)*. L'après-midi, visitez la **Casa de Pedra** *(rua Nossa Senhora de Lourdes, s/n, saída para Nova Almeida. Tous les jours, 8h/18h)*, galerie-atelier de l'artiste Neuso Farias, où sont exposés sculptures et meubles. Douze km plus loin Nova Almeida, abrite l'**Igreja Seiscentista dos Reis Magos**, église qui conserve la peinture sur bois *Adoração dos Reis Magos*, l'un des objets d'art sacré les plus anciens du Brésil *(praça dos Reis Magos, s/n, Nova Almeida, tél. (27) 3253-1842. Mer. à lun., 9h/18h)*.

Marlins et Championnats de Pêche

La côte de Vitória à Guarapari figure parmi les trois meilleurs endroits du monde pour la pêche au gros, pêche au marlin bleu (surtout d'octobre à mars) et au marlin blanc (en novembre). Les deux autres endroits sont Canavieiras, à Bahia, et les côtes du Guatemala. En janvier et en février a lieu à Vitória le Championnat Mondial de Pêche au gros. Il y a d'autres événements liés aux sports nautiques, comme la Régate Eldorado Brasilis, l'une des plus importantes du monde, dans la seconde quinzaine de janvier. Des agences de tourisme louent des bateaux, équipage compris.

Contacter: Dolphin Pesca Oceânica, tél. (27) 3345-9455; Iate Clube do Espírito Santo, tél. (27) 3225-0422.

Promenade Dans La Mangrove

Cette belle excursion en goélette part du **Cais do Hidroavião** *(avenida Dario Lourenço de Souza, s/n, bairro Santo Antônio)*. L'embarcation met le cap sur le nord-ouest et traverse un paysage sauvage protégé, l'**Estação Ecológica Ilha do Lameirão**, berceau d'espèces de la faune et de la flore marines. En deux heures, le touriste connaît de près les 892 hectares de l'une des plus grandes mangroves urbaines du monde. L'itinéraire comprend les îles **da Pólvora, do Cal** et **das Caieiras**, le quartier **Santo Antônio** et son sanctuaire, l'embouchure du **rio Jucu** et du **rio Santa Maria**, et le **Canal dos Escravos**.

Contacter: Agência Náutica Cores do Mar, tél. (27) 3235-2473. Départ à 10 heures et à 15 heures, tous les jours (déc. à fév.); ven. à dim. (mars à nov.) ou sur réservation.

La rue des Potières

Pour voir fabriquer les plats en terre dans lesquels sont préparées les *moquecas* de l'Espírito Santo, rendez-vous à l'Associação das Paneleiras de Goiabeiras (r. das Paneleiras, 55, Goiabeiras, tel. 27/3227-0519. Le procédé de fabrication n'a pas changé depuis plus de 400 ans: dans un hangar en bordure de la mangrove, l'argile est préparée puis les plats sont modelés et ensuite cuits directement dans un bûcher. Leur couleur noire provient du tanin des arbres de la mangrove.

La Ponta da Fruta à Vila Velha: plage aux eaux paisibles, à l'ambiance familiale

Le couvent de la Penha se dresse sur son rocher, lieu de pèlerinage dès le XVIe siècle

VILA VELHA

Les trois ponts qui relient Vitória au continent sont des monuments du génie civil – observez les travées et la structure permettant le passage de bateaux – qui justifient le déplacement jusqu'à la Vila Velha, la vieille ville. Vila Velha abrite quelques constructions historiques – comme le Convento da Penha –, ainsi que des zones de préservation de l'envionnement des plages: la **praia da Costa** et **Itapuã**, plages urbaines et bondées en été; **Barra do Jucu** et **Ponta da Fruta**, au sud, étendues et très tranquilles.

CONVENTO DA PENHA ET ALENTOURS
Situé sur une colline de 154 m d'altitude, le couvent offre un beau panorama de la baie de Vitória et de la Terceira Ponte. Fondé en 1558, ce couvent possède d'admirables sculptures sur bois et renferme des objets rares tels que le tableau *Nossa Senhora das Alegrias*, du XVIe siècle – l'une des toiles les plus anciennes d'Amérique –, d'un auteur inconnu, ainsi que quatre tableaux de Benedito Calixto et une image de la sainte, sur le maître-autel, datant de 1569 *(accès par la rua Vasco Coutinho, s/n, tél. 27/3329-0420. Lun. à sam., 5h30/16h30; dim. et jours fériés, 4h30/16h45)*. Au pied de la colline du couvent, dans le **Parque da Prainha**, parcourez l'allée bordée de palmiers royaux et admirez l'**Igreja Nossa Senhora do Rosário** (1551), la plus vieille église de l'Espírito Santo, ouverte uniquement aux heures de messe *(rua Almirante Tamandaré, s/n, tél. (27) 3239-3113. Dim., 8h et 17h30; premier vendredi du mois, 19h30)*. Visitez aussi le **Forte de São Francisco Xavier**, un fort construit par le gouverneur de cette capitainerie au XVIe siècle *(Parque da Prainha, s/n. Lun. à ven., 9h/12h et 14h/17h; sam. et dim., 9h/12h)*.

RÉSERVE NATURELLE DE LINHARES

La visite de la **Reserva Natural do Vale do Rio Doce**, à Linhares, à 137 km au nord de Vitória, est une véritable immersion dans la forêt Atlantique. Les 22 000 hectares de la réserve naturelle, dont 90 % sont formés de forêt vierge, abritent 43 espèces de reptiles, 102 espèces de mammifères, 23 de poissons, 1 500 de papillons et 400 types d'oiseaux (près de 5% des espèces d'oiseaux de la planète y vivent). La réserve possède également de très riches collections scientifiques (herbier, xylothèque, carpothèque et centre d'étude sur les insectes), dont l'accès au public est restrict.
BR-101, km 120, Linhares, tél. (27) 3371-9797. Mar. à dim., 7h30/16h30. Sur rendez-vous.

Serra Capixaba

Parque da Pedra Azul : d'accueillantes auberges au pied du piton rocheux de 500 m de haut

Domingos Martins

Se détendre dans de confortables hôtels, admirer des paysages ou s'aventurer sur des pistes ou dans des rapides… tout cela est possible dans la serra Capixaba, région montagneuse couverte de forêt Atlantique et desservie par la route BR-262. À 50 km de Vitória, Domingos Martins et ses districts **Paraju** et **Aracê** sont les points de départ des excursions. À Domingos Martins, observez l'**Igreja luterana** (1866) et promenez-vous dans la rue piétonne, où sont regroupés restaurants et commerces. Visitez aussi la **Reserva Kautsky**, un parc abritant plus de 100 000 orchidées *(tél. 27/3268-1209. Lun. à ven., 7h/10h et 14h/17h).*

Parque da Pedra Azul
Les chemins de randonnée sont le principal attrait du Parque Estadual da Pedra Azul, situé dans le district d'Aracê, au km 89 de la BR-262. L'un de ces chemins passe au pied de la Pedra Azul et offre une vue vertigineuse de ce massif bleu-vert de 500 m de haut. Un autre chemin, plus difficile, mène à des piscines naturelles.
Rodovia BR-262, km 89, Aracê, tél. (27) 3248-1156, 8h/12h et 13h30/17h30.

Aventures Dans la Serra
Parmi les sites de canyoning et de rappel qu'offre la serra Capixaba figurent la **cascata do Galo** (cascade de 70 m de haut), la **linha férrea** (la voie ferrée, 50 m de haut) et la **Pedra Biriricas** (40 m). Les rapides du **rio Jucu** sont propices au rafting. Les chemins de randonnée les plus intéressants sont ceux de la **Reserva Bremenkamp**, de la **Pedra do Campinho**, offrant un panorama de Vitória et de Vila Velha, et de la **Capela** (chapelle), dans la **Reserva Kautsky**.
Contacter : Emoções Radicais, tél. (27) 3268-2165.

Guarapari

Desservies par la Rodovia do Sol (Route du Soleil), Guarapari (à 58 km de Vitória) et Anchieta (à 89 km) sont les deux stations balnéaires du sud de la capitale les plus en vogue et les mieux dotées en infrastructure touristique. Guarapari possède des sites de plongée et la réserve naturelle **Parque Estadual Paulo César Vinha**. La mer verte et les sables dorés des **praias de Areia Preta, das Castanheiras, dos Namorados**, jusqu'à la **praia da Fonte**, sont d'une beauté éclatante. Ces plages, ainsi que la **praia do Morro**, où ont lieu des concerts et des compétitions sportives, sont faites pour ceux qui aiment une vie nocturne animée, tout comme à la **praia de Meaípe**. Certaines plages ont échappé aux gratte-ciels et au bruit. C'est le cas des **Três Praias** et des **Setibas** – **Setiba, Setiba Pina** et **Setibão**, toutes situées au nord du centre-ville. Au sud, à **Peracanga**, à **Bacutia** et dans l'**enseada dos Padres**, la belle vue et le calme relatif sont préservés. La côte de Guarapari peut être appréciée au cours d'une excursion en goélette. *Contacter: Monte Santo, tél. (27) 3261-3356.*

Un Plus

🍽 Le *Cantinho do Curuca* existe depuis plus de vingt ans et est l'un des meilleurs restaurants de cuisine *capixaba* malgré son cadre simple et sans prétention. Une grande variété de poissons et de fruits de mer sont au menu, mais la renommée du restaurant est due à la traditionnelle et généreuse *moqueca* (avenida Santana, 96, tél. (27) 3272-1262).

Plongée à Guarapari

Il est possible de faire de la plongée libre dans les îles **dos Pacotes, Escalvada, Rasas** ou dans l'archipel des **Três Ilhas**, sur la plate-forme rocheuse sous-marine, et près de l'épave centenaire du *Beluccia*. L'épave du cargo croate *Victory 8B* vaut également une plongée. La période où la visibilité est la meilleure va de la seconde quinzaine de janvier à fin mars. *Contacter: Acquasub, tél. (27) 3325-0036.*

Parque Paulo César Vinha

L'un des chemins de cette réserve naturelle, long de 2 km, mène à la **praia de Setiba** et permet d'observer une grande variété de lézards et de papillons sur le trajet. À 800 m se trouve le **lagoa de Carais**, lac aux eaux sombres mais pures. *Rodovia do Sol, km 38, Setiba, tél. (27) 3367-0002. Tous les jours, 8h/17h.*

Vitória est l'un des trois meilleurs sites au monde pour la pêche des poissons-épées, comme le marlin-bleu

ANCHIETA

Les plages **Ubu** et **Parati** (au nord) sont bien préservées et peu fréquentées. Celles du centre et du sud sont urbanisées et assez mouvementées en été, surtout **Iriri**, district situé à 5 km du centre. Près du bord de mer s'étend une belle zone de *restinga* (végétation lagunaire) préservée, de vastes et beaux lacs au bord de la Rodovia do Sol et le **rio Beneventes**, avec une zone de mangrove. Les promenades en bateau, remontant cette rivière, n'ont pas d'horaires ni de jours fixes *(s'informer au village de pêcheurs, tél. 27/3536-1554)*. Un conseil : munissez-vous de lotions contre les moustiques.

Sanctuaire et Musée

Le **Santuário e Museu de Anchieta**, situé sur la partie haute de la ville, est le site le plus célèbre de la région. Cette construction jésuite du XVIe siècle intéressera les amateurs d'architecture et d'histoire. Le fonds du musée comprend des d'objets religieux et personnels du père jésuite José de Anchieta, dont un fragment de son tibia.
Praça da Matriz, s/n, tél. (27) 3536-1103. Lun. à ven., 9h/12h et 14h/17h; sam. et dim., 9h/17h.

Sur Les Traces d'Anchieta

Depuis 1999, pendant quatre jours, en juin – mois où mourut Anchieta, béatifié en 1980 par le pape Jean-Paul II –, des centaines de personnes refont le parcours d'environ 100 km - dont la majeure partie passe par la plage, entre Vitória et Anchieta - effectué par le père jésuite au XVIe siècle. En été a lieu la marche Aquecimento dos Passos de Anchieta, sur un parcours de 18 km, allant du **Convento da Penha** à la **Barra do Jucu**, à Vila Velha.
Contacter : Associação Brasileira dos Amigos dos Passos de Anchieta, tél. (27) 3227-2661.

Le Santuário de Anchieta, où le père jésuite passa ses dernières années

Au nord de l'Espírito Santos, un paysage insolite de ciel, dunes et végétation

ITAÚNAS

Le village d'Itaúnas, à 270 km au nord de Vitória, est très simple. On y accède par une piste en terre battue de 23 km, à partir de la route ES-421. En cas de fortes pluies, les voitures risquent de s'embourber. Autre inconvenient: Itaúnas n'a pas de il station-service. Cependant, ces difficultés sont largement compensées par les nómbreuses distractions: fêtes folkloriques, notamment en janvier; excursions au **Parque Estadual de Itaúnas**, réserve naturelle comprenant les plages **Itaúnas** et **Riacho Doce**, entourées de dunes; et les soirées au son du *forró* (musique populaire typique du Nordeste brésilien). Essayez d'assister, aussi à l'éclosion des œufs de tortues marines (de janvier à mars), sous le contrôle du Projeto Tamar (tel. (27) 3762-2203) et admirez le spectacle merveilleux du lever du soleil sur les dunes.

PARQUE ESTADUAL DE ITAÚNAS
Dès que vous traversez le pont du rio Itaúnas, au bout du village, vous arrivez dans le parc naturel d'Itaúnas, un parc de près de 3 700 hectares de dunes, de plages, de mangrove, de végétation lagunaire, de forêt Atlantique, de rivières et d'étangs. La chevauchée sur la plage d'Itaúnas, parcourant dunes et chemins dans la végétation lagunaire jusqu'à la plage déserte **Riacho Doce**, sur la frontière avec Bahia, est noubliable. Ne manquez pas non plus le coucher de soleil sur les eaux tranquilles du **rio Itaúnas** ou de son affluent, le **rio Angelim**, au cours d'une promenade en canoë ou en kayak. Les sentrers de randonnée vous feront découvrir les beautés de la flore et les ruines de l'ancien village d'Itaúnas, ensablé par les dunes dans les années 1970. Un buggy pourra vous emmener à travers un labyrinthe d'arbres admirer les belles falaises de la **praia de Costa Dourada**, du côté de Bahia.
Contacter: Casinha de Aventuras, tél. (27) 3762-5081.

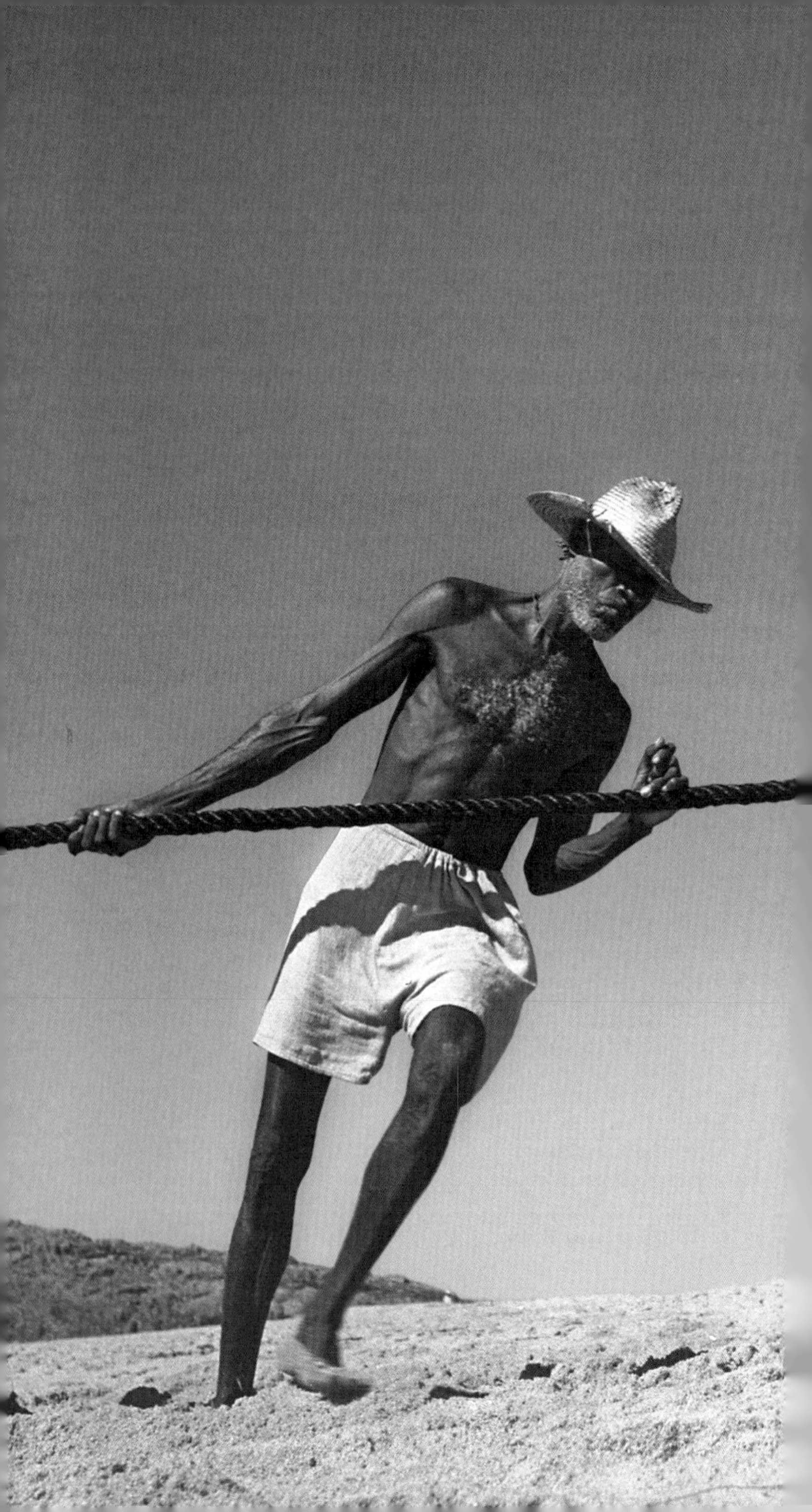

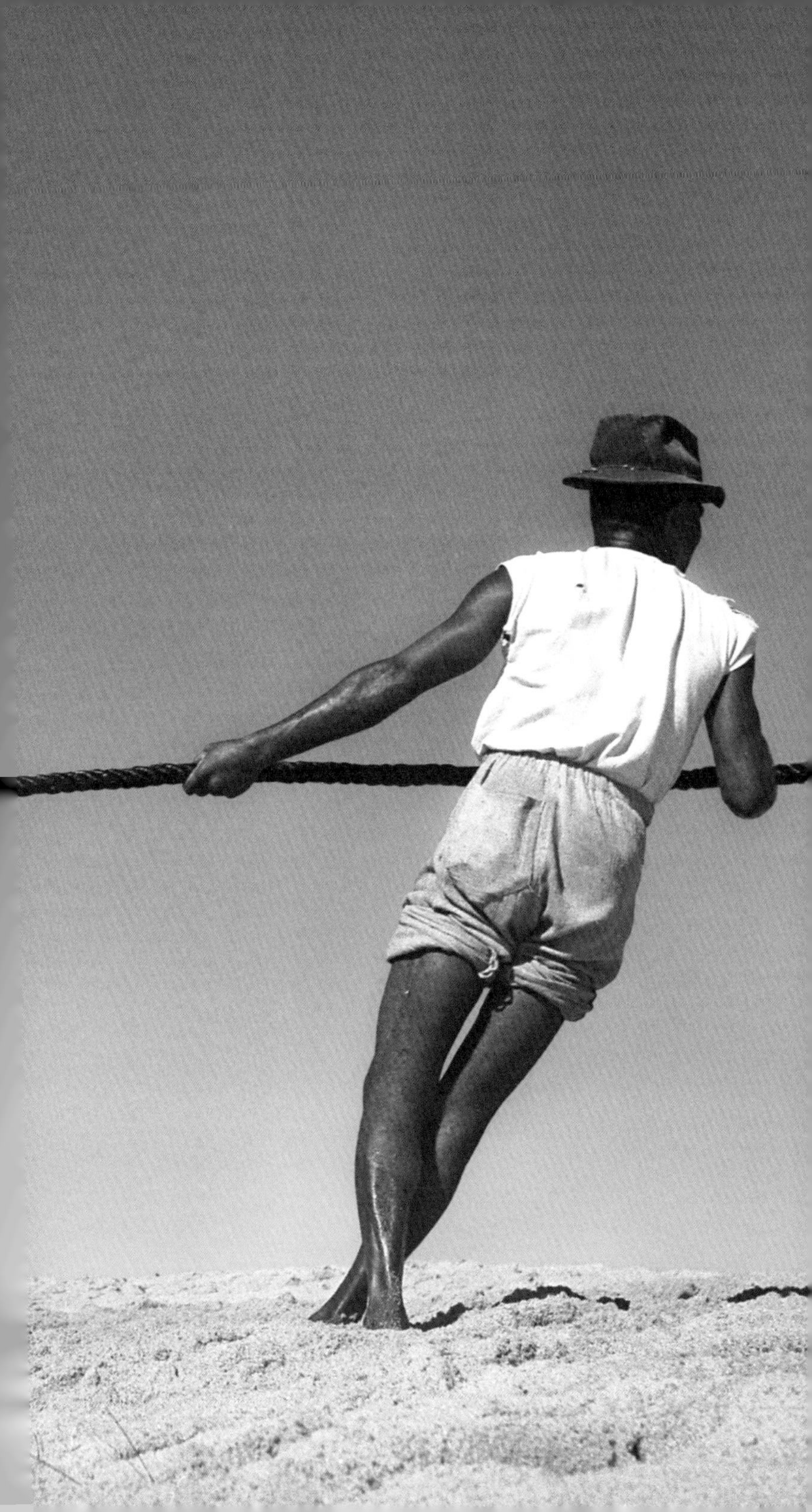

NORD-EST

Le Nordeste comprend les États de Bahia, Paraíba, Sergipe, Alagoas, Rio Grande do Norte, Pernambuco, Ceará, Piauí et Maranhão. La carte ci-dessous indique comme points de départ des circuits de cette région les capitales des États, situées sur le littoral (excepté Teresina), et reliées par des routes fédérales. Vous y découvrirez des paysages exubérants, des localités rustiques et des sites naturels presque sauvages. Dans l'arrière-pays de l'État de Bahia, Lençóis est le point de départ idéal vers le massif de la Chapada Diamantina, avec ses villes historiques entourées de cascades, de grottes et de canyons. Cependant, le Nordeste n'est pas seulement constitué de beaux paysages: à l'intérieur des terres, dans la région passionnante et aride qu'est le *sertão*, survit une culture vibrante et variée, avec de grandes fêtes populaires, un artisanat surprenant, une architecture riche et une cuisine diversifiée; c'est là que résiste, vivante et toujours rénovée, une grande partie de la mémoire du Brésil.

Page précédente: pêche à Itapuã (BA), c. 1946-1947. Pierre Verger

DESTINATION
SALVADOR

La population noire y est majoritaire et maintient avec fierté ses traditions et ses cultes religieux. Au son des tambours des groupes de percussion Olodum et Timbalada, la capitale bahianaise est la scène principale de la culture afro-brésilienne et c'est là que se déroule le plus grand Carnaval de rue du pays. Fondée en 1549, Salvador fut la première capitale du Brésil. Elle compte aujourd'hui plus de 2,5 millions d'habitants et des centaines d'églises baroques, pour le plus grand bonheur des architectes et des fidèles de toutes les religions. Les étrangers venus pour étudier la ville sont nombreux, ils en tombent amoureux et transforment leur objet d'étude en résidence définitive. C'est le cas de l'anthropologue et photographe français Pierre Verger qui y a réalisé ses recherches sur la culture afro-brésilienne, retracées à travers une série de magnifiques photographies. À partir de Salvador, vous pouvez explorer un vaste univers: les beautés du littoral plus au sud, comme Morro de São Paulo, et des plages au nord, telles que Praia do Forte et Mangue Seco. Nombre d'auberges récentes, d'hôtels et de restaurants étoilés garantissent le professionnalisme d'une région touristique dont les services étaient par le passé plus connus pour leur sympathie que pour leur efficacité.

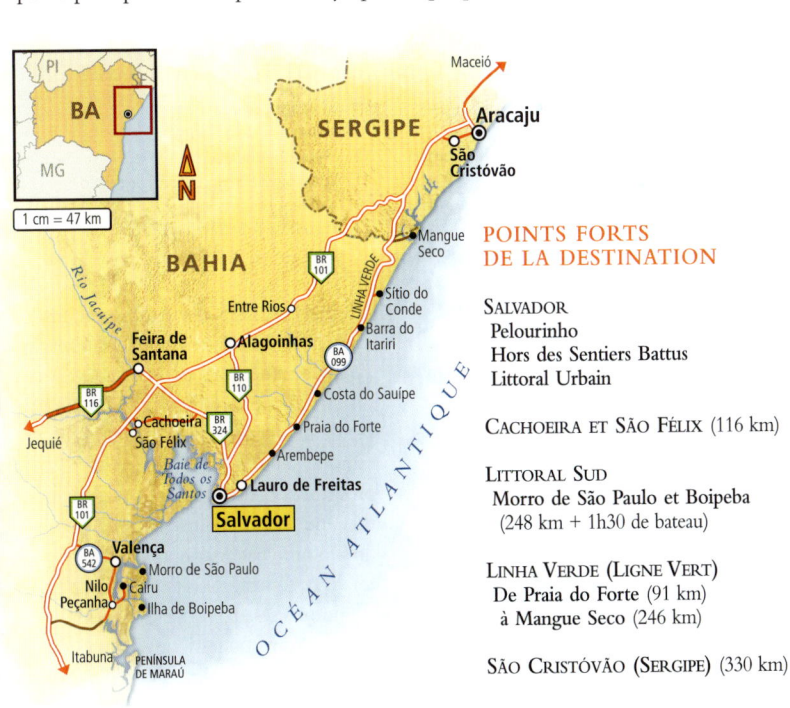

POINTS FORTS DE LA DESTINATION

SALVADOR
 Pelourinho
 Hors des Sentiers Battus
 Littoral Urbain

CACHOEIRA ET SÃO FÉLIX (116 km)

LITTORAL SUD
 Morro de São Paulo et Boipeba
 (248 km + 1h30 de bateau)

LINHA VERDE (LIGNE VERT)
 De Praia do Forte (91 km)
 à Mangue Seco (246 km)

SÃO CRISTÓVÃO (SERGIPE) (330 km)

Distances à partir de Salvador

SALVADOR

PELOURINHO

Cidade Alta (Ville Haute)
1 - Convento et Igreja de São Francisco
2 - Ordem Terceira de São Francisco
3 - Ordem Terceira de São Domingos de Gusmão
4 - Museu Abelardo Rodrigues
5 - Igreja Nossa Senhora do Rosário dos Pretos
6 - Fundação Casa de Jorge Amado
7 - Catedral Basílica

Cidade Baixa (Ville Basse)
8 - Elevador Lacerda
9 - Plano Inclinado Gonçalves
10 - Mercado Modelo
11 - Igreja Nossa Senhora da Conceição da Praia
12 - Museu de Arte Sacra da Bahia

Une partie de l'histoire du Brésil se trouve entre les pavés irréguliers et les murs colorés du Centre Historique, dans la **Cidade Alta** (Ville Haute). Vous pouvez commencer la balade ici et poursuivre par la **Cidade Baixa** (Ville Basse), en empruntant l'**Elevador Lacerda** (le grand ascenseur urbain) et le **Plano Inclinado Gonçalves** (funiculaire). Le Pelourinho (le Pilori) doit son importance au fait qu'il constitue un ensemble urbanistique portugais sous les tropiques. Il est formé de plus de mille maisons – les premières datent du XVIe siècle – classées patrimoine culturel de l'humanité par l'Unesco en 1985. Il y a trois cent ans vivaient ici les maîtres des plantations, les riches commerçants et les notables. À la fin du XIXe siècle, le lieu connaît une rapide décadence et ses demeures se transforment en taudis, refuges de prostituées et de bandits. La revitalisation du centre a commencé en 1992 et, bien qu'il n'offre pas encore une sécurité totale au touriste (il est conseillé de faire attention à ses affaires), il est devenu l'un des sites touristiques les plus visités du pays. Il est bon de signaler qu'il ne reste aucun vestige du pilori, la colonne de bois où étaient attachés et fouettés publiquement les esclaves et les criminels.

❶ Convento e Igreja de São Francisco

Église la plus opulente de Salvador, l'Église de São Francisco est l'un des principaux monuments mondiaux du baroque portugais et l'un des plus beaux temples franciscains des Amériques. L'intérieur est dominé par la dorure – qui lui donne l'apparence d'une grande "église en or" – en raison de la quantité d'or utilisée sur les autels (on parle d'environ 800 kilos), par le bleu des azulejos ornant aussi bien le cloître que l'église et par des œuvres admirables en jacaranda noir. Au rez-de-chaussée du cloître, les 37 panneaux sont inspirés de gravures du peintre flamand Otto van Veen et portent des épigraphes latines extraites de l'œuvre du poète et philosophe Horace. Dans l'église, les panneaux d'azulejos représentent des scènes de la vie de saint François d'Assise et ont été peints par Bartolomeu de Jesus, l'un des grands maîtres des azulejos portugais.

Largo Cruzeiro de São Francisco, Centro Histórico, tél. (71) 3322-6430. Lun. à sam, 8h/17h30; dim, 8h/12h et 15h/16h30.

❷ Ordem Terceira de São Francisco

La magnifique façade de l'église du Tiers Ordre de Saint François vaut à elle seule le détour, et ce malgré l'éclairage précaire et les innombrables fissures qui n'attendent qu'une restauration. Faite de pierre calcaire taillée avec chaîne d'angle en grès, elle est le seul exemple dans le pays d'un style très commun dans l'Amérique espagnole, le baroque platéresque (riche décoration en argent). D'autre part, elle abrite l'une des plus grandes collections d'azulejos hors du Portugal, dont une grande partie retrace des scènes de la vie à Lisbonne et des paysages qui ont disparu lors du tremblement de terre de 1755. Dans le cloître, un panneau montre par exemple le cortège nuptial de dom José de Portugal et dona Maria Ana de Bourbon.

Rua Inácio Accioly, Centro Histórico, tél. (71) 3321-6968. Lun. à dim., 8h/17h.

Ville haute: l'Igreja Nossa Senhora do Rosário dos Pretos (gauche) et l'Igreja Santíssimo Sacramento

Cloître du Convento de São Francisco: azulejos colorés en contraste avec l'austérité de la façade

❸ Ordem Terceira de São Domingos de Gusmão

La partie la plus intéressante de cette église humide et mal conservée est, sans aucum doute, la peinture du plafond de la nef, illusionnisme baroque réalisé en 1781 par José Joaquim da Rocha (il a laissé d'autres œuvres dans l'église Nossa Senhora da Conceição da Praia et dans celle de Nossa Senhora do Rosário dos Pretos), qui représente l'entrée de saint Dominique de Guzman au ciel. On trouve dans le salon noble d'autres panneaux peints par le même artiste. Admirez, à l'intérieur, les bois sculptés néoclassiques, et la façade de style rococo.
Terreiro de Jesus, Centro Histórico, tél. (71) 3242-4185. Lun. à ven., 8h30/12h et 14h/18h; dim., 8h/10h.

❹ Museu Abelardo Rodrigues

Ce musée abrite la collection d'art sacré d'Abelardo Rodrigues, l'une des plus grandes du Brésil. Elle est composée de plus de 800 pièces en divers matériaux (bois, pierre à savon ou stéatite, argile) et de diverses origines (Europe, Orient et Amérique du Sud). La collection est installée dans le Solar do Ferrão, un superbe bâtiment du XVIIe siècle, autrefois séminaire jésuite.
Rua Gregório de Matos, 45, Centro Histórico, tél. (71) 3321-6155. Mar. à sam., 13h/18h.

❺ Igreja Nossa Senhora do Rosário dos Pretos

Les mardi soir, vers 18h, vous pourrez assister à une messe qui témoigne du syncrétisme bahianais. Les fidèles de Nossa Senhora do Rosário dos Pretos prient au son des instruments traditionnels *atabaques*, *tamborins* et tambours et entonnent des cantiques sur un rythme africain. Les esclaves (qui formèrent l'une des plus grandes confréries de Noirs du Brésil) bâtirent l'église pendant leurs rarissimes moments de repos. C'est pourquoi la construction dura presque cent ans.
Largo do Pelourinho, Centro Histórico, Tél. (71) 3321-6280. Lun. à ven., 9h30/18h; sam., jusqu'à 17h; dim., 10h/12h.

❻ Fundação Casa de Jorge Amado

La fondation abrite 70 ans de vie littéraire et l'histoire des plus de 30 livres de Jorge Amado – décédé en 2001, à 88 ans –, traduits en 49

langues, du *Pays du Carnaval* au *Miracle des oiseaux*, en passant par *Gabriela, girofle et cannelle*, *Dona Flor et ses deux maris*, *Capitaines des sables*.
Largo do Pelourinho, Centro Histórico, tél. (71) 3321-0122. Lun. à sam., 9h/18h.

❼ CATEDRAL BASÍLICA

L'actuelle construction est en fait la quatrième église (la première chapelle fut bâtie en 1604) et le dernier vestige de l'ensemble architectural du Collège de Jésus, où priait le père Antônio Vieira et où étudia le poète Gregório de Matos. La cathédrale fut érigée entre 1657 et 1672; sa façade, en liais, concilie le modèle traditionnel portugais, avec deux clochers jumeaux, et la nouvelle façade jésuite avec des volutes (ornement en forme de spirale). À l'intérieur on remarquera la sacristie, les retables de différentes périodes dans les chapelles et le plafond en caisson de la nef, avec des dessins géométriques à la place des traditionnels panneaux peints.

Terreiro de Jesus, Centro Histórico, tél. (71) 3321-4573. Tous les jours, 8h30/11h30 et 13h30/17h30.

❽ ELEVADOR LACERDA ET
❾ PLANO INCLINADO GONÇALVES

Au XVIIe siècle, les jésuites construisirent le funiculaire entre la Ville Haute et la Ville Basse. Connue comme "la grue des prêtres", il était utilisé pour le transport des matériaux destinés à la construction du Collège des Jésuites. Aujourd'hui, le **funiculaire** fait environ 200 voyages par jour et transporte plus de 200 000 passagers par mois. Quant à l'**Ascenseur Lacerda**, il est haut de 74 mètres et relie la praça Visconde de Cairu, en bas, à la praça Tomé de Sousa, en haut. Si vous êtes au Pelourinho, descendez par le plan incliné, où la vue est plus belle, et commencez votre balade par la Ville Basse. L'ascenseur rend hommage à son créateur, l'ingénieur Antônio de Lacerda. Le **Plan Incliné Gonçalves** relie la praça Ramos de Queiroz, dans la Ville Haute, à la rua Francisco Gonçalves, dans la Ville Basse (d'où son nom, en hommage à

Sacristie de la Catedral Basílica, où le père Vieira prononça ses sermons et où Gregório de Matos étudia

Igreja Ordem Terceira de São Francisco

l'un des prêtres venus au Brésil avec la Compagnie de Jésus au XVIe siècle).

⑩ MERCADO MODELO

Ce marché constitue un centre traditionnel de vente d'artisanat de et c'est l'un des endroits touristiques les plus visités de Salvador. Il a déjà connu des jours meilleurs, mais sa localisation est privilégiée. Au bord de la baie, il occupe le bâtiment de l'ancienne Douane, au cœur de la Ville Basse, au pied de l'Elevador Lacerda.
Praça Visconde de Cairu, 250 Comércio,
tél. (71) 3241-2893. Lun. à sam.,
9h/19h; dim., 9h/14h.

⑪ IGREJA NOSSA SENHORA DA CONCEIÇÃO DA PRAIA

Cette vaste église, baignée par la lumière naturelle, est considérée comme la première de Salvador. Elle fut érigée en 1549 comme chapelle, par le gouverneur général Tomé de Sousa, puis reconstruite en 1736, en pierre de liais du Portugal. On retrouve l'architecture d'Alentejo sur sa monumentale façade néoclassique et dans son tracé original, avec deux clochers en biais.
Largo da Conceição da Praia, Comércio, tél. (71) 3242-0545. Lun., 7h/11h30; mar. à dim., 7h/11h30 et 15h/17h; sam. et dim., 8h/10h.

⑫ MUSEU DE ARTE SACRA DA BAHIA

Le Musée d'Art Sacré installé dans l'ancien couvent de Santa Teresa, du XVIIe siècle, est l'un des principaux sites consacrés à l'art religieux au Brésil. Un des points forts est la salle des images en ivoire. Les fenêtres du fond offrent une magnifique vue sur la baie de Todos os Santos.
Rua do Sodré, 276, Centro Histórico, tél. (71) 3243-6511. Lun. à ven., 11h30/17h30.

IGREJA DE NOSSO SENHOR DO BONFIM

Dans une ville où les églises catholiques se comptent par centaines, la Basilique de Nosso Senhor do Bonfim occupe une place particulière: elle est le centre de la dévotion populaire et le symbole du syncrétisme, marque de la culture bahianaise. L'image sacrée de Nosso Senhor do Bonfim arriva du Portugal en 1745, et fut temporairement hébergée dans la Capela da Penha. L'église – construction de style néoclassique, revêtue d'azulejos portugais et ornée de mosaïques et de fresques – fut inaugurée en 1754 et le saint transféré en grande pompe. En terre bahianaise, le Senhor do Bonfim a fusionné avec Oxalá, le dieu africain de la création, et la salle d'ex-voto atteste de son prestige. A l'extérieur, les vendeurs proposent les fameuses *fitinhas* (bracelets de tissu coloré) à son nom. Fixées au poignet en y faisant trois nœuds, elles garantissent que vos trois vœux seront exaucés.
Praça do Senhor do Bonfim.

La Capoeira

> "Capoeira qui est bon ne tombe pas
> Et si un jour il tombe, il tombe bien
> Capoeira m'a envoyé
> Dire qu'il est déjà arrivé
> Arrivé pour lutter
> Berimbau me l'a confirmé
> Va y avoir une lutte d'amour
> Tristesse, *camará*."
>
> *Berimbau,*
> Chanson de Baden Powell et Vinicius de Moraes

La *capoeira* est toute en souplesse et malice. Elle mélange luttes, danses et rituels venant de diverses parties de l'Afrique. Ce mélange s'est consolidé pendant l'esclavage au XIXe siècle, d'abord à Salvador, puis à Recife et Rio de Janeiro. Composée d'une série de mouvements – la *ginga* (pas de base, jeu de hanches souple et rythmé), les esquives, les coups déséquilibrants, les attaques, les contre-attaques et, bien sûr, quelques fioritures –, elle est une lutte pratiquée au son d'instruments et de chants. Ce sont des litanies ou une lamentation en quatrains, comme une prière ou un avertissement. Ils peuvent être prière, louange, défi, hommage.

Dans tous les cas le *berimbau* (arc de percussion avec une corde en acier) est le fidèle compagnon, parfois accompagné d'autres instruments brésiliens (*caxixi, atabaque, pandeiro* et *reco-reco*). Sans *berimbau*, pas de *capoeira*. C'est lui qui dicte le rythme de la lutte, selon les différentes frappes.

Rugendas, le peintre allemand de l'expédition Langsdorff, réalisa deux tableaux sur le thème dans son livre *Voyage pittoresque au Brésil* (1834) et écrivit: "Les Noirs ont un autre jeu guerrier beaucoup plus violent – capuëra: deux champions se jettent l'un sur l'autre, en essayant de renverser l'adversaire avec des coups de tête dans la poitrine [...]". C'est-à-dire qu'il existait une *capoeira* différente de l'actuelle, plus violente, avec moins d'acrobaties. Dans la mesure où elle concernait les esclaves, elle commença à être persécutée et réprimée à partir de 1814, puis une loi l'interdit complètement en 1890.

Ce n'est qu'en 1930, avec Getúlio Vargas, qu'elle fut affranchie. S'ensuivit le temps des "académies" après les périodes d'esclavage et de marginalité: Maître Bimba (Manoel dos Reis Machado) inaugura la sienne à Salvador cette année-là; Maître Pastinha (Vicente Ferreira Pastinha), en 1941. Les deux sont les "aïeux" de tous les lutteurs de *capoeira*. Bimba a créé son propre style: la lutte régionale bahianaise, plus tard connue comme *capoeira regional*. Dans ce type de *capoeira* apparaissent de nouveaux coups et une série de mouvements qui n'existaient pas dans la *capoeira* traditionnelle, style dont Mestre Pastinha était adepte. Aujourd'hui encore, l'académie de Mestre Bimba est tenue par ses successeurs (*rua das Laranjeiras, 1, Pelourinho, tél. 71/ 3492-3197. Tous les jours*). Elle peut être visitée par les personnes désireuses d'assister à des présentations (à 18h) ou de prendre des cours.

Ville Basse: Elevador Lacerda (à gauche) et Igreja Nossa Senhora da Conceição da Praia (à droite)

Feira de São Joaquim

Salvador abrite une quarantaine de *feiras* (marchés de plein air) organisées par la mairie, mais aucune d'elles n'égale la Feira de São Joaquim en matière d'originalité et d'intérêt. On y trouve de tout: poules vivantes, crevettes séchées, fruits et légumes, plantes médicinales, plantes aromatiques, huile de palme et produits pour le Candomblé. Imaginez le bruit: 7 000 commerçants qui vendent de tout et bon marché, et les allées entre les stands forment un labyrinthe qui rappelle les marchés africains. En somme, un programme à ne pas manquer.

Avenida Oscar Pontes, Calçada, tél. (71) 3314-6096. Lun. à sam., 5h/19h; dim., 5h/14h.

Forte do Monte Serrat

Ce fort est l'une des plus belles constructions militaires du Brésil. Ses lignes architectoniques harmonieuses forment un polygone irrégulier avec de grandes tours circulaires qui avaient pour fonction de surveiller la limite nord de la ville coloniale. Construit entre 1583 et 1587, le fort fut réformé entre 1591 et 1602 afin d'offrir un plus grand pouvoir défensif. Il fut néanmoins pris par les Hollandais en

---

Faire des Achats

Instituto Mauá – On y trouve de tout, des ustensiles du quotidien (pots en argile, serviettes brodées…) aux mascarons et instruments de musique. À noter les céramiques de Maragogipinho, petit village à 113 km de Salvador.
Porto da Barra, 2, Barra, tél. (71) 3267-7440.

Coisas da Terra – Spécialisée en artisanat. Ses pièces se différencient par leur design et leur élégance.
Rua Gregório de Matos, 19, Pelourinho, tél (71) 3322-9322.

Didara – Vend des modèles de la styliste Goya Lopes, de tendance afro-brésilienne, ainsi que des serviettes, coussins, robes, couvre-lits et autres objets pour la maison.
Rua Gregório de Matos, 20, Centro Histórico, tél. (71) 3321-9428.

Galeria Pierre Verger – Présente une exposition photographique permanente et vend livres, tee-shirts et affiches rappelant le travail de l'anthropologue et photographe français qui adopta Bahia.
Rua da Misericórdia, 9, Centro Histórico, tél. (71) 3321-2341.

1624 et en 1638. La vue sur l'entrée de la baie de Todos os Santos, avec Salvador d'un côté et l'île d'Itaparica de l'autre, y est splendide.
Rua Boa Viagem, Ponta de Humaitá, tél. (71) 3313-7339. Tous les jours, 9h/17h.

Solar do Unhão

Ce bâtiment forme un agréable ensemble architectural formé d'entrepôts, de la jolie chapelle de Nossa Senhora de Monte Serrat, d'une demeure qui abrite le Museu de Arte Moderna (Musée d'Art Moderne) avec notamment des œuvres de Cândido Portinari, Tarsila do Amaral et Carybé, et d'un parc de sculptures à ciel ouvert. Bâti au XVIIe siècle, il fut la résidence du conseiller à la cour d'appel Unhão Castelo Branco, avant d'être transformé en pôle de commerce. Les entrepôts et le quai furent construits au XIXe siècle pour faire du lieu un dépôt de sucre avec un alambic ainsi qu'une usine de tabac à priser. L'ensemble a été totalement restauré dans les années 1960 par l'architecte Lina Bo Bardi, qui a également conçu le Musée d'Art de São Paulo. Dans la chapelle, admirez l'un des autels les plus splendides du baroque brésilien, la statue de la Vierge de Monte Serrat et celle de São Pedro Arrependido (saint Pierre Repenti), réalisée par le frère Agostinho da Piedade. L'idéal est de visiter le *solar* en fin d'après-midi, afin de profiter du merveilleux coucher de soleil, qui égale en beauté celui qui peut être observé du belvédère de la Ladeira da Misericórdia, derrière la mairie.
Avenida do Contorno, s/n, Contorno, tél. (71) 3329-0660. Mar. à dim., 13h/19h.

Un Plus

Au bord de la mer, le restaurant **Yemanjá** sert le meilleur de la cuisine bahianaise dans une ambiance rustique. *Moquecas* (plat à base de fruits de mer et/ou poissons, avec légumes, lait de coco et huile de palme) *de siri mole* ou *catado* (petits crabes), de *camarão* (crevette) et *de peixe* (poisson) sont les spécialités de la maison *(avenida Otávio Mangabeira, 4655, tél. 71/3461-9008).*

Le **Paraíso Tropical** propose une cuisine excellente et plus légère que la traditionnelle cuisine bahianaise. L'huile de palme est extraite directement du fruit, et la pulpe de fruits frais remplace le lait de coco. En terrasse, le restaurant de Beto Pimentel propose des plats de fruits de mer préparés avec le *maturi*, la noix de cajou verte. Le dessert – fruits exotiques cueillis sur l'arbre – est offert par la maison *(rua Edgar Loureiro, 98-B, tél. 71/3384-7464).*

Fort de Monte Serrat : vue spectaculaire sur l'entrée de la baie de Todos os Santos

Dans le Sillage du Trio Elétrico

Comme un courant auquel personne ne peut échapper, les *trios elétricos* entraînent tous ceux qui se trouvent à Salvador. Les *trios elétricos* – orchestres perchés sur des camions équipés de haut-parleurs –, parcourent trois circuits officiels. Derrière eux, plus de 2 millions de fêtards suivent sur 25 km de rues et d'avenues. L'Osmar va de Campo Grande à la praça Castro Alves, au centre de la ville; le Dodô va du Farol da Barra à Ondina, en bordure de mer; et le Batatinha, au Pelourinho.

Le premier est le plus ancien et c'est là que se déroulent les défilés des *blocos* (groupes de quartier) les plus traditionnels. Au Dodô, fréquenté par des artistes célèbres, la fête s'anime surtout en fin d'après-midi et se poursuit jusqu'au petit matin. Pour participer, l'on peut soit acheter l'*abadá* (kit composé d'un tee-shirt et d'un bracelet d'identification) d'un *bloco* et danser en toute sécurité à l'intérieur du cordon d'isolement du *trio elétrico*, soit ne rien dépenser et rester en dehors du cordon, mais à vos risques et périls.

Le *trio* a été inventé en 1950. Les musiciens Adolfo Antônio Nascimento (Dodô) et Osmar Álvares de Macedo (Osmar) louèrent un vieux Ford rouge de 1929, ils y installèrent des haut-parleurs et se mirent à jouer du *frevo* (musique de Recife) en entraînant la foule derrière eux. C'était le dimanche de Carnaval et ils parcoururent le centre de la ville. Le "duo électrique" est devenu un trio au Carnaval suivant, avec l'inclusion du musicien Themístocles Aragão.

Jusqu'en 1950, le Carnaval bahianais était plus tranquille, avec le corso et les bals privés dans des clubs. C'est la présentation du Club Carnavalesque Vassourinhas de Recife qui entraîna la foule de noceurs dans la rue, au rythme du *frevo*. Les Bahianais adorèrent, ce qui incita Dodô et Osmar à jouer le *frevo* amplifié par des haut-parleurs.

À partir de la décennie 1980, les *trios elétricos* se sont mis à l'*axé music*, un genre qui associe la musique pop et le *frevo*, avec en plus des influences des *blocos* africains et *afoxés* (cortège de candomblés).

Pour Supporter la Chaleur

En été, la température moyenne en ville peut dépasser les 30°C. Pour fuir un peu la chaleur, rien de mieux qu'une bonne glace. Trois glaciers se distinguent à Salvador, que ce soit pour la tradition, pour la qualité des produits ou pour les parfums exotiques qu'ils proposent. **Le Glacier Laporte** *(largo do Cruzeiro de São Francisco, 21, Centro Histórico, tél. 71/3266-3649)* produit une glace artisanale à base de fruits, d'eau minérale, de lait et de sucre. Sans aucun produit chimique. La maison est dirigée par le maître glacier français Georges Laporte. Parmi les quarante parfums, découvrez les parfums de fruits brésiliens (*jaca, tamarindo, umbu, graviola* et *cajá*). Le **Cubana** *(rua Alfredo Brito, 12, Centro Histórico, tél. 71/3321-6162)* est le glacier le plus ancien de la ville. Inauguré en 1930, il propose des parfums traditionnels et exotiques, servis copieusement. Le glacier le plus traditionnel et le préféré des habitants de Salvador est la **Sorveteria da Ribeira** *(praça General Osório, 87, Ribeira, tél. 71/3316-5451)*. Ouvert un an après le Cubana, il propose plus de cinquante parfums différents élaborés artisanalement. Les délicieuses glaces de tapioca et de noix de coco sont à goûter absolument.

Répétition d'Olodum : le rythme des tambours...

... dont la joie contamine le Pelourinho

Goûtez le Cigare Bahianais

En plus de la présence marquante de la culture africaine, de la richesse musicale et de l'architecture coloniale et baroque, Bahia et Cuba présentent une autre affinité : le cigare. La production se concentre dans la région du Recôncavo Baiano, à Cruz das Almas, São Felix et São Gonçalo dos Campos. Trois producteurs se distinguent : **Menendez & Amerino**, de la famille qui fabriquait à Cuba les légendaires cigares Montecristo et H. Upmann ; **Dannemann**, fondée par l'Allemand Gerhard Dannemann pendant la deuxième moitié du XIXe siècle ; et **Le Cigar**, maison créée par le Bahianais Arend Becker, exportateur de tabac depuis plus de 35 ans. L'un des cigares les plus appréciés et les plus célèbres s'appelle le Dona Flor, par allusion au roman éponyme de Jorge Amado. Certains experts disent qu'un bon cigare bahianais est aussi bon qu'un cubain, mais allez convaincre Fidel Castro... À Cuba prédominent les cigares longs, et le tabac est plus fort et plus sucré. De taille moyenne, le cigare bahianais est fait d'un tabac plus suave et la saveur est légèrement piquante. Une différence importante réside dans le fait qu'ici les produits sont confectionnés à la main par des femmes, les cigarières, qui transmettent leur métier de mère en fille. Pour déguster – et comparer – rendez-vous aux boutiques de tabac **Corona** *(avenida Otávio Mangabeira, 6000, Aeroclube Plaza Show, tél. 71/3461-0549)* et **Rosa do Prado Cigar Shop**, qui ne vend que des cigares bahianais *(rua Inácio Aciolly, 5, Centro Histórico, tél. 71/3322-1258)*.

Exu  — Ogum  — Xangô  — Logunedé  — Iemanjá

LE SYNCRÉTISME BAHIANAIS

La foi bahianaise mêle dans son syncrétisme religieux le candomblé africain et les rites chrétiens. A l'origine, les esclaves, pour contourner l'interdiction de pratiquer leur religion, adoraient leurs dieux en les "maquillant" en saints catholiques. Aujourd'hui, il n'est pas rare d'entendre dans beaucoup d'églises résonner les tambours rituels, les *atabaques*, pendant les messes. Un bon exemple de ces pratiques est le culte de Nosso Senhor do Bonfim avec ses dévots qui, une fois par an, prient dans une même ferveur les dieux africains et le dieu chrétien.

Le candomblé adopte des rituels de magie et présuppose l'utilisation de forces surnaturelles. Les *orixás* sont les ancêtres des tribus africaines, divinisés depuis plus de 5 000 ans. On leur attribue le pouvoir de commander aux forces de la nature.

Au Brésil, on ne vénère que quelques-uns des plus de 200 *orixás* africains. Il y a notamment Exu, messager entre les hommes et les orixás, gardien de l'entrée des maisons et des croisées des chemins. Xangô est le dieu du feu et du tonnerre. Iansã, déesse des vents et des éclairs et patronne de l'âme des morts. Iemanjá, déesse des mers et des océans.

Le culte a lieu dans les *terreiros*. Ce sont des maisons ordinaires habitées par des hommes et par des *orixás* et où le quotidien des mortels se mélange aux rituels consacrés aux dieux. La ialorixá est la *mãe-de-santo* (mère-de-saint), c'est elle qui dirige la maison et les cultes; le babalorixá est le *pai-de-santo* (père-de-saint); et les autres habitants sont les *iaôs* ou *ekedes*.

Salvador compte près de 2 000 *terreiros* dont les plus connus sont **Ilê Axé Iyá Nassô Oká, Ilê Axé Opô Afonjá** et **Ilê Axé Iyá Omi Yamassê**. Le premier, appelé aussi Casa Branca, est le plus ancien du pays et fut inauguré en 1830 *(avenida Vasco da Gama, 463, tél. 71/3334-2900)*. Le second a été fondé en 1910 et est classé *(rua Direita de São Gonçalo do Retiro, 557, tél. 71/3301-2723)*. Le troisième, situé dans le quartier Federação, est *le terreiro do Gantois (Alto do Gantois, 23, tél. 71/3331-9231)*, qui fut dirigé pendant 64 ans par Mãe Menininha (1894-1986), connue pour sa gentillesse et son savoir. Elle diffusa les valeurs du candomblé et gagna l'admiration de personnalités comme Jorge Amado, Pierre Verger et Carybé.

Le deuxième dimanche de janvier après la Fête de Rois, um cortège de 500 Bahianaises, vêtues du costume d'origine africaine (jupes superposées, sandales e colliers), quitte l'église Nossa Senhora da Conceição da Praia, dans la Ville Basse, vers l'église Nosso Senhor do Bonfim (Oxalá dans le candomblé) pour le lavage rituel des marches, au son de cantiques africains.

Buruku  — Iansã  — Obá  — Ossaim  — Oxóssi

Hors des Sentiers Battus

Deux musées importants se situent à proximité du Centre Historique: le **Carlos Costa Pinto** et le **Museu do Mosteiro de São Bento**. Le premier se trouve dans le corredor da Vitória, quartier résidentiel de la ville en direction du Pelourinho, à partir de Rio Vermelho; le second, à la fin de l'avenida Sete de Setembro.

Mosteiro de São Bento
Fondé en 1582, le musée du monastère de Saint Benoît possède une importante collection d'art sacré brésilien, d'environ 2 000 œuvres dont 280 sont exposées à tour de rôle. On peut y admirer tableaux, porcelaines, cristaux, orfèvrerie, mobilier et parures. Une partie de l'exposition montre les différences entre les crucifix réalisés au cours des siècles. Le monastère fonctionne encore en régime de réclusion et abrite 34 moines. Du lundi au samedi à 7 heures et le dimanche à 10 heures se déroule une messe avec des chants grégoriens dans l'église de São Sebastião da Bahia, annexée au monastère. Visitez aussi la bibliothèque, riche de plus de 100 000 livres rares, dont plusieurs traités de morale du début du XVIe siècle, écrits en latin.
Largo de São Bento, Centro, tél. (71) 2106-5200. Lun. à ven., 9h/11h30 et 13h/16h30.

Museu Carlos Costa Pinto
Spécialisé en art décoratif, le musée fut inauguré en 1969 dans une maison de style colonial américain. La collection est composée de plus de 3 000 objets dont certains datent du XVIIe siècle, et présentée thématiquement. La collection d'argenterie, essentiellement d'origine portugaise et brésilienne, est la plus grande. Deux salles méritent de s'y attarder: celle des candélabres en cristal de Baccarat et celle des bijoux et accessoires.
Avenida Sete de Setembro, 2490, tél. (71) 3336-6081. Tous les jours, sauf le mar., 14h/18h45.

Bahianaises au cours de la cérémonie du lavage des marches de l'Igreja Nosso Senhor do Bonfim. La construction néoclassique, érigée en 1754, est la marque du syncrétisme religieux bahianais

LITTORAL URBAIN

Forte de Santo Antônio da Bahia et Farol da Barra
Salvador est née à la Barra, où le navigateur Amerigo Vespucci aperçut pour la première fois la baie de Tous les Saints et où les Portugais prirent possession des nouvelles terres au nom de la Couronne. Le **fort** fut installé 34 ans après la découverte: au départ il n'était qu'une tranchée de terre tassée, de sable et de pisé. Le **phare**, intégré à la structure en 1698, fut le premier à fonctionner dans les Amériques. En service encore aujourd'hui (malheureusement sa tour ne peut pas être visitée), il est un des emblèmes de la ville. Le fort abrite également le **Museu Náutico** (Musée Nautique) et une exposition d'objets du Sacramento, galion portugais qui fit naufrage dans la région de Rio Vermelho en 1668.
Praça Almirante Tamandaré, tél. (71) 3264-3296. Mar. à dim., 8h30/19h (fermé pendant les fêtes de fin d'année).

Plages et Lagoa do Abaeté
Plus de dix plages bordent la ville. Dans le périmètre urbain se distingue la petite **praia da Barra**. Les plus jolies (et non polluées) se situent cependant à environ 40 min du Centre, au nord de Salvador. La zone de la **Barra**, la plus fréquentée, se divise entre la **praia do Porto**, où la mer est calme, et celle **do Farol**, avec des vagues pour les surfeurs et un coucher de soleil absolument merveilleux. **Itapuã**, à 27 km du Centre, avec son sable blanc, près du phare coloré, a été immortalisée dans plusieurs chansons. Pas très loin de là se trouve un lieu magique chanté par Dorival Caymmi: la **lagoa do Abaeté**, lagune aux eaux sombres entourée de dunes blanches. À **Stella Maris**, la plage suivante, la mer est verte avec des vagues. Elle est bordée de cocotiers et de petits kiosques. La dernière, **Flamengo**, à environ 3 km, est la plus jolie et la plus sauvage.

Phare d'Itapuã: plage immortalisée par les chansons de Caymmi, Toquinho et Vinicius

Les Dames de l'Acarajé

"Sur le plateau de la Bahianaise il y a du *vatapá*, du *caruru*, du *mungunzá*, il y a de l'*umbu*", comme l'écrivait Ary Barroso, dans une célèbre chanson chantée par Carmen Miranda. Et il y a, évidemment, une énorme influence de la cuisine africaine. Les Noirs introduisirent dans la cuisine coloniale brésilienne – qui connaissait déjà le manioc et le maïs des Indiens et la morue des Portugais – le *quiabo* (gombo), l'huile de palme, l'igname et une vaste gamme de mets.

La cuisine des esclaves a survécu grâce aux adaptations effectuées par le candomblé. Les femmes noires travaillaient dans la cuisine du maître, elles mélangeaient la nourriture des dieux *orixás* aux ingrédients disponibles et l'adaptaient aux goûts des patrons. C'est le cas par exemple de l'*amalá*, mets préparé avec des *quiabos* entiers. Comme il ne plaisait pas au palais du colonisateur, elles le coupèrent en morceaux et le mélangèrent à des crevettes séchées, des arachides et des noix de cajou, créant ainsi le *caruru*, un des plats les plus célèbres de Bahia. L'*ipetê*, nourriture du dieu Oxum, est devenu *bobó de camarão* (purée de manioc et crevettes) et l'*acará*, nourriture de Xangô et Iansã, est devenu l'*acarajé*. Cette boulette à base de farine de haricots, frite dans l'huile de palme et épicée, farcie de crevettes séchées et de *vatapá* (purée de mie de pain ou de farine avec crevettes, gingembre, lait de coco, noix de cajou, épices), est un des principaux symboles de la cuisine bahianaise. À Salvador, presque chaque coin de rue compte une Bahianaise vendant ses plats. Les plus connues sont Dinha, Regina et Cira, considérées comme la sainte trinité de l'*acarajé*. Dinha et Regina sont proches l'une de l'autre à Rio Vermelho, au largo de Santana. Cira n'est pas très loin, elle a un stand au largo da Mariquita; mais son stand principal se trouve à Itapuã, dans la rua Aristides Milton. Vous pouvez demander un *acarajé* complet (avec *vatapá*, crevettes séchées et salade) ou juste avec *vatapá*. Si vous aimez le piment demandez "*quente*" (chaud); sinon refusez avec un "*não*" ferme.

L'*abará* est une variante de l'*acarajé*. Fait avec de la farine de haricots, il contient aussi de l'huile de palme et est farci de crevettes séchées, mais il est enveloppé dans une feuille de bananier et cuit à la vapeur. Comme pour l'*acarajé*, les lieux vendant l'*abará* sont très recherchés. Le plus réputé (il en vend 200 par jour) est celui d'Olga, sommairement installé sur le trottoir près de la Casa da Cultura do Benin, dans le Centre Historique depuis plus de 40 ans. Le est tenu par les sœurs Elizabeth et Jacira, filles de Dona Olga qui ne transmettent leur recette qu'à leurs filles. "À la maison, quand on prépare les *abarás*, on boucle la porte de la cuisine et on ne laisse personne entrer", raconte Elizabeth.

Cachoeira et São Félix

L'une des plus belles villes bahianaises est **Cachoeira**. Située dans le Recôncavo Baiano (à l'intérieur de la baie), à 116 km à l'ouest de Salvador, au bord du rio Paraguaçu. Sur la praça da Aclamação, partez découvrir les bâtiments historiques, les ruelles et les rues en pente. C'est également sur cette place que la Bahianaise Nega vend de délicieux *acarajés*. Dans les restaurants locaux, dégustez la *maniçoba*, plat indigène préparé avec les ingrédients de la *feijoada*, mais avec des feuilles de manioc à la place des haricots. Voyez les bâtiments qui abritent le **Museu do Iphan** (1723), le **Museu Hansen Bahia** (1830), la **Câmara**, la **Cadeia** (1698-1712) et les quatre maisons à étages de l'**Irmandade da Boa Morte** (du XVIIIe siècle, reconstruits en 1995). Parmi les autres centres d'intérêt de la ville, méritent d'être cités les ateliers d'artistes, tels que **Louco Filho**, **Dory**, **Fory**, **Mimo** *(tous dans la rua Treze de Maio)*, **Davi Rodrigues** *(rua J. J. Seabra, 68)* et **Doidão** *(rua Ana Nery)*. Sur l'autre bord du fleuve, en empruntant le pont D. Pedro qui date de 1885, se trouve la charmante **São Felix**. Elle possède des bâtiments coloniaux tels que l'usine **Fábrica de Charutos** et le **Centro Cultural Dannemann** *(rua Salvador Pinto, 29, tél. 75/425-2208. Mar. à sam., 8h/17h; dim., 13h/17h, à l'exception de l'usine)*, où l'on peut acheter et assister à la confection des cigares. Le plus grand événement de Cachoeira a lieu la première quinzaine d'août. Il s'agit de la **Festa da Irmandade da Boa Morte**, confrérie composée de femmes descendantes d'esclaves qui mêle catholicisme et religions africaines. La fête comprend une procession, des commémorations sur les *terreiros* de candomblé, de la *samba de roda* et de copieux banquets. La fête fait partie du circuit du "tourisme noir" mondial, attirant des vols affrétés des États-Unis et d'Afrique. Cachoeira possède également un petit joyau: l'**Igreja da Ordem Terceira do Carmo**. Église construite en 1691, elle contient des éléments du baroque et du rococo *(praça da Aclamação, tél. 75/425-4374. Mar. à jeu., 14h/17h; ven., 14h/18h30; sam., 14h/17h; dim., 9h/12h)*.

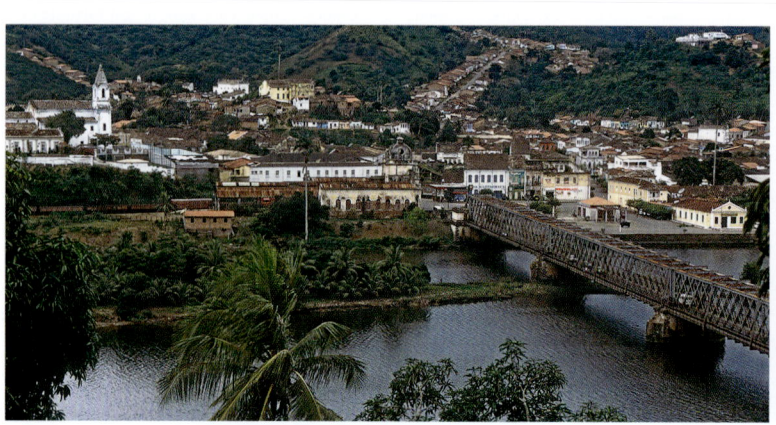

São Felix vu depuis Cachoeira, dans le Recôncavo Baiano

LITTORAL SUD

Primeira Praia, la plus petite plage de Morro de São Paulo: vue splendide sur le belvédère du phare

MORRO DE SÃO PAULO ET BOIPEBA

Situé à 248 km au sud de Salvador, Morro de São Paulo possède encore des zones de forêt Atlantique, de la végétation lagunaire, des dunes, des mangroves, de superbes plages avec des récifs et des piscines naturelles aux eaux transparentes. C'est l'un des villages de l'**ilha de Tinharé** qui, avec l'**ilha de Boipeba**, celle de **Cairu** et 23 îlots, forment l'unique municipalité-archipel brésilienne. Les voitures y sont interdites et le village se distingue par son côté a la fois rustique et sophistiqué. Cosmopolite et démocratique, la fréquentation touristique est comprée aussi bien de mannequins et d'artistes de cinéma que de hippies et de routards. La diversité est également présente au niveau de l'architecture, qui va des cabanons de plages aux grandioses constructions coloniales. L'acèss se fait par bateau ou par canot à partir de Salvador (de l'embarcadère du Mercado Modelo), ou dans de petits avions.

LE PASSÉ DU VILLAGE
Partez de la fontaine **Fonte Grande** (1746), descendez jusqu'à la praça Aureliano Lima et appréciez la façade du **Casarão** (XIXe siècle), dans lequel se trouve une auberge. À droite se trouve l'**Igreja Nossa Senhora da Luz**, église construite entre 1811 et 1845. Elle est près de la praça da Amendoeira, occupée par un arbre centenaire et du **Portaló**, lieu de débarquement des troupes du fort. Profitez des différents sites d'observation au long de la muraille, jusqu'au **Forte da Ponta dos Fachos** ou **Fortaleza Tapirandu**. Érigé en 1630, ce fort constitue un endroit privilégié pour admirer le coucher de soleil et les dauphins. De là, un sentier de randonnée

l'île rustique de Boipeba : les plages de Cueira et Tassimirim sont des lieux de ponte des tortues

escarpé mène au **Farol** (1845), phare qui oriente encore aujourd'hui la navigation. Le chemin est mal balisé mais la vue panoramique sur les plages compense les efforts. Les plus aventuriers pourront emprunter la tyrolienne du Morro, de 68 m de dénivelé. Si vous souhaitez prendre un peu de repos retournez au Portaló, installez-vous au **Mirante da Pasárgada** et admirez le crépuscule en sirotant de délicieux mélanges de jus de fruits.

Les Plages

Longue de 500 m, la première plage, **Primeira**, est la plus petite et le sable y est blanc et fin. **Segunda** offre des bassins naturels à marée basse. Plus branchée, elle accueille des fêtes nocturnes. **Terceira** est paisible, compte beaucoup d'auberges et la plage disparaît presque à marée haute. **Quarta** a de belles piscines naturelles, une eau transparente, des auberges raffinées et peu de mouvement. **Quinta**, ou **praia do Encanto**, n'est accessible qu'en tracteur (en partant de la Terceira) ou par un sentier qui coupe deux mangroves en bord de mer et deux ruisseaux. Au sud est située **Garapuã**, avec ses piscines naturelles et son village de pêcheurs. Tout au bout de l'île se trouve une plage déserte, la **praia do Pontal**, et 17 km de cocoteraie. Du côté du continent, la **praia da Gamboa** est tournée vers Valença. On y arrive par bateau ou en empruntant un sentier (seulement le matin, à marée basse) qui traverse un endroit où l'on peut prendre un bain de boue médicinale.

Un Plus

En période de marée haute, la mer atteint presque la piscine du **Porto do Zimbo Small Resort**, sur la plage Quarta. Des jardins et des passerelles couvertes en fibres du palmier *piaçava* relient les différentes aires. Les appartements sont confortables et bien équipés. Tous possèdent une terrasse avec un hamac et la moitié dispose d'une piscine d'hydromassage. Il existe un service de transport vers le village à différentes heures.

À L'Intérieur de Morro

Dans cette partie restante de la forêt Atlantique, il y a une réserve de crabes, tels que le *guaiamum*, et beaucoup de kilomètres de sable, de végétation lagunaire, de zones marécageuses et de mangroves en allant vers le sud. La région n'est accessible qu'en véhicule 4x4, tracteurs ou à cheval.

Allez en Bateau à Ilha de Cairu

Des promenades en barque ou en bateau partent de la plage Terceira, du quai de Morro ou de Gamboa, avec différentes escales: le banc de sable **Coroa Grande**, la plage semi-déserte **Ponta do Curral** ou le village tranquille du **Galeão**. À **Canavieiras** vous découvrirez un élevage de *tilápias* et un centre de fumage de crevettes et de dégustation d'huîtres fraîches. En atteignant l'île et ses mangroves, effectuez une balade historique au **Convento de Santo Antônio**, couvent bâti en 1554, et demandez à visiter les cellules et les cours décorés d'azulejos portugais.

Ilha de Boipeba

Plus rustique et plus primitive, l'île de Boipeba est couverte d'arbres, de mangroves et de plages au bord d'une mer d'un bleu transparent. Vous pouvez la découvrir à pied ou à cheval. Les agences offrent des promenades d'une journée en canot, en jeep ou en bateau, au départ des plages Gamboa ou Terceira. Les tortues viennent pondre sur les plages de **Cueira** et **Tassimirim**. On trouve quantité de langoustes et de fruits de mer dans les récifs, que le pêcheur Guida prépare pour les visiteurs. **Praia de Tassimirim** a reçu le titre de plus belle plage du Brésil. **Moreré** est également superbe, avec une eau tiède et transparente, des bassins de coraux et des piscines naturelles. Tout au sud, la **Ponta de Castelhanos** abrite le navire *Madre de Dios*, coulé pendant les premières années de l'histoire du pays.

LINHA VERDE

La plage de Mangue Seco possède encore des dunes et des cocotiers à l'état naturel

DE PRAIA DO FORTE À MANGUE SECO

La **Linha Verde** (Ligne Verte), au nord de Salvador, longue de 142 km, mène de Praia do Forte à Mangue Seco. Première route écologique du pays, elle est éloignée du bord de mer, n'interfère pas dans le paysage côtier et nuit très peu à l'écosystème. Elle dessert cinq municipalités et débouche sur plusieurs jolies plages entrecoupées de rivières, de dunes, de cocotiers et de mangroves.

AREMBEPE

Située à 24 km de Salvador, elle fut la plage des hippies dans les années 70. Caetano Veloso, Gilberto Gil, Roman Polanski, Janis Joplin et Mick Jagger y ont séjourné. À l'entrée se trouve une installation du Projeto Tamar. En allant au sud vous découvrirez les plages d'**Arembepe** et **Piruí**, protégées par une barrière de récifs mais avec de bonnes vagues pour les surfeurs. Au nord, accessible par la route, se trouve la Barra do Jacuípe, ancien village de pêcheurs aujourd'hui occupé par des résidences. Son principal est l'estuaire du Jacuípe, qui serpente entre les mangroves jusqu'à la mer.

ITACIMIRIM

Profitez de la mer calme, avec des piscines naturelles à marée basse près de l'embouchure du fleuve **Ipojuca**. La partie ouverte sur la mer, avec de faibles vagues, se trouve sur la **praia da Espera** magnifique plage située à 50 km de Salvador. C'est là qu'accosta le navigateur brésilien Amyr Klink en 1984, après sa traversée de

UN PLUS

Le restaurant **Mar Aberto**, situé au centre d'Arembepe, dans une maison aérée avec une terrasse au bord de la plage propose une délicieuse *casquinha de siri* (crabe) en entrée, *peixe à escabeche* (poisson à l'escabèche) ou *lagosta* (langouste) en plat principal, et *musse de chocolate* en dessert (largo de São Francisco, 43, tél. 71/3624-1257).

l'Atlantique sud en solitaire à la rame.

Praia do Forte

Respect de la nature, bonne organisation et un service professionnel sont les principales caractéristiques de **Praia do Forte**, à 55 km de Salvador. Ces attraits particuliers lui ont été imprimés par Klaus Peters, homme d'affaire pauliste d'origine allemande et propriétaire du Praia do Forte Eco Resort. Son prestige écologique est renforcé par la présence des installations du **Projeto Tamar** (préservation des tortues) et d'un poste avancé de l'**Instituto Baleia Jubarte** (Institut Baleine Jubarte). Le petit village aux maisons colorées est organisé comme un décor de théâtre, avec des auberges et des restaurants.
Les voitures y sont interdites.
La plage est longue de 12 km, avec des cocotiers, une mer calme et des récifs qui forment des piscines naturelles.

Castelo Garcia d'Ávila

Érigé à partir de 1551 en haut d'une colline, le château est l'une des plus anciennes constructions en pierre du Brésil et constitue un exemple de l'architecture résidentielle militaire portugaise. Dix générations de Garcia d'Ávila sont passées par là – le premier est arrivé dans le pays en 1549 avec la mission du gouverneur général Tomé de Sousa. Il a été achevé en 1624 par Francisco, héritier et petit-fils du pionnier Garcia d'Ávila. Le château possède une chapelle bien conservée et dédiée à Nossa Senhora da Conceição.
Accès par une route en terre (2,5 km), à l'entrée de Praia do Forte, tél. (71) 3676-1073. Tous les jours, 9h/18h.

Imbassaí

Longue de 6 km, elle est bordée de dunes et par le fleuve, **Imbassaí**, dont les eaux marron et tièdes coulent parallèlement à la mer. Des kiosques entre la mer et le fleuve proposent boissons et amuse-gueule.

Castelo Garcia d'Ávila : une des plus anciennes constructions en pierre du pays

Barra do Sauípe: concentration d'hôtels de qualité pour ceux qui aiment le confort

MASSARANDUPIÓ

En arrivant sur la plage, après 8 km sur un chemin accidenté en terre battue, vous serez éblouis par une vue sensationnelle, de végétation et de marécages. La plage, grande et déserte, est protégée par les dunes et les cocotiers. Tout au bout à droite – 2 km après l'entrée – se trouve une zone réservée au nudisme, interdite aux hommes seuls.

SÍTIO DO CONDE

D'un accès facile et bien loti en auberges et restaurants, Sítio do Conde sert surtout de point de départ pour la visite des plages environnantes. En arrivant par la Linha Verde côté sud, vous pourrez voir la **Barra do Itariri**, une plage tranquille, avec du sable blanc et fin, des dunes et des cocotiers. A 16 km au nord du Sítio une mauvaise route en terre mais néanmoins jolie vous amènent à **Siribinha**, petit village de pêcheurs où la plage présente quelques dangers. Cependent, deux balades, à la rame, proposées par les habitants du lieu valent la peine: une jusqu'à l'embouchure du fleuve

UN PLUS

Pour ceux qui aiment les grands hôtels et le confort, la **Costa do Sauípe** est un bon choix. Terrains de golf et de tennis, centres nautique et hippique sont dispersés sur 172 hectares de terrain (des minibus transportent les clients, qui peuvent également louer des bicyclettes). Située à 76 km de Salvador, la Costa do Sauípe concentre des hôtels de grands réseaux ainsi que quelques auberges. Il s'agit de la destination touristique la plus complète et la plus sophistiquée de la région. Si vous ne souhaitez pas loger dans le complexe hôtelier, vous pouvez cependant, moyennant le paiement d'une taxe journalière, profiter des piscines des hôtels, de la plage et des aires de loisirs.

Plus d'informations à partir de la page 462.

Itapirucu et l'autre jusqu'à la lagune **Cavalo Ruço**.

Le Marché de Barra do Itariri

Le dimanche matin, la tranquillité de **Barra do Itariri** est envahie par un marché (*feira*) bruyant dans un vieux bâtiment cédé par la mairie. La diversité de la foule qui vient même des villages voisins, parfois à dos d'âne, vaut la visite.

Mangue Seco

Ce dernier arrêt de la Linha Verde, séparé de l'État de Sergipe par le fleuve Real, a été le lieu de tournage de *Tieta do Agreste*, de Jorge Amado. Situé entre le fleuve et la mer, Mangue Seco est un village tranquille, avec des dunes et une mer agitée. Pour y accéder, il est nécessaire de prendre une barque à moteur à Portal, situé du côté de Sergipe.

Projeto Tamar

Jusqu'à la fin des années 1970, les recettes à base de viande de tortue faisaient partie des livres de cuisine. Menacées d'extinction, elles sont aujourd'hui protégées. Fondé en 1980, le Projeto Tamar développe un travail de préservation des espèces. En liaison avec l'Ibama (Institut Brésilien de l'Environnement et des Ressources Naturelles Renouvelables), il contrôle 1000 km de plages et possède vingt installations dans huit États. À Praia do Forte, siège national, il est possible d'observer la ponte des tortues, entre septembre et mars. C'est également pendant cette période qu'a lieu, enfin de journée, la mise à l'eau des bébés tortues, qui peut être suivie par les touristes. Depuis sa création, le projet a déjà lâché environ 6 millions de bébés tortues dans la mer.

Praia do Forte, tél. (71) 3676-1045. Tous les jours, 9h/17h30 ; en été jusqu'à 19h30.

Igreja e Convento de São Francisco, siège du Museu de Arte Sacra de São Cristóvão, dans la Ville Haute

SÃO CRISTÓVÃO

Fondée en 1590, São Cristóvão est à environ 85 km de Mangue Seco (État de Bahia) et à 23 km d'Aracaju (État de Sergipe). C'est l'une des villes les plus anciennes du Brésil. Elle fut la capitale de Sergipe jusqu'à 1855, avant de perdre le titre au profit d'Aracaju. São Cristóvão est partagée entre la Cidade Alta (Ville Haute) et la Cidade Baixa (Ville Basse). Dans la Ville Haute se trouve le Centre Historique et dans la Ville Basse le port et les usines. Elle a été classée patrimoine historique national en 1939, et ses principaux centres d'intérêt – comme le **Museu de Arte Sacra** (Musée d'Art Sacré) et l'**Igreja da Matriz** (église du début du xviie siècle) – sont situés sur la place de São Francisco et celle da Matriz. Le Musée d'Art Sacré possède une collection de plus de 500 pièces, du xvii au xixe siècles, en majorité des statues de saints en bois polychrome. Inauguré en 1974, il est installé dans l'ancien couvent franciscain dont la construction a démarré en 1658 et ne s'est achevée qu'en 1726. Le plafond de la chapelle de style néoclassique consacrée à saint François a été peint par un disciple du peintre bahianais Teófilo de Jesus. Sur la praça da Matriz, le restaurant **Solar de Parati**, installé dans une demeure restaurée de la fin du XVIIe siècle et décoré de meubles d'époque, propose une bonne cuisine locale, avec notamment *carne-de-sol com purê de macaxeira e farofa de manteiga* (viande séchée avec purée de manioc et farine de manioc au beurre). À côté se trouve le **Casa da Queijada** (gâteau aux œufs, fromage, crème fraîche et sucre) dirigée par Dona Givalda, qui perpétue la recette familiale dont elle seule garde le secret.

UN PLUS

São Cristóvão manque d'infrastructure hotelière, mais Aracaju est proche (30 min en voiture par la BR-101 ou par la SE-04) et offre de bons hôtels, à l'exemple du **Celi Praia Hotel**. Face à la plage d'Atalaia, il propose un service de qualité et c'est l'adresse favorite des artistes et des hommes politiques.

Plus d'informations à partir de la page 462

DESTINATION
ILHÉUS

La grâce et la beauté de cette partie du littoral bahianais, entre Barra Grande et Canavieiras, ont inspiré les meilleurs romans de Jorge Amado. Son personnage Gabriela vivait à Ilhéus, où l'ensemble architectural de maisons néoclassiques renvoie à l'âge d'or du cacao. Dans les années 1980, la modernité a entraîné dans la région l'installation du premier complexe hôtelier (*resort*) du Brésil: il est situé à Comandatuba et dispose d'une excellente infrastructure. Aujourd'hui, la région possède plusieurs hôtels très confortables et de charmantes auberges. À Canavieiras vous pourrez déguster les savoureux fruits de mer qui s'y trouvent en abondance, et profiter de la pêche du makaire-bleu. À Itacaré, les sportifs peuvent se distraire en pratiquant le rafting, le VTT, les randonnées et le rappel. Dans la région peu explorée de Barra Grande, les nombreuses excursions dans les îles de la baie de Camamu et de la péninsule de Maraú, ainsi que les coraux de la plage de Taipus de Fora enchanteront les visiteurs.

POINTS FORTS DE LA DESTINATION

ILHÉUS
Centre Historique
Canavieiras

ITACARÉ (66 km)

PENÍNSULA DE MARAÚ ET BAÍA DE CAMAMU
Sports d'aventure

Distances à partir d'Ilhéus

ILHÉUS

CENTRE HISTORIQUE

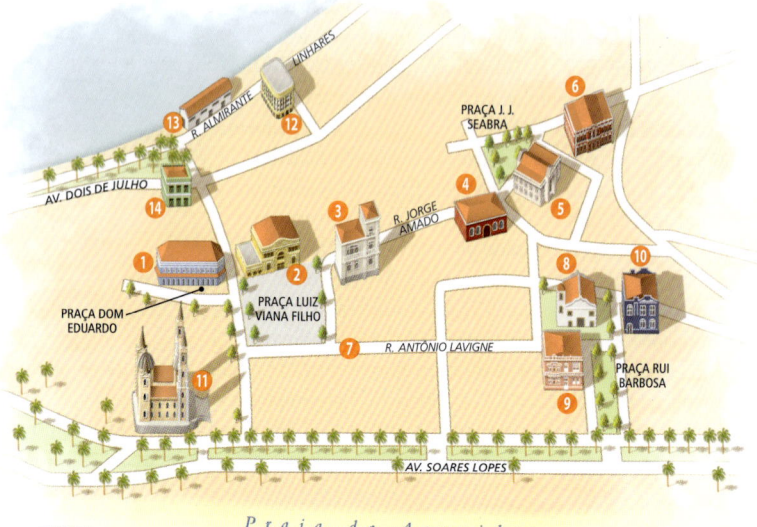

1 - Vesúvio Bar
2 - Teatro Municipal
3 - Casa de Cultura Jorge Amado
4 - Casa dos Artistas
5 - Associação Comercial
6 - Palácio Paranaguá
7 - Rua Antônio Lavigne
8 - Igreja Museu São Jorge
9 - Palacete de Misael Tavares
10 - Casa de Tonico Bastos
11 - Catedral de São Sebastião
12 - Ilheos Hotel
13 - Ancien Port
14 - Discothèque Bataclan

Un *city-tour* rapide *(Projeto Guias-Mirins, tél. (73) 3231-8615)* vous révèle la vie de l'écrivain Jorge Amado et du décor de son roman *Gabriela, girofle et cannelle*. La sensation de vous trouver dans un lieu familier commence au **Vesúvio Bar**, tables sur le trottoir dont les vous attendent pour une bière bien fraîche. Le **Teatro Municipal**, ancien Cine-Theatro d'Ilheos (1932), connut son apogée au temps où le jeune Amado écrivait ses premies romans. La **Casa de Cultura** (Maison de Culture) **Jorge Amado**, érigée en 1920 par le père de l'écrivain, a vu la rédaction de son premier roman, *Le pays du Carnaval*. La **Casa dos Artistas** (Maison des Artistes, fin du XIXe siècle), l'**Associação Comercial** (Association Commerciale, 1932) et le **Palácio Paranaguá** (Palais Paranaguá, 1907) sont des exemples du luxe de l'âge d'or du cacao. Prenez ensuite la **rua Antônio Lavigne**, rue pavée de pierres anglaises qui débouche sur l'**Igreja Museu São Jorge** (Église-musée) (1556). Dans le **Palacete** (petit palais) **de Misael Tavares** (1914), admirez le raffinement des peintures du plafond. De la **Casa de Tonico Bastos**, la maison de l'homme à femmes, on revient à la **Catedral de São Sebastião** (1931). Enfin, il y a l'**Ilheos Hotel**, l'**Antigo Porto** (Ancien Port) et la discothèque **Bataclan**.

EXCURSION EN CANOT

Fondée en 1532, Ilhéus a compté jusqu'à huit grands domaines sucriers (*engenhos*). La **Chapelle de Sant'Ana do Rio do Engenho** en est un des vestiges, que l'on peut visiter. En quatre heures, vous pourrez voir le centre d'Ilhéus, l'Ancien Port et le bord de la baie do Pontal à partir du rio do Engenho. Découvrez également la zone de mangrove et la jolie confluence des fleuves do Engenho (ou Santana), Cachoeira et Fundão, à l'endroit appelé **Coroa Grande**. On peut déjeuner au **Horto Havaí**, une réserve privée.
Contacter: NV Turismo, tél. (73) 3634-4101.

VISITE DES FAZENDAS DE CACAO

Les anciennes fazendas de cacao sont des vestiges des périodes de richesse de la fin du XIXe siècle et du début du XXe, lorqu'Ilhéus était le plus grand producteur mondial. C'est le cas de la **Fazenda Primavera** (*route Ilhéus–Itabuna, km 20, tél. 73/3613-7817 ou 3231-3996*) et de la **Fazenda Yrerê** (*route Ilhéus–Itabuna, km 11, tél. 73/3656-5054*) que l'on peut visiter, sur rendez-vous. Des arbres nobles de la forêt Atlantique ont été préservés grâce à une particularité du cacaoyer: la plante ayant besoin d'ombre pour se développer, les agriculteurs ne coupaient que la partie basse de la forêt et conservaient les espèces les plus élevées. Lors des visites, découvrez le processus de production – cueillette, cassage des cabosses, séchage dans des *barcaças* (espèces de toits mobiles qui protègent les graines) – et dégustez la fève, au goût de chocolat amer, et le savoureux jus du fruit.

LES PLAGES DU SUD

La **praia dos Milionários**, bien équipée, dont son nom ("plage des Millionnaires") de l'époque où seuls les riches propriétaires ruraux la fréquentaient. **Cururupe**, sa voisine, est dangereuse pour la baignade et agitée par de fortes vagues. Les plages du district d'**Olivença** sont les préférées des surfeurs – les vagues de **Cai n'Água**, **Batuba** et **Back Door** peuvent atteindre 2,5 mètres de haut. C'est aussi à Olivença que vous pourrez découvrir les eaux ferrugineuses et médicinales du **Balneário Tororomba**; les meilleurs endroits se trouvent au Canabrava Resort et au Tororomba Ecoresort. Si vous n'y êtes pas hébergé, vous pouvez en profiter moyennant une taxe. La **praia da Canabrava** est plus calme et plus déserte. Vers le sud, la route s'éloigne vers la montagne et l'accès devient plus difficile; c'est pour cela que les plages d'**Acuípe** et **Itapororoca**, bordées de cocotiers, sont moins fréquentées.

PARC ÉCOLOGIQUE D'UNA

Situé dans la commune d'Una, à 45 km au sud d'Ilhéus, l'**Ecoparque do Una** est un échantillon de la riche biodiversité de la forêt Atlantique. Ses 383 hectares de forêt vierge abritent d'importantes espèces centenaires, ainsi que 200 espèces d'oiseaux. Voisin de l'Estação Ecológica do Una (Station Écologique d'Una, fermée à la visite), l'Ecoparque possède deux sentiers de randonnée: celui **das Passarelas** (2 km, niveau simple, pour les débutants) et celui **da Juarana** (5 km, niveau plus avancé). Avec un peu de chance vous apercevrez certains animaux de la région, comme le singe *mico-leão-de-cara-dourada*, symbole du parc.
Accès par la route Ilhéus–Canavieiras, km 45, tél. (73) 3633-1121. Mar. à dim., 8h/17h (promenades à partir de 9h). Réserver.

Scène typique de la capture des crabes dans la mangrove

CANAVIEIRAS

Les zones de mangroves et de forêt Atlantique sur sept îles maritimes et quatre îles fluviales font de la région de Canavieiras (113 km au sud d'Ilhéus par la route BA-001) un refuge pour de grandes colonies de crustacés; elle a d'ailleurs reçu le titre de "capitale du crabe". Les plages ne manquent pas non plus: 17 km de sable doré côtoient une mer bleuvert. L'une des plus belles est celle **da Costa**, animée et située sur l'**ilha de Atalaia**, reliée à la ville par un pont. De là vous pouvez atteindre la **praia da Barra do Albino**, plus tranquille. Vers le nord, la **praia de Barra Velha** est d'accès plus difficile (route en terre et bac) et par conséquent plus déserte. En direction de Belmonte se trouvent les plages **do Atalaia** (habitée par une communauté de pêcheurs) et **do Sul** (déserte, avec mangrove). Le centre de Canavieiras abrite le joli site historique Governador Paulo Souto et les demeures néoclassiques des XVIIIe et XIXe siècles, bien conservées. C'est là qu'a lieu la vie nocturne. De plus, Canavieiras est un endroit excellent pour la pêche du makaire-bleu; de novembre à mars, elle reçoit des pêcheurs du monde entier. Grâce à l'estuaire de plusieurs fleuves, la région est aussi idéale pour la pêche en rivière.

Contacter: Artmarina, tél. (73) 3284-1262.

UN PLUS

Premier complexe hôtelier du Brésil, le **Transamérica** – au nord de Canavieiras – reste une référence. L'hôtel occupe presque toute l'île de Comandatuba et possède 21 km de plages plantées de cocotiers. Les personnes non hébergées à l'hôtel peuvent aussi bien visiter l'île que le village de pêcheurs et d'artisans. Très complet, les services proposés vont du kayak aux bateaux océaniques. Plongée, terrain de golf, boutiques, spa (de la marque française l'Occitane), restaurants, bars, discothèque et une Lan-house (lieu spécialisé en jeux sur internet) attendent les clients.

Plus d'informations à partir de la page 462.

Itacaré

Située à 66 km au nord d'Ilhéus, par la route BA-001, le vaste bord de mer d'Itacaré est entrecoupé de collines et de côtes à la végétation bien préservée. On y trouve 15 plages, que les gens de la région divisent en trois groupes: le bord de mer, qui réunit les plages **do Pontal**, **Coroinha** et **da Concha**, ainsi que le grand **rio de Contas**; les plages urbaines, **de Resende**, **Tiririca**, **da Costa** et **Tibeira**, accessibles par d'agréables petits sentiers; et les plages distantes – au nombre de huit, jusqu'à la limite du territoire d'Ilhéus. Certaines ne sont accessibles qu'à partir de sentiers (consultez les agences) qui traversent des mangroves et des chutes d'eau. A Itacaré, preuez un bateau et pertez admirer la belle **península de Maraú**.
Contacter: Caminho da Terra, tél. (73) 3251-3053/251-3060; Itacaré Ecoturismo, tél. (73) 3251-2224; Eco Trip Itacaré, tél. (73) 3251-2191; Papa Terra extreme, tél. (73) 3251-2252/258-2428.

Rio de Contas

Remonter ce gros fleuve dans un bateau de pêcheurs (contact sur les quais ou dans les agences) est une promenade obligatoire. Le point fort est l'entrée dans les étroits chenaux des mangroves: la monotonie de l'univers fangeux et sombre est cassée par la couleur des crabes rouges et jaunes qui défilent par centaines, tout près de vous. À l'aller ou au retour, dégustez la cuisine maison du Restaurante do Miguel, sur l'île de Manguinhos.

Un Plus

🍽 Au **Dedo de Moça**, au centre d'Itacaré, le lieu est rustique mais décoré avec goût, avec des lampes colorées, des canapés et une terrasse en plein air. Dégoutez le *bobó de camarão* (crevettes) et le *peixe com castanhas* (poisson aux noix de cajou). Le personnel est attentionné et les vins et *cachaças* (eaux-de-vie) aiguisent l'appétit et préparent l'arrivée de plats délicatement servis *(rua Plínio Soares, 26, tél. 73/3251-3372).*

Engenhoca, au sud d'Itacaré: idéale pour le surf, accessible par un sentier au km 12 sur la route d'Ilhéus

Península de Maraú et Baía de Camamu

La topographie singulière de la **péninsule de Maraú** et de sa **baie de Camamu** offre des îles, des plages en mer ouverte ou en mer fermée (dans la baie), des lagunes, des dunes, des fleuves et des mangroves. La péninsule est un morceau de terre de plus de 40 km de long, qui avance dans la mer et enserre la baie, d'une taille impressionnante – elle est la troisième plus grande baie du pays, après celle de Todos os Santos et de Guanabara. Le moyen d'accès le plus facile (mais le plus long) est d'aller en voiture jusqu'à **Camamu** (par la BA-001), puis de prendre une barque à moteur (30 min.) ou un bateau (1h30). Renseignez-vous sur les horaires, qui sont irréguliers. Une autre possibilité est de passer par **Itacaré**, en bateau et en voiture (par la BR-030), 4x4 de préférence. Vous pouvez explorer la péninsule toute une journée en voiture *off-road*, à moto ou à bicyclette loués dans le village de **Barra Grande** (meilleure infrastructure de la région). Visitez les pittoresques bourgs de **Taipus de Dentro**, **Saquaíra** et **Maraú**. Pour connaître la baie, l'idéal est de louer un bateau et de profiter ainsi de chaque recoin.

Contacter: Camamu Adventure, tél. (73) 3255-2138; Naturemar, tél. (73) 3255-2343; Sollarium Taipus Ecoturismo, tél. (73) 3258-6151/258-6191.

Un Plus

Le complexe hôtelier **Kiaroa Beach Resort**, sur la plage Três Coqueiros et à 3 km de Barra Grande, compte 32 appartements avec vue sur la mer, la moitié en bungalows et plusieurs avec piscine privée. À l'intérieur, les salles de bains sont décorées de coquillages, les meubles sont faits par des artisans de la région. L'hôtel possède sa propre piste d'atterrissage et des vols réguliers partent de Salvador.

Plus d'informations à partir de la page 462.

❶ Ponta do Mutá
On peut y arriver à pied depuis Barra Grande. Un phare signale l'entrée de la baie. La vue est composée de cocotiers et de récifs à fleur d'eau.

❷ Praia de Taipus de Fora
Plage presque déserte, elle mérite un long arrêt pour explorer ses eaux tièdes. La plongée avec un tuba dans les piscines naturelles est idéale pour découvrir les splendides coraux.

❸ Lagoa Azul
Lagune située près de la praia de Taipus de Fora, son eau à 22°C vous attend pour la baignade.

❹ Lagoa do Cassange
Lagune longue de 6 km et d'un admirable bleu azur.

❺ Morro do Farol
Le morne offre une vision de 360° sur toute la péninsule. Ses dunes sont un vrai défi pour les voitures 4x4 ou pour les randonneurs.

❻ Ilha da Pedra Furada
L'une des îles les plus curieuses: à marée basse se forme presque par magie un banc de sable qui permet de marcher jusqu'à l'arc creux, d'où son nom ("île de la Pierre Percée").

❼ Ilha do Goió
Cette petite île possède une topographie éclectique, sable devant et mangrove peuplée de crabes derrière.

❽ Ilha do Campinho
Île idéale pour une baignade en fin d'après-midi, reliée au continent par un pont. Ne manquez pas d'aller manger au Matataúba, tenu par un sympathique couple italien qui sert des spécialités de sa région natale.

❾ Ilha do Sapinho
Dégustez sur cette île les langoustes et les crabes guaiamu fraîchement ramassés chez Jorge, personnage local. Demandez la Bebida da Confusão ("Boisson de la Confusion", préparée avec des feuilles de poivre de la Jamaïque).

❿ Vila de Cajaíba
Dans ce village, découvrez les chantiers artisanaux où se fabriquent les goélettes. Sur le quai cherchez Zezito, connu pour ses miniatures de bateaux.

⓫ Cachoeira do Tremembé
Chute d'eau où il est possible de profiter d'un délicieux hydromassage naturel tout en restant à bord une chute en éventail (5 m de hauteur) rafraîchit les passagers.

⓬ Coroa Vermelha
Le soir, reprenez des forces en allant sur ce banc de sable au milieu de la mer. Une fête y a lieu pour attendre la naissance de la pleine lune.

BAHIA

- Serinhaém
- ⑫ Coroa Vermelha
- ① Barra Grande — Ponta do Mutá
- ○ Camamu
- Ilha do Âmbar
- Baie de Camamu
- ⑥ Ilha da Pedra Furada
- Ilha Grande
- Ilha do Campinho ⑧
- Ilha Pequena
- ⑨ Ilha do Sapinho
- Ilha do Goió ⑦
- Morro do Farol ⑤
- Taipus de Dentro
- ② Taipus de Fora
- PENÍNSULA DE MARAÚ
- ⑩ Cajaíba
- ③ Lagoa Azul
- BR 030
- ④ Lagoa do Cassange
- BAHIA
- Barcelos do Sul
- Rio Maraú
- ○ Saquaíra
- OCÉAN ATLANTIQUE
- Ilha da Mesa
- ○ Maraú
- ⑪ Cachoeira do Tremembé
- ↓ Ilhéus
- ↘ Itacaré/Ilhéus

1 cm = 2 km

BAHIA — ○ Itacaré

N

Sports d'Aventure

　　Itacaré se démarque de la plupart des villes côtières du *Nordeste* car elle n'offre pas seulement le soleil et la mer, mais aussi des sentiers de randonnée, des cascades et la pratique de sports d'aventure. Le rafting est l'un des sports les plus recherchés – la région possède des rapides de niveaux 2 à 4, rares même dans le Sud-Est et le Sud du Brésil, où le sport est plus répandu. Il est pratiqué sur un parcours coupé de rapides du rio de Contas, accessible par véhicule 4x4 jusqu'au district de **Taboquinhas**, à 28 km du centre. Une option moins éprouvante est le *duck* (kayak gonflable) à Taboquinhas ou sur le rio Tijuípe. Différents circuits sont aussi proposés aux adeptes de VTT (les agences louent l'équipement nécessaire). À noter en particulier les circuits de **Jeribucaçu** et **Prainha**, ainsi que celui qui passe par la piste cyclable de la route Itacaré–Ilhéus (66 km) et traverse une partie de la montagne. Pour les amateurs de rappel, rendez-vous à la **Cachoeira do Azevedo** (cascade de 40 m), précédée d'un sentier de 40 min de niveau moyen, ou à la **Cachoeira da Noré** (chute de 18 m) à Taboquinhas, indiquée pour les débutants.

Contacter: Caminho da Terra, tél. (73) 3251-3053 / 3060; Itacaré Ecoturismo, tél. (73) 3251-2224; Bahia Alegria, tél. (73) 3575-1690/8802-5033; Ativa Rafting, tél. (73) 3251-2327.

Un Peu de Shopping

Tige de *Samambaia* (espèce de fougère), grappe d'*açaí* (fruit), écorce de *cipó-marrom* ou *vermelho* (liane marron ou rouge) et fibre de noix de coco figurent sur la liste des matériaux utilisés par Lenilton Morais et sa famille pour la fabrication de lampes et abat-jours, devenus célèbres jusqu'en Europe. Les prix varient de R$ 30 à R$ 250, et les pièces les plus grandes peuvent être expédiées par la poste.

Artluz, praça Santos Dumont, Centro, tél. (73) 3251-3168.

Rafting dans la région d'Itacaré: descentes privilégiées

BAHIA

DESTINATION
PORTO SEGURO

C'est ici, à 700 km au sud de Salvador, que vous prenez connaissance des origines de Brésil – au sens littéral du terme – à ses origines. Le paysage est encore proche de celui qu'aperçut l'escadre de Pedro Álvares Cabral et que décrit Pero Vaz de Caminha dans sa lettre au roi du Portugal: plus d'une centaine de plages entourées de falaises, aux teintes allant du blanc au rouge, encadrées par la forêt Atlantique. Aujourd'hui le décor est empreint du charme et du raffinement des restaurants, complexes hôteliers et auberges d'Arraial d'Ajuda, Trancoso et Caraíva, ainsi que des traditions indigènes. Plus au sud, Cumuruxatiba est un phénomène touristique récent qui associe l'origine rustique à l'apparat moderne et à une bonne infrastructure. Au Parque Nacional Marinho (Parc National Marin) d'Abrolhos, les baleines jubartes séduisent les visiteurs, au milieu du fantastique monde des coraux, paradis des plongeurs à proximité de la sympathique ville historique de Caravelas.

POINTS FORTS DE LA DESTINATION

PORTO SEGURO
  Centre Historique
  Plages du Nord et du Sud

ARRAIAL D'AJUDA (4 km)
  TRANCOSO (25 km)
  ET CARAÍVA (65 km)

PONTA DO CORUMBAU (189 km)
  ET CUMURUXATIBA (236 km)

CARAVELAS (210 km)

Distances à partir de Porto Seguro

Porto Seguro

Centre Historique

❶ Marco da Posse
Bloc en marbre taillé portant la marque de la Couronne portugaise et la croix de l'Ordre de Christ, apporté par l'expédition de Gonçalo Coelho en 1503, symbole de la prise de possession des nouvelles terres.

❷ Igreja de Nossa Senhora da Pena
Église construite en 1535, elle contient la première image sacrée du Brésil, de saint François d'Assise.

❸ Museu do Descobrimento
Ce Musée de la Découverte est un bel exemple d'architecture du XVIIIe siècle qui abritait la **Casa da Câmara** (Chambre des élus) et la **Cadeia** (Prison).

❹ Igreja da Misericórdia
Eglise bâtie en 1526. Sa principale curiosité est l'image du Christ en croix.

❺ Igreja de São Benedito
Église construite par les jésuites (c. 1549), offrant une magnifique vue sur le littoral.

❻ Ruines du Colégio dos Jesuítas
Vestiges du collège jésuite fondé en 1551.

Memorial da Epopéia do Descobrimento
Un peu éloigné du centre (près de la plage de Curuípe), le Mémorial de l'Épopée de la Découverte expose une réplique du vaisseau amiral de Cabral. La visite de l'intérieur de la nef en bois de pin – identique à l'original – montre sa fragilité et donne la dimension de l'aventure des grands voyages de découverte.
BR-367, km 63, praia de Curuípe, tél. (73) 3268-2586. Jan., fév./juil. Tous les jours, 8h30/17h; mars/juin/août/déc., lun. à sam., 8h30/14h30.

Ensemble de maisons coloniales de Porto Seguro, dont la construction commença au XVIe siècle.

PLAGES DU NORD ET DU SUD

Taperapuã concentre des hôtels et des bars de plage, toujours pleins et jouant à plein volume les derniers succès de l'*axé* (musique afro-brésilienne) et du *forró* (musique du Nordeste). On y prouve de tout: Il y a de la musique jour et nuit, des cours de danse, de la gym, des restaurants, une infrastructure nautique, des sorties en hélicoptère et des sauts en parapente. Au centre, la **praia do Cruzeiro** est impropre à la baignade, à cause des récifs et de l'influence des eaux du rio Burunhaém. À proximité, **Curuípe** (avec des piscines naturelles à marée basse), **Itacimirim** et **Mundaí** sont des endroits tranquilles. La plage **do rio dos Mangues** offre le calme d'une zone de mangroves et de piscines naturelles dans le fleuve contenu par les récifs. Les deux dernières plages de Porto – **da Ponta Grande**, avec une eau transparente et des récifs, et **Mutá** – sont grandes et peu fréquentées. Située à Santa Cruz Cabrália, **Coroa Vermelha** est une agréable crique entourée de bars et où la mer est basse avec quelques récifs. Dans les environs il y a un important commerce d'artisanat en bois brésil de la tribu Pataxó. C'est également là que se trouve la croix symbolisant la première messe célébrée dans le pays.

SANTO ANDRÉ ET PARQUE ECOLÓGICO DO SANTUÁRIO

Le petit district de Santo André est situé à 30 km au nord de Porto Seguro; on y accède par bateau (10 minutes de traversée) au départ de Santa Cruz Cabrália. Il constitue le point de départ pour explorer – en voiture – les plus de 50 km de plages sauvages (beaucoup sont dans des propriétés privées) et les villages au bord de la route menant à l'historique **Belmonte**. C'est une excursion agréable d'une journée, qui offre bons endroits d'hébergement qui favorisent un contact intime avec la nature. Les autres attraits du district sont les rivières, excellentes pour la pêche et le **Parc Écologique do Santuário**. Ce parc abrite plus de 450 hectares de forêt Atlantique ou l'on peut se baigner, se promener en canot et pêcher. Au bout du trajet, Belmonte possède des demeures de l'époque du cacao. *Parque Ecológico do Santuário: accès par la BA-001, km 39,5, Santo Antônio, 12 km du bateau, tél (73) 3671-5052. Tous les jours, 8h/17h.*

Les falaises bordent le littoral sud de l'État de Bahia et forment une barrière naturelle

Arraial d'Ajuda, Trancoso et Caraíva

Les trois villages au sud de Porto Seguro – Arraial d'Ajuda, Trancoso et Caraíva – ont en commun des plages attrayantes (certaines désertes, d'autres non) et des beautés naturelles pouvant être explorées à pied, à cheval, à bicyclette, en 4x4 et en bateau. **Arraial** est plus agitée, avec des fêtes et des *raves* en pleine forêt. La nuit, les lumières fait penser à une version tropicale, à ciel ouvert, d'un centre commercial à l'époque de Noël. **Trancoso** est à la fois sophistiquée et simple. **Caraíva**, isolée par le fleuve, est restée très rustique, avec ses ruelles en sable et l'interdiction de circuler en voiture. Malgré le manque d'électricité, tous les soirs un *forró* (bal au rythme de la musique du Nordeste) vient animer un quartier différent.

Animation au Village

Relié à Porto Seguro par bateau (10 minutes), Arraial a connu des jours plus tranquille. Aujourd'hui ses rues étroites réunissent une foule cosmopolite, également visible dans la diversité de la cuisine – allant de l'exotique cuisine thaïlandaise à la traditionnelle cuisine de Minas Gerais. La jolie petite église de **Nossa Senhora d'Ajuda** (1549) ainsi que le groupe de maisons font autour sont des vestiges du temps où Arraial était un paisible bourg jésuite.

Plages d'Arraial
Les plages **do Apaga-Fogo** et **de Araçaípe**, bien que près du bac et du rio Burunhaém, possèdent des coins tranquilles près de l'hôtel Arraial d'Ajuda Ecoresort et des récifs. **Arraial d'Ajuda** ou **Coqueiros** se différencient par la présence du **Paradise Water Park**, parc aquatique avec toboggan, piscine avec vagues et rivière artificielle. **Mucugê** est une plage en pente, avec des rouleaux pour les surfeurs et du monde fréquentant les bars de plage. Sur la plage **do Parracho**, connue pour ses fêtes, on peut louer des planches à voile et des kayaks. Plus proche de Trancoso, **Pitinga** est la plage des célébrités, avec des auberges et des restaurants raffinés, une mer agitée, des récifs et des falaises.

CONFORT ET SOPHISTICATION

Situé à 25 km de Porto Seguro plus 10 minutes de bateau (via Arraial d'Ajuda), Trancoso est un lieu à la fois calme et en pleine ébullition. Le village conserve le tracé des villages jésuites: l'Église **de São João Batista** (1656) bâtie sur une falaise, avec une énorme place (le **Quadrado**) entourée de petites maisons colorées. C'est autour du Quadrado que les auberges, bars, restaurants et ateliers sont installés et où ont lieu les traditionnelles fêtes culturelles: *capoeira*, fêtes chrétiennes et païennes (*luaus*, fêtes sur la plage; *forrós*, bals au rythme de la musique du Nordeste; et soirées reggae). C'est devenu un lieu branché

Plages de Trancoso

Presque déserte, la **praia de Taípe** permet au touriste – en longeant des falaises de près de 45 m de hauteur – d'arriver à Arraial. Plus proche du village, la plage **dos Nativos** est déserte et accueille les nudistes. À **Coqueiros**, point de départ des promenades bateau, se trouve la Barraca do Jonas où l'on peut déguster des fruits de mer. À partir de là on ne peut continuer qu'à pied, à cheval ou en bateau pour aller explorer de véritables paradis comme **Rio Verde** (ou **Pedra Grande**), **Itapororoca, Itaquena** et **Barra do Rio dos Frades**.

Aventure Dans les Environs

Les environs de Trancoso offrent diverses randonnées à cheval, à bicyclette, en goélette, en bateau ou à quadricycle. Sans oublier la plongée au milieu des coraux d'Itaquena, Itapororoca, Pedra Grande et Espelho, ainsi que la descente en kayak sur le rio Trancoso.

Contacter: Bicyclettes: *Natural Cicloturismo e Aventura, tél. (73) 3668-1955, 8804-5557. Hors piste: Latitude 16 Expedições, tél. (73) 3668-2260, 8803-0016. Chevaux: Solomar e Nique, tél. (73) 3668-1637. Bateaux: Jarbá Lancha, tél. (73) 3668-1479. Quadricycles: Bahia Alegria, tél. (73) 3575-1690, 8802-5033. Kayaks, bateaux et goélettes: Trancoso Receptivo, tél. (73) 3668-1333.*

Le Quadrado à Trancoso conserve un tracé typique de son passé colonial

Tranquillité et Plages Sauvages

Rustique et d'accès difficile, Caraíva associe beauté naturelle et accueil chaleureux. Destination idéale pour le touriste en quête de tranquillité: on n'y arrive qu'en bateau, au départ de Trancoso. Si vous êtes en voiture, laissez-la au bout de la BA-001, route qui sort de la BR-367 (informez-vous de l'état de la route en cas de pluie) et traversez le rio Caraíva en barque. Là, les sentiers de sable remplacent les rues et les groupes électrogènes, les installations électriques.

Plages de Caraíva

Le jour, défendez vous sur les plages sauvages et charmantes de Barra Velha, Caraíva, Juacema, Satu (avec une lagune d'eau douce et un belvédère sur les falaises). Le soir, allez danser dans les *forró* d'Ouriço et de Pelé au son des orchestres. Caraíva abrite également des Indiens Pataxós, qui vivent dans la **Reserva Indígena de Barra Velha** (visite possible) et le **monte Pascoal** – mont aperçu par Cabral au moment de la Découverte, et dont la montée est assez raide.

Plages d'Espelho et de Curuípe

Le nom **Espelho** ("miroir") se justifie: à l'aube et à marée haute, la mer est un immense miroir où se reflète le bleu du ciel. Quand la marée redescend, découvrez les récifs peuplés de poissons colorés dans les piscines naturelles. Forte de ce paysage, cette plage est l'une des plus belles de la région. La crique abrite à gauche la **praia de Curuípe** et un village de pêcheurs. On accède à pied ou par bateau depuis Trancoso ou Caraíva à un lieu enchanteur: des auberges ont installé des hamacs sous les cocotiers, et des canapés avec de gros coussins sur la plage.

Un Plus

Le **Restaurante do Baiano** est un régal: créateur de tous les plats, Baiano installe lui-même ses clients sur des chaises longues et leur sert des poissons typiques ou des nouveautés découvertes au cours de ses voyages. Comme la préparation prend un peu de temps, passez votre commande et allez profiter de la plage *(praia do Espelho, 22 km du Centre, tél. (73) 3668-5020).*

Plage d'Espelho à marée basse: eaux transparentes et piscines naturelles

Ponta do Corumbau et Cumuruxatiba

Ponta do Corumbau

Au nord de cette grande plage – déserte par endroits – le village de pêcheurs offre peu de choix culinaires. Près de là, le rio Corumbau rencontre la mer en zigzaguant à travers le sable blanc. De l'autre côté du fleuve se trouvent **Barra Velha** et la **Reserva dos Pataxós** (réserve des Indiens Pataxós), qui se rendent à Corumbau pour vendre leur artisanat. Le trajet Cumuruxatiba–Ponta do Corumbau se fait en voiture ou en empruntant les sentiers avec un guide.
Contacter : Aquamar, praia de Cumuruxatiba, tél. (73) 3573-1360.

Ponta do Corumbau, où la mer est calme et claire

Un Village Aux Mille Loisirs

Cumuruxatiba est un petit village avec des rues en terre. L'accès se fait à partir de Porto Seguro par la route BR-101 puis par la route BA-489. Il abrite des plages extraordinaires et parfois désertes, avec des falaises, des cocotiers et des rivières. Cumuruxatiba offre diverses options de loisirs, telles que la plongée au milieu des récifs, les balades à cheval – du haut des falaises la vue est impressionnante –, en jeep et en bateau pour observer les baleines jubarte. Des sorties en bateau vous mènent à Ponta do Corumbau au nord, l'un des coins les plus jolis et les plus rustiques du littoral brésilien, avec une mer claire et la possibilité de faire de la plongée. Ses auberges se distinguent par leur ambiance raffinée et leur confort, même s'il n'y a ni électricité ni téléphone.

Baleines en Vue

Les baleines jubartes, pouvant atteindre jusqu'à 18 m, sont visibles entre juillet et novembre à environ une heure de distance de la côte. L'excursion en bateau dure environ deux heures et met à la disposition des passagers un hydrophone – appareil pour écouter le "chant" des baleines. Pendant ces mois de l'année, la chance de les apercevoir est si grande que l'agence rembourse une partie du prix de l'excursion si aucune baleine n'apparaît.
Contacter : Aquamar, praia de Cumuruxatiba, tél. (73) 3573-1360.

Plongée Dans Les Coraux

Pour ceux qui aiment la plongée, la région est riche en coraux et en sites encore peu explorés. À **Barreira Branca** et **Alto Caí** vous découvrirez des coraux en forme de labyrinthe. Vous pouvez aussi pratiquer la plongée près des **Corais do Pataxó** et du **Recife da Coroa**, banc de sable accessible par bateau.
Contacter : Aquamar, praia de Cumuruxatiba, tél. (73) 3573-1360.

Un Plus

Ancien kiosque de plage, le **Restaurante do Hermes** a gagné des airs de restaurant avec des salles vitrées et une agréable terrasse. Les spécialités de la maison sont de copieux plateaux de poissons et de fruits de mer. Geraldo et son frère Hermes voss accueillent chaleureusement *(avenida Beira-mar, Cumuruxatiba, tél. 73/3573-1155).*

Vue de l'archipel de Abrolhos: pendant la plongée, rencontre de vastes bancs de poissons colorés

CARAVELAS

Petite ville aux rues étroites, Caravelas est la porte d'entrée du **Parque Nacional Marinho de Abrolhos** (Parc National Marin), située à environ 36 milles nautiques du parc. Elle permet aussi d'accéder au site de plongée **Parcel das Paredes**, à d'autres lieux propices à la chasse sous-marine et à l'excursion au **monte Pascoal** (deux heures de bateau plus une partie en voiture et à pied), mont où vivent les Indiens Pataxós. Caravelas est distante de 210 km de Porto Seguro.

ABROLHOS

Abrolhos est tout simplement fantastique. Ses coraux sont les plus beaux de l'Atlantique Sud et il y a d'énormes variétés d'espèces, aux couleurs et aux formes curieuses. Tortues et baleines jubarte complètent le paysage. La légende dit que le nom "Abrolhos" vient de l'expression "Abra os olhos" ("ouvre les yeux"), qui aurait été utilisée par le navigateur Amerigo Vespucci en 1503. Le parc est composé des **Recifes das Timbebas**, en face d'**Alcobaça**, et de cinq îles: **Redonda**, **Guarita**, **Sueste**, **Siriba** (la seule où le débarquement est permis, mais avec un guide de l'Ibama) et **Santa Bárbara**, sur laquelle se trouve un phare de la Marine. Lors de la randonnée à Siriba, vous allez côtoyer de près des centaines d'oiseaux, comme les fous masqués et les frégates. L'eau est très claire et pendant les mois les plus secs (de mai à septembre) la visibilité peut atteindre jusqu'à 20 m. La plongée libre ou autonome est permise de nuit. La température de l'eau est d'environ 24° toute l'année. Seuls des bateaux agréés y ont accès. Les promenades peuvent durer une journée ou deux. Le trajet dure environ deux heures et demie en bateau océanique ou de 6 à 7 heures en voilier. Si vous disposez de temps, louez un voilier ou un catamaran pour plonger et revenir à bord du "barco-hôtel" (bateau-hôtel).

Contacter: Abrolhos Turismo, tél. (73) 3297-1149; Abrolhos Embarcações, tél. (73) 3297-1172; Iate Clube Abrolhos, tél. (73) 3297-1002; Paradise Abrolhos, tél. (73) 3297-1352.

DESTINATION
CHAPADA DIAMANTINA

Tout le monde concorde sur le fait que la Chapada est magique, fascinante, et ceux qui y sont déjà allés ne songent qu'à y retourner. Cette terre de grottes de rêve, de cascades, de canyons, de piscines creusées dans les lits des rivières qui forment des marmites naturelles qui évoquent des baignoires d'hydromassage en plein air, se trouve au cœur de l'État de Bahia. Le parc national n'est pas réservé uniquement aux sportifs et aux aventuriers mais attire aussi les familles et beaucoup d'étrangers. L'accès à ses 152 000 hectares sur les pistes accidentées de la BR-242 est une course d'obstacles pour les conducteurs. L'aéroport de Lençóis reçoit des vols réguliers de Salvador, Recife et São Paulo. Les points de départ pour les excursions sont les villes de Lençóis, Palmeiras, Andaraí, le district de Xique-Xique do Igatu et Mucugê qui offrent toutes la possibilité de pratiquer la randonnée, la plongée, le VTT, le rappel et le saut à l'élastique.

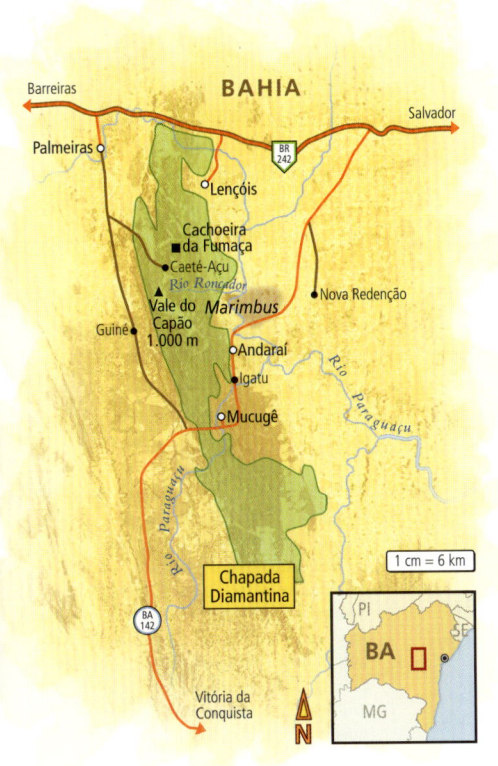

POINTS FORTS DE LA DESTINATION

CHAPADA DIAMANTINA
Lençóis, Palmeiras (86 km)
Caeté-Açu (74 km)
Andaraí (101 km)
Xique-Xique do Igatu (114 km)

Distances à partir de Lençóis

Paysage typique de la Chapada Diamantina, paradis des aventuriers; au fond, le morne do Camelo

Lençóis, Palmeiras et Caeté-Açu

Lençóis est la porte d'entrée de la Chapada. Née pendant la fièvre de l'exploitation minière – en particulier des diamants – aux XVIIIe et XIXe siècles, Lençóis possède encore des rues pavées, des maisons d'époque sur les places **das Nagôs** et **Horácio de Matos**, l'**Igreja do Rosário** et celle **de Nossa Senhora dos Passos**. À 86 km de Lençóis, **Palmeiras** et son district de **Caeté-Açu** (plus connu comme Capão) sont plus rustiques mais proposent hébergement et guides à ceux qui souhaitent explorer la montagne du **vale do Capão**. Là se trouve la fameuse **cachoeira da Fumaça** – chute d'eau de 340 mètres, la plus haute du Brésil.

Vue du Pai Inácio

Une marche d'une trentaine de minutes mène au sommet du morne du Pai Inácio, à 1 170 mètres d'altitude (accès par la BR-242 jusqu'à Seabra, à 22 km de Lençóis), d'où l'on a un joli panorama de la Chapada, avec une vue de 360° sur les montagnes et les vallées. Partez découvrir le **rio Mucugezinho** – fleuve situé à 20 km de Lençóis, au bord de la BR-242. L'eau cristalline a une couleur orangée.

Roncador, Remanso et Marimbus

En arrivant au **rio Roncador**, vous aurez l'impression d'être dans un

---

Comment Explorer

La Chapada est vaste et manque de signalisation. C'est pourquoi il est recommandé de s'y rendre accompagné de guides, notamment pour les grandes randonnées et les sports d'aventure. Les agences fournissent le transport; pour faire appel à un guide indépendant, il faut disposer d'un véhicule. Il existe des circuits d'une journée (nous vous conseillons d'emporter votre repas) avec possibilité de baignades dans les rivières et les cascades.

véritable spa en plein air. L'excursion se fait par étapes. La première, en véhicule 4x4, vous mènera à l'ancien *quilombo* (communauté d'esclaves fugitifs) de Remanso. Là, en compagnie d'un guide local, vous descendrez la rivière **Santo Antônio** en pirogue jusqu'à la rivière **Roncador**. Compter environ deux heures de trajet, pendant lequel vous découvrirez des nénuphars géants (victoria regia), des fougères d'eau, et de grands lacs – il s'agit d'un petit échantillon de **Marimbus**, un marécage que l'on peut surtout observer à Andaraí. Un sentier de 15 minutes mène aux délicieuses marmites de la rivière, dans lesquelles vous poussez vous baigner. Votre véhicule viendra vous récupérer à cet endroit et vous ramènera à Lençóis, sur une route très accidentée de 18 km.

Contacter: Marimbus Ecoturismo, tél. (75) 3334-1718/1292.

Aventures Extrêmes

Pour un contact plus radical avec la nature exubérante de la Chapada, il est indispensable de prendre un guide. Nous listons ci-dessous quelques sports, lieux de pratique et les meilleures agences: **Rappel et/ou canyoning** – Chutes do Mosquito (2 chutes, 35 et 50 m); morne du Camelo (250 m); morne do Pai Inácio (150 m); grotte do Lapão (55 m, avec saut à l'élastique et cave-jump inclus). Certains endroits sont plus éloignés mais le transport est compris: grotte des Brejões (123 m) et montagne des Brejões (170 m) à Morro do Chapéu, à 350 km de Lençóis; chute d'eau du Buracão (100 m) à Ibicoara, à 230 km de Lençóis. *Contacter: à Lençóis, Nativos da Chapada, tél. (75) 3334-1647/1314; Andrenalina, tél. (75) 3334-1689.* **Montgolfière avec vol panoramique** (dans la région du morne du Pai Inácio). *Contacter: à Lençóis, Nativos da Chapada, tél. (75) 3334-1647/1314.* **Vols panoramiques en avion monomoteur**. *Contacter: Igor, tél. (75) 3334-1171.*

Iraquara: La Ville des Grottes

Un panneau à l'embranchement de la BR-242 avec la BA-432, qui va à Itraquara, annonce "Cidade das Grutas" (Ville des Grottes), à 82 km de Lençóis. La grotte de **Torrinha** possède de rares concrétions avec de très rares fleurs d'aragonite. **Lapa Doce** possède de belles formations, un vaste tunnel de 40 m de hauteur et des salles labyrinthiques et gigantesques. À **Lapa do Sol**, il y a de curieuses peintures rupestres. Dans la **Gruta da Pratinha,** une rivière souterraine aux eaux cristallines barre l'entrée: pour la découvrir, le seul moyen est de nager. Des guides locaux accompagnent les visiteurs jusqu'à 170 m à l'intérieur de la caverne. La profondeur de l'eau va jusqu'à 14 m et il est possible d'y voir quelques poissons. Il y a également les grottes de **Mané Ioiô**, de la **Fumaça** et d'autres. *Accès par la BA-142, km 17. Contacter: José Carlos, de la Pousada Ibirapitanga, tél. (75) 3335-2196.*

Délicate formation qui fait penser à une fleur

Peintures rupestres à Lapa do Sol

Région Montagnarde et Environs

A Lençóis, diverses chutes d'eau vous invitent à détente: à 3 km du centre, baignez-vous dans les marmites de pierre rose du **rio Lençóis**. Deux km plus loin, vous arrivez à **Cachoeirinha**, cascade aux eaux cristallines, puis à **cachoeira Primaveira** (chute de 6 m). L'étape suivante est à 20 minutes, où vous pourrez vous baigner dans le **poço Halley**. De là, un sentier vous mènera au **Salão das Areias Coloridas**, où l'on trouve les sables colorés utilisés pour composer les paysages des bouteilles-souvenirs. Le **ribeirão do Meio**, grand ruisseau à un peu plus d'une heure de marche du **poço Halley**, possède un toboggan naturel. Visitez aussi la magnifique **cachoeira do Sossego**, chute d'eau avec des parois de pierre rose – une randonnée de 6 km de sentiers, plus 2 km dans les rochers de la rivière.

Cachoeira da Fumaça

Pour ce circuit, le souffle risque de vous manquer à deux reprises: pendant les deux heures et demie de montée au sommet de la montagne, puis à la vue du canyon de la cascade. Dans leur chute d'environ 340 m, les eaux se dissipent au vent sans atteindre le sol (d'où le nom de cascade de la Fumée). La vue et le silence y sont réellement impressionnants. Juste au-dessus de la chute, le touriste se couche sur le sol et se traîne jusqu'au bord du précipice pour admirer le canyon dans toute sa profondeur. La **cachoeira da Fumaça** se trouve à Palmeiras dans le district de Capão, à 86 km de Lençóis.

Andaraí et Xique-Xique do Igatu

Accessible par la BR-242 et par la BA-142, Andaraí est desservie par des routes en meilleur état, et c'est la localité la plus proche de Salvador. Elle possède des chutes d'eau, des grottes et un paysage montagneux. Elle sert de point de départ à de nombreuses excursions, dont, tout particulièrement, celles qui mènent au **poço Encantado** et à **Marimbus**. Elle a été fondée en 1845, et au début de l'exploitation minière elle était riche et très peuplée. Le charmant district de Xique-Xique do Igatu, avec ses 400 habitants, donne l'impression de s'être arrêté dans le temps. Les ruines des maisons en pierre lui ont valu le surnom de "ville fantôme". En plus des ruines, découvrez la galerie **Arte & Memória** *(rua Luís dos Santos, tél. 75/3335-2510. Mar. à dim., 12h/20h)* en plein air (avec des expositions d'artistes locaux) et le **Memorial do Garimpeiro** (mémorial qui montre les outils de l'orpaillage). On arrive au district en empruntant une belle route en pierre de 7 km. La visite peut se faire en une demi-journée.

Poço Encantado et Poço Azul

Le superbe effet de couleurs sur la photo ci-contre vient du **poço Encantado**, l'un des endroits les plus impressionnants de la Chapada. Ce puits est à Itaité, à 40 km d'Andaraí. La meilleure époque pour la visite se situe entre avril et septembre de 9h à 13h, et entre décembre et février de 22h à 2h, à la lumière de la lune. La transparence y est si grande que les rochers du fond (jusqu'à 61 m de profondeur) semblent se trouver à la surface. Le **poço Azul** est semblable, mais plus petit et moins profond. Il est situé à 67 km d'Andaraí, en entrant par la BA-142, au km 17. La meilleure époque va de février à octobre, de 12h à 15h. Les deux visites requièrent un guide et un équipement local.

Marimbus : Le Pantanal de la Chapada

L'excursion à **Marimbus**, région entre Lençóis et Andaraí surnommée **Pantanal da Chapada**, allie la beauté de la faune et de la flore locales. Vous parcourrez en canot des lacs permanents, reliés entre eux et alimentés par dix rivières et sources aux eaux cristallines (surtout de mai à septembre). Le tout forme une immense zone de terres inondées. Les nénuphars géants et les plantes locales comme le *piri* – sorte de roseau – sont visités par divers oiseaux et par les caïmans. Prenez contact avec un guide et louez un bateau au bar et au camping du km 45,5 de la BA-142.

Effet visuel impressionnant du poço Encantado

Mucugê: Décor du XIXe Siècle

Située à 150 km de Lençóis, Mucugê est un endroit idéal pour se reposer en raison de l'altitude d'environ 1 000 m; la température annuelle moyenne y est de 19°. Le centre historique est classé et abrite des constructions bien préservées du XIXe siècle, telles que la **Matriz de Santa Isabel** et l'**Igreja de Santo Antônio** (églises), le **prédio da Prefeitura** (mairie) et le **Cemitério Bizantino** (cimetière byzantin). De là partent plusieurs sentiers de randonnée en direction des chutes d'eau.

Les Chutes d'Eau du Côté Ouest

Sur le côté ouest de la Chapada – d'Andaraí à Mucugê, et, plus au sud, Ibicoara – les chutes d'eau sont abondantes. À Andaraí: **cachoeira do Garapa** (8 km en voiture, 3,5 km de chemin de terre et 30 min à pied), avec une grande piscine naturelle de grès rose; **do Ramalho** (8 km de sentier de niveau moyen), avec une chute de 100 m sur trois niveaux; **da Donana** (sur la BA-142 en direction de Mucugê, à seulement 600 m du centre à pied), qui mène au canyon du Paraguaçu. À Xique-Xique do Igatu: **cachoeira das Pombas** (à 4 km du centre), avec une "chaise" d'hydromassage; à proximité, celle de **Taramba**, bonne pour la baignade; À Mucugê: **Sandália Bordada** (1 km en voiture); **Piabinha** (4 km en voiture); **Tiburtino** (4 km en voiture et 2 km de sentier); **das Andorinhas** (4 km de voiture et 4 km de sentier); **dos Funis** (5 km de sentier); **Sibéria** (3 km de voiture et 8 km de sentier); **do Cardoso** (7 km de sentier); **Mar de Espanha** (3 km de voiture et 5 km de sentier), immense puits pour la baignade. À Ibicoara; celle **do Buracão**, l'une des plus jolies de la Chapada, avec une chute de 85 m.

Rampa do Caim

Ce merveilleux sentier offre une vue semblable à celle des randonnées de 5 à 7 jours dans la vallée do Paty, avec cependant beaucoup moins d'effort physique: l'aller se fait en 2h30. Le départ se fait à Igatu en direction du canyon do Carbonado, avec vue sur le canyon do Paraguaçu puis sur le canyon do rio Paty, à environ 480 m d'altitude. Frissons garantis.
Contacter: Sincorá, tél. (75) 3335-2210.

Au milieu du vert et des rochers, le surprenant cimetière byzantin

DESTINATION
MACEIÓ

Mer verte, beaucoup de soleil et des plages sensationnelles. Ces ingrédients typiques du Nord-Est ont une saveur spéciale dans l'État d'Alagoas. En dehors de Maceió, la capitale, les complexes hôteliers et les plages urbanisées cèdent la place à des bandes côtières agrestes et à de charmantes auberges *(pousadas)*. L'écart des plages urbaines de Maceió, nous avons découpé les 230 km de la côte en quatre circuits, le premier, en direction du sud, vers la ville historique de Penedo; les trois autres, au nord, se composent des plages désertes de Barra de São Antônio, de la splendide Route Écologique et des piscines naturelles de Maragogi.

POINTS FORTS DE LA DESTINATION

MACEIÓ
  Les Plages
  Par les Rues de Maceió

PENEDO (168 km)
  Embouchure du Rio São Francisco

LITTORAL NORD
  De Barra de Santo Antônio (56 km)
  à Morro (63 km)

ROUTE ECOLOGIQUE
  De Barra do Camaragibe (98 km)
  à Japaratinga (110 km)

MARAGOGI (141 km)

Distances à partir de Maceió

MACEIÓ

LES PLAGES

Surnommée "Paradis des Eaux", la capitale d'Alagoas occupe une bande étroite entre la lagune Mundaú et l'océan Atlantique. Elle possède également une jolie lagune, la Manguaba. Ses 900 000 habitants jouissent des commodités de la grande ville et d'un bord de mer urbain enchanteur: du **Pontal da Barra**, à l'entrée de la ville, jusqu'à **Cruz das Almas**, à la sortie en direction du littoral nord, la nature cohabite avec la vie agitée de la grande ville. Il est intéressant de commencer la visite par les plages, puis de poursuivre par le Centre Historique.

PAJUÇARA
Avec de belles piscines naturelles et un vaste réseau hôtelier, Pajuçara est la plage la plus connue de Maceió. La scène des *jangadas* (radeaux à voile) se dirigeant vers les piscines est bucolique, et la mer chaude et peu profonde attire nombre de baigneurs. À côté, la plage **Ponta Verde** propose une sympathique promenade entre les hôtels Ponta Verde et Maceió Mar, où se concentre l'agitation de la plage.

JATIÚCA
L'un des plus anciens complexes hôteliers du Brésil porte le nom de cette plage, connue pour sa tranquillité de sa mer cristalline. Sa voisine **Cruz das Almas**, avec une mer plus agitée

UN PLUS

🍽 Le restaurant **Wanchaco** est spécialisé en cuisine *nikkei* (fusion entre les cuisines péruvienne et japonaise). Goûtez tout particulièrement l'assortiment de *ceviche*, poisson et fruits de mer macérés dans le jus de citron *(rua São Francisco de Assis, 93, tél. 82/3327-8701)*.

🛏 Les étages de l'hôtel **Ritz Lagoa da Anta** à Maceió présentent une décoration différenciée. L'étage **Bali Floor**, avec son décor indonésien, plaira aux couples romantiques. Le style plus moderne du **Design Floor** plaira davantage aux hommes d'affaires.

Plus d'informations à partir de la page 462.

Ponta Verde: eaux claires et animation sur le bord de mer

et de fortes vagues, fait le bonheur des surfeurs. Entre les deux, la **lagoa das Antas** est une lagune fréquentée par les adeptes de la planche à voile et des sports nautiques en général.

Au Nord de La Ville

Près de Maceió, plusieurs plages méritent une visite. À 13 km de la capitale – par la route AL-101 – se situe **Garça Torta**. Avec une mer forte et en pente, elle conserve une végétation abondante. À 9 km de là, **Ipioca**: sable ferme, avec une alternance d'endroits où la mer est calme et d'autres où il y a des vagues. La route est mal signalisée, il faut donc être attentif pour ne pas rater les entrées. À **Paripueira**, située à 32 km de Maceió, commence la plus longue barrière de coraux du Brésil, qui va jusqu'à Porto de Galinhas dans le Pernambuco. À marée basse, il est possible d'avancer environ 1 km dans la mer avec l'eau à mi-jambe.

En Direction du Sud, Barra de São Miguel et Gunga

À 33 km au sud de la capitale se trouve Barra de São Miguel, un village de maisons simples, aux rues en terre et bordée par la **lagoa do Roteiro**. Il y a deux plages: **Barra de São Miguel** et **Niquim**. La première est surtout fréquentée par les familles, appréciée pour sa mer calme (protégée par les coraux) et sa large bande de sable. La seconde est le paradis des surfeurs. Pour admirer des paysages encore plus jolis, continuez votre route sur la AL-101 Sul (depuis Maceió). Parcourez 1 km au-delà de l'entrée de la fazenda de la plage avant de vous garer. Un belvédère permet de découvrir le sable blanc de la **Ponta do Gunga** et la lagune do Roteiro. De l'autre côté, une plage en pente avec des vagues constantes, offre un très beau point de vue au milieu des cocotiers.

Comment Arriver à Gunga

Gunga signifie "grand chef". Coïncidence ou pas, pour traverser la fazenda et arriver à **Ponta do Gunga** en voiture il vous faut l'autorisation du grand chef local, l'**Hotel Enseada à Pajuçara**. Partant du quai de Barra de São Miguel, des jangadas vous feront faire la traversée en 10 min, à un prix modique.

Par les Rues de Maceió

Quartier du Jaraguá

Depuis 1995, un projet réussi de revitalisation a redonné vie et beauté à ce quartier portuaire qui fut le cœur de la ville pendant plusieurs siècles. Des demeures néoclassiques et de grands édifices ont été restaurés. Voisin du centre et de Pajuçara, ce quartier commença à se développer au XVIe siècle, lorsque les navires y accostaient pour charger le bois brésil. Il fut ensuite le lieu d'embarquement du sucre, puis plus tard du tabac, de la noix de coco et du cuir. Pendant la seconde moitié du XIXe siècle, le port étendit sa vocation commerciale et devint un important centre d'affaires. Apparurent de jolies maisons à étages, de grands magasins de tissus, de chapeaux et de chaussures. Avec le temps la région s'est dégradée et a vu surgir des bars mal famés et des maisons de prostitution. Depuis quelques années, le lieu est redevenu un centre de commerce pendant la journée et de vie nocturne animée le soir, avec des bars, des boîtes et des salles de concerts très fréquentées.

Pontal da Barra

Le Pontal da Barra est un quartier sur les marges de la **lagoa Mundaú**, lagune située à la sortie de la ville en direction du littoral sud. Des femmes de pêcheurs font de la dentelle et vendent leurs ouvrages devant leurs portes, dans la principale rue asphaltée. Elles produisent divers types de dentelles: filet (typique de Maceió), *labirinto* (labyrinthe), la dentelle aux fuseaux et Renaissance (la plus élaborée). De là partent des excursions en bateau sur la lagune, d'une durée d'environ 4 heures. Vous

Où Acheter

Au Jaraguá, un ancien entrepôt réaménagé abrite l'**Armazém Sebrae**, l'un des meilleurs endroits de la ville pour acheter de l'artisanat de l'État. On y trouve un vaste choix de dentelles, couvre-lits, tapis, meubles et objets de décoration produits dans diverses régions de l'État.
Avenida da Paz, 878, tél. (82) 3223-8200. Lun. à mer., 10h/19h; jeu. à sam., 10h/22h.

La dentelle est l'une des caractéristiques de l'artisanat d'Alagoas

Quartier de Jaraguá: cœur de la ville, commerce et vie nocturne

parcourrez les canaux formés par neuf îlots jusqu'à Barra Nova, où l'eau douce rencontre la mer. Départ à 9h30 et à 13h30.

Atelier Viver de Arte
Situé dans le quartier Farol et installé dans une agréable maison des années 1960, l'Atelier Vivre d'Art est dirigé par les sœurs Rosa Maria Piati et Ana Maia. La première réalise des objets en bois et en céramique, la seconde des lampes peintes à la main sur du papier italien et des sacs en cuir de chèvre et en toile à voiles. Leurs pièces ont été plusieurs fois primées dans les foires internationales d'art et de design.
Rua Manoel Maia Nobre, 257, tél. (82) 3223-5257, Lun. à ven., 8h/12h et 14h/18h.

Marchandes de Tapioca
A l'instar des célèbres Bahianaises vendeuses d'*acarajé*, de Salvador, Maceió compte des dizaines de vendeuses de tapioca (*tapioqueiras*). Le *tapioca*, l'amidon de farine de manioc, transformé en une galette très fine, est un héritage indigène apprécié depuis l'époque du Brésil colonial. À Maceió, il est préparé avec diverses garnitures – de la traditionnelle noix de coco râpée avec fromage (*côco ralado com queijo*) à la banane frite avec chocolat (*banana frita com brigadeiro*), et remplace aisément un repas.

Un Plus

Curieusement, l'un des meilleurs restaurants de la ville – et le plus fréquenté – est un restaurant de spécialités du Minas Gerais: le *Divina Gula*. Il propose de bonnes *cachaças* (eaux-de-vie) et d'excellents plats, tels fur le *frango com quiabo* (poulet aux gombos) *(rua Engenheiro Paulo Brandão Nogueira, 85, tél. 82/3235-1262).*

Le complexe hôtelier **Jatiúca Resort** occupe 6,2 hectares sur l'une des meilleures plages de Maceió. Sa sortie côté jardin donne directement sur le sable et la mer aux eaux vert clair.

Plus d'informations à partir de la page 462.

PENEDO

Penedo est l'une des villes les plus anciennes d'Alagoas et la plus importante sur le plan historique, pleine de demeures coloniales. Située au bord du rio São Francisco, à 168 km de Maceió, on y arrive par la route AL-101 et par l'AL-225. Son nom ("rocher") est dû au grand rocher sur lequel la ville fut bâtie. Au long de ses rues pavées de pierres, vous observerez plusieurs demeures centenaires et un grand nombre d'églises, dont l'**Igreja de Nossa Senhora dos Anjos** et de **Nossa Senhora da Corrente**. L'architecture baroque des églises et des constructions garde la marque des colonisateurs et des missionnaires franciscains. Pour visiter la ville, l'un des points de départ est la **Fundação Casa do Penedo** (*rua João Pessoa, 126, Centre Historique, tél. 82/3551-3371/551-5443*), où sont exposés photos, artisanat, objets et documents sur l'histoire de cette ancienne colonisation. L'église et le couvent de Nossa Senhora dos Anjos, dans la rua Sete de Setembro, furent inaugurés en 1786 après cent ans de construction. L'église comprend une chapelle consacrée à l'Ordre Tiers de Saint François. Remarquez le portrait de Notre Dame des Anges, au plafond, peint par l'artiste portugais Libório Lázaro Leal. Dans la partie basse de la ville est située l'église de **Nossa Senhora da Corrente**, dont la construction débuta en 1756. Son autel baroque est doré à la feuille, le sol est en mosaïque anglaise et portugaise. Admirez les beaux azulejos de Lisbonne qui retracent la vie de Marie.

Un Plus

Bien que vous soyez au bord du fleuve São Francisco et non dans le Pantanal, au **Forte da Rocheira** vous pourrez déguster une bonne viande de caïman servie avec une sauce à la noix de coco (*jacaré com molho de coco*). Les animaux proviennent d'un élevage autorisé. Le cadre est simple et offre une belle vue sur le fleuve (*rua da Rocheira, 2, tél. 82/3551-3273*).

Penedo: joyau au bord du rio São Francisco; dans la maison rose (à droite), un beau musée historique

Là où le fleuve et de la mer se rencontrent, la beauté du "Velho Chico"

Embouchure du Rio São Francisco

Le **rio São Francisco** prend sa source dans le Minas Gerais, à 1 428 m d'altitude – dans le *chapadão* da Zagaia, au sommet de la serra da Canastra, et traverse cinq États (Minas Gerais, Bahia, Sergipe, Alagoas, Pernambuco) et 500 municipalités. Il parcout la savane, des forêts, des pâturages, des cavernes et des sites archéologiques; il possède des rapides et des chutes d'eau; il irrigue les cultures et alimente les villes en eau. Il se jette enfin dans l'océan, à la frontière entre Alagoas et Sergipe, après un voyage de 2 660 km. Appelé *Opara* (Fleuve-Mer) par les Indiens, il fut baptisé par l'explorateur génois Amerigo Vespucci, qui le découvrit le 4 octobre 1501, jour de saint François d'Assise. À l'époque de la colonisation, il était emprunté par les expéditions portugaises qui partaient explorer l'intérieur des terres à la recherche d'or. Aujourd'hui, il contribue énormément au développement régional, en particulier de la région semi-aride du Nordeste qui, sans sa présence, serait un désert. L'un des meilleurs moyens pour connaître ce fleuve est de prendre un bateau au départ de Piaçabuçu – à 30 km de Penedo – et de descendre les 13 km jusqu'à l'embouchure (le parcours aller-retour dure environ 2h30). Vous pouvez aussi faire une excursion, jusqu'à **Pixaim**, un ancien *quilombo* (village d'esclaves fugitifs), ou bien remonter le fleuve pendant trois jours jusqu'à une région formée de canyons. Les excursions peuvent être organisées avec l'agence Mercator, située au bord du quai *(praça Prefeito Ronulfo Victor de Araújo, 184, tél. 82/3552-1137)*. Au bar Beira Rio, connu comme Alô Alô *(avenida Amadeu Lobo, 192, tél. 82/3552-1837)*, on peut aussi louer directement les services de propriétaires de petits bateaux.

Littoral Nord

Carro Quebrado : sable blanc, mer émeraude, piscines naturelles et falaises

De Barra de Santo Antônio à Morro

Les plus belles plages du littoral d'Alagoas commencent à partir de **Barra de Santo Antônio**, ville traversée par le fleuve du même nom. Elle est située au sud du village et accessible par la route asphaltée AL-101. Sur le chemin, ne manquez pas de passer à **Tabuba** pour y découvrir ses piscines naturelles.

Ilha da Croa

Pour atteindre les meilleures plages au nord de Barra, prenez un bateau jusqu'à ce promontoire. Si vous faites appel à un guide, nous vous recommandons Val ou Almir, experts et sympathiques, mais uniquement si vous êtes motorisé pour aller jusqu'à la **praia do Morro** et souhaitez continuer par la Route Écologique.

Carro Quebrado

Aller de Croa à cette plage – à 6 km du centre – vaut la peine. Son nom (littéralement "voiture cassée" ou, plutôt "voiture en panne") vient d'une voiture qui s'est enlisée et est restée longtemps sur place. Vous serez tellement ravi par la beauté du lieu que vous en viendrez presque à souhaiter que cela vous arrive! Car **Carro Quebrado** possède du sable blanc, une mer verte et chaude, des piscines naturelles et des falaises. Trois cabanes de pêcheurs proposent des fruits de mer.

Plages Désertes

À gauche de Carro Quebrado se trouve une suite de plages désertes, accessibles à pied à condition d'être en forme et de connaitre les heures des marées. Vous y découvrirez **Pedra do Cebola, Ponta do Gamela** et **Morro**, protégées par des falaises, des cocotiers et une barrière de coraux dans la mer. La route passe au milieu d'une cannaie et l'accès restreint se fait par les fazendas.

ALAGOAS

ROUTE ECOLOGIQUE

DE BARRA DO CAMARAGIBE À JAPARATINGA

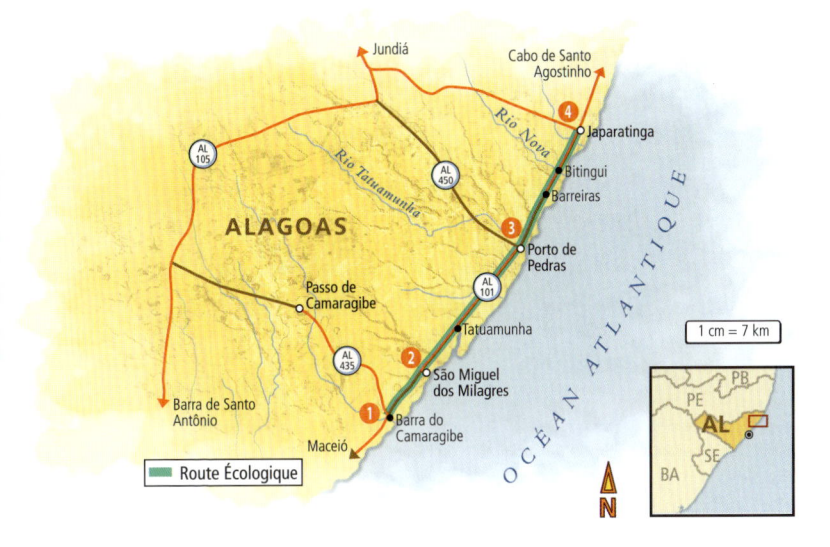

    Plages magnifiques, villages pittoresques et habitants sympathiques, auberges charmantes et confortables: c'est ce qui vous attend au long de ce circuit paisible et où la nature protégée n'a pas encore été envahie par la foule. Officiellement, ce circuit fait partie de la route des coraux, mais les habitants l'ont baptisé **Rota Ecológica**, nom qui ne fait pas justice à l'étourdissant paysage des 40 km de quatorze plages situées entre **Barra do Camaragibe** et **Japaratinga.** On peut arriver dans la région soit par la route qui part de São Luís do Quitunde, en prenant l'AL-435 qui va jusqu'à Barra do Camaragibe; soit par la route en terre jusqu'à la Praia do Morro, en partant de Barra de Santo Antônio – dans ce cas, il est conseillé de se faire accompagner par un guide local, car la signalisation est inexistante. Si vous venez de Pernambuco, il suffit de

Forêt de cocotiers près de Ponta do Gunga, plage en pente et de sable blanc

Barra do Camaragibe: début d'un circuit loin de l'agitation, en pleine nature

rester sur la petite route de bord de mer à partir de Japaratinga. La route appartient à l'Área de Proteção Ambiental (APA, Zone de Protection Environnementale) de la Costa dos Corais et s'étend sur 135 km, depuis le rio Formoso (près de Porto de Galinhas, sur le littoral du Pernambouc) jusqu'au rio Meirim (Paripueira, État d'Alagoas).

Un Plus

Logez à la **Pousada do Toque**, auberge située à São Miguel dos Milagres, à 85 km de Maceió. L'accueil de Nilo et de son épouse est impeccable. Il s'occupe de la cuisine et elle de la décoration. De surcroît, leur auberge offre un plus: le petit déjeuner à n'importe quelle heure de la journée.

Une maison construite à 120 m d'altitude avec 300 m² de terrasse panoramique et une vue sensationnelle sur l'océan: c'est ce qu'offre la **Pousada do Alto**, auberge située à Japaratinga. La salle à manger est vitrée et la décoration des dix chambres marie avec goût antiquités et objets modernes.

Plus d'informations à partir de la page 462.

❶ Barra do Camaragibe

Trois belles plages servent d'introduction à cette région moins explorée – et pour beaucoup la plus jolie de la côte. La **praia do Marceneiro** est vaste et déserte, avec une mer calme; celle **da Barra** possède un village de pêcheurs à proximité de l'embouchure du rio Camaragibe. La traversée du fleuve se fait en barque et de l'autre côté se trouve la **praia do Morro**: plage presque vierge avec une mer calme et transparente, elle est protégée par des falaises et par la végétation.

❷ São Miguel dos Milagres

Ici se trouve la jolie **praia do Toque** et une charmante auberge du même nom. Ce sont environ 8 km de sable fin et tassé, avec une mer pleine de piscines naturelles.

❸ Porto de Pedras

Un peu au-dessus de São Miguel se trouve Porto de Pedras, une petite ville abritant des constructions coloniales et des fazendas de cocoteraies. Elle est située entre le **rio Manguaba** et le **rio Tatuamunha**, qui s'étend sur une mangrove. Les plages se nomment **Laje**, **Tatuamunha** et **Patacho**.

❹ Japaratinga

Aujourd'hui encore, la beauté naturelle de Japaratinga – née d'une petite communauté de pêcheurs formée avant 1800 – semble presque vierge. Avant d'arriver dans cette petite ville découvrez deux belles plages; peuplées de cocotiers et de falaises: **Boqueirão** et **Barreiras do Boqueirão**, accessibles par bateau à partir de **Porto das Pedras**. À Barreiras do Boqueirão il y a des bars, un petit commerce et deux agréables sources d'eau douce.

Univers Marin de La Costa dos Corais

Avec plus de 413 000 hectares d'extension sur 135 km de côte, la **Côte des Coraux** est le plus grand espace de conservation marine du Brésil. Elle couvre treize municipalités entre les États d'Alagoas et de Pernambuco, et compte une population d'environ 200 000 personnes vivant de pêche et d'agriculture. Créée en 1997, c'est une zone protégée, des récifs de corail, des plages, des mangroves et des animaux marins qui, selon l'Ibama (Institut Brésilien de l'Environnement et des Ressources Naturelles Renouvelables), sont menacés d'extinction. C'est le cas du lamantin. Dans la mangrove de Porto das Pedras vit Nina, une des seules survivantes de l'espèce sur cette partie du littoral (on estime qu'il n'en reste actuellement que quatre cents entre les États d'Alagoas et du Maranhão). Doux et docile, le lamantin fut pendant des siècles facilement capturé par les pêcheurs recherchant sa graisse, sa viande et son cuir. Les femelles donnent naissance à un petit tous les trois ans, après une gestation de treize mois. Elles l'allaitent pendant les deux premières années.

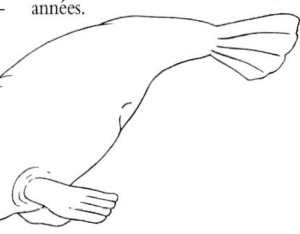

Maragogi

Seconde destination la plus recherchée de l'État après Maceió, ses principaux attraits sont les *galés* (récifs) et ses 22 km de littoral. On y accède par la route AL-101-Norte. La plage du centre de Maragogi est urbanisée et la plupart des auberges, hôtels et restaurants se trouvent sur l'avenue de bord de mer. Pour les personnes en quête d'un endroit plus sauvage, rendez-vous à São Bento, un bucolique village de pêcheurs, où les femmes préparent des *sequilhos* (petits gâteaux secs) pour les vendre aux touristes. Au nord de Maragogi – presque à la frontière avec le Pernambuco – découvrez Ponta do Mangue : c'est une plage tranquille avec une bande de sable étroite, des jangadas et de discrètes maisons. La mer y est chaude et sans vagues.

"Galés"

Ce sont des récifs possédant une faune et une flore très riches, formant, à marée basse, des piscines naturelles aux eaux cristallines. Situés à 6 km de la côte, ils occupent près de 5 000 m². Seuls deux petits bateaux offrent un service de bar, et la zone où on peut plonger est riche et bien conservée. Ponto de Embarque, à l'entrée de Maragogi, propose des excursions de deux heures, en catamaran ou en bateau.

Un Plus

Le traditional **Restaurante do Mano** *(rua Semião Ribeiro de Albuquerque, 606, Praia de São Bento, tél. 82/3296-7106)* propose de bons plats copieux, tels que *camarão ao molho de coco* (crevette sauce noix de coco) et *lagosta grelhada* (langouste grillée). C'est la référence en matière de fruits de mer à Maragogi.

Le **Club Hotel Salinas do Maragogi**, aux airs rustiques, est traversé par le rio Maragogi. Beaucoup de verdure, des piscines et des terrains de sport. Le cadre familial convient aussi bien aux personnes en quête de tranquillité qu'aux sportifs.

Plus d'informations à partir de la page 462.

Jangadas et *galés* sur 22 km de littoral

DESTINATION
RECIFE

Le rythme contagieux du *frevo*, du *maracatu*, du *forró* et du moderne *mangue beat* agite l'État de Pernambuco. L'histoire du Pernambuco est jalonnée d'événements importants: c'est là qu'eurent lieu les invasions hollandaises, que naquirent plusieurs mouvements d'indépendance et que se déroula l'aventure du *cangaço* (le banditisme social qui écumait le *sertão* au début du XXe siècle), menée par Lampião et Maria Bonita. Son beau patrimoine architectural mérite la visite, et sa culture populaire est très riche: de l'artisanat de Caruaru et de Bezerros à la "littérature de *cordel*" (littérature populaire de colportage). Au large de la côte, généreuse et variée, se situe l'un des sanctuaires écologiques les plus fantastiques du Brésil, l'archipel de Fernando de Noronha. Recife, la capitale du Pernambuco, est un point de départ pour explorer la serra da Capivara, dans l'État de Piauí, ainsi que João Pessoa et Campina Grande, dans l'État de Paraíba.

POINTS FORTS DE LA DESTINATION

RECIFE
  Vieux Recife
  Santo Antônio et São José
  Autres Attraits

LITTORAL SUD

OLINDA (7 km)
  Igarassu

FERNANDO DE NORONHA (545 km)

TRACUNHAÉM (63 km)

CARUARU (134 km)

BEZERROS (107 km)

SERRA DA CAPIVARA (**Piauí**) (1 155,4 km)

JOÃO PESSOA (**Paraíba**) (120 km)

Distances à partir de Recife

RECIFE

LE VIEUX RECIFE
1 - Sinagoga Kahal Zur Israel
2 - Pólo Alfândega

SANTO ANTÔNIO ET SÃO JOSÉ
3 - Capela Dourada
4 - Praça da República
5 - Rua da Aurora
6 - Casa da Cultura
7 - Nossa Senhora da Conceição dos Militares
8 - Matriz de Santo Antônio
9 - Basílica de Nossa Senhora do Carmo
10 - Pátio do Terço et Pátio São Pedro

Recife, l'une des villes les plus anciennes du Brésil, fut fondée au XVIe siècle; et subit de grands transformations au cours de l'occupation hollandaise (1630-1654), avec l'arrivée d'urbanistes, de savants et de peintres. Son vaste patrimoine architectural de la période coloniale côtoie les immeubles modernes du front de mer. La ville est installée à l'embouchure des rios Capibaribe et Beberibe où d'innombrables canaux, traversés per 39 ponts, forment une véritable Venise tropicale. Sa cuisine – *bolo-de-rolo* (gâteau roulé), igname, *graviola* (anone), *cajá* (prune mombin), – constitue un régal pour le palais.

LE VIEUX RECIFE

Le vieux Recife, situé sur une île, et les quartiers Santo Antônio et São José, sur une autre, renferment l'essence historique de cette ville de près d'un million et demi d'habitants. Sur les deux îles se trouvent des forts, des maisons coloniales, des musées et des églises. La visite commence par la synagogue et les rues voisines. En franchissant les ponts Buarque de Macedo ou Maurício de Nassau, on arrive sur l'île qui porte le nom des saints, Antoine et Joseph, où l'on poursuit la promenade.

❶ SINAGOGA KAHAL ZUR ISRAEL
Les Hollandais garantissaient la liberté religieuse aux Juifs. Ainsi, un grand

nombre de Juifs quitta l'Europe pour émigrer vers la capitale du Pernambuco et fonda, en 1641, la première synagogue des Amériques. Avec la restauration du régime portugais et de l'Inquisition, plusieurs émigrerent en Amérique du Nord et s'installèrent à la Nouvelle Amsterdam (aujourd'hui New York). En visitant la synagogue, vous pourrez connaître la structure de l'édifice d'origine. Juste à côté du temple, l'**Espaço Cultural Paranambuco** vend de l'artisanat et fournit des informations sur les différents artisans de la région *(rua do Bom Jesus, 215)*. De la **Torre Malakoff**, une tour de 42 m de haut, construite en 1855 *(praça Arsenal da Marinha)*, on voit tout le vieux Recife, la place du kilomètre zéro, le port et le Teatro Santa Isabel.
Rua do Bom Jesus, 197, Recife Antigo, tél. (81) 3224-2128. Mar. à ven., 9h/17h; sam. à dim., 15h/19h.

❷ Pólo Alfândega
Le "Pôle douane" est un mélange de centre commercial et de centre culturel formé par le bâtiment de l'ancienne douane, datant de 1732, et par l'espace culturel **Chanteclair**, du XIXe siècle. Le premier, le **Paço da Alfândega**, de 7 000 m^2, abrite 45 magasins de mode, comme **Fause Haten** et **Alexandre Herchcovitch**. Le rez-de-chaussée est occupé par la **Livraria Cultura**. Au troisième étage se trouvent les restaurants **Melograno**, du chef Luciano Boseggia, et **Assucar**, du chef César Santos. À gauche se situe l'**Igreja Madre de Deus**.

> ### Avant-garde et Tradition
> Recife est un pôle d'avant-garde culturel: en musique, le *forró* de Luiz Gonzaga, les *frevos* classiques de Capiba, le *mangue beat* de Chico Science & Nação Zumbi et la musique moderne de Mundo Livre S.A., Lemine et d'Otto. Le Pernambuco a été aussi une source d'inspiration pour le peintre Cícero Dias, le sociologue Gilberto Freyre, le lyrisme poétique de Manuel Bandeira et les vers déchirants de João Cabral de Melo Neto, tout comme du dramaturge Ariano Suassuna, originaire de Paraíba qui a adopté Recife, et l'écrivain Clarice Lispector pendant quelques années.

Recife, la Venise des tropiques: 39 ponts sur ses nombreux canaux

Santo Antônio et São José

❸ Capela Dourada

Cette chapelle, summum du baroque de Recife, fut construite en 1697. Une grande quantité d'or se trouve sur ses bois sculptés et dorés, ses peintures sur caissons et ses ornements en bois de jacaranda. Elle appartient à l'ensemble franciscain formé par le **Convento de Santo Antônio**, l'**Igreja da Ordem Terceira**, l'ancien **Hospital dos Terceiros Franciscanos** et le **Museu Franciscano de Arte Sacra**, Musée d'Art Sacré renfermant de remarquables objets du XVIIIe siècle.
Rua do Imperador, s/n, Santo Antônio, tél. (81) 3224-0530. Lun. à ven., 8h/11h30, 14h/17h; sam., 8h/11h30.

❹ Praça da República

Le plus important ensemble architectural du quartier Santo Antônio se tient sur cette place, où est planté un baobab centenaire, classé au patrimoine par l'Ibama (Institut Brésilien de l'Environnement) et par la mairie en 1986. Près de là se trouve le **Palácio do Governo**, de 1841, palais de style néoclassique, dont le nom officiel est Palácio do Campo das Princesas (Palais du Champ des Princesses), en hommage aux filles de l'empereur Pedro II. À côté se situe l'extraordinaire **Teatro Santa Isabel**, inauguré en 1850. Ce théâtre, où furent donnés les concerts du compositeur Carlos Gomes, fut aussi la scène d'importants débats politiques, notamment ceux menés par les abolitionnistes Joaquim Nabuco, Rui Barbosa et Castro Alves, le "poète des esclaves". À sa gauche se trouve le **Palácio da Justiça**, doté d'une décoration luxueuse, de vitraux, d'un sol en marbre et de lustres en cristal de Baccarat.

❺ Rua da Aurora

Partez de la **rua da Imperatriz** et marchez jusqu'à l'**avenida Norte**, dans le quartier Boa Vista; ou bien partez de

Les maisons néoclassiques de la rua Aurora, près du fleuve Capibaribe

Le Teatro Santa Isabel, haut lieu de la vie culturelle et politique, a été soigneusement restauré

la **praça da República** et traversez le pont **Princesa Isabel**. Située sur la rive gauche du fleuve Capibaribe et orientée à l'est, cette rue est bordée de belles maisons colorées. Dans cette zone marécageuse, remblayée en 1807, furent bâties les premières constructions néoclassiques. Parmi celles-ci figurent notamment le **Ginásio Pernambuco** et le bâtiment de la **Secretaria de Segurança Pública**, ancienne résidence de Francisco do Rego Barros, comte de Boa Vista.

❻ Casa da Cultura

Dans le bâtiment de l'ancienne prison, désaffectée en 1973, les 156 cellules, ont été transformées en magasins – l'une d'elles a été conservée en l'état et peut être visitée.
Rua Floriano Peixoto, s/n, Santo Antônio, tél. (81) 3224-2850. Lun. à sam., 9h/19h ; dim., 9h/14h.

❼ Nossa Senhora da Conceição dos Militares

Cette église fut bâtie en 1710 par une confrérie formée de militaires des corps d'Artillerie et de Cavalerie. La chapelle, le maître-autel, doté d'une statue de Notre Dame de la Conception, le retable et l'arc central sont ornés de belles sculptures sur bois dorées. Sur le plafond rococo figurent des camélias, des volutes et des fleurs, et une peinture de la Vierge Marie enceinte entourée d'anges. Sur le plafond du chœur, une autre peinture imposante représente la première Bataille des Guararapes.
Rua Nova, 309, Santo Antônio, tél. (81) 3224-3106. Lun. à ven., 7h/17h.

❽ Matriz de Santo Antônio

Consacrée au saint patron du mariage, cette église fut construite par la Confrérie du Santíssimo Sacramento entre 1753 et 1790. Observez les lustres en cristal et les panneaux du peintre Sebastião Tavares.
Praça da Independência, Santo Antônio, tél. (81) 3224-5076/3224-9494. Tous les jours, 7h/12h, 14h/18h.

❾ Basílica de Nossa Senhora do Carmo

Dédiée à la patronne de Recife, cette basilique est l'une des plus belles et des plus imposantes de la ville. Claire et aérée, sa constructions commença en 1687 à la place du Palácio da Boa Vista, érigé par le gouverneur hollandais Maurício de Nassau. Achevée en 1767, elle porte des traits de la phase de transition du baroque, où les églises habituellement construites avec des chapelles latérales furent remplacées par des édifices à une seule nef et à couloirs latéraux. *Praça do Carmo, Santo Antônio, tél. (81) 3224-3341. Lun. à ven., 7h/18h; sam., 7h/12h.*

❿ Pátio do Terço et Pátio São Pedro

Situés dans le quartier São José, ces deux parvis forment un ensemble historique et culturel important. Ils furent aménagés au XVIIIe siècle, lors de la construction les églises **São Pedro dos Clérigos** et **Nossa Senhora do Terço**. Dans la première, observez notamment la porte d'entrée sculptée en bois de jacaranda, aux reliefs entourés de colonnes corinthiennes. Son parvis est devenu un refuge de la vie bohème. Actuellement, le mardi, des concerts en plein air, organisés par le **Projeto Terça-Feira Negra**, y sont donnés. L'autre église, à la façade modeste, fut bâtie par les esclaves à l'endroit où les voyageurs qui arrivaient à Recife venaient rendre grâce à la Vierge. Le lundi de Carnaval, a lieu sur son parvis la **Noite dos Tambores Silenciosos**, la nuit des tambours silencieux, cérémonie en hommage aux Noirs morts en esclavage: à minuit, les tambours des *maracatus* se taisent et les lumières s'éteignent.

Un Plus

🍽 L'un des restaurants les plus anciens du Brésil, le **Leite**, ouvert en 1882 dans le quartier Santo Antônio, sert deux des meilleurs desserts du monde, d'après certains gourmets: la *cartola* (lait caillé, banane, sucre et cannelle) et la mousse aux noix *(praça Joaquim Nabuco, 147, tél. 81/3224-7977)*.

Détail du Mercado Municipal São José, de 1875, aux structures venues de France. On y vend des plantes médicinales, de l'alimentation et de l'artisanat. Praça Dom Vital, s/n, São José, tél. (81) 3445-5990

Carnaval de la Diversité et du Frevo

Le Carnaval de Recife ne vous offrira pas les chars allégoriques millionnaires de Rio de Janeiro, ni l'organisation commerciale des groupes carnavalesques de Salvador. En revanche, il regorge d'originalité et de diversité. C'est le lieu de réunion des groupes et des rythmes aux plus diverses appellations: *clubes do frevo, blocos, bois, caboclinhos, maracatus, ursos, troças, escolas de samba*, qui ne sont là que pour danser, célébrer les traditions populaires et faire la fête librement dans les rues. Le signal des festivités est donné le samedi matin par le défilé du Galo da Madrugada (Le Coq de l'Aube), inscrit dans le *Guinness Book* comme étant le plus grand groupe carnavalesque du monde, car il entraîne près d'un million de personnes du Forte das Cinco Pontas aux avenues Guararapes et Dantas Barreto, dans le centre. Les fêtes se poursuivent dans le Vieux Recife et dans les quartiers Santo Antônio et São José, puis se divisent en huit pôles étalés sur 12 km².

Dans le pôle Todos os Ritmos, sur le parvis de l'église de São Pedro, on écoute un peu de chaque rythme: *coco, afoxé, samba, maracatu*. Au pôle Afro, sur le parvis du Terço, des groupes célèbrent la culture noire. Le lundi de Carnaval y a lieu la célèbre cérémonie de la Nuit des Tambours Silencieux, qui attire des milliers de personnes. Le pôle Mangue, sur l'avenue Cais da Alfândega, est un lieu d'avant-garde où se tient le festival Rec Beat, au cours duquel des groupes brésiliens et étrangers fusionnent musique régionale et moderne.

Le Carnaval du Pernambuco est le seul où l'on danse le *frevo*, un rythme de la fin du XIXe siècle, sur lequel les danseurs font des évolutions acrobatiques avec une ombrelle multicolore.

Le matin, les groupes de *frevo* parcourent les rues en exécutant les musiques assez lentes et cadencées. À mesure que la journée s'écoule, le rythme s'accélère, devient de plus en plus frénétique, des percussions viennent s'y ajouter, et il se confond alors avec le *maracatu* – autre genre musical étroitement lié à la culture du Pernambuco. Cette danse, née au XVIIIe siècle, plus ancienne encore que le *frevo*, est probablement dérivée de la tradition du "Roi du Congo", apportée au Brésil par les Portugais. Ses bases sont religieuses et font intervenir des éléments mystiques rappelant le candomblé. Les déguisements évoquent des rois noirs et blancs, des Indiens, des esclaves et des Bahianaises.

Atelier de Francisco Brennand: un musée à ciel ouvert dans la capitale du Pernambuco

Autres Attraits

Oficina de Cerâmica Francisco Brennand

Ce musée-atelier, construit sur une zone étendue de forêt Atlantique, abrite les œuvres du célèbre céramiste Francisco Brennand, ses sculptures aux formes phalliques et aux figures mystiques. Brennand a travaillé dans sa jeunesse à l'atelier de Fernand Léger, à Paris, mais a subi très fortemenet l'influence de l'architecte espagnol Antoni Gaudí. Plusieurs de ses fresques peuvent être vues dans la capitale, dont l'obélisque de 32 m de haut, connu comme Coluna de Cristal, dans le quartier du port.
Accès par l'avenida Caxangá, km 16, Várzea, tél. (81) 3271-2466. Lun. à ven., 8h/18h.

Instituto Ricardo Brennand

Ce bâtiment, qui ressemble à un château médiéval, abrite un musée, une pinacothèque et une bibliothèque. Le musée réunit 3 000 pièces d'armurerie. Dans la pinacothèque, le collectionneur Ricardo Brennand expose un fonds exclusif de peintures de Frans Post, le premier artiste européen à avoir peint les paysages des Amériques, ainsi que des tableaux de voyageurs qui vinrent au Brésil au XIXe siècle. La bibliothèque comprend 20 000 volumes, du XVIe au XXe siècle.
Alameda Antônio Brennand, s/n, Várzea, tél. (81) 2121-0352. Mar. à dim., 13h/17h.

Museu do Homem do Nordeste

Ce Musée de l'Homme du Nordeste, appartenant à la Fundação Joaquim Nabuco, est divisé en trois secteurs qui retracent la formation de la culture du Nordeste brésilien: **Açúcar**, où sont repris les aspects historiques et technologiques de la culture de la canne à sucre; **Oh de Casa!**, présentant les éléments utilisés dans les constructions de la région; et **Antropologia**, qui expose des objets provenant de l'univers folklorique,

religieux et artisanal du Pernambuco.
Avenida Dezessete de Agosto, 2187, Casa Forte, tél. (81) 3441-5500. Mar, mer. et ven., 11h/17h; jeu. 8h/17h; sam. et dim., 13h/17h.

FUNDAÇÃO GILBERTO FREYRE
87 ans (1900-1987) d'existence, ainsi que plus de 70 livres publiés au Brésil, dont *Maîtres et esclaves*, retracent l'œuvre du sociologue Gilberto Freyre, l'un des plus grands intellectuels brésiliens de tous les temps, dans son ancienne demeure, la **Vivenda Santo Antônio**. Cette maison seigneuriale du XIXe siècle, à la décoration presque intacte, renferme ses objets personnels et une bibliothèque de 40 000 volumes.
Rua Dois Irmãos, 320, Apipucos, tél. (81) 3441-1733. Lun. à ven., 9h/17h.

MUSEU DO ESTADO DE PERNAMBUCO
Ce palais du XIXe siècle, qui appartenait à la famille du baron de Beberibe, abrite plus de 12 000 pièces comprenant notamment du mobilier des XVIIe et XVIIIe siècles, de la porcelaine chinoise et anglaise et des œuvres du peintre Telles Júnior, originaire du Pernambuco. Dans le bâtiment annexe, l'**Espaço Cícero Dias** est consacré à des peintres locaux et à des expositions.
Avenida Rui Barbosa, 960, Graças, tél. (81) 3427-9322/3427-0766. Lun. à ven., 9h/17h30; sam. et dim., 14h/17h30.

PRAIA DE BOA VIAGEM
Plusieurs attaques de requins ayant eu lieu ces dernières années, il faut prendre quelques précautions s'imposent pour profiter de la **praia de Boa Viagem**, l'une des plus belles plages de Recife. Ne franchissez pas la barrière de récifs et installez-vous plutôt en face de l'immeuble Acaiaca, entre les rues Félix de Brito et Antônio Falcão, sur la partie la plus animée et la plus touristique de la plage.

UN PLUS
Décor moderne et cuisine contemporaine: telle est la recette du **Wiella Bistrô**, un restaurant accueillant du quartier Boa Viagem *(avenida Engenheiro Domingos Ferreira, 1274, tél. (81) 3463-3108).*

Forte Frederick Hendrick, de Frans Post. Huile sur toile, fonds de l'Institut Ricardo Brennand

LITTORAL SUD

Cabo de Santo Agostinho a des eaux tranquilles, des falaises et des collines. Ce cap fut le point de repère des premiers navires européens qui arrivèrent au Brésil et son fort résista à l'invasion hollandaise au XVIIe siècle. **Calhetas**, **Gaibu** et **Pedra do Xaréu** sont ses plages les plus prisées. **Porto de Galinhas**, un village de pêcheurs difficile d'accès jusqu'aux années 1970, a été envahi par les touristes à partir des années 1990, époque où l'on a construit des hôtels, des restaurants, des bars et des commerces. On dit que le nom du village – "port des poules" – remonte au XIXe siècle : alors que la traite des Noirs était interdite depuis 1850, afin de tromper les autorités, l'expression codée "poules d'Angola" servait à désigner les esclaves amenés illégalement d'Afrique. Les plages principales sont **Muro Alto**, **do Cupê**, **da Vila** et **Maracaípe**. Bien plus au sud, la plage de **Carneiros**, à **Tamandaré**, est un arrêt obligatoire pour le voyageur faisant le trajet Maceió-Recife ou vice-versa.

PROMENADE EN BUGGY

L'association de conducteurs de buggys *(tél. 81/3552-1930)* propose différents circuits. Le plus connu est le "ponta-a-ponta", qui, en 2h30, parcourt les plages de Muro Alto à Maracaípe, et peut se prolonger jusqu'à Serrambi, au sud de Porto de Galinhas.

ATELIER CARCARÁ

Gilberto Rodrigues do Nascimento, surnommé **Carcará**, originaire de l'État de Piauí, est l'artiste vedette de Porto de Galinhas. Il crée avec des troncs et des racines de cocotiers des poules géantes, qui ornent l'entrée et une vingtaine de coins de rues du village. Son atelier, situé à Quadra H, lote 7, s/n *(tél. 81/9136-6688)*, dans lequel travaillent six artisans, est ouvert au public.

❶ Pedra do Xaréu
Encadrée par les rochers et une mer bleue assez calme. L'accès est un peu compliqué : roulez 9 km à partir de Calhetas ; au bout de l'asphalte, suivez la piste en terre jusqu'au bout, puis prenez la direction opposée à celle de la praia do Paiva.

❷ Gaibu
Avec ses maisons de pêcheurs et de vacanciers, c'est l'une des plages les plus urbanisées et les plus fréquentées de Cabo de Santo Agostinho. Elle s'étend sur 3 km, avec des cocotiers, des paillotes, du sable fin et une mer calme.

❸ Calhetas
Les 200 m de sable de cette petite baie aux eaux claires et à la belle végétation sont entrecoupés de rochers. Le week-end, la plage est bondée de groupes de touristes. Allez au bar d'Artur, qui propose une carte complète de plats et de hors-d'œuvre.

❹ Muro Alto
Cette plage tranquille doit son nom à la barrière de corail qui forme une piscine naturelle de plus de 2 km. Idéale pour les sports de voile.

❺ Praia do Cupê
Beau paysage de cocotiers et de mer où alternent bleu et vert. À l'extrémité gauche de la plage, les eaux sont plus calmes. Sur les autres parties, la baignade est déconseillée de mars à décembre, lorsque les courants sont forts.

❻ Praia da Vila
Plage du centre de Porto de Galinhas, c'est le point de départ des jangadas qui emmènent les baigneurs aux piscines naturelles. Toujours bondée l'été, c'est un lieu d'animation et de drague.

❼ Maracaípe
Mer agitée où les vagues atteignant 2,5 m de haut presque toute l'année attirent les surfeurs. Bars et restaurants sur la plage. De l'embouchure de la rivière, à droite, le coucher de soleil est inoubliable. Les *jangadeiros* proposent des promenades tous les jours, de 8 17 heures, afin de voir les hippocampes dans la mangrove, où ils sont protégés par le programme Hippocampus.

PERNAMBUCO

⑧ Praia de Carneiros
Eau bleue transparente et sable clair. Sur une partie la mer est agitée, l'autre est protégée par des coraux. Des cocotiers et l'estuaire du rio Formoso complètent le paysage. Plage accessible par la Pousada do Farol ou bien, pour ceux qui sont en forme, au bout d'une longue marche de 6 km à partir du centre de Tamandaré.

OLINDA

On dit que le nom de cette ville provient d'une exclamation de Duarte Coelho, noble du Pernambuco, qui aurait déclaré, après avoir gravi l'une de ses collines : "Oh! Linda situação para se construir uma vila" ("Oh! Quelle belle localisation pour bâtir un village"). Vous serez d'accord avec lui. Fondée en 1537, Olinda fut la capitale du Pernambuco pendant des années jusqu'à ce qu'elle perde ce titre au profit de Recife, distante de 7 km par la route PE-01. Vous découvrirez, au cours d'une promenade à pied dans le Centre Historique, classé au patrimoine de l'humanité par l'Unesco, un bel exemple de ville coloniale brésilienne, à travers ses églises, ses musées et ses rues.

CONVENTO DE SÃO FRANCISCO

L'un des endroits les plus intéressants de ce couvent, le premier à avoir été construit par les franciscains au Brésil, en 1585, est le **Capítulo**, le chapitre, où les moines se réunissaient pour délibérer. Cette petite salle est décorée d'azulejos portugais bleus, jaunes et blancs, et son plafond est formé d'un caisson représentant la Sainte Famille. *Rua de São Francisco, 280, Centro Histórico, tél. (81) 3429-0517. Lun. à ven., 7h/11h30 et 14h/17h; sam., 7h/12h.*

IGREJA NOSSA SENHORA DA GRAÇA ET SEMINÁRIO DE OLINDA

Le père Antônio Vieira, auteur des célèbres *Sermons*, enseigna la rhétorique dans ce séminaire durant la première moitié du XVIIe siècle et contribua à rendre célèbre le Real Colégio d'Olinda, comme la "Coimbra des Amériques" (Coimbra était à l'époque une ville universitaire portugaise rayonnante). L'église, construite par Duarte Coelho en 1550, fut incendiée

UN PLUS

Au restaurant **Oficina do Sabor**, le plat principal est le *jerimum recheado com camarão ao molho de pitanga* (potiron garni de crevettes à la sauce à la cerise de cayenne), ce mariage frise la perfection (*rua do Amparo, 335, tél. 81/3429-3331*).

Centre historique d'Olinda, fondée en 1537, avec la ville de Recife à l'arrière-plan

par les Hollandais et restaurée en 1660.
Rua Bispo Coutinho, s/n, Centro Histórico, tél. (81) 3429-0627. Lun. à ven., 14h30/16h30.

IGREJA DE NOSSA SENHORA DA MISERICÓRDIA

L'intérieur de cette église comporte certains éléments remarquables, tels que le bas-relief baroque de style Jean V, la nef centrale dotée d'un beau pupitre où figurent les armes de la Maison d'Autriche, les fonts baptismaux en pierre de taille portugaise et les médaillons du plafond représentant la vie de la Vierge Marie. Sur le parvis de l'église, qui offre une excellente vue d'Olinda, le capitaine André Temudo et un grand nombre de braves guerriers du Pernambuco perdirent la vie en résistant aux envahisseurs hollandais en 1630.
Rua Bispo Coutinho, s/n, Centro Histórico, tél. (81) 3429-2922. Tous les jours, 6h/11h et 14h/18h.

MOSTEIRO DE SÃO BENTO

Le maître-autel est le chef d'œuvre de ce monastère. Il a 13,6 m de haut, 7,9 m de large, 4,5 m de profondeur et un poids de près de 12 tonnes. Il fut exécuté entre 1783 et 1786, sur l'ordre de l'abbé Miguel Arcanjo da Anunciação. Entièrement en bois et doré à la feuille, il est couvert de guirlandes, de fleurs, de coquilles et d'anges. Bien qu'il soit considéré comme l'un des exemplaires les plus achevés du style rococo, il annonce déjà l'équilibre des lignes néoclassiques. Entièrement détérioré par les termites, il a été parfaitement restauré pour être exposé au Musée Guggenheim, à New York, en 2001.
Rua de São Bento, s/n, Centro Histórico, tél. (81) 3429-3288. Tous les jours, 8h/11h30 et 14h/17h.

RUA DO AMPARO

Cette rue, l'une des plus anciennes d'Olinda, est une sorte de couloir culturel de la ville, comprenant auberges, restaurants, musées et ateliers d'artistes. Au n° 45 se trouve l'atelier de Sílvio Botelho *(tél. 81/3439-2443)*, connu sous le nom de **Casa dos Bonecos Gigantes**, où l'artiste crée les fameux personnages du Carnaval d'Olinda. Près de là, au n° 59, se trouve le **Museu do Mamulengo** *(tél. 81/3429-6214)*, qui expose au moins 700 marionnettes typiques du théâtre populaire du Nordeste – il est recommandé d'assister au spectacle du **Teatro Só-Riso**, rua Treze de Maio *(tél. 81/3429-2934)*. Toujours dans la rua do Amparo, au n° 91, on vend le *pau-do-índio*, un mélange de 32 herbes, de miel et d'eau-de-vie *(cachaça)* réputé pour ses vertus aphrodisiaques. Enfin, au n° 212, se trouve la **Bodega de Véio**, le bar le plus prisé des noctambules.

CONTEMPLATION

Olinda offre également quatre excellents points de vue panoramiques. Les plus ravissants se trouvent sur l'esplanade du **Seminário de Olinda** et sur le **largo da Igreja da Sé**. Du premier, on peut admirer les tours des églises centenaires avec l'océan Atlantique en arrière-plan. De

---

GUIDES JUNIORS

Les guides non officiels d'Olinda racontent souvent des histoires rocambolesques pour attirer les touristes. Évitez-les. Faites appel aux *guias-mirins* (guides juniors) de la municipalité, qui portent un uniforme jaune et se trouvent à l'office du tourisme *(praça do Carmo, 100, tél. 81/3305-1048)*. Ces guides sont bien informés, ils parlent anglais et leur service est gratuit.

Igreja e Mosteiro de São Bento: datant du XVIe siècle, c'est le deuxième plus ancien du Brésil

ce même point de vue, observez plus au sud le port, Recife, la plage Ponta D'el Chifre et une partie du fleuve Beberibe. Du second, on voit les innombrables toits des vieilles maisons coloniales, noyés dans le feuillage des arbres fruitiers et des palmiers plantés dans les jardins d'Olinda. Les deux autres points de vue sont ceux de **Ribeira** et du **largo da Misericórdia**.

Ateliers

En plus de ses constructions religieuses et historiques, de ses rues escarpées et de ses belles maisons, la ville d'Olinda abrite des ateliers d'artistes importants, tel que **Gilvan Samico**, considéré comme le plus grand graveur sur bois du Brésil. Tout au long des rues et des côtes de la ville, sont disséminés plus de 70 ateliers. Rien que dans la rue do Amparo on en dénombre une dizaine, dont ceux d'**Iza do Amparo**, de **J. Calazans** et de **Teresa Costa Rêgo**. La célèbre aquarelliste **Guita Charifker** habite à proximité *(rua Saldanha Marinho, 206, tél. 81/3429-1758)*. Le peintre **João Câmara**, originaire de Paraíba, et son réalisme magique méritent eux aussi le détour *(rua de São Francisco, 157, tél. 81/3429-2845)*.

Igarassu

Igarassu est l'un des premiers pôles d'immigration portugaise au Brésil. Cette charmante ville historique aux rues irrégulières et aux constructions des XVIe, XVIIe et XVIIIe siècles classées au patrimoine national, se situe à 30 km au nord de Recife (par la route BR-101, en passant par Olinda). Visitez l'**Igreja Matriz de São Cosme e São Damião**, construite en torchis en 1535 et considérée comme la plus ancienne église encore existante du Brésil – bien qu'il ne reste de l'édifice d'origine que les quatre murs. Brûlée en 1634 lors de l'invasion hollandaise, elle fut reconstruite après 1654, avec des pierres et de la chaux, en style maniériste, avec des lignes droites et un fronton triangulaire. Elle est consacrée à saint Côme et saint Damien auxquels on attribue le miracle de 1685: alors que les habitants des villes voisines, Recife, Olinda, Itamaracá et Goiana, étaient frappés par la fièvre jaune, seul ce village fût épargné. Les anciennes plantations de canne à sucre d'Igarassu méritent également le détour, surtout celle de **Monjope**, une construction de 1756 qui conserve la maison seigneuriale, la maison des esclaves, la chapelle de São João et le moulin à sucre désaffecté. Igarassu a aussi des beautés naturelles, comme l'île **Coroa do Avião**, où est établi un centre de recherche sur les oiseaux migrateurs.

Le Carnaval Descend la Colline

Au moins 500 groupes carnavalesques envahissent les rues escarpées d'Olinda durant les six jours de fête, du vendredi au mercredi des Cendres. Les festivités ont lieu dans le Centre Historique, où défilent les clubs, les *blocos*, les *troças*, les *afoxés* (groupes afros), les *caboclinhos*, les *maracatus* et les écoles de samba. Ce carnaval est l'un des plus originaux du Brésil, car il préserve les traditions folkloriques du Pernambuco – au son du *frevo*.

L'une de ses caractéristiques est la présence de personnages à grosses têtes en papier mâché, dont certains font plus de 3 m de haut. Le plus célèbre d'entre eux est l'**Homme de Minuit**, apparu pour la première fois en 1932, qui annonce l'ouverture officielle du Carnaval le samedi à minuit. Ceux qui souhaitent former leur propre groupe, hors programme, n'ont qu'à parcourir les rues en jouant du cornet, et ils seront immédiatement suivis par au moins trois ou quatre joyeux lurons.

Le *bloco* A Corda, par exemple, a commencé avec un seul fêtard qui parcourait les rues à quatre heures du matin en portant une grosse corde (*a corda* en portugais) et en criant: "Acorda, acorda" ("Réveille-toi, réveille-toi"). Aujourd'hui, ce groupe est formé de dizaines de personnes qui réveillent les habitants pour les inviter à participer aux festivités.

Le lundi a lieu la fameuse rencontre des *maracatus*, organisée par **Mestre Salustiano**, l'une des plus grandes autorités de la culture populaire du Pernambuco et l'un des responsables de la préservation de rythmes populaires comme le *coco*, la *ciranda*, le *caboclinho* et le *maracatu*. Quatre-vingt-dix groupes de *maracatu* de "baque solto" (d'origine rurale) et de "baque virado" (proche du candomblé) se rassemblent dans le quartier **Cidade Tabajara** et se déplace de la **Casa da Rabeca**, atelier de mestre Salustiano, à l'**Espaço Cultural Ilumiara**.

Personnages à grosses têtes (bonecos): symboles du Carnaval d'Olinda

FERNANDO DE NORONHA

Situé 4° en dessous de la ligne de l'équateur et à 545 km de Recife, cet archipel est formé de 21 îles préservées, qui en font un sanctuaire écologique, habitat d'oiseaux et d'animaux marins, comme les tortues et les dauphins. Depuis 1988, une partie de son territoire a été transformée en parc national, zone protégée où la pêche, même sous-marine, est interdite. Ainsi, pour se rendre sur l'île, il faut payer une taxe de préservation de l'environnement, dont le tarif varie selon la durée du séjour. Deux vols quotidiens partent de Recife à destination de l'archipel, et deux autres de Natal (*Nordeste-Varig, 0300-7887-000; Trip-Linhas Aéreas, 0300-7898-747*). D'octobre à février, des croisières partant de différents points du pays y jettent l'ancre (*consultez www.naviosecruzeiros.tur.br*). Noronha est en avance d'une heure par rapport à l'heure officielle de Brasília. La saison sèche s'étend de septembre à mars. Les autres mois, le soleil alterne avec de fortes pluies. En septembre et octobre, avec un peu de chance, le touriste peut voir des baleines.

GUIDE DE SURVIE SUR L'ÎLE

Il n'existe à Fernando de Noronha qu'un seul bureau de poste (Correios), une seule agence bancaire et une seule route. Les deux établissements se trouvent à la **Vila dos Remédios**, principal centre urbain. La route reliant le port à la baie de Sueste, la route BR-363, de seulement 6,8 km de long, est la plus petite route fédérale du pays. Le meilleur moyen de locomotion sur l'île est le buggy. Il existe plusieurs points de location, dont Locbugue (*tél. 81/3619-1490*). Il est également possible de louer une moto ou un vélo, de prendre un taxi ou le bus, qui passe toutes les 30 minutes. Mais si vous n'êtes pas pressé, faites comme les habitants: du stop.

PLAGES

L'île principale de Noronha fait 17 km^2 et possède 16 plages d'accès libre. Onze

Vue aérienne de Fernando de Noronha: sanctuaire écologique d'oiseaux et d'animaux marins

d'entre elles se situent face à la *mar de Dentro*, "mer Interieure", sur la côte de l'île orientée vers le continent, où les eaux sont généralement tranquilles. Les autres font face à la *mar de Fora*, "mer Exterieure", du côté orienté vers le large. Quatre plages sont à connaître absolument: **Atalaia**, **Leão**, **baía dos Porcos** et **Sancho**. N'oubliez pas d'emporter masque, tuba et palmes.

Praia do Atalaia

Essayez de vous souvenir de l'eau la plus cristalline que vous ayez jamais vue. L'eau de cette plage est encore plus limpide. Il s'agit d'une piscine pleine de petits poissons colorés sur un fond de sable blanc. L'accès est contrôlé par l'Institut Brésilien de l'Environnement et n'est permis qu'à marée basse, avec une limite de 25 personnes à la fois pouvant y rester 20 minutes au maximum.

Praia do Leão

Cette plage, l'une des plus grandes de l'île, avec une mer agitée et deux délicieuses piscines naturelles à chaque extrémité, est presque toujours déserte. De janvier à juin, elle est l'un des principaux lieux de ponte des tortues marines. Pour cette raison, l'accès est interdit après 18 heures.

Baía dos Porcos

On dit que le nom de cette baie ("baie des Cochons") fut donné par les Américains à cause de sa ressemblance avec la fameuse baie des Cochons, au sud de Cuba, qu'ils envahirent en 1961 afin de renverser le gouvernement de Fidel Castro. Mais il y a controverse sur ce point: des habitants de l'île assurent qu'un cochon dégringola la colline et vint tomber sur la plage. Quoi qu'il en soit, les quelques 70 pas de long de la petite bande de sable et de rochers à l'eau vert émeraude sont un petit bijou. On y voit le **morro dos Dois Irmãos** et, derrière, une muraille de roche et de végétation. À côté, est située l'une des plus fameux plages de surf de l'archipel et du Brésil: la paradisiaque Cacimba do Padre.

Praia do Sancho

Pour beaucoup, c'est la plus belle plage de Noronha. L'accés se fait par la colline, par le sentier qui part du Mirante dos Golfinhos, un point de vue qui permet d'admirer le panorama dans toute sa plénitude: une mer verte à perte de vue avec des vagues qui frappent doucement le sable fin et jaune. Pour compléter le tableau, de la végétation et des rochers formant une immense muraille. Il faut passer par un escalier enclavé dans une faille et descendre une dizaine de marches jusqu'à la plage.

Promenade en Bateau et en Kayak Sur la "mer Interieure"

Connaître une plage à partir de la mer, c'est assister à un concert de musique classique assis au milieu de l'orchestre. À Noronha, c'est comme si l'on se trouvait face à un Bernstein ou un Karajan. Outre le spectacle offert par des plages d'une beauté singulière, la promenade en bateau est une occasion d'approcher de près des dauphins, dans la **baía dos Golfinhos** (baie des Dauphins). Essayez de prendre un bateau le matin; l'excursion, d'une durée de trois heures, part du port et longe les onze plages de la "mer Interieure", s'arrêtant pour la plongée dans la **baía do Sancho**. Les réservations peuvent être effectuées à l'Abratur *(tél. (81) 3619-1360)*. En kayak, la destination de la promenade est le **morro dos Dois Irmãos**. Le départ est à 8 heures, sur un kayak à deux places, orienté par un guide et accompagné d'un bateau à moteur.

Contacter: Remos da Ilha, tél. (81) 3619-1914.

Randonnées

Le naturaliste anglais Charles Darwin débarqua à Fernando de Noronha en février 1832 où il collecta des données pour ses recherches. Vous pourrez vous aussi en explorer les recoins en parcourant ses sentiers. Le principal, celui de **Capim-Açu**, d'environ 6 km de long, l doit être parcouru avec des guides autorisés par l'Institut Brésilien de l'Environnement et demande au touriste un minimum de préparation physique et d'esprit d'aventure. Au cours de la randonnée, observez les oiseaux et les arbres comme le *mulungu*. Les quatre points de vue (Mirantes do Vor, da Viração, do Farol et do Capim-Açu) procurent un

Les dauphins passent la matinée à se faire des câlins et à se reposer

panorama insolite et éblouissant de l'île. Les guides peuvent être contactés au Centro de Visitantes (alameda Boldró) à partir de 20 heures.

Plongée

Il existe dix-neuf points de plongée autonome et libre. Douze d'entre eux se situent sur la côte faisant face au continent. Selon la saison, la visibilité atteint 50 m. L'eau a une température moyenne de 26°. On y voit des raies, des requins, des murènes, des poissons flûtes, des tortues et des barracudas. *Contacter: Águas Claras, tél. (81) 3619-1225; Atlantis, tél. (81) 3619-1371; Noronha Divers, tél. (81) 3619-1112.*

Mirante da Baía dos Golfinhos

Le meilleur moment pour se poster à ce point de vue et observer les dauphins qui entrent dans la baie est de 5h30 à 7h30. Cela vaut la peine de se lever à l'aube parce qu'ils viennent généralement en groupes de plus d'une centaine d'individus. Ils s'amusent toute la matinée à se faire des câlins et à se reposer, puis, en fin de journée, repartent au large pour se nourrir.

Projeto Tamar – Programme Tortues Marines

Tous les soirs, à 21 heures, des membres du Tamar (programme de préservation des tortues marines du Brésil) donnent des conférences gratuites au **Centro de Visitantes** *(tél. 81/3619-1171)* sur des thèmes liés à l'écologie. Les sujets sont variés et changent tous les jours.

TV Golfinho

Nulle part ailleurs il vous sera donné d'assister au peu ordinaire *Jornal da Ilha*, le journal télévisé local, produit par TV Golfinho (antenne locale du réseau

Site de plongée pour débutants et vétérans

Globo) et retransmis du lundi au vendredi, avant le feuilleton de 19h50. Il s'agit d'un journal d'une quinzaine de minutes, donnant les "nouvelles" de l'île, produites par un seul reporter, muni de sa caméra, et une présentatrice. Une curiosité à ne pas rater.

Un Plus

Si vous ne voulez pas vous limiter aux restaurants des auberges de Fernando de Noronha – ou si vous souhaitez varier un peu –, vous avez une possibilité: depuis 1990, dona Iraci Silva dirige la bonne cuisine de l'**Ekologiku's**, en préparant avec soin des recettes traditionnelles de poissons et de fruits de mer. En haute saison, le restaurant est très recherché; arrivez tôt et régalez-vous avec les *moquecas* aux crevettes ou aux langoustes *(estrada Velha do Sueste, s/n, tél. 81/3619-1807).*

PERNAMBUCO

TRACUNHAÉM DANS LA ZONA DA MATA

Artisanat en terre cuite : tradition et renommée dans tout le pays

Tracunhaém, l'un des plus grands centres de céramique d'art du Brésil, doit sa renommée à la maîtrise de ses habitants au travail de l'argile. Cette ville de près de 13 000 habitants se situe dans la Zona da Mata, à 63 km de Recife par la route BR-408, puis par la PE-090. Presque la moitié de la population se consacre à la canne à sucre ou à la poterie. Cette tradition est un héritage des Indiens Tupis, qui modelaient des pipes avec la terre locale. Les quelques 300 artisans produisent des objets ménagers, figuratifs et sacrés. La visite des atelier constitue une agréable promenade. Parmi les principaux artisans figurent **Zezinho de Tracunhaém**, qui travaille l'argile depuis plus de quarante ans et produit des pièces d'art sacré telles que des images de saint François et de saint Antoine *(avenida Desembargador Carlos Vaz, 110, tél. 81/3646-1215)*. Le charisme et la simplicité de **mestre Maria Amélia** font de cette octogénaire l'une des figures les plus chéries et les plus respectées de la ville. Elle a appris à pétrir la terre encore enfant, avec son père, patron d'une poterie. Des premiers animaux de l'enfance elle est passée aux images saintes exécutées avec perfection *(praça Costa Azevedo, 76, tél. (81) 3646-1778)*. **Mestre Nuca**, l'un des plus vieux artisans de la ville, est très connu pour ses lions à la crinière bouclée *(rua Manuel Pereira de Moraes, 118, tél. (81) 3646-1448)*. **Zé Dahora** produit des objets ménagers *(rua do Rosário, 14, tél. 81/3646-1277)*. Un bâtiment abrite le **Centro de Produção Artesanal** (Centre de Production Artisanale), qui rassemble une cinquantaine d'artisans locaux *(praça Costa Azevedo, s/n)*.

Caruaru Dans L'Agreste

En plein cœur de l'Agreste, entre la Zona da Mata et le sertão, à 134 km de Recife (par la route BR-232), se trouve Caruaru, ville réputée mondialement pour son artisanat en terre cuite et capitale de l'un des rythmes les plus typiques du Nordeste, le *forró*. La **Feira de Caruaru** est considérée comme la plus grande foire populaire du Nordeste. Elle a lieu tous les jours au **Parque 18 de Maio**, sur une aire de 2 hectares, dans le centre et on y vend de tout: de l'artisanat, des fruits, des légumes, de la viande, des appareils électroniques, des herbes. Le **Museu do Cordel**, dans le secteur de bijoux fantaisie, comprend des centaines de xylogravures et de brochures de littérature populaire de colportage, les *cordéis* (fermé le dimanche). Dans la nuit du dimanche au lundi, l'espace est occupé par la **Feira da Sulanca**, où l'on vend des vêtements de confection populaire et où viennent s'approvisionner les revendeurs des villes voisines. À 7 km du centre se trouve le quartier **Alto do Moura**, rendu célèbre par les travaux en terre cuite de **Mestre Vitalino**. D'autres artisans importants y vivent, comme **Zé Caboclo**, **Mestre Galdino** et **Manuel Eudócio**. L'Unesco considère ce quartier comme le plus grand centre d'art figuratif des Amériques. Dans la **Rua Mestre Vitalino**, la rue principale, les ateliers sont ouverts au public. Il y a aussi le **Memorial Mestre Galdino**, où sont exposés des travaux de l'artiste *(fermé le lundi)*, et la demeure **Casa-Museu Mestre Vitalino**, jours *(ouverte tous les jours)*. Il ne faut pas rater la fête de Saint-Jean, aussi importante que celle de Campina Grande, dans l'État voisin de Paraíba. Réalisée dans le **Parque de Eventos**, la **Festa de São João** dure trente jours et attire près de 100 000 personnes qui viennent assister aux concerts de *forró*. Dans ce même parc, le **Museu do Forró** retrace l'histoire de ce genre musical, et le **Museu do Barro**, celle de l'artisanat régional *(praça Coronel José de Vasconcelos, 100, tél. 81/3722-2021)*.

La maison-musée de Mestre Vitalino, qui conserve les objets personnels et les outils de l'artisan

Quand le Soleil se Couche

Mon premier contact avec le *sertão* fut littéraire: un volume usé de *La Guerre de la fin du monde*, de Mario Vargas Llosa, puis, cinq minutes après la dernière page, *Terre de Canudos*, d'Euclides da Cunha. C'est une bonne présentation: bien que peu de voyageurs visitent physiquement le *sertão*, on peut dire qu'il n'existe pas un Brésilien qui n'ait rêvé de cette région, qui n'ait lu *Diadorim*, de João Guimarães Rosa, vu ou lu *Sécheresse*, de Graciliano Ramos, vu *Le Dieu noir et le Diable blond*, de Glauber Rocha. J'ai toujours été étonné du rôle du *sertão* dans l'imagination brésilienne. Lors de mon premier voyage au Brésil, je fus surpris de découvrir que les Brésiliens qui le visitent sont rares – et c'est dommage, car au cours de mes voyages j'ai connu peu de lieux aussi remarquables.

La beauté du *sertão* ne réside pas dans ses attraits les plus frappants. Certes, il a sa beauté naturelle dans les gorges du fleuve São Francisco, dans la riche *caatinga* de Raso da Catarina, dans la serra do Araripe, ou dans la serra da Borborema. Sa cuisine, allant du *sarapatel* (plat à base d'abats de porc ou de mouton, très épicé) à la *carne-do-sol* (viande séchée au soleil) est unique. Les genres musicaux tels que le *forró* et le *xaxado* y ont vu le jour. Mais la plus grande beauté du *sertão* réside dans quelque chose de moins palpable: dans l'esprit du lieu, de son histoire, du peuple qui y habite.

Il est impossible de voyager dans le *sertão* sans se rappeler que de nombreux passages de l'histoire du Brésil s'y sont déroulés. On peut visiter Canudos et Monte Santo, traverser les villes qui remplissent les pages de *Terre de Canudos*, rencontrer des vieillards dont les grands-parents, voire les parents, étaient vivants à l'époque d'Antônio Conselheiro. Bien que la ville de Canudos ait été déplacée, et malgré la construction du barrage sur le rio Vaza-Barris, lorsque le niveau du réservoir baisse on peut encore voir les tours des églises et évoquer les jours de révolte.

On peut suivre la trace du *cangaceiro* Lampião – bandit très connu ayant terrorisé le *sertão* au long des trois premières décennies du XXe siècle – en partant de sa ville natale, serra Talhada; elle a été transformée en un musée fascinant et pittoresque par un chercheur appliqué, qui guide les visiteurs au cours de promenades dans la ville. Ou bien connaître Casa Branca, dans l'État d'Alagoas, le lieu de sa première grande incursion, ou Mossoró, dans le Rio Grande do Norte, où il lança un assaut mal préparé, qui fut repoussé. On peut aussi louer un bateau de pêche et se rendre à Angicos, ville pittoresque du Sergipe qui surplombe le rio São Francisco, où l'on peut suivre le chemin que les brigades volantes parcoururent silencieusement, il y a 65 ans, en descendant le fleuve, et au bout duquel, sous une fusillade nourrie, elles mirent fin au *cangaço* en attaquant le campement de la fameuse bande de Lampião, tapie dans l'ombre et le silence du lit asséché de la rivière.

Juazeiro do Norte témoigne de la véritable foi des habitants du *sertão*, qui font un voyage de plusieurs jours afin de rendre hommage au père Cícero Romão Batista. En dehors des lieux historiques du *sertão*, la vie se manifeste aussi. À moins de deux heures de Recife se trouve Caruaru, où une foire bruyante déplace des foules de visiteurs venant des villes voisines. Fabricants d'horloges et guérisseurs s'installent le long de montagnes de fruits et de sacs de riz, les enfants dansent devant de lourds haut-parleurs qui diffusent les plus récents morceaux de *forró*, composés par des groupes au nom étrange comme Rabo de Gato (Queue de Chat) ou Sovaco de Cobra (Aisselle de Serpent). Les vendeurs de livres de *cordel*, la littérature du Nordeste, annoncent la publication d'ouvrages comme *Caruaru aujourd'hui et hier* ou *La fille devenue serpent*. La foire a lieu tous les jours de la semaine, mais c'est le samedi que l'on peut prendre effectivement conscience du rôle qu'elle tient dans la vie du *sertão*.

Il y a d'autres lieux, moins connus, mais tout aussi fascinants. Le Vale do Catimbau, un parc naturel situé près de Boique, l'atelier du grand écrivain populaire J. Borges, à Bezerros, également dans le Pernambuco, la colonie religieuse de Santa Brígida, près de Paulo Afonso, dans l'État de Bahia.

Mes deux endroits de prédilection dans le *sertão* sont les villes de Triunfo, dans le centre du Pernambuco, et Piranhas, dans l'Alagoas. Village surplombant la serra da Borborema, Triunfo bénéficie d'un climat frais, de beaux chemins de randonnée ponctués de chutes d'eau, d'un excellent musée retraçant l'histoire du *cangaço*, de rues aux pierres irrégulières et de quelques personnes figurant parmi les plus sympathiques que je connaisse. Triunfo fait partie du circuit d'hiver du Pernambuco, une série de villes montagneuses où ont lieu des festivals célébrant le froid de l'hiver. Elle se trouve près de serra Talhada, point de départ vers le lieu de naissance de Lampião, ainsi que vers d'autres sites historiques, comme Princesa Isabel, dans la Paraíba, où fut proclamée la République Indépendante de Princesa.

Piranhas se situe dans une vallée encaissé, au bord du fleuve São Francisco. Ses maisons peintes aux couleurs de l'arc-en-ciel sont un jardin fleuri au milieu de la *caatinga* intacte. Des restaurants s'alignent sur la berge du fleuve. Il y a un musée dans la gare, deux charmants petits hôtels et, non loin de là, la station balnéaire de Xingó. Il y a de nombreuses excursions au long des berges où est ancré le barrage de Xingó, ou en descendant le fleuve, jusqu'à la Fazenda Angicos, dans le Sergipe, lieu où Lampião passa sa dernière nuit.

Dans le *sertão*, j'étais généralement seul. Mais la solitude était adoucie par la gentillesse des habitants. En effet, il est difficile de faire une promenade sans que l'on vous tende une chaise en osier ou une tasse de café. Les grandes histoires de prédicateurs illuminés et de *cangaceiros* sont entourées de milliers d'autres histoires, racontées par les vieillards qui connurent les sécheresses et le *cangaço*, et qui continuent de travailler dans les champs.

Si l'histoire vivante ou la sympathie des *sertanejos* ne sont pas des raisons suffisantes pour donner envie de visiter le *sertão*, il en existe une dernière. Même si les journées sont chaudes et sèches, et si les volets fermés des villages plongent les rues dans le silence, un incroyable changement se produit dans le *sertão* dès que le soleil descend à l'horizon. Il n'y a rien de semblable à cette lumière qui colore la végétation d'un jaune merveilleux et dore les murs blanchis à la chaux. Alors, des enfants sortent en bandes des maisons fermées pour jouer dans les rues, les adolescents se rassemblent autour d'une chanson, sur les terrasses les vieillards s'assoient dans un fauteuil à bascule. Un soir comme celui-là justifie à lui seul le long voyage.

Daniel Mason,
médecin et écrivain nord-américain, auteur de L'Accordeur de piano

Bezerros

Voisine de Caruaru (à 24 km à l'est par la route BR-232), Bezerros porte le titre de "capitale de la xylogravure", technique d'origine chinoise employée pour reproduire des images sur papier à partir d'un bois gravé. On ne sait pas comment cette technique est arrivée au Nordeste, mais ce fut sans doute au cours des invasions hollandaises. La diffusion de la xylogravure est associée à la littérature de *cordel* (les livrets en vente dans les foires sont suspendues sur un cordon, d'où son nom), qui dépeint généralement le quotidien du *sertão*, comme les foires, le *cangaço*, les fêtes et la sécheresse. Le précurseur de ce genre littéraire est mestre Noza, originaire du Pernambuco. Dans les années 1960, la ville de Bezerros est devenue l'un des principaux centres brésiliens de xylographie, avec, comme figure majeure, José Francisco Borges, surnommé **J. Borges** *(BR-232, km 100, tél. 81/3728-0364)*. Aujourd'hui, différents artistes (dont des fils et des parents de J. Borges) ont leur propre atelier dans la ville : **J. Miguel** *(BR-232, km 106, tél. 81/3728-3673)*; **Amaro Francisco** et **Nena** *(rua José Rufino, 135, loteamento São José, tél. 81/3728-4038* et **Givanildo** *(rua José Pessoa Sobrinho, 232, São Pedro, tél. 81/9625-1406)*. Le **Centro de Artesanato de Pernambuco** *(BR-232, km 107, tél. 81/3728-2094)*, qui comprend un musée, un magasin, un auditorium, des ateliers et un centre de design, possède un fonds de 400 pièces d'artisanat d'autres régions du Pernambuco. Il serait aussi dommage de ne pas visiter l'**Oficina de Papangu** *(rua Otávia Bezerra Vila Nova, 64, Santo Amaro, tél. 81 9102-0665)*, atelier de **Lula Vassoureiro**. Cet artiste est chargé de l'animation du Carnaval de la ville, avec ses masques colorés de Papangu (personnage imaginaire dont le nom provient d'*angu*, plat à base de maïs que l'on servait autrefois aux participants du Carnaval). Lula Vassoureiro orne également les poteaux de la ville de masques gigantesques issus d'une tradition folklorique centenaire.

SERRA DA CAPIVARA

Au moins 500 sites archéologiques sont disséminés sur les 130 000 hectares du **Parque Nacional da Serra da Capivara**, créé en 1979 et classé au patrimoine mondial par l'Unesco en 1991, situé à São Raimundo Nonato, au sud-est de l'État du Piauí. Le nom de la montagne provient des images rupestres de cabiais que l'on peut voir sur ses parois. La préhistorienne Nième Guidon, coordinatrice des travaux menés dans la région depuis vingt ans, affirme que des vestiges indiquent que la région était habitée par l'homme il y a au moins 60 000 ans *(lire page suivante)*. Cette idée est objet de polémique, car elle remet en cause la thèse selon laquelle le continent ne serait peuplé que depuis 20 000 ans. Des sentiers traversant la *caatinga* et un paysage de canyons et de formations rocheuses mènent aux sites archéologiques. Le sentier le plus intéressant est celui de la **Pedra Furada**, la pierre percée, appelée ainsi à cause d'un trou de 15 m de diamètre sur une paroi de 60 m de haut. La signalisation et l'entretien de ce parc sont impeccables. Il faut signaler également le **Parque Nacional de Sete Cidades**, dans le Piauí, l'une des plus belles attractions naturelles de cet État. Toutefois, ces deux réserves manquent de structure hôtelière et de restaurants, tout comme la ville de **Petrolina**, située au bord du fleuve São Francisco, sur la frontière avec Bahia, point de départ pour connaître la serra da Capivara lorsque l'on vient du Pernambuco. La ville se trouve à 776 km de Recife par la route BR-232. Pour arriver au parc national *(tél. 89/3582-1612)*, au départ de Petrolina prenez la BA-235 sur 310 km, jusqu'à la commune de São Raimundo Nonato, où se trouve le **Museu do Homem Americano**, dirigé par Nième Guidon. La ville offre une structure hôtelière à 35 km de la réserve, tel que l'hôtel **Serra da Capivara** *(tél. 89/3582-1389)*. On peut également gagner Petrolina par avion depuis Recife, Rio de Janeiro et Brasília.

Gorge de la Pedra Furada : vallée entourée de parois rocheuses multicolores

Berceau de l'Homme Préhistorique

En 1963, quand j'étais archéologue au Museu Paulista, la mairie de São Raimundo Nonato, dans l'État du Piauí, me montra des photographies de peintures rupestres de la région. Je me rendis immédiatement compte de la différence entre ces peintures et tout ce qui était connu dans le monde en matière d'art rupestre. J'essayai de connaître la région la même année. Je me rendis à Casa Branca, dans l'État de Bahia, mais la pluie avait emporté un pont et il me fut impossible de continuer.

D'autres circonstances me firent partir vivre en France et, durant plusieurs années, je gardai ces images en mémoire. Je réussis à retourner au Nord-Est du Brésil en 1970 et la population locale me montra les premiers sites où existaient des peintures. À cette époque, tout était très différent. Les communautés vivaient isolées du reste de l'État. La seule route menant à la capitale, Teresina, passait au milieu d'une terre sablonneuse, dans les gorges de la serra da Capivara. Aujourd'hui, cette route est un itinéraire touristique visité parfois par plus de 400 personnes en une seule journée. Mais à l'époque nous n'avions que deux possibilités: soit nous nous enlisions dans le sable, soit nous passions à nos risques et périls le plus vite possible. C'est ce que nous fîmes, en dérapant et en versant presque dans le bas-côté. Il n'y avait alors ni électricité, ni eau potable.

En 34 ans de présence dans la région, nous avons pu retracer son évolution culturelle, la protéger et la diffuser. Les peintures rupestres sont les manifestations les plus abondantes, les plus claires et les plus spectaculaires laissées par les populations préhistoriques qui vécurent jadis dans la zone du Parque Nacional da Serra da Capivara.

Nous avons effectué des sondages et des fouilles afin de dater ces peintures et de les situer dans un contexte socioculturel précis. Cela a incité les chercheurs à accélérer et à élargir les fouilles pour obtenir des données et poser les fondements de cette découverte qui révolutionnait les théories sur le peuplement des Amériques.

Nous savons ainsi que l'homme vivait déjà dans la région du parc il y a au moins 60 000 ans. Sa présence fut continue jusqu'à l'arrivée des colonisateurs blancs. Les sites présentent les datations les plus anciennes que nous ayons obtenues dans cette zone sont les abris-sous-roche (cavernes, en langage populaire) formés par l'érosion qui, en agissant à la base des parois rocheuses, détériore la partie inférieure de ces parois et cause la formation d'une partie saillante servant de toit.

Les hommes préhistoriques utilisèrent la partie protégée de ces abris comme campement, comme lieu de sépulture et comme support de la représentation graphique de leur tradition orale. La base économique de ses peuples était la chasse, la cueillette et la

Représentations humaines et anthropomorphiques

Peinture polychrome

pêche. Les peintures rupestres représentent avec richesse de détails leur évolution socioculturelle pendant au moins 15 000 ans, ce qui constitue l'une des plus longues et des plus importantes archives sur l'humanité actuellement disponibles dans le monde.

Ces sociétés préhistoriques vivaient en équilibre avec l'environnement, dont elles se servaient de diverses manières, sans jamais en épuiser les ressources. Le modèle économique que nous pouvons déduire des études réalisées dans la région du parc indique que les premiers habitants commencèrent par occuper un espace vide, sans concurrents. Les premiers groupes entreprirent une exploitation concentrée en certains points, car la productivité était bonne et n'exigeait pas de grands efforts de leur part. La matière première des outils de pierre était toujours celle qui se trouvait le plus près possible du site.

Il y a 8 000 ans, contraints par les changements climatiques et par la chute probable du potentiel des écosystèmes – résultat de la disparition de la mégafaune –, les hommes préhistoriques durent s'adapter en utilisant toutes les possibilités naturelles de manière variée et alternative. On remarque alors une sélection de la matière première, qui commence à être collectée parfois loin des campements et des villages, une recherche de matériaux d'une meilleure qualité, ce qui entraîne la fabrication d'outils d'une plus grande efficacité technologique.

Les premiers vestiges laissés par les peuples agriculteurs sont âgés de 3000 à 3500 ans. De 3 000 à 1 600 ans avant notre époque restent des vestiges de peuples qui vivaient dans des villages circulaires formés de dix ou onze maisons elliptiques, disposées autour d'une place centrale. Ces villages occupaient les vastes vallées du plateau de la dépression périphérique ou le sommet du plateau, sur les formations sédimentaires. Les enterrements étaient très élaborés. Des sépultures secondaires étaient faites dans des urnes ou dans des fosses creusées dans la terre.

Comme nous pouvons le constater à partir des données archéologiques, il existe une grande richesse et une grande variété d'informations sur ces groupes. Tous les peuples originaires de la région du Parque Nacional da Serra da Capivara ont été exterminés par le conquérant blanc. Aujourd'hui, seule l'archéologie peut nous aider à les connaître. Cet héritage nous permet actuellement de développer la région, extrêmement pauvre, et d'offrir au visiteur une structure dont les sentiers ont des sites archéologiques comme aires de repos ou de destination. Le Museu do Homem Americano présente au visiteur un résumé de plus de trente ans de recherches dans un cadre très agréable.

Nièd Guidon,
préhistorienne et directrice de la Fundação Museu do Homem Americano

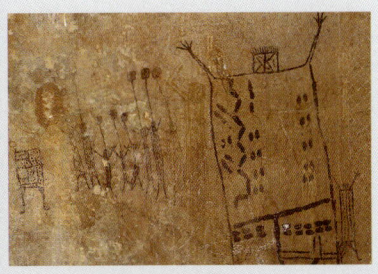

Figures humaines à parures

Peinture rupestre appelée *Scène de l'arbre*

João Pessoa

Largo de São Pedro: maisons du centre historique et Igreja de São Pedro Gonçalves

En 1930, João Pessoa, ex-gouverneur de l'État de Paraíba, fut assassiné par un adversaire politique à Recife. En son hommage, on rebaptisa Parahyba, la capitale de l'État, qui avait déjà changé de nom à plusieurs occasions. Fondée en 1585 sous le nom de Nossa Senhora das Neves, la ville, située à 120 km de Recife par la route BR-101, est née aux abords du rio Sanhauá, un affluent du Paraíba, puis s'est étendue jusqu'à la mer. Avec une population d'environ 650 000 habitants, elle possède deux grands parcs – le **Parque Arruda Câmara** et la **Mata do Buraquinho**, une réserve de 515 hectares de forêt Atlantique.

Igreja de São Francisco et Cidade Baixa

Les murs revêtus d'azulejos qui entourent le parvis représentent la Passion du Christ. Dans l'église, remarquez le pupitre, avec un bas-relief doré, et le chœur, avec ses riches stalles. Au fond du cloître mauresque du couvent se trouve la **Capela da Ordem Terceira**. Des fenêtres énormes de cette chapelle, on voit le fleuve Sanhauá et le quartier historique **Cidade Baixa**, où se trouve l'**Hotel Globo**, le plus ancien de la ville. Construit en 1928 et mêlant les styles art nouveau, art déco et néoclassique, il est entouré de maisons colorées en cours de restauration.
Praça São Francisco, Centro, tél. (83) 3218-4505. Tous les jours, 9h/12h, 14h/17h.

Ponta do Seixas

Ce coin de terre entre les **praias de Cabo Branco** et **do Seixas** est la pointe orientale des Amériques, plus proche du Sénégal, en Afrique, que de São Paulo. On y arrive en prenant l'avenue du bord de mer en direction sud, jusqu'à la colline où est situé le **Farol do Cabo Branco** (Phare).

Mercado de Artesanato Paraibano

Ce marché d'artisanat regroupe 128 boutiques où l'on vend des broderies, des dentelles aux fuseaux, Renaissance et *labirinto* (labyrinthe), des tissages (hamacs, châles et tapis) et de la maroquinerie. Le magasin **Filipéia**, au premier étage, vend de beaux ouvrages de bonne qualité.
Avenida Senador Rui Carneiro, 241, Tambaú, tél. (83) 3247-3135. Lun. à sam., 9h/19h; dim., 9h/17h.

Praia do Jacaré

Tous les jours, Jurandy do Sax, du bar **Aldeia do Rio** sur la praia do Jacaré (accès par la BR-230), répète le même rituel: il saisit son saxophone et joue le *Boléro* de Ravel au bord du rio Paraíba, jusqu'au coucher du soleil.

Littoral Sud

Au bout de la route PB-008, direction sud, se trouve **Tambaba**, une belle plage de nudisme située dans la commune de Conde. Cette grande étendue de sable

Eaux tranquilles parsemées d'embarcations

Un Plus

🍽 Le sympathique restaurant **Mangai**, au fourneau à bois et à l'ambiance rustique, offre plus de trente plats typiques du *sertão* de Paraíba, disposés sur un buffet soigné. Au menu, des curiosités comme le *rubacão* (riz et haricots noirs cuits ensemble avec de la viande) et le *sovaco de cobra* (viande séchée effilochée et grillée, servie avec du manioc) *(avenida General Édson Ramalho, 696, tél. 83/3226-1615).*

Praia do Jacaré: bars, musique et paysage splendide

blanc protégée par des falaises et des plantations de cocotiers est devenue un refuge de naturistes, qui interdisent l'accès aux baigneurs vêtus et aux hommes non accompagnés. Il est également interdit de filmer ou de prendre des photos. Si vous préférez un cadre d'un autre genre, vous pouvez profiter des 200 m de plage (avant d'arriver sur le site de naturisme) où les maillots de bain sont autorisés. On peut aussi choisir entre les plages voisines, **Jacumã**, **Carapibus**, **Tabatinga**, **Coqueirinho** et **Bela**. Les trois dernières sont presque intactes et peu fréquentées.

Mamanguape et Lamantins au Nord

Le paysage de cette région littorale compense l'accès difficile et le manque d'infrastructure touristique. Pour connaître les plages **Campina**, **Oiteiro** et **Barra do Mamanguape**, suivez la route BR-101 sur 45 km (à partir de João Pessoa) et prenez à droite au panneau "Projeto Peixe-Boi/Barra do Mamanguape". Continuez sur 30 km – sur une piste en terre traversant une plantation de canne à sucre – jusqu'à Campina, la moins jolie des trois plages, sable tassé et mer agitée. Oiteiro, à 5 km de distance, protégée par des collines, offre une mer propice au surf et une vue panoramique.
À l'autre bout, en retournant vers Campina, se trouve Barra do Mamanguape, où le fleuve se jette dans la mer, qui abrite un village de pêcheurs et une station du programme de protection du lamantin.

Fête de la Saint-Jean à Campina Grande

Campina Grande se situe à l'intérieur de l'État de Paraíba, dans la serra da Borborema, à 130 km de João Pessoa par la route BR-230. Tous les ans, au mois de juin, la ville organise "la plus grande fête de la Saint-Jean du monde" selon ses habitants. À Campina Grande, terre de chanteurs improvisateurs, de joueurs de *viola* (guitare à cinq cordes) et de rodéos, la fête traditionnelle de juin a lieu dans le **Parque do Povo**, zone centrale de la ville, de 4 hectares. Pendant tout le mois, l'événement attire près d'un million de personnes qui viennent danser au son du *forró*, manger, boire et s'amuser à la chaleur des feux de joies et dans l'agitation des banderoles colorées. Au moins deux cents baraques vendent des spécialités, comme les galettes de tapioca, la *pamonha* (pâte de maïs sucrée), la patate douce, le *bolo de fubá* (gâteau au maïs), le manioc, le *cuscuz com carne guisada* (tapioca et viande hachée), la *carne de bode* (viande de bouc) et la *cachaça*. Tous les jours ont lieu des spectacles de quadrilles et des concerts de groupes typiques de *forró* sur différentes scènes. Assistez également aux événements parallèles, comme le mariage collectif – reposant sur la foi en saint Antoine, le patron du mariage – et la pittoresque course de bourricots. Les animaux inscrits courent par batteries de quatre, après avoir reçu un surnom amusant, faisant souvent allusion à des pilotes de Formule 1. Quant au fameux **Trem Forroviário**, il s'agit d'un train qui emmène les touristes de la vieille gare de Campina Grande au district de Galante. Des trios de *forró* (formés d'un accordéon, d'un triangle et d'un tambour) animent les wagons durant la promenade.

DESTINATION
NATAL

Ensoleillé toute l'année, le Rio Grande do Norte, à l'extrême nord-est du pays, est la destination rêvée pour ceux qui recherchent les belles plages et le repos. Et quelles plages! Les dunes les plus célèbres du Brésil se trouvent à Genipabu et peuvent être explorées au cours de belles promenades en buggy. L'animation se concentre sur le littoral de Pipa, au sud. Rien que le voyage en voiture depuis Natal, au long du bord de mer, est un programme inoubliable. Au nord, les piscines naturelles de Maracajaú invitent à la plongée. La région de Natal allie la bonne structure d'accueil de la capitale *potiguar* (nom d'origine tupi signifiant "mangeur de crevettes", relatif à ce qui est originaire du Rio Grande do Norte) à la brise constante de l'un des airs les plus purs du Brésil. Le Rio Grande do Norte est fier d'être le berceau de la *carne-de-sol* (viande séchée au soleil), plat typique de nombreux États du Nordeste. Natal se remplit de touristes au début du mois de décembre, époque de son Carnaval hors saison, le *Carnatal*.

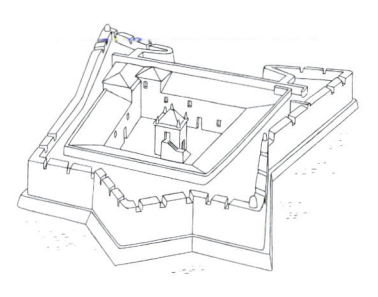

POINTS FORTS DE LA DESTINATION

NATAL
  Genipabu (25 km)
  Maracajaú (60 km)
  En route pour Pipa

PIPA (67 km)
  En buggy jusqu'à Paraíba

Distances à partir de Natal

NATAL

Natal est réputée pour ses magnifiques plages, mais la plupart de ses attraits se trouvent en fait dans ses environs. Les meilleuress choix d'hébergement se concentrent toutefois dans la zone urbaine, notamment le long de la Via Costeira, une belle avenue de bord de mer reliant le centre, situé sur la partie élevée, à la très animée Ponta Negra.

Ponta Negra

Quartier animé, parsemé de bars et de restaurants, Ponta Negra a fait perdre à la **praia dos Artistas**, plus près du centre, le rang de plage préférée des habitants de Natal. Cela est dû à la revitalisation de Ponta Negra, grâce à la construction d'une allée piétonne et l'assainissement des égouts des poissonneries. La plage de sable fin et aux eaux chaudes a été dotée d'une bonne structure d'accueil. À côté, l'accès au populaire **morro do Careca** est interdit pour éviter la disparition de ses dunes, menacées par l'érosion.

Centro de Turismo

Le Centre de Tourisme de Natal, dans le bâtiment qui a abrité l'ancienne prison publique du XIXe siècle jusqu'aux années 1970, a été classé au patrimoine historique en 1988. Sa restauration a transformé les cellules en 36 échoppes d'artisans et en

Un Plus

Le **Pestana Natal Beach Resort** – réputé le meilleur hôtel de Natal – allie le confort de ses appartements à un accueil extrêmement professionnel. Logés en pleine Via Costeira, sur une partie très agréable du bord de mer, les clients bénéficient d'une excellente plage pour la baignade, de maîtres-nageurs particuliers, d'une infrastructure adaptée aux handicapés physiques et des activités pour enfants et adultes tous les jours de la semaine.

Plus d'informations à partir de la page 462.

Le Forte dos Reis Magos, en forme d'étoile, fut pris par les Hollandais en 1633

RIO GRANDE DO NORTE

Bateaux sur le littoral potiguar : Natal est le point de départ de nombreuses promenades

agences de services divers.
Rua Aderbal de Figueiredo, 980, tél. (84) 3211-6149. Tous les jours, 8h/19h.

FORTE DOS REIS MAGOS
En forme de polygone étoilé et faisant face au vaste panorama des **praias do Forte** et **do Meio**, le **Forte dos Reis Magos** est le monument le plus ancien de la capitale. Situé sur la rive du rio Potengi, l'histoire du fort se confond avec celle de Natal. En 1633, une bataille qui dura quatre jours culmina avec l'invasion hollandaise, suivie d'une occupation de 21 ans. Bien conservée, la forteresse a des murs de 14 m d'épaisseur et des canons, pesant jusqu'à 800 kilos, dont les projectiles pouvaient être lancés à 800 m de distance. Le fort de Natal fait partie du patrimoine historique national depuis 1949.
Avenida Presidente Café Filho, s/n, praia do Forte, tél. (84) 3202-9013. Tous les jours, 8h/16h30.

LA MÉMOIRE DE CÂMARA CASCUDO

L'un des intellectuels du Rio Grande do Norte les plus illustres, Luís da Câmara Cascudo (1898-1986) prête son nom à trois centres d'intérêt de la capitale. Folkloriste, historien, ethnographe, professeur et écrivain, l'auteur d'*Antologia do folclore brasileiro* (1944) a inspiré le **Museu Câmara Cascudo** *(avenida Hermes da Fonseca, 1398, tél. 84/3215-4192. Mar. à ven., 8h/11h30 – entrée jusqu'à 10h30 – et 14h/17h30; sam. et dim., 13h/17h)*. Les deux étages de ce musée sont consacrés aux sciences naturelles, à l'anthropologie et à l'archéologie. Sa bibliothèque, comprenant 10 000 volumes, dont des manuscrits et des livres notés, se trouve dans un bâtiment de 1875, au **Memorial Câmara Cascudo** *(praça André Albuquerque, 30, tél. 84/3211-8404. Mar. à sam., 9h/17h; dim., 7h/19h)*. Vous pouvez aussi visiter sa résidence, la **Casa de Câmara Cascudo** *(avenida Câmara Cascudo, s/n. Lun. à ven., 8h/17h)*.

Le vent modifie sans cesse la forme des dunes de Genipabu, les plus célèbres du Brésil

Genipabu

Principal centre d'intérêt de Natal, **Genipabu** se situe en fait à 25 km de la capitale, dans la ville d'Extremoz que l'on atteint en bateau à partir de Ribeira. Ce village de pêcheurs abrite les dunes les plus célèbres du Brésil, une lagune aux eaux froides, et plusieurs immeubles qui font fausse note au milieu du paysage naturel du **Parque Ecológico Dunas de Genipabu**. Tout aussi étranges sont les dromadaires qui se promènent sur le sable. Si, d'après certains touristes, les promenades à dos de chameau sont peu confortables, la vie de ces animaux est encore plus dure, car ils ont du mal à s'adapter à l'humidité de la région. Les balades sur les dunes en buggy, très populaires, ont été réglementées afin d'éviter les accidents. Aujourd'hui seuls les conducteurs de buggy ayant une autorisation officielle peuvent pénétrer dans la zone de préservation naturelle. Il est également possible de louer un véhicule avec chauffeur à Natal même. La présence d'un conducteur professionnel évite tout souci durant le trajet, qui comprend la traversée en bateau de Natal à Redinha (plus rapide que le trajet par les routes RN-302 et RN-304). Si à Genipabu la plage est bondée, allez découvrir la plage voisine de **Pitangui**, une large bande de sable fin face à une mer sans vagues, ou **Jacumã**, avec sa lagune d'eau fraîche.

Buggy sur les dunes: promenade obligatoire

Maracajaú

Plonger parmi les coraux de **Maracajaú**, accessible par la route BR-101, équivaut à explorer un énorme aquarium naturel à ciel ouvert de 14 km². Cet ensemble de coraux, appelés "parrachos", est situé à 7 km de la **praia de Maracajaú**, un village de pêcheurs situé à 60 km au nord de Natal. Les bateaux y viennent à marée basse, lorsque la profondeur n'atteint que 3 m, permettant ainsi d'observer, dans l'eau tiède et limpide, les bancs de poissons et, avec un peu de chance, des langoustes et des crevettes.

Sur la Terre Ferme

Une bonne façon de se rendre à Maracajaú est de s'inscrire à une excursion d'une journée dans une agence de tourisme de Natal. Si l'on prend soe même la route en voiture, on doit souvent s'arrêter en chemin afin d'obrenir des renseignements, car la signalisation est plutôt précaire. On peut encore remonter les plages en buggy, une promenade merveilleuse, mais vérifiez auparavant le calendrier des marées avant de vous engager sur les dunes. En plus de ses "parrachos", Maracajaú a une plage agréable, avec des cocotiers, des dunes, des lagunes et de bons restaurants situés face au phare **Tereza Pança**, bâti à l'endroit où coula le navire du même nom.

Contacter: Porpinotur, tél. (84) 3082-0341/9981-8553.

Un Plus

Fatigué de manger du poisson? À votre retour à Natal, goûtez à l'authentique cuisine du Nordeste au **Restaurante Mangai**. Il propose cinquante spécialités du *sertão* telles que la *buchada de bode* (tripes de bouc) et la *carne-de-sol com macaxeira* (viande séchée au soleil et manioc). Dégustez aussi les jus de *mangaba* et de *cajá* – on ne sert pas de boissons alcoolisées. *(avenida Amintas Barros, 3300, Lagoa Nova, tél. (84) 3206-3344).*

Les bateaux jettent l'ancre à sept kilomètres de la côte pour la plongée dans les lagons

En Route Pour Pipa

La fameuse Rota do Sol (Route du Soleil, RN-063), qui relie Natal aux plages du sud de l'État, mérite d'être parcourue en toute tranquillité. La route serpente le long de la côte et, au bout de 30 minutes à peine, à Búzios elle révèle des paysages bien différents de la scène urbaine de la capitale. Continuez jusqu'à Pipa, sur le chemin de la frontière avec la Paraíba, et arrêtez-vous autant de fois que vos yeux le demanderont.

Un Plus

🍴 Il n'y a pas de menu au restaurant **Camamo Beijupirá**, sur la plage de Tibau do Sul. Le chef Tadeu Lubambo choisit les plats du dîner le jour même et les clients lui font confiance. Après un apéritif comme la *caipiroska* à la fleur de cactus (cocktail à la vodka), une entrée et une salade, le plat principal peut être un mélange d'huîtres gratinées au gorgonzola, au basilic et au Cointreau. La maison reçoit au maximum cinq couples *(Fazenda Pernambuquinho, accès par la RN-003, km 3, tél. 84/3246-4195)*.

❶ Búzios
À 35 kilomètres de Natal, Búzios a des dunes sur sa longue bande de sable et une zone de mer calme. Mais soyez prudents dans la partie agitée de ces eaux tièdes, à cause des remous.

❷ Barra de Tabatinga
À 5 km de Búzios, à Barra de Tabatinga, une barrière corallienne à quelques mètres du sable brise la force des vagues et forme des piscines aux eaux calmes. Au sommet des falaises, la vue que procure le **Mirante do Golfinho** vaut le détour – même lorsqu'on n'a pas la chance d'apercevoir les dauphins, le panorama de la plage de Búzios est époustouflant.

❸ Guaraíras
Déserte et intacte, la plage de Guaraíras, difficile d'accès, est une bande de sable blanc, fin et doux face à une mer agitée. Pour gagner cette plage, prenez le bateau qui traverse la lagune de Guaraíra, à partir de Tibau.

❹ Tibau do Sul
La plage qui donne son nom à la ville est célèbre grâce à la vue privilégiée que l'on a du sommet des falaises, où l'on peut assister au coucher du soleil. Au sud, des cocotiers bordent la mer aux vagues douces. Au nord, on voit la rencontre de l'océan et de la lagune de Guaraíra.

Tibau do Sul, à 87 kilomètres au sud de Natal: eaux tièdes et point de vue sur le coucher du soleil

Rio Grande do Norte

❺ Praia do Madeiro

Avec ses eaux tièdes et son sable fin et blanc, la plage de Madeiro est l'une des plus belles du littoral du Rio Grande do Norte. Elle est accessible par les escaliers des hôtels Ponta do Madeiro et Village Natureza. On peut marcher sur la plage déserte jusqu'à l'**enseada dos Golfinhos**.

❻ Praia do Curral

Également délimitée par l'enseada dos Golfinhos, on la rejoint après une marche difficile sur les rochers. Des tortues marines ont l'habitude de pondre sur cette plage, de sable fin et blanc entourée de falaises.

PIPA

Le village de Pipa occupe le premier plan du littoral *potiguar* pour plus d'une raison. D'abord parce que sa nature est privilégiée par d'imposantes falaises aux tons rouges qui contrastent avec l'eau verte, fréquentée de temps à autre par les dauphins et les tortues marines. De plus, le vieux village de pêcheurs s'est professionnalisé : on y mange bien et on y loge mieux encore. Imprégné d'une atmosphère nostalgique du temps où il fut découvert par des hippies, ce district de Tibau do Sul attire beaucoup de gens qui viennent de Natal, à 67 km de là, et de différents coins du monde. Aujourd'hui, il y a des kilomètres de plages très peuplées pour ceux qui aiment l'animation, et une bonne partie de bord de mer plus tranquille. Si la modernité apportée par le tourisme n'a pas fait perdre leur cachet aux constructions rustiques du village, les tarifs ont augmenté et garer sa voiture est devenu une véritable épreuve de patience.

L'Animation du Centre

L'animation se concentre sur la **praia de Pipa**, au centre-ville. Elle regroupe toute sorte de gens, ce qui rend pratiquement impossible de s'y garer après 11 heures. À marée basse, les récifs forment de grandes piscines naturelles d'eau tiède face à la bande de sable blanc et fin. L'infrastructure et la vie nocturne de cette plage assez urbanisée sont les meilleures de Pipa.

Praias do Amor et Moleque

Malgré la mer agitée, la tranquillité règne sur cette petite bande de sable entourée de falaises. La **praia do Amor**, qui doit son nom ("plage de l'Amour") à sa

Un Plus

🍽️ De la cuisine du restaurant **La Provence**, dirigé par le Français Jean-Louis Ferrari, sortent des plats traditionnels du sud de la France, comme les cuisses de grenouilles à la sauce du chef. Le soir, ce restaurant convivial, qui propose une bonne carte de vins, est éclairé par des torches *(rua da Gameleira, s/n, tél. 84/3246-2280)*.

En forme de cœur, la praia do Amor est l'une des plages les plus tranquilles de Pipa

RIO GRANDE DO NORTE

Centre de Pipa : l'ancien village de pêcheurs est devenu lieu de tourisme animé

forme en cœur, a pour voisine, au sud, la **praia do Moleque**. La plage est un peu isolée, mais quelques kiosques proposent de grands *pastéis* (beignets à la garniture salée ou sucrée). Cette plage est surtout fréquentée par les surfeurs. Les marches commencent au **Chapadão**, une aire de terre battue d'où l'on peut apprécier le coucher de soleil. On y voit aussi la **baía Formosa**, à la frontière de l'État de Paraíba. Le parc naturel **Santuário Ecológico de Pipa** et la route de la **barra do Cunhaú** offrent également des vues panoramiques impressionnantes.

Praia das Minas

Bien conservée et dépourvue de toute urbanisation, la **praia das Minas** est, elle aussi, entourée de falaises, qui en rendent l'accès difficile. Les escaliers qui y mènent sont improvisés et plutôt précaires. Ce sont surtout les nudistes qui s'y aventurent pour aller s'étendre sur cette bande de sable parsemée de rochers.

Cap sur les villages tranquilles du nord

Tandis que Pipa s'ouvre au tourisme, le nord de l'État demeure peu exploré. Au-dessus de Maracajaú, de belles plages désertes et des villages traditionnels peu développés comblent la curiosité des plus aventuriers. Le **cabo de São Roque**, situé à côté des dunes de la **barra de Maxaranguape**, est l'un des points du littoral brésilien les plus proches de l'Afrique. Dans l'extrême nord-est du pays, à **Touros**, à 85 km au nord de la capitale, se trouve le phare le plus haut du Brésil, de 62 m. Environ 25 km plus loin, le village bucolique de **São Miguel do Gostoso** possède sur l'une de ses plages primitives la réplique du premier monument érigé par les Portugais, en 1501. Plus proche du Ceará, la **praia de Galinhos** est un refuge de routards, accessible en bateau. Elle se situe près de **Macau**, à 182 km au nord-ouest de Natal, dans une région de marais salants, où se trouve **Ponta do Mel**, autre plage pratiquement déserte.

Longue de 6 km, la plage de Baía Formosa est idéale pour les sports nautiques

En Buggy Jusqu'à Paraíba

Pipa est voisine de **Baía Formosa**, la dernière ville du sud *potiguar* avant la frontière de l'État de Paraíba. Partir de Pipa et visiter ses belles plages entourées de falaises peut être une promenade intéressante, surtout si vous êtes en buggy et empruntez les plages. Si vous préférez la route conventionnelle, prenez la BR-101.

Baía Formosa

Les pêcheurs et les surfeurs sont pratiquement les seuls à fréquenter cette plage, située à 115 km au sud de Natal. Baía Formosa est entourée de falaises et ses eaux sont parsemées de récifs et de petits bateaux multicolores. Cette baie est propice à la pratique de sports nautiques. La route du buggy traverse la région de **Mata Estrela**, l'une des dernières zones de forêt Atlantique du Rio Grande do Norte, et longe une lagune baptisée **Coca-Cola**, à cause de la couleur foncée de ses eaux.

Praia do Sagi

La dernière plage *potiguar* s'étend sur 18 km, alternant zones de rochers et bandes de sable blanc et fin. Au bout de la **praia do Sagi**, la mer aux eaux tièdes et claires se mêle au rio Guaju, qui sépare les deux États. La communauté de pêcheurs contribue au programme de préservation du lamantin, mené par l'Institut Brésilien de l'Environnement.

Un Plus

L'auberge **Toca da Coruja Pousada**, à Pipa, fait partie du circuit de charme et offre des appartements sophistiqués, en particulier pour les couples. Choisissez l'un des quatre chalets de luxe, de 120 m², dotés d'un vaste balcon avec hamacs, des lits douillets et d'une baignoire en émail dans un coin réservé. Pour rejoindre ces chalets, il faut passer sur une passerelle de bois construite à 1,5 m du sol afin de préserver la végétation.

Plus d'informations à partir de la page 462

DESTINATION
FORTALEZA

L'État du Ceará s'étend sur 573 km de littoral et le soleil y brille toute l'année. Tant de chaleur attire des visiteurs du monde entier. Ses 87 plages sont parsemées de jangadas aux voiles blanches des traditionnels pêcheurs de langouste. Avec 2 millions d'habitants, la capitale, Fortaleza, offre de bons programmes culturels et a une vie nocturne animée. Une réalité très différente du *sertão* (zone semi-aride) pauvre, où des foules font du Père Cícero, à Juazeiro do Norte, le centre d'un tourisme de dévotion. Terre des écrivains Rachel de Queiroz et José de Alencar, le Ceará se distingue également par ses falaises – de Beberibe et Canoa Quebrada, à l'est de la capitale –, ainsi que par ses dunes et ses lagunes – de Cumbuco et Jericoacoara, à l'ouest.

POINTS FORTS DE LA DESTINATION

FORTALEZA

CUMBUCO (30 km)

BEBERIBE (90 km)

CANOA QUEBRADA (167 km)

JERICOACOARA (300 km)
Jijoca de Jericoacoara (280 km)

Distances à partir de Fortaleza

FORTALEZA

Fortaleza ne se résume pas à ses 25 km de plages urbaines ou comme point de départ vers le littoral plus éloigné et charmant. Le **Centre Historique** de la ville, fondée par les Portugais en 1654, possède plus de cinquante demeures restaurées du XIXe siècle. La **praia do Meireles** accueille quotidiennement un marché d'artisanat nocturne. Sur la plage voisine, d'**Iracema**, la rua dos Tabajaras montre parfaitement comment un lundi soir peut être tout aussi agité qu'un samedi soir. L'un des centres culturels du Nordeste les plus animés est le **Dragão do Mar** (tél. 85/3488-8600), également situé à Iracema. Là, le *forró* (bal au rythme de la musique du Nordeste) du Bar do Pirata (tél. 85/3219-8030) est devenu une escale touristique obligatoire. En juillet, tout le monde danse dans les rues: c'est l'époque du **Fortal**, le carnaval qui a lieu en dehors de la période habituelle. Le belvédère le plus populaire pour admirer le coucher de soleil est la **Ponte Metálica**, sur la plage d'Iracema.

Praia do Futuro

Avec une température moyenne annuelle de 27° et ses eaux tièdes, la capitale du Ceará invite tout le monde à la plage. Allez à la praia do Futuro. C'est la plus belle des plages urbaines de Fortaleza, accessible depuis l'avenida Santos Dumont. Les jours ensoleillés, c'est la plage la plus recherchée et offre un programme plus agréable que les populaires Iracema et Meireles, plages plus centrales (d'où partent les bateaux pour les excursions au bord de la ville). La praia do Futuro, avec sa mer verte, possède des douches d'eau douce et des kiosques, qui assurent l'animation et proposent une bonne nourriture: essayez **Itaparikà** et **Atlântida**, lieux raffinés, ainsi que le traditionnel **Chico do Caranguejo**.

Centro de Turismo

Quand elle fut construite entre 1850 et 1866, la prison publique pouvait accueillir presque toute la population

Littoral urbain de Fortaleza: la capitale de l'État du Ceará offre culture et animation

de la ville, soit 1800 habitants. En 1991, les cellules du bâtiment de style néoclassique sont devenues le **Centre de Tourisme**, qui abrite 104 boutiques d'artisanat. En plus des spécialités régionales, comme les dentelles aux fuseaux et en *labirinto* (labyrinthe), les sculptures en bois, les hamacs et les bouteilles remplies de sable coloré, vous y trouverez un stand d'informations touristiques et le **Museu de Arte e Cultura Populares**. Ce Musée expose des œuvres d'artistes régionaux aux motifs culturels, historiques et religieux. Il y a également une zone de restauration rapide et des WC propres.
Rua Senador Pompeu, 350, Centro, tél. (85) 3488-7411. Lun. à sam., 7h/18h; dim., 7h/12h.

CENTRO DRAGÃO DO MAR

Le Centre d'Art et de Culture Dragão do Mar, principal centre culturel de la ville, a été inauguré en 1998. Il occupe une vaste superficie bien structurée de 30 000 m². On y trouve le **Museu de Arte Contemporânea do Ceará** (Musée d'Art Contemporain du Ceará), ainsi qu'amphithéâtre, cinémas, auditoriums, bibliothèque, librairie, café et boutique d'artisanat. Le **Memorial da Cultura Cearense** (Mémorial de la Culture du Ceará) retrace la vie quotidienne des bouviers du *sertão* du Cariri. Portant le surnom du *jangadeiro* Francisco José de

---

MUSEU DA CACHAÇA

Les amateurs d'une bonne eau-de-vie de canne à sucre brésilienne se régaleront au **Musée de la Cachaça**, à 30 km au sud-ouest du centre et déjà dans la ville de Maranguape. La **Fazenda Ypioca** ayant démaré la production artisanale de *cachaça* en 1846, le local possède un important matériel historique, tels les énormes tonneaux et le premier moulin de canne à sucre. L'un des fûts a une capacité de 374 000 litres! Documents, photos et films peuvent également être consultés dans cette jolie zone de verdure au pied de la **montagne de Maranguape**. La production a été interrompue mais il est toujours possible de goûter cette gnole typique du Ceará à la fin de la visite.
Rua Senador Virgílio Távora, tél. (85) 3341-0407. Mar. à dim., 8h30/17h30.

Nascimento, un des chefs du mouvement abolitionniste du Ceará, le **Dragão do Mar** a modifié la routine du voisinage : bars et restaurants ont proliféré et le **Quarteirão dos Artistas** est aussi animé le soir que la rua dos Tabajaras, pas très loin de là.
Rua Dragão do Mar, 81, Iracema, tél. (85) 3488-8600. Mar. à jeu., 9h/21h; ven. à dim., 10h/22h.

Theatro José de Alencar
Inauguré en 1910, ce théâtre de 776 places est le bâtiment historique le plus important de Fortaleza, classé au Patrimoine Historique National. Son architecture est un mélange de style néoclassique – le salon noble et la façade – et d'art nouveau – la grille de vitraux colorés et la salle de spectacles. La structure métallique du théâtre a été entièrement importée d'Écosse. La scène est mobile et le jardin latéral, projeté par Burle Marx, accueille une programmation variée. Visites guidées avec guides bilingues.
Praça José de Alencar, Centro, tél (85) 3452-1581. Lun. à ven., 8h/17h.

Rua Dragão do mar, 81, Iracema, tél. (85) 3488-8600. Mar. à jeu., 9h/21h; ven. à dim., 10h/22h. 3452-1581. Mon-Fri, 8am-5pm; Sat, 8am-noon.

Un Plus

Se distinguant par la simplicité des installations et son accueil, le restaurant **Cantinho do Faustino** sert une très bonne cuisine régionale avec des sauces au vin et aux herbes. Le cuisinier et propriétaire qui a donné son nom à l'endroit crée de nouveaux plats depuis 1993, tels que la *paleta de cabrito* (palette de chevreau) et la *lagosta mocororó* (langouste), préparé avec du vin de cajou aigre (caju azedo), sans oublier les *sorvetes de manjericão* (glaces au basilic) et la *rapadura* (sucre brut solidifié en forme de petite brique) *(rua Delmiro Gouveia, 1520, tél. 85/3267-4348).*

Conçu pour accueillir des hommes d'affaires, l'**Hotel Luzeiros** a connu un tel succès qu'il s'est également ouvert aux touristes. Ambiance moderne, accueil professionnel et chambres avec vue latérale et face à la mer. Équipé pour recevoir les handicapés physiques. Il est situé à la praia do Meireles, à côté d'Iracema et se révèle idéal pour les promenades à pied dans la capitale.

Plus d'informations à partir de la page 462.

Au Beach Park d'aquiraz, Frissons Garantis

Plus grand parc aquatique d'Amérique latine, le Beach Park se trouve à 29 km de Fortaleza, dans la ville d'Aquiraz. Dix-sept attractions vous attendent, dans ses piscines dotées de vagues et de toboggans. Sur le toboggan Insano ("Dément"), seuls les plus courageux s'aventurent à descendre les 41 m de hauteur, ce qui correspond à un immeuble de quatorze étages. Sur le kalafrio (de *calafrio*, "frisson") en forme de "U" et sur lequel on se laisse glisser dans une bouée, même les plus courageux arriveront les cheveux dressés sur la tête. Pour ceux qui recherchent le repos, profitez de la plage **Porto das Dunas** devant le parc ou allez loger au complexe hôtelier du *Beach Park.*
Rua Porto das Dunas, 2734, Aquiraz, tél. (85) 4012-3000. Tous les jours, 11h/17h. En basse saison, fermé les mardis et mercredis.

Voisine de la capitale, la plage de Cumbuco est un arrêt obligatoire pour les amateurs de tranquillité

Cumbuco

Cumbuco est un hameau de pêcheurs entouré de dunes et de lagunes à seulement 30 km de Fortaleza, accessible par la route CE-085. Il est devenu une excursion obligatoire pour tous les visiteurs de Fortaleza en quête d'une plage à la nature abondante et proche du centre urbain. Typique circuit d'une journée, cette plage de la ville de Caucaia, de sable blanc et fin, est bordée de cocotiers auxquels il est possible de fixer son hamac et se laisser aller.

Entre Dunes Et Lagunes
Le meilleur moyen de connaître la région est de louer un buggy avec chauffeur à la Cooperativa de Bugueiros de Cumbuco. En plus de la montée-descente sur les dunes, le paysage inclut la **lagoa Parnamirim**, lagune parfaite pour la baignade et pour la pratique de l'*esquibunda*, glissade sur les dunes assis sur une planche en aggloméré. Entre les résidences de vacances, la lagune **da Banana** est l'idéal pour la pratique de sports nautiques. Avec des vents aussi bons pour la planche à voile que pour le kitesurf, la **Barra do Cauípe** offre une vue surprenante sur l'océan Atlantique d'un côté et, derrière les dunes, sur l'embouchure du rio Cauípe, appelé Lagamar do Cauípe. Balades à cheval et en jangadas peuvent être effectuées à partir du hameau.

Plages Désertes
En plus des lagunes au milieu des dunes, Cumbuco possède de belles plages désertes, telles que **Icaraí, Tabuba, Pacheco** et **Cauípe**, toutes bordées de cocotiers. Les deux premières sont séparées par le rio **Barra Nova** et balayées par de fortes vagues. Pacheco abrite également de superbes dunes. Toutefois, la plus belle est sans doute celle de Barra do Cauípe, à l'embouchure du rio Cauípe.

BEBERIBE

Une longue suite de falaises et de cocotiers s'aligne sur le littoral à l'est de Fortaleza, en direction du village de Canoa Quebrada et du Rio Grande do Norte. Le lieu de départ pour explorer la région est la ville de Beberibe, située à 90 km de la capitale par la route CE-040. Commencez par le belvédère au sommet des grandes parois de sable blanchâtre de la plage de **Morro Branco**, riche en artisanat.

Les falaises de Morro Branco: un labyrinthe

L'ARTISANAT DE MORRO BRANCO
Évitez de vous rendre à Morro Branco en fin de semaine, lorsque le **Labirinto das Falésias** (Labyrinthe des Falaises) est assaillie par la foule de touristes. Venez en semaine et rencontrez tranquillement les dentellières qui confectionnent des dentelles aux fuseaux et en *labirinto* (labyrinthe). Leur habileté à manier les fuseaux en noix de *buriti* est impressionnante: leurs doigts sont sans cesse en mouvement pendant que la dentelle apparaît peu à peu. Ensuite accompagnez les guides de la mairie au milieu du Labyrinthe des Falaises, d'où on extrait le sable de différentes couleurs. Vous y verrez les artisans qui transforment le sable coloré des falaises en paysages dans de petites bouteilles – reproduisant ainsi minutieusement la même scène que l'on voit d'en haut, avec la mer bleue semée de jangadas.

EN BUGGY JUSQU'À SUCATINGA
Le voyage en buggy au bord de la mer est si agréable qu'il peut durer des heures, voire des jours, comme c'est le cas pour les aventuriers qui parcourent tout le littoral entre Fortaleza et Natal. Circuit d'une demi-journée, la région entre **Beberibe** et **Barra de Sucatinga** est d'une beauté singulière et les 20 km de bitume de la CE-040 pourraient être rapidement parcourus. Mais, louez plutôt un buggy à un chauffeur agréés et détendez-vous en profitant de la brise marine des plages. L'excursion commence à la **praia das Fontes**, avec ses parois de sable coloré. Le premier arrêt est à **Morro Branco**, puis on continue au long des **praias do Diogo** et **do Uruaú**, avec des dunes de

différentes couleurs. Sur ce terrain propice aux accidents, ne vous laissez pas tenter par la "balade avec émotion forte", et les manœuvres radicales, comme on les fait sur les dunes de Genipabu près de Natal, doivent être évitées. Près du village de pêcheurs d'Uruaú se trouve la lagoa do Cumbe, la plus grande lagune de la région. Elle est propice à la baignade, pour pratiquer des sports tels que le ski nautique et le jet-ski et pour prendre un verre. La route jusqu'à Barra de Sucatinga, point final du circuit, incite à la rêverie: le buggy longe la mer couverte de douces vagues, au milieu des cocotiers et des bateaux. Seul un discret petit village de pêcheurs est là pour briser la solitude.

Plages de l'est

Dans le sens inverse – de Barra de Tabatinga à Fortaleza – il y a d'autres belles plages désertes. À noter tout particulièrement le village de pêcheurs de Caponga, au bord d'une mer calme. La plage est voisine de **Barra Velha**, à l'embouchure du **rio Choró** et de **Balbino**, bordée de cocotiers. On y trouve un bon artisanat régional, en particulier en *cipó-de-fogo* (type de liane). Le samedi, ne manquez pas la traditionnelle **Feira de São Bento**, foire qui a lieu à 15 km, à Cascavel.

Un Plus

Meilleur hôtel de Beberibe, l'**Hotel Oásis Praia das Fontes**, face à la plage das Fontes, propose uniquement le système *all inclusive* (tout compris, même l'eau et le whisky). Les clients peuvent accéder librement au parc aquatique. Les chalets, rustiques et confortables, sont dispersés sur une vaste étendue de terrain. Il est conseillé de bien choisir sa chambre, car si vous recherchez le silence il faudra vous installer loin du salon de danse, ce qui vous obligera de faire un long parcours pour atteindre les autres installations de l'hôtel.

Plus d'informations à partir de la page 462.

La tradition de l'artisanat du Ceará se perpétue dans les mains des dentellières

Canoa Quebrada

Ancien paradis hippie, Canoa Quebrada est devenu une plage cosmopolite

Ce sont les hippies qui découvrirent, à la fin des années 1970, le village de pêcheurs de Canoa Quebrada. Situé au sommet d'une suite de falaises rouges, il est à 167 km à l'est de Fortaleza. Avec ses belles dunes et une plage de sable blanc, ce district d'Aracati (accessible par la route CE-040) a abandonné la pêche et vit essentiellement du tourisme, à tel point que sa tranquillité s'est presque vu menacée. De l'époque hippie sont restés des étrangers de différentes origines qui s'y sont fixés, ainsi qu'une certaine atmosphère nostalgique du village désormais mondialisé. Dans la rue principale, la très branchée "Broadway", les artisans exposent leurs ouvrages. Heureusement, la nature de Canoa et ses alentours ont été préservés. Si vous êtes gêné par les foules qui parfois envahissent le centre, louez un buggy ou faites une balade en jangada avec les pêcheurs.

Jusqu'à Redondas par le Bord de Mer

Moins mouvementée que la **praia de Majorlândia** – plage principale de Canoa Quebrada –, la côte à l'est est superbe et accessible en louant un buggy avec chauffeur. **Lagoa do Mato** est une plage déserte qui surprend par ses petits canyons sculptés par des sources d'eau douce coulant le long des falaises, tout comme celle de **Garganta do Diabo**. Le sable blanc et accueillant s'étend jusqu'à la plage de **Ponta Grossa**, tout aussi tranquille, entourée de falaises et avec la mer en pente ; en plus d'un petit village d'environ deux cents pêcheurs, le lieu possède quelques restaurants rustiques et des boutiques d'artisanat. La balade de 30 km se poursuit jusqu'à la **praia de Redondas**, où le décor des falaises aux tons rouges bordant la mer verte est superbe. C'est là qu'a lieu le 15 août la jolie procession maritime de *Nossa Senhora dos Navegantes*.

A Juazeiro do Norte, Une Démonstration de la foi Brésilienne

La plus grande nation catholique de la planète a dans la province de l'État du Ceará l'un des plus importants témoignages de sa foi. C'est à Juazeiro do Norte (570 km au sud de Fortaleza) que le mythe du Père Cícero Romão Batista – plus connu par ses fidèles comme "padim Ciço" – a transformé la ville en second plus grand centre de pèlerinage du Brésil (le principal restant Aparecida, dans l'État de São Paulo, lors tous les 12 octobre la Basilique de Nossa Senhora Aparecida, patronne du pays, accueille environ 200 000 fidèles).

Le 1er novembre, le Nordeste s'arrête pour accompagner le pèlerinage au pays du Padre Cícero – événement religieux qui est peut être le plus fervent du Brésil. On estime jusqu'à 500 000 le nombre de fidèles se rendant à Juazeiro à cette époque afin d'honorer le saint miraculeux, dont l'histoire se mélange à celle de la ville.

Né à Crato en 1844, Padre Cícero fut ordonné prêtre à l'âge de 26 ans. Deux ans plus tard, le Christ lui apparaît en rêve et lui demande de s'occuper des pauvres de Juazeiro, à 10 km de sa ville natale. En 1872, il pénétra à dos d'âne dans le petit village composé de quelques maisons en briques et d'une chapelle. A partir du moment où il foula le sol de ces terres, Juazeiro ne fut plus jamais la même – à tel point qu'on lui attribue la fondation de la ville.

Assez rapidement courut le bruit d'un miracle: lors de la communion d'une fidèle, l'hostie se serait émiettée et transformée en sang. Certains fidèles alléguèrent avoir été guéris de leurs plaies et de leurs maladies, ce qui suffit à propager la notoriété de Padim Ciço à travers le monde, jusqu'aux portes du Vatican.

Quasiment excommunié, le Padre Cícero se vit interdire de célébrer des messes. Il finit par entrer dans la politique et devint maire. Il est mort en 1934 à l'âge de 90 ans, laissant derrière lui un ensemble d'actions moralisatrices qui a été largement divulgué par son armée de dévots originaires du *sertão*.

Soixante-dix ans plus tard, Juazeiro est devenue la ville la plus peuplée de l'arrière-pays du Ceará avec environ 250 000 habitants, concentrés au milieu de la *caatinga* de la vallée du Cariri. Le tourisme religieux favorise l'économie grâce au commerce d'articles sacrés et à la visite des points touristiques: la statue du Padre Cícero, haute de 27 m, le musée où sont exposés ses objets personnels et le mémorial qui montre des photos d'époque et propose des séminaires sur sa vie. En dehors du jour du pèlerinage – le 1er novembre – Juazeiro reçoit traditionnellement beaucoup de visiteurs le 15 septembre, pour la fête de Nossa Senhora das Dores et le 20 juillet, anniversaire de la mort du prêtre.

Paysage de "Jeri": la croissance de la ville n'a pas diminué son charme

Jericoacoara

Les vents de la modernité qui soufflent sur les sables de Jericoacoara – à 300 km à l'ouest de Fortaleza – n'ont pas encore été assez puissants pour nuire à son charme. À commencer par le village, d'accès difficile sur 20 km de route escarpée à partir de Jijoca. Même s'il possède un cybercafé, l'ancien village de pêcheurs garde le charme des maisons simples et des ruelles en terre battue. Aucun poteau électrique ne vient défigurer le décor, car les câbles électriques ont été enterrés. En parcourant le village à pied, vous aurez l'impression de vous trouver dans une petite localité oubliée dans le passé. Pourtant, tout le monde a déjà entendu parler de Jericoacoara (dite "Jeri"), et la plupart de ceux qui y sont venus ont été émerveillés par sa beauté. En 2002, le Parque Nacional de Jericoacoara a été créé et seuls les buggys sont autorisés à circuler dans le village, de la rue principale aux plages et aux lagunes voisines.

Les Plages De Jeri

Dunes, cocotiers, lagunes, récifs et formations rocheuses se succèdent au long des plages de Jericoacoara. À marée basse, 45 minutes au bord de la mer suffisent pour atteindre **Pedra Furada** en passant par **Pedra do Frade**, **Gruta da Malhada** et **Piscina da Princesa**. Tout est très soigneusement sculpté par la nature. La beauté des vagues se brisant sur les rochers à marée montante n'est dépassée que par

Un Plus

Le côté moderne de Jeri se retrouve dans ses développements hoteliers. Du côté plus calme de la ville, la **Pousada Vila Kalango** a stratégiquement distribué ses 11 bungalows dans un bosquet de cocotiers au bord de la mer, à proximité de la dune du Pôr-do-Sol (Coucher du Soleil). Le restaurant ne sert que les clients de l'hôtel et les chambres sont décorées d'objets en noix de coco, en paille et en bois. Sur la partie la plus animée de la côte, le **Mosquito Blue** donne directement sur la plage et ses chambres font face au jardin fleuri qui entoure la piscine et l'ofuro.

Additional information begins on page 462.

celle du coucher de soleil du mois de juillet, lorsque le soleil semble passer dans l'ouverture de la Pedra Furada (Pierre Percée). De retour au village, joignez-vous au pèlerinage qui se rend en nombre à **duna do Pôr-do-Sol** (dune du Coucher de Soleil) pour y admirer le coucher du soleil, du sommet de la dune de 30 m.

Jusqu'aux Dunes de Tatajuba

Tatajuba, situé à l'ouest de Jericoacoara, était autrefois un village de pêcheurs, enseveli par les dunes il y a 30 ans. Un nouveau Tatajuba a surgi et on peut le visiter en louant un buggy à l'Associação dos Bugueiros de Jericoacoara (ABJ). La route passe par la **praia de Mangue Seco**, on traverse ensuite en bateau l'embouchure du **rio Guriú**, puis le bras de mer qui sépare Tatajuba du village enfoui dont on aperçoit encore des vestiges, quelques pans de murs des maisons et de l'église. Actuellement, le fleuve lui-même protège le hameau: en période de pluies – de janvier à juillet – ses eaux rendent à la mer tout le sable que le vent a déplacé, ce qui contrôle l'avancée des dunes. L'embouchure de l'autre fleuve local, le rio Tatajuba, forme le **lago Grande**, lagune dans laquelle il est possible de plonger en se laissant glisser sur la **duna do Funil**. Les visiteurs peuvent se reposer dans les hamacs suspendus à des pilotis plantés dans l'eau en attendant leurs portions de crevettes ou de langouste servies par l'un des quatre vendeurs locaux.

La Grotte d'ubajara

Longue de 1 120 m, la **gruta de Ubajara** est enclavée dans la **serra de Ibiapaba**, à 320 km à l'ouest de Fortaleza. Elle constitue le point fort du Parque Nacional de Ubajara (tél. 85/3272-1600), le plus petit parc national brésilien. Sur ses 563 hectares, il est impossible de rester insensible à la beauté des stalactites, des stalagmites et des autres formations curieuses de ses grottes. Il existe deux moyens pour descendre les 535 m de pente avant d'y accéder: le plus tranquille est à bord d'un téléphérique, le plus sportif consiste à emprunter un sentier et à marcher environ 2 heures. Le paysage offre également des piscines naturelles et des chutes d'eau.

Le sable et la mer forment un contraste impressionnant

Jijoca de Jericoacoara

Passage obligé pour se rendre à la **praia de Jeri**, la ville de Jijoca de Jericoacoara enchante tout particulièrement les amateurs de sports nautiques tels que le kitesurf et la planche à voile. Elle est située à 280 km à l'ouest de Fortaleza, accessible par la route BR-222 puis par la BR-402. C'est là que se trouvent deux lagunes: **lagoa Azul** et **lagoa Paraíso**, où les vents alizés soufflent toute l'année. Le seul moyen d'y accéder est en buggy, au départ de Jericoacoara.

Lagoa Azul
Le zigzag entre les dunes pour aller à la **lagoa Azul** – de même que celles du **Riacho Doce** – donne des frissons. En arrivant à la lagune, situé à 30 minutes de Jijoca, vous comprendrez pourquoi elle a été baptisée ainsi (*lagune Bleue*): l'eau cristalline et le sable blanc, se mariant parfaitement avec la lumière du jour, accentuent sa teinte azurée. Les touristes peuvent se détendre sur une île formée par un banc de sable, qui compte même un restaurant. Idéal pour la baignade, les balades en kayak et la plongée avec masque, tuba et palmes.

Lagoa Paraíso
Deuxième arrêt de la promenade en buggy depuis Jeri, la **lagoa Paraíso** (ou lagoa da Jijoca) a du sable moins fin et une eau plus fraîche mais tout aussi limpide et cristalline que celle de la lagune Azul et est abondamment bordée de cocotiers et d'anacardiers. Des bateaux à voiles multicolores dominent le décor et brisent la monotonie du blanc du sable et du bleu de la mer et du ciel. Particulièrement indiquée pour aux qui recherchent la tranquillité.

Jijoca: vent, soleil et lagunes cristallines

Un Plus

🍽 Pour vous rendre aux lagunes, vous pouvez passer par Jijoca de Jericoacoara ou par la plage do Preá. Si vous choisissez la seconde option, arrêtez-vous au restaurant **Azul do Mar**. Le bar grillé est un délice et les fruits de mer savoureux. L'accueil pourrait être meilleur, mais ne vous laissez pas stresser par la tranquillité des gens du Nordeste. Choisissez une bonne table sur la plage et laissez-vous aller *(praia do Preá, tél. 88/3660-3062)*.

🍽 Petit et simple, le restaurant **Chocolate** est près de la plage et ses tables offrent une belle vue sur la mer de Jericoacoara. L'intérêt réside cependant dans le surprenant menu, composé de pâtes, risottos, fruits de mer et délicieux desserts – son *petit gâteau* est fameux dans la région. Il est conseillé de réserver à l'avance *(rua do Forró, 213, tél. 88/3669-2190)*.

Plus d'informations à partir de la page 462.

DESTINATION
São Luís

L'État du Maranhão surprend par son charme colonial et un riche métissage culturel qui inclut tout aussi bien le reggae que le traditionnel *bumba-meu-boi* (danse où le personnage central est un bœuf qui meurt puis ressuscite). La côte s'étend sur 640 km et offre l'exubérance de ses dunes, ses baies, ses lagunes et ses îles ainsi que le sanctuaire écologique des Lençóis Maranhenses et – à la frontière du Piauí – le delta du Parnaíba. Vers le *sertão*, le paysage est dominé par des kilomètres de palmiers *babaçu*. Classée patrimoine de l'humanité, la capitale São Luís est un berceau vivant de culture et d'histoire dont témoigne le plus grand ensemble architectural d'origine portugaise du Brésil: le centre historique abrite plus de 3 500 bâtiments, avec notamment les grandes maisons à étages recouvertes d'azulejos portugais.

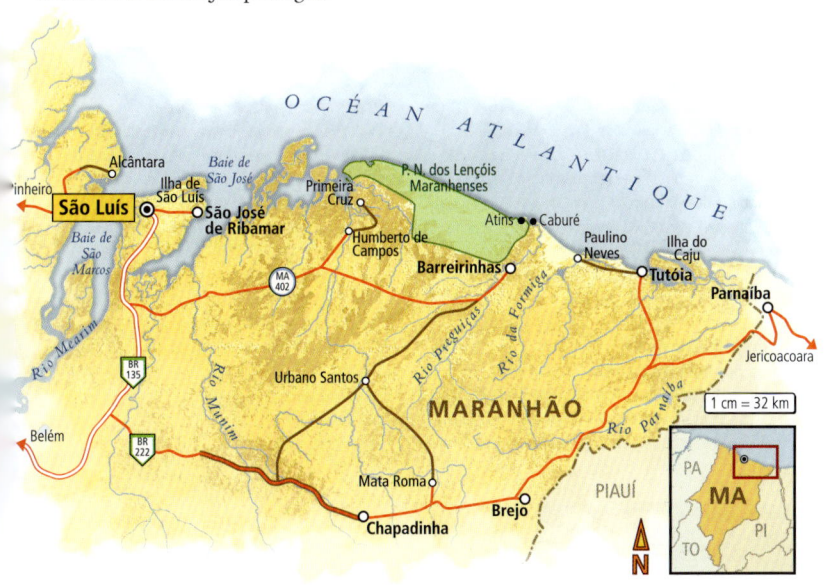

POINTS FORTS DE LA DESTINATION

São Luís

Alcântara (22 km)

Lençóis Maranhenses (270 km)

Delta du Parnaíba (500 km)
Ilha do Caju

Distances à partir de São Luís

São Luís

Seule capitale brésilienne fondée par les Français, la ville est née en 1612 et a reçu le nom de Saint Louis en hommage au roi Louis XIII. Toutefois, ce sont les Portugais qui influencèrent le plus l'histoire de São Luís. Ils arrivèrent sur place en 1535 et reconquirent la ville en 1615, en y laissant diverses marques caractéristiques architecturales: les azulejos sur les façades des demeures du Centre Historique, tout comme la pierre de liais des trottoirs et des caniveaux. Le Projet Reviver, qui remodèle la ville depuis la décennie 1970, a rénové le pavage, le système d'éclairage et un grand nombre d'édifices. Parcourir ses ruelles et ses traverses, c'est un peu comme remonter dans le temps. Fruitiers, artisans et pêcheurs sont toujours là, dans les charmantes rues **Portugal, do Giz, da Estrela** et **do Egito**. São Luís se trouve sur une île, et la ville est entrecoupée de rivières. Bien qu'un peu plus éloignées, ses plages aux eaux sombres sont urbanisées. La construction de la nouvelle allée piétonne en bord de mer sur l'**avenida Litorânea** a fait officiellement de la **praia do Calhau** le meilleur endroit pour admirer le coucher de soleil. Mais rien ne vaut les façades des immeubles du centre et du quartier de Praia Grande, tel que le **Solar da Baronesa de Anajatuba** dans la rua do Giz (près de la rua 14 de Julho) et de l'**Edificio São Luís**. Le circuit ci-dessous correspond à une balade à pied de trois heures qui descend les rues en pente afin de rendre le trajet moins fatigant.

❶ Palácio dos Leões
Le Palais des Lions, actuel siège du gouvernement de l'État, fut érigé par les Français en 1612, sous le nom de Forteresse Saint-Louis. Toute l'architecture a été restaurée, à l'exception des remparts de saint Côme et Damien, qui sont d'origine. De style néoclassique, il abrite une riche collection de gravures et d'œuvres d'art.
Avenida D. Pedro II, tél. (98/) 3232-1633, Lun., mer. et ven., 14h/17h30.

❷ Igreja Matriz da Sé Nossa Senhora da Vitória
Il s'agit de l'église la plus importante de São Luís. Bâtie au XVIIe siècle, elle a subi plusieurs restaurations qui ont modifié le bâtiment original. La dernière en date, en 1922, lui a donné une apparence de style néoclassique. Le Projet Reviver lui a rendu son charme. À noter en particulier son maître-autel de 1629, classé au Patrimoine Historique.
Praça D. Pedro II, Praia Grande, tél. (98) 3222-7380. Tous les jours, 8h/11h30, 15h/18h30.

❸ Edifício São Luís
Imposant bâtiment de trois étages, il est considéré comme le plus grand édifice de style colonial revêtu d'azulejos au Brésil.
Rua de Nazaré, à l'angle de la rua do Egito.

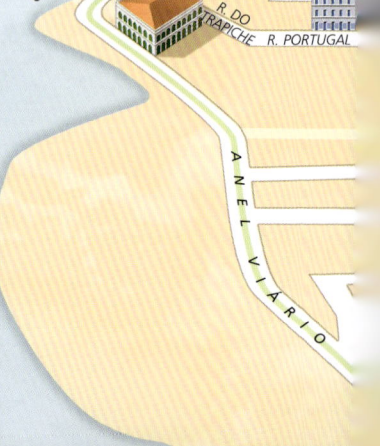

MARANHÃO

❹ Teatro Arthur de Azevedo
Inauguré en 1817, il s'agit du second plus ancien théâtre du Brésil. Il est resté en ruines jusqu'en 1991, date à laquelle ont débuté de minutieux travaux de restauration. Actuellement en réforme, la date de réouverture n'est pas encore fixée.
Rua do Sol, 180, tél. (98/) 3221-4587.

❺ Fonte do Ribeirão
Fontaine construite en 1796 pour alimenter la ville. Son parvis est pavé de pierre de taille. Ses fenêtres grillagées donnent accès aux galeries souterraines – point fort de la fontaine – qui passent par le Centre Historique.
Largo do Ribeirão.

❻ Centro de Cultura Popular Domingos Vieira Filho
Ce Centre de Culture Populaire, Il est installé dans une maison coloniale à trois étages, possède des objets de différentes manifestations typiques de l'État, tant culturelles que religieuses (les danses *tambor-de-crioula, dança-do-coco, tambor-de-mina*, le Carnaval, la Fête du Divin). Visites guidées avec guides bilingues.
Rua do Giz, 221, tél. (98) 3231-1557. Mar. à dim., 9h/19h.

❼ Convento das Mercês et Fundação da Memória Republicana
Couvent érigé en 1654 et inauguré par le père Antônio Vieira, il abrita le couvent de l'Ordre de la Merci, d'origine espagnole. Aujourd'hui il abrite la Fondation de la Mémoire Républicaine, avec des documents et des objets de l'ex-président José Sarney.
Rua da Palma, 502, tél. (98) 3222-5182. Mar. à ven., 10h/18h; sam., 10h/14h.

❽ Cafuá das Mercês
L'ancien marché aux esclaves de São Luís a été transformé en Museu do Negro (Musée du Nègre). Sa collection comprend des pièces d'art d'origine africaine et des instruments de musique.
Rua Jacinto Maia, 54. Lun. à ven., 9h/18h.

❾ Casa de Nhozinho
Cette maison à quatre étages et un avant-toit couvert d'azulejos rend hommage à un artisan local qui fabriquait des jouets pour les enfants pauvres. Elle retrace le quotidien de l'homme du Maranhão, expose de l'artisanat indigène, de la céramique et des ustensiles de pêche. Visites guidées.
Rua Portugal, 185. Pas de téléphone. Informations au (98) 3231-1557. Mar. à ven., 9h/19h.; sam. et dim., 9h/18h.

❿ Casa do Maranhão
C'est le meilleur endroit pour connaître le *bumba-meu-boi*. Dans cette demeure du XIX⁰ siècle, une exposition permanente présente les origines de cette fête populaire.
Rua do Trapiche, Praia Grande, pas de téléphone. Informations au (98) 3231-1557. Mar. à ven., 9h/19 h; sam et dim., 9h/18h.

⓫ Rua Portugal
Cette rue ne compte que deux pâtés de maisons, mais elle compte plusieurs bâtiments coloniaux recouverts d'azulejos, et abrite plusieurs cafés et bars. Allez-y à la tombée de la nuit, pour y apprécier l'ancien centre, éclairé à la lumière des réverbères.

ALCÂNTARA

Le temps semble passer plus lentement sur les côtes d'Alcântara. Fondée en 1648, la ville fut l'une des plus riches de l'Empire avant de tomber en décadence après l'abolition de l'esclavage, à la fin du XIXe siècle. Son ensemble architectural de plus de 300 bâtiments des XVIIe et XVIIIe siècles lui ont valu d'être classé au patrimoine historique national en 1948; malheureusement beaucoup de ses constructions recouvertes d'azulejos (cf. photo) tombent en ruine. Il est cependant intéressant de découvrir les anciennes maisons de la **praça Gomes de Castro** et de la **rua Grande**, le **Museu Histórico de Alcântara** et l'**Igreja de Nossa Senhora do Carmo**, église de 1665. La visite peut se faire en une journée en partant de São Luís, situé à 22 km, de l'autre côté de la baie de São Marcos (les bateaux partent de la gare maritime). Le passé historique d'Alcântara contraste avec la modernité du **Centro de Lançamento de Alcântara**, Centre de Lancement de l'Agence Spatiale Brésilienne, situé à 7 km de la ville et fermé aux visites. Le voyage en bateau depuis São Luís part du *terminal hidroviário* et dure 1h15; certains bateaux sont climatisés. L'idéal est d'y aller le dimanche, jour de fermeture de certains musées de São Luís.

La Célébration du Bumba-Meu-Boi

Dans le Maranhão, la célébration du *bumba-meu-boi*, représentation maximale de l'expression culturelle populaire locale, donne une saveur spéciale aux fêtes de la saint Jean. Mêlant les influences portugaises, africaines et indigènes, ces fêtes utilisent des éléments de théâtre, de danse et de musique pour raconter la légende de Catirina. Domestique d'une fazenda, enceinte, celle-ci a envie de manger de la langue de bœuf. Elle réussit à convaincre son mari, Pai Francisco, de tuer le bœuf le plus beau, le préféré du patron. Les groupes qui mettent en scène le *bumba-meu-boi* dans plupart introduisent des villes de l'État utilisent des personnages tels que le Métis, le Vacher, l'Indien et le Blanc pour raconter l'histoire de la mort et de la résurrection de l'animal. Costumes et instruments de musique marquent la présentation des divers accents, ou rythmes, avec ceux de la crécelle (son frénétique), de la *zabumba* (l'un des plus anciens, dans lequel prédomine une sorte de tambour) et de l'orchestre (avec des chorégraphies élaborées et un son plus doux d'instruments à vent et à corde). La fête mêle le sacré et le profane, la superstition et la religiosité, et le moment culminant a lieu le jour de la saint Jean, le 24 juin. Il y a d'autres manifestations folkloriques importantes au Maranhão, telles que les danses *tambor-de-crioula*, *dança-do-coco*, *dança-de-são-gonçalo* et la Festa do Divino Espírito Santo qui a lieu en mai à Alcântara.

Lagunes, dunes et vertes étendues forment un paysage que l'on peut découvrir à pied ou en bateau

LENÇÓIS MARANHENSES

L'une des plus grandes surprises du littoral du Nord-Est, à la beauté presque irréelle, est ce désert entrecoupé de lagunes et de dunes qui s'élèvent jusqu'à 40 m, faisant penser à un ensemble de draps (*lençóis*) étendus pour sécher au soleil. L'eau provient des pluies qui tombent surtout pendant le premier trimestre de l'année, mais le soleil, maintenant la température autour de 40°, est le compagnon inséparable de la région. La meilleure période pour découvrir l'endroit se situe entre juillet et décembre. Dans la région, la ville de **Barreirinhas** (270 km à l'est de São Luís) offre une très bonne infrastructure touristique. C'est de là que partent les principaux groupes allant explorer – à pied ou en bateau sur le **rio Preguiças** –, une partie de cette région décrétée parc national. Elle occupe 70 km de littoral et 50 km vers l'intérieur des terres. Des informations sont fournies par l'Institut Brésilien de l'Environnement et des Ressources Naturelles Renouvelables (*Ibama*, *tél. 98/3231-3010*). Pour ceux qui viennent du delta du Parnaíba, dans l'État voisin du Piauí, il est possible d'arriver à la réserve par la ville de **Tutóia**; le voyage en voiture 4x4 dure environ trois heures, avec un arrêt à mi-chemin à **Paulino Neves**, appelé aussi **Rio Novo**.

EN JEEP JUSQU'AUX LAGUNES
Les principales lagunes du **Parque Nacional dos Lençóis Maranhenses** présentent des tons variés de bleu et de vert et peuvent être visitées en voitures 4x4. Après avoir traversé le rio Preguiças en bac depuis Barreirinhas, comptez 45 minutes en jeep jusqu'à l'arrêt dans le parc. Ensuite la promenade dans le désert continue à pied, d'abord jusqu'à la **lagoa Azul**. Entouré de dunes de sable très fin, il faut environ une quinzaine de minutes pour l'atteindre. Dix minutes plus loin, la **lagoa dos Peixes** est un bon endroit pour ceux qui aiment piquer une tête dans l'eau. Cette lagune aux eaux obscurcies par les algues, ne disparaît jamais, quelle que soit l'intensité de la sécheresse. Ce n'est pas le cas de la lagune Azul, qui disparaît en fin d'année. Pendant les deux heures où

Le paysage des lagunes entre les dunes pouvant atteindre 40 mètres rappelle des draps séchant au soleil

les jeeps restent garées au bord de la lagune dos Peixes, prenez le temps d'explorer les dunes. Mais attention: beaucoup de gens s'y perdent. Après une heure de trajet en jeep, vous arriverez à la **lagoa Bonita**. Son eau rappelle la lagune Azul, mais sans la végétation environnante. Les dunes sont constamment en mouvement et les lagunes présentent toujours des contours différents, à cause du sable du rio Preguiças que le vent amène sur la plage.

Un Plus

L'hôtel **Porto Preguiças Resort** n'offre pas tous les loisirs des véritables complexes hôteliers, mais é il est un des meilleurs hôtels de Barreirinhas. Les vastes chalets de 58 m² sont équipés de lits confortables, d'oreillers en plume d'oie, de serviettes en coton égyptien et de draps en coton irlandais. L'eau de la piscine de 700 m² est chauffée naturellement la nuit par le sable du fond. Petit déjeuner très copieux mais pas de service en chambre 24h/24.

En Bateau sur le Rio Preguiças

Vital pour ses riverains qui y prélèvent leur nourriture, le rio Preguiças est le chemin naturel pour découvrir les villages de la région situés en dehors du parc. N'importe quelle agence de tourisme propose la promenade en bateau, qui débute vers 8h30 et se termine à 15 heures. Le premier arrêt est à **Vassouras**, après 45 minutes de navigation. Marcher sur le sable de la **praia dos Pequenos Lençóis** – dans un décor assez similaire à celui du parc – est un programme obligatoire. L'excursion suit la végétation locale et les mangroves au bord du fleuve, en passant par **Espadarte**, **Morro do Boi** et **Moitas**, puis s'arrête au village de **Mandacaru**. Ayez votre appareil photo en main dès que les premières maisons apparaissent! L'image du petit village avec le **Farol Preguiças** (phare de 35 m) en toile de fond est l'une des plus belles du circuit. Profitez-en pour gravir les 160 marches du phare, construit en 1940, afin de prendre une photo des Lençóis Maranhenses vus sous un angle particulier. En sortant du village, le bateau ne met pas plus de 5 minutes avant d'accoster sur le sable de **Caburé**, autre village de pêcheurs et généralement le dernier arrêt de la promenade. Habituellement, les bateaux font un arrêt d'environ 2 heures et demie pour y déjeuner. N'hésitez pas entre vous rafraîchir dans le rio Preguiças ou marcher quelques mètres pour atteindre l'océan Atlantique; faites les deux. Ou bien reposez-vous dans l'un des hamacs que l'on trouve un peu partout à Caburé.

À PIED DANS LE DÉSERT
Les Lençóis Maranhenses offrent également des randonnées de plusieurs heures, dans le parc, mais sous un soleil ardent et sur du sable qui rappelle plutôt le désert. Au départ d'Atins, les plus aventuriers pourront pousser jusqu'aux villages de **Baixa Grande** et **Queimado dos Britos** accessibles après une bonne journée de marche intensive. Uniquement recommandée pour qui se sentent une âme de touareg du Sahara, bien préparés physiquement et munis d'écrans solaires, d'un chapeau et de beaucoup d'eau... sans oublier le guide!

SAVEURS DE L'ÉTAT DU MARANHÃO

Pour savourer les spécialités régionales, commencez par siroter une **tiquira**, eau-de-vie typique de manioc. Après l'apéritif, demandez un **arroz de cuxá**: il s'agit du riz traditionnel, élément de base de la nourriture brésilienne, accompagné d'une sauce à base de *cuxá*, la feuille du vinaigrier, appelée aussi *caruru-azedo* ou *azedinha*. En réalité, c'est seulement l'un des ingrédients de ce plat africain introduit par les esclaves dans la cuisine. La sauce est habituellement préparée avec du sésame grillé, des crevettes sèches pilées avec de la farine de manioc, ainsi que des oignons, de l'ail, du gingembre et des gombos. Pendant le repas, profitez-en pour goûter le *guaraná* Jesus, un soda de couleur rose au goût de cannelle et qui est devenu une fierté régionale depuis sa création en 1920. Au du dessert, choisissez le fruit dont le nom vous paraîtra le plus exotique. Trois exemples: le *bacuri,* le *murici* et le *sapoti*.

MARANHÃO

DELTA DO PARNAÍBA

À la frontière entre les États du Maranhão et du Piauí, la nature a façonné le plus grand delta des Amériques, se jette dans rio Parnaíba ou le l'océan Atlantique. Il s'agit d'un ensemble exubérant de bras d'estuaires, ponctué de 77 îles et accessible à partir de la ville de Parnaíba, centre important sur les 66 km de l'étroit littoral du Piauí. Le delta est un sanctuaire écologique comprenant une grande variété d'écosystèmes: *caatinga* littorale, végétation lagunaire, mangrove et palmeraies.

EXCURSIONS EN BATEAU

Pour explorer les plages, les dunes et les canaux du delta on recourt traditionnellement aux bateaux affrétés par les agences de tourisme qui partent du Porto das Barcas à Parnaíba. Il est dommage que les bateliers fassent des promenades bruyantes de 8 heures alors que 3 heures suffiraient largement. Il est donc préférable de s'adresser à un bateau privé pour qui vous emmènera, en 1h30, directement à la réserve de l'ilha do Caju, île située dans l'une des cinq baies du delta. En chemin, le paysage dominant est celui des plantations de palmiers *carnaúba* dont l'exportation de la cire constituait, jusqu'au milieu du siècle dernier, une importante ressource de revenus pour la région.

LA VILLE DE PARNAÍBA

Deuxième plus grande ville de l'État, Parnaíba est à 335 km au nord de Teresina, la capitale de l'État du Piauí, et à environ 550 km de São Luís (Maranhão) et de Fortaleza (Ceará). Bien qu'elle ait pris conscience de l'importance du tourisme, son réseau hotelier et ses restaurants restent très précaires. Pour la nuit, préférez toutefois l'**Hotel Cívico**, même si l'endroit n'est pas parfait.

Sur l'étroit littoral de l'État du Piauí, la nature exubérante du delta du Parnaíba

L'île du Caju peut être parcourue à cheval, en jeep ou à pied: sa beauté compense la rusticité des installations

ILHA DO CAJU

La foule d'animaux sur l'île peut vous effrayer un peu au départ, mais après quelques heures l'endroit vous paraîtra très agréable car c'est l'un des lieux de la planète où la nature est la plus exubérante. En plus de la faune, vous trouverez de la verdure, des dunes et des lagunes dans cette formation préservée, la plus grande du delta du Parnaíba. Sur les 100 km², accessibles après 3h30 de bateau depuis le delta du Parnaíba, il est impossible de rester insensible au ballet aérien des ibis rouges dans les marécages, ou aux tatous, renards, agoutis, aigrettes et iguanes croisés au cours de l'excursion. La réserve privée est amoureusement préservée par la propriétaire (oui, l'île est privée) Ingrid Clark, qui a hérité des terres qui appartenaient à sa famille, d'origine anglaise, depuis 1847. Il y a huit ans, elle a inauguré le **Refúgio Ecológico Ilha do Caju**, la seule auberge de l'endroit. Le but étant de l'intégrer totalement à l'environnement, la rusticité des services offerts ne doit pas surprendre.

Cela veut dire petit ventilateur posé sur le sol, pas de téléphone ni de télévision et douche froide! Mais pas de panique: tout a été conçu pour permettre au voyageur de se détendre en harmonie avec la nature. Les chambres sont confortables et le restaurant, très correct. Vous pouvez choisir vous-même les fruits de mer, les pâtes et/ou les viandes pour votre repas. La commande doit être passée à l'avance. Une bonne suggestion est d'opter pour la cuisine régionale typique, composée de plats tels que le *maria-isabel* – à base de viande séchée et de riz – et le *capote* – à base de pintade. Pour accompagner ces plats, demander une *cajuína*, le jus de cajou. Seules vingt personnes vivent sur l'île et tous travaillent à l'auberge. Ils sont aussi chargés d'accompagner les visiteurs lors des randonnés en jeep et à cheval et durant l'observation nocturne des caïmans. Un conseil: il est indispensable d'emporter des produits anti-moustiques, une casquette et des bottes.

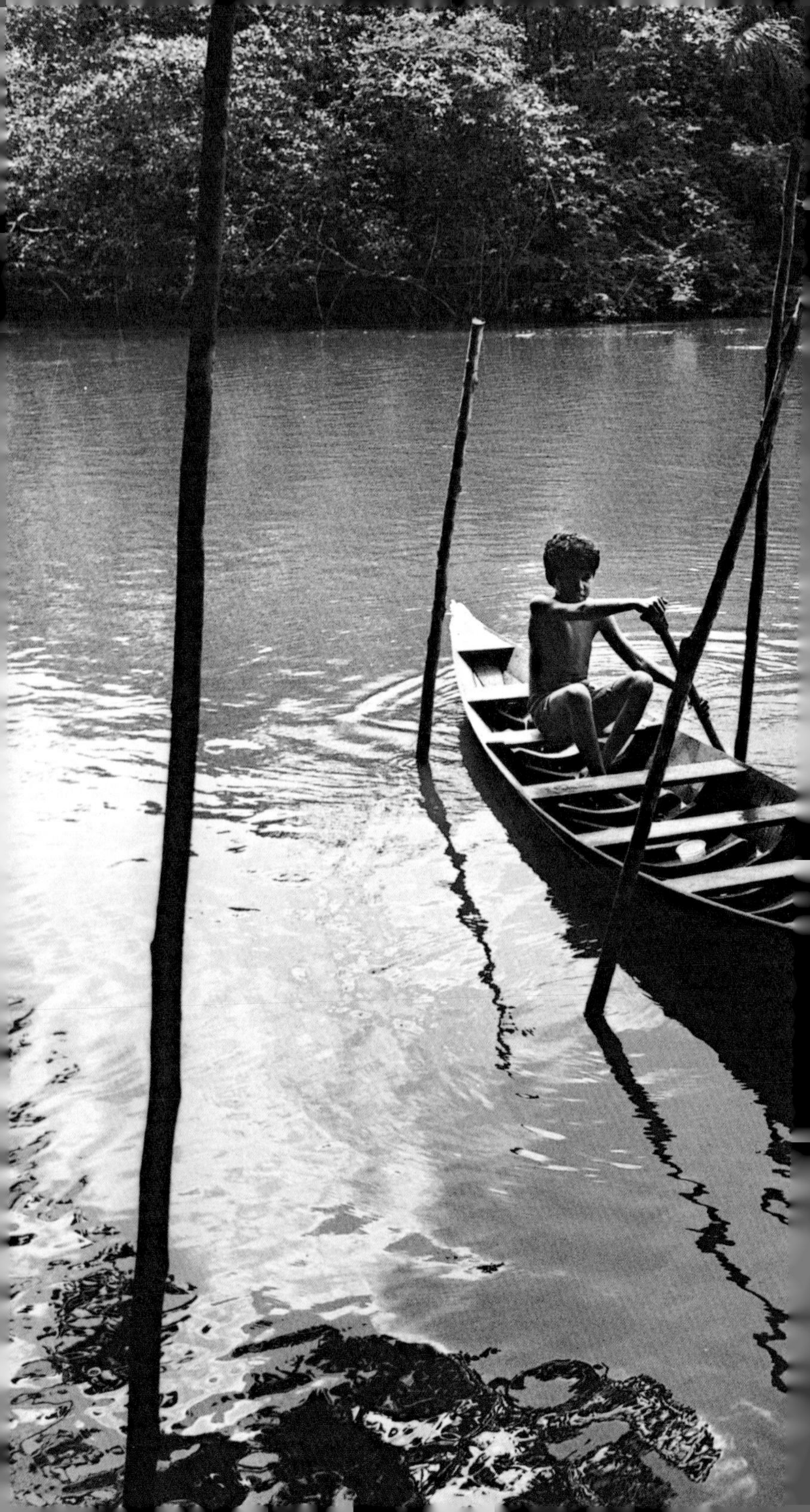

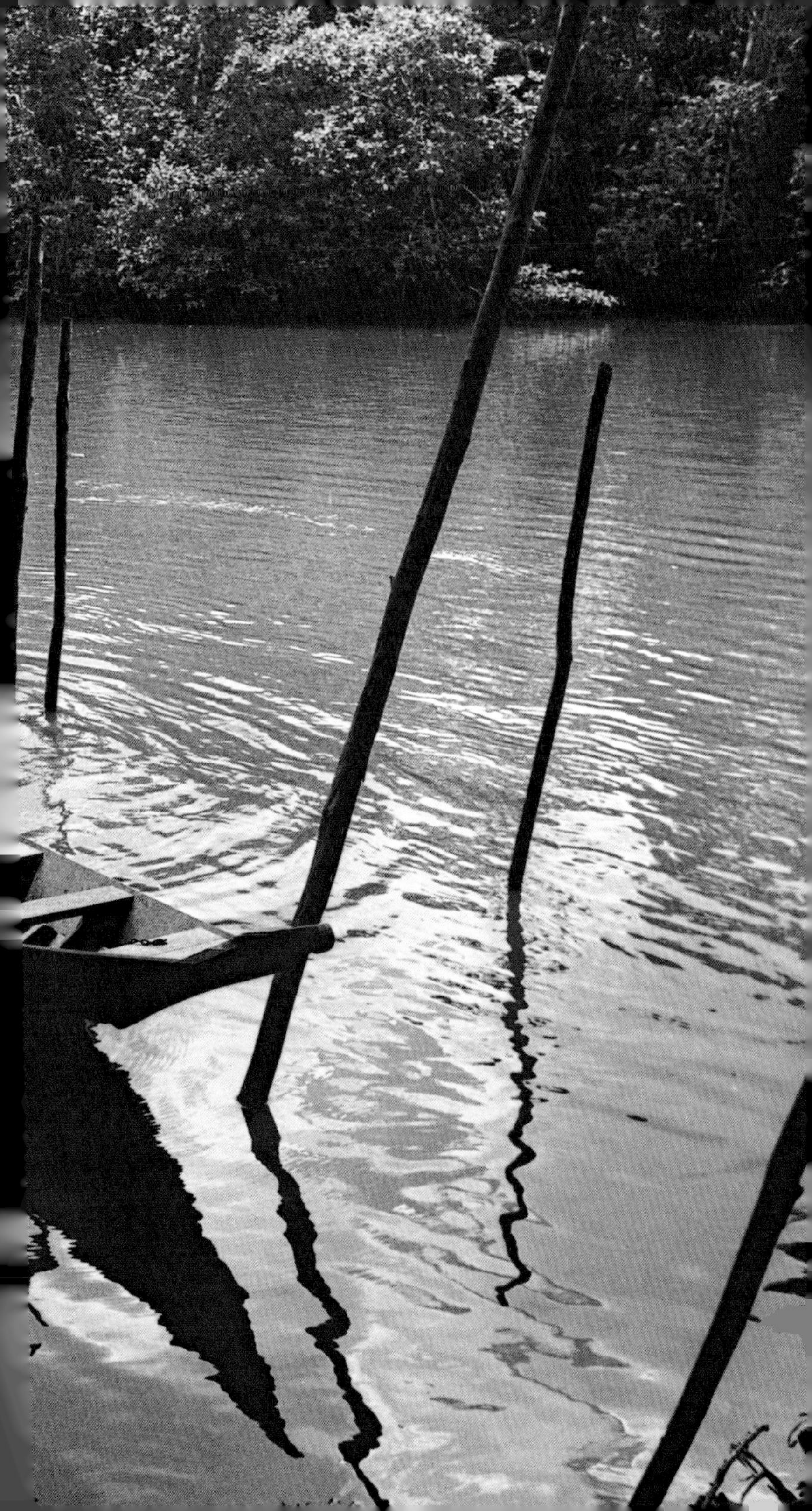

NORD

Connaître le Nord du Brésil, c'est aborder une aventure pleine d'imprévus. C'est dans cette région (formée par les États d'Amazonas, Acre, Roraima, Rondônia, Pará, Amapá et Tocantins) que se trouve la forêt Amazonienne. Nous suggérons trois villes comme destinations principales: Manaus, Belém et Palmas (voir la carte ci-dessous). On partira de Manaus vers Parintins, où a lieu l'une des plus grandes fêtes populaires du Brésil; près de Manaus, mais déjà dans la jungle, les hôtels de forêt sont le meilleur moyen de connaître la fantastique biodiversité amazonienne. Belém, capitale conservant une belle architecture et une importante culture d'influence indigène, est la ville de départ pour l'île de Marajó et Santarém, aux agréables plages d'eau douce. Palmas est la ville de base permettant de gagner le surprenant paysage désertique du Jalapão.

Page précédente: enfant en pirogue, Amazonie, 1991. Cristiano Mascaro

DESTINATION
MANAUS

L'État d'Amazonas est gigantesque dans tous les domaines: c'est le plus étendu du pays, avec 1,5 millions de km² (pratiquement trois fois la France), possède le plus grand fleuve du monde en débit et en longueur, et abrite l'une des plus grandes biodiversités de la planète. Par contre, c'État ne compte que 3 millions d'habitants et la densité démographique ne depasse pas 2 habitants par km². Un séjour à Manaus vous donnera une bonne idée de l'Amazonas et de ses coutumes, et vous en repartirez avec des souvenirs inoubliables. Consacrez au moins deux jours à la visite de la ville et de ses monuments historiques, et ajoutez à votre programme la fameuse rencontre des eaux du rio Negro et du Solimões. Il faudra alors vous adresser à une agence de tourisme pour explorer la région en bateau, moyen de transport traditionnel dans une zone regorgeant de rivières et où les routes font défaut. Profitez-en pour déguster un délicieux *tambaqui* (grand poisson d'eau douce) dans un restaurant flottant et pour loger dans l'un des hôtels de forêt, qui attirent des touristes toute l'année.

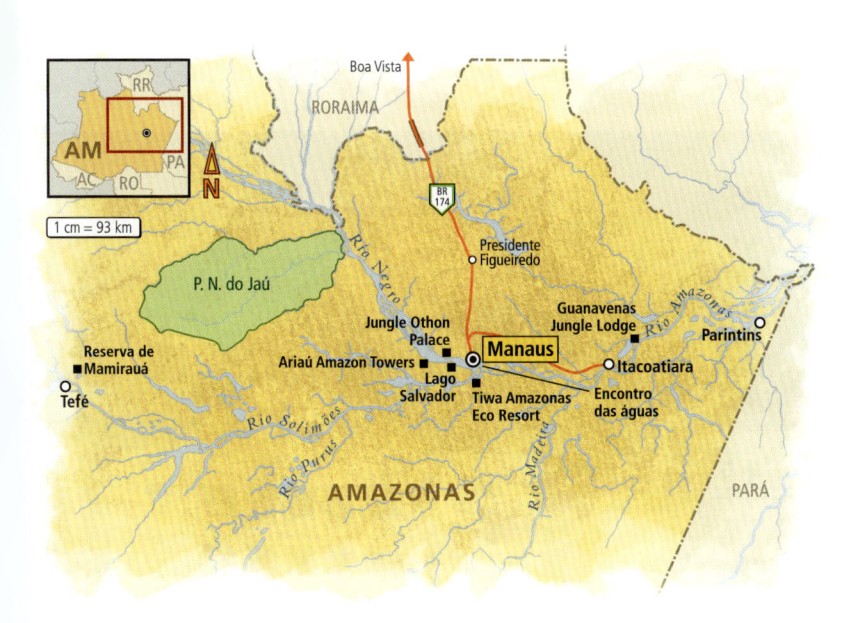

POINTS FORTS DE LA DESTINATION

MANAUS
Circuit Culturel
Hôtels de Forêt

MANAUS

Bien que la forêt et les fleuves soient les points principaux de toute visite en Amazonie, il ne faut pas oublier le circuit des constructions historiques de Manaus, bâties au tournant du XIXe et du XXe siècle, à l'époque où la ville s'enrichit brusquement grâce à l'exploitation du caoutchouc et exhibait alors sa prospérité. Avant de passer quelques jours dans un hôtel de forêt et de découvrir pourquoi cette partie du Brésil attire tant de touristes, restez un moment dans la capitale. D'autant plus que depuis 2002 Manaus s'est embellie car elle fait l'objet d'un programme national de préservation du patrimoine architectural. Même si lors de votre séjour vous visitez ces monuments de briques et de fer forgé, la nature sera toujours présente ici ou là, préparant votre esprit à la découverte de la forêt.

CIRCUIT CULTUREL

TEATRO AMAZONAS
Ce théâtre, planté dans la ville au cœur de la forêt Amazonienne et inauguré en 1896, est l'un des édifices les plus importants de l'architecture néoclassique brésilienne. Tous ses matériaux de construction proviennent d'Europe, sauf le *jacarandá* et le *macacaúba*, bois brésiliens utilisés pour les fauteuils et une partie du plancher. La construction est superbe: dans la salle de réception, le parquet est formé de 12 000 lames, et sur les murs et au plafond figurent des peintures de l'Italien Domenico de Angelis, inspirées du paysage de la

Le Teatro Amazonas, de style néoclassique: ensemble historique en cours de restauration

La rencontre du rio Solimões (boueux) et du rio Negro (à l'eau sombre) engendre l'Amazone

région. Les lustres de cristal proviennent de Murano, en Italie. À l'extérieur, la coupole est revêtue de 20 000 tuiles vitrifiées aux couleurs du drapeau brésilien. Sur la scène, le rideau représente la rencontre des eaux du rio Negro et du Solimões. Annuellement, en avril-mai, un festival d'opéra y a lieu.
Praça São Sebastião, s/n, tél. (92) 3622-1880. Tous les jours, 9h/16h.

Museu de Ciências Naturais da Amazônia

Quoiqu' éloigné du centre de Manaus et assez mal indiqué, le Musée de Sciences Naturelles d'Amazonie mérite une visite. Il possède des exemplaires empaillés de la vaste faune aquatique de la région, tels que le *pirarucu* et le *piraíba*, poissons mesurant près de 2,5 m et pesant plus de 150 kilos. Il y a aussi de grands spécimens de coléoptères, d'araignées et de papillons typiques d'Amazonie.
Estrada dos Japoneses, s/n, Colônia Cachoeira Grande, Aleixo, tél. (92) 3644-2799. Lun. à sam. et jours fériés, 9h/17h.

Mercado Municipal Adolpho Lisboa

Ce marché couvert, réplique des anciennes Halles de Paris, fut bâti face au rio Negro. Depuis son inauguration, en 1882, cet ensemble de trois bâtiments est principal centre de commerce de produits typiques d'Amazonie à Manaus. Soyez attentifs afin de découvrir des curiosités comme la *jarina* – graine appelée "ivoire d'Amazonie" et utilisée dans la confection de bijoux et d'objets d'artisanat – et les boutiques de plantes médicinales qui sont réputées guérir toutes sortes de maux.
Rua dos Barés, 46, Centro. Tous les jours, 8h/18h.

Promenades en Bateau

Le transport nautique est indispensable si l'on veut connaître quelques-unes des curiosités les plus intéressantes de la région de Manaus. On peut naviguer sur les *igarapés* – les bras étroits des fleuves –, faire la visite des hôtels de forêt en une journée et, surtout, aller découvrir la rencontre des eaux sombres du rio Negro et celles boueuses du Solimões. Si vous préférez ne pas faire l'excursion sur une embarcation pouvant recevoir 90 passagers, louez un bateau à la **Fontur** *(tél. 92/3658-3052)* ou à l'**Associação dos Canoeiros Marina do David Fátima** *(tél. 92/3658-6159)*. Profitez de cette indépendance pour aller déjeuner au restaurant flottant **Bicho Preguiça**, qui n'est pas sur la route des bateaux touristiques. Situé sur le **lago do Cacau**, il propose au menu de délicieux côtes de *tambaqui*, de la *picanha* (pièce de bœuf) et des *caldeiradas* (marmites de poissons).

Promenade en pirogue sur les *igarapés*: à la saison des pluies, seul le sommet des arbres émerge

Hôtels de Forêt

Loger dans un hôtel de forêt en Amazonie est une expérience unique. Dotés d'une bonne infrastructure, ces hôtels offrent à leurs clients de nombreuses activités telles que randonnées, pêche au piranha, observation nocturne de caïmans, promenades en pirogue sur les *igarapés* et visite de maisons riveraines. Les établissements prennent généralement en charge le transport des touristes à partir de Manaus, par terre, par avion et/ou par voie d'eau.

Ariaú Amazon Towers

Cet hôtel de forêt, le plus grand de l'État d'Amazonas, est un complexe touristique distribué en huit tours suspendues, reliées par 8 km de passerelles à hauteur des arbres – protection nécessaire en raison des crues incessantes. Du sommet des deux tours de 41 m de haut, on a une vue impressionnante sur la forêt. Outre les chambres, de divers standings, l'hôtel propose également les Maisons de Tarzan – des constructions pouvant atteindre quatre étages avec deux chambres et une baignoire d'hydromassage.

Lago Salvador

Le lac prêtant son nom à cet hôtel est le plus beau paysage de la région. Quatre cabanes, comprenant chacune trois chambres, ont une terrasse

---

Au Cœur de la Forêt

Bien que la ville de **Tefé** soit à 663 km de Manaus, cela vaut la peine de s'y rendre en avion afin de connaître la plus grande zone protégée de *várzea* – terres fertiles inondées périodiquement – d'Amazonie. L'Instituto de Desenvolvimento Sustentável Mamirauá (Institut de Développement Rationnel), qui gère cette réserve naturelle, possède une auberge *(tél. 97/3343-4672)* où les amoureux de la nature peuvent passer un séjour extraordinaire de trois nuits, avec, au programme, l'observation d'oiseaux, de singes et de dauphins d'Amazonie, une promenade en pirogue et une visite aux communautés locales.

donnant sur le lac, où se trouve un bar flottant, point de rencontre des hôtes. L'hôtel propose également randonnée au sommet des arbres, rappel et rafting.

Jungle Othon Palace
L'hôtel est installé sur une barge en acier, ancrée dans un *igarapé* du rio Negro, que les eaux font légèrement tanguer. Bien qu'il ne compte que 22 chambres, l'établissement offre une bonne structure d'accueil comprenant un magasin, la climatisation et la télévision dans les chambres "suítes", ainsi qu'un restaurant panoramique dont la proximité avec la végétation surprend agréablement.

Tiwa Amazonas Eco Resort
Situé face à Manaus, sur la rive opposée du rio Negro, cet hôtel est géré par une société néerlandaise d'activités de plein air. Inauguré en 2003, il comprend de confortables chalets en bois dotés d'une terrasse donnant sur le fleuve. Le Tiwa propose, entre autres activités, du rappel et de la tyrolienne.

Guanavenas Jungle Lodge
Si vous voulez disparaître dans la nature, l'hôtel Guanavenas est parfait: il est situé à Silves, à 350 km de Manaus. Très bien organisé, il possède une tour d'observation de 30 m de haut et d'innombrables espèces d'oiseaux fréquentent les lieux.

Fleur de passiflore ou *maracujá-do-mato*

Rocouyer

La Forêt Amazonienne :
Le Patrimoine le Plus Important du Brésil

L'Amazonie, la plus grande réserve verte de la planète, est un monde à elle seule. Abritant une biodiversité extraordinaire, la région est l'un des derniers endroits de la Terre où l'on peut prendre connaissance de l'origine de l'humanité. On y trouve des exemples de formes très primitives de communautés humaines, des tribus qui ont à peine eu de contact avec la société occidentale et qui préservent la pureté de leurs coutumes. L'Amazonie recèle dans ses centaines de fleuves la plus importante réserve d'eau douce de la planète. Le rio Negro, par exemple, a une profondeur moyenne de 70 m, ce qui équivaut à un immeuble de vingt étages. Il y a un nombre incroyable de lacs et de zones inondées, regorgeant de vie, avec des centaines d'espèces végétales, de poissons et d'autres animaux.

Nous entrons dans ce qu'on appelle le millénaire de l'eau, ressource de plus en plus rare dans le monde, et il faut que nous ayons conscience de l'énorme patrimoine que constitue l'Amazonie. Avoir de l'eau c'est avoir le nouveau pétrole. Et – c'est à peine croyable – nous sommes en train de détruire cette richesse. En vous promenant en bateau le long des berges, vous observerez facilement le déboisement accéléré, souvent provoqué par l'élevage du bétail. On retire, on détruit des espèces vitales, sans savoir si elles repousseront un jour.

À notre époque absurde où l'humanité semble vouloir ignorer la Nature, il faut rappeler que nous en faisons partie nous aussi. Nous détruisons nos propres repères. Aussi est-il essentiel de développer un tourisme vert contrôlé, de connaître l'Amazonie pour apprendre à respecter et à protéger notre plus grand patrimoine.

Il y a plusieurs façons de découvrir ce monde unique. Faites une excursion en bateau de Belém à Manaus et observez les brusques changements de temps, trois ou quatre fois en une seule journée. Observez la densité de la lumière, les nombreuses variations du soleil, les nuages qui se forment, comme les merveilleux cumulonimbus. Parfois, le ciel prend une couleur de plomb, créant un contraste fantastique avec le vert de la forêt. Surtout ne ratez pas l'occasion de prendre un petit canot et de remonter les bras d'eau qui s'écartent du fleuve. Là, vous traverserez différents petits lacs qui, en réalité, n'existent qu'au moment des crues des fleuves. Pour découvrir les beautés de l'Amazonie, il faut la visiter calmement, sans la hâte du tourisme habituel. Et, toujours avec calme, découvrir les belles petites villes de la région.

Notez dans votre agenda, en grandes lettres, qu'il est indispensable d'aller à Parintins fin juin. Il ne s'agit pas d'un Carnaval, comme la presse du sud du Brésil l'écrit souvent, mais d'un véritable opéra en trois actes, phénoménal, aux allégories immenses. J'ai pleuré lorsque j'ai vu ce spectacle pour la première fois, j'étais profondément ému. Il s'agit d'un *bumba-meu-boi* (danse dramatique dont le personnage principal est un bœuf qui meurt puis ressuscite), spectacle indigène bien différent des danses africaines ou latines propres à d'autres rythmes populaires auxquels on est habitué. Tout y est produit et représenté par une foule de talentueux artistes locaux.

Une grande civilisation vit en Amazonie. J'ai eu la chance de connaître plusieurs tribus comme les Yanomami, les Marubo et les Makuxi. Ils ont une connaissance profonde de leur forêt. Ils ont créé des médicaments naturels à base de plantes, de racines et de sève d'arbres, qui correspondent, avec certains avantages, aux antibiotiques et aux anti-inflammatoires, entre autres. De grands laboratoires étrangers essaient de breveter ces formules, tentant ainsi de s'approprier un savoir très ancien.

Les Indiens connaissent de façon pratique la fertilité du sol, ils savent quand ils doivent alterner leurs cultures et pendant combien de temps la terre doit rester en jachère pour reprendre des forces. Ces peuples semi-nomades ont un admirable "contrôle" de la forêt. Il y a une communication intense entre les tribus, tout un réseau de liens établis entre les villages.

Cette connaissance des fruits de la terre et des ressources de la région se retrouve dans la richissime cuisine régionale, faite de mélanges subtils. Des poissons tels que le *tambaqui* grillé ou le *surubim* sont de vrais délices, tout comme une grande variété d'espèces entièrement inconnues. Entrer chez un glacier de Manaus ou de Belém est une véritable dégustation. Savourez les parfums et les goûts divers. Chez les bons glaciers, on trouve au moins 25 sorbets de fruits différents, dont la plupart reste inconnue des Brésiliens des autres régions. Quelques-uns de ces fruits restent inconnus en dehors de la région. Certains ont un goût si prononcé qu'on ne s'y habitue qu'à la seconde tentative. Mais il y en a d'autres dont vous tomberez amoureux à la première rencontre.

Malgré un grand nombre de curiosités uniques, propres à l'Amazonie, beaucoup de Brésiliens s'intéressent davantage à ce qui se passe dans les pays riches d'Europe ou aux États-Unis. Par contre, il est très courant d'y rencontrer des touristes étrangers. Les Brésiliens tournent le dos à leur forêt. Dans notre imaginaire, elle cache des créatures fantastiques comme la mule sans tête et le *caipora*, elle est dangereuse et distante. Il faut en finir avec ces légendes! Avant tout, il est essentiel que les Brésiliens prennent conscience de l'importance de visiter l'Amazonie, qu'ils sachent qu'il y a des possibilités de tourisme à la portée de toutes les bourses. Le tourisme vert doit être encouragé avec responsabilité. Je souhaite vivement que chaque Brésilien qui visite l'Amazonie devienne un militant, un défenseur de la préservation de la région, qui est le plus grand patrimoine que possède le Brésil. Et qui symbolise la couleur verte de son drapeau.

Sebastião Salgado,
photographe

L'Allégresse Contagieuse du Festival de Parintins

Les 28, 29 et 30 juin sont aussi sacrés pour les Amazoniens que le Carnaval pour les habitants de Rio de Janeiro. À cette période a lieu le Festival Folklorique de Parintins, la fête populaire la plus importante du Nord, réalisée sous sa forme actuelle depuis les années 1960. Chaque jour, pas moins de 35 000 personnes venues de tous les coins de l'Amazonas et d'autres États se réunissent dans l'arène du *bumbódromo* de Parintins, ville située sur l'île de Tupinambarana, à 420 km de Manaus, pour voir s'affronter le bœuf bleu et le bœuf rouge représentés par les deux groupes, Boi Caprichoso et Boi Garantido.

Les origines de la fête remontent à l'arrivée de migrants du Nordeste dans la région, à la fin du XIXe et au début du XXe siècle. Ce spectacle d'une riche mise en scène est le *boi bumbá*. Les danseurs vêtus de somptueux déguisements et accompagnés de chars allégoriques richement décorés évoluent au rythme de la *toada*. Les couleurs prédominantes sont le bleu, du bœuf Caprichoso, et le rouge, du bœuf Garantido. Elles éclatent également sur les habits des groupes de supporters passionnés, qui prennent cet événement très au sérieux. Mais au lieu de huer le passage du groupe rival, les supporters assistent au défilé dans le silence absolu.

Chaque défilé dure trois heures et représente la même histoire, pleine d'éléments de la forêt et de figures de l'imaginaire populaire, comme le dauphin d'Amazonie. Les quelques 4 000 membres de chaque groupe racontent l'histoire du père Francisco et de la mère Catirina, personnages du traditionnel *bumba-meu-boi*. Pour satisfaire le désir de sa femme enceinte, qui veut manger de la langue de bœuf à tout prix, le père Francisco tue l'animal préféré de son patron. Menacé de mort, il demande l'aide des sorciers indigènes, qui ressuscitent le bœuf. Le père Francisco est pardonné et donne lieu à une grande fête.

PARÁ

DESTINATION
BELÉM

Le Pará, le deuxième État le plus vaste du Brésil, environ 1,2 million de km², est connu pour être le portail de l'Amazonie et pour les beautés architecturales de sa capitale, Belém, qui sont en cours de restauration. La ville a transformé les vieux docks en lieux d'attractions, avec des bars et des restaurants, comme l'a fait Buenos Aires avec le Puerto Madero. De plus, le Pará sert l'une des cuisines les plus authentiques et les plus originales du pays, avec ses délicieux poissons d'eau douce et une grande variété de fruits et épices, que l'on trouve au célèbre marché Ver-o-Peso. Au cours de votre séjour, appréciez les riches céramiques *marajoaras* et *tapajós*, influence des 20 000 Indiens qui vivent toujours dans l'État. On peut trouver ces objets à Belém et sur l'énorme île de Marajó, connue pour ses *fazendas* et leurs élevages de buffles. Le Pará possède également des plages fluviales, au village d'Alter do Chão, à proximité de la ville de Santarém.

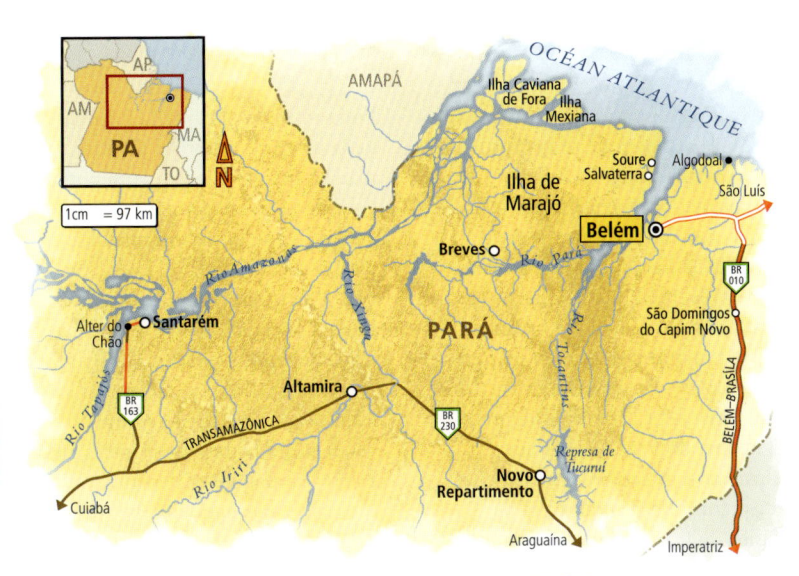

POINTS FORTS DE LA DESTINATION

BELÉM
  Núcleo Cultural Feliz Lusitânia
  Circuit Culturel
  Estação das Docas

ILHA DE MARAJÓ (3 heures en bateau)

SANTARÉM (1 526 km)

Distances à partir de Belém

Belém

1 - Mercado Ver-o-Peso
2 - Museu de Arte Sacra
3 - Espaço Cultural Casa das Onze Janelas
4 - Museu Forte do Presépio
5 - Theatro da Paz
6 - Museu Paraense Emílio Goeldi

Lieu de disputes entre Hollandais et Anglais, Belém ne se constitua effectivement qu'à la suite de l'implantation portugaise, au XVIe siècle. Son architecture, de style colonial, est aujourd'hui très bien préservée. Bien que la ville ait été restaurée récemment, le Centre laisse toujours à désirer en matière de propreté. Parmi les constructions qui retiennent l'attention figurent le **Theatro da Paz** et celles qui forment le Núcleo Cultural **Feliz Lusitânia**. Ne manquez pas de visiter le marché **Ver-o-Peso**. Si vous recherchez de belles plages, parcourez 180 km jusqu'à **Algodoal**, un bucolique village de pêcheurs situé sur l'île de **Maiandeua**, interdit aux voitures.

❶ Mercado Ver-o-Peso

La visite du Marché Ver-o-Peso, inauguré en 1894, est indispensable si l'on souhaite connaître la bigarrure de la diversité culturelle du Pará. Le marché occupe l'ancien entrepôt de l'octroi, halte obligatoire où l'on vérifiait le poids des marchandises – d'où son nom "Voir le poids". Sur une superficie de 26 500 m², 2 000 kiosques vendent des denrées alimentaires qui éveillent les sens. Les plus intéressantes sont celles des *mandingueiras*, les sorcières, qui vendent des herbes médicinales, des plantes en poudre et des solutions en *garrafadas* (mélanges d'herbes et d'alcool de céréales) qu'elles assurent guérir tous les maux. Les couleurs, les odeurs, les saveurs et le brouhaha méritent le détour. Arrêtez-vous devant les baraques et provoquez votre palais: goûtez aux innombrables fruits comme le *muruci*, le *bacuri*, l'*ingá* et le *taperebá*.
Avenida Boulevard Castilho de França, s/n, Centro. Tous les jours, 8h/18h.

Núcleo Cultural Feliz Lusitânia

Le centre historique de la capitale, récemment restauré, est formé par les maisons coloniales de la **rua Padre Champagnat**, l'**Igreja de Santo Alexandre**, le **Museu de Arte Sacra**, le **Museu Forte do Presépio** et l'**Espaço Cultural Casa das Onze Janelas**, situés sur la praça Frei Caetano Brandão. On peut visiter ce quartier à pied.

❷ Museu de Arte Sacra
Le Musée d'Art Sacré, l'un des plus importants du genre au Brésil, est installé dans l'ancien palais épiscopal, datant de 1883. Il possède des images du baroque jésuite et un fonds de 340 objets liturgiques, dont la plupart, des saints sculptés sur bois, datent du XVIIIe siècle. Le musée se situe dans le bâtiment annexe de l'**Igreja de Santo Alexandre**.
Praça Frei Caetano Brandão, s/n, Cidade Velha, tél. (91) 3219-1150. Mar. à ven., 13h/18h; sam., dim. et jours fériés, 9h/13h.

❸ Espaço Cultural Casa das Onze Janelas
Cette maison bâtie au XVIIIe siècle est célèbre pour les fenêtres de sa façade dessinée par l'Italien Antonio Landi. Transformée en hôpital en 1768, c'est aujourd'hui un centre culturel de premier plan. Le bar **Boteco das Onze** y offre une vue panoramique sur la baie de Guajará.
Praça Frei Caetano Brandão, s/n, Cidade Velha, tél. (91) 3219-1105. Mar. à ven., 10h/18h; sam., dim. et jours fériés, 10h/20h.

❹ Museu Forte do Presépio
Ce musée se trouve à l'intérieur du **Forte do Castelo** (Fort), kilomètre zéro de Belém, construit en 1616. Lors de sa restauration, on y trouva des fragments de canons, d'épées et de porcelaine, aujourd'hui en exposition. Le fort abrite également le **Museu do Encontro** (Musée de la Rencontre), qui retrace la colonisation de l'Amazonie par les Portugais. Il y a des objets *tapajós* et *marajoaras* découverts sur différents sites archéologiques d'Amazonie.
Praça Frei Caetano Brandão, s/n, Cidade Velha, tél. (91) 3219-1134. Mar. à ven., 10h/18h; sam., dim. et jours fériés, 10h/20h.

Le traditionnel Mercado Ver-o-Peso, ancien entrepôt public, sur la baie de Guajará

Circuit Culturel

❺ Theatro da Paz

Bâti en 1878, à l'époque de l'apogée de l'exploitation du caoutchouc en Amazonie (1890-1910), ce théâtre a été restauré et rouvert en 2002, dans toute la splendeur de son architecture inspirée de la Scala de Milan. Lors de la visite, les guides vous révèlent tout le charme de cette salle de spectacles. Remarquez les lustres et les miroirs de cristal, ainsi que le parquet de la salle de réception en bois de *pau-amarelo*. Observez également la peinture du plafond de la salle de spectacles, de l'Italien Domenico de Angelis, où figure le dieu grec Apollon conduit en Amazonie par ses chevaux. On y joue des pièces de théatre, des concerts, des concours de chant et une saison d'opéra a lieu entre juillet et août. *Rua da Paz, s/n, Centro, tél. (91) 3224-7355. Mar. à ven., 9h30/11h, 12h30/14h30 et 16h/17h; sam., 9h/12h.*

Theatro da Paz: inspiré de la Scala de Milan

Saveurs Uniques

La cuisine du Pará est singulière. Du mélange réussi d'ingrédients variés naissent des plats typiques comme le *pato no tucupi* (canard grillé accompagné de *tucupi*, jus de manioc, et de feuilles de *jambu*, semblables au cresson de fontaine) ou la *maniçoba* (feuilles de manioc ou *maniva* cuites pendant quatre jours et viandes salées, échine, oreilles et côtes de porc, accompagnées de riz, de farine de manioc et de piment). Ces délices peuvent être dégustés au restaurant **Lá em Casa**. Si vous souhaitez goûter à des viandes peu ordinaires comme le sanglier ou l'autruche, l'endroit idéal est **O Outro**. Aux amateurs de glaces, nous suggérons le glacier **Cairu** et son sorbet d'*açaí* au tapioca. D'ailleurs, au Pará, on mange l'*açaí* avec de la farine de manioc: demander ce fruit avec des céréales et du *guaraná* – comme c'est la coutume dans certaines villes de la région Sud-Est – est une offense.

❻ Museu Paraense Emílio Goeldi

Inauguré en 1866, ce musée est renommé internationalement pour ses travaux sur la faune, la flore et les traditions amazoniennes. Couvrant une superficie de 5,2 hectares, il comprend le **Parque Zoobotânico**, qui abrite près de huit cents espèces de grands arbres comme le fromager et le cèdre, et environ six cents espèces d'animaux, dont certaines sont menacées d'extinction. Les amateurs d'archéologie doivent absolument voir la collection de plus de 81 000 objets et fragments de céramique et outils lithiques collectés sur les sites archéologiques de la région. À voir notamment les vestiges de céramiques *marajoara* et *tapajós*, dont certains sont vieux de 7 000 ans. *Avenida Magalhães Barata, 376, São Brás, tél. (91) 3219-3369. Mar. à jeu., 9h/11h30, 14h/17h; ven., 9h/11h 30; sam. et dim., 9h/17h.*

Estação das Docas

Cette ancienne zone portuaire, inaugurée en 1902, était très détériorée jusqu'à sa restauration en 2000. Ce lieu, qui occupe une superficie de 3,2 hectares, est devenu l'un des sites touristiques les plus animés de Belém. Les trois pavillons à la structure préfabriquée en fer forgé, importés d'Angleterre au début du XXe siècle, ont été restaurés et abritent désormais 33 commerces tels que des magasins, des bars et des restaurants, ainsi qu'un théâtre. Pour se restaurer, un bon choix est la filiale du compétent **Lá em Casa**, spécialisé en cuisine régionale. Les amateurs de bière ou les curieux désirant goûter à de nouvelles saveurs doivent s'arrêter un moment à l'**Amazon Beer**, une brasserie qui produit sa propre bière au goût exotique du *bacuri*, un fruit typique d'Amazonie. Le soir, l'Estação das Docas est très animée. Des groupes jouent de la musique sur une scène suspendue se déplaçant le long des quais, permettant ainsi d'être vue de presque tous les bars et restaurants. L'art et la culture sont aussi présents sur les quais, dans des expositions temporaires ou permanentes. Les expositions Arqueologia, Memória e Restauro et Memória do Porto de Belém présentent respectivement des objets trouvés lors des fouilles archéologiques dans la zone de la forteresse de São Pedro Nolasco et l'histoire du port en photographies et en objets. En fin d'après-midi, l'Estação, qui possède une gare fluviale d'où partent les bateaux qui partent en excursion dans la région, est un lieu idéal pour regarder le coucher du soleil sur la baie de Guajará.

Av. Boulevar Castilho França, s/n, Centro, tél. (91) 3212-5525. Lun. à mer., 12h/24h; jeu. et ven., 12h/3h; sam., 10h/3h; dim., 9h/24h.

Círio de Nazaré

Le deuxième dimanche d'octobre, une impressionnante démonstration de foi s'empare des rues de Belém au cours de l'une des manifestations religieuses les plus populaires du Brésil. Deux millions de personnes se précipitent pour suivre la procession réalisée en hommage à Notre-Dame de Nazareth, à qui ont été attribués des miracles après la découverte d'une statue de la Vierge sur la rive de l'*igarapé* d'Utinga, où se dresse actuellement la **Basílica de Nazaré** (*Basilique, praça Justo Chermont, tél. (91) 3241-8894*). Depuis 1793, les fidèles – venant aujourd'hui de tout l'État et de tout le pays – suivent la procession du Cierge de Nazareth, qui accompagne l'image sainte de l'Igreja da Sé à la basilique. Sur le trajet, la voiture où se trouve la sainte est protégée par une corde de 400 mètres de long. Le soleil brûlant et une chaleur moyenne de 35° ne découragent pas les fidèles qui essaient de tenir la corde tout au long du parcours de près de 5 km. Comme la corde est insuffisante pour tous, seul un véritable acte de foi justifie le sacrifice de ceux qui font tout pour la toucher du doigt. Les scènes de ferveur atteignent leur paroxysme lorsque les fidèles s'agenouillent par milliers pour célébrer l'arrivée de la Vierge de Nazareth à la basilique.

ILHA DE MARAJÓ

Deux jours suffisent pour connaître la plus grande île fluviomarine du monde, d'une superficie de 49 000 km² – plus grande que la Suisse ou que l'État de Rio de Janeiro. Au bout d'un voyage de 3 heures en bateau à partir de Belém, on gagne **Salvaterra**, principale voie d'accès à l'île, où se trouve la **Pousada dos Guarás**, le meilleur hôtel de la région. Ce village abrite également les ruines d'une église jésuite, construite sur la **praia de Joanes**, au XVIIe siècle. Au village de **Soure**, visitez les fazendas célèbres pour l'élevage des buffles et les ateliers de céramique *marajoara*, précieux héritage des peuples ancestraux de l'île.

Tannerie Marajó

Au village de Soure se trouve le **Curtume Marajó** *(Primeira Rua, 450)*. L'odeur n'y est pas des plus agréables et c'est normal, car on y réalise le traitement du cuir – apprêter, écharner (retirer le poil et la graisse), fouler et tanner, avant de le transformer en objets tels que ceintures, sandales et selles, vendus dans un magasin annexe de la tannerie.

Céramique Ancestrale

Carlos Amaral est l'un des rares céramistes qui connaissent et reproduisent fidèlement l'art ancestral des Indiens *marajoaras*, et n'importe

---

La Grande Vague du Nord

Après la rencontre des eaux du Rio Negro et du Solimões, dans l'État d'Amazonas, la *pororoca* est un autre phénomène fluvial célèbre dans tout le pays. Ce mascaret, le "grand vacarme", signification du mot tupi *pororoca*, est plus fort en mars-avril en raison du niveau des fleuves. Il se produit lorsque les eaux de l'océan Atlantique rencontrent celles de fleuves comme le rio Capim, formant ainsi une vague d'une hauteur moyenne de 3 m. La ville de **São Domingos do Capim**, à 130 kilomètres de Belém, réalise même depuis 1999 le championnat national de surf sur *pororoca*. La *pororoca* se forme dans différentes régions du Nord du Brésil : sur le Canal do Perigoso, entre les îles Mexiana et Caviana, dans l'archipel de Marajó, et sur les rios Arari (Maranhão) et Araguari (Amapá). Sur ce dernier, la *pororoca* parcourt parfois une distance de 45 km en une demi-heure.

Troupeau de buffles mené par un gardien de bétail à Marajó, où il y a plus de deux buffles par habitant

quel habitant du petit village de Soure sait où se trouve son atelier. Fier de son métier, l'artisan explique sa méthode de travail et montre les objets faisant partie d'une petite exposition de pièces originales sur lesquelles il se base pour créer ses céramiques. Amaral commente également le symbolisme de l'art *marajoara*: le *cumaru uarabo*, par exemple, est un gobelet sur lequel figurent un papillon, représentation du bonheur, et un crapaud, symbole de santé.

ÉLEVAGE DE BUFFLES

Cela peut sembler incroyable, mais il y a sur l'île de Marajó plus de buffles que d'habitants – environ 600 000 têtes de bétail pour une population de 250 000 habitants. Les buffles circulent dans les rues, tirent les charettes ou servent de monture à la police. Mais c'est dans les fazendas que le touriste a l'occasion de mieux connaître cet animal originaire d'Asie. La **Fazenda Bom Jesus** *(tél. 91/3741-1243)*, située à 12 km de Soure, propose une visite didactique. La propriétaire Eva Abufaiad, ingénieure agronome et vétérinaire, explique comment se déroule l'élevage et invite les visiteurs à grimper sur le dos des animaux. Cette expérience n'est pas des plus confortables, mais vous n'y couperez pas. Ne pas faire une promenade à dos de buffle sur l'île de Marajó, c'est comme aller en Égypte et ne pas monter sur un chameau.

UN PLUS

Le cadre est rustique, les chambres sont simples, mais la **Pousada dos Guarás**, à Salvaterra, offre un hébergement confortable. Les chambres ont la climatisation, un minibar et la télévision. De l'attrayante piscine part un chemin menant à la Praia Grande. Très bon restaurant où l'on sert des plats typiques comme le *filé marajoara* (viande de buffle au fromage de bufflesse fondu) et le *frito do vaqueiro* (steak de buffle accompagné de farine de manioc).

Plus d'informations à partir de la page 462.

LA CÉRAMIQUE INDIGÈNE DE PLUS EN PLUS RARE

Il faut le dire: depuis longtemps, le plus grand centre d'artisanat en céramique du Pará, le village d'**Icoaraci**, situé à 18 km de Belém, ne vend plus de pièces fidèles aux terres cuites créées par les Indiens Tapajós, anciens habitants de Santarém, et *marajoaras*, de l'île de Marajó. Comme les artisans locaux produisent des jarres, des vases et des objets ménagers en grande quantité, ils n'ont plus le temps ni le savoir-faire pour reproduire les pièces avec la rigueur que cette technique requiert. Même si on se refuse à l'admettre, ce que l'on fabrique dans le village c'est avant tout de la céramique de style Icoaraci, auquel se mêlent des éléments picturaux d'inspiration personnelle. Si vous voulez vous procurer des objets qui respectent le style *marajoara*, avec la représentation stylisée d'animaux, et le style *tapajó*, composé de sculptures de figures zoomorphes, il reste de rares mais bons artistes. Sans compter Carlos Amaral, du village de Soure, il existe un grand connaisseur connu sous le nom de **Mestre Cardoso**. Âgé de 73 ans, il travaille toujours dans l'atelier de poterie attenant à sa maison *(rua Oito de Maio, passagem São Vicente de Paula, 1, tél. 91/3247-2792)* et a transmis tout son savoir-faire à son fils José Levy, pour que l'artisanat indigène ne disparaisse pas.

À Alter do Chão, le sable fin et l'eau limpide des plages du rio Tapajós éblouissent le voyageur

SANTARÉM

L'une des quelques curiosités touristiques de la ville de **Santarém**, dont l'économie repose sur la culture du soja, est le commerce de vêtements et d'accessoires confectionnés en fibres végétales (*buriti*, bananier, jute, *awara* et mauve à feuilles rondes) dans l'atelier de **Dica Frazão** *(rua Floriano Peixoto, 281, tél. 93/522-1026)*, qui a déjà fait des draps pour le pape Jean-Paul II. Il est recommandé de se rendre à Santarém en bateau ou en avion. La principale curiosité de Santarém se trouve en fait à 35 km de la ville, à **Alter do Chão**, village de plages fluviales pratiquement intactes.

PLAGES FLUVIALES D'ALTER DO CHÃO

Grâce aux eaux cristallines du fleuve Tapajós, les plages de la région ont reçu le nom de "Caraïbes amazoniennes". Le bateau est le meilleur moyen de transport pour gagner ces lieux peu visités, comme les praias **da Moça** et **do Jacaré**. D'autres, comme **Cururu**, **Ponta de Pedras** et **Ilha do Amor**, la plage la plus célèbre d'Alter do Chão, surpassent de nombreuses plages côtières en beauté. Le contraste entre le sable clair et l'eau bleue est à couper le souffle.

PROMENADES EN BATEAU

L'exubérance de la nature est propice à des promenades en bateau tellement nombreuses qu'il est difficile de choisir la meilleure. La visite de la communauté de **Maguary** doit sans aucun doute faire partie du programme. Dans ce village très bien entretenu, situé au bord du fleuve Tapajós, vivent 200 personnes au milieu de beaux arbres fruitiers. Onze habitants qui travaillent le caoutchouc et produisent du cuir végétal montrent toutes les étapes de leur activité aux visiteurs. Une autre destination excellente est le **lago Verde**, une piscine naturelle pleine de poissons, dont les eaux passent du vert au bleu au cours de la journée. Pour finir, amusez-vous à pêcher le piranha dans le **Furo do Jari**, un bras de l'Amazone.

Contacter: *Santarém Tour, tél. (93) 522-4847.*

UN PLUS

Situé au bord du lago Verde, dans la commune d'Alter do Chão, le **Beloalter Hotel** est entouré d'un jardin bien entretenu. Il y a 24 chambres équipées de la climatisation, de la télévision et d'un système de chauffage solaire. Deux chambres supplémentaires sont appelées "écologiques", car elles sont revêtues de paille à l'extérieur et d'une sorte de natte à l'intérieur. Un arbre pousse à l'intérieur de l'une d'elles. L'hôtel organise des promenades en bateau vers des plages isolées du fleuve Tapajós et des randonnées en forêt aux alentours du lac.

Plus d'informations à partir de la page 462.

DESTINATION
JALAPÃO

Le Jalapão, une région de 34 000 km², de la taille de six départements français, pleine de cascades, de rivières, de dunes et de lacs, a mis l'État du Tocantins en bonne place sur la carte des circuits de tourisme vert. La meilleure époque pour visiter la région est la saison sèche, entre mai et septembre. Ce voyage, qui demande une certaine disposition d'esprit, est idéal pour le touriste qui aime les paysages peu ordinaires et qui n'exige pas trop de confort. La capitale du Tocantins, Palmas, est le point de départ vers Ponte Alta, ville d'accès à la région du Jalapão, qui porte ce nom en raison de l'abondance de *jalap*, une sorte de liseron. Les 200 km de route goudronnée menant de Palmas à Ponte Alta sont sans histoire, mais ensuite le voyage devient une véritable aventure. Il n'y a pas d'infrastructure et, à la saison des pluies (d'octobre à avril), la situation empire. On court alors grand risque de ne pas pouvoir traverser les huit communes qui forment le Jalapão, les ponts étant submergés par les crues.

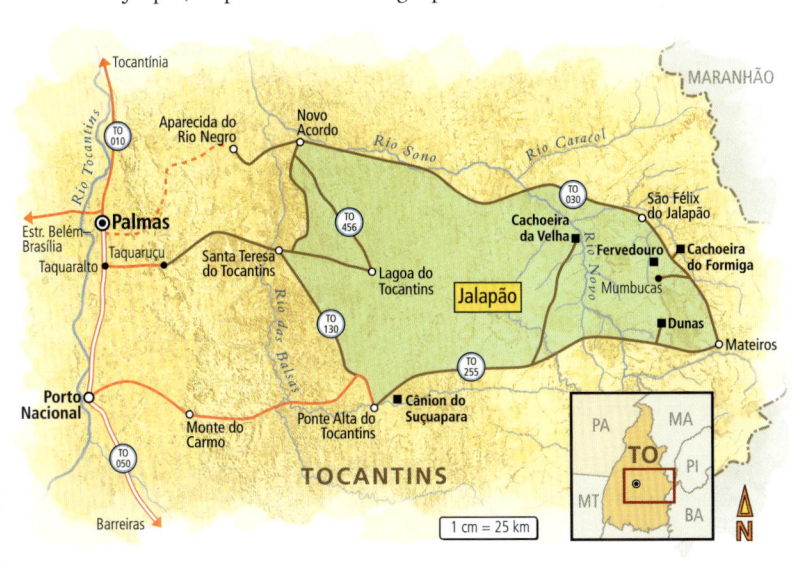

Ville de Départ: Palmas

Inaugurée en 1990, Palmas est la plus jeune capitale du Brésil, le Tocantins n'étant devenu un État fédéral qu'en 1988. Le touriste devra passer une nuit à Palmas avant de poursuivre vers le Jalapão. Une bonne possibilité d'hébergement est la **Pousada dos Girassóis**. Parmi les restaurants, le **Cabana do Lago** sert une savoureuse *galinha de cabidela* (poulet en sauce). La meilleure promenade à faire dans la région est à **Taquaruçu**, un district situé à 32 km de la capitale, où se trouvent une cinquantaine de chutes d'eau, dont la **cachoeira do Roncador**, de 50 m de haut.

Hôtels et restaurants à partir de la page 462.

POINTS FORTS DE LA DESTINATION

Palmas
 Jalapão en Voyage
   Organisé (200 km)
 Aventure Indépendante

Distance à partir de Palmas

Les dunes du Jalapão sont formées par l'érosion naturelle de la serra do Espírito Santo (à l'arrière-plan)

Jalapão en Voyage Organisé

Avoir recours aux services d'une agence de tourisme est la manière la plus pratique de connaître le Jalapão. Les plus aventuriers peuvent choisir la formule comprenant du rafting sur le **rio Novo**, de mai à septembre.

Dunes
Il suffit de traverser un petit ruisseau pour gagner les dunes pouvant atteindre 40 m de haut. Du sommet de ces collines orangées, on a une vue splendide sur la serra do Espírito Santo.

Rafting sur le Rio Novo
La descente du rio Novo prend trois jours. Tout en passant les rapides, de faible et de moyenne difficulté, vous pourrez voir des aras, des cabiais et des toucans. Le soir, on campe sur les plages de la rivière. Au bout du parcours, on arrive à la belle **Cachoeira da Velha**.
Contacter: *Venturas & Aventuras, tél. (11) 3872-0362.*

Cachoeira da Velha
C'est la chute d'eau la plus haute du Jalapão. En forme de fer à cheval, elle a 25 m de haut et près de 100 m de large. L'eau tombe dans une vasque profonde où seuls les bons nageurs doivent s'aventurer. De là, un sentier de 1,2 km mène à une plage agréable pour la baignade, la **Prainha**.

Fervedouro
Au fond de cette poche d'eau cristalline se trouve une source souterraine. La force avec laquelle elle jaillit est telle que le corps du baigneur ne coule pas et qu'il est impossible de plonger jusqu'au fond.

Cachoeira do Formiga
Bien que les berges du rio Formiga aient été déboisées, cela vaut la peine de connaître cette belle chute d'eau et de plonger dans sa poche d'eau.

Canyon du Suçuapara
À la interieur de la grotte du Suçuapara se trouve une fente de 15 m de haut, semblable à un canyon, qui permet de voir le ciel. De la paroi jaillit une irrésistible douche naturelle.
Contacter: *Freeway Adventures, tél. (11) 5088-0999; Propósito Turismo, tél. (21) 2549-6714; Venturas & Aventuras, tél. (11) 3872-0362.*

Aventure Indépendante

Ceux qui aiment les voyages riches en péripéties peuvent visiter le Jalapão seuls. La région est inhospitalière, les routes y sont mauvaises et ensablées. Si vous y allez en voiture, deux conditions sont nécessaires: un véhicule 4x4 et un guide local. Sinon, vous ne parviendrez pas à rejoindre les sites touristiques sans vous enliser ou vous perdre. Le risque n'en vaut pas la peine: selon la saison et le jour de la semaine, il n'y a pas âme qui vive dans la région, et le téléphone portable ne marche pas. En plus du guide, que l'on peut engager à l'Associação dos Profissionais de Turismo *(tél. 63/9978-2178)*, il faut emporter de l'eau, un pneu de rechange et de l'essence – sans quoi on peut garder un très mauvais souvenir de son voyage. Si vous n'êtes pas Indiana Jones mais que vous dispensez l'assistance d'une agence de tourisme, vous pouvez louer une voiture avec conducteur et guide *(Jalapão Tour, demander Cavalcante, tél. 63/9978-3695)*. Quel que soit votre choix, il est recommandé de loger à la **Fazenda Santa Rosa**, à 15 km du centre de Mateiros. Cet hôtel possède un ensemble charmant de bungalows au pied de la serra do Espírito Santo, mais réservez auparavant. Pour le repas, le restaurant **Panela de Ferro**, à Mateiros, sert de savoureux plats du jour.
Hôtels et restaurants à partir de la page 462.

L'Herbe Dorée

Avant d'être connu à São Paulo et à Rio de Janeiro pour son artisanat de tressage de l'herbe dorée, le village de **Mumbucas**, à proximité de Mateiros, était perdu dans le temps et dans l'espace, sans électricité et d'accès compliqué même en véhicule 4x4. La première à avoir fait sortir le village de l'anonymat est dona Miúda, la patronne de cette communauté de descendants d'esclaves fugitifs. C'est elle qui a appris aux habitants à tisser l'herbe aux reflets d'or, rigoureusement cueillie en septembre, période à laquelle elle prend sa teinte caractéristique. Bien que cet artisanat se soit disséminé dans la région, les paniers, les sacs, les ceintures, les bracelets et les sandales de Mumbucas restent les plus beaux du Jalapão. Vous pouvez les acheter au centre du village.

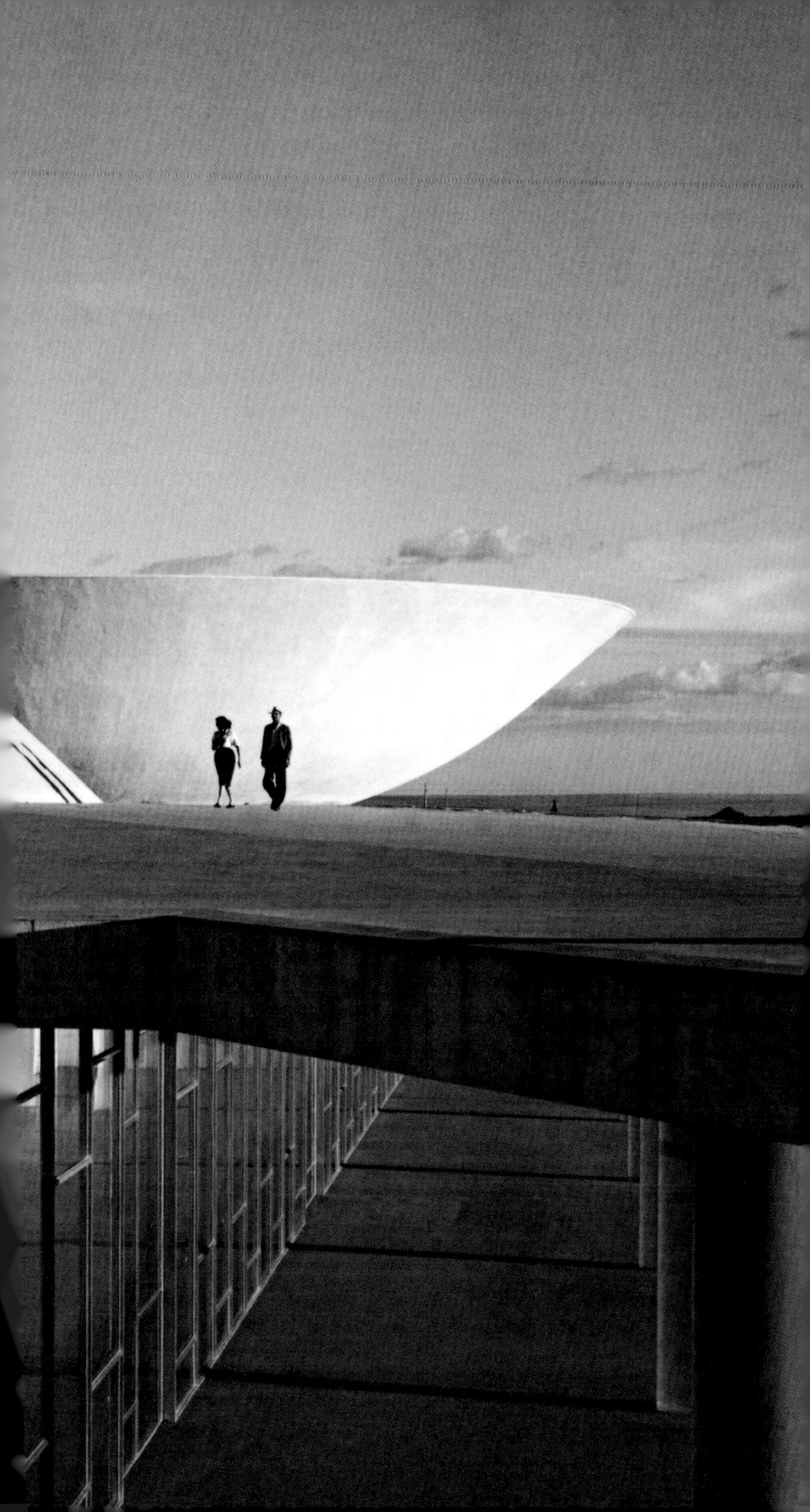

CENTRE-OUEST

C'est la seule région du Brésil qui ne soit pas baignée par la mer. Et elle n'en a pas besoin: le Centre-Ouest, formé par le Distrito Federal et par les États de Goiás, Mato Grosso et Mato Grosso do Sul, possède des attraits naturels et culturels suffisants pour séduire n'importe quel touriste. Ses points forts sont la réalisation architecturale de Brasília ainsi que la faune et la flore exubérantes du Pantanal et du *cerrado* (haut plateau de savanes). Dans nulle autre région du Brésil il n'est possible de voir aussi facilement une telle quantité d'animaux – comme les caïmans et les jabirus du Pantanal, et les poissons des eaux transparentes de Bonito, haut lieu du tourisme écologique du pays. La carte ci-dessous indique les villes que nous avons choisies comme points de départ des circuits proposés aux pages suivantes: Cuiabá est la porte d'entrée de la grande partie nord du Pantanal; on gagne la partie sud par Campo Grande, également ville de départ pour Bonito. À partir de Goiânia et de Brasília, on peut connaître des villes historiques et des vastes étendues d'une beauté impressionnante.

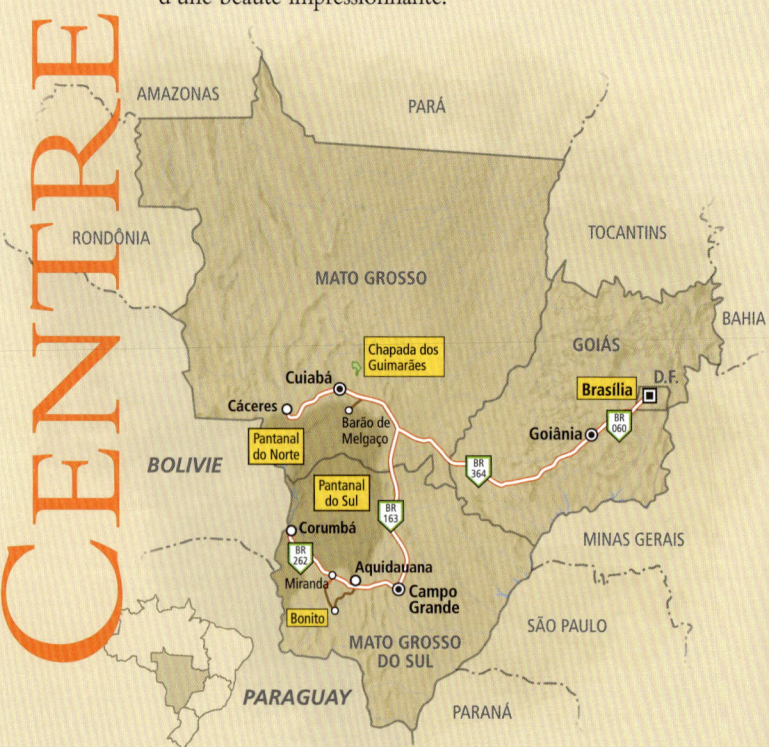

Page précédente: Congresso Nacional, Brasília (DF), vers 1962, Marcel Gautherot

DISTRITO FEDERAL

DESTINATION
BRASÍLIA

Brasília est un passage obligatoire pour tout amateur d'architecture moderne. Au milieu de l'immensité du planalto Central, la capitale fédérale se caractérise par une centaine d'édifices d'une grande originalité, érigés entre rues et avenues tracées suivant un plan urbanistique général. Contrairement à la plupart des grandes capitales du monde, dont les édifices publics sont lourds, austères et distants, les bâtiments publics de Brasília sont accueillants, transparents et légers. Une telle prouesse est l'œuvre de trois professionnels extrêmement talentueux: l'urbaniste Lúcio Costa, l'architecte Oscar Niemeyer et le paysagiste Roberto Burle Marx. La ville, à laquelle le président de l'époque, Juscelino Kubitschek, tenait comme à la prunelle de ses yeux, fut inaugurée en 1960, incarnant ainsi l'effort de peuplement et de modernisation du centre du pays. Classée patrimoine culturel de l'humanité par l'Unesco en 1987, Brasília est beaucoup plus que le centre du pouvoir politique brésilien. C'est le point de départ vers la Chapada dos Veadeiros et les villes de Goiás et de Pirenópolis.

POINTS FORTS DE LA DESTINATION

BRASÍLIA
  Circuit Architectural
  Culture et Loisirs

PIRENÓPOLIS (140 km)
  Routes des Cascades

CHAPADA DOS VEADEIROS
  Alto Paraíso de Goiás (230 km)
  Vila de São Jorge (266 km)
  Thermas de Caldas Novas
    et de Rio Quente (295 km)

LA VILLE DE GOIÁS (320 km)

Distances à partir de Brasília

BRASÍLIA

Figurant parmi les plus grandes villes du monde bâties suivant un plan urbanistique, Brasília commence à surprendre le voyageur avant même que son avion se pose. C'est du ciel que l'on distingue le mieux l'ensemble du plan pilote en forme d'avion, idéalisé par Lúcio Costa, dont le projet fut sélectionné parmi 26 autres lors d'un concours public réalisé dans les années 1950. L'Eixo Monumental (l'Axe Monumental) est la ligne qui partage la ville en deux ailes, nord et sud. Le centre du pouvoir se situe à l'est (dans la "cabine" de l'avion), où se dressent les principales œuvres architecturales. Bordant le beau lac artificiel du Paranoá, la ville est divisée en secteurs – hôtelier, résidentiel, industriel. Les déplacements à pied sont rares dans cette ville où tout paraît lointain et où la voiture est nécessaire pour se déplacer. Malgré les critiques incessantes que suscite son plan d'urbanisme – il manque des panneaux de signalisation, par exemple –, le système de circulation de Brasília est remarquable. Le réseau électrique est enterré. De nombreux bâtiments publics sont entourés de miroirs d'eau afin d'augmenter l'humidité de l'air, ce qui est nécessaire dans une région où l'air est sec et où les températures sont supérieures à 30° en été. Ces bâtiments renferment des collections de sculptures, de fresques et d'œuvres de grands artistes brésiliens du XXe siècle tels qu'Alfredo Volpi, Athos Bulcão, Bruno Giorgi, Carybé, Di Cavalcanti et Portinari. Avec ses 2 millions d'habitants, la capitale fédérale a acquis le statut de métropole. Les espaces verts y restent cependant abondants. La belle route de l'aéroport, par exemple, est bordée d'arbres fruitiers, manguiers et jaquiers, dont les branches ploient sous le poids des fruits mûrs.

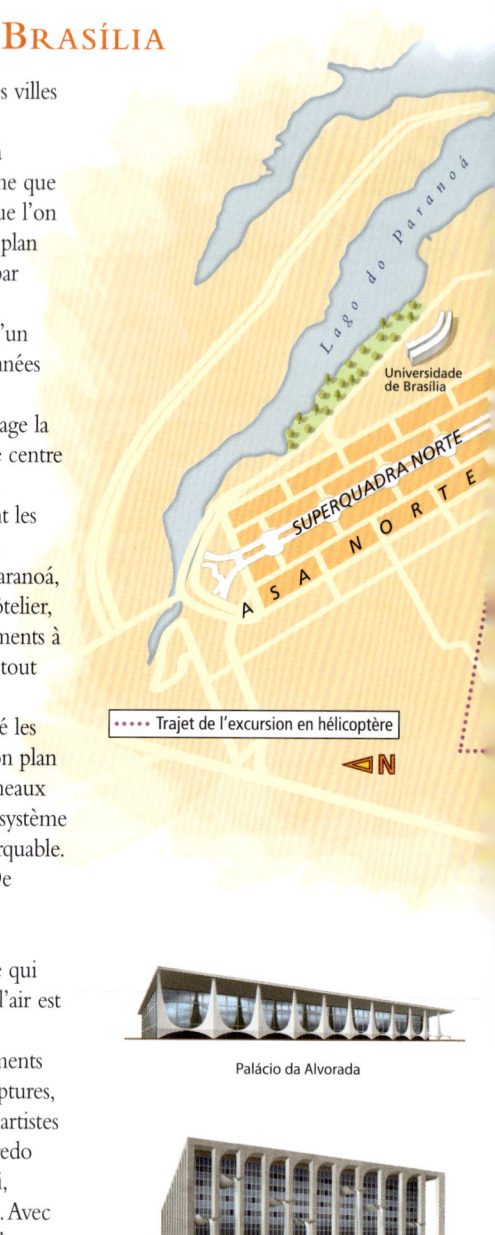

····· Trajet de l'excursion en hélicoptère

Palácio da Alvorada

Palácio da Justiça

Teatro Nacional

DISTRITO FEDERAL

- Palácio da Alvorada
- Lago do Paranoá
- Praça dos Três Poderes
- Palácio do Planalto
- STF
- Congresso Nacional
- Palácio da Justiça
- Palácio do Itamaraty
- Setor de Embaixadas Norte
- Esplanada dos Ministérios
- Ponte Costa e Silva
- Catedral
- Setor de Embaixadas Sul
- Teatro Nacional
- Aeroporto
- Torre de TV
- Cine Brasília
- SUPERQUADRA SUL
- ASA SUL
- Estádio Mané Garrincha
- Parque da Cidade Sarah Kubitschek
- Autódromo Internacional
- Memorial JK
- EIXO MONUMENTAL

Congresso Nacional

Catedral

Palácio do Planalto

Supremo Tribunal Federal

Palácio do Itamaraty

Esplanada dos Ministérios

Memorial JK

GUIDE BRÉSIL

387

Distrito Federal

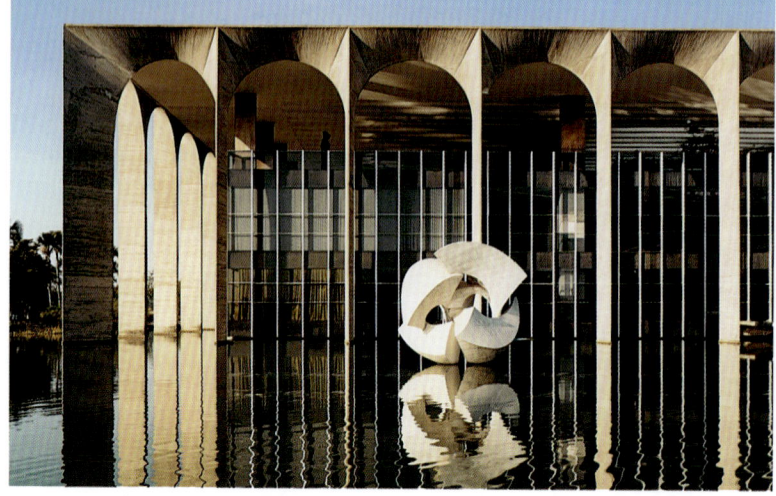

Le Meteoro, sculpture en marbre de Bruno Giorgi, sur le miroir d'eau du Palácio do Itamaraty

Circuit Architectural

Commencez votre excursion à l'endroit le plus intéressant: la **praça dos Três Poderes** (place des Trois Pouvoirs – législatif, exécutif et judiciaire), aux coins de laquelle se dressent le **Palácio do Planalto**, le **Congresso Nacional** et le **Supremo Tribunal Federal**. On y voit des sculptures comme la célèbre *Os guerreiros*, appelée aussi *Candangos*, un bronze de Bruno Giorgi, de 1959. Observez également les deux bandes parallèles formées par les bâtiments de l'**Esplanada dos Ministérios**. Au sous-sol de la place se trouve l'**Espaço Lúcio Costa**, un musée où est exposée une maquette géante du plan pilote de Brasília, ainsi que des textes et des croquis élaborés par l'urbaniste.
Praça dos Três Poderes. Mar. à dim., 9h/18h.

Palácio do Planalto
Le lieu de travail du président de la République ouvre sa rampe aux simples citoyens le dimanche matin. Le point fort de la visite, d'une durée de 30 minutes, est le passage dans le cabinet du chef du gouvernement, isolé par une vitre.
Praça dos Três Poderes, s/n, tél. (61) 3411-2317. Dim., 9h30/13h.

Supremo Tribunal Federal (STF)
Les plus hautes cours de justice du Brésil se trouvent à Brasília. Il s'agit du **Supremo Tribunal Federal** (Tribunal Suprême Fédéral, STF) et du **Superior Tribunal de Justiça** (Tribunal Supérieur de Justice, STJ). Le STF est le siège du pouvoir judiciaire. Il ouvre ses portes au public pour des visites guidées de 30 minutes dans différents secteurs, notamment son musée (il est recommandé de réserver le week-end). En face du STF, observez la célèbre sculpture *A Justiça*, en granit, faite par Alfredo Ceschiatti en 1961.
Praça dos Três Poderes, s/n, tél. (61) 3217-4038. Sam. et dim., 10h/16h.

Palácio do Itamaraty
L'un des plus beaux bâtiments de

Niemeyer, monument incontournable de Brasília, le **Ministério das Relações Exteriores** (Ministère des Relations Extérieures) est plus connu sous le nom d'Itamaraty, nom du premier palais qui abrita ce ministère, à Rio de Janeiro, lorsque cette ville était la capitale fédérale. La passerelle construite au-dessus du grand miroir d'eau parsemé d'îlots de plantes tropicales mène à l'une des plus grandes collections publiques d'œuvres d'art du Brésil. Au rez-de-chaussée, le hall de 220 m² dépourvu de colonnes et l'escalier en spirale de 2,30 m de large sans rampe sont impressionnants. Les bas-reliefs de marbre des murs sont d'Athos Bulcão, le jardin de plantes d'Amazonie est de Burle Marx, et la sculpture *Meteoro*, une seule pièce de 4 tonnes de marbre carrara sur le miroir d'eau, a été réalisée par Bruno Giorgi, en 1967. À l'intérieur du palais sont exposées des œuvres de grands artistes comme les sculptures de Maria Martins, de Victor Brecheret et d'Alfredo Ceschiatti, des tableaux de Portinari, de Manabu Mabe et d'Alfredo Volpi, ainsi que des toiles de peintres étrangers qui peignirent le Brésil d'autrefois, tels que Frans Post, Rugendas et Debret. Au premier étage se trouvent la table sur laquelle la princesse Isabel signa la Lei Áurea (loi qui abolit l'esclavage) en 1888 et une chaise triple, provenant de Bahia, dont les sièges sont curieusement appelés *fofoqueira* (commère), *conversadeira* (bavarde) et *namoradeira* (amoureuse). La visite guidée dure 40 minutes.

Les Candangos

La construction de Brasília attira des milliers d'ouvriers, venant surtout du Nord-Est, qui s'installèrent à la périphérie de la capitale et fondèrent les *cidades-satélites* (villes satellites). Ils étaient connus sous le nom de *candangos*, terme peu flatteur employé autrefois par les Africains pour désigner les Portugais. Aujourd'hui, ce mot a perdu cette connotation péjorative et désign les habitants de Brasília ou ceux qui y sont nés.

L'escalier hélicoïdal aux marches suspendues de l'Itamaraty relie les étages et les jardins intérieurs

Congresso Nacional: La Chambre des Députés, au fond le Sénat, et les tours de chaque assemblée

Esplanada dos Ministérios, bloco H, tél. (61) 3411-6148. Lun. à ven., 14h/16h 30; sam., dim. et jours fériés, 10h/15h30.

Palácio da Alvorada
Le Palais de l'Aube est la résidence présidentielle. Dessinée elle aussi par Niemeyer, c'est une belle construction, revêtue de marbre et à la façade vitrée, soutenue par des colonnes blanches. L'entrée est interdite au public.
Vila Presidencial, s/n.

Congresso Nacional
Plus grand symbole de Brasília, il abrite les deux sièges du pouvoir législatif: le **Senado**, où travaillent 81 sénateurs (trois pour chacun des 27 États brésiliens), et la **Câmara dos Deputados** (Chambre des Députés), avec 513 représentants élus par la population de leurs États d'origine. Ces deux organismes sont répartis en deux édifices de 28 étages qui étonnent au milieu de l'immense paysage plat, flanqués de deux coupoles aux formes inversées abritant en leur sein les assemblées. Pour savoir si une séance a lieu, il suffit d'observer si le drapeau est hissé. Les visites guidées de chaque assemblée et de leur musée sont indépendantes et commencent toutes au **Salão Negro**. Des œuvres d'art d'Athos Bulcão, de Di Cavalcanti et de Carybé, entre autres, sont exposées dans les salons. La visite du Sénat est la mieux organisée.
Câmara: tél. (61) 3216-1771. Lun. à ven., 9h30/11h30 et 14h30/16h30; sam. et dim., 9h/16h.
Senado: tél. (61) 3311-2149. Lun. à ven., 9h30/11h30 et 14h30/16h30; sam. et dim., 9h30/16h30.
Praça dos Três Poderes, s/n.

Palácio da Justiça
Le bâtiment du **Ministério da Justiça** (Ministère de la Justice) a la même structure architecturale que son vis-à-vis, le Palácio do Itamaraty, mais s'en démarque par ses chenaux d'où tombent des cascades dans le jardin aquatique dessiné par Burle Marx. Le **Salão Negro** abrite des expositions temporaires. La bibliothèque renferme la table et la chaise de José Bonifácio de Andrada e Silva, le "patriarche de l'indépendance". Visite guidée, sur réservation (25 min. env.).

Esplanada dos Ministérios, bloco T, tél. (61) 3429-3216. Lun. à ven., 8h/11h et 14h/17h.

Memorial JK

Érigé en hommage au fondateur de la ville, le Mémorial JK (prononcez Jota Ka) est composé d'un monument de forme pyramidale revêtu de marbre blanc, face à un piédestal de 28 m au sommet duquel se trouve la statue de l'ancien président Juscelino Kubitschek de Oliveira. Inauguré en 1981, ce mémorial renferme des objets ayant appartenu à Kubitschek et à sa femme, et sa bibliothèque personnelle de 3 000 volumes.
Eixo Monumental, lado Oeste – Praça do Cruzeiro, s/n, tél. (61) 3225-9451. Mar. à dim., 9h/18h.

Catedral Metropolitana

Symbole de Brasília, sa forme extérieure la démarque de toute autre église au monde. La Cathédrale Métropolitaine, dont le chœur est en dessous du niveau du sol, contraste avec les autres bâtiments plus sobres dessinés par Niemeyer. Cet édifice, qui n'a été inauguré qu'en 1970, renferme des toiles de Di Cavalcanti et d'Athos Bulcão. Les vitraux colorés sont de Marianne Peretti, et Alfredo Ceschiatti a sculpté les trois anges en duralumin suspendus dans la nef et les quatre évangélistes de bronze situés sur le parvis.
Esplanada dos Ministérios, s/n, tél. (61) 3224-4073. Lun., 8h/17h; Mar. à dim., 8h/18h.

Igrejinha Nossa Senhora de Fátima

Cette toute petite et très belle construction est la première église de Brasília. Inaugurée en 1958, elle est dédiée à Notre-Dame de Fátima, comme remerciement de Kubitschek et de sa femme pour la guérison de leur fille Márcia. De l'extérieur, la construction ressemble à une cornette de religieuse, elle est revêtue d'azulejos créés par Athos Bulcão, avec des représentations stylisées de la colombe du Saint-Esprit et de l'étoile des Rois Mages.
EQS 307/308, tél. (61) 3242-0149. Lun. 9h/20h; mar. à dim., 6h30/20h.

L'extraordinaire petite église de Fátima charme par sa délicatesse et l'originalité de ses lignes

Le Mémorial JK est construit sur l'un des points les plus élevés de Brasília, la praça do Cruzeiro

Culture et Loisirs

Brasília n'a pas de grands musées et l'animation de la scène artistique est due aux centres culturels. Les amateurs d'artisanat se retrouvent à la **Feira da Torre**, une brocante traditionnelle se tenant chaque dimanche, au pied de la **Torre de Televisão** (Tour de Télévision, *Eixo Monumental Leste, tél. 61/3321-7944*). Montez dans la tour et profitez du panorama du plan pilote à 75 m au-dessus du sol *(mar. à dim., 9h/18h; lun., 14h/18h)*.

Parque da Cidade
Le Parc Sarah Kubitschek, de 420 hectares, dessiné par le paysagiste Burle Marx, est le plus vaste espace vert de Brasília. Plus connu sous le nom de Parque da Cidade (Parc de la Ville), il possède une piste de kart, des restaurants, un centre équestre, un parc d'attractions, une piste cyclable et des pistes de jogging et de marche.
Eixo Monumental, tél. (61) 3325-1092.

Promenade en Hélicoptère
Pour découvrir le plan pilote, faites un vol panoramique au-dessus de la ville. En 12 minutes, vous survolerez le lac du Paranoá, le Palácio da Alvorada, le Parque da Cidade, le Memorial JK, l'Autodrome Nelson Piquet et le Stade Mané Garrincha.
Contacter: *Esat Aerotaxi, tél. (61) 3364-9933.*

Centro Cultural Banco do Brasil
Ce centre culturel occupe un bâtiment dessiné par Niemeyer en 1993 et classé au patrimoine historique. Inauguré en 2000, il propose des concerts, des pièces de théâtre, des films et des expositions. Il abrite également une cafétéria et une librairie, filiale de la chaîne carioca **Livraria da Travessa**. Consultez la programmation.
SCES, Trecho 2, conj. 22, tél. (61) 3310-7087. Mar. à dim., 10h/21h.

Centro Cultural da Caixa
Le Centre Culturel de la banque Caixa Econômica Federal abrite une galerie d'art et un théâtre. Les beaux vitraux de la cour, qui représentent chacun un État du Brésil, sont de Lourenço Heilmer.
SBS, Quadra 4, lote 3/4, tél. (61) 3414-9452. Mar. à dim., 9h/21h.

PIRENÓPOLIS

Classée au patrimoine historique en 1989, cette ville de 21 000 habitants est une destination classique du week-end, à 140 km de Brasília et à 125 km de Goiânia. Les bars et les venelles de "Pirê" sont très animés le samedi et le dimanche mais bien plus tranquilles les jours de semaine, lorsque la plupart des restaurants n'ouvrent même pas leur portes. Les rues de quartzite du Centro sont charmantes, notamment la rua Direita, où se situent les plus anciennes maisons de la ville, construites au XVIIIe siècle. Les *bandeirantes*, ces aventuriers qui lançaient leurs expéditions depuis São Paulo, trouvèrent de l'or dans le rio das Almas, au pied de la serra dos Pireneus, et fondèrent la ville en 1727. La **Matriz Nossa Senhora do Rosário**, de 1732, première église de l'État de Goiás, détruite par un incendie en 2002, est en cours de reconstruction. L'**Igreja do Bonfim** (église de 1750), quant à elle, demeure intacte, avec son autel doré d'origine et une imposante image de Nosso Senhor do Bonfim sculptée en bois de cèdre. Selon la légende, il aurait fallu 250 esclaves pour l'apporter à pied de Bahia *(rua do Bonfim, s/n, Alto do Bonfim)*. Au cours d'une promenade, admirez aussi le **Cine Pireneus**, un cinéma dont la façade, de 1936, est de style art déco *(rua Direita, s/n, Centro)*.

VILLE DE DÉPART: GOIÂNIA

La capitale de l'État de Goiás, située à 210 km de Brasília, est une autre destination possible pour ceux qui explorent la région. L'économie de Goiânia repose sur l'élevage bovin, dans les fazendas entourant la ville. Le **Castro's Park**, construit dans les années 1980, reste l'hôtel le mieux équipé de Goiânia. Pour le repas, essayez l'**Aroeira**, restaurant où l'on sert des plats typiques du Goiás comme le riz au poulet et au *pequi*, accompagné de haricots, de manioc, de chou et de saucisse.

La façade de l'Igreja Nossa Senhora do Rosário, éclairée toute la journée par le soleil

Rivières et cascades au cœur du *cerrado* de Pirenópolis

ROUTES DES CASCADES

La région de Pirenópolis est d'une beauté naturelle éblouissante. Son riche *cerrado* reste préservé dans des lieux tels que la **Reserva Ecológica de Vargem Grande**, le **Santuário de Vida Silvestre Vagafogo** et le **Parque Estadual da Serra dos Pireneus**, où se dresse un pic de 1 385 m. L'intérêt principal de tous ces sites réside dans leurs cascades – on en compte plus de 70. Engagez un guide à l'ACVP, Associação dos Condutores de Visitantes de Pirenópolis *(tél. 61/3331-2729/3440)* afin de ne pas risquer de vous perdre dans les sentiers. Cette association loue également des 4x4 pour circuler dans la région.

VÁRZEA DO LOBO
Dans la région de Várzea do Lobo se situent les **cachoeiras dos Dragões**, sur des terres appartenant à des moines bouddhistes zen. Ces chutes d'eau ont de 3 à 60 m de hauteur. Sept d'entre elles sont propres à la baignade et l'une d'elles offre une belle vue sur la vallée. On peut effectuer la randonnée complète en 3 heures environ, mais la promenade finit par durer toute la journée en raison de 42 km de piste de terre battue difficilement praticable. L'entrée n'est permise qu'à trente personnes à la fois.

VARGEM GRANDE ET LES PIRENEUS
La **Reserva Ecológica de Vargem Grande** abrite les cascades les plus populaires de la région. Au bout de pistes bien signalisées, il y a une buvette, des toilettes et un parking. Un sentier de 500 m mène à la **cachoeira Santa Maria** et à sa petite plage, et un autre, de 1 800 m, débouche sur la **cachoeira do Lázaro**. La même piste mène au **Parque Estadual da Serra dos Pireneus**, où un sentier escarpé de 600 m aboutit à une chapelle et sur un point de vue panoramique de la région. À proximité se trouvent les **Pocinhos do Sonrisal**, cinq piscines naturelles splendides.

Fête du Divin Saint-Esprit

Pirenópolis est connue pour la célébration, cinquante jours après Pâques, d'une tradition d'une grande richesse. Il s'agit de la Festa do Divino Espírito Santo, une fête religieuse figurant parmi les plus anciennes et les plus populaires du Brésil. L'origine de cette tradition remonte au Moyen Âge. Apportée par les Portugais, elle a pris des caractéristiques qui varient selon la ville où elle est réalisée. Célébrée à Pirenópolis pour la première fois en 1826, la Festa do Divino mêle sacré et profane dans des manifestations multiples (processions, feux d'artifices, défilés de personnages masqués, mises en scène et danses folkloriques d'origine médiévale) dont les plus importantes sont les *cavalhadas* ("joutes à cheval").

La population de Pirenópolis commence les préparatifs une vingtaine de jours avant la fête et organise des fêtes rurales dans les fazendas de la région en quête de dons. Portant la bannière du Saint-Esprit, les groupes d'organisateurs célèbrent des messes quotidiennes et font une neuvaine jusqu'au dimanche de Pentecôte. C'est alors qu'ont lieu le cortège de l'Empereur régnant et le tirage au sort de l'Empereur du Saint-Esprit qui lui succèdera. Être choisi est un honneur. S'il est riche, le nouvel Empereur paiera lui-même les frais de la fête. Dans le cas contraire, il sera aidé par la population.

Le même jour commencent les *cavalhadas* au stade municipal: pendant trois jours, on simule les batailles historiques à cheval entre les guerriers chrétiens, menés par Charlemagne, et les Sarrasins. Le premier jour, les chrétiens, en habits bleus, pénètrent dans le stade du côté de l'occident, alors que les Maures, en rouge, viennent de l'orient. L'espion arabe, infiltré dans les rangs chrétiens, est assassiné et la bataille est déclenchée. Le deuxième jour de la bataille, les Sarrasins sont vaincus par les chrétiens et baptisés par un prêtre. Le dernier jour, chrétiens et Maures entrent du côté du soleil couchant et se livrent ensemble à des compétitions, consommant ainsi la conversion des musulmans en serviteurs de Jésus-Christ.

Chapada dos Veadeiros

Palmiers buritis au milieu du *cerrado*, sur les hauteurs du planalto Central

Des trois principales *chapadas* brésiliennes, Diamantina, dos Guimarães et dos Veadeiros, cette dernière est la plus haute. Cet immense plateau s'étend à 1 200 m d'altitude, en plein planalto Central (bouclier Central) et alimente les différentes rivières de la régions avec ses sources. Le **Parque Nacional da Chapada dos Veadeiros** – dont le nom fait allusion à la chasse au cerf (*veado*), activité traditionnelle dans la région –, de 235 000 hectares, est une zone de protection des animaux et des plantes du *cerrado*. Située à 230 km de Brasília, la petite ville d'**Alto Paraíso de Goiás**, de 16 000 habitants, est le point de départ principal pour explorer le parc naturel et la région. Les randonnées au milieu de paysages exubérants sont habituelles, aussi bien à l'intérieur qu'à l'extérieur du parc, ainsi que dans la ville de **Cavalcante**, à 90 km. La Chapada est traversée par le 14e parallèle, le même qui passe à Machu Picchu, au Pérou. Pour cette raison, et aussi parce qu'elle est un ancien gisement important de quartz, la Chapada est devenue un lieu de mysticisme à la fin du XXe siècle. Mais, contrairement aux prévisions des communautés ésotériques de la région, la fin du monde n'a pas eu lieu en l'an 2000, et le tourisme mystique a perdu de sa force. Reste la nature, extraordinaire. Il est recommandé d'engager un guide et de louer un 4x4 pour une bonne partie du chemin, car les routes sont de terre et la signalisation est précaire. La meilleure époque pour visiter la Chapada est la saison sèche, de mai à septembre, lorsque les rivières sont plus tranquilles.

Un plus

Parmi les rares possibilités d'hébergement à Alto Paraíso se distingue la **Casa Rosa Pousada das Cerejeiras**. Il s'agit d'un gîte comprenant quatre grandes chambres avec salle de bain et huit chalets confortables pouvant recevoir cinq personnes. L'endroit séduit par sa beauté ainsi que par la qualité de l'accueil.

Plus d'informations à partir de la page 462.

Alto Paraíso de Goiás

Le voyageur en provenance de Brasília, par la route GO-118, se rend compte qu'il arrive à Alto Paraíso de Goiás lorsque surgissent des constructions en forme de pyramide ou de dômes colorés. C'est ici que se situe la capitale mystique du planalto Central, où les cristaux, l'encens et la musique *new age* se sont incorporés au quotidien de la population. L'économie locale, basée autrefois sur l'extraction de pierres précieuses, la production de blé et l'élevage, repose aujourd'hui sur le tourisme écologique. Actuellement la préservation de la nature y est le mot d'ordre. Alto Paraíso possède la meilleure infrastructure touristique de la région, même si elle n'est toujours pas très développée, et sert de base à ceux qui visitent la Chapada dos Veadeiros. Une route mène aux cascades et au village de São Jorge, où se trouve l'entrée du **Parque Nacional da Chapada dos Veadeiros**. L'un des passe-temps favoris des habitants d'Alto Paraíso de Goiás est d'admirer le coucher du soleil sur "l'aéroport", une piste abandonnée qui aurait été construite pour l'atterrissage d'OVNIs. Même sans la venue d'extraterrestres, la beauté du couchant sur le région de la Chapada vaut le détour.

Vale do Rio Macaco
Le rio Macaco, où se succèdent cascades et canyons, dont certains ont 100 m de hauteur, est un bel endroit pour faire une excursion d'une journée entière comprenant 40 km en voiture et un sentier escarpé en fin de parcours. En saison sèche (de mai à octobre), il est possible d'y faire du rappel et du canyoning.

Cachoeiras de São Vicente
Ce beau mélange de parois rocheuses, de cinq chutes d'eau, dont certaines ont 150 m de hauteur et de piscines naturelles sur le rio Couros, se trouve à 50 km d'Alto Paraíso, au bout d'un sentier d'accès facile.

Parois rocheuses et forêt à Alto Paraíso: région aux cascades et aux canyons abondants

Vila de São Jorge

Comparée au paisible village de **São Jorge**, la ville d'Alto Paraíso de Goiás fait figure de métropole. Situé à 36 km de cette dernière, par la route GO-239, ce village est un point de rencontre des voyageurs les plus divers allant des vieux hippies aux campeurs. L'électricité n'y est arrivée que depuis une dizaine d'années. L'infrastructure touristique est minime et il n'y a pas d'agence bancaire. Il faut avoir de l'argent liquide sur soi pour payer les guides de randonnées, presque tous des anciens chercheurs de pierres précieuses connaissent bien la région. Outre le parc national, que l'on peut visiter en deux jours, la région de São Jorge abrite l'étonnant **vale da Lua**, un ensemble de formations rocheuses traversé par le rio São Miguel et qui rappelle le sol lunaire. C'est un lieu idéal pour les baignades dans des piscines naturelles. On peut faire une autre promenade d'une beauté remarquable sur le sentier **da Janela** et **do Abismo**, qui offre une vue spectaculaire sur les **cascades du rio Preto**. Il vaut mieux faire cette randonnée en été, pendant la saison des pluies, car en hiver la **cachoeira do Abismo** est à sec. Mais préparez-vous: ce sentier escarpé de 5,5 km éreinte même les guides. Toutes ces destinations sont dépourvues de structure d'accueil telles que toilettes ou restaurant. Pensez donc à mettre tout le nécessaire dans votre sac à dos, notamment une bouteille d'eau et du produit anti-moustiques.

Parque Nacional da Chapada dos Veadeiros

Le parc national de la Chapada dos Veadeiros *(tél. 62/3459-3388)* a été créé en 1961. Sa végétation, comprenant des orchidées, des broméliacées, des palmiers buritis et des champs d'immortelles, est joliment fleurie au printemps. Bien que dans la réserve vivent les animaux typiques du *cerrado* – loup à crinière, cerf, nandou –, on ne les voit pas facilement. D'une altitude de 1 400 à 1 700 m, la réserve propose deux sentiers de randonnée aux visiteurs. Au bout d'une marche de 6 km, le premier sentier débouche sur la **cachoeira das Cariocas**, une cascade de 10 m de hauteur, et sur les deux canyons du rio Preto, qui portent les noms très inspirés de... **Cânion 1** et de **Cânion 2**. La promenade du deuxième

Le vale da Lua, à 11 km de São Jorge: formation géologique de 200 millions d'années

Cachoeira das Cariocas, où le rio Preto tombe d'une hauteur de 30 m

jour, aussi belle que la première, est de même longueur, mais avec des sentiers plus escarpés, menant à deux sauts du rio Preto, curieusement appelés **salto 1**, de 80 m de hauteur, avec des piscines naturelles, et **salto 2**, de 120 m, offrant une vue fantastique sur la vallée. Il est obligatoire d'être accompagné d'un guide à l'intérieur de la réserve *(ouverte tous les jours sauf le lundi, 8h/17h).*

Un plus

🍽 À mi-chemin entre São Jorge et Alto Paraíso se trouve le restaurant **Rancho do Waldomiro**, à l'ambiance très décontractée. C'est le seul endroit de la région où l'on peut savourer la *matula*, la "feijoada du *cerrado*". Ce plat typique des gardiens de bétail, consistant et résistant aux longs voyages d'autrefois, est composé de *carne-do-sol* (viande séchée au soleil), de saucisse, d'abats de porc, de haricots blancs et de farine de manioc *(estrada Alto Paraíso-São Jorge, km 19).*

Thermes de Caldas Novas et de Rio Quente

Plus importante destination touristique de l'État de Goiás, la ville de **Caldas Novas**, célèbre dans tout le Brésil pour ses eaux thermales pouvant atteindre 57°, est un lieu de divertissement et de relaxation où se rendent plus d'un million de visiteurs par an. Située à 159 km au sud de Goiânia et à 295 km de Brasília, Caldas Novas est voisine de **Rio Quente**, à 31 km. Ces deux villes ont été construites dans une région géologiquement privilégiée par le réchauffement des eaux souterraines. L'infrastructure touristique est excellente. Elle comprend un aéroport moderne, des parcs aquatiques et des hôtels où peut s'amuser toute la famille, enfants et surtout grands-parents, attirés par les propriétés thérapeutiques des eaux locales. En fin d'année, ces stations thermales reçoivent un grand nombre de jeunes diplômés venant fêter la fin de leurs études, ce qui peut troubler la tranquillité des lieux. Le **Rio Quente Resorts** emploie presque tous les deux mille habitants de Rio Quente dans son complexe d'hôtels cinq étoiles. Si vous préférez loger dans un établissement conventionnel, vous pouvez choisir le **Parque das Primaveras**, à Caldas Novas, et profiter des établissements thermaux comme le **Hot Park** *(tél. 64/452-8000).* Si vous parvenez à sortir un moment des piscines toutes chaudes, explorez les chutes d'eau glacées du **Parque Estadual da Serra de Caldas Novas** *(tél. 64/453-5805).*

La charmante ville de Goiás Velho est protégée par la serra Dourada

La Ville de Goiás

Goiás Velho, comme tout le monde appelle la ville de Goiás, est un de ces endroits qui enchantent le visiteur. Le charme de ses ruelles et de ses constructions coloniales du XVIIIe siècle a même séduit les inspecteurs de l'Unesco, qui en 2001 l'ont classée patrimoine culturel de l'humanité. Située à 141 km à l'ouest de Goiânia et à 320 km de Brasília, par la route bien entretenue GO-020, cette ville de 27 000 habitants a été fondée en 1727 par le *bandeirante* Bartolomeu Bueno da Silva Filho, surnommé Anhangüera. L'ancienne terre des Indiens Goiás se développa de façon désordonnée à l'époque de la ruée vers l'or – à tel point que ses rues de pierres mal nivelées et mal tracées rendent jusqu'à aujourd'hui difficile la circulation des voitures dans le centre historique. Le meilleur endroit pour observer cet enchevêtrement de rues est l'Alto de Santana, devant l'**Igreja de Santa Bárbara** (église), en haut d'un escalier de cent marches. Capitale de l'État de Goiás jusqu'en 1937, la ville redevient tous les ans le siège temporaire du gouvernement de l'État, du 24 au 26 juillet, en commémoration de l'anniversaire de sa fondation, le 25. Deux événements importants y attirent de nombreux visiteurs chaque année: la **Procissão do Fogaréu**, lors de la Semaine de Pâques, et le **Festival Internacional de Cinema Ambiental** (FICA), un festival de films axé sur le thème de l'environnement, au mois de

Un plus

Le restaurant **Paróchia** est situé à côté de l'église Matriz de Santana, dans une maison appartenant à la paroisse, d'où son nom. Il propose des plats aux sauces savoureuses, comme le *filé ao conde d'arcos*, filet de bœuf à la sauce à la moutarde et aux câpres. Le samedi, on y sert une *feijoada (praça Dr. Tarso de Camargo, 18, Centro, tél. 62/3371-3291).*

juin. La plupart des musées et des restaurants sont fermés le lundi.

Casa de Cora Coralina

La principale attraction touristique de Goiás Velho est la petite maison construite au bord du rio Vermelho, dans laquelle vécut la poètesse Cora Coralina. Bâtie en 1770, elle fut acquise par la famille de l'écrivain au XIXe siècle. Cora Coralina, comme son grand-père et sa mère, passa son enfance dans cette maison, qui a un puits d'eau potable dans le jardin. Passionnée de lecture dès l'enfance, elle interrompit ses études vers l'âge de 9 ans et vécut dans cette maison jusqu'à 22 ans, lorsqu'elle partit vivre à São Paulo. Elle revint à Goiás à 66 ans et publia son premier livre à 75. Elle lança deux autres ouvrages de son vivant et mourut dans cette même maison à l'âge de 95 ans, en 1985. Six œuvres posthumes ont été publiées. La chambre, la cuisine et la pièce où Cora écrivait sur les choses simples de la vie ont été conservées telles qu'elle les a laissées. En décembre 2001, la maison a été inondée par une crue lors d'un orage. Elle a été rouverte en août 2002. Le fonds de documents a été entièrement récupéré et est actuellement catalogué.
Rua Dom Cândido Penso, 20, Centro, tél. 62/3371-1990. Mar. à sam., 9h/16h30; dim., 9h/15h30.

Igreja de São Francisco

Située au bord du rio Vermelho, l'**Igreja de São Francisco de Paula** a un bel escalier qui mène à son parvis. Construite en 1761, c'est la troisième église la plus ancienne de Goiás. Au plafond de la chapelle et du corps de l'église, peint en 1869 par André Antônio da Conceição, figurent des passages de la vie de saint François.
Praça Zacheu Alves de Castro, s/n, Centro. Mar. à dim., 8h/12h.

Procession du Flambeau, un Spectacle Unique

Chaque année, à Pâques, près de 10 000 personnes se pressent dans les rues de Goiás Velho. Elles viennent assister à un spectacle unique au Brésil, la **Procissão do Fogaréu**, l'événement religieux le plus important de la ville. Depuis 200 ans, le mercredi de la Semaine Sainte, à minuit, toutes les lumières de la ville sont éteintes. Quarante hommes portant cagoules prennent des torches enflammées devant l'**Igreja da Boa Morte** *(rua Luís do Couto, s/n, Centro)* et défilent dans les rues de la ville au son des tambours. Ils représentent les persécuteurs de Jésus-Christ, qui partent l'arrêter. Une foule de fidèles tenant des bougies allumées se joignent au cortège, qui s'achemine vers l'**Igreja do Rosário** *(largo do Rosário, s/n, Centro)*, où est préparée une table symbolisant la Cène. Ensuite, le cortège d'inspiration médiévale se dirige vers l'**Igreja de São Francisco de Paula** *(praça Zacheu Alves de Castro, s/n, Centro)*, représentant le mont des Oliviers, où les persécuteurs trouvent Jésus, symbolisé par une belle bannière, réplique de l'original peint au XIXe siècle par le sculpteur Veiga Valle. La bannière est abaissée, on sonne le clairon et l'évêque fait un sermon. Jésus est alors arrêté puis crucifié.

Goiás

L'église Nossa Senhora da Boa Morte et le musée d'art sacré, d'où part la Procession du Flambeau

Museu das Bandeiras

Ce bâtiment, datant de 1766, abrite la Chambre Municipale, dans sa partie supérieure, et la prison, dans sa partie basse, jusqu'en 1937, date du transfert de la capitale de l'État dans la ville de Goiânia. L'édifice a été classé au patrimoine historique en 1950. Il abrite actuellement un musée où sont exposés trois cents objets du XVIIIe et du XIXe siècle, retraçant l'histoire de la colonisation du Centre-Ouest et de la formation de la société du Goiás. Mais le plus intéressant, ce sont les oubliettes, un cachot collectif humide et sale dont l'accès est constitué par une trappe dans le plancher de la salle du tribunal. Si l'accusé était jugé coupable, on ouvrait la trappe et le prisonnier était jeté directement dans les oubliettes.
Praça Brasil Ramos Caiado, s/n, Centro, tél. (62) 3371-1087. Mar. à ven., 8h/17h; sam., 12h/17h; dim., 9h/13h.

Palácio Conde d'Arcos

Construit en 1755, ce fut le premier siège du gouvernement du Goiás. Du 24 au 26 juillet, le palais redevient la résidence officielle du gouverneur en commémoration de la fondation de la ville.
Praça Doutor Tasso de Camargo, 1, Centro, tél. (62) 3371-1200. Mar. à sam., 8h/17h; dim., 8h/12h.

Serra Dourada

La belle montagne au pied de laquelle se trouve la ville de Goiás abrite une réserve naturelle *(tél. 62/9609-8903/9651-4979)* pouvant être visitée en compagnie d'un guide. Le premier défi est affronter les 47 km de route, dont une partie en terre battue. Ensuite, à 1 050 m d'altitude, de beaux sentiers mènent à des cours d'eau, à des formations rocheuses et à des points de vue sur de belles corniches.

Un plus

Charmante. C'est la meilleure manière de définir la **Pousada Dona Sinhá**, entièrement décorée avec du mobilier du XVIIIe siècle. Cette petite auberge n'a que cinq chambres et est souvent occupée par des familles entières. Cette ancienne maison de campagne de plus de 200 ans a bien été aménagée afin d'accueillir des hôtes appréciant un cadre convivial.

Plus d'informations à partir de la page 462.

DESTINATION
PANTANAL DO NORTE ET CHAPADA DOS GUIMARÃES

Paysage unique au monde, le Pantanal concentre un patrimoine écologique rare sur une étendue de 230 000 km² dans deux États (près de la moitié de la France). Sa faune est extrêmement diversifiée et les animaux sont beaucoup plus facilement visibles qu'en Amazonie. L'existence de cette plaine inondable – la plus vaste d'Amérique – dépend du phénomène naturel des crues, d'octobre à avril. L'altitude est inférieure à 150 m dans les douze villes *pantaneiras* de l'ouest du Brésil et dans les régions bolivienne et paraguayenne. Le Pantanal Nord – zone géographique de l'État du Mato Grosso, comprenant les villes de Cuiabá, Cáceres et Barão de Melgaço – abrite un parc national et les meilleurs sites de pêche. Cuiabá, la capitale de l'État du Mato Grosso, est la principale ville de départ pour l'exploration de la route Transpantaneira et du Parque Nacional da Chapada dos Guimarães.

POINTS FORTS DE LA DESTINATION

PANTANAL DO NORTE (102 km)

CHAPADA DOS GUIMARÃES (70 km)

VILLE DE DÉPART: CUIABÁ

Située dans un fuseau horaire en retard d'une heure par rapport à celui de Brasília, la capitale du Mato Grosso est le point de départ du voyageur qui explore la région. Elle se trouve en bordure du rio Cuiabá et s'est développée grâce à l'extraction de l'or et des pierres précieuses entre 1717 et 1730. En été, la température est supérieure à 40°. L'infrastructure touristique est plutôt simple, mais il y a des exceptions: mangez au restaurant arabe **Al Manzul** et descendez de préférence à l'hôtel **Eldorado Cuiabá**.

Hôtels et restaurants à partir de la page 462.

Distances à partir de Cuiabá

Le jabiru est le symbole du Pantanal, cette plaine inondable gigantesque où la vie suit le rythme des eaux

Pantanal do Norte

Exubérance Naturelle

La nature est l'attrait principal du tourisme au Pantanal. Tout le reste est au second plan: l'histoire de l'arrivée des aventuriers portugais et des chercheurs d'or et de diamants au XVIIIe siècle, l'artisanat des indigènes, l'influence espagnole des pays voisins. On comprend pourquoi. Tout au long de l'année, au rythme de la crue et de la décrue des eaux, conséquence des pluies, la vie s'exhibe dans toute sa splendeur: on trouve au Pantanal 1 700 espèces végétales, qui servent d'habitat à 80 espèces de mammifères, 50 de reptiles, 1 100 de papillons et 650 espèces d'oiseaux (dont beaucoup sont migrateurs). Jabirus, caïmans et autres animaux sont partout. Le touriste peut prendre autant de photos qu'il le souhaite, mais la chasse, elle, est interdite. La partie nord ne correspond qu'à un tiers de la région du Pantanal. Il est donc recommandé de lire également le chapitre sur le Pantanal Sud avant d'entreprendre votre voyage.

En Voiture sur la Transpantaneira

On entre dans le Pantanal Nord proprement dit par la ville de **Poconé**, à 102 km au sud de Cuiabá. C'est là que commence la route Transpantaneira, qui longe le rio Cuiabá et relie Poconé à **Porto Jofre**, où le tourisme de pêche est l'activité prédominante. Cette piste de 150 km comporte plus de cent ponts en bois et peut être parcourue

Un Plus

L'hôtel **Pousada Araras Eco Lodge**, à Poconé, possède deux tours permettant d'observer la faune. Fréquenté notamment par des étrangers, il propose des guides bilingues. L'accueil est soigné jusque dans les détails, mais il manque un groupe électrogène qui serait utile lors des fréquentes pannes de courant de la région.

Plus d'informations à partir de la page 462.

en une journée, avec un arrêt pour le déjeuner dans l'une des fazendas qui se trouvent sur la route. Sur certains tronçons de la piste, un 4x4 est pratiquement nécessaire. Il est recommandé de profiter du lever et du coucher du soleil, qui sont les meilleurs moments de la journée pour observer les animaux. Vous ne serez pas le seul à tenir un caïman au bout de vos jumelles à 6 heures du matin, mais veillez à ne pas être le dernier à rouler à la nuit tombée, car les animaux traversent la piste et rendent la route vraiment dangereuse. La Transpantaneira mène à l'entrée du **Parque Nacional do Pantanal** *(tél. 65/648-9141)*. Cette réserve abrite des animaux menacés d'extinction comme le jaguar *(onça pintada)*, le fourmilier *(tamanduá)* et l'ocelot *(jaguatirica)*, mais ne peut être visitée qu'en bateau, avec un guide et un laissez-passer délivré par l'Ibama. Il y a plusieurs hôtels-fazendas et auberges sur la route, mais si vous souhaitez tout le confort d'un hôtel classique, séjournez au **Sesc Porto Cercado**, à 42 km de Poconé, dans la direction opposée à Porto Jofre.
Hôtels et restaurants à partir de la page 462.

Pêche en Rivière

Le Pantanal Nord est considéré meilleur que le Pantanal Sud pour la pêche. Les amateurs peuvent séjourner dans des fazendas ouvertes au tourisme écologique, dans des villes comme Poconé et Porto Jofre, ou dans les bâteaux-hôtels de **Porto Cercado**. On peut également se rendre à **Cáceres**, à 215 km de Cuiabá, où se tient le Festival International de la Pêche en septembre. Les hôtels fournissent la licence de pêche, les appâts et un pilote-guide. Le **rio Paraguai**, qui traverse la région du nord au sud, reçoit les eaux du **rio Cuiabá** et de tout un réseau de rivières, d'étangs et de *corixos*, comme sont appelés les bras d'eau reliant rivières et marais. Les biologistes ont dénombré plus de 260 espèces de poissons dans ces eaux, dont le *pintado*, le *dourado* et le piranha. La pêche n'est permise que du mois de mars au mois d'octobre afin de respecter la période de fraie.

Saut d'un *dourado* sur le rio Paraguai, qui traverse le Pantanal du nord au sud

La Chapada dos Guimarães a un patrimoine naturel et archéologique inestimable

Chapada dos Guimarães

Deuxième grande curiosité du Mato Grosso après le Pantanal, le plateau de la Chapada dos Guimarães s'impose avec ses parois rougeâtres à 800 m d'altitude dominant l'immense plaine du Pantanal. Elle rompt le paysage inondé avec son étonnante végétation de *cerrado* (savane), sur des escarpements qui s'étendent sur 280 km dans la **serra do Roncador**. La ville du même nom, à 70 km au nord de Cuiabá, est située dans le **Parque Nacional da Chapada dos Guimarães**. Malgré une multitude de cascades, de points de vue panoramiques, de formations rocheuses et de sites archéologiques, le tourisme local est dépourvu d'infrastructure. Il vaut mieux voyager entre avril et octobre, quand il ne pleut pas et que les eaux sont limpides.

Parque Nacional
Créé en 1989, le Parc National de la Chapada dos Guimarães ne fait que 33 000 hectares – presque cinq fois moins que le Parque Nacional da Chapada Diamantina, dans Bahia – et n'est pas bien entretenu. La signalisation des sentiers est précaire ou tout simplement inexistante, d'où la nécessité d'un guide – qui, de plus, pourra faire face à l'éventuelle apparition de serpents sur les chemins. Le centre d'accueil n'est pas toujours ouvert à l'heure indiquée et une foule de visiteurs bruyants envahit le parc les week-ends *(tél. 65/301-1133, 8h/17h)*.

Circuit des Cascades
On peut voir sept cascades, parmi les dizaines que compte le parc, au cours de l'excursion au rio Sete de Setembro. Cette belle promenade rafraîchissante comprend les chutes d'eau **Sete de Setembro, Sonrisal, do Pulo, Degrau, Prainha, Andorinhas** et **Independência**. Le chemin de 6 km partant de la réception du parc étant dépourvu de signalisation, il est recommandé d'avoir recours aux services d'un guide *(Central de Guias, tél. 65/301-1687)*. La

Cachoeirinha, située dans une propriété privée à l'intérieur du parc, est une autre chute d'eau agréable et facile d'accès. Recommandée pour les familles, elle a une petite "plage", des toilettes avec douche et un restaurant.

CIDADE DE PEDRA

Les formations rocheuses de la Chapada ont une curieuse apparence. On peut y deviner sculptés, entre autres, un caïman et un champignon, ce qui rend la promenade à la Cidade de Pedra – la Cité de Pierre – une expérience à la fois belle et amusante. Les rochers se situent au milieu d'un canyon aux parois de grès rouge, d'environ 350 m de haut. La randonnée comprend la visite de la **grotte Casa de Pedra** et de la **Pedra Furada** – la Pierre Percée –, sculptée par le vent et par la pluie au fil du temps. On pense que la

UN PLUS

🍽 Le restaurant **Morro dos Ventos** n'était qu'une maison de famille de la Chapada. En 1997, les propriétaires ont décidé d'en transformer une partie en restaurant et ont fini par créer l'établissement le plus agréable de la ville, et pour cause: en plus de sa bonne cuisine, le Morro dos Ventos, située sur une corniche, offre un beau panorama de la Chapada et de la chute d'eau do Amor. Il y a même une aire de jeux pour les enfants. Au repas, goûtez à la spécialité de la région: le bouillon de piranha. Ensuite, essayez le *peixe do morro*, un plat typique composé de *moqueca* de pintado, de côte de *pacu* et de filet de pintado frit, poissons typiques de la région *(estrada do Mirante, km 1, tél. (65) 301-1030)*.

🏨 Le **Solar do Inglês** est une auberge de charme située au sommet de la Chapada. La maison de devant, qui comprend quatre des sept chambres de l'établissement, est vieille de 200 ans. Chaque chambre a une décoration différente. Le soin que les patrons donnent aux détails est visible – que ce soit les serviettes et les nappes de lin bien repassées utilisées à l'heure du thé ou le panier garni des chambres. La décoration a été l'œuvre de la patronne, Paula, et de son mari, Richard, un Anglais, ancien chasseur, qui habite depuis 30 ans le Pantanal.

Plus d'informations à partir de la page 462.

Les parois rougeâtres de 800 m de hauteur surplombent la plaine du Pantanal

Chapada, qui a environ 15 millions d'années, est le résultat de la formation de la cordillère des Andes, qui causa l'affaissement des terres et engendra la gigantesque plaine du bassin du rio Paraguai, où se trouve aujourd'hui le Pantanal. Les fossiles de coquillages que l'on y a découverts étayent la thèse selon laquelle cette région était autrefois une mer. On gagne la Cidade de Pedra, distante d'environ 20 km du centre de Guimarães, par une piste dépourvue de signalisation.

Véu da Noiva

Il y a au Brésil des dizaines de cascades appelées "le voile de la mariée", mais celle-ci surpasse les autres. Le Véu da Noiva de la Chapada est la curiosité principale de la réserve. Tombant à pic d'une hauteur de 86 m, la cascade ne peut être vue qu'à distance. Le chemin menant au belvédère peut être parcouru sans guide. Mais il vaut mieux faire une marche de 40 minutes par un autre sentier, assez accidenté, pour voir la cascade d'en bas. Dans ce cas, soyez accompagné d'un guide.

La splendide cascade Véu da Noiva

Alta Floresta

Située à l'extrême nord du Mato Grosso et au sud du Pará, à 780 km de Cuiabá, la ville d'Alta Floresta se trouve au milieu d'un écosystème d'une grande beauté, différent du Pantanal et du *cerrado*: c'est la porte de l'Amazonie. Résistant à l'assaut des sociétés d'exploitation forestière, la forêt vierge aux arbres centenaires y assure l'alimentation et la survie de singes, de tapirs et de cerfs, ainsi que de 400 espèces d'oiseaux comme les aras, les toucans et les perroquets. De bons hôtels de forêt accueillent les aventuriers souhaitant vivre l'expérience fascinante de la nature à l'état pur. Situé au bord du fleuve Cristalino, le **Cristalino Jungle Lodge**, accessible en voiture et en bateau au départ de Cuiabá, organise des promenades sur des plages fluviales aux eaux limpides et aux chutes d'eau pouvant faire 40 m de hauteur. Sur les sentiers, les pieds des marcheurs s'enfoncent dans une couche de 50 cm de feuilles, de lianes et de branches. Les adeptes de la pêche peuvent séjourner à l'auberge **Thaimaçu** afin de prendre des *tucunarés*, des *piraíbas* et des *jaús* en abondance. L'auberge se situe au bord du rio São Benedito, de 250 km de long, dans une réserve naturelle. Ce véritable paradis de la pêche, accessible uniquement en voiture ou en avion, a déjà été fréquenté par des célébrités comme le prince consort du Danemark, Henri de Monpezat. Des vols réguliers partent de Cuiabá à destination d'Alta Floresta. Il est recommandé d'explorer ces belles plages fluviales à la saison sèche, de mai à octobre.

Hôtels et restaurants à partir de la page 462.

MATO GROSSO DO SUL

DESTINATION
PANTANAL DO SUL ET BONITO

Deux tiers de la plus grande plaine inondable d'Amérique se trouvent dans la zone appelée Pantanal do Sul, qui comprend les villes de Campo Grande, capitale du Mato Grosso do Sul, Aquidauana, Corumbá et Miranda. On partira de Campo Grande pour explorer la région, ainsi que la ville de Bonito, l'une des destinations de tourisme écologique les mieux préservées du Brésil. De nombreuses fazendas accueillent des hôtes et ouvrent aussi leurs portes aux visiteurs d'une journée – formule *day use*, parfaite pour ceux qui souhaitent connaître la routine des *pantaneiros*, ces Brésiliens aux coutumes uniques. La région de Corumbá, à la frontière de la Bolivie, est la meilleure pour la pêche, de mars à octobre.

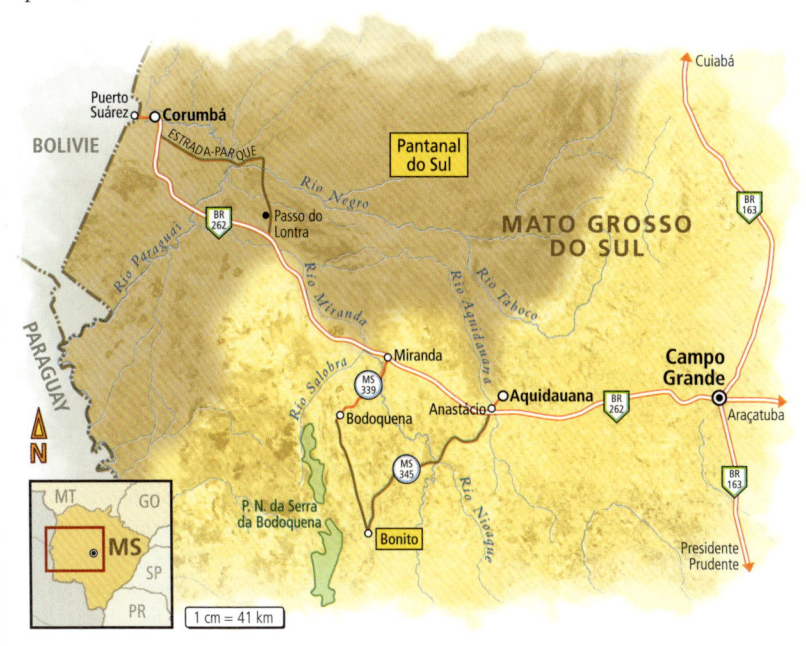

VILLE DE DÉPART: CAMPO GRANDE

Dépourvues d'attractions touristiques importantes, Campo Grande a une vie nocturne animée. L'hôtel le plus confortable est le **Bristol Jandaia**. Pour manger, on peut s'arrêter au **restaurant Fogo Caipira**. Goûtez à la *carne-seca com requeijão na moranga* (viande séchée et fromage crémeux cuits dans la citrouille). Si vous avez le temps, visitez le **Museu Dom Bosco** (*rua Barão do Rio Branco, 1843, tél. 67/312-6491*), musée où sont exposés plus de 40 000 pièces ayant trait aux Indiens et aux animaux de la région.
Hôtels et restaurants à partir de la page 462.

POINTS FORTS DE LA DESTINATION

PANTANAL DO SUL
  Aventure Indépendante

CORUMBÁ (403 km)

BONITO (280 km)
  Rivières et Piscines Naturelles
  Émotions Fortes

Distances à partir de Campo Grande

GUIDE BRÉSIL

Le seigneur des rivières : le caïman vit en bande et peut atteindre 2,5 m.

Pantanal do Sul

Tourisme Ecologique dans les Fazendas

Les circuits touristiques classiques du Pantanal reposent sur l'observation de la vie sauvage qui attend le visiteur partout, aux portes des auberges, dans les fazendas et autour des hôtels-fazendas. Car des milliers d'animaux habitent des écosystèmes comme les marais, les prairies (souvent exploitées pour l'élevage de bétail) et les forêts (généralement au bord des cours d'eau). D'accès terrestre facile et avec des fazendas bien équipées, la commune de **Miranda**, à 200 km de la capitale par la route BR-262, est la ville de départ la plus recommandée du Pantanal Sud. Située sur la rivière du même nom, ses terres regorgent d'animaux après les crues, à la saison des pluies. Il vaut mieux s'y rendre de mai à septembre, en saison sèche, quand les eaux sont plus basses.

Sur la Trace des Animaux

C'est pendant la journée que l'on peut voir les couleurs et les formes de la nature du Pantanal. Les circuits sont variés. Tous les hôtels proposent des promenades à cheval, de la marche, des promenades en bateau, des safaris-photos, des vols panoramiques et l'observation de nids d'oiseaux et d'autres espèces naturelles moins gracieuses comme les serpents, les caïmans et les cabiais. Voyagez bien équipé – n'oubliez pas d'emporter un chapeau, des bottes imperméables et des vêtements longs protégant des insectes –, car il faut souvent franchir des cours d'eau à pied. Des jumelles sont aussi un bon accessoire pour voir les animaux de jour, et une lampe torche est essentielle à la nuit tombée.

Vie Nocturne

Après le coucher du soleil, souvent spectaculaire, le programme obligatoire est l'observation à la lueur d'une lampe torche des caïmans, cerfs, fourmiliers et de ratons. On peut le faire en voiture ou en bateau, mais il ne faut pas oublier que les animaux ne viennent pas sur rendez-vous. Ils apparaissent quand ils veulent et s'ils le veulent. Le jaguar n'est aperçu que très rarement. Les mammifères et les oiseaux sont beaucoup plus abondants à la saison sèche. À l'époque des crues, les mammifères se cachent davantage et les oiseaux sont plus facilement visibles. La nuit, en n'importe quelle saison, écoutez les bruits du marécage: c'est comme si tous les êtres vivants étaient en fête.

Particularités du Pantanal

Les animaux sont les vedettes au Pantanal, mais il faut aussi connaître le *pantaneiro*, ce Brésilien qui vit de l'élevage du bétail et qui prend de plus en plus part aux activités touristiques des fazendas. Gardien de bétail au chapeau de paille, le *pantaneiro* utilise une corne de berger pour regrouper le troupeau dans des zones plus élevées à la saison des pluies, et le faire revenir dans la plaine en saison sèche. Il porte à la ceinture un coutelas et une bande de tissu coloré identique à celle des bouviers paraguayens. C'est aussi un habile pilote de barque, car les déplacements sur l'eau font partie de la routine. La vie quotidienne avec les habitants du Pantanal permet au visiteur de goûter par exemple au *tereré*, un thé de maté froid pris dans une corne de bœuf, qui est l'équivalent de la calebasse du *chimarrão* du Sud du Brésil. Le déjeuner *pantaneiro* typique, à base de poisson, est offert dans presque toutes les fazendas, aussi bien aux hôtes qu'aux visiteurs profitant de la formule day use.

Un plus

Pour vous plonger dans la nature du Pantanal, séjournez à la **Fazenda Rio Negro**, à Aquidauana, à 135 km de Campo Grande, accessible la plus grande partie de l'année en avion uniquement (les voies terrestres n'étant praticables qu'en saison sèche). Plus facile d'accès, le célèbre **Refúgio Ecológico Caiman**, à 36 km de la route de Miranda, comprend quatre auberges. Cet hôtel, le mieux équipé de la région, se différencie par le paysage, zone de transition entre l'écosystème du Pantanal et celui du *cerrado*. Le refuge accueille également les visiteurs à la journée.

Plus d'informations à partir de la page 462.

Le seigneur des sentiers: le jaguar, menacé d'extinction, est le plus grand félin d'Amérique

Aventure Indépendante

Si vous ne partez pas au Pantanal en en voyage organisé, choisissez bien l'endroit où vous allez loger. Les grands hôtels-fazendas proposent des formules de trois ou quatre jours comprenant diverses activités allant des randonnées équestres à la pêche. Les amateurs d'aventures ont la possibilité de séjourner dans un hôtel plus simple et de visiter les fazendas pour la journée. C'est le cas, per example, de l'auberge **Pousada Águas do Pantanal** *(tél. 67/242-1242)*, à Miranda, qui offre un petit déjeuner consistant et organise des activités à la journée. Cette indépendance n'est possible que pour ceux qui voyagent en voiture, de façon autonome, dans la région la plus centrale. Ceux qui voyagent en avion restent fatalement isolés.

Promenades d'une Journée

Les principales villes du Pantanal Sud ont d'agréables hôtels et fazendas dont les portes sont ouvertes aux touristes souhaitant voir des animaux. À Miranda, la **Fazenda São Francisco** *(tél. 67/242-1088)*, bien aménagée, propose des safaris-photos et des promenades en canots à moteur sur les rivières et dans les baies, d'une durée respective de deux et de trois heures. La **Fazenda Santa Inês** *(tél. 67/324-2040)*, propose des promenades à cheval, de la cueillette dans son verger, des randonnées et de la pêche en vivier.

La Route-Réserve

Si vous voyagez en 4x4, la route la plus intéressante du Pantanal Sud est l'**Estrada-Parque do Pantanal**. Ouverte par le maréchal Cândido Rondon au XIXe siècle, c'est une piste de 120 km, parsemée de dizaines de ponts de bois dont il faut se méfier, et sur laquelle on voit les animaux les plus divers, surtout le matin de bonne heure. Il s'agit d'un circuit d'aventure s'offrant à ceux qui viennent par la route BR-262, reliant Campo Grande et Corumbá et passant par Miranda et Aquidauana. L'accès à l'Estrada-Parque se fait par le Buraco das Piranhas, dans la direction du Passo do Lontra, où se trouve un poste de police. Il faut franchir le rio Paraguai en bac (6h/18h) à mi-chemin. Ne roulez pas de nuit – il y a des fondrières et des animaux sur la piste – et ne vous baignez pas dans les cours d'eau sans vous assurer auparavant qu'il n'y a pas de piranhas. Vous pouvez passer une nuit ou séjourner dans la **Fazenda Bela Vista** *(tél. 67/9987-3660)*, un endroit pittoresque situé au bord de la route, dans la commune de Corumbá.

CORUMBÁ

Ville portuaire de la frontière avec la Bolivie, au bord du fleuve Paraguai, Corumbá est un des hauts lieux de la pêche au Brésil. Située à 403 km de Campo Grande, sur l'Estrada-Parque du Pantanal, elle attire un type de touriste très spécifique, qui souhaite séjourner à bord d'un bateau. Il est possible de loger dans des fazendas *pantaneiras* typiques qui investissent dans le tourisme écologique, dans des bateaux-hôtels ou dans des hôtels au bord de l'eau, aménagés spécialement pour les pêcheurs et fournissant bateaux avec pilote, appâts et équipement. La ville de Corumbá, fondée en 1776, joua un rôle important dans la défense de la frontière brésilienne lors de la Guerre du Paraguay (1865-1870). Actuellement, la partie basse de la ville est en cours de restauration, réalisée dans le cadre d'un programme national de mise en valeur des monuments historiques. La saison de pêche au Pantanal s'étend de mars à octobre, en dehors de la période de ponte, appelée *piracema*, de novembre à février, où les poissons remontent les cours d'eau pour pondre à la source.

POISSONS DU PANTANAL

Les poissons les plus prisés des amateurs de pêche sont principalement le *dourado*, le *pacu*, le *pintado* et la *piraputanga*. La police limite la pratique de la pêche sportive à l'utilisation de la canne et exige un permis – que les hôtels peuvent fournir dans un certain délai. Les bateaux-hôtels, ancrés dans les meilleurs sites et offrant le confort d'un hôtel, avec télévision, téléphone et douche chaude, sont conseillés pour les parties de pêche d'une semaine. Le **Millenium** *(tél. 67/231-3372/3470)* est l'un des recommandés.

Entre les branches, les couleurs vives des aras

UN PLUS

🍽 Si pêcher des *pintados (Pseudoplatystoma coruscans)* et des *dourados (Salminus maxillosus)* est agréable, les déguster l'est encore plus. La cuisine *pantaneira* est riche en plats exotiques comme la viande de caïman et le bouillon de piranha. Dans le cadre simple du restaurant **Peixaria do Lulu**, le patron et sa famille s'occupent du service et de la cuisine, et donnent au *pintado* au rocou une saveur inoubliable *(rua Dom Aquino Correia, 700, tél. 67/232-2142)*. Les poissons sont accompagnés de riz et de *pirão* (bouillie à base de farine de manioc et du bouillon de cuisson). Le **Ceará** propose les mêmes spécialités, mais dans un cadre plus élégant *(rua Albuquerque, 516, tél. 67/231-1930)*.

Gruta do lago Azul: des fossiles d'animaux de plus de 6 000 ans y ont été découverts

Bonito

Située à 280 km au sud-ouest de Campo Grande (par la route BR-262 jusqu'à Aquidauana, puis par la MS-345), Bonito pourrait n'être qu'une petite ville perdue de 16 000 habitants dans le Mato Grosso do Sul. Mais, comme son nom l'indique – *bonito* signifie "joli" en portugais –, la nature y est tellement privilégiée que Bonito est devenue l'une des destinations les plus prisées du tourisme écologique au Brésil. La ville cherche à absorber l'impact de l'exploitation touristique sans pour autant compromettre la beauté de son paysage, en essayant d'organiser l'accès des sites. La protection des rivières, des cavernes, des plantes et des animaux du *cerrado* est parfois assez contraignante pour le touriste – on ne peut pas succomber à la tentation et plonger dans n'importe quel cours d'eau: les curiosités touristiques se trouvent dans des propriétés privées où le nombre de visiteurs est limité, et les promenades doivent être faites avec un guide autorisé. En période de congés, il est recommandé de réserver à l'avance. Mais puisque c'est pour la bonne cause, adaptez-vous et profitez-en au maximum.

Rivières aux Eaux Limpides

Les rivières de Bonito sont tellement limpides que l'on a l'impression de plonger dans d'énormes aquariums pleins de poissons comme le *dourado*, la *piraputanga* et le *pacu*. Cette transparence est due à la forte concentration de calcaire, qui fonctionne comme un filtre naturel et retient les impuretés sur le sol. Ainsi, Bonito est le paradis de la "flottaison", un divertissement qui consiste à faire la planche dans les piscines naturelles tout en observant la faune aquatique au moyen d'un masque et d'un tuba. Une recommandation: ne posez pas les pieds au fond de la rivière pour ne pas remuer le sable et troubler l'eau. Reposez-vous en flottant ainsi à la surface. Et ne plongez que lorsqu'il y a peu de baigneurs dans l'eau.

Gruta do Lago Azul

Parmi les centaines de cavernes de la région de Bonito, la plus connue est la **gruta do lago Azul**, à 20 km du Centro. L'action graduelle de l'eau sur le calcaire a sculpté des concrétions aux formes magnifiques, qui ont fait entrer ce site au patrimoine naturel en 1978. Un sentier de 250 m mène à l'entrée de la grotte, où 300 marches glissantes vous mènent au lieu d'observation de l'eau limpide et bleutée du lac souterrain, dans lequel il est interdit de se baigner. Du 15 décembre au 15 janvier, seule période de l'année où la lumière du soleil incide directement sur l'eau turquoise, il est possible d'admirer un spectacle incroyable pendant une vingtaine de minutes, entre 8 et 9 heures du matin. On a retrouvé dans le lac, d'une profondeur estimée à 70 m, des fossiles de grande valeur comme les ossements d'un tigre à dents de sabre et d'un paresseux géant, mammifères qui vécurent dans la région il y a plus de 6 000 ans. La grotte est dotée d'une bonne infrastructure (toilettes, restauration et vente de souvenirs).

Grutas de São Miguel

À la différence de la gruta do lago Azul, qui ne peut être appréciée que de l'extérieur, l'ensemble de cavernes de São Miguel, à 18 km de Bonito, est ouvert à l'exploration des visiteurs. L'intérieur de la grotte principale, également de calcaire, est sec et rempli de stalactites et de stalagmites. Cette promenade, idéale pour une demi-journée, est périlleuse à son départ, car il faut franchir un pont suspendu de 180 m de long au milieu d'une végétation dense.

Un plus

Considéré comme le meilleur hôtel de Bonito, le **Zagaia Eco-Resort**, ouvert depuis 1997, offre des chalets de plain-pied au milieu de 58 hectares de végétation, avec diverses commodités comme une piscine couverte chauffée avec hydromassage, une salle de gymnastique vitrée donnant sur un beau paysage, ainsi qu'un espace avec table à langer pour le bébé et une salle de jeux pour les enfants.

Plus d'informations à partir de la page 462.

L'aquarium du rio Sucuri : forte teneur en calcaire, un filtre naturel qui rend l'eau cristalline

Rivières et Piscines Naturelles

Plusieurs rivières traversent la région de Bonito, avec des eaux parfaites pour la "flottaison", l'activité la plus fascinante de l'endroit. Vous pouvez choisir entre **Olho d'Água, da Prata, Formoso, Baía Bonita, do Peixe, Anhumas** et **Miranda**, différentes les unes des autres. On peut y voir des bancs de *piraputangas*, de *pintados*, de *curimbas*, de *dourados* et de *piaus* à une distance de 30 m tellement l'eau est limpide. Généralement, le tarif de l'équipement de plongée comme le masque, le tuba et la combinaison en néoprène est compris dans l'excursion. Les rios **Aquidabã** et **Mimoso** ont de belles chutes d'eau pour la baignade. Le **rio Formoso**, tout comme son voisin, le **Formosinho**, sont propices à la descente en canot ou en bouée. Quelle que soit la rivière où vous allez, résistez à l'envie de boire de son eau. Même si elle est propre, elle peut avoir une forte teneur en magnésium, un puissant laxatif. Pour être écologiquement correct, évitez de vous enduire le corps de crème solaire ou de lotion anti-moustique avant d'entrer dans l'eau.

Rio da Prata et Buraco das Araras

À 50 km du centre de Bonito, le **Recanto Ecológico Rio da Prata** est le point de départ d'une excursion d'une journée. Sur un sentier de 2 km de forêt en bordure de la rivière, on peut voir des animaux comme le pécari et le singe capucin. On peut ensuite "flotter" dans la source du rio Olho d'Água, affluent du rio da Prata, sur 80 m, parmi des milliers de poissons. Au niveau des rapides, le sentier s'écarte sur 300 m, puis on peut replonger dans une autre partie plus calme de la rivière. Seuls les enfants âgés de plus de huit ans peuvent se joindre au groupe de huit personnes maximum pour faire la descente de la rivière qui dure de deux à quatre heures. À la fin de la journée, faites un détour par le **Buraco das Araras**, un ravin d'une centaine de mètres sur un terrain calcaire où vivent des dizaines d'oiseaux.

Aquário do Rio Baía Bonita

Située à 8 km à peine du centre de Bonito, la **Reserva Ecológica Baía Bonita** comprend un aquarium naturel dont la beauté n'est comparable qu'à celle du rio da Prata. On peut "flotter" sur presque 1 km dans le rio Baía Bonita, au milieu de la flore et de la faune aquatiques, après une marche de 1,3 km. Cette promenade peut durer toute la journée et plaira à toute la famille. Un trampoline installé en pleine rivière et une tyrolienne, un câble suspendu au-dessus de l'eau, offrent de bons moments de détente.

Rio Sucuri

Le rio Sucuri passe sur les terres d'une fazenda où l'on peut faire du cheval, du vélo, et flotter sur l'eau. Cette excursion ressemble à celle du rio da Prata, mais elle est plus recommandée pour les enfants car la descente du Sucuri, sur 1,4 km, est plus courte. La rivière se trouve au bout d'un sentier de 500 m.

Cascades du Rio do Peixe

Une randonnée de 3 heures et la "flottaison" sont aussi les distractions offertes par le rio do Peixe, dont le paysage comprend une dizaine de cascades. Outre les baignades, dont une dans le **poço do Arco-Íris**, une belle vasque sous une cascade, la promenade comprend un excellent déjeuner, une sieste dans un hamac et une tyrolienne. Le matin et en fin de journée, observez l'arbre à l'entrée de la fazenda, dans laquelle on voit souvent des aras.

Un plus

🍽 Le restaurant **Cantinho do Peixe** occupait une seule pièce de la maison des propriétaires lorsqu'il a été inauguré, en 2000. Depuis, on a dû mettre des tables dans toutes les pièces pour accueillir les quelques 250 personnes qui viennent y déjeuner en haute saison. On ne sert qu'un seul poisson, le filet de *pintado*, mais à vingt sauces différentes, typiques du Pantanal, comme le *pintado* au rocou, à la crème et à la mozzarella, accompagné de riz blanc et de *pirão* au poisson. En entrée? Le bouillon de piranha typiquement *pantaneiro (rua Trinta e Um de Março, 1918, tél. 67/255-3381)*.

Un *dourado* nage devant un banc de *piraputangas* dans les eaux limpides du rio da Prata

Descente en rappel dans l'abismo Anhumas: un gouffre de 72 m de profondeur

ÉMOTIONS FORTES

La région de Bonito propose de bons défis aux aventuriers chevronnés. Les agences de tourisme de la ville organisent des plongées dans les profondeurs de la **gruta do Mimoso**, de l'**abismo Anhumas** et de la **lagoa Misteriosa**, où l'on peut faire des randonnées au sommet des arbres, de la tyrolienne, de la descente de rapides en bouée, du vélo tout-terrain, ainsi que des promenades en canot pneumatique et en quadricycle.

Abismo Anhumas
Montez au sommet d'un immeuble de 26 étages, regardez en bas et imaginez que vous descendez au moyen d'une corde. Une fois arrivé au sol, regardez en haut et imaginez qu'il faut tout remonter. Tel est le programme de l'excursion la plus risquée de Bonito, au **gouffre d'Anhumas**, où l'on fait du rappel dans une grotte de 72 m de profondeur. En bas, un beau miroir d'eau attend le touriste disposé à faire de la plongée libre ou, s'il a l'expérience nécessaire, de la plongée autonome jusqu'à 20 m, sur les 80 m de profondeur maximale. C'est un voyage subaquatique entre d'énormes concrétions calcaires, où la visibilité atteint les 40 m. On peut aussi s'y promener en canot ou bien marcher dans les galeries. Pour vivre cette aventure, il faut faire un test de niveau le jour précédent et avoir une préparation physique adéquate. Si vous vous y trouvez du 15 décembre au 15 janvier, vous pourrez apprécier la lumière du soleil tombant directement sur l'eau, de 10 à 16 heures, ce qui rend la vue de l'intérieur du gouffre encore plus spectaculaire.

La Cascade la plus Haute
Dans la commune de **Bodoquena**, à 70 km de Bonito, la cascade de la **Boca da Onça** – la plus haute de l'État du Mato Grosso do Sul, d'une hauteur de 156 m – est propice à la pratique du rappel, après 3 km de marche sur un sentier passant par douze cascades.

Une Culture de la Générosité

L'exubérance fantastique du Pantanal peut tromper le voyageur, et lui faire croire que tout l'intérêt de la région réside dans sa beauté naturelle. Cependant, il y a beaucoup plus à découvrir. Les particularités géographiques et la diversité des espèces végétales et animales qui s'y concentrent ont engendré une culture singulière et très riche, qui se reflète dans les rapports personnels, dans l'organisation du travail et, bien sûr, dans la cuisine.

Les convois des gardiens de bétail, les "troupes", qui à la saison des pluies conduizent les troupeaux vers les pâturages plus élevés, ont donné naissance à la célèbre cuisine *tropeira*, dans laquelle on reconnaît l'influence de la cuisine rurale du Sud du pays – il suffit de penser au *tereré* (le maté) –, cette version froide du *chimarrão*, ou au riz de charretier, consommé également dans les Pampas.

Plus importants que la cuisine, cependant, ce sont les gestes qui l'accompagnent, les traditions *tropeiras*: l'une d'elle est le brûlage de l'ail, espèce de rituel accompli par le gardien de bétail qui devance ses compagnons et leur prépare à manger, après avoir choisi le lieu le plus approprié au repas et au repos.

Une autre tradition, tout aussi typique, concerne le *porco-monteiro*, un cochon sauvage dont l'origine se confond avec le début de l'élevage au Pantanal. Quand un bouvier en trouve un, il le castre, lui coupe le bout des oreilles et le relâche dans la nature. Si le cochon est retrouvé – par celui qui l'a attrapé ou par un autre–, il est prêt à être abattu. C'est un exemple simple de contrôle de la faune qui ne menace pas l'espèce, mais abat sélectivement, selon les besoins de l'homme.

Lorsque l'on parle de cuisine au Pantanal, il est impossible de ne pas penser à l'abondance de poissons, qui en fait l'une des destinations les plus populaires chez les pêcheurs. On parle moins souvent des fruits du Pantanal, pourtant très nombreux, que l'on trouve toute l'année.

La gastronomie du Pantanal est simple, presque rude, basée sur les produits locaux et fortement enracinée dans l'univers du travail. Mais si l'on reprend certains de ses aspects – le gardien de bétail qui prépare la nourriture pour le reste du groupe, le vacher qui laisse le porc châtré à un éventuel compagnon qu'il ne connaît même pas, la disponibilité naturelle de poissons et de fruits –, on se rend compte qu'il n'y a qu'un mot pour résumer cette cuisine (et cette culture, ou cette région): générosité.

Alex Atala,
chef de cuisine et patron du restaurant D.O.M., à São Paulo

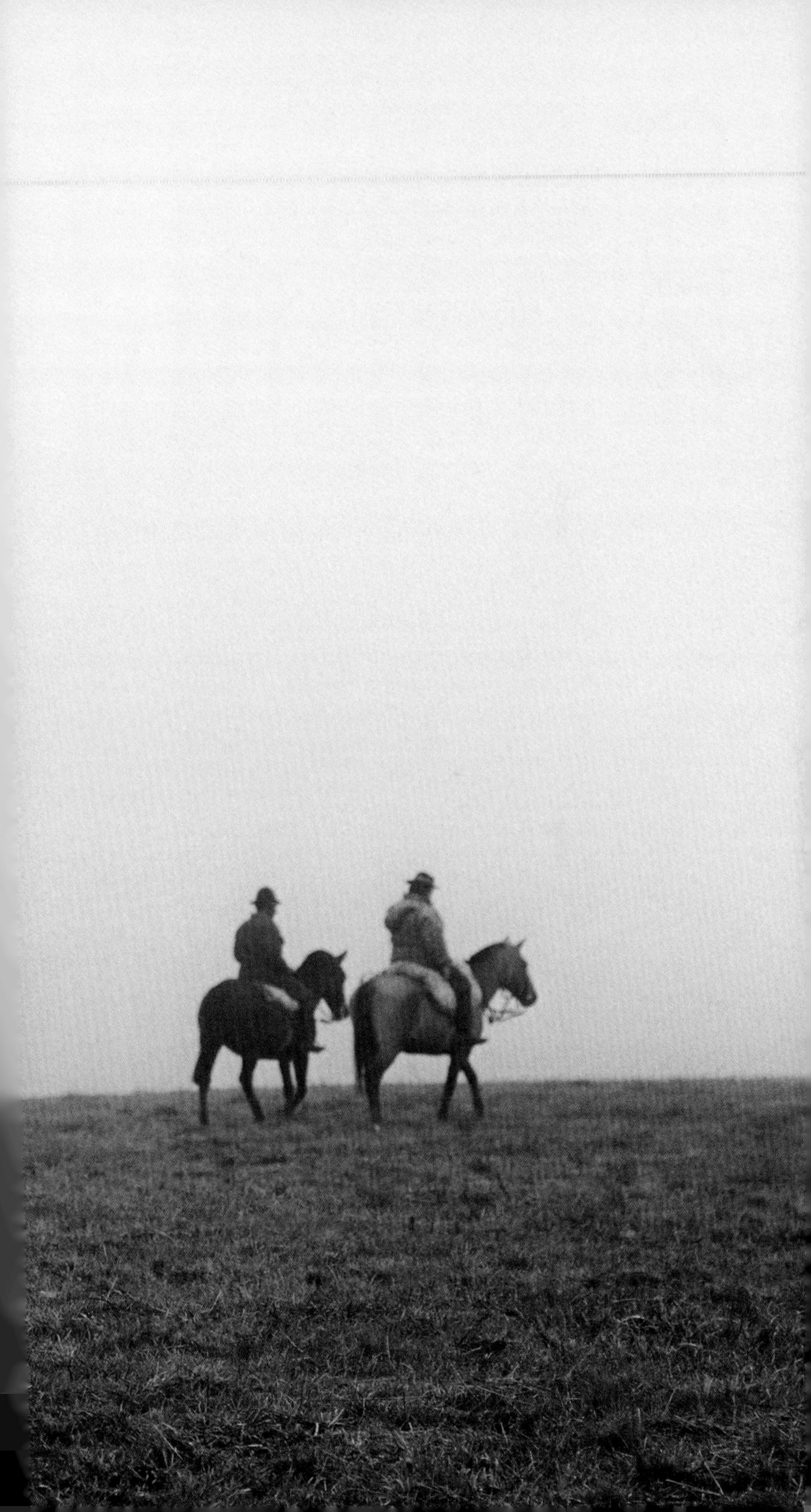

SUD

Les stéréotypes sur le pays tropical s'écroulent lorsque l'on parcourt la région Sud du Brésil, formée par les États du Paraná, de Santa Catarina et du Rio Grande do Sul. Ici le climat est froid pendant une bonne partie de l'année et les descendants des milliers d'immigrés allemands, italiens, polonais et ukrainiens qui peuplèrent la région entre les XIXe et XXe siècles ont maintenu leurs traditions dans des villes aux airs européens. Dans les pages qui suivent, nous suggérons certains circuits pour explorer la région. Les points de départ, encadrés sur la carte ci-dessous, sont les capitales des États. C'est à partir de ces villes que l'on peut atteindre les impressionnantes chutes d'Iguaçu, les plages branchées de Santa Catarina, les montagnes et les régions vinicoles du Rio Grande do Sul, ainsi que les ruines des missions jésuites.

Page précédente: Les Pampas, Bagé (Rio Grande do Sul), 2002. Edu Simões

DESTINATION
CURITIBA

La capitale du Paraná est fière des innovations urbaines en matière de transports et de parcs publics qui ont révolutionné la qualité de vie de ses habitants au cours des dernières décennies. La ville abrite un nombre élevé de zones vertes – 30 parcs et bosquets –, des pistes cyclables et des événements culturels de tradition nationale, tel que le Festival de Théâtre chaque année en mars. Il est bon d'emporter dans sa valise un pull et un imperméable: la température est basse même en été et l'hiver rigoureux. En dehors de Curitiba, l'État du Paraná possède une ligne de chemin de fer qui offre une excursion bucolique à travers la serra do Mar, chaîne montagneuse entre la capitale et le littoral. Toutefois, la vedette du tourisme de l'État est le complexe des chutes d'Iguaçu, l'une des merveilles naturelles de la planète.

POINTS FORTS DE LA DESTINATION

CURITIBA
  Centre Historique
  Circuit Culturel
  Parcs de Curitiba
  En Train dans la Serra do Mar

GUARTELÁ (215 km)

FOZ DO IGUAÇU (637 km)
  Le Côté Brésilien
  Le Côté Argentin

Distances à partir de Curitiba

CURITIBA

CENTRE HISTORIQUE

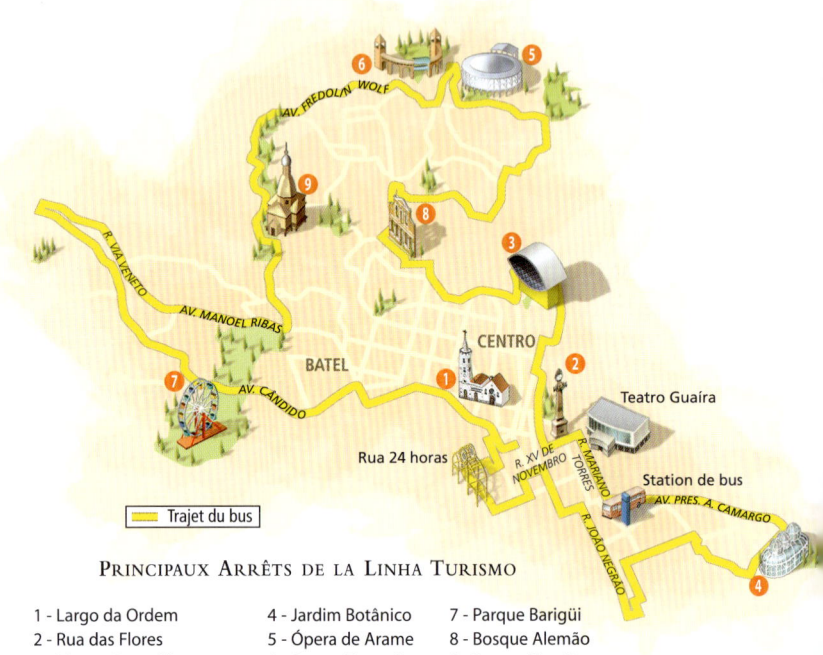

Trajet du bus

Principaux Arrêts de la Linha Turismo

1 - Largo da Ordem
2 - Rua das Flores
3 - Museu Oscar Niemeyer
4 - Jardim Botânico
5 - Ópera de Arame
6 - Parque Tanguá
7 - Parque Barigüi
8 - Bosque Alemão
9 - Parque Tingüi

La manière la plus confortable de visiter Curitiba est de prendre le bus touristique **Linha Turismo**, également appelé Jardineira, qui permet de découvrir 22 sites touristiques. Le ticket *(tél. 41/3352-8000)* donne droit à quatre voyages, pendant lesquels les informations sont données en portugais, en espagnol et en anglais. Dans la **rua 24 Horas** *(tél. 41/3324-7036)*, au centre-ville, les commerces restent ouverts toute la nuit.

❶ Largo da Ordem et Environs
L'ensemble des constructions les plus anciennes de la ville comprend l'**Igreja da Ordem Terceira de São Francisco** – église datant de 1737 –, des exemples d'architecture allemande et la **casa do historiador local Romário Martins** (maison de l'historien local Romário Martins), datant également du XVIIIe siècle et considérée comme la plus ancienne maison de Curitiba. C'est là, sur le largo da Ordem, qu'ont lieu le dimanche une foire d'artisanat très prisée et des concerts.

❷ Rua das Flores
La rue piétonne **Quinze de Novembro** est la principale rue commerçante de la ville et la première au Brésil à avoir été interdite aux voitures. Près de là le **Palácio Avenida**: ses fenêtres accueillent au mois de décembre une chorale d'enfants venant chanter des chants de Noël.

Circuit Culturel

La vie culturelle de Curitiba est animée et variée; aussi, il est bon de vérifier la programmation avant chaque voyage. Cependant, certaines destinations sont classiques et doivent absolument faire partie du programme touristique.

❸ Museu Oscar Niemeyer
Le plus célèbre architecte du Brésil s'est vu consacrer en 2002 un musée en son honneur, composé de deux bâtiments créés par Niemeyer lui-même. Le plus ancien est une grande construction rectangulaire des années 1960, à laquelle Niemeyer ajouta en annexe le fameux Olho ("Œil"), dont l'intérieur est surprenant. Le lieu abrite une petite exposition permanente sur Niemeyer; malheureusement la collection et la faible programmation restent encore bien en deçà de l'importance de l'ouvrage.
Rua Mal. Hermes, 999, tél. (41) 3350-4400. Mar. à dim., 10h/20h.

❹ Jardim Botânico
Le jardin botanique, l'une des principales curiosités touristiques de Curitiba, possède un jardin à la française, une serre copie du Palais de Cristal de Londres, une parcelle de végétation locale et une galerie en forme de "U" qui abrite les œuvres du sculpteur Frans Krajcberg.
Rua Engenheiro Ostoja Roguski, tél. (41) 3362-1800. Tous les jours, 6h/20h (en été, jusqu'à 21h).

❺ Ópera de Arame
L'Opéra de Arame est intéressant à prendre en photo, par contre l'acoustique n'y est pas très bonne. La programmation musicale et théâtrale y est minime. Bien meilleur stile au traditionnel Théatre Guaíra (tél. *41/3304-7900*), dans le centre.
Rua João Gava, tél. (41) 3354-3266. Mar. à dim., 8h/22h.

L'audace architecturale du bâtiment est le premier attrait du Museu Oscar Niemeyer

Cascade du Parque Tanguá : Curitiba possède 30 parcs et bosquets

Parcs de Curitiba

Curitiba dispose de 1 800 hectars de zones vertes, qui en font une des villes les plus verdoyantes du Brésil et l'une des capitales où l'air est le moins pollué, ce qui est un signe de la bonne qualité de vie dont jouit sa population de 1,5 million d'habitants. Parcs, places et bosquets sont éparpillés dans toute la ville, et certains abritent des curiosités culturelles qui rendent hommage aux immigrés polonais, ukrainiens, allemands et italiens qui colonisèrent l'État. La plus grande partie de ces zones sont éloignées du centre mais sont desservies par le bus de la Linha Turismo. Pour les taxis, dirigez-vous à une station de taxis ou commandez-en un par téléphone, car les chauffeurs ne s'arrêtent pas pour prendre des passagers en route.

❻ Parque Tanguá
Ancienne carrière, le Parc Tanguá est l'un des parcs les plus agréables de la ville. Il abrite une cascade qui jaillit d'un plateau de 40 m de haut et tombe dans un lac artificiel. Piste cyclable et piste de jogging.
Rua Nilo Peçanha, tél. (41) 3352-7607. Tous les jours, 8h/17h.

❼ Parque Barigüi
Le plus grand parc de la ville s'étend sur 140 hectares et surtout fréquenté les week-ends.
Rodovia do Café (br-277), (41) 3339-8975. Tous les jours, 8h/18h.

❽ Bosque Alemão
Bosquet rendant hommage aux immigrés allemands, il offre la plus belle vue de la ville et des attractions intéressantes pour les enfants, dont une bibliothèque.
Avenida Fredolin Wolf, tél. (41) 3338-1442. Mar. à dim., 8h/17h.

❾ Parque Tingüi
Ce parc est le plus éloigné du Centre. Ses principales curiosités sont le Memorial Ucraniano, une réplique d'une église orthodoxe et une expositions de peintures, dentelles et *pessankas* (œufs peints).
Avenida Fredolin Wolf, s/n tél. (41) 3338-1442. Mar. à dim., 8h/17h.

En Train Dans la Serra do Mar

La promenade en train la plus spectaculaire du Brésil couvre les 116 km de la Voie Ferrée Curitiba-Paranaguá, mais c'est le parcours de 3 heures jusqu'à Morretes qui est le plus intéressant. Construite entre 1880 et 1885, la voie ferrée traverse la chaîne montagneuse en descendant vers la mer et offre des paysages superbes avec 13 tunnels, 30 ponts et ponceaux. Les guides bilingues vous signalent la cascade **Véu de Noiva**, haute de 86 m, le canyon **Ipiranga** et la montagne **Cadeado**. Essayez de réserver un siège du côté gauche, afin d'avoir la meilleure vue sur les pentes de la forêt Atlantique. Il est possible de s'arrêter au **Parque Estadual do Marumbi**, un centre de montagnisme spectaculaire, idéal pour le camping, les randonnées ou l'escalade du Marumbi (1 539 m). Le meilleur moyen pour retourner à Curitiba est de prendre un minibus et de remonter par la jolie route de Graciosa. Le chauffeur devra être prudent dans les parties pavées et les virages serrés. L'aller en micheline au départ de la Rodoferroviária, avec retour par la route, est proposé par serra Verde Express *(tél. (41) 3323-4007)* et comprend un déjeuner et une visite de **Morretes** et de sa voisine, **Antonina**. Cette dernière est une ville coloniale du XVIIIe siècle située dans la baie de Paranaguá; elle constituerait une destination plus intéressante s'il y avait davantage de possibilités d'hébergement et si son patrimoine historique était moins laissé à l'abandon.

Train dans la serra do Mar: beauté naturelle

Un Plus

🍽 En arrivant à Morretes, goûtez le *barreado*, un plat typique du littoral de la région. Il s'agit d'un ragoût de viande effilée qui mijote pendant 12 heures, jusqu'à devenir fondante. Le plat est servi avec de la farine de manioc et de la banane. Son nom vient de l'expression *barrear*, c'est-à-dire fermer hermétiquement la cocotte avec de l'argile, technique développée par les premiers agriculteurs métis pour que la vapeur ne s'échappe pas et que la viande ne sèche pas trop vite. Deux restaurants servent le *barreado*: le **Ponte Velha** *(rua Almirante Frederico de Oliveira, 13, tél. 41/3462-1674)* au bord du rio Nhundiaquara et l'**Armazem Romanus** *(rua Visconde do Rio Branco, 141, tél. 41/3462-1500)*, qui prépare une version "allégée".

GUARTELÁ

C'est à l'intérieur de l'État du Paraná – à environ 200 km au nord de Curitiba – que l'on peut pratiquer le rafting considéré comme le plus technique et le plus difficile du Brésil. Plus spécifiquement, c'est sur le **rio Iapó**, qui traverse le canyon **Guartelá**, le sixième plus long canyon du monde avec ses 32 km. La descente peut durer deux jours, dont une nuit au bord de l'eau. Les aventuriers ont également l'habitude de descendre les rapides plus amènes du **rio Tibagi**, de pratiquer d'autres sports comme le trekking, le rappel et la descente de cascade dans d'autres zones du Parque Estadual do Guartelá, parc situé entre les villes de **Tibagi** et Castro. Les sentiers sont sûrs et bien signalés. Essayez celui qui mène à la cascade **da Ponte de Pedra** et aux piscines naturelles des **Panelões do Sumidouro**.
Contacter: Ytayapé Ecoturismo e Aventuras, téls. (42) 3275-1766 et 9982-0281; Praia Secreta Expedições, tél. (41) 3362-3010.

Rafting sur le rio Iapó, qui traverse le canyon Guartelá: aventure pour les sportifs expérimentés

LAPA: LE PREMIER SPA DU BRÉSIL

Avec quatorze blocs de maisons classés Patrimoine Historique, la ville de Lapa – à 67 km de Curitiba – conserve des bâtiments bien préservés. C'est le cas du **Museu de Armas** (1871), de l'**Igreja de Santo Antônio** (1874) et du **Teatro São João** (1876), l'un des deux théâtres du pays de style élisabéthain (l'autre théâtre circulaire avec des loges autour de la scène se trouve à Sabará, dans le Minas Gerais). Les environs de la ville possèdent une construction d'une importance historique complètement différente: c'est ici que l'on trouve le premier spa du Brésil. Ouvert en 1972, le **Lar Lapeano de Saúde**, appelé aussi Lapinha, est installé dans une fazenda de 550 hectars qui produit organiquement (sans utilisation de produits agrotoxiques) tous les aliments servis au client sur sa carte végétarienne. À titre informatif: pas de téléphone ni de TV dans les chambres. Le spa propose un service de transport en autocar privé au départ du Shopping Iguatemi de São Paulo, tous les dimanches.

PARANÁ

Foz do Iguaçu

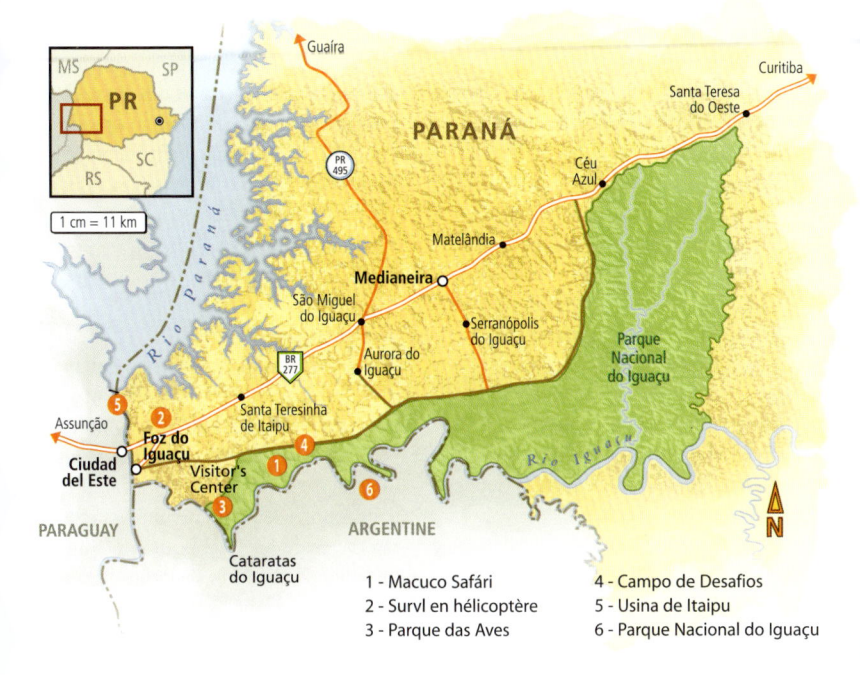

1 - Macuco Safári
2 - Survl en hélicoptère
3 - Parque das Aves
4 - Campo de Desafios
5 - Usina de Itaipu
6 - Parque Nacional do Iguaçu

Les cataractes du rio Iguaçu attirent un demi-million de touristes chaque année à la frontière entre le Brésil, l'Argentine et le Paraguay. Ainsi, la ville de Foz de Iguaçu (à 637 km de Curitiba par la BR-277) est une des villes les plus visitées du pays. 275 chutes d'une hauteur moyenne de 60 m attendent le touriste, ainsi que l'Usine Hydroélectrique d'Itaipu, l'une des plus grandes prouesses de l'ingénierie mondiale. Du côté brésilien, le **Parque Nacional do Iguaçu** offre la meilleure vue panoramique, et permet de s'approcher des chutes en bateau ou en hélicoptère. Toutefois, du côté argentin on arrive beaucoup plus près des chutes.

La Ville et Le Parc

En termes d'infrastructure touristique, Foz do Iguaçu est un cas unique parmi les villes brésiliennes. Tout fonctionne à merveille : les cinq kiosques d'informations touristiques, la signalisation bilingue dans les rues, le service téléphonique gratuit pour les informations en portugais, anglais et espagnol (tél. 0800-451516). Il y a beaucoup d'activités, à des prix salés, certes, à l'exception de l'usine d'Itaipu et du sentier de randonnée qui commence au belvédère avec vue panoramique sur les chutes, tous deux gratuits. Les curiosités et les bons hôtels se trouvent sur la rodovia das Cataratas, route qui relie la ville de Foz au parc. Le centre-ville étant chaotique et n'offrant pas de bons commerces ni de restaurants engageants, il est préférable de consacrer son temps à profiter de la nature. Il est bon de rappeler que les voitures n'entrent pas dans la réserve : tout le monde prend l'autobus à étage. *Parque Nacional do Iguaçu : BR-469, km 18, tél. (45) 3521-4400. Lun., 13h/17h ; mar. à dim., 8h/17h. En été, jusqu'à 18h.*

Le Côté Brésilien

❶ Macuco Safári

L'excursion Macuco Safári *(tél. 45/3574-4244, 3529-6262)* est la plus sollicitée du Parc National. Une voiture électrique avec des guides trilingues parcourt 3 km dans la forêt et s'arrête au départ d'un sentier de 600 m. Ceux qui ne souhaitent pas le parcourir à pied peuvent continuer en voiture. La troisième partie du tour est une remontée du **rio Iguaçu** en canot. Vous remonterez vers les cataractes jusqu'à ce que vous receviez la bénédiction mouillée de la **cachoeira dos Mosqueteiros**. Si vous ne souhaitez pas être trempé, n'oubliez pas votre imperméable.

❷ Survol en Hélicoptère

Si vous n'avez pas le vertige, survolez les cataractes en hélicoptère. La balade dure 10 minutes et coûte 60 US$ par personne. Moment inoubliable que celui où le pilote s'arrête en face des cataractes et incline légèrement l'avant de l'appareil vers le bas: une minute qui semble durer une éternité, accompagnée du vacarme de l'hélice et des eaux. Une autre balade, de 35 minutes au prix de 150 US$, survole également **Itaipu** et le **Marco das Três Fronteiras** (jonction des trois frontières).
Contacter: Helisul, tél. (45) 3529-7474/ 7327. Tous les jours, 9h/18h.

❸ Parque das Aves

Les autruches qui circulent librement sur le parking du **Parc des Oiseaux** font partie des quelques 800 espèces protégées dans ce parc, dont beaucoup sont menacées d'extinction. Il suffit d'emprunter le petit chemin de cette réserve créée en 1994 pour entendre le mélange de chants et s'extasier devant les couleurs des aras et des flamants roses. Les oiseaux cohabitent pacifiquement avec les sagouins et les reptiles. Ne manquez pas non plus de découvrir plus de cinquante espèces de papillons regroupés dans le *borboletário*.

La balade en canot remonte le rio Iguaçu jusqu'aux cataractes

C'est en hélicoptère que la vue des chutes est la plus impressionnante

Rodovia das Cataratas, km 17,5, tél. (45) 3529-8282. Tous les jours, 8h30/18h (17h30 en hiver)

❹ Campo de Desafios
Inauguré en 2003, le "**Camp de Défis**" *(tél. 45/3529-6040)* offre une structure, des guides et des équipements de sécurité pour des sports radicaux tels que le rappel, le rafting et l'escalade. L'accrobranche, par exemple, vous fera faire une balade à la cime des arbres à 12 m du sol. Pour redescendre empruntez la tyrolienne.

❺ Usina Hidrelétrica de Itaipu
Rassemblez assez de fer et d'acier pour construire 380 Tours Eiffel et une quantité de béton équivalente à 210 stades du Maracanã. Ajoutez-y de la terre et des rochers correspondant à plus de deux fois le volume du Pain de Sucre et vous obtiendrez l'un des plus grands ouvrages d'ingénierie au monde : l'**Usine Hydroélectrique d'Itaipu**, qui fournit 25% de l'énergie électrique du Brésil et 90% de celle du Paraguay. La visite guidée comprend l'exhibition d'une vidéo sir sa construction et vous ferez un tour en bus avec arrêts au déversoir au belvédère avec vue sur l'usine.
Avenida Tancredo Neves, 6072, tél. (45) 3520-6999. Lun. à sam., 6 tours/jour.

Le Côté Argentin

⑥ Parque Nacional del Iguazu
Du côté brésilien, le panorama sur les cataractes d'Iguaçu surprend par son amplitude. Mais c'est du côté argentin que vous pourrez ressentir de près la force brute des chutes d'eau, qui ce soit en bateau ou à pied. Sur terre, le circuit supérieur est le sentier le plus court et le plus facile. Il a 650 m, sans escaliers, et permet de voir les eaux du fleuve avant qu'elles ne deviennent les gigantesques chutes. Par contre, si vous prenez le circuit inférieur, long de 1,2 km et plein d'escaliers, vous pourrez presque les toucher. La fente qui forme la chute de la **Garganta do Diabo** (Gorge du Diable) permet de s'approcher encore plus près. Pour y arriver, prenez le petit train qui mène à un sentier de 1,1 km débouchant sur la *Garganta*. Attention: pour entrer dans le Parque Nacional del Iguazu chacun devra avoir en main son passeport original ou sa carte d'identité (les documents originaux) de toute la famille. *Victoria Aguirre, 66, tél. (54) (3757) 42-3252 / 42-0180 / 42-0722. Lun., 13h/18h; mar. à dim., 8h/18h. Jusqu'à 19h au printemps et en été.*
Promenade en bateau: Iguazu Jungle Explorer, tél. (54) (3757) 42-1696.

Un Plus

Situé du côté brésilien du Parc National d'Iguaçu, l'hôtel **Tropical das Cataratas Eco Resort** est de style colonial portugais et se trouve en face des cataractes, avec possibilité de prendre son petit déjeuner à l'une des tables très disputées de la terrasse. Les seules chambres jouissant de cette même vue sont les cinq appartements de luxe et l'une des deux suites présidentielles.

Plus d'informations à partir de la page 462.

Du côté argentin, possibilité d'approcher des chutes

DESTINATION
FLORIANÓPOLIS

La capitale de l'État de Santa Catarina a le privilège de se situer sur une île de 424 km², dont 40% sont recouverts de forêt Atlantique (il y a aussi une petite partie – 12 km² – sur le continent). Elle possède aussi 42 plages, dont beaucoup sont surprenantes. Ce mariage de végétation et de mer est la raison du succès de cette destination touristique, qui attire les foules pendant les vacances d'été. Bien que les plages soient l'attrait principal de la ville, les températures peuvent être fraîches, oscilant entre 25°C en été et 16°C en hiver. Le doublement de la BR-101, la principale route littorale, a diminué les risques d'accidents. Il y a des plages pour tous les goûts, aussi bien sur l'île que sur le continent. Même si Florianópolis a le statut de capitale de l'État, elle a davantage les caractéristiques d'une ville de province. Elle offre peu d'options en dehors de sa nature abondante, mais enfin, que demander de plus!

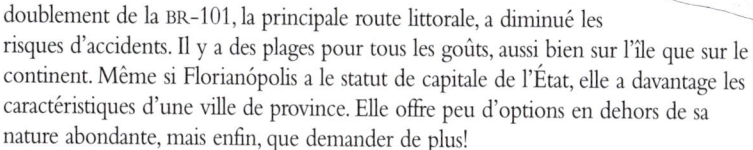

POINTS FORTS DE LA DESTINATION

FLORIANÓPOLIS
Plages Pour Tous les Goûts
La Côte Urbaine
Le Sud Sauvage
Lagune et Région Centrale
En Bateau Sur les Îles

BOMBINHAS (60 km)

BALNEÁRIO CAMBORIÚ (80 km)

PENHA (120 km)

BLUMENAU (140 km)

SÃO FRANCISCO DO SUL (215 km)

GUARDA DO EMBAÚ (68 km)

GAROPABA (90 km)
Praia do Rosa

LAGUNA (121 km)

Distances à partir de Florianópolis

FLORIANÓPOLIS

Les 42 plages de Florianópolis – souvent appelée Floripa – se différencient par le paysage et la température de l'eau, ce qui se répercute en général sur la fréquentation de chacune d'elles. La rive nord, avec sa mer plus chaude, attire des familles entières et s'est rapidement urbanisée. Au sud la mer est plus froide, les plages plus sauvages, intactes, charmantes. C'est là que se trouve la plus grande zone verte de l'île. Des villages de pêcheurs y survivent sans subir la pression du tourisme. À l'est, où les vagues sont plus fortes et la côte rectiligne, les plages à la mode, Mole et Joaquina, sont les préférées des surfeurs. Même le joueur de tennis Gustavo Kuerten, l'enfant du pays le plus célèbre de l'île, surfe à Joaquina. Au centre, la lagoa da Conceição est une lagune autour de laquelle se concentre la vie nocturne, alors que les quartiers de Santo Antônio de Lisboa et Ribeirão da Ilha sont ceux qui ont le mieux préservé l'architecture des premiers immigrés, les Portugais des îles des Açores.

Plages pour Tous les Goûts

❶ Daniela
Plage de 3 km avec une eau claire, calme et tiède. Appréciée par les familles. Possibilités de faire des sorties en kayak ou en bateau jusqu'au Fort de São José, sur la praia do Forte.

❷ Jurerê Internacional
En plus d'une mer douce et d'un sable fin, la plage abrite un complexe résidentiel et une bonne infrastructure de commerce et de services. Familiale.

❸ Ponta das Canas
Éloignée des routes principales, ce village de pêcheurs est aimé des familles et sa plage offre une mer et une ambiance calmes.

❹ Brava
Plus grand point de rencontre des BCBG. C'est là que l'on vient pour draguer en journée (le soir, rendez-vous au lagoa da Conceição). Comme son nom ("furieuse") l'indique, les vagues y sont plus fortes qu'ailleurs, pour la plus grande joie des surfeurs.

❺ Santinho
De fortes vagues sur cette plage peu animée. L'attraction reste les inscriptions rupestres vieilles de 5000 ans dans un coin de la plage, près de l'hôtel Costão do Santinho.

❻ Moçambique
Longue de 13 km et sauvage, cette plage est située dans le Parque Florestal do Rio Vermelho. Aucun marchand en vue: amenez parasol, pliant, casse-croûte et boisson.

❼ Barra da Lagoa
Village de pêcheurs où la mer est plus calme que sur la voisine Moçambique. Plusieurs auberges et restaurants simples.

Pour Mieux Profiter de l'Île, Louez Une Voiture

Pour ceux qui veulent fréquenter plusieurs plages de Florianópolis, le plus pratique est de loger dans la région centrale. Cependant, avoir une voiture est presque obligatoire car les trajets en bus qui partent du centre sont trop longs et le taxi n'est pas une solution envisageable à cause des distances: 50 km séparent les deux extrémités de l'île. C'est pour cette raison que bon nombre de personnes font du stop dans toute la ville – sans crainte, comme s'il s'agissait d'une petite ville de province bien calme. La solution la plus tranquille et la moins risquée est de planter votre parasol sur votre plage favorite, puis de visiter les environs.

SANTA CATARINA

8 Galheta
Plage accessible par un sentier qui part de la praia Mole, c'est une zone préservée avec une nature vierge. Il y a une plage pour nudistes et des inscriptions rupestres sur les parois des rochers. L'eau est beaucoup moins froide que celle de la praia Mole.

9 Mole
La mer agitée et fraîche et le sable épais attirent surtout les jeunes et les surfeurs. Si vous êtes célibataire, votre place est ici. Au bout de la plage, avant d'arriver à Galheta, se trouve le coin gay de l'île.

10 Joaquina
Les vagues sont idéales pour les championnats de surf et les dunes pour le sandboard – mélange de snowboard et de surf. Ces dernières années, la plage reçoit la visite de dizaines de cars d'excursion et son état s'en ressent.

11 Armação
Son nom provient du lieu où l'on appareillait les bateaux de chasse à la baleine vers la fin du XIXe siècle. Les vagues attirent les surfeurs, peu soucieux de l'eau glacée.

12 Lagoinha do Leste
Petite plage sauvage, considérée comme la plus jolie de l'île et peu fréquentée: pour l'atteindre il faut emprunter un sentier ou prendre un bateau au départ de Pântano do Sul.

13 Da Solidão
Son nom ("de la Solitude") dit tout: cette plage est idéale pour ceux qui veulent fuir la foule. Cernée par une colline, elle est accessible en voiture après un long chemin qui monte et qui descend.

La Côte Urbaine

La côte nord de Floripa fut la première à attirer les touristes à cause de ses eaux plus calmes et plus chaudes, en particulier les plages situées entre l'île et le continent. C'est là que se trouvent notamment **Canasvieras**, **Jurerê** et **Ponta das Canas**. En raison de ses atouts, ce bord de mer a été beaucoup urbanisé et a vu s'installer des dizaines d'hôtels et d'auberges. Du côté qui fait face à l'océan, les vagues sont fortes et apportent des courants froids sur les plages **dos Ingleses** et **Brava**. Cette dernière est le lieu de rencontre des jeunes au nord de l'île – et constitue donc une option complémentaire pour la drague, par rapport aux plages du centre, **Joaquina** et **Mole**. Joaquina a souffert de sa popularité, par contre Mole résiste fermement à la spéculation immobilière grâce aux mornes environnants.

Programme Familial

Si vous envisagez de voyager en famille et que vous aimez le confort des complexes résidentiels, allez vers les plages du nord. Un inconvénient toutefois: l'infrastructure de qualité attire parfois les touristes en trop grand nombre, comme c'est le cas à **Ingleses** et **Canasvieiras**. Les plages voisines – **Daniela, Ponta das Canas** et **Lagoinha de Ponta das Canas** sont plus appréciées des familles, tout comme la plage de **Jurerê** et son centre commercial.

Un Plus

Seule auberge des Roteiros de Charme (Circuits de Charme) à Florianópolis, la **Pousada da Vigia** est protégée par la plage paisible da Lagoinha da Ponta das Canas, une bande de sable blanc et fin de 250 m entourée de collines. En plus de la beauté du lieu, l'auberge possède des saunas et des baignoires d'hydromassage dans les meilleures chambres et sur la terrasse. Les chambres sont équipées de home-theaters.

Plus d'informations à partir de la page 462.

La praia Brava, au bout de l'île, face à Atlantique, propose surf et animation

SANTA CATARINA

Praia da Lagoinha do Leste: nature préservée et accès difficile

LE SUD SAUVAGE

D'après la tradition locale, celui qui naît à Floripa est *manezinho da ilha* (diminutif de Manuel) un surnom créé par les descendants allemands du continent se rapportant aux nombreux Portugais du nom de "Manuel" qui vivaient sur l'île. C'est dans le sud de la ville, l'endroit le plus traditionnel et le plus sauvage de la capitale, que l'on peut entrer en contact avec les vrais *manezinhos*, car il y a moins de touristes dans les villages de pêcheurs et les baies désertes. Un détail important: ici, la mer est froide.

VILLAGES DE PÊCHEURS
Les plages de Pântano do Sul et Armação ont gardé d'authentiques villages de pêcheurs. Le principal attrait de la première sont les fruits de mer du **Bar do Arante**, dont les murs sont placardés de messages laissés par les clients – une tradition née en 1960. Sur Armação, les pêcheurs doivent cohabiter avec de fortes vagues et une mer dangereuse.

PLAGES SAUVAGES
Star du circuit écologique local, la **praia de Lagoinha do Leste** est considérée la plus jolie de Floripa. Elle est entourée de collines et accessible par un sentier de 4 km au départ de Pântano do Sul. Si vous souhaitez aller à **Naufragados**, au sud de l'île, parcourez un sentier de 3 km ou alors affrontez un voyage de 20 minutes en bateau depuis Caieira da Barra do Sul. Le paysage paradisiaque vaut pleinement l'effort. Les amateurs de randonnée trouveront d'autres sentiers sur la **praia da Solidão**.

"ZÉ PERRI" EST PASSÉ PAR LÀ
Les pêcheurs de la praia de Campeche aiment parler des visites hypothétiques de l'écrivain et aviateur français Antoine de Saint-Exupéry au début du XXe siècle. La principale voie d'accès à la plage porte le nom d'avenue Pequeno Príncipe (Petit Prince) en son hommage. Ils disent que l'aviateur, connu ici comme "Zé Perri", atterrissait sur la plage, faisant une escale lors de ses voyages entre Paris et Buenos Aires.

Mer, dunes et végétation: privilèges de la capitale de Santa Catarina

Lagune et Région Centrale

Lagoa da Conceição

La Lagune da Conceição est, tous les soir, lieu de rencontre des touristes et des habitants. Située au centre de l'île, c'est le passage obligé pour rejoindre les plages très fréquentées de Joaquina et Mole, et des embouteillages son fréquents en été. Autour de la lagune sont installés des dizaines de restaurants et de bars.

Centre

Florianópolis a indéniablement la vocation d'être une ville balnéaire, mais elle est loin d'offrir un complexe urbain, architectural et culturel à la hauteur. Pas très loin de la lagoa da Conceição ou de l'aéroport, le centre possède comme principale curiosité touristique la Ponte Hercílio Luz, illuminée toute la nuit. Avec ses 829 m de long, c'est l'un des plus grands ponts suspendus du monde. Il est toutefois fermé à la circulation. Destination classique, le **Mercado Público** (Marché Public) (*avenida Paulo Fontes*) est situé dans un bâtiment datant de 1898. Au Stand 32, se trouve un bar toujours rempli d'amateurs du copieux *pastel de camarão* (beignet aux crevettes), encore meilleur lorsqu'il est accompagné du *molho de pimenta* (sauce au piment) et de la *cachaça* (eau-de-vie de canne à sucre) de fabrication artisanale. Tout aussi intéressante est la visite de la **Casa da Alfândega** (Maison de la Douane) (*rua Conselheiro Mafra, 141, tél. 48/3028-8100/3028-8102. Lun. à ven., 9h/19h; sam., 8h/18h*). L'immeuble, construit en 1876, est devenu une galerie d'artisanat régional qui vend de la dentelle aux fuseaux et des figures des fêtes populaires de l'île, tel que le *boi-de-mamão* qui a lieu en été. Une balade dans le centre permet de connaître un peu l'architecture açorienne des petites maisons jumelles, construites à la chaux produite à partir des coquillages concassés mélangée à l'huile de baleine. La gare routière et tous les départs d'autobus pour les plages se trouvent au centre, ainsi que la plus grande partie des services. Les hôtels de la région peuvent être une bonne solution si vous ne voulez pas rester prisonnier d'une seule plage et prétendez louer une voiture pour vos déplacements.

EN BATEAU SUR LES ÎLES

ILHA DO CAMPECHE

Si l'île de Santa Catarina ne satisfait pas votre désir d'isolement, il est toujours possible de vous enfuir sur les petites îles des environs. Sur l'île du Campeche vous attendent une mer très bleue, une plage presque déserte et des sentiers menant à une caverne et aux 150 inscriptions rupestres qui ont fait de l'endroit un site classé patrimoine historique. Bien que Campeche se trouve en face de la plage du même nom, les meilleurs points de départ des bateaux sont **Armação** – voyage de 30 minutes – et **Barra da Lagoa** – à une heure de l'île.

ANHATOMIRIM ET RATONES

Différentes de l'île du Campeche, qui propose un voyage millénaire dans le temps, les îles de **Anhatomirim** et **Ratones** abritent des vestiges plus récents. Les forts construits par les Portugais pour protéger la colonie datent du XVIIᵉ siècle. Signalons qu'aucun coup de feu n'en est jamais parti. Une bonne partie des constructions fut restaurée par l'Université Fédérale de Santa Catarina et est ouverte aux visites pour les groupes qui arrivent en goélette depuis Canasvieiras et de l'embarcadère de la Beira-Mar Norte. Le **Forte de Santa Cruz do Anhatomirim** est un fort qui date de 1744. Il est le plus grand et le plus ancien de Florianópolis. Les mêmes bateaux passent par l'**ilha de Ratones Grandes**, où se trouve le fort de **Santo Antônio de Ratones**. Après avoir visité ce qui reste de la caserne et de la poudrière, explorez le sentier de forêt Atlantique. Cela vaut la balade.
Contacter: Scuna Sul, téls. (48) 225-1806/225-4425/9971-1806, au centre; (48) 266-1810/9982-1806 à Canasvieiras; (48) 232-4019 à Barra da Lagoa.

L'HÉRITAGE AÇORIEN

Entre 1748 et 1756, plus de 6 000 immigrés des Açores – fuyant la surpopulation de l'archipel et certains désastres naturels – arrivèrent sur l'île de Santa Catarina. Sur place, ils vécurent de la chasse à la baleine, de la pêche et de la plantation de manioc. Deux siècles et demi plus tard, les marques de ce passé résistent à travers le singulier accent local, et à Santo Antônio de Lisboa et Ribeirão da Ilha, premiers villages fondés par les immigrés, où il reste des constructions de style açorien datant de 1755.

BOMBINHAS

Les amants du monde sous-marin seront en extase devant les conditions de visibilité qu'offre la **Reserva Biológica Marinha do Arvoredo** qui fait de Bombinhas le meilleur site de plongée de la région Sud. Par mer calme, la visibilité peut atteindu une profondeur de 25 m. Entourée de belles plages, la ville a réservé une superficie de 3 hectars pour l'installation du **Parque Ambiental Família Schurmann**, parc environnemental appartenant à la famille Schurmann, célèbre pour avoir fait le tour du monde en voilier. En été, Bombinhas est prise d'assaut par les touristes et, en conséquence, tous les prix augmentent sensiblement.

LES PLAGES

Masque et tuba sont des équipements obligatoires pour la majeure partie des 29 plages de sable blanc; et en particulier pour les tranquilles **Bombas**, **Bombinhas** et **Zimbros**. La grande bande de sable de **Mariscal** et la crique de **Quatro Ilhas** ont une côte rectiligne et sont idéales pour le surf. Mariscal possède également l'agréable sentier de randonnée du morro do Macaco. Petite et isolée, **Tainha** vaut le voyage aventureux sur la route de terre.

UN PLUS

Interdit aux moins de 18 ans, le charmant **Ponta dos Ganchos Exclusive Resort** – situé à Governador Celso Ramos, ville voisine de Bombinhas – offre une ambiance romantique et intimiste. Baignoire d'hydromassage, sauna, cheminée dans les bungalows, femme de chambre pour ranger vos bagages et une hôtesse disponible 24/24h.

Plus d'informations à partir de la page 462.

Murène: richesse au fond de la mer

Plongée à Bombinhas: un spectacle multicolore

LA PLONGÉE

L'abondance naturelle de la Réserve Marine Biologique du Arvoredo est telle que l'Ibama (Institut Brésilien de l'Environnement et des Ressources Naturelles Renouvelables) a dû limiter le nombre de visiteurs. Les écoles de plongée du lieu monopolisent les excursions de groupes réduits pour le monde sous-marin des trois îles de la réserve: **Galé**, **Deserta** et **Arvoredo**. Les plongeurs non habilités sont acceptés mais devront se contenter du snorkel. Nous vous conseillons de prévoir un médicament contre le mal de mer car le voyage jusqu'à la réserve dure une heure en pleine mer.

Contacter: *Patadacobra, tél. (47) 369-2119; Submarine, tél. (47) 369-2223, 369-2473, 369-2827; Trek & Dive, tél. (47) 369-2137, 9973-0471.*

Balneário Camboriú

Lieu central de l'agitation adolescente du littoral de l'État de Santa Catarina, Balneário Camboriú a l'habitude de voir ses plages remplies en été. Le soir, l'effervescence se déplace vers les boîtes de nuit et les restaurants de Barra Sul. Pour les amateurs d'agitation, les meilleures options d'hébergement se situent sur l'avenida Atlântica (ou Beira-Mar) et sur l'avenida Brasil, parallèle à la première. Évitez les désagréments de la circulation en prenant un *bondindinho*, une sorte de bus qui circule 24/24h entre les deux avenues. Par contre, pour les amateurs de tranquillité, la seule solution est de vous rendre sur la **praia dos Amores** au sud, presque à la limite avec Itajaí, ou sur les plages du nord, comme la plage nudiste **do Pinho**. Ces deux plages sont accessibles par la route Interpraias.

Teleférico Unipraias

La principale attraction du parc populaire **Unipraias** est la balade en téléphérique. Il parcourt 3 250 m (aller-retour) et offre des vues spectaculaires du littoral. Il part de la **praia de Barra Sul** et s'arrête d'abord en haut du **morro da Aguda**. L'arrêt porte le nom de Mata Atlântica (Forêt Atlantique) à cause de la végétation qui recouvre les sentiers menant aux belvédères. Le lieu abrite également deux circuits d'accrobranche. Le terminus se trouve à la **praia de Laranjeiras**, lieu typique et particulièrement agréable en basse saison. Avec une eau calme et limpide, cette petite plage n'est pas envahie par la foule qui arrive parfois à bord du *bondindinho* ou par la route Interpraias.

Un Plus

Avec ses airs de *villa* italienne, **Pousada Felíssimo** est une auberge idéale pour les couples. Elle possède neuf chambres avec baignoire d'hydromassage et terrasse individuelle, bain *ofuro* extérieur et héliport. Elle se trouve sur la praia dos Amores et fait partie de l'Association Roteiros de Charme (Circuits de Charme).

Plus d'informations à partir de la page 462.

Téléphérique du Parque Unipraias: la meilleure vue

PENHA

Surtout connue pour abriter le parc d'attractions Beto Carrero World, la ville de Penha possède néanmoins d'autres attraits. Il s'agit d'un grand centre de production de crustacés avec de belles plages, comme la plage urbaine **Alegre** et les plages désertes **Vermelha** et **do Lucas**. Fierté locale, l'influence de l'immigration açorienne se reflète dans l'architecture et dans les coutumes de ses habitants.

BETO CARRERO WORLD

C'est le parc brésilien s'apparentant le plus au parc nord-américain Disneyworld, toutefois il en est encore loin en matière d'attractions, de technologie et d'infrastructure. Inauguré en 1991, cette entreprise géante attire 600 000 visiteurs par an et propose 85 attractions sur une superficie de 200 ha. Sur les sept espaces thématiques du parc, Mundo Animal et Aventura Radical sont les meilleurs. Ce dernier offre des activités riches en émotions: possibilité de descendre à plus de 120 km/h la Big Tower, une tour de 100 m de hauteur, ou de prendre le Tchibum et se laisser emporter par un torrent à près de 80 km/h. Les plus jeunes vont adorer les singes, les tigres et les vendeurs ambulants. Ils monteront dans le petit train qui va de la Terra da Magia à la maison de Beto Carrero, certains de rencontrer des dinosaures en chemin.

Plage de Penha: forte influence açorienne

Les spectacles hippiques sont fréquents, d'autant qu'ils sont la grande passion du créateur du parc, l'entrepreneur João Batista Sérgio Murad, ou Beto Carrero. Attention aux horaires des présentations: elles n'ont lieu qu'une fois par jour et incluent un spectacle son et lumière à la tombée du jour. *Rua Inácio Francisco de Souza, 1597, praia da Armação, tél. (47) 261-2000. Mars à juin, août et sept.: mar. à dim., 10h/18h; jan., fév., juil., oct. à déc.: tous les jours, 9h/19h.*

UN PLUS

🍴 Véritable cours d'histoire, le restaurant **Pirão d'Água** sert des plats inspirés de la culture des immigrés açoriens de Penha. La propriétaire Sarita Santos perpétue les traditions lusitaines en préparant de copieuses portions de fruits de mer. La particularité est l'absence de dessert mais l'explication est claire: selon Sarita, les premiers Portugais retournaient au travail juste après avoir mangé le plat principal. Mais pas de panique: la propriétaire propose toujours quelques pâtisseries pour réjouir le palais du client *(avenida São João, 954, tél. (47) 345-6742).*

BLUMENAU

La principale ville de colonisation allemande de Santa Catarina est devenue nationalement célèbre grâce à son Oktoberfest et à son industrie. Le centre de la ville concentre dans la zone de la rua Quinze de Novembro le commerce de vêtements, linge de maison, cristaux et produits pour la table et le bain. De plus, l'endroit est pittoresque, avec ses rues pavées et ses bâtiments à colombages. La ville ne s'enflamme pas seulement pour l'Oktoberfest: elle accueille également le Strassfest mit Stamtisch, une fête de rue qui a lieu en mars et en septembre.

OKTOBERFEST

Chaque année, pendant dix-sept jours au mois d'octobre, Blumenau devient la capitale nationale de la bière. C'est l'Oktoberfest, inspirée de la fête de Munich. Danse, musique, nouba et drague sont au menu, pour le plus grand plaisir des jeunes et des adolescents en particulier. Créée il y a vingt ans dans le but de recueillir des fonds après une inondation, l'Oktoberfest s'est énormément développée. Pendant la journée, le Bierwagen – voiture à bière – distribue gratuitement de la bière dans la rua Quinze de Novembro, accompagnée de saucisse allemande, la *Bratwurst*. Le soir, les réjouissances se poursuivent au pavillon de la Fondation Promotrice d'Expositions de Blumenau (Proeb) et à la Vila Germânica, une allée de stands de nourriture et de souvenirs.

UN PLUS

🍽 Arrêtez-vous en fin d'après-midi pour aller déguster le *café colonial* au **Cafehaus Glória**. Le café y est servi avec plus de 50 types de plats, certains savamment préparés et d'autres plus simples, comme le *pastelão de frango* (tourte farcie au poulet), la *torta de queijo* (tarte au fromage), le *pão de nozes* (pain aux noix) et le Apfelstrudel *(rua Sete de Setembro, 954, tél. (47) 322-6942)*.

Les colombages, inspirés de l'Europe, sont devenus la carte postale de la ville

São Francisco do Sul

La population de cette petite ville affirme qu'elle fut "découverte" par le Français Binot Palmier de Gonneville en 1504. Elle a même célébré ses 500 ans en janvier 2004, devançant les villes anciennes comme Salvador et Rio de Janeiro. Des historiens assurent que São Francisco do Sul fut créée en 1658. Ce qui reste indiscutable, ce sont les 150 bâtiments classés patrimoine historique et en cours de restauration. Allez flâner dans la rua Babitonga pour y découvrir les nombreuses maisons coloniales. Ne manquez pas de visiter l'**Igreja Matriz Nossa Senhora da Graça**, église dont la construction débuta en 1699 et ne s'acheva qu'au XIXe siècle. Éloignées du centre, les plages de **Enseada**, **Ubatuba** et **Prainha** offrent l'animation qui fait défaut au cœur de la ville, alors qu'**Itaguaçu** est plus tranquille. Les options d'hôtels et de restaurants ne sont pas assez nombreuses, en particulier lors du Carnaval de rue de la ville.

Museu Nacional do Mar
Composé d'un ensemble d'entrepôts, le Musée National de la Mer abrite une belle collection de maquettes et d'embarcations brésiliennes, ainsi qu'une salle consacrée au navigateur Amyr Klink. On trouve également des canots, des baleiniers, des jangadas et même des embarcations venant du Maranhão.
Rua Manoel Lourenço de Andrada, 133, tél. (47) 444-1868. Tous les jours, 10h/18h.

Un Plus
🍽 Un programme agréable consiste à sortir du centre historique pour aller connaître les meilleurs restaurants de fruits de mer de la région de São Francisco do Sul. Pour cela, il suffit de prendre le *ferry* jusqu'au village de pêcheurs de Glória. Rien que la traversée de 30 minutes au milieu de la nature de la splendide baie de Babitonga vaut déjà la promenade. Arrivé sur place, allez vérifier la bonne réputation du restaurant **Jacizinho Batista** *(estrada Geral do Estaleiro, tél. 47/492-1056).*

Museu Nacional do Mar: collection de maquettes et d'embarcations

SANTA CATARINA

GUARDA DO EMBAÚ

Fortes vagues à Guarda do Embaú: idéales pour le surf

À première vue, Guarda do Embaú n'est qu'un village de pêcheurs doté de belles plages sauvages avec de fortes vagues, à 68 km au sud de Florianópolis. Mais comme les surfeurs adorent les vagues et que les minettes adorent les surfeurs, la **praia da Guarda** possède la plus forte concentration de beaux jeunes garçons et jeunes filles par mètre carré de l'État. Les possibilités d'hébergement et de restauration sont si limitées que nombre de touristes louent des résidences d'été. Dans ce lieu d'une grande beauté naturelle se trouve également le **Parque Estadual da Serra do Tabuleiro** (Parc de l'État de la Serra do Tabuleiro) (*tél. 48/286-2624*).

Paradis du Surf

La plage de Guarda do Embaú possède une forte pente, idéale pour les surfeurs. Pour atteindre ses dunes de sable fin et blanc, il faut traverser le fleuve Madre en barque, à la nage ou en suivant un sentier. Mais attention: la pratique du sport est interdite entre avril et juillet, époque de pêche du mulet, principal gagne-pain des gens du coin. Il existe cinq autres plages, qui font aussi bien le bonheur des nudistes que des adeptes de mer sans vagues.

Un Plus

L'**ilha do Papagaio**, où se trouve l'auberge du même nom, est réservée à peu de personnes. Seuls les clients peuvent débarquer sur cette île verte de la ville de Palhoça et jouir de ses 20 chalets, tous avec vue sur la mer. Le raffinement apparaît dans les détails: dans chaque chambre, une petite bouteille de mousseux, du chocolat et de l'encens vous attendent. Les fruits de mer du restaurant proviennent de la fazenda marine de la famille Sehn, elle-même propriétaire de l'auberge. Elle vit sur l'île et c'est elle qui reçoit les clients. Possibilité de pratiquer le ski nautique, la voile et la plongée.

Plus d'informations à partir de la page 462.

Le village au bord de la plage s'est développé avec les Açoriens venus chasser la baleine

Garopaba

Découverte par des surfeurs et des hippies de l'État voisin du Rio Grande do Sul dans les années 1970, Garopaba conserve le charme de village en bord de mer tout en offrant une bonne infrastructure de services. Les surfeurs sont les visiteurs les plus nombreux. Les huit plages de Garopaba sont entourées de collines, à l'exception de Ferrugem. Cela signifie que les hôtels offrant une belle vue sur la plage se trouvent sur les collines, donc loin de la mer.

Les Plages

Siriú et **Gamboa** sont les plus éloignées et les plus rustiques. Au centre de la ville, la petite **praia de Garopaba** est parfaite pour les familles. Les surfeurs aiment la plage **Silveira** et les jeunes en général se rendent à **Ferrugem**. La nuit y commence à une heure du matin et se termine très tard. Ferrugem possède des auberges pas chères, une jolie plage mais l'eau y est glacée.

Baleines Franches Envue

Chaque année, entre juillet et novembre, le sud de Santa Catarina se transforme en un aquarium à ciel ouvert pour l'observation des baleines franches. Elles viennent de l'Antarctique pour se reproduire et allaiter leurs nouveau-nés. Chassée jusqu'en 1973, l'espèce a bénéficié de la création de 140 km de zone de protection en 2000. Il est possible de les apercevoir depuis la côte de Garopaba et la praia do Rosa, mais la balade en bateau est riche en émotions. Des biologistes accompagnent les visiteurs, leur expliquent le quotidien des baleines et garantissent la sécurité de l'excursion.

Instituto Baleia-Franca, tél. (48) 355-6111.

SANTA CATARINA

Praia do Rosa

Coup de foudre immédiat pour cette petite plage de 2 km seulement, entourée de collines verdâtres, de lagunes et par la mer. Elle est considérée comme l'une des plus belles du Brésil. Plus connu sous le nom de O Rosa, le lieu appartient à la commune d'Imbituba. Situé à 18 km de Garopaba, il s'en différencie par la présence d'une infrastructure gastronomique et d'hébergement plus sophistiquée, ainsi que par la préservation de son aspect rustique: il ne possède pas de trottoir au bord de la plage, elle-même toute simple. Les habitués les plus assidus sont les jeunes, en particulier des surfeurs de l'État du Rio Grande do Sul; cela explique le fait d'entendre l'accent *gaúcho* un peu partout. Les Argentins sont aussi nombreux et certains y louent des résidences. Lorsqu'il pleut, redoublez d'attention sur la route. En plus, Garopaba ne possède pas de pancartes indiquant les chemins vers les plages. L'idéal est de garer sa voiture et de se déplacer à pied, même si cela implique un peu d'exercice et plusieurs montées et descentes sur les sentiers menant aux plages. Selon votre destination, il faudra peut-être traverser une lagune en bateau. Par voie terrestre, les chemins les plus faciles se trouvent du côté de la Pousada Fazenda Verde do Rosa (ferme-auberge) et aux extrémités des plages. Bien que Garopaba ne soit pas aussi populaire que Ferrugem, sa plage est bondée en été.

Un Plus

Dormir au Rosa c'est profiter à la fois d'une vue superbe et d'un accès facile à la plage – ce qui est rare. Appartenant au circuit Roteiros de Charme (Circuit de Charme), la **Pousada Quinta do Bucanero** fait partie du premier groupe. Ses chambres sont de véritables belvédères. De plus, un sentier vous conduit au bord de la lagune, que vous devrez traverser en bateau pour atteindre la plage.

Plus d'informations à partir de la page 462.

La praia do Rosa à Imbituba offre à la fois beauté, simplicité et charme

Centre historique de Laguna: 600 demeures classées

Laguna

Située à 121 km au sud de Florianópolis, Laguna fut fondée en 1676. Elle est la deuxième ville la plus ancienne de l'État. Toutefois, les milliers de touristes qui la visitent chaque année paraissent manifester plus d'intérêt pour ses plages que pour son riche patrimoine historique. Éloignée de l'agitation excessive des plages urbaines – particulièrement bondées pendant le Carnaval de rue – la Prainha accueille les surfeurs avec en toile de fond le phare de Santa Marta, de 1891.

Histoire Préservée

L'histoire de Laguna apparaît à travers les 600 demeures classées par le Patrimoine Historique. À noter en particulier le **Museu Anita Garibaldi**, musée installé dans une construction de 1747 où fut proclamée la "République Julienne". La populaire **Casa da Anita** (Maison d'Anita) ne possède pas de collection. Venez en juillet pour assister au spectacle en plein air, avec 300 acteurs, qui simule la prise de la ville par le révolutionnaire Giuseppe Garibaldi.

À La Lumière D'Anita Garibaldi

Ceux qui se rendent à Laguna entendront forcément le nom d'Anita Garibaldi. Fille la plus célèbre de Laguna, Ana Maria de Jesus Ribeiro est née en 1821. À l'âge de 14 ans elle se marie avec un cordonnier; à 18 ans, elle rencontre le révolutionnaire italien Giuseppe Garibaldi et en tombe amoureuse. Elle se joint à lui et à plusieurs fermiers du sud mécontents du régime impérial. Ils ont été à la tête de la révolte connue sous le nom de Revolução Farroupilha, qui eut lieu entre 1835 et 1845. De prises en pertes de villes, les révolutionnaires visaient l'accès à la mer. Laguna, possédant un port stratégique pour les rebelles, devint ainsi la base de la República Juliana: l'État de Santa Catarina était incorporé à la révolution. Une conquête qui ne dura que quatre mois.

DESTINATION
Porto Alegre

Des films comme *O quatrilho* ont attiré de nombreux touristes désireux de connaître les superbes paysages de la région montagneuse de la *serra gaúcha*. Que ce soit à Gramado, la charmante, ou à Porto Alegre, l'urbaine, le climat froid et la forte colonisation européenne donnent une atmosphère unique à l'État du Rio Grande do Sul. Vêtus du pantalon bouffant traditionnel, la *bombacha*, et la calebasse de maté, la *cuia de chimarrão*, à la main, ses habitants, les *Gaúchos*, maintiennent orgueilleusement leurs traditions. À Porto Alegre, la capitale, plusieurs centres culturels accueillent de grands événements littéraires et artistiques.

POINTS FORTS DE LA DESTINATION

Porto Alegre
  Circuit Culturel
  Missões (500 km)

Gramado (120 km)
  Canyons du Sud (190 km)

Canela (133 km)

Bento Gonçalves (128 km)

Garibaldi (112 km)

Distances à partir de Porto Alegre

RIO GRANDE DO SUL

PORTO ALEGRE

CIRCUIT CULTUREL

Porto Alegre a fait la une des journaux internationaux en accueillant des événements tels que le Forum Social Mondial et la Biennale du Mercosur. La tradition culturelle de la ville est ancienne, et elle possède nombre de musées et de centres culturels proposant une programmation fournie. La ville organise la plus grande foire aux livres d'Amérique latine – entre octobre et novembre – et elle est la capitale brésilienne ayant le plus grand nombre de lecteurs et de spectateurs de cinéma par habitant. La vie nocturne se concentre dans les quartiers **Moinho de Ventos** et **Cidade Baixa**, dans la **rua República** et au **Centro Nova Olaria**, avec leurs cinémas et leurs cafés.

❶ MEMORIAL DO RIO GRANDE DO SUL

Le Mémorial du Rio Grande do Sul est situé dans un ancien bâtiment des Postes et Télégraphes de 1913. Il possède une bonne partie de la documentation historique de l'État et des panneaux avec des photos de *Gaúchos* célèbres, à l'exemple du compositeur Lupicínio Rodrigues, de la chanteuse Elis Regina et de l'écrivain Érico Veríssimo.
R. Sete de Setembro, 1020, tél. (51) 3224-7210. Mar. à dim., 10h/18h.

❷ MARGS

Le Musée d'Arts du Rio Grande do Sul Ado Malagoli (Margs) fait partie de l'ensemble de bâtiments du début du XXe siècle récemment restaurés au centre ville. Il abrite la plus grande collection d'arts plastiques de l'État, avec des œuvres de Lasar Segall, Di Calvacanti et Cândido Portinari. Il possède un bar, un café et une boutique d'objets de décoration, de livres et de vêtements.
Praça da Alfândega, tél. (51) 3227-2311. Mar. à dim., 10h/19h.

❸ MERCADO PÚBLICO

Installé dans un bâtiment datant de 1869, le Marché Public offre une grande variété de produits, des poissons

aux *cuias de chimarrão*, les calebasses pour le maté. On y trouve aussi des bars, des restaurants et plusieurs *floras*, les boutiques vendant des produits de religions afro-brésiliennes.
Largo Glênio Peres. Lun. à sam., 7h30/19h30.

❹ SANTANDER CULTURAL
De 1932 à 2000, ce bâtiment néoclassique était le siège d'une banque. Aujourd'hui c'est un centre culturel offrant une programmation variée et de qualité ainsi qu'un riche musée numismatique. Le centre compte également un restaurant, une boutique de design et un café dans l'ancienne salle des coffres.
Rua Sete de Setembro, 1028, tél. (51) 3287-5500. Lun., 12h/20h; mar. à sam., 10h/20h; dim., 10h/18h.

❺ MUSEU DE CIÊNCIAS E TECNOLOGIA
Le Musée des Sciences et de Technologie de l'Université Catholique Pontificale du Rio Grande do Sul (PUC-RS) offre un programme intéressant et mérite un détour. 750 expériences interactives vous attendent, avec l'orientation de moniteurs dans tous les domaines. *Avenida Ipiranga, 6681, campus da Pontifícia Universidade Católica do Rio Grande do Sul, tél. (51) 3320-3521. Mar. à dim., 9h/17h.*

❻ CASA DE CULTURA MÁRIO QUINTANA
Le poète *gaúcho* Mário Quintana occupa pendant plusieurs années une chambre de l'ancien hôtel Majestic. Aujourd'hui le lieu est un centre culturel animé. Le café au dernier étage offre une très belle vue sur le fleuve Guaíba.
Rua dos Andradas, 736, tél. (51) 3221-7147. Mar. à ven., 9h/21h; sam., dim. et jours fériés, 12h/21h.

❼ USINA DO GASÔMETRO
Construite en 1928, l'usine thermoélectrique a été convertie en centre culturel en 1989. Grâce à sa localisation privilégiée au bord du fleuve, c'est l'un des meilleurs endroits pour admirer le coucher de soleil et c'est également le point de départ des excursions en bateau sur le fleuve Guaíba.
Avenida Presidente João Goulart, 551, tél. (51) 3212-5979. Mar. à dim., 9h/21h.

Porto Alegre vue du fleuve Guaíba: capitale bénéficiant d'une importante programmation culturelle

Les Missions

À 500 km de Porto Alegre (par la route BR-386 jusqu'à Carazinho puis par la BR-285), la regiāo das Missões (région des Missions) conserve les ruines d'une partie importante de l'histoire de la colonisation des Amériques. C'est là que s'installèrent aux XVIIe et XVIIIe siècles les prêtres de la Compagnie de Jésus, avec l'autorisation des rois d'Espagne et du Portugal, pour convertir les Indiens Guaranis au christianisme. Au milieu du XVIIIe siècle (l'époque la plus active), la population indigène s'élevait à des centaines de milliers de personnes. Il s'agissait de véritables villes de missionnaires jésuites. En 1768, l'ordre religieux fut expulsé du Brésil par le marquis de Pombal et les missions commencèrent à tomber en décadence.

Presque 250 ans plus tard, il ne reste à la frontière brésilienne que les ruines de quatre des sept villes jésuites (au Paraguay il y en a huit, et quinze en Argentine). **São Nicolau, São Lourenço Mártir, São João Batista** et **São Miguel Arcanjo** méritent um détour. La plus importante et la mieux conservée est São Miguel Arcanjo, qui se trouve à **São Miguel das Missões** – à 485 km à l'ouest de la capitale. Reconnue patrimoine historique mondial par l'Unesco, elle abrite les ruines de l'ancienne église, construite en 1745, ainsi que le Museu das Missões. Ce musée, projeté par Lúcio Costa, contient la plus grande collection nationale de pièces missionnaires. Chaque soir, les ruines sont illuminées pendant qu'un spectacle son et lumières de 50 minutes raconte l'histoire des Missions.

Une manière différente de connaître toute la région est de parcourir le **Caminho das Missões** (www.caminhodasmissoes.com.br). Il s'agit d'une marche inspirée du fameux parcours de Saint-Jacques-de-Compostelle en Espagne. Le circuit dure 7 jours, part de la ville de Santo Ângelo et traverse cinq villes en empruntant des anciennes routes indigènes. Les voyageurs sont logés chez l'habitant ou dans des auberges et peuvent visiter toutes les ruines missionnaires de la région.

Dans le centre touristique de Gramado prédomine l'architecture européenne

Gramado

Capitale touristique de la région montagneuse *gaúcha*, Gramado fut colonisée par les Allemands. Elle est située à 131 km au nord de Porto Alegre, accessible par la route BR-116. Destination nationale classique pendant les vacances d'hiver, lorsque la température peut descendre au-dessous de zéro, elle remplit aussi ses dizaines d'hôtels pendant la première quinzaine d'août, à l'occasion du principal festival de cinéma du Brésil. L'architecture bavaroise et les chalets suisses sont prédominants, de même que les fabriques de chocolat et de meubles coloniaux, les restaurants servant des truites et des fondues. Au bout de l'avenida das Hortênsias, le belvédère offre une jolie vue sur la vallée **do Quilombo**.

Temple Bouddhiste

Une curiosité inattendue mais très visitée en pleine région montagneuse est le Chagdud Khadro Ling, le seul temple tibétain bouddhiste d'Amérique latine, situé à Três Coroas, à 20 km de Gramado. Des disciples orientent la visite et expliquent la riche décoration de son intérieur, composée d'autels décorés, de délicates sculptures et de peintures

Le Café de Nova Petrópolis

Le meilleur *café colonial* (café accompagné d'un assortiment de plats sucrés et salés) du pays se trouve à Nova Petrópolis, à 34 km de Gramado par la route RS-235. Ce repas copieux fut créé par les immigrés allemands qui arrivèrent dans la région au XI-Xe siècle. Les cultivateurs habitaient si loin les uns des autres que toute rencontre était l'occasion d'une fête, où les hôtes servaient leurs meilleurs plats. Dans les années 1950, Maria Hertel – propriétaire d'un hôtel à Nova Petrópolis – commença à servir le *café colonial* à ses clients. Les restaurants perpétuèrent ensuite la tradition, à l'exemple du **Opa's Kaffehaus** *(rua João Leão, 96, tél. 54/281-1273)* qui sert à la demande pas moins de 45 sortes de gâteaux, pains, charcuteries et confitures typiquement allemandes. Par contre, le **Colina Verde** propose aussi des spécialités italiennes, et *gaúchas (BR-116, km 185,5, tél. 54/281-1388, mar. à dim., 11h30/15h).*

Le lac Negro fut construit en 1953 dans le but de reproduire des paysages de la Forêt Noire allemande

murales racontant la vie de Bouddha volontairement pour l'entretien du lieu, qui ne fait pas payer d'entrée. Autour du temple se trouvent quelques logements, des stûpas (grands reliquaires) et des statues, le tout dans un environnement très silencieux.

RS-15, sens Gramado-Taquara, tél. (51) 546-8200. Mer. à dim., 9h/12h, 13h/17h, sauf en cas de jours fériés bouddhistes (téléphoner avant pour confirmer).

DIVERSION POUR LES ENFANTS

Agréables non seulement pour les adultes, mais tout particulièrement pour les enfants, les parcs et les lacs de Gramado vous séduiront. Le **lago Negro** est un lac qui possède des pédalos et un sentier qui en fait le tour. Avec une belle vue sur la vallée do Quilombo, le **Parque Knorr** cessa d'être la maison de l'homme d'affaires Oscar Knorr – construite pendant les années 1940 – pour devenir l'**Aldeia do Papai Noel** (*Village du Père Noël,*

tél. 54/286-7332, lun. à ven, 13h30/21h; sam. et dim., 10h30/21h en basse saison et 10h30/22h en haute saison). On y trouve l'usine de fabrication de cadeaux, une crèche et un musée de jouets anciens, qui fonctionnent toute l'année.

Un autre parc thématique est le **Minimundo** (*rua Horácio Cardoso, 291, tél. (54) 286-4055, tous les jours, 13h/17h*). Ce "Mini monde" possède des répliques en miniature de monuments connus.

UN PLUS

🍽 Le restaurant Chez Pierre se cache dans la cave d'une boutique de céramique et il est le premier à avoir servi la fondue à Gramado. Mais si vous souhaitez faire plus que de tremper des morceaux de pain dans du fromage fondu, essayez la pierrade avec ses grillades de viande sur la pierre chaude. Pendant la haute saison, une petite piste de danse est installée pour permettre aux couples de danser au son du jazz et de la musique française (*avenida Borges de Medeiros, 3022, tél. 54/286-2057*).

Canyons du Sud

Les canyons brésiliens les plus impressionnants, avec des dénivelés moyens de 800 m, se trouvent à 190 km au nord de Porto Alegre par la route RS-020, dans les parcs nationaux d'**Aparados da Serra** et **da Serra Geral**. Rien que les randonnés parmi les araucarias, les rivières et les chutes d'eau valent déjà le détour. Malheureusement, les villes les plus proches, **Cambará do Sul**, dans Rio Grande do Sul et **Praia Grande**, dans le Santa Catarina ne disposent pas d'une infrastructure de qualité. Les conditions de visibilité des canyons sont meilleures en hiver, lorsque disparaît le brouillard. Les points de départ idéaux sont **Gramado** et **Canela**, à environ 115 km.

Aparados da Serra

Le point fort du site est **Itaimbezinho**, un canyon de 720 m de profondeur et de 5,8 km de longueur. Le **Parque Nacional de Aparados da Serra** dispose d'un centre pour les visiteurs, d'un service de guides et de trois sentiers signalisés: celui du Vértice (45 min), du Cotovelo (2h30) et du Rio do Boi (7 h; seulement sur autorisation de l'Institut Brésilien de l'Environnement et des Ressources Naturelles Renouvelables – Ibama). *RS-429, à 18 km de Cambará. Mer. à dim., 9h/17h.*

Serra Geral

Le **Parque Nacional da Serra Geral** est la continuation d'Aparados da Serra. Il est recommandé d'utiliser un guide, car il n'y a ni infrastructure ni sentiers signalisés. Après une heure de randonnée, le canyon **Fortaleza** s'étend sur 7,5 km. D'autres vues superbes apparaissent sur le sentier de la **Pedra do Segredo**, qui passe par la chute d'eau du **Tigre Preto**, et sur le sentier du **Cânion Malacara**.
RS-429, à 22 km de Cambará. Tous les jours, 8h/18h.
Contacter: Atitude Ecologia & Turismo, tél. (54) 282-6305/9949-2495/9969-8220; Vida Livre Turismo, tél. (54) 282-1518.

Du canyon Monte Negro à São José dos Ausentes (50 km de Cambará do Sul), on peut apercevoir la mer

Pour se Perdre Dans Les Montagnes du Sud

Oubliez la ligne droite. De la plage à la *serra* (montagne), le chemin le plus court entre deux points est plein de virages; c'est du moins le cas sur ce tronçon de la côte brésilienne où le plateau des Campos Gerais tombe sur la plaine littorale comme un rideau de basalte, déchiré par des canyons et rapiécée par des routes qui, des siècles avant le théodolite, furent tracées dans le précipice par les sabots des mulets. En suivant le chemin des troupeaux, en seul trait d'une centaine de kilomètres, il est possible de réunir, en une même journée d'été, le bain du matin dans la mer et le soir au coin de la cheminée, le poisson du déjeuner et la polenta du dîner, la mode changeante de la station balnéaire et le modèle tenace du paysan qui utilise encore la *bombacha*, le pantalon flottant, le chapeau et le foulard autour du cou pour aller travailler, comme s'il était prêt à jouer un rôle de *gaúcho* à la télévision.

C'est une escalade d'une centaine de kilomètres, mille et quelques mètres de dénivelée par trois des routes qui grimpent la serra do Mar, dans un style qui se fait de plus en plus rare dans le reste du Brésil. Peu importe si à Santa Catarina le touriste a choisi la route du Rio do Rastro qui, avec son revêtement lisse et son éclairage nocturne fait penser à une route alpine; s'il a préféré la variante du Corvo Branco, encore plus semblable à un décor de cinéma, défiant sur ses tronçons de terre la bravoure des voitures; ou s'il est entré dans le Rio Grande do Sul par le chemin du Faxinal, qui en période de pluies se transforme en une piste d'épreuves pour véhicules tout terrain.

Sur toutes ces routes il suivra un cours accéléré de courtoisie au volant, qui ressemble à un examen de passage pour les conventions d'étiquette qui l'attendent au sommet. Ici, quand un camion s'engage dans un virage serré, les autres voitures reculent pour faciliter la manœuvre. Les dépassements sont l'objet de révérences presque diplomatiques. Et tout accotement plus large est une invitation tacite à se garer sur un belvédère où, souvent, les sens perçoivent à la fois le son d'une chute d'eau proche et la vue de la mer au loin.

Rien que cela suffirait et pourtant ce n'est qu'un début. Dans cette région, le plateau a gardé au bord de ses canyons le paysage que le naturaliste du XIXe siècle, Auguste de Saint-Hilaire, a qualifié d'échantillon du paradis terrestre. Ce qu'il avait alors devant les yeux était une forêt d'*araucarias*, une essence si noble qu'elle est le couronnement d'une relique mûrie au cours de 250 millions d'années. L'*araucaria* vit entouré de prairies en fleurs et de malentendus. Né à l'époque où les dinosaures foulaient encore le sol la planète, il a résisté aux changements climatiques et aux convulsions géologiques pour succomber aux dents des scieries, qui du jour au lendemain transformèrent au XXe siècle les états du Sud en voraces exportateurs de bois. Il a failli ne pas résister à la fièvre des scieries. Attaqué, l'araucaria a changé d'apparence et de compagnie. Il a cessé de former de vastes forêts pour s'isoler sur les bords de clôture et les fonds de pâturages. Il s'intègre si bien dans le décor qu'il donne l'impression d'avoir toujours eu cette apparence. Il s'agit d'une espèce purement brésilienne mais, comme il aime le froid et qu'il est associé sur les cartes postales aux hivers enneigés, il contribue à alimenter l'idée reçue selon laquelle tout ce territoire serait une greffe très pure de l'Europe sur les pentes de la serra gaúcha.

Les touristes qui viennent là à la recherche de cette carte postale ne savent pas ce que les agences de voyages leur cachent. Nous n'avons rien contre le Natal-Luz (Noël-Lumière) de Gramado, la Frühlingfest de Nova Petrópolis, le Mangiare di Polenta de Flores da Cunha, la Krönenthalfest de Vale Real, les fraises de Bom Princípio, les caves de la route des vignobles de Bento Gonçalves, le Ritorne Alle Origini d'Urussanga, les messes dominicales en allemand de São Vendelino, tous les quinze jours, et tout ce que les colonisations allemande, italienne, polonaise et ukrainienne ont apporté pour créer autour d'elles, avec beaucoup de sueur et aussi de joie, l'une des plus belles destinations touristiques du pays. Mais il est bon de rappeler que la région est aussi un lieu très recommandable pour celui qui cherche à étancher sa *saudade* du Brésil.

C'est un Brésil que l'on ne rencontre pas toujours en dehors de là. Un Brésil organisé, cordial et typique, un "pays éminemment agricole", comme il figurait encore dans les livres scolaires d'il n'y a pas si longtemps. Dans ce Brésil, des communes entières se confondent avec des parcs nationaux et les pâturages naturels, foulés par le bétail depuis le XVIe siècle, fleurissent encore. Et leurs noms rustiques sont toujours là pour attester leur origine rurale. À São José dos Ausentes, la principale curiosité touristique s'appelle Cachoeirão dos Rodrigues. Dans ces coins, la carte routière peut rester dans la boîte à gants, car se perdre est le meilleur chemin pour arriver, par les chemins vicinaux qui n'ont ni pancarte ni nom, à des vallées laborieusement cultivées, des collines couvertes d'un manteau de forêt, des moulins à eau, des rivières propres, un bétail dans les pâturages, des poules en liberté et des maisons aux fenêtres grandes ouvertes. S'égarer ici n'offre aucun risque. Les lieux se ressemblent presque toujours. Et cela a beaucoup d'importance à une époque où la plus petite déviation routière, dans d'autres États, mène à des rencontres accidentelles avec des ravins et des favelas.

Il y a moins d'hôtels sur ce côté de la montagne que d'auberges, qui fonctionnent généralement dans les fazendas. Certaines sont historiques. Toutes sont productives. Elles sont habituellement décorées avec les meubles de la famille et leurs granges regorgent d'outils agricoles que tout décorateur aimerait accrocher dans son salon. Les oreillers exhalent l'odeur du linge séché au soleil. En dormant dans la maison principale, pratique coutumière, le client va se réveiller au petit matin avec l'odeur du pain qui cuit dans la cuisine. Le bonjour de l'hôte vient avec la *cuia de chimarrão* dans la main tendue. Sur la table collective, qui se niche en général près du feu, les plats sont faits avec des recettes immuables et des produits maison, mais avec l'assaisonnement de la fumée qui sort du fourneau à bois et un goût qui sensibilise aussi bien le palais que la mémoire. La nourriture ne pourrait pas être plus brésilienne. Si brésilienne qu'elle rejoint la définition universelle donnée par le Milanais Gianni Brera à propos de la cuisine traditionnelle des montagnards au nord de l'Italie : "De pauvres choses, préparées avec une civilité qui se rapproche du raffinement". Cela semble simple, mais essayez seulement de retrouver la même chose, ni plus ni moins, en vous baladant dans d'autres coins du Brésil.

Marcos Sá Corrêa,
journaliste et photographe

Canela

Il y a dix ans, Canela vivait dans l'ombre de sa voisine Gramado, à 8 km de distance. Mais un projet d'exploitation de ses beautés naturelles a changé le scénario. La ville s'est détachée de son image de destination hivernale et a ouvert un service d'informations spécifique pour les touristes écologiques désireux de connaître ses sentiers, ses parcs et ses canyons. Canela ne surpasse pas encore sa voisine en termes de gastronomie et d'hôtellerie, mais elle offre plusieura attractions.

Les Parcs Aux Alentours

Sur les six parcs de Canela, le principal est le **Parque Estadual do Caracol** *(estrada do Caracol, tél. 54/272-3035. lun. à ven., 8h30/18h; sam. et dim., 8h30/18h30)*. Il attire 350 000 visiteurs par an. Sa réserve forestière s'étend sur 100 hectares, avec des sentiers, un petit train pour les enfants et la célèbre cascade do Caracol. Haute de 131 m, elle est accessible par un escalier de 927 marches – vérifiez que son accès n'est pas interdit avant de commencer la descente au belvédère. En haut de la tour, dotée d'un ascenseur panoramique, la vue est aussi très belle. À côté, le **Parque Floresta Encantada** *(estrada do Caracol, tél. 54/504-1405. Tous les jours, 9h/17h)* possède deux points d'observation de la chute d'eau, ainsi qu'un téléphérique sur 415 m. Quant au **Parque da Ferradura** *(estrada do Caracol, informations à l'Hotel Laje de Pedra, tél. 54/278-9000. Tous les jours, 8h30/18h)*, il offre deux paysages différents. Le premier est celui du lit du rio Caí (en fer à cheval), vu en haut du canyon – haut de 420 m – de cette réserve privée. Le

Cascade de Caracol: carte postale de Canela

Un Plus

La qualité de l'auberge **Quinta dos Marques** compense son éloignement du centre de Canela. Les chambres agréablement décorées se trouvent au milieu d'un terrain d'un hectare. L'une des meilleures chambres possède. Dans l'aire de loisir se trouve une cabane pour le bain *ofuro* et des séances de massage.

Plus d'informations á partir de la page 462.

RIO GRANDE DO SUL

AVENTURE MOUILLÉE

Divers sports peuvent être pratiqués en plein air à Canela: randonné (pédestre, équestre or VTT), balade à cheval, rappel, tyrolienne et rafting sur le rio Paranhana. Deux fois par jour, un raft emmène 6 personnes pour une descente de deux heures et demie – ou 4 km – jusqu'à Três Coroas. Étant donné que la rivière est tranquille, les enfants à partir de sept ans sant admis. Il est bon de porter des vêtements et des chaussures imperméables. L'agence JM *Rafting & Expedições* (tél. 54/282-1255/1542) organise des descentes de rivières. La pratique d'autres sports peut être programmée à Central de Aventuras au centre, ou à Atitude Ecologia & Turismo (tél. 54/282-6305).

ROYAUME DES ENFANTS

Il est vrai que la neige pourrait apparaître un peu plus fréquemment, mais le tour en luge fait néanmoins le bonheur des plus jeunes. À l'**Alpen Park** (*estrada de São João, 901, tél. 54/282 9752. Mar. a dim, 9h/18h*), un chariot sur rail descend, sur 1 km, une montagne avec des virages serrés, à une vitesse pouvant atteindre 40 km/h. Un autre programme attrayant pour les enfants est le **Mundo a Vapor** (Monde à Vapeur), qui expose des miniatures de trains, et d'usines, fonctionnant à la vapeur (*route Gramado-Canela, tél. 54/282-1125. Tous les jours, 9h15/17h; en février, fermé le mercredi*).

UN PLUS

La **Pousada Cravo e Canela** est une option plus centrale mais cependant charmante. L'auberge se trouve dans la vieille demeure de style colonial d'Ildo Meneghetti, ancien gouverneur de l'État du Rio Grande do Sul. Chaque chambre est décorée d'une manière différente, et le propriétaire est très souple quant à l'horaire du petit déjeuner, servi jusqu'à midi.

Plus d'informations á partir de la page 462.

Des *Gaúchos* vêtus du costume typique buvant le *chimarrão*: scène courante au Rio Grande do Sul

BENTO GONÇALVES

Implantée par les immigrés italiens qui arrivèrent au Rio Grande do Sul vers 1875, la culture de la viticulture et la viniculture ont fait de Bento Gonçalves et sa région (à 128 km de Porto Alegre par la route BR-116, RS-122 et RS-470) la capitale nationale du raisin et des vins fins. La ville compte aujourd'hui un centre de recherche œnologique, une école nationale et une association de producteurs délivrant des certificats de qualité à leurs vins. Une grande partie des exploitations vinicoles possède une infrastructure pour la visite.

La Route des Vins

Toutes proportions gardées, le voyage en voiture sur la RS-444 dans la vallée des Vinhedos (Vignobles) évoque le paysage magique de la Toscane. C'est surtout vrai entre janvier et mars, à l'époque de la cueillette. Une vingtaine d'exploitations vinicoles disséminées dans les montagnes sont ouvertes à la visite. Il vous faut absolument découvrir la **Miolo** *(tél. 0800-541-4165)*, l'une des plus grandes du Brésil, et la **Casa Valduga** *(tél. 54/453-1154)*, qui offre des cours de dégustation à ceux qui logent dans l'auberge annexe. Dans le périmètre urbain de Bento Gonçalves se trouve la **Cooperativa Aurora** *(tél. 54/455-2000)*, qui réunit 1300 viticulteurs produisant 450 000 hectolitres par an.

Chemins de Pierre

La route des Chemins de Pierre est un parcours de 7 km qui passe par de belles maisons en pierre et bois de la fin du XIXe siècle. Plusieurs d'entre elles ouvrent leurs portes pour vendre du fromage de brebis, des châles, des vêtements en laine artisanale, des pâtés maison, de l'*erva-mate* (le maté le *chimarrão*) et du vin. Le tour se fait en car avec Giordani Turismo *(tél. 54/452-6042)*. Des guides peuvent vous accompagner dans votre voiture : adressez-vous à Valleverde Turismo *(tél. 54/459-1813)*.

Les immigrés italiens ont fait de la serra gaúcha la plus grande région vinicole du Brésil

Garibaldi

Garibaldi perpétue les traditions italiennes dans son architecture, sa table et ses vignes

Les exploitations vinicoles de Garibaldi, à 16 km. de Bento Gonçalves, sont spécialisées en vins champagnisés (*espumantes*). Le circuit historique de la ville révèle la présence des immigrés européens à l'origine de cette tradition. La culture locale est également représentée dans la promenade d'une heure et demie en train à vapeur (*maria-fumaça*) entre Garibaldi, Carlos Barbosa et Bento Gonçalves *(tél. 54/455-2788)*. Le centre de la ville abrite plusieurs bâtiments bien conservés du début du XXe siècle, avec une influence de l'architecture italienne et des styles néoclassique et néogothique. La plupart d'entre eux se trouve dans la rua Buarque de Macedo.

Route des Espumantes

Garibaldi est responsable pour plus de la moitié du volume de vins champagnisés produits au Brésil. Pour les déguster et connaître le processus de fabrication, il suffit d'accompagner les guides œnologues sur la route des vins de Garibaldi. L'exploitation **Georges Aubert** *(tél. 54/462-1155)* a un petit musée et des guides capables de sabrer les bouteilles. Quant à **Chandon** *(tél. 54/462-2499)*, la plus sollicitée, elle ne reçoit pas de groupes – seulement des particuliers – et ne vend ses bouteilles que par caisses de six.

Route du Terroir

Diverses fazendas aux environs de Garibaldi servent aux visiteurs des repas maison typiques, dans le cadre d'un circuit appelé Estrada do Sabor (Route du Terroir). Elles proposent également pique-niques, sentiers de randonnées dans les vallées, promenades dans les grottes et les vignes, ainsi que dégustation de vins, liqueurs, charcuteries et pains. Informations auprès *Centro de Informações Turísticas, tél. (54) 464-0796 et 462-2697.*

Hôtels, Restaurants et Services

Les informations contenues dans les pages qui suivent ont été organisées conformément à l'ordre de présentation des régions dans le Guide (Sud-Est, Nord-Est, Nord, Centre-Ouest et Sud). Pour faciliter la recherche, ces pages reprennent les couleurs attribuées à chaque région tout au long de l'ouvrage. Dans chaque région, les villes sont présentées par ordre alphabétique.

Les prix des restaurants ont été calculés à partir de la valeur du plat le plus demandé plus 10% à titre de service. Les prix des hôtels représentent le prix d'une nuitée pour un couple.

Les adresses, téléphones, horaires et prix ont été fournis par les établissements et vérifiés par notre équipe. Des divergences peuvent cependant apparaître en raison de modifications postérieures à la collecte des données; il est donc souhaitable, chaque fois que possible, de vérifier au préalable les informations.

Dans des petites localités, les organismes d'aide au touriste peuvent fonctionner de manière irrégulière pendant la basse saison; là encore, il est conseillé de vérifier par téléphone les services disponibles et les heures d'ouverture au public.

- Hôtels • Restaurants • Informations touristiques
- Agences de tourisme • Location de bateaux et de véhicules
- Agences de plongée • Aeroports
- Commissariats délégués aux touristes
- Guides touristiques • Bureau de change • Taxi aérien

Abréviations des États Brésiliens

- AC – Acre
- AL – Alagoas
- AP – Amapá
- AM – Amazonas
- BA – Bahia
- CE – Ceará
- ES – Espírito Santo
- GO – Goiás
- MA – Maranhão
- MT – Mato Grosso
- MS – Mato Grosso do Sul
- MG – Minas Gerais
- PA – Pará
- PB – Paraíba
- PR – Paraná
- PE – Pernambuco
- PI – Piauí
- RJ – Rio de Janeiro
- RN – Rio Grande do Norte
- RS – Rio Grande do Sul
- RO – Rondônia
- RR – Roraima
- SC – Santa Catarina
- SP – São Paulo
- SE – Sergipe
- TO – Tocantins

SUD-EST

Anchieta – ES

INDICATIF 28 **HABITANTS** 19 176
DISTANCES Vitória, 85 km; Guarapari, 21 km
SITE www.anchieta.es.gov.br

HÔTELS

Pontal de Ubu $
L'infrastructure est simple, mais la vue sur la mer et sur les plages environnantes est majestueuse. Les baies vitrées des différents espaces donnent l'impression d'être sur un navire. **INSTALLATIONS** 30 chambres, climatisation, téléphone, TV, bar, piscine, aire de jeux, tennis, restaurant, salle de réunions, salle de jeux, sauna. **CARTES DE CRÉDIT** Non acceptées.
R. General Oziel, 1, praia de Ubu
TÉL. 3536-5065 **FAX** 3536-5115
www.hotelpontaldeubu.com.br

Pousada Aba Ubu $$
Le proprietaire de cette auberge simple, dans une rue latérale à 50 m de la mer, parle anglais, français, allemand, italien et japonais. Propose des fondues en hiver. De mars à novembre, ne fonctionne que les week-ends et les jours fériés. **INSTALLATIONS** 29 chambres, climatisation, TV, ventilateur, bar, piscine, tennis, restaurant, salle de jeux, sauna. **CARTES DE CRÉDIT** Diners, MasterCard, Visa.
R. Manuel Miranda Garcia, praia de Ubu
TÉL. 3536-5067 **FAX** 3536-5068
www.abaubu.com.br

RESTAURANT

Peixada do Garcia $$
Face à la plage, simple et traditionnel. *Moquecas* (plat à base de poisson et/ou crevettes) et différents plats de langoustes. Chez le glacier annexe, goûtez les délicieuses glaces maison et les confiseries telles que *jaca cristalizada* (jaque confite). Possède une filiale sur la Praia Costa Sul, à Iriri. **CUISINE** Poissons et fruits de mer. **CARTES DE CRÉDIT** Toutes. **HORAIRE** 10h/22h.
Av. Beira-Mar, s/n, praia de Ubu
TÉL. 3536-5050

SERVICES

INFORMATIONS TOURISTIQUES

Centro de Informações Turísticas
Av. Carlos Lindemberg, s/n, Centro
TÉL. 3536-1800/3261-5575. **HORAIRE** 7h/18h20

Angra dos Reis – RJ

INDICATIF 24 **HABITANTS** 119 247
DISTANCE Rio de Janeiro, 150 km
SITE www.angra.rj.gov.br

HÔTELS

Blue Tree Park Angra dos Reis $$$$
L'une des structures de loisir les plus complètes sur l'axe Rio–Santos, avec kayaks, ski nautique et terrains multisports. Les parents peuvent se détendre au spa pendant que les enfants s'amusent sur la piste de petites voitures ou sur les ordinateurs avec des jeux en réseau. **INSTALLATIONS** 319 chambres, climatisation, téléphone, TV, TV câblée, bar, bateau, terrain de football, équipe d'animation, piscine, piste de jogging, aire de jeux, salle de football, tennis, restaurant, salles de réunions, de gym, de jeux, salon de massage, sauna, spa. **CARTES DE CRÉDIT** Toutes.
Route Vereador Benedito Adelino, 8413
TÉL. 3379-2800 **RÉSERVATIONS** 08007037272 **FAX** 3379-2801
www.bluetree.com.br

Hotel do Frade & Golf Resort $$$$
L'énorme complexe de loisir offre les options d'un hôtel de plage (ski nautique et canot), de montagne et de campagne (chevaux et charrette). Les chambres du rez-de-chaussée donnent sur la plage et celles du premier étage sont plus intimes, avec un petit balcon. Terrain de golf de 18 trous avec des professeurs pour débutants. **INSTALLATIONS** 178 chambres, climatisation, téléphone, TV, TV câblée, bar, bateau, terrain de football, terrain de golf, chevaux, équipe d'animation, piscine chauffée, piste de jogging, aire de jeux, salles de football, de réuniouns, de gym, de jeux, tennis, restaurant, de réunions, salon de massage, sauna, spa. **CARTES DE CRÉDIT** Toutes.
Praia do Frade, BR 101, km 513
TÉL. 3369-9500 **FAX** 3369-2254
www.hoteldofrade.com.br

Pestana Angra Beach Bangalôs $$$$
L'un des complexes hôteliers les plus raffinés de la baie d'Angra dos Reis et qui échappe à la structure habituelle des grands hôtels. Tous ses bungalows, avec vue sur la mer et au milieu de la verdure, offrent intimité et ambiance romantique. Chambres spacieuses et confortables, avec lecteur DVD. Restaurant panoramique, équipe d'animation et héliport. **INSTALLATIONS** 27 chambres, climatisation, téléphone, TV, ventilateur, bar, piscine, aire de jeux, restaurant, salles de réunions, de gym, de jeux, salon de massage, sauna. **CARTES DE CRÉDIT** Toutes.
Route Benedito Adelino, 3700
TÉL. 3364-2005 **RÉSERVATIONS** 08007044796 **FAX** 3367-2654
www.pestanahotels.com.br

RESTAURANT

Le Bistrot Chez Dominique $$
Ambiance décontractée avec de petites tables en plein air au bord du fleuve. Goûtez les délicieuses crevettes aux champignons, fines herbes, vin blanc et riz aux cœurs de palmier. **CUISINE** Française. **CARTES DE CRÉDIT** Toutes. **HORAIRE** Mar. à dim., 13h/23h
Condomínio Porto Frade, Route BR-101, km 512 en direction de Paraty
TÉL. 3369-5458

RESTAURANTS $ jusqu'à 50 R$ $$ de 51 R$ à 100 R$ $$$ de 101 R$ à 150 R$ $$$$ au-dessus de 150 R$

SERVICES

INFORMATIONS TOURISTIQUES

Centro de informações turísticas
Av. Ayrton Senna, 580, praia do Anil
HORAIRE Lun. à sam., 8h/20h; dim., 8h/17h

Arraial do Cabo – RJ

INDICATIF 22 HABITANTS 23 877
DISTANCE Rio de Janeiro, 158 km
SITE www.arraialdocabo-rj.com.br

HÔTELS

Capitão n'Areia Pousada $$
"Accosté" à l'hôtel, un bateau sert de bar. À l'extérieur, un autre bar vous attend. Certaines chambres n'ont pas de climatisation. INSTALLATIONS 32 chambres, téléphone, TV, ventilateur, bar, bateau, piscine, restaurant, salle de gym, sauna. CARTES DE CRÉDIT Toutes.
R. Santa Cruz, 7, praia dos Anjos
TÉL. 2622-2720

Pousada Caminho do Sol $$
Le jardin intérieur donne un charme particulier à l'auberge. Certaines chambres ne sont pas climatisées, mais sont équipées de ventilateur. Plusieurs chambres offrent une vue panoramique sur la ville INSTALLATIONS 25 chambres, téléphone, TV, TV câblée, bar, piscine, restaurant, sauna. CARTES DE CRÉDIT American Express, Visa, MasterCard.
R. do Sol, 50, praia Grande
TÉL. 2622-2029
www.caminhodosol.com.br

RESTAURANTS

Saint Tropez $$
Les pêcheurs fournissent quotidiennement le restaurant en poisson, et la carte varie en fonction de la pêche. Perche de mer, merluche, daurade coryphène, tassergal et pinge namorade comptent parmi les spécialités. Choisissez une table sur la terrasse. CUISINE Poissons et fruits de mer. CARTES DE CRÉDIT Diners, MasterCard, Visa. HORAIRE 10h/23h; mai à juin, 17h/23h.
Praça Daniel Barreto (praça Cova da Onça), 2, praia dos Anjos
TÉL. 2622-1222

Viagem dos Sabores $
La cuisine a des saveurs méditerranéennes. Le plat le plus demandé est le *camarão a provençal* (crevettes à la provençal). CUISINE Variée. CARTES DE CRÉDIT MasterCard, Visa, Diners. HORAIRE 13h/22h30; en basse saison, fermé le lundi.
R. Santa Cruz, 12, praia dos Anjos
TÉL. 2622-2892

Bananal – SP

INDICATIF 12 HABITANTS 9 713
DISTANCE São Paulo, 300 km
SITE www.bananal.com.br

HÔTEL

Fazenda Boa Vista $
Construite en 1780, la fazenda a déjà été le décor de feuilletons pour la télévision. Les chambres sont simples. INSTALLATIONS 22 chambres, climatisation, téléphone, TV, bar, terrain de football, chevaux, lac pour la pêche, piscine, piscine chauffée, tennis, restaurant, salle de jeux, sauna. CARTES DE CRÉDIT Non acceptées.
Route dos Tropeiros, km 327
TÉL. 3116-1539
www.bananal.com.br/hotelfazboavista

RESTAURANT

Dona Licéia $
La plupart des ingrédients sont produits sur place. Le *pato com laranja* (canard à l'orange) et le *frango caipira* (poulet fermier) sont à déguster absolument. Pour clore le repas, un buffet avec plus de 30 pâtisseries vous attend. Réservation obligatoire. Fermé en août. CUISINE Brésilienne. CARTES DE CRÉDIT Diners, MasterCard. HORAIRE Mar. à dim., 12h/17h30
Fazenda Caxambu, route dos Tropeiros, SP-068, km 20
TÉL. 3115-1412

Belo Horizonte – MG

INDICATIF 31 HABITANTS 2 238 526
DISTANCES São Paulo, 586 km; Rio de Janeiro, 444 km
SITE www.pbh.gov.br/belotur

HÔTELS

Mercure Belo Horizonte Lourdes $$
Bien situé, près du quartier animé de la Savassi. L'infrastructure comprend également un restaurant international, un coffee shop, un bureau de tabac et des chambres pour fumeurs, pour personnes handicapées et pour allergiques. INSTALLATIONS 360 chambres, climatisation, téléphone, TV câblée, bar, piscine chauffée, restaurant, salles de réunions, gym, sauna. CARTES DE CRÉDIT Toutes.
Av. do Contorno, 7315, Lourdes
TÉL. 3298-4100 RÉSERVATIONS 08007037000

Ouro Minas Palace $$
Des chambres pour personnes allergiques et d'autres, plus "féminines", avec sèche-cheveux, cintres pour les jupes et miroir loupe. INSTALLATIONS 344 chambres, climatisation, téléphone, TV câblée, bar, piscine chauffée, restaurant, salles de réunions, de gym, salon de massage, sauna. CARTES DE CRÉDIT Toutes.
Av. Cristiano Machado, 4001, Ipiranga
TÉL. 3429-4001 RÉSERVATIONS 0800314000

RESTAURANTS

Bar Maria de Lourdes $
La bière est faite maison. Le samedi, jour de *feijoada*, la salle est pleine. Les autres jours, goûtez au *mineirinho* (lardons frits, saucisse, viande séchée et manioc. CUISINE Bar. CARTES DE CRÉDIT Toutes. HORAIRE Lun. à ven., 18h/1h; sam. et dim., 12h/1h.

| PRIX | HÔTELS (couple) | $ jusqu'à 150 R$ | $$ de 151 R$ à 300 R$ | $$$ de 301 R$ à 500 R$ | $$$$ au-delà de 500 R$ |

R. Barbara Heliodora, 141, Lourdes
TÉL. 3292-6905

Bar Tip Top $

Existe depuis 1929. Les plats les plus prisés: *salada de batata com salsichão* (salle de pommes de terre et saucisse) et *joelho de porco com chucrute* (jarret de porc, choucroute). CUISINE Bar. CARTES DE CRÉDIT Toutes. HORAIRE Lun. à ven., 11h/24h; sam. et dim., à partir de 11h.
R. Rio de Janeiro, 1770, Lourdes
TÉL. 3275-1880

Boca do Forno $

C'est le temple des petits fours salés, des pâtisseries et du fameux *pão de queijo* (pain au fromage). Ne manquez pas de goûter aux sandwichs chauds, aux salades, aux crêpes et aux jus de fruits. Vente de petits fours salés surgelés. Il y a 13 adresses dans la ville. CARTES DE CRÉDIT Diners, MasterCard, Visa. HORAIRE 8h/23h.
Av. André Cavalcanti, 571, Gutierres
TÉL. 3334-6377

Quintal $

Ambiance rustique et familiale, spécialités les viandes. Les plus demandées sont le *pernil de javali* (jambon cuit de sanglier) et le *leitão à pururuca* (cochon de lait rôti). Réservation obligatoire. CUISINE Viandes. CARTES DE CRÉDIT Visa. HORAIRE Jeu. et ven., à partir de 18 h.
R. Sebastião Antônio Carlos, 350, Bandeirantes
TÉL. 3443-5559

Taste Vin $

Le *suflê de surubim defumado* (soufflé de silure fumée) et l'*atum fresco* (thon frais) sont très appréciés, mais le point fort est la grande carte de vins, avec des produits des meilleures régions vinicoles du monde. La boutique annexe propose un très grand nombre de bouteilles. CUISINE Française. CARTES DE CRÉDIT Diners, MasterCard, Visa. HORAIRE Lun. à jeu., 19h30/24h; ven. et sam., jusqu'à 1h.
R. Curitiba, 2105, Lourdes
TÉL. 3292-5423

Xapuri $$

Cuisine *mineira* au feu de bois. La *lingüiça caseira na chapa* (saucisse maison grillée) est connue dans toute la ville. Du mercredi au dimanche, musique brésilienne country (*sertaneja*). Suggestions: *frango preguento do Bento* (poulet) ou *carne-seca na moranga* (viande séchée et potiron) pour 4 personnes. CUISINE Régionale, de l'État des Minas Gerais. CARTES DE CRÉDIT Diners, MasterCard, Visa. HORAIRE Mar. à jeu., 12h/23h; ven. et sam., 12h/2h; dim., 12h/18h.
R. Mandacaru, 260, Bifurcation
TÉL. 3496-6455

SERVICES

AÉROPORT

Aeroporto da Pampulha
Pça. Bagatelle, 204, Pampulha
TÉL. 3490-2001

Aeroporto Internacional Tancredo Neves
Rodovia MG-010, Estrada Velha de Confins
TÉL. 3689- 2700

COMMISSARIAT DÉLÉGUÉ AUX TOURISTES

Delegacia de Atendimento ao Turista
R. Pernambuco, 282, Funcionários
TÉL. 3277-9777 HORAIRE Lun. à ven., 9h/18h

INFORMATIONS TOURISTIQUES

Centro de Informaçoes Turísticas
Pça. Bagatelle, 204, Pampulha
TÉL. 3277-7400. HORAIRE Tous les jours, 8h/22h

Centro de Informações Turísticas
Av. Afonso Pena, 1055, Centro
TÉL. 3277-7666. HORAIRE Lun. à ven., 8h/19h; sam. et dim., 8h/15h

BUREAU DE CHANGE

American Express
R. Paraíba, 626, loja 4, Funcionários
TÉL. 3261-2601. HORAIRE Lun. à ven., 9h/15h

Brotas – SP

INDICATIF 14 HABITANTS 18 886
DISTANCE São Paulo, 245 km
SITE www.brotas.tur.br

HÔTELS

Estalagem Quinta das Cachoeiras $$

Auberge de style anglais. Délicieux petit-déjeuner dans la chambre. INSTALLATIONS 14 chambres, climatisation, téléphone, TV, bar, piscine, salle de jeux, sauna. CARTES DE CRÉDIT Non acceptées.
R. João Rebecca, 225
TÉL. 3653-2497 FAX 3653-4493
www.quintadascachoeiras.com.br

Pousada Sítio Recanto Alvorada $$

Ferme-auberge idéale pour ceux qui voyagent avec des enfants. Nombreuses activités et animateurs. Certaines chambres ont une cheminée, d'autres donnent sur le lac. INSTALLATIONS 22 chambres, climatisation, cheminée, téléphone, TV, ventilateur, bar, bateau, terrain de football, chevaux, équipe d'animation, piscine, piscine naturelle, aire de jeux, salle de football, tennis, restaurant, salles de réunions, de gym, de jeux, sauna. CARTES DE CRÉDIT Non acceptées.
Rodovia Brotas–Torrinha (SP-197), km 12,5
TÉL. 3656-6332 FAX 3656-5082
www.recantoalvorada.com.br

RESTAURANTS

Malagueta $

Situé sur l'avenue principale. Sert des viandes grillées et des pâtes maison. Lumière tamisée, décor de motifs relatifs au piment rouge qui donne son nom au restaurant. Restaurant le plus agréable de la ville. CUISINE Variée. CARTES DE CRÉDIT Visa. HORAIRE Jeu. et ven., 19h/24h; sam. et dim., 12h/24h.
Av. Mário Pinotti, 243
TÉL. 3653-5491

RESTAURANTS | $ jusqu'à 50 R$ | $$ de 51 R$ à 100 R$ | $$$ de 101 R$ à 150 R$ | $$$$ au-dessus de 150 R$

SERVICES

AGENCES DE TOURISME

Brotas Aventura
Av. Mário Pinotti, 113
TÉL. 3653-1015/4463. HORAIRE 8h/19h

Mata Dentro
Av. Mário Pinotti, 230
TÉL. 3653-1915. HORAIRE 9h/18h

INFORMATIONS TOURISTIQUES

Diretoria de Turismo e Cultura
R. Lourival Jaubert da Silva Braga, 101
TÉL. 3653-5282/2288

Búzios – RJ

INDICATIF 22 HABITANTS 18 204
DISTANCE Rio de Janeiro, 165 km

HÔTELS

Colonna Park Hotel $$$
Vue sur les plages João Fernandes et João Fernandinho. Certaines chambres ont une baignoire d'hydromassage. INSTALLATIONS 63 chambres, climatisation, téléphone, TV, TV câblée, bar, piscine, restaurant, salles de réunions, de jeux, salon de massage, sauna. CARTES DE CRÉDIT Toutes.
Praia de João Fernandes, s/n, quadra J
TÉL. 2623-2245 FAX 2623-7102
www.colonna.com.br

El Cazar Space Club $$$$
Emplacement privilégié, en haut du morne de Humaitá, vue sur la plage da Armação et la promenade Bardot, sur le bord de mer. INSTALLATIONS 19 chambres, climatisation, téléphone, TV, TV câblée, bar, piscine, tennis, restaurant, salles de réunions, de jeux, sauna. CARTES DE CRÉDIT Toutes.
R. A, lote 6, morro do Humaitá
TÉL. 2623-1620
www.buzioselcazar.com.br

Fazendinha Blancpain $$$
Fazenda avec des chalets équipés de lits pour deux personnes et deux avec un lit à une place. La carte du restaurant français est réalisée par le propriétaire. Jardin potager, verger et animaux très appréciés par les enfants. INSTALLATIONS 6 chambres, climatisation, téléphone, TV, ventilateur, terrain de football, terrain de golf, chevaux, piscine, restaurant. CARTES DE CRÉDIT Non acceptées.
Rodovia Búzios–Cabo Frio, km 5, à l'entrée de la praia de Caravelas
TÉL. 2623-6490
buziosonline.com.br/blancpain

Galápagos Inn $$$$
Lieu favori des célébrités, dont les photos ornent les murs. La jolie plage João Fernandinho est visible de presque toutes les fenêtres. INSTALLATIONS 37 chambres, climatisation, téléphone, TV, TV câblée, bar, piscine, aire de jeux, restaurant, salles de réunions, de gym, de jeux, salon de massage, sauna. CARTES DE CRÉDIT Toutes.
Praia de João Fernandinho, lote 3, quadra B
TÉL. 2623-6161 FAX 2623-2297
www.galapagos.com.br

Hotel Vila Boa Vida I $$$
Situé à e'xtrémité de la plage da Ferradura, où sont concentrées les grandes villas de la station balnéaire. Décor de style colonial et beaux jardins fleuris. INSTALLATIONS 35 chambres, climatisation, téléphone, TV, bar, piscine, restaurant, salle de gym, salon de massage, sauna. CARTES DE CRÉDIT Toutes.
R. Q, lote 12, praia da Ferradura
TÉL. 2623-6767
www.vilaboavida.com.br

Hotel Vila Boa Vida II $$$
Situé sur la colline du côté sud de la plage da Ferradura, à 20 minutes à pied du Vila Boa Vida I. Grands jardins et arbres fruitiers. INSTALLATIONS 45 chambres, climatisation, téléphone, TV, bar, piscine, restaurant, salles de réunions, de jeux, sauna. CARTES DE CRÉDIT Toutes.
R. I, lote 1, praia da Ferradura
TÉL. 2623-4222
www.vilaboavida.com.br

Pousada Pedra da Laguna $$$
Située au bout de la Lagoinha, c'est l'une des auberges les plus charmantes de la ville. Possède des chambres aménagées pour les personnes handicapées. INSTALLATIONS 23 chambres, climatisation, téléphone, TV, TV câblée, ventilateur, bar, piscine, tennis, restaurant, salles de réunions, de gym, de jeux, salon de massage, sauna. CARTES DE CRÉDIT Toutes.
R. 6, lote 6, quadra F, praia da Ferradura
TÉL. 2623-1965
www.pedradalaguna.com.br

RESTAURANTS

Bar dos Pescadores $$
Les tables sont installées sous les arbres, à côté du marché aux poissons. L'emplacement n'est pas des meilleurs, mais la cuisine est excellente. Le service est lent : pendant que vous attendez, goûtez les *pastéis de camarão* et de *siri* (beignets de crevettes et de crabe). CUISINE Poissons et fruits de mer. CARTES DE CRÉDIT Non acceptées. HORAIRE 10h/20h.
Av. José Bento Ribeiro Dantas, à côté du marché aux poissons de Manguinhos

Capricciosa $
Pizzeria face à la mer, c'est le premier restaurant de la chaîne qui a conquis Rio de Janeiro. 38 types de garnitures, toutes délicieuses. CUISINE Pizza. CARTES DE CRÉDIT Toutes. HORAIRE 18h/1h.
Av. José Bento Ribeiro Dantas, 500, orla Bardot
TÉL. 2623-1595

Chez Michou $
Crêperie traditionnelle de Búzios. On trouve des filiales à Rio, à Cabo Frio et à Brasília. Crêpes délicieuses. CARTES DE CRÉDIT Non acceptées. HORAIRE Lun. et mar., 17h30 jusqu'au dernier client ; mer. à dim., 12h jusqu'au dernier client.

PRIX	HÔTELS (couple)	$ jusqu'à 150 R$	$$ de 151 R$ à 300 R$	$$$ de 301 R$ à 500 R$	$$$$ au-delà de 500 R$

R. das Pedras, 90, Centro
TÉL. 2623-2169

Cigalon $$
L'un des meilleurs restaurants de la ville. La carte change régulièrement et les vins sont soigneusement choisis. Choisissez une table sur la terrasse. CUISINE Française. CARTES DE CRÉDIT Toutes. HORAIRE 18h/24h; sam. et dim., 13h/24h.
R. das Pedras, 199, Centro
TÉL. 2623-6284

Satyricon $$
Il s'agit du premier Satyricon, l'ancêtre du célèbre restaurant de Rio. Cuisine de qualité avec des poissons du jour et des langoustes élevées en vivier. Les tables sont sur une grande terrasse sur le bord de mer Bardot, lieu d'animation nocturne. CUISINE Poissons et fruits de mer. CARTES DE CRÉDIT Toutes. HORAIRE 17h/2h.
Av. José Bento Ribeiro Dantas, 500, orla Bardot
TÉL. 2623-1595

Sawasdee $$
Le propriétaire a étudié la cuisine en Thaïlande et c'est lui qui dirige les appareils de cuisson Wok de ce sympathique restaurant. Au menu, fruits de mer, viande de porc et pâtes. CUISINE Thaïlandaise. CARTES DE CRÉDIT Toutes. HORAIRE 18h/2h.
Av. José Bento Ribeiro Dantas, 422, orla Bardot
TEL 2623-4644

SERVICES

AGENCE DE TOURISME

Escuna Queen Lovy
Orla Bardot, 89
TÉL. 2623-1179/2286

LOCATION DE BATEAUX

Escuna Queen Lovy
Orla Bardot, 89
TÉL. 2623-1179/2286

LOCATION DE BUGGYS

Oficina de Turismo
TÉL. 2623-8045

INFORMATIONS TOURISTIQUES

Secretaria de Turismo
Pórtico de entrada
TÉL. 0800249999. HORAIRE 8h/22h

Cabo Frio – RJ

INDICATIF 22 HABITANTS 126 828
DISTANCE Rio de Janeiro, 148 km
SITE www.cabofrioturismo.rj.gov.br

HÔTELS

Acapulco $$
Situé presque dans les dunes, éloigné de la plage do Forte. INSTALLATIONS 64 chambres, climatisation, téléphone, TV, bar, équipe d'animation, piscine, aire de jeux, restaurant, salles de réunions, de jeux, sauna. CARTES DE CRÉDIT Toutes.
R. João Antonio Rocha, 373, praia das Dunas
TÉL. 2647-1212 FAX 2643-5445
www.hotelacapulco.com.br

La Plage $$
Hôtel bien situé, dont l'arrière donne sur la plage do Peró. Bon accueil. INSTALLATIONS 43 chambres, climatisation, téléphone, TV, ventilateur, bar, piscine, aire de jeux, restaurant, salles de réunions, de jeux, salon de massage, sauna, spa. CARTES DE CRÉDIT Non acceptées.
R. dos Badejos, 40, praia do Peró
TÉL. 2647-1746
www.redebela.com.br

Pousada do Leandro $$$
C'est l'auberge la plus charmante, avec une décoration rustique. Ambiance tranquille malgré la proximité de la plage agitée do Forte. INSTALLATIONS 22 chambres, climatisation, téléphone, TV, bar, piscine, restaurant, sauna. CARTES DE CRÉDIT Toutes.
Av. Nilo Peçanha, 333, Centro
TÉL. 2645-4658
www.pousadaleandro.com.br

Pousada Portoveleiro $$
Auberge agréable et plus isolée, proche des plages de Peró et das Conchas, du canal et de l'île do Japonês. Ordinateur avec connexion Internet pour les clients. INSTALLATIONS 25 chambres, climatisation, téléphone, TV, TV câblée, bar, piscine, restaurant, salle de réunions, sauna. CARTES DE CRÉDIT Toutes.
Av. dos Espadartes, 129, Ogiva
TÉL. 2647-3081 RÉSERVATIONS 2647-3124
www.portoveleiro.com.br

RESTAURANTS

Hippocampus $
Les tables font face au Canal Boulevard, la berge du canal récemment aménagée. La carte change constamment, mais la spécialité reste les poissons et les fruits de mer. CUISINE Poissons et fruits de mer. CARTES DE CRÉDIT Toutes. HORAIRE 11h/24h.
R. Marechal Floriano, 283, São Bento
TÉL. 2645-5757/6369

Zeppelin $
Bien que les fruits de mer ne soient pas une spécialité de la maison, la carte propose de bonnes options, telle que la perche de mer *(cherne)*. CUISINE Variée. CARTES DE CRÉDIT Diners, MasterCard, Visa. HORAIRE 12h/24h.
R. Major Billgard, 525, Centro
TÉL. 2645-6164

SERVICES

LOCATION DE BUGGYS

Casa do Buggy
Av. Vereador Antônio Ferreira dos Santos, 836, Braga
TÉL. 2645-3939/9215-9974

| RESTAURANTS | $ jusqu'à 50 R$ | $$ de 51 R$ à 100 R$ | $$$ de 101 R$ à 150 R$ | $$$$ au-dessus de 150 R$ |

INFORMATIONS TOURISTIQUES

Secretaria de Turismo
Av. Américo Vespúcio, s/n
TÉL. 2647-1689/6227. HORAIRE Lun. à ven., 9h/17h; sam., dim. et jours fériés, 9h/16h30

Campos do Jordão – SP

INDICATIF 12 HABITANTS 44 252
DISTANCE São Paulo, 167 km

HÔTELS

Canadá Lodge $$$$
Style d'une station de ski canadienne. Chambres confortables, avec des lits de grande taille et un chauffage au sol dans les salles de bains. Le client peut utiliser la piscine du restaurant Ludwig, situé à côté. INSTALLATIONS 20 chambres, téléphone, TV, TV câblée, salle de jeux. CARTES DE CRÉDIT Diners, MasterCard, Visa.
R. Plínio de Godói, 403.
TÉL. 3663-1677 FAX 3663-6641
www.canadalodge.com.br

Frontenac $$$$
L'hôtel est luxueux, l'accueil excellent et les employés parlent anglais. Malheureusement il se situe dans un endroit animé et l'insonorisation des chambres est insuffisante. INSTALLATIONS 47 chambres, climatisation, téléphone, TV, TV câblée, bar, piscine, tennis, restaurant, salles de réunions, de gym, de jeux, salon de massage, sauna. CARTES DE CRÉDIT Toutes.
Av. Dr. Paulo Ribas, 295
TÉL. 3669-1000
www.frontenac.com.br

Grande Hotel – Hotel-Escola Senac $$$$
Construit en 1944, après rénovation il est devenu en 1998 l'hôtel-école du Senac (Service National d'Apprentissage Commercial). Décoration raffinée, horloges françaises, tapisserie belge et des meubles art nouveau. Possède un théâtre ouvert également aux non-clients, un héliport, un restaurant pour enfants et des animateurs, ainsi que des chambres avec baignoires d'hydromassage. INSTALLATIONS 95 chambres, téléphone, TV, TV câblée, bar, équipe d'animation, piscine chauffée, aire de jeux, tennis, restaurant, salles de réunions, de gym, de jeux, salon de massage, sauna. CARTES DE CRÉDIT Toutes.
Av. Frei Orestes Girardi, 3549
TÉL. 3668-6000 RÉSERVATIONS (11) 3673-1311 FAX 260-6100
www.sp.senac.br/ghj

La Villete Pousada $$$
Auberge de style anglais dont la propriétaire reçoit les clients comme ses propres invités. Chaque chambre est décorée différemment. Petit-déjeuner et brunch servis jusqu'à 13h. INSTALLATIONS 8 chambres, climatisation, téléphone, TV, TV câblée, bar, restaurant, salle de jeux. CARTES DE CRÉDIT Diners, MasterCard, Visa.
R. Cantídio Pereira de Castro, 100
TÉL. 3663-2767 FAX 263-1278
www.lavillettepousada.com.br

Pousada Vila Natal $$$
L'auberge, décorée de tapis persans et de bibelots appartenant à la propriétaire, est très confortable. Le petit déjeuner est un véritable brunch. L'établissement est éloigné des lieux d'agitation, à proximité de la Pedra do Baú. INSTALLATIONS 11 chambres, climatisation, TV, TV câblée. CARTES DE CRÉDIT Toutes.
R. Serafim Capela, 390
TÉL. 3664-4524
www.guiacampos.com/pousadavilanatal/

Pousada Villa Capivary $$
Dans le principal quartier de la ville, l'auberge offre de grandes chambres avec terrasse. Les lits sont équipés d'un édredon chauffant qui peut être réglé individuellement. Petit-déjeuner copieux. INSTALLATIONS 15 chambres, téléphone, TV, bar, salle de jeux. CARTES DE CRÉDIT Toutes.
Av. Vitor Godinho, 131
TÉL. 3663-1736 FAX 263-1746
www.villacapivary.com.br

Toriba $$$$
L'hôtel a fêté ses 60 ans en 2003. Presque toutes les chambres possèdent un grand balcon agréable, un sèche-cheveux et des savonnettes au lait de chèvre. Salle de lecture avec accès à Internet et restaurant qui sert des fondues. INSTALLATIONS 32 chambres, téléphone, TV, TV câblée, bar, équipe d'animation, piscine, piste de jogging, aire de jeux, restaurant, salles de réunions, de gym, de jeux, salon de massage, sauna. CARTES DE CRÉDIT Toutes.
Av. Ernesto Diederichsen, 2962
TÉL. 3668-5000 RÉSERVATIONS 0800178179 FAX 262-4211
www.toriba.com.br

RESTAURANTS

Harry Pisek $
Depuis 1997, le Brésilien d'origine autrichienne Harry Pisek fabrique lui-même différents types de saucisses. Plus de 15 saveurs au piment, blanche aux fines herbes, à l'emmenthal et aux viandes de porc et de bœuf. CUISINE Allemande. CARTES DE CRÉDIT Diners, MasterCard. HORAIRE Lun. à ven., 9h/18h; sam., 9h/23h; dim., 9h/18h.
Av. Pedro Paulo, 857, caminho para o Horto
TÉL. 3663-4030

Ludwig Restaurant $$
L'un des meilleurs restaurants de la ville. La spécialité est le gibier. L'accueil du propriétaire est très attentionné. Bonne carte de vins. CUISINE Franco-Suisse. CARTES DE CRÉDIT Toutes. HORAIRE Lun. à ven., 18h/jusqu'au dernier client; sam. et dim., 12h/jusqu'au dernier client.
R. Aristides de Souza Melo, 50
TÉL. 3663-5111/9771-5162

SERVICES

AGENCE DE TOURISME

Altus Turismo Ecológico
TÉL. 3663-4122

Verticália – Aventura no Rancho
Av. Pedro Paulo, 7997, chemin pour l'Horto
TÉL. 3663-7400

PRIX	HÔTELS (couple)	$ jusqu'à 150 R$	$$ de 151 R$ à 300 R$	$$$ de 301 R$ à 500 R$	$$$$ au-delà de 500 R$

SUD-EST

INFORMATIONS TOURISTIQUES

Portal da cidade
TÉL. 3664-3525

Catas Altas – MG

INDICATIF 31 HABITANTS 4 241
DISTANCE Belo Horizonte, 142 km
SITE www.catasaltas.hpg.ig.com.br

RESTAURANTS

Histórias Taberna $
Cet établissement simple est la meilleure option pour les visiteurs du Parc Naturel du Caraça. Goûtez-y le *lombo grelhado* (échine grillé) et le *filé de tilápia com purê de mandioca* (filet de tilapia à la purée de manioc). CUISINE Variée. CARTES DE CRÉDIT Non acceptées. HORAIRE Ven., 20h/2h; sam., 11h/16h et 20h/2h; dim., 11h/16h.
R. Monsenhor Barros, 230, Centro
TEL 3832-7615.

Cunha – SP

INDICATIF 12 HABITANTS 23 090
DISTANCE São Paulo, 222 km

HÔTEL

Pousada Recanto das Girafas $
Les chalets sont confortables et les terrasses équipées de hamacs. Lits de grande taille. Petit-déjeuner servi au bord de la piscine. Le propriétaire donne des informations sur la région et joue du piano pendant les agréables dîners, préparés sur le fourneau à bois. INSTALLATIONS 8 chambres, TV, bar, piscine, restaurant, sauna. CARTES DE CRÉDIT MasterCard, Visa.
R. Professor Agenor de Araújo, 251
TÉL. 3111-1330 FAX 3111-1965
www.recantodasgirafas.com.br

SERVICES

INFORMATIONS TOURISTIQUES

Cunhatur
Pça. Coronel João Olímpio, 17, Centro
TÉL. 3111-2634

Portal da Cidade
Av. Francisco da Cunha Menezes
HORAIRE 9h/17h, fermé le lundi.

Diamantina – MG

INDICATIF 38 HABITANTS 44 259
DISTANCE Belo Horizonte, 285 km
SITE www.diamantina.com.br

HÔTELS

Pousada Jardim da Serra $$$
Auberge construite récemment, dans la partie haute de la ville et à proximité des bons sentiers de randonnée. Elle bénéficie d'une vue privilégiée sur les environs. INSTALLATIONS 21 chambres, téléphone, TV, bar, piscine naturelle, lac pour la pêche, restaurant, sauna. CARTES DE CRÉDIT Non acceptées.
Route do Cruzeiro Luminoso, s/n
TÉL. 9106-8561
www.jardimdaserra.com.br

Tijuco $$$
Ce charmant bâtiment conçu par Oscar Niemeyer dans les années 1950 possède de grandes chambres aérées et son mobilier d'origine est bien conservé. Belle entrée, avec un plafond très haut. INSTALLATIONS 27 chambres, téléphone, TV. CARTES DE CRÉDIT Toutes.
R. Macau do Meio, 211
TÉL. 3531-1022 FAX 3531-3763

RESTAURANTS

Caipirão $
Cuisine de Minas Gerais préparée sur le fourneau à bois. Le soir, seulement à la carte. À midi, repas servis au poids. Près de la rue la plus animée de la ville, la rua da Quitanda. CUISINE Régionale. CARTES DE CRÉDIT MasterCard, Visa. HORAIRE Lun. à sam., 11h/1h; dim., 11h/16h.
R. Campos Carvalho, 15
TÉL. 3531-1526

O Garimpeiro $
Situé dans la Pousada do Garimpo, cuisine régionale: *filé com ora-pro-nóbis* (viande aux feuilles de pereskia), *feijão-tropeiro* (haricots); *xinxim da Chica* (plat composé de plusieurs types de viande), *broto de samambaia com lombo* (pousses de fougère et viande). CUISINE Régionale. CARTES DE CRÉDIT Toutes. HORAIRE 18h/23h; sam. et dim., 12h/23h.
Av. da Saudade, 265
TÉL. 3531-1044

Restaurante do Raimundo Sem Braço $
Cuisine *mineira* et *churrasco* (viandes) sur la braise sont les spécialités. CUISINE Churrasco, regionale, variée. CARTES DE CRÉDIT Non acceptées. HORAIRE Lun. à jeu., 10h30/17h; ven. et sam., 18h/24h; dim., 10h30/17h.
R. José Anacleto Alves, 18, BR-367, sortie pour `Belo Horizonte
TÉL. 3531-2284

Domingos Martins – ES

INDICATIF 27 HABITANTS 30 559
DISTANCE Vitória, 50 km
SITE www.domingosmartins.com.br

HÔTELS

Aroso Paço $$
L'énorme construction, avec ses colonnes romaines, contraste avec le joli paysage de montagne qui l'entoure. L'ambiance somptueuse et kitsch se retrouve à l'intérieur – colonnes romaines autour de la piscine. Par contre, les chambres sont plus sobres et classiques. Chambres avec baignoire d'hydromassage et cheminée. Équipé d'un héliport. INSTALLATIONS 48

| RESTAURANTS | $ jusqu'à 50 R$ | $$ de 51 R$ à 100 R$ | $$$ de 101 R$ à 150 R$ | $$$$ au-dessus de 150 R$ |

chambres, climatisation, téléphone, TV, ventilateur, bar, terrain de football, équipe d'animation, piscine chauffée, aire de jeux, tennis, restaurant, salle de jeux, sauna. **CARTES DE CRÉDIT** Diners, MasterCard, Visa.
Rodovia BR-262, km 89, Aracê (à 54 km du centre de Domingos Martins)
TÉL. 3248-1147 **FAX** 3248-1180
www.pedraazul.com.br/aroso

Pousada dos Pinhos $$

Idéale pour les familles avec enfants. Lac et sentiers de randonnée, des animateurs présents toute l'année et service de garde d'enfants. Certaines chambres et chalets possèdent une baignoire d'hydromassage et une cheminée. **INSTALLATIONS** 38 chambres, téléphone, TV, ventilateur, bar, terrain de football, chevaux, équipe d'animation, piscine, piscine chauffée, aire de jeux, salle de football, tennis, restaurant, salles de réunions, de gym, de jeux, salon de massage, sauna. **CARTES DE CRÉDIT** Visa, MasterCard.
Rodovia BR-262, km 90, Aracê (à 50 km du centre de Domingos Martins)
TÉL. 3248-1283 **FAX** 3248-1115
www.pedraazul.com.br/pousadadospinhos

Pousada Eco da Floresta $$

Située dans une zone de 10 000 hectares de forêt atlantique et tant vue sur la Pedra Azul, cette auberge possède une structure de loisir tant pour enfants que pour adultes. Plusieurs chambres et chalets avec cheminée et baignoire d'hydromassage. Pour plus d'intimité, les chalets sont éloignés des aires de loisir et n'ont pas la TV câblée. **INSTALLATIONS** 88 chambres, climatisation, téléphone, TV, bar, terrain de football, chevaux, équipe d'animation, piscine, piscine chauffée, tennis, restaurant, salles de réunions, de gym, de jeux, sauna. **CARTES DE CRÉDIT** Diners, MasterCard, Visa.
Rodovia BR-262, Km 96, Aracê (à 62 km du centre de Domingos Martins)
TÉL. 3248-1196 **FAX** 3248-1198
www.ecodafloresta.com.br

Pousada Oriundi $

Les installations sont simples, mais les 70 hectares de forêt avec sentiers de randonnée et chutes d'eau permettent d'agréables promenades Le propriétaire est le chef renommé du restaurant éponyme à Vitória, et responsable de la carte de l'auberge. Ouvert du vendredi au dimanche et les jours fériés. **INSTALLATIONS** 12 chambres, climatisation, téléphone, TV, terrain de football, chevaux, piscine, aire de jeux, restaurant, salle de jeux, sauna. **CARTES DE CRÉDIT** Non acceptées.
Rodovia de Paraju, km 12, accès par le km 56 de la route BR-262 (à 31 km du centre de Domingos Martins)
TÉL. 3249-1018 **RÉSERVATIONS** 3227-6989
www.oriundi.com.br

Pousada Peterle $$

L'aspect rustique du bâtiment donne son charme à l'auberge. Les chalets construits en bois d'eucalyptus sont équipés d'un salon avec cheminée, d'une chambre et d'une terrasse. Vue sur la Pedra Azul, située à 3 km. **INSTALLATIONS** 14 chambres, cheminée, téléphone, TV. **CARTES DE CRÉDIT** Visa, MasterCard.

BR-262, km 88, Aracê (51 km du centre de Domingos Martins)
TÉL. 3248-1243 **FAX** 3248-1171
www.pousadapeterle.com.br

RESTAURANT

Italiano $

La *lingüiça de pernil* (saucisse de cuisse de porc) est l'une des entrées les plus demandées, les pâtes et les sauces aux produits bio sont faites maison et très joliment servies. Jardin avec une petite aire de jeux. **CUISINE** Italienne. **CARTES DE CRÉDIT** MasterCard, Visa. **HORAIRE** Lun. à jeu., 11h/15h; ven. et sam., 11h/24h; dim., 11h/17h.
Av. Duque de Caxias, 16, Centro
TÉL. 3268-1420

SERVICES

AGENCE DE TOURISME

Emoções Radicais

R. do Lazer, 194 (r. João Batista Wernersbach), Centro
TÉL. 3268-2165. **HORAIRE** 8h/19h

INFORMATIONS TOURISTIQUES

Casa de Cultura

R. do Lazer (r. João Batista Wernersbach), s/n, Centro
TÉL. 3268-1471. **HORAIRE** 7h/13h

Guarapari – ES

INDICATIF 27 **HABITANTS** 88 400
DISTANCE Vitória, 58 km
SITE www.guaraparitotal.com.br

HÔTELS

Hotel Fazenda Flamboyant $$

Proche du parc thématique Aquamania, l'hôtel possède une excellente structure de loisir dans une ambiance de ferme. 4 piscines, gymnase, verger, élevage, équipements nautiques tels que kayaks et jet-ski, ainsi qu'un espace pour aventure acrobatique forestière (*accrobranche*). **INSTALLATIONS** 90 chambres, climatisation, téléphone, TV, bar, terrain de football, chevaux, équipe d'animation, piscine, piscine chauffée, aire de jeux, tennis, restaurant, salles de réunions, de jeux, sauna. **CARTES DE CRÉDIT** Visa, MasterCard.
Fazenda Querência, s/n, Amarelos
TÉL. et **FAX** 3229-0066
www.hotelflamboyant.com.br

Porto do Sol $$

Localisation privilégiée à l'une des extrémités de la plage, avec vue et accès aux plages do Morro et Muquiçaba. Salons spacieux et agréables. Chambres spacieuses avec terrasse, mais nécessitant d'être rénovées. **INSTALLATIONS** 88 chambres, climatisation, téléphone, TV, bar, équipe d'animation, piscine, terrain de football, tennis, restaurant, salles de réunions, de gym, de jeux, salon de massage, sauna. **CARTES DE CRÉDIT** Visa e MasterCard.
Av. Beira-Mar, 1, praia do Morro

PRIX	HÔTELS (couple)	$ jusqu'à 150 R$	$$ de 151 R$ à 300 R$	$$$ de 301 R$ à 500 R$	$$$$ au-delà de 500 R$

TÉL. 3261-2929
www.geocities.com/portodosol

Pousada Enseada Azul $
Située à 300 m de la plage de Macunã. Bois, vitre, artisanat et objets d'art composent la décoration. Petites chambres avec une grande terrasse et vue sur la mer. Personnel attentionné. INSTALLATIONS 33 chambres, climatisation, téléphone, TV, bar, piscine, salle de réunions, salon de massage, sauna. CARTES DE CRÉDIT Visa, MasterCard.
R. Alegre, 367, Nova Guarapari
TÉL. et FAX 3272-1092
www.enseadaazul.com.br

RESTAURANTS

Cantinho do Curuca $$
Ambiance très rustique, une partie du sol en sable. Les spécialités sont les moquecas (plats à base de poisson et/ou crevettes), précédées d'une portion de crevettes frites (offerte) et *accompagnées* de riz, de *pirão* (purée de farine de manioc) et de la *moqueca de banana-da-terra* (moqueca de banane). CUISINE Régionale. CARTES DE CRÉDIT Visa. HORAIRE 11h/22h.
Av. Santana, 96, praia de Meaípe
TÉL. 3272-1262

Gaeta $$
Situé sur l'avenida da Praia. Ambiance simple, similaire à celle de son voisin Cantinho do Curuca. La *moqueca de banana-da-terra* (moqueca de banane) est offerte en accompagnement des *moquecas* plus traditionnelles. La *torta de coco* (tarte à la noix de coco) est aussi une spécialité maison. D'autres options vous attendent, telles que *lagosta gratinada* (langouste gratinée) et *camarões grelhados* (crevettes grillées). CUISINE Régionale. CARTES DE CRÉDIT Diners, MasterCard, Visa. HORAIRE 11h/22h.
Av. Santana, 45, praia de Meaípe
TÉL. 3272-1202

Guaramare $$
Il n'y a pas de carte. Le chef et propriétaire vous présente sur un plateau poissons, crevettes, langoustes et autres fruits de mer frais. La préparation peut se faire à la braise ou sous forme de paella. Le décor en forme de bateau est raffiné, avec des jardins, une fontaine et une terrasse qui se prolonge jusqu'au lac. Il faut réserver. CUISINE Poissons et fruits de mer. CARTES DE CRÉDIT Non acceptées. HORAIRE Jeu. à sam., 20h/1h; dim., 12h/18h.
Av. Meaípe, 716, Nova Guarapari
TÉL. 3272-1300

SERVICES

AGENCE DE TOURISME

Praiatour Receptivo
Av. José Ferreira Ferro, 99, loja 1, praia do Morro
TÉL. 3361-5858/3327-6834

INFORMATIONS TOURISTIQUES

Secretaria de Turismo de Guarapari
R. Camilo Gianordoli, 193
TÉL. 3361-2322 (informations) HORAIRE 12h/18h

AGENCES DE PLONGÉE

Acquasub
R. Anísio Fernandes Coelho, 30, loja 01, Jardim da Penha (à Vitória)
TÉL. 3325-0036

Atlantes
R. José Barcellos de Matos, 341, Centro
TÉL. 3361-0405

Guarujá – SP

INDICATIF 13 HABITANTS 264 812
DISTANCE São Paulo, 87 km
SITE www.guiaguaruja.com.br

HÔTEL

Casa Grande $$$
Face à la plage toujours animée da Enseada, cette grande demeure confortable de style colonial est l'hôtel le plus chic de Guarujá. Elle compte plusieurs restaurants et une aire de loisirs pour enfants et adultes. Parmi les services offerts, le spa se charge de revigorer les clients. INSTALLATIONS 265 chambres, climatisation, téléphone, TV, TV câblée, bar, équipe d'animation, piscine, piscine chauffée, piste de jogging, aire de jeux, tennis, restaurant, salles de réunions, de gym, de jeux, salon de massage, sauna, spa. CARTES DE CRÉDIT Toutes.
Av. Miguel Estéfano, 1001
TÉL. 3389-4000
www.casagrandehotel.com

RESTAURANTS

Rufino's $$
Propose de délicieux fruits de mer dans un cadre décontracté, face à la mer. Le service est lent. CUISINE Poissons et fruits de mer. CARTES DE CRÉDIT Visa. HORAIRE Dim. à jeu., 12h/23h; ven. et sam., jusqu'à 1h.
Av. Miguel Estefano, 4795, praia da Enseada
TÉL. 3351-5771

Thai $$
Cuisine thaïlandaise. La décoration et la tenue des employés sont également d'inspiration asiatique. Appartient à l'hôtel Casa Grande. CUISINE Thaïlandaise. CARTES DE CRÉDIT Toutes. HORAIRE Mar. à dim., 19h/24h.
Av. Miguel Stéfano, 1001
TÉL. 3389-4000

SERVICES

INFORMATIONS TOURISTIQUES

Centro de Informações Turísticas
Av. Marechal Deodoro da Fonseca, 723, Centro
TÉL. 3387-7199. HORAIRE Lun. à ven. 8h/18h; sam. et dim., 10h/18h

Ilha Grande – RJ

INDICATIF 24
DISTANCE Rio de Janeiro, 150 km (jusqu'à Angra dos Reis) plus 1h30 de bateau

---

| RESTAURANTS | $ jusqu'à 50 R$ | $$ de 51 R$ à 100 R$ | $$$ de 101 R$ à 150 R$ | $$$$ au-dessus de 150 R$ |

HÔTELS

Eco & Dive Resort Ilha Grande $$
Les chambres, avec une vue spectaculaire sur la crique do Bananal, sont en pleine verdure. Le propriétaire donne des cours de plongée. **INSTALLATIONS** 18 chambres, climatisation, TV, ventilateur, bar, kayaks, piscine, restaurant, salle de gym, salle de jeux, sauna. **CARTES DE CRÉDIT** MasterCard, Visa.
Costeira do Bananal
TÉL. 3367-2274
www.ecodiveresort.com

Pousada Sankay $$
Située au bord de la mer, au pied d'une colline. Localisation excellente pour la plongée. La nuitée comprend une promenade en bateau. Fermée la première quinzaine de juillet. **INSTALLATIONS** 12 chambres, climatisation, ventilateur, bar, aire de jeux, restaurant, salles de gym, de jeux, sauna. **CARTES DE CRÉDIT** Visa.
Enseada do Bananal
TÉL. 3365-1090 RÉSERVATIONS 3365-4065
www.pousadasankay.com.br

Sagú Mini Resort $$
Hôtel qui se fond complètement dans la nature. Près du centre, il offre une belle vue sur la crique do Abraão. Pas de télévision dans les chambres. **INSTALLATIONS** 9 chambres, climatisation, téléphone, ventilateur, bar, restaurant, spa. **CARTES DE CRÉDIT** Toutes.
Praia Brava, enseada do Abraão
TÉL. 3361-5660 FAX 3361-5896
www.saguresort.com

RESTAURANTS

Lua e Mar $
Sert la meilleure *moqueca de camarão* (plat à base de crevettes) de l'île. Ambiance simple avec les tables installées sous un grand arbre. Le propriétaire est en salle et son épouse en cuisine. **CUISINE** Poissons et fruits de mer. **CARTES DE CRÉDIT** Diners, MasterCard, Visa. **HORAIRE** 11h/22h; Fermé le mercredi.
R. da Praia, s/n, praia do Abraão
TÉL. 3361-5113

Reis e Magos $$
Charmant restaurant et atelier de style rustique. Cuisine et service de qualité. Le repas se déguste en bord de mer, au son de musique brésilienne. L'établissement possède son propre embarcadère et un bateau qui va chercher les clients pour les servir les bateaux ancrés. **CUISINE** Poissons et fruits de mer. **CARTES DE CRÉDIT** Non acceptées. **HORAIRE** À partir de 11h.
Entrée du Saco do Céu
TÉL. 9258-2490/3367-2812

Ilhabela – SP

INDICATIF 12 HABITANTS 20 836
DISTANCE São Paulo, 224 km

HÔTELS

Mercedes $$
Le bâtiment fait penser à un château médiéval en pleine île. Les chambres sont agréables, avec vue sur la mer ou sur la rivière qui traverse la propriété. Piscine construite en bord de mer très agréable. **INSTALLATIONS** 41 chambres, climatisation, téléphone, TV, bar, piscine, piscine naturelle, restaurant, salle de jeux. **CARTES DE CRÉDIT** Toutes.
Av. Leonardo Reali, 2222
TÉL. 3896-1071 FAX 3896-1074
www.hotelmercedes.com.br

Porto Pacuiba $$
Les propriétaires d'origine allemande offrent un accueil personnalisé aux clients. En plus des repas servis au restaurant, la maison propose des gâteaux et des pains maison. **INSTALLATIONS** 18 chambres, climatisation, téléphone, TV, TV câblée, ventilateur, bar, piscine, restaurant, salle de jeux, salon de massage, sauna. **CARTES DE CRÉDIT** Toutes.
Av. Leonardo Reale, 2392
TÉL. 3896-2466
www.portopacuiba.com.br

Pousada Canto da Praia $$$
Auberge située dans la jolie résidence du propriétaire. La décoration de chaque chambre est différente et élégante, et les divers espaces de rencontre (salle de jeux, piscine, salle du petit-déjeuner) se confondent avec la maison principale. N'accepte pas les enfants. **INSTALLATIONS** 4 chambres, climatisation, ventilateur, bateau, piscine, salle de jeux. **CARTES DE CRÉDIT** American Express, Diners, MasterCard.
Av. Força Expedicionária Brasileira, 793
TÉL. 3896-1194 FAX 3896-6415
www.cantodapraiailhabela.com.br

Pousada do Capitão $$
La décoration reproduit l'intérieur d'un navire. Chaque chambre est une cabine, très confortable. **INSTALLATIONS** 21 chambres, climatisation, téléphone, TV, bar, piscine, salle de jeux, sauna. **CARTES DE CRÉDIT** Toutes.
R. Almirante Tamandaré, 272, praia de Itaguassu
TÉL. 3896-1037/2253
www.pousadadocapitao.com.br

RESTAURANTS

Deck $$
Goûtez la *casquinha de siri* (coquille de crabe) et le *camarão ao molho de tangerina* (crevettes sauce mandarine). Sert des apéritifs dans une buvette sur la plage. **CUISINE** Variée. **CARTES DE CRÉDIT** Toutes. **HORAIRE** 12h/2h.
Av. Almirante Tamandaré, 805, praia de Itaguassu
TÉL. 3896-1489

Free Port Café $
Cafétéria raffinée, avec à côté une épicerie fine. En plus du café expresso, du champagne et du vin, l'établissement propose de délicieuses tartes et pâtisseries. Concerts de piano en fin de semaine. **CUISINE** Tartes et cafés. **CARTES DE CRÉDIT** Toutes. **HORAIRE** Lun. à ven., 11h/23h30; sam. et dim., 12h/24h30.
R. Dr. Carvalho, 112, Centro
TÉL. 3896-2237

PRIX	HÔTELS (couple)	$ jusqu'à 150 R$	$$ de 151 R$ à 300 R$	$$$ de 301 R$ à 500 R$	$$$$ au-delà de 500 R$

Viana $

Établissement simple, mais la réputation de la cuisine provoque des queues. Le kiosque sur la plage, en face du restaurant, sert des amuse-gueule et des boissons. CUISINE Poissons et fruits de mer. CARTES DE CRÉDIT Non acceptées. HORAIRE 13h/23h30; en basse saison, fermé du lundi au jeudi.
Av. Leonardo Reale, 1560, praia do Viana
TÉL. 3896-1089

SERVICES

INFORMATIONS TOURISTIQUES

Secretaria de Turismo
R. Bartolomeu de Gusmão, 140, Pequeá
TÉL. 3896-6737/2440. HORAIRE Tous les jours, 9h/18h

Itatiaia – RJ

INDICATIF 24 HABITANTS 24 739
DISTANCES Rio de Janeiro, 175 km; São Paulo, 250 km

HÔTELS

Donati $$
La salle de séjour est accueillante et la cave-bar sert des boissons et des fondues. INSTALLATIONS 23 chambres, cheminée, TV, bar, équipe d'animation, piscine, piscine chauffée, restaurant, sauna. CARTES DE CRÉDIT Toutes.
Estrada do Parque Nacional, km 9,5
TÉL. 3352-1110 RÉSERVATIONS (11) 3817-4453
www.hoteldonati.com.br

Pousada Esmeralda $$
Dans le Parc National, la Pousada propose 4 types de chalets. Les catégories "luxo" ont une cheminée. Les catégories "luxo duplo" sont situées face au lac. Pêche à la carpe, chevaux, bicyclettes, sentiers dans le parc et terrains de volley. INSTALLATIONS 14 chambres, cheminée, TV, chevaux, piscine chauffée, aire de jeux, restaurant, salle de jeux, sauna. CARTES DE CRÉDIT Toutes.
Estrada do Parque Nacional, km 4
TÉL. 3352-1643 FAX 3352-1769
www.pousadaesmeralda.com.br

Itaúnas – ES

INDICATIF 27
DISTANCE Vitória, 270 km
SITE www.guiaitaunas.com.br

HÔTELS

Casarão Parque de Itaúnas $
Endroit tranquille, au milieu des arbres. Chambres simples mais spacieuses offrant, au choix, climatisation ou ventilateur. INSTALLATIONS 12 chambres, climatisation, TV, ventilateur, piscine, aire de jeux. CARTES DE CRÉDIT MasterCard.
Estrada de Itaúnas, km 20
TÉL. ET FAX 3762-5000
www.itaunas.com.br

Pousada Casa da Praia $
L'espace de rencontre est en plein air. Chambres avec terrasse ou mezzanine. Pas de piscine. INSTALLATIONS 11 chambres, climatisation, TV, bar. CARTES DE CRÉDIT Non acceptées.
R. Profª Deolinda Lage, s/n, Centro
TÉL. et FAX 3762-5028
www.casadapraiaitaunas.com.br

Pousada do Coelho $
L'aire de loisirs est au bord de la rivière. Chambres et chalets, la plupart avec mezzanine. INSTALLATIONS 10 chambres, climatisation, ventilateur, bar, piscine. CARTES DE CRÉDIT Visa, MasterCard.
R. Projetada, s/n.
TÉL. 3762-5216 FAX 3314-2537
www.pousadadocoelho.com

Pousada Garça Real $
Décoration soignée. Ouvert de décembre à février, en juillet et lors des jours fériés. Située à proximité du centre. INSTALLATIONS 9 chambres, climatisation, TV, ventilateur, bar, piscine. CARTES DE CRÉDIT Diners, MasterCard.
R. Antenor Cabral da Silva, s/n
TÉL. 3762-5219 FAX 3765-2413
www.pousadagarcareal.com.br

RESTAURANTS

Céu-Mar $
Cadre simple. Un fourneau à bois sert à préparer une très bonne *sarda com ervas e vinho branco* (maquereau aux fines herbes et vin blanc), servie avec du riz au basilic. CUISINE Poissons et fruits de mer. CARTES DE CRÉDIT Visa. HORAIRE 11h/24h (N'ouvre qu'entre décembre et mars).
Av. Bento Daher, s/n, Centro
TÉL. 3762-5081 (informations)

SERVICES

AGENCE DE TOURISME

Casinha de Aventuras
Av. Bento Daher, s/n
TÉL. 3762-5081

Jacaraípe – ES

INDICATIF 27
DISTANCE Vitória, 30 km

RESTAURANTS

Estação Primeira de Manguinhos $$
Énorme jardin en bord de mer, avec des tables sous des kiosques en palmier piaçava. Le *peixe à jardineira* (poisson jardinière) est une des spécialités: pagre ou mérou noir frit avec des légumes. La préparation étant longue, passez votre commande et allez profiter de la plage. Juste à côté se trouve un wagon qui accueille des expositions et des événements culturels. CUISINE Poissons et fruits de mer. CARTES DE CRÉDIT Diners, MasterCard, Visa. HORAIRE Mar. à sam., 8h/22h; dim., 8h/18h.
Av. Atapuã, s/n, au coin de la r. Piraquira, praia de Manguinhos
TÉL. 3243-2687

RESTAURANTS	$ jusqu'à 50 R$	$$ de 51 R$ à 100 R$	$$$ de 101 R$ à 150 R$	$$$$ au-dessus de 150 R$

Linhares – ES

INDICATIF 27 **HABITANTS** 112 617
DISTANCE Vitória, 138 km

HOTEL

Hotel da Reserva Natural da Vale do Rio Doce $$
Dans une réserve naturelle de forêt atlantique. Composé de chalets accueillants et de chambres plus simples. Parmi les options de loisir, randonnées dans la forêt, à pied ou à vélo, verger tropical, lac, piscine et hydromassage naturels. **INSTALLATIONS** 50 chambres, climatisation, téléphone, TV, TV câblée, bar, terrain de football, équipe d'animation, piscine, piscine naturelle, aire de jeux, restaurant, salles de réunions, de jeux, sauna. **CARTES DE CRÉDIT** MasterCard, Visa.
Rodovia BR-101 Norte, km 120, 30 km au nord de Linhares
TÉL. 3371-9797 **FAX** 3273-1277
www.cvrd.com.br/linhares

Mangaratiba – RJ

INDICATIF 21 **HABITANTS** 24 901
DISTANCE Rio de Janeiro, 100 km

HÔTELS

Club Med Rio das Pedras $$$
Ce luxueux complexe hôtelier dispose d'une infrastructure de loisir complète. Peu recommandé aux amateurs de silence et de tranquillité. La jolie rivière qui donne son nom à l'hôtel traverse la propriété. Des biologistes accompagnent les randonnées dans la forêt. **INSTALLATIONS** 325 chambres, climatisation, téléphone, TV, TV câblée, bar, terrain de football, équipe d'animation, piscine, piste de jogging, tennis, restaurant, salles de réunions, de gym, de jeux, salon de massage, sauna. **CARTES DE CRÉDIT** Toutes.
Rodovia Rio–Santos, BR-101, km 445,5
TÉL. 2688-9191 **FAX** 2688-3333
www.clubmed.com

Portobello Resort Safari $$$$
Toutes les chambres ont vue sur la mer et possèdent une terrasse avec hamac. Les 36 chambres *"beach room"* donnent directement sur la plage. Parmi les activités proposées, le client peut réaliser un safari-photo dans la propriété, qui comprend cerfs, zèbres, singes et beaucoup d'autres animaux. **INSTALLATIONS** 150 chambres, climatisation, téléphone, TV, TV câblée, bar, chevaux, équipe d'animation, piscine, piscine naturelle, aire de jeux, terrain de football, tennis, restaurant, salles de réunions, de gym, de jeux, salon de massage, sauna, spa. **CARTES DE CRÉDIT** Toutes.
Rodovia Rio–Santos, BR-101, km 438
TÉL. 2789-8000 **FAX** 2689-3011
www.hotelportobello.com.br

Niterói – RJ

INDICATIF 21 **HABITANTS** 459 451
DISTANCE Rio de Janeiro, 17 km

RESTAURANTS

Caneco Gelado do Mário $$
Le Portugais Mário dirige depuis 35 ans cette maison qui peut recevoir jusqu'à 400 personnes au rez-de-chaussée, dans un cadre simple à 400 m du pont Rio-Niterói. Bonne cuisine traditionnelle, en particulier les *moquecas* (plats à base de crevettes, portion suffisante pour 3 personnes) et le délicieux *bolinho de bacalhau* (boulette de morue). Pas de réservation le vendredi, jour le plus fréquenté. **CUISINE** Poissons et fruits de mer; portugaise. **CARTES DE CRÉDIT** Non acceptées. **HORAIRE** Lun. à ven., 9h/23h; sam., 9h/19h.
R. Visconde do Uruguai, 288, loja 5, Centro
TÉL. 2620-6787

Ouro Preto – MG

INDICATIF 31 **HABITANTS** 66 277
DISTANCE Belo Horizonte, 99 km

HÔTELS

Grande Hotel de Ouro Preto $$
Cet hôtel simple est l'un des premiers projets d'Oscar Niemeyer au début des années 1940. Admirez les tuiles sur le toit, qui sont en harmonie avec les maisons coloniales voisines. Il y a des chambres en duplex, avec terrasse et une superbe vue sur la ville. Le restaurant offre également une très belle vue. **INSTALLATIONS** 36 chambres, téléphone, TV, bar, piscine, restaurant, salle de réunions. **CARTES DE CRÉDIT** Toutes.
R. das Flores, 164
TÉL. 3551-1488 **FAX** 3551-5028
www.hotelouropreto.com.br

Pousada do Mondego $$
Installée dans une demeure de 1747. La localisation est privilégiée: à côté de l'église de São Francisco, l'une des plus importantes de la ville et dont le parvis accueille la grande foire artisanale de pierre savon. **INSTALLATIONS** 22 chambres, téléphone, TV, bar, restaurant, salle de réunions. **CARTES DE CRÉDIT** Toutes.
Lgo. de Coimbra, 38
TÉL. 3551-2040 **FAX** 3551-3094
www.mondego.com.br

Solar do Carmo $$
Quatre chambres dans une résidence privée du XVIIIe siècle. Le propriétaire ne reçoit que les clients recommandés. **INSTALLATIONS** 4 chambres, TV câblée, salon de massage. **CARTES DE CRÉDIT** Non acceptées.
R. Brigadeiro Mosqueira, 66
TÉL. ET **FAX** 3552 2804 **RÉSERVATIONS** (21) 2282-1364

Solar Nossa Senhora do Rosário $$
Construit en 1830 et a managé en hôtel à partir de 1994. Situé à côté de l'église do Rosário. Le restaurant français est l'un des plus raffinés de la ville. **INSTALLATIONS** 46 chambres, climatisation, téléphone, TV câblée, bar, piscine, restaurant, salles de réunions, de gym, sauna. **CARTES DE CRÉDIT** Toutes.
R. Getúlio Vargas, 270
TÉL. 3551-5200 **RÉSERVATIONS** 3227-1444 **FAX** 3551-4288
www.hotelsolardorosario.com.br

PRIX	HÔTELS (couple)	$ jusqu'à 150 R$	$$ de 151 R$ à 300 R$	$$$ de 301 R$ à 500 R$	$$$$ au-delà de 500 R$

RESTAURANTS

Casa dos Contos $
Ancienne maison d'esclaves dans une demeure du XVII-IIe siècle, décorée avec des ustensiles d'époque. Déjeuner composé d'un buffet de plats régionaux et dîner à la carte. L'eau-de-vie est vieillie sur place. Goûtez aux *pastéis de angu com carne moída* (beignets farcis de viande hachée et de purée de maïs). CUISINE Régionale. CARTES DE CRÉDIT Toutes. HORAIRE Mer. à sam., 11h/22h; dim., lun. et mar., 11h/17h.
R. Camilo de Brito, 21
TÉL. 3551-5359

Chafariz do Paço $
Existe depuis 40 ans, et depuis 25 ans la cuisine est dirigée par Dona Teresa. Buffet de plats régionaux. Admirez sur les murs les photos anciennes de la famille des propriétaires. N'ouvre que pour le déjeuner. CUISINE Régionale. CARTES DE CRÉDIT Toutes. HORAIRE Mar. à dim., 11h/16h
R. São José, 167
TÉL. 3551-2828

Le Coq d'Or $
Restaurant situé dans l'hôtel Solar Nossa Senhora do Rosário. Le chef Eduardo Avelar a été formé au Cordon Bleu de Paris et mêle cuisine française et régionale: *surubim com castanha* (silure aux châtaignes), *pato recheado* (canard farci). CUISINE Française. CARTES DE CRÉDIT Toutes. HORAIRE Dim. à ven., 19h/23h; sam., 12h/15h et 19h/23h.
R. Getúlio Vargas, 270
TÉL. 3551-5200

Perypatus $
Situé dans le Grande Hotel de Ouro Preto. Les meilleures tables sont sur la terrasse, avec une vue privilégiée sur la partie historique de la ville. CUISINE Régionale, variée. CARTES DE CRÉDIT Toutes. HORAIRE 12h/15h et 19h/22h; en haute saison, 12h/22h.
R. Senador Rocha Lagoa, 164
TÉL. 3551-1488

SERVICES

INFORMATIONS TOURISTIQUES

Centro de Informações Turísticas
Pça. Tiradentes, 41, Centro
TÉL. 3559-3269. HORAIRE Lun. à ven., 8h/18h; sam. et dim., 8h/17h

Paraty – RJ

INDICATIF 24 HABITANTS 29 544
DISTANCES Rio de Janeiro, 248 km; São Paulo 350 km

HÔTELS

Pousada Arte Urquijo $$
L'auberge et la galerie d'art sont situées dans une ancienne demeure du XVIIe siècle. Chaque chambre est décorée différemment. Les clients laissent leurs chaussures à l'entrée et circulent avec des sandales en paille. Certains objets et tableaux de la décoration sont en vente. N'accepte pas les enfants. INSTALLATIONS 6 chambres, climatisation, TV, bar, piscine. CARTES DE CRÉDIT MasterCard, Visa, Diners.
R. Dona Geralda, 79, Centro Histórico
TÉL. 3371-1362
www.urquijo.com.br

Pousada da Marquesa $
Tranquille et raffinée, cette ancienne demeure du XVIIIe siècle possède des meubles d'époque et une piscine. Arrangez-vous pour dormir plutôt dans la demeure. Les 6 chambres standard sont de l'autre côté de la rue et n'ont pas le même charme. INSTALLATIONS 28 chambres, climatisation, téléphone, TV, bar, piscine. CARTES DE CRÉDIT Toutes.
R. Dona Geralda, 99, Centro Histórico
TÉL. 3371-1263 FAX 3371-1299
www.pousadamarquesa.com.br

Pousada do Ouro $$
Auberge confortable, située dans une demeure coloniale du Centre Historique. Possède un beau jardin intérieur avec les chambres autour. INSTALLATIONS 25 chambres, climatisation, téléphone, TV, bar, piscine, salles de réunions, de gym, de jeux, sauna. CARTES DE CRÉDIT Toutes.
R. Dr. Pereira, 145 (r. da Praia)
TÉL. 3371-1378 FAX 3371-1311
www.pousadaouro.com.br

Pousada do Sandi $$$
Cette charmante demeure du XVIIIe siècle est au milieu du brouhaha du Centre Historique. Confortable et accueil soigné. INSTALLATIONS 26 chambres, climatisation, téléphone, TV, piscine, restaurant, salle de jeux, sauna. CARTES DE CRÉDIT Toutes.
Lgo. do Rosário, 1
TÉL. 3371-2100 RÉSERVATIONS 0800232100
www.pousadadosandi.com.br

Pousada Pardieiro $$$
Grande maison située dans le centre historique, mais loin du bruit. Les chambres donnent sur un grand jardin. En prime, des perroquets et des dizaines de petits singes qui, lâchés dans les arbres et habitués au mouvement, viennent grignoter dans la main des visiteurs. N'accepte pas les moins de 15 ans. INSTALLATIONS 27 chambres, bar, piscine, restaurant, sauna. CARTES DE CRÉDIT Toutes.
R. do Comércio, 74, Centro Histórico
TÉL. 3371-1370 FAX 3371-1139
www.pousadapardieiro.com.br

Santa Clara $$$
Situé à 10 km de la ville, au milieu de la montagne et de la forêt atlantique. Dispose d'une très belle vue sur la mer. Dans les chambres, décoration soignée et savonnettes au parfum de fruits brésiliens, tels qu'*acerola* et *cupuaçu*. INSTALLATIONS 34 chambres, climatisation, téléphone, TV, TV câblée, bar, piscine, restaurant, salle de jeux, salon de massage, sauna. CARTES DE CRÉDIT Diners, MasterCard, Visa.
Rodovia Rio–Santos, km 567
TÉL. 3371-8900
www.santaclarahotel.com.br

| RESTAURANTS | $ jusqu'à 50 R$ | $$ de 51 R$ à 100 R$ | $$$ de 101 R$ à 150 R$ | $$$$ au-dessus de 150 R$ |

RESTAURANTS

Banana da Terra $
Restaurant traditionnel, ambiance décontractée. Plats savoureux, comme le *lambe-lambe* (moules en coquilles). Propose également des cocktails originaux. CUISINE Poissons et fruits de mer. CARTES DE CRÉDIT Toutes. HORAIRE 12h/24h; fermé le mardi.
R. Dr. Samuel Costa, s/n, Centro Histórico
TÉL. 3371-1725

Hiltinho $$
Sert le meilleur *camarão casadinho* (crevettes farcies) de la région: crevettes géantes farcies de farine de crevettes. Une filiale de ce restaurant se trouve sur l'île do Algodão (ven. à dim. et jours fériés, de 11h à 17h).
CUISINE Poissons et fruits de mer. CARTES DE CRÉDIT Toutes. HORAIRE 11h/23h.
R. Marechal Deodoro, 233, Centro Histórico
TÉL. 3371-1432/2155

Kontiki $$
Un bateau appartenant à ce restaurant raffiné embarque les clients sur les quais de Paraty et les emmène sur l'île (10 min.). Beaucoup profitent de l'attente de la commande pour aller se baigner sur la plage privée en face.
CUISINE Poissons et fruits de mer. CARTES DE CRÉDIT Diners, MasterCard, Visa. HORAIRE 9h/17h30; fév. à déc., fermé le mercredi.
Ilha Duas Irmãs
TÉL. 3371-1666/6056

Le Gîte d'Indaiatiba $$
Établissement caché dans la montagne, à côté d'une jolie chute d'eau et à 1h du centre. La *moqueca de siri catado com palmito* (crabes et cœurs de palmier) vaut le voyage. Possède un héliport. CUISINE Française; poissons et fruits de mer. CARTES DE CRÉDIT Non acceptées. HORAIRE 13h30/21h; fermé en mai.
Estrada para Graúna, km 4, accès au km 562 da Rio–Santos
TÉL. 3371-7174/9999-9923

Merlin o Mago $$
Charmant et intimiste, parfait pour s'y rendre à deux. Cuisine française aux accents asiatiques et brésiliens, propose des plats à base de crevettes et de langoustes.
CUISINE Française. CARTES DE CRÉDIT Diners, MasterCard, Visa. HORAIRE 19h/1h; fermé le mercredi.
R. do Comércio, 376, Centro Histórico
TÉL. 3371-2157

Refúgio $$
Les tables éclairées par des bougies sont très fréquentées par les couples. Le *camarão à espanhola*, crevettes cuites à l'huile et à l'ail dans une casserole en terre, est une des spécialités. Réserver à l'avance. CUISINE Poissons et fruits de mer. CARTES DE CRÉDIT Diners, MasterCard, Visa. HORAIRE 12h/24h.
Pça. do Porto, 1, loja 4
TÉL. 3371-2447

Thai Brasil $$
Les crevettes au curry rouge servies dans un ananas, sont très appréciées de la clientèle. Décoration amusante – tables et chaises sont ornées d'animaux (vaches, girafes, zèbres) peints par la propriétaire, qui est artiste. CUISINE Thaïlandaise. CARTES DE CRÉDIT MasterCard, Visa. HORAIRE 18h/jusqu'au dernier client.
R. Dona Geralda, 345, Centro Histórico
TÉL. 3371-0127

SERVICES

INFORMATIONS TOURISTIQUES

Centro de Informações Turísticos
Av. Roberto Silveira, 1, Centro
TÉL. 3371-1897. HORAIRE Tous les jours, 9h/21h

Penedo – RJ

INDICATIF 24
DISTANCES Rio de Janeiro, 165 km; São Paulo, 267 km

HÔTELS

Pequena Suécia $$
Situé dans une rue très calme, à proximité du centre tout en étant au milieu de la verdure. Pains, biscuits et gâteaux sont faits maison d'après des recettes suédoises héritées des ancêtres de la propriétaire. Très bon restaurant. INSTALLATIONS 17 chambres, climatisation, cheminée, téléphone, TV, TV câblée, bar, piscine, restaurant, salles de gym, de jeux, salon de massage, sauna. CARTES DE CRÉDIT Toutes.
R. Toivo Suni, 33
TÉL. 3351-1275/1343
www.pequenasuecia.com.br

Pousada Serra da Índia $
Située à 2 km du centre, au sommet de la montagne, jouissant d'une vue magnifique. Deux chalets sont rêvés pour les couples: ils possèdent une baignoire d'hydromassage et une chaîne hi-fi. Les autres sont disséminés dans la montagne et exigent un certain effort pour gravir les escaliers abrupts. INSTALLATIONS 12 chambres, climatisation, cheminée, téléphone, TV, piscine, restaurant, salles de gym, de jeux, sauna. CARTES DE CRÉDIT Toutes.
Estrada Vale do Ermitão, s/n
TÉL. 3351-1185 RÉSERVATIONS 3351-1804
www.serradaindia.com.br/

RESTAURANTS

Koskenkorva $
Bon choix pour découvrir la cuisine finlandaise. Dans le jardin luxuriant, admirez les sculptures du propriétaire. CUISINE Finlandaise. CARTES DE CRÉDIT Non acceptées. HORAIRE 12h/24h.
Estrada das Três Cachoeiras, 3955
TÉL. 3351-2532

Pequena Suécia $
Annexé à l'hôtel, il offre concerts et spectacles de danses. Établissement petit mais accueillant. Goûtez le hareng (*arenque*) aux pommes de terre, yaourt et petits oignons. CUISINE Suédoise. CARTES DE CRÉDIT Toutes. HORAIRE 12h/23h.
R. Toivo Suni, 33
TÉL. 3351-1275

| PRIX | HÔTELS (couple) | $ jusqu'à 150 R$ | $$ de 151 R$ à 300 R$ | $$$ de 301 R$ à 500 R$ | $$$$ au-delà de 500 R$ |

SUD-EST

Rei das Trutas $
Ambiance décontractée et les meilleures truites de la région. En entrée, demandez une *casquinha de truta* (coquille de truite) accompagnée d'une *caipirinha* (coktail à base d'eau-de-vie de canne à sucre et citron vert). CUISINE Poissons. CARTES DE CRÉDIT Toutes. HORAIRE 11h/23h.
Av. das Mangueiras, 69
TÉL. 3351-1387

Vikings $
Dégustez les plats maison comme la *truta com molho de alcaparras* (truite aux câpres), *creme de espinafre* (crème d'épinards) et *batatas temperadas com dill* (pommes de terre à l'aneth). CUISINE Scandinave. CARTES DE CRÉDIT Non acceptées. HORAIRE Lun. à ven., 18h/23h; sam. et dim., 12h/24h.
Av. Brasil, 800
TÉL. 9219-1516

Zur Sonne $
Restaurant allemand à 15 km de Penedo, dont 4 sur chemin de terre. Les condiments viennent d'Allemagne. La propriétaire reçoit les clients et prépare personnellement les plats. Enfants de moins de 12 ans non acceptés pour le dîner. CUISINE Allemande. CARTES DE CRÉDIT Non acceptées. HORAIRE Lun. à ven., sur réservation; sam., dim. et jours fériés, à partir de 12h et le soir sur réservation.
Estrada da Serrinha, km 4, Serrinha de Resende
TÉL. 3381-7108/9258-8362

Peruíbe – SP

INDICATIF 13 HABITANTS 51 451
DISTANCE São Paulo, 128 km
SITE www.peruibe.sp.gov.br

HÔTEL

Waldhaus Hotel $
Chambres très simples, mais la vue y est extraordinaire. L'hôtel possède une agence de tourisme vert, l'Eco Adventure. L'Allemand Remo, propriétaire, est un excellent guide pour Juréia, située à côté, ainsi que pour le sentier qui sort de l'hôtel et va au belvédère. INSTALLATIONS 9 chambres, TV, piscine, restaurant, salle de jeux, salon de massage. CARTES DE CRÉDIT MasterCard.
R. Gaivota, 1201
TÉL. 3457-9170
www.jureiaecoadventure.com.br

RESTAURANT

A Ponte $
Avec des utensiles de pêche, des poissons et des photos de bateaux de pêche sur les murs, ce restaurant est l'un des plus authentiques de Peruíbe. Le décor est simple et le client est accueilli par le propriétaire et ancien pêcheur José Carlos, qui recommande notamment la *tainha recheada* (mulet farci) ou la *meca com risoto de frutos do mar* (risotto de poisson et de fruits de mer). CUISINE Poissons et fruits de mer. CARTES DE CRÉDIT MasterCard. HORAIRE Sam. et dim., 2h/21h.
R. José Veneza Monteiro, 76
TÉL. 3455-5444

SERVICES

AGENCIES DE TOURISME

Eco Adventure (canotage, jeep et randonnée)
Av. Central, 880, Guaraú
TÉL. 3457-9170/9390

Ecotur
(promenade en jeep et *jardineira* (véhicule ouvert) pour les plages et les chutes d'eau)
TÉL. 3455-8083

Petrópolis – RJ

INDICATIF 24 HABITANTS 286 537
DISTANCE Rio de Janeiro, 65 km
SITE www.petropolis.rj.gov.br

HÔTELS

Bomtempo Raquete & Resort $$$$
Le tennis est le grand attrait de cet hôtel qui dispose de 4 terrains en terre battue, dont un couvert, en plus de courts de squash, piste de paddle, terrains de football et de volley. Il y a un magasin de cigares et un bain *ofuro*. Les enfants sont les bienvenus: une grande aire de récréation avec des jeux, des animaux et des animateurs les attendent. INSTALLATIONS 30 chambres, climatisation, cheminée, téléphone, TV câblée, bar, terrain de football, chevaux, équipe d'animation, piscine chauffée, aire de jeux, tennis, restaurant, salles de réunions, de gym, de jeux, salon de massage. CARTES DE CRÉDIT MasterCard, Visa.
Estrada da Cachoeira, 400, Santa Mônica-Itaipava
TÉL. 2222-9922
www.bomtemporesort.com.br

Fazenda das Videiras $$$
Chalets accueillants. N'accepte pas les moins de 14 ans. INSTALLATIONS 7 chambres, cheminée, téléphone, TV, bar, piscine naturelle, restaurant, salle de jeux, sauna. CARTES DE CRÉDIT Non acceptées.
Route Paulo Meira, 6000, accès par la route Araras–Vale das Videiras
TÉL. 2225-8090
www.videiras.com.br

Hotel Pousada dos Pirineus $$$
L'accueil des propriétaires, Marisa et son fils Bruno, est excellent. Les chalets sont jumelés, deux sont en rénovation pour offrir plus d'intimité. Piscine chauffée et couverte. Copieux petit-déjeuner, préparé sur l'heure et servi jusqu'à 13 h. À la cave, savoureuses fondues bourguignonne et au chocolat. INSTALLATIONS 5 chambres, cheminée, TV, ventilateur, bar, piscine chauffée, restaurant, salle de jeux, sauna. CARTES DE CRÉDIT Diners, MasterCard.
R. dos Lírios, 790, accès par la estrada Bernardo Coutinho, km 4,7
TÉL. 2225-1729
www.pousadapirineus.com.br

RESTAURANTS	$ jusqu'à 50 R$	$$ de 51 R$ à 100 R$	$$$ de 101 R$ à 150 R$	$$$$ au-dessus de 150 R$

Hôtels, Restaurants et Services

Locanda della Mimosa $$$
Les 6 chambres sont disposées dans deux constructions: 3 ont vue sur la piscine, 2 sur les jardins et 1 sur le potager. Chocolats sur l'oreiller. Le restaurant du même nom appartient au chef le plus connu de la ville. INSTALLATIONS 6 chambres, climatisation, frigobar, téléphone, TV, chauffage, ventilateur, bar, piscine chauffée, restaurant, salle de jeux, sauna. CARTES DE CRÉDIT Non acceptées.
Al. das Mimosas, 30, Vale Florido, accès par le km 72 de la estrada BR-040, Araras
TÉL. 2233-5405
www.locanda.com.br

Parador Santarém $$$
Structure de loisirs complète, excellentes options pour les enfants. Les fromages et le beurre sont faits maison et le potager est bio. À la cave, fondues et dégustation de vins. Possède un héliport. INSTALLATIONS 14 chambres, climatisation, téléphone, TV, TV câblée, bar, minigolf, chevaux, piscine, piste de jogging, aire de jeux, terrain de football, tennis, restaurant, salles de réunions, de gym, de jeux, salon de massage, sauna. CARTES DE CRÉDIT Toutes.
Estrada Correia da Veiga, 96, Santa Mônica–Itaipava
TÉL. 2222-9933
www.paradorsantarem.com.br

Pousada da Alcobaça $$$
Ancienne résidence d'été du grand-père de la charmante propriétaire restaurée et transformée en auberge. Le chauffage des chambres provient de la cheminée du salon principal. Admirez les splendides jardins qui entourent le bâtiment. INSTALLATIONS 10 chambres, climatisation, téléphone, TV, bar, piscine, tennis, restaurant, sauna. CARTES DE CRÉDIT American Express, MasterCard, Visa.
R. Dr. Agostinho Goulão, 298, Correas
TÉL. 2221-1240 FAX 2229-3162
www.pousadadaalcobaca.com.br

Pousada das Araras $$$
La propriété de 15 hectares est située au pied du rocher Maria Comprida et traversée par de nombreux sentiers dans ce morceau de forêt atlantique. Possède 2 piscines, une d'eau de source et l'autre traitée. Les chalets sont équipés de baignoires d'hydromassage. INSTALLATIONS 24 chambres, cheminée, téléphone, TV, bar, piscine naturelle, piscine chauffée, restaurant, salles de réunions, de jeux, salon de massage, sauna. CARTES DE CRÉDIT MasterCard.
Estrada Bernardo Coutinho, 4570, estrada Araras–Vale das Videiras
TÉL. 2225-0555
www.pousadadasararas.com.br

Pousada das Flores $$$
L'auberge fait honneur à son nom ("Auberge des Fleurs"). Dans ses jardins, plus de 300 espèces de plantes et de fleurs, en particulier hortensias, orchidées et tournesols. Chambres conçues uniquement pour couples. L'objectif étant de s'isoler et de se détendre, l'éloignement de la ville est un avantage. Baignoires dans 3 chalets et 3 chambres; les autres sont uniquement équipées de douches. INSTALLATIONS 19 chambres, climatisation, téléphone, TV, ventilateur, bar, équipe d'animation, piscine, tennis, restaurant, salles de réunions, de jeux, sauna. CARTES DE CRÉDIT Diners, MasterCard, Visa.
Estrada União–Indústria, 34750, Posse
TÉL. 2259-1546
www.pousadadasflores.com.br

Pousada Tambo los Incas $$$
Tambo signifie cabane, auberge, en langue quechua. Dans cette charmante maison sont exposés des objets rapportés de voyages, à l'exemple de la collection de céramiques précolombiennes et de l'artisanat latino-américain. Deux chambres sont équipées d'une baignoire d'hydromassage et un bain ofuro. Produits fins et cave de 400 bouteilles. N'accepte pas les enfants de moins de 12 ans. INSTALLATIONS 9 chambres, cheminée, téléphone, TV, bar, piscine chauffée, restaurant, salles de réunions, de gym, de jeux, sauna. CARTES DE CRÉDIT Toutes.
Estrada Ministro Salgado Filho, 2761, Vale do Cuiabá
TÉL. 2222-5666 FAX 2222-5668
www.tambolosincas.com.br

Tankamana $$$$
Ici chauffants les détails font la différence: dans chaque chalet les lits sont de grande taille et il y a des porte-serviettes chauffants, une cheminée, la TV câblée et un lecteur vidéo. Tir à l'arc et promenades à cheval avec moniteur sans coût supplémentaire. Les truites sont la spécialité du restaurant de l'auberge. INSTALLATIONS 16 chambres, cheminée, téléphone, TV, ventilateur, bar, chevaux, piscine, piscine naturelle, restaurant, salle de jeux, sauna. CARTES DE CRÉDIT Toutes.
Estrada Júlio Capúa, s/n, Vale do Cuiabá–Itaipava
TÉL. 2222-9182 RÉSERVATIONS 2222-9183 FAX 2222-9181
www.tankamana.com.br

RESTAURANTS

Alvorada $
C'est sur le fourneau à bois que sont préparés les *galetos laqueados* (poulets laqués) et une délicieuse *carne-de-sol* (viande séchée) croquante avec des oignons panés, des courgettes et des bananes sautées. Un ruisseau traverse le jardin, donnant un aspect encore plus bucolique et agréable. CUISINE Variée. CARTES DE CRÉDIT Toutes. HORAIRE Ven. à dim. 13h/24h; fermé du lun. au jeudi.
Estrada Bernardo Coutinho, 1655
TÉL. 2225-1118

Chico Veríssimo $$
Sert des truites, des escargots, des côtelettes de sanglier, des pâtés et des salades savamment préparés par la chef Christina Heilborn. Excellente cuisine accompagnée du bruissement très agréable des eaux de la rivière et de la cascade voisines. CUISINE Contemporaine. CARTES DE CRÉDIT Toutes. HORAIRE Mer. à sam., 13h/jusqu'au dernier client; dim., 13h/19h.
R. Agostinho Goulão, 632, Correas
TÉL. 2221-3049

Clube do Filé $$
Installé dans une ancienne ferme et entouré d'un su-

perbe jardin, le restaurant fait honneur à son nom ("Club du filet") et sert des filets de viande, de poisson et de poulet selon des préparations diverses et avec des sauces classiques. Une boutique annexe, filiale de la maison Expand, propose des vins importés. **CARTES DE CRÉDIT** Non acceptées. **HORAIRE** Jeu., 12h/16h; ven. et sam., 13h/18h et 20h/24h; dim., 13h/18h.
Estrada União–Indústria, 9153
TÉL. 2222-8891

Fazenda das Videiras $$$
L'auberge possède deux salles à manger, une avec cheminée et l'autre avec une belle vue sur les montagnes. Les plats sont préparés de manière artisanale sur le fourneau à bois. Il est conseillé de réserver. Le vendredi soir, fondues au fromage, bourguignonne ou au chocolat, accompagnées de très bons vins (la cave possède plus de 200 crus). **CUISINE** Française. **CARTES DE CRÉDIT** Non acceptées. **HORAIRE** Ven., 21h/23h; sam., 13h/16h et 21h/23h; dim., 13h/16h.
Estrada Paulo Meira, 6000, Vale das Videiras
TÉL. 2225-8090

Granum Salis $$
Beau jardin autour, vaisselle digne d'un antiquaire, sculptures en verre et galerie d'art annexe, le tout associé à des recettes créatives. Demandez l'*espuma de ricota com poeira de nozes* (mousse de ricotta et noix en poudre) et le *nhoque de espinafre na manteiga com sálvia crocante* (gnocchi d'épinards au beurre à la sauge croquante). **CUISINE** Contemporaine. **CARTES DE CRÉDIT** Non acceptées. **HORAIRE** Ven. et sam., 10h/jusqu'au dernier client; dim., 10h/17h.
Estrada Bernardo Coutinho, 3575, Araras
TÉL. 2225-0516/2247-7574

Locanda della Mimosa $$$
Le chef Danio Braga est l'un des chefs les plus renommés de Rio de Janeiro. Son nom attire nombre de gourmets dans ce restaurant, qui possède l'une des meilleures caves du Brésil. Les aromates proviennent du potager privé. **CUISINE** Italienne, contemporaine. **CARTES DE CRÉDIT** Non acceptées. **HORAIRE** Jeu., 20h/23h30; ven. et sam., 12h30/15h30 et 20h/23h30; dim., 12h30/15h30 et 19h/23h.
Al. das Mimosas, 30, Vale Florido
TÉL. 2233-5405

Parador Valencia $$
La cuisine est espagnole, avec des paellas spectaculaires et la *lula recheada com arroz negro* (calmar farci de riz sauvage). Le chef Paquito vit dans la maison où fonctionne le restaurant. Ses tableaux, sculptures et meubles personnels sont intégrés dans la décoration de l'endroit. **CUISINE** Espagnole. **CARTES DE CRÉDIT** Toutes. **HORAIRE** Ven. et sam. 12h/23h; dim., 12h/18h.
R. Servidão Celita de O. Amaral, 189, estrada União–Indústria, à hauteur du nº 11389
TÉL. 2222-1250

Parrô do Valentim $$
Depuis 30 ans, c'est l'adresse principale de la cuisine portugaise. Établissement tenu par le couple Guilhermina et Valentim. À déguster tout particulièrement les *toucinhos do céu* (gateau portugais à base de jaune d'œufs, sucre et pâte d'amandes), *bacalhoadas* (morue) et *sardinha na brasa* (sardines sur la braise), toujours accompagnées de vins portugais. Les pâtisseries, délicieuses, peuvent être achetées dans la boutique annexe. **CUISINE** Portugaise. **CARTES DE CRÉDIT** MasterCard, Visa. **HORAIRE** Mar. à jeu. et dim., 11h30/22h; ven. et sam., 11h30/24h.
Estrada União–Indústria, 10289, Itaipava
TÉL. 2222-1281

Pousada da Alcobaça $
Même si vous ne séjournez pas à la *pousada*, vous pouvez venir déguster le petit-déjeuner, de style colonial (café servi avec un grand nombre de plats sucrés et salés). Le restaurant ne compte que 6 tables et est très accueillant. À noter la traditionnelle *feijoada* (haricots noirs et viandes), servie le samedi, et les truites accompagnées de sauces raffinées. Il est conseillé de réserver à l'avance. **CUISINE** Variée. **CARTES DE CRÉDIT** Non acceptées. **HORAIRE** 8h/12h et 13h30/22h.
R. Dr. Agostinho Goulão, 298, Correas
TÉL. 2221-1240

SERVICES

AGENCES DE TOURISME

Campos de Aventuras Paraíso Açu
Estrada do Bonfim, 3511, Correas
TÉL. 2221-3999

Haras Analu
Estrada Ministro Salgado Filho, 5230, Vale do Cuiabá, Itaipava
TÉL. 2222-9666/2527-1044

Haras Fazenda do Moinho
Estrada do Moinho, s/n, Vale do Cuiabá
TÉL. 2222-9599

Rios Brasileiros Rafting
R. Silva Jardim, 514/104, Centro
TÉL. 2243-4372/9811-6523

INFORMATIONS TOURISTIQUES

Casa do Barão de Mauá
Pça. da Confluência, 3, Centro
HORAIRE Lun. à sam., 9h/18h30; dim., 9h/17h.

Centro Histórico
Pça. dos Expedicionários, s/n, à côté du Museu Imperial
HORAIRE 9h/18h

Disque Turismo (Numéro vert)
TÉL. 0800241516/2246-9377
HORAIRE Lun. et mar., 9h/18h30; mer. à sam., 9h/20h; dim., 9h/16h

Pórtico da Quitandinha
Av. Ayrton Senna, s/n
HORAIRE 8 h/19 h.

RESTAURANTS	$ jusqu'à 50 R$	$$ de 51 R$ à 100 R$	$$$ de 101 R$ à 150 R$	$$$$ au-dessus de 150 R$

Rio de Janeiro – RJ

INDICATIF 21 **HABITANTS** 5 857 904
SITE www.rio.rj.gov.br

HÔTELS

Caesar Park $$$$
Hôtel le plus chic d'Ipanema. Bonne localisation : en face du Posto 9, l'un des points les plus animés de la plage et à proximité des meilleurs restaurants et boutiques de la ville. La plupart des chambres ont une vue superbe sur la plage, et celle de la terrasse du dernier étage et de la salle de gym est à couper le souffle. INSTALLATIONS 226 chambres, climatisation, téléphone, TV, TV câblée, bar, piscine, restaurant, salles de réunions, de gym, salon de massage, sauna. CARTES DE CRÉDIT Toutes.
Av. Vieira Souto, 460, Ipanema
TÉL. 2525-2525 RÉSERVATIONS 2525-2500 FAX 2521-6000
www.caesar-park.com

Copacabana Palace $$$$
Dans cet hôtel célèbre pour attirer des personnalités d'Hollywood et du monde entier depuis plus de 80 ans, Orson Welles a été à l'origine de scènes voluptueuses et de quelques scandales. Dans ce bâtiment classé par le Patrimoine Historique, les chambres sont spacieuses et le mobilier d'époque, bien conservé. Lorsque vous serez en train de siroter un cocktail au bord de la piscine, vous percevrez sans peine toute sa splendeur. Son restaurant – le Cipriani – est dirigé par le chef Francesco Carli et est un des meilleurs de la ville. Charme garanti. INSTALLATIONS 216 chambres, climatisation, téléphone, TV, TV câblée, bar, piscine, tennis, restaurant, salles de réunions, de gym, salon de massage. CARTES DE CRÉDIT Toutes.
Av. Atlântica, 1702, Copacabana
TÉL. 2548-7070 FAX 2235-7330
www.copacabanapalace.com.br

JW Marriott $$$$
Cet hôtel qui n'a que 3 ans d'existence est sur la plage de Copacabana. Toutes les chambres ne donnent pas sur la plage, alors insistez à votre arrivée pour en obtenir une. Des chaises de plage, parasols et serviettes de bain sont à disposition des clients. INSTALLATIONS 245 chambres, climatisation, téléphone, TV, TV câblée, bar, piscine, restaurant, salles de réunions, de gym, salon de massage, sauna. CARTES DE CRÉDIT Toutes.
Av. Atlântica, 2600, Copacabana
TÉL. 2545-6500 FAX 2545-6555
www.marriottbrasil.com

Lancaster $$$
Hôtel ouvert depuis 60 ans. Son architecture charmante date des années 1940, avec des chambres et des terrasses spacieuses, néanmoins il est un peu décrépit. Les chambres les mieux conservées donnent sur la plage. INSTALLATIONS 69 chambres, climatisation, téléphone, TV, restaurant. CARTES DE CRÉDIT Toutes.
Av. Atlântica, 1470, Copacabana
TÉL. 2543-8300

Le Meridien $$$$
Il est l'un des plus grands bâtiments de la ville. Au 37ᵉ étage fonctionne un excellent restaurant, jouissant d'une vue spectaculaire. La fameuse cascade de feux d'artifice qui a lieu le soir du Nouvel-An est lancée d'ici. L'hôtel a été rénové et il possède une bonne infrastructure pour les voyages d'affaires, les congrès ou les simples touristes. INSTALLATIONS 496 chambres, climatisation, téléphone, TV, TV câblée, bar, piscine, restaurant, salle de gym, sauna. CARTES DE CRÉDIT Toutes.
Av. Atlântica, 1020, Leme
TÉL. 3873-8850/0800-257171 FAX 3873-8777
www.meridien-br.com

Marina All Suites $$$$
Hôtel situé sur la plage de Leblon, a une bonne infrastructure et 38 chambres qui donnent sur la mer. D'entre elles, 8 sont des "suítes design" décorées par des décorateurs et des architectes de renom. INSTALLATIONS 38 chambres, climatisation, téléphone, TV, TV câblée, piscine sur le toit, restaurant, centre fitness, salles de gym, salon de massage, salle de vidéo, sauna. CARTES DE CRÉDIT Toutes.
Av. Delfim Moreira, 696, Leblon
TEL 2172-1100 RÉSERVATIONS 2172-1101
www.marinaallsuites.com.br

Ouro Verde Hotel $$$
Construit à l'occasion de la Coupe du Monde de 1950, il n'est pas indiqué pour les amateurs d'hôtels modernes. Mais il fera le bonheur des nostalgiques de cette époque. Demandez une chambre avec terrasse et vue sur la plage de Copacabana. INSTALLATIONS 61 chambres, climatisation, téléphone, TV, bar, restaurant, salle de réunions. CARTES DE CRÉDIT Toutes.
Av. Atlântica, 1456, Copacabana
TÉL. 2543-4123 FAX 2543-4776

Sheraton Barra $$$$
Ouvert en 2003, il est le meilleur hôtel de la Barra da Tijuca. Tout en hauteur avec ses 15 étages, il est cependant vaste et doté de grands couloirs. Les chambres sont bien équipées, et certaines possèdent même un micro-ondes et une chaîne hi-fi. INSTALLATIONS 292 chambres, climatisation, téléphone, TV, TV câblée, bar, équipe d'animation, piscine, aire de jeux, restaurant, salles de réunions, de gym, salon de massage, sauna, spa. CARTES DE CRÉDIT Toutes.
Av. Lúcio Costa (Sernambetiba), 3150, Barra da Tijuca
TÉL. 3139-8000
www.sheraton.com/barra

Sheraton Rio Hotel & Towers $$$$
Cet énorme hôtel possède 559 chambres et une plage privée. Tous les espaces de loisir – de la piscine à la salle de gym – sont excellents. Dans le bar à côté du hall il y a un sushi-bar, et la vue sur les îles Cagarras et sur la côte d'Ipanema et de Leblon est superbe. Il est éloigné des autres attraits touristiques de la ville. INSTALLATIONS 559 chambres, climatisation, téléphone, TV, bar, équipe d'animation, piscine chauffée, tennis, restaurant, salles de réunions, de gym, de jeux, salon de massage, sauna. CARTES DE CRÉDIT Toutes.
Av. Niemeyer, 121, São Conrado
TÉL. 2274-1122 RÉSERVATIONS 2239-1173
sheraton-rio.com

Sofitel Rio de Janeiro $$$$
Situé entre Copacabana et Ipanema, l'hôtel a remplacé le Rio Palace et bénéficie d'une belle vue sur les plages.

PRIX	HÔTELS (couple)	$ jusqu'à 150 R$	$$ de 151 R$ à 300 R$	$$$ de 301 R$ à 500 R$	$$$$ au-delà de 500 R$

INSTALLATIONS 388 chambres, climatisation, téléphone, TV, bar, équipe d'animation, piscine chauffée, tennis, restaurant, salles de réunions, de gym, de jeux, salon de massage, sauna. **CARTES DE CRÉDIT** Toutes.
Av. Atlântica, 4240, Copacabana
TÉL. 2525-1232 FAX 2525-1230

RESTAURANTS

Adega do Pimenta $
La maison au décor rustique existe depuis 20 ans et se situe dans la région bohème de Santa Teresa. Spécialités allemandes notamment le délicieux *joelho de porco (eisbein) com chucrute* (jarret de porc choucroute). Les plats sont pour deux personnes. Réservation conseillée. Le restaurant possède des filiales à Leblon, à Barra da Tijuca et dans la ville d'Itaipava. **CUISINE** Allemande. **CARTES DE CRÉDIT** MasterCard, Visa. **HORAIRE** Lun. et mer. à ven., 11h30/22h; sam., 11h30/20h; dim., 11h30/18h.
R. Almirante Alexandrino, 296, Santa Teresa
TÉL. 2224-7554

Adega do Valentim $$
À la mort du commandant Valentim, sa veuve Neide de Souza a repris la direction. Restaurant traditionnel de cuisine portugaise, avec des portions copieuses pour 2 personnes. **CUISINE** Portugaise. **CARTES DE CRÉDIT** Toutes. **HORAIRE** 12h/1h.
R. da Passagem, 178, Botafogo
TÉL. 2541-1166

Adegão Português $$$
Ce restaurant traditionnel de la zone nord de Rio prend la morue *(bacalhau)* au sérieux. Sa liste de plats dont le poisson est l'ingrédient principal est immense, et les portions très copieuses. **CUISINE** Portugaise. **CARTES DE CRÉDIT** Toutes. **HORAIRE** Lun. à sam., 11h30/23h30; dim., 11h30/20h.
Campo de São Cristóvão, 212, São Cristóvão
TÉL. 2580-7288/8689

Alda Maria Doces Portugueses $
Alda Maria vend chez elle les pâtisseries que lui a enseignées sa grand-mère portugaise. Les préférées des clients surtout sont le *pastel de nata* (tartelettes à la crème pâtissière), le *toucinho do céu* (gateau portugais à base d'œufs, sucre et pâte d'amande) et le *bem-casado* (petit gâteau). L'entrée de la maison fait penser aux constructions du Portugal avec ses azulejos bleus et blancs. **CUISINE** Pâtisseries portugaises. **CARTES DE CRÉDIT** Non acceptées. **HORAIRE** Lun. à ven., téléphoner avant; sam. et dim., 14h/19h.
R. Almirante Alexandrino, 1116, Santa Teresa
TÉL. 2232-1320

Alessandro & Frederico Café $
Choisissez une table sur l'énorme terrasse pour déguster des sandwichs très originaux, à l'exemple de ceux qui mélangent abricot et jambon de Parme *(damasco com presunto de Parma)* ou fromage cheddar et saucisse *(queijo cheddar com lingüiça)*. **CUISINE** Sandwichs. **CARTES DE CRÉDIT** Toutes. **HORAIRE** 9h/1h.
R. Garcia d'Ávila, 134, Ipanema
TÉL. 2521-0828

Alfaia $$
Le plat le plus célèbre de ce petit restaurant de Copacabana est le *bacalhau à patuscada* (morue aux pommes de terre et brocolis), en portion individuelle ou pour 2. Mais goûtez aussi le *polvo à moda* (poulpe). Au dessert, régalez-vous avec le *pastel de nata* (tartelettes à la crème pâtissière). **CUISINE** Portugaise. **CARTES DE CRÉDIT** Toutes. **HORAIRE** 11h/24h.
R. Inhangá, 30, loja B, Copacabana
TÉL. 2236-1222

Amarelinho $
Le bar est une institution dans la ville et il accueille les bohèmes depuis plus de 80 ans. Plus intéressant pour son histoire que pour la qualité des plats. **CUISINE** Brésilienne. **CARTES DE CRÉDIT** Toutes. **HORAIRE** 11h/24h.
Pça. Floriano, 55, Cinelândia
TÉL. 2240-8434

A Marisqueira $$
Ce restaurant traditionnel de fruits de mer a déjà reçu la visite de Mário Soares, ancien président du Portugal, qui a goûté le plat de morue portant son nom *(bacalhau à Mário Soares)*. Toutefois le plat a été baptisé de la sorte en raison du nom des propriétaires, Mário et Soares. Autre plat le plus demandé: le *Zé do Pipo* (morue, pommes de terre, oignons). **CUISINE** Portugaise. **CARTES DE CRÉDIT** Toutes. **HORAIRE** 11h/24h.
R. Barata Ribeiro, 232, Copacabana
TÉL. 2547-3920

Antiquarius $$
L'un des meilleurs restaurants de la ville, à proximité du bord de mer à Leblon. Dans la mezzanine qui fait office de salle d'attente se trouve un antiquaire. Plusieurs spécialités portugaises, dont un grand nombre à base de morue. **CUISINE** Portugaise. **CARTES DE CRÉDIT** Diners, MasterCard. **HORAIRE** 12h/2h.
R. Aristides Espíndola, 19, Leblon
TÉL. 2294-1049/1496

Azul Marinho $$
Jolie vue sur l'Arpoador et sur la plage d'Ipanema. La carte propose des recettes de fruits de mer de tout le Brésil. L'une des suggestions est la *moqueca mista de camarão e peixe* (plat à base de crevettes et de poisson). **CUISINE** Poissons et fruits de mer. **CARTES DE CRÉDIT** Toutes. **HORAIRE** 12h/jusqu'au dernier client.
Av. Francisco Bhering, s/n, Arpoador
TÉL. 2513-5014

B! $
Restaurant branché, situé dans la mezzanine de la librairie da Travessa à Ipanema. Carte limitée. Surtout fréquenté par des artistes et intellectuels. **CUISINE** Contemporaine. **CARTES DE CRÉDIT** Toutes. **HORAIRE** Mar. à sam., 9h/23h; dim. et lun., 12h/23h.
R. Visconde de Pirajá, 572, Ipanema
TÉL. 2249-4977

Balada Sumos $
Bar à jus de fruits, à la même adresse depuis 30 ans. On savoure son jus debout, au comptoir. Il y en a pour tous les goûts, du *suco de laranja com berinjela* (jus d'orange

| RESTAURANTS | $ jusqu'à 50 R$ | $$ de 51 R$ à 100 R$ | $$$ de 101 R$ à 150 R$ | $$$$ au-dessus de 150 R$ |

et à l'aubergine) à *maracujá com sorvete de creme* (fruit de la passion et glace à la vanille). CUISINE Sandwichs. CARTES DE CRÉDIT Non acceptées. HORAIRE Dim. à jeu., 7h/2h; ven. et sam., 7h/3h.
Av. Ataulfo de Paiva, 620, loja B, Leblon
TÉL. 2239-2699

Belmonte $
La bar fonctionne à Flamengo depuis 1952. Parmi les amuse-gueule, la spécialité est le *pastel de carne-seca* (beignet de viande séchée). La carte des *cachaças* (eau-de-vie de canne à sucre) compte près de 30 marques différentes, toutes produites dans le Minas Gerais. Filiales à Leblon, Ipanema et Jardim Botânico. CUISINE Bar. CARTES DE CRÉDIT Non acceptées. HORAIRE 7h/3h.
Praia do Flamengo, 300
TÉL. 2552-3349

Bip Bip $
L'endroit est petit mais il accueille une petite foule venant écouter – chaque dimanche – de la samba interprétée par des artistes renommés tels que Walter Alfaiate et Nelson Sargento. Lundi est le jour du *chorinho* et mercredi de la bossa nova. De temps en temps une célébrité apparaît pour un récital surprise. CUISINE Bar. CARTES DE CRÉDIT Non acceptées. HORAIRE 19h/1h.
R. Almirante Gonçalves, 50-D, Copacabana
TÉL. 2267-9696

Bira $$$
Restaurant avec vue sur la Restinga da Marambaia, en place depuis 14 ans. Il propose des *moquecas* variées (plats à base de crevettes, pour 2 personnes), du poisson et des crustacés fraîchement pêchés. Le plat le plus demandé est le *filé de robalo no limão com arroz de camarão* (filet de bar au citron accompagné de riz aux crevettes). CUISINE Poissons et fruits de mer. CARTES DE CRÉDIT Non acceptées. HORAIRE Jeu. et ven., 12h/18h; sam. et dim., 12h/20h.
Route da Vendinha, 68, Barra de Guaratiba
TÉL. 2410-8304

Bracarense $
Bar prisé de Leblon. La spécialité est le demi bien frais succès de l'endroit depuis plus de 30 ans. Suggestion d'amuse-gueule pour accompagner la bière: *bolinho de bacalhau ou de camarão* (boulette de morue ou de crevettes). CARTES DE CRÉDIT Non acceptées. HORAIRE Lun. à sam., 7h/24h; dim., 9h30/22h.
R. José Linhares, 85-B, Leblon
TÉL. 2294-3549

Bar Brasil $
Ouvert depuis presque un siècle, c'est l'un des bars les plus réputés de Rio. Il est situé dans une ancienne demeure à Lapa. Admirez la pompe à bière, en bronze. Comme nombre de bars anciens, la spécialité est la cuisine allemande, avec notamment le *joelho de porco* (jarret de orporc) et *carré defumado* (carré de porc fumé). CUISINE Allemande. CARTES DE CRÉDIT Diners, MasterCard, Visa. HORAIRE Lun. à ven., 11h30/23h; sam., 11h30/16h.
Av. Mem de Sá, 90, Centro
TÉL. 2509-5943

Bar Devassa $
La spécialité du bar est la bière artisanale proposée en 4 versions: blonde, rousse, brune et mulâtre; cette dernière est un mélange des autres. Pour grignoter, demandez la *croquete* (croquette de viande). CUISINE Bar. CARTES DE CRÉDIT American Express, MasterCard. HORAIRE Lun. à jeu., 18h/1h; ven., 18h/3h; sam., dim. et jours fériés, 14h/2h.
R. General San Martin, 1241, Leblon
TÉL. 2540-6087

Bar do Arnaudo $
Au départ un petit bistrot, mais en 33 ans d'existence il est devenu une référence en matière de cuisine du Nordeste. L'équipe et ambiance simple n'ont pas changé, ainsi Arnaudo lui-même continue à la tête de la cuisine. CUISINE Du Nordeste. CARTES DE CRÉDIT Non acceptées. HORAIRE Tous les jours, 12h/23h.
R. Almirante Alexandrino, 316-B, Santa Teresa
TÉL. 2252-7246

Bar do Zé $
Bar à thèmes. José Antônio Esteves, l'un des propriétaires, a décidé de rendre hommage à ses pairs avec des photos et des illustrations des "Zé" (diminutif de José) anonymes ou célèbres – de José Sarney (ancien président de la République, de 1985-1989) à São José (Saint Joseph). Le diminutif est aussi présent sur la carte, avec notamment le *picadinho do Zé Antônio* (genre de strogonoff à la viande de boeuf). Endroit décontracté, en particulier les mercredis, jeudis et vendredis à partir de 18h30, lorsqu'ont lieu des concerts de samba. CUISINE Brésilienne. CARTES DE CRÉDIT Toutes. HORAIRE Lun. à ven., 12h/jusqu'au dernier client.
R. do Carmo, 38, Centro
TÉL. 2517-3586

Bar Lagoa $
Établissement ouvert dans les années 30. Admirez la belle architecture art déco de ce bar, dont l'immeuble vient d'être entièrement rénové. Sur la façade extérieure, un balcon couvert pour profiter de la vue sur la lagune Rodrigo de Freitas. Plusieurs plats allemands, dont le *salsichão* (grosse saucisse) et le *joelho de porco* (jarret de porc). CUISINE Allemande. CARTES DE CRÉDIT Toutes. HORAIRE Lun., 18h/2h; mar. à dim., 12h/2h.
Av. Epitácio Pessoa, 1674, Lagoa
TÉL. 2523-1135

Bar Luiz $
L'un des meilleurs bars du centre-ville, où la bière est excellente. Fondé en 1887 mais s'est installé à l'adresse actuelle en 1927. La décoration et l'architecture renvoient d'emblée au Rio d'antan. Sert également des plats allemands, comme les *salsichões de porco e de vitela* (saucisses de porc et de veau). CUISINE Allemande. CARTES DE CRÉDIT Toutes. HORAIRE Lun. à sam., 11h/23h30; dim., 11h/17h.
R. da Carioca, 39, Centro
TÉL. 2262-6900

Bar et Restaurant Urca $
Petit bar traditionnel d'Urca. Propose des produits de la mer, achetés aux pêcheurs du coin. CUISINE Poissons et fruits de mer. CARTES DE CRÉDIT Diners, Master-

Card, Visa. **HORAIRE** Dim. à mar., 11h/17h; mer. à sam., 11h/23h.
R. Cândido Gaffrée, 205, Urca
TÉL. 2295-8744

Bofetada $
Bar traditionnel qui attire aujourd'hui le public gay. En plus de la bière, la carte propose une grande variété de *caipirinhas*: avec citron vert ou jaune, ananas, raisin, mandarine, fruit de la passion, kiwi, mangue et fraise. Pour accompagner, demandez la fameuse *carne-seca desfiada* (viande séchée effilée). **CUISINE** Bar. **CARTES DE CRÉDIT** Toutes. **HORAIRE** À partir de 8h.
R. Farme da Amoedo, 87, loja A, Ipanema
TÉL. 2227-1675

Cais da Ribeira $$
Restaurant situé dans l'hôtel Pestana Rio, avenida Atlântica. Une nouvelle carte de cuisine portugaise a été élaborée par le chef Leonel Pereira, qui travaille dans la chaîne Pestana en présentant des plats plus sophistiqués aux portions plus copieuses que ses congénères dans la ville. **CUISINE** Portugaise. **CARTES DE CRÉDIT** Toutes. **HORAIRE** 6h/10h30, 12h/15h et 19h30/23h30.
Av. Atlântica, 2964, Copacabana
TÉL. 2548-6332

Cais do Oriente $
Ce très bon restaurant occupe deux anciennes maisons abandonnées. La décoration est composée de bois sculptés et de meubles en rotin. Au 2ᵉ étage se trouve un piano-bar qui propose des concerts de jazz, musique brésilienne et bossa nova les vendredis et samedis soir. Poissons et fruits de mer sont les spécialités de la maison. **CUISINE** Méditerranéenne, orientale. **CARTES DE CRÉDIT** Toutes. **HORAIRE** Dim. et lun., 12h/16h; mar. à sam., 12h/24h.
R. Visconde de Itaboraí, 8, Centro
TÉL. 2233-2531/2203-0178

Capricciosa $
Régalez-vous avec les 32 options de pizzas de la carte. Il y a 3 filiales, mais c'est celle d'Ipanema qui est la plus prisée. **CUISINE** Pizza. **CARTES DE CRÉDIT** Toutes. **HORAIRE** 18h/2h.
R. Vinícius de Moraes, 134, Ipanema
TÉL. 2523-3394

Carême Bistrô $
Surnommé par la propriétaire "bistrot à l'accent carioca", l'endroit est simple et charmant. La carte change tous les 3 mois. **CUISINE** Française. **CARTES DE CRÉDIT** Toutes. **HORAIRE** Mar. à sam., 20h/24h.
R. Visconde de Caravelas, 113-D, Botafogo
TÉL. 2537-2274/2226-0085

Carioca da Gema $
Situé au milieu du brouhaha nocturne de la Lapa, ce bar propose des concerts de samba tous les soirs à partir de 9h. Les clients finissent toujours par danser. De grands chanteurs-compositeurs s'y sont déjà produits, tels que Monarco, Teresa Cristina et Noca da Portela. **CUISINE** Brésilienne. **CARTES DE CRÉDIT** Non acceptées. **HORAIRE** Lun. à ven., à partir de 18h; sam., à partir de 21h.
Av. Mem de Sá, 79, Lapa
TÉL. 2221-0043

Carlota $
Cette filiale du restaurant Carlota de São Paulo – de la chef Carla Pernambuco – est située dans l'une des rues les plus charmantes de Leblon. Là, il côtoie d'autres restaurants étoilés et plusieurs librairies. **CUISINE** Contemporaine. **CARTES DE CRÉDIT** Toutes. **HORAIRE** Lun. à jeu., 19h/0h30; ven., 19h/1h; sam., 13h/17h30 et 19h/1h; dim., 13h/18h.
R. Dias Ferreira, 64, Leblon
TÉL. 2540-6821

Casa Cavé $
Établissement ouvert en 1860, dont les spécialités sont les pâtisseries portugaises. Petite et toujours peine, la maison est connue pour faire le meilleur *pastel de nata* (tartelettes à la crème pâtissière) du Brésil. À déguster également les *toucinhos do céu* (gateau portugais à base de jaune d'œufs, sucre et pâte d'amandes), *domrodrigos* (petits gâteaux), *mil-folhas* (mille-feuilles), entre autres. **CUISINE** Portugaise. **CARTES DE CRÉDIT** Non acceptées. **HORAIRE** Lun. à ven., 9h/19h; sam., 9h/13h.
R. Sete de Setembro, 137, Centro
TÉL. 2221-0533/2222-2358

Casa da Feijoada $
Situé près de la plage d'Ipanema, propose depuis 15 ans l'une des meilleures *feijoadas* de la ville, avec un grand choix de viandes, ainsi qu'une grande variété de *cachaças* artisanales. **CUISINE** Brésilienne. **CARTES DE CRÉDIT** Toutes. **HORAIRE** 12h/24h.
R. Prudente de Moraes, 10-B, Ipanema
TÉL. 2247-2776/2523-4994

Celeiro $$
Soupes, pains variés, plus de 30 salades composées et un vaste choix allant des viandes aux pâtes et aux quiches. Tout est excellent. **CARTES DE CRÉDIT** Toutes. **HORAIRE** Lun. à sam., 10h/18h.
R. Dias Ferreira, 199, Leblon
TÉL. 2274-7843

Cervantes $
Ouvert toute la nuit, il attire les noctambules et les bohèmes en quête d'une bonne bière et de délicieux sandwichs. Fonctionne depuis 50 ans. Les sandwichs les plus élaborés sont préparés rapidement, et la qualité est bien supérieure à celle d'un fast-food. **CUISINE** Sandwichs, variée. **CARTES DE CRÉDIT** Visa. **HORAIRE** Mar. à jeu. et dim., 12h/4h; ven. et sam., 12h/6h.
Av. Prado Júnior, 335, Copacabana
TÉL. 2275-6147

Cipriani $$$
Situé dans le Copacabana Palace, le restaurant ouvert en 1994 est dirigé par l'excellent chef Francesco Carli. Le décor est raffiné, la carte change constamment mais la cuisine est toujours délicieuse. L'un des charmes de l'endroit est la vue sur la fameuse pergola de la piscine de l'hôtel. **CUISINE** Italienne. **CARTES DE CRÉDIT** Toutes. **HORAIRE** Lun. à jeu. et dim., 12h30/15h et 19h/24h; ven. et sam., 12h30/15h et 19h/1h.
Av. Atlântica, 1702, Copacabana
TÉL. 2548-7070

RESTAURANTS | $ jusqu'à 50 R$ | $$ de 51 R$ à 100 R$ | $$$ de 101 R$ à 150 R$ | $$$$ au-dessus de 150 R$

Comuna do Semente $

Situé au pied des arcs de la Lapa, ce petit bar est le point de rencontre de musiciens tels que Yamandú Costa et Nicolas Kraffik. Soirées musicales, *choro* et musique brésilienne instrumentale le jeudi, et samba le dimanche. Ne propose que de la bière Itaipava, produite dans la province de Rio. CUISINE Sandwichs et charcuteries. CARTES DE CRÉDIT Non acceptées. HORAIRE Jeu., à partir de 21h; dim., 17h/23h.
R. Joaquim Silva, 138, Lapa
TÉL. 2509-3591

Confeitaria Colombo $

Ouverte depuis 1894, la pâtisserie est l'endroit qui représente le mieux la belle époque de Rio. Elle a conservé les miroirs belges, les vitraux français, le marbre de Carrare et le plancher portugais. Elle est située dans la rua Gonçalves Dias, l'une des plus animées à la fin du XIXe siècle et au début du XXe. Son thé l'après-midi est une tradition. CUISINE Sandwichs, variée. CARTES DE CRÉDIT Toutes. HORAIRE Lun. à ven., 8h/20h; sam., 8h/17h.
R. Gonçalves Dias, 32, Centro
TÉL. 2232-2300

D'Amici $$

Les quatre associés originaires du Ceará se relaient en salle pour assurer un service de qualité. L'un d'eux, Valmir Pereira assume la fonction de sommelier. La cave possède environ 500 crus et les pâtes de *grano duro* faites maison. CUISINE Italienne. CARTES DE CRÉDIT Toutes. HORAIRE 12h/1h.
R. Antônio Vieira, 18-B, Leme
TÉL. 2541-4477/2543-1303

Da Brambini $$

Trattoria petite et charmante, presque cachée au début de la plage de Leme. La cuisine s'inspire de la cuisine de Crema, ville de la Lombardie en Italie, où la famille tient un autre restaurant. Le patron Gilberto Brambini est également associé du Gibo et de La Forneria. CUISINE Italienne. CARTES DE CRÉDIT Toutes. HORAIRE 12h/1h.
Av. Atlântica, 514-B, Leme
TÉL. 2275-4346/2542-8357

Degrau $

Ambiance décontractée, idéal pour les affamés qui reviennent de la plage. On peut y entrer encore humide voire sans tee-shirt (la maison vous en prête un). *Pasteis* (beignets fourrés) de viande, fromage et crevettes délicieux, réputés parmi les meilleurs de la ville. CUISINE Variée. CARTES DE CRÉDIT Toutes. HORAIRE 11h/1h.
Av. Ataulfo de Paiva, 517-B, Leblon
TÉL. 2259-3648/2259-2842

Enotria $$

Ce restaurant situé dans un centre commercial a une clientèle majoritairement composée d'hommes d'affaires. Cuisine italienne de qualité. CUISINE Italienne. CARTES DE CRÉDIT Toutes. HORAIRE 12h/16h et 19h/23h.
Av. das Américas, 4666, loja 129-B (Barra Shopping Expansão), Barra da Tijuca
TÉL. 2431-9119

Esplanada Grill $$

Ouvert depuis 17 ans, cet établissement est une filiale du restaurant de São Paulo. À la différence de ses concurrents, il propose un service à la carte et non à volonté à prix fixe. Les viandes sont variées, à l'exemple de la viande d'autruche et de la viande de veau importée de Hollande. Le client peut demander la garniture de son choix. CUISINE Churrasco. CARTES DE CRÉDIT Toutes. HORAIRE Lun. à jeu., 12h/16h et 19h jusqu'au dernier client; ven. à dim., 12h jusqu'au dernier client.
R. Barão da Torre, 600, Ipanema
TÉL. 2512-2970

Filé de Ouro $$

Petit resto de qualité, dont les steaks sont dignes de ceux des lieux les plus prisés. Les portions sont copieuses et accompagnées de plusieurs garnitures. Suggestion excellente : le *filé à Oswaldo Aranha* (steak à l'ail frit, riz, haricots et pommes de terre). CUISINE Viandes. CARTES DE CRÉDIT Non acceptées. HORAIRE Lun. à sam., 12h/22h.
R. Jardim Botânico, 731, Jardim Botânico
TÉL. 2259-2396

Garcia e Rodrigues $

Le chef Christophe Lidy a adapté sa cuisine française au climat du Brésil, en utilisant toutefois davantage d'huile d'olives et de légumes. Au rez-de-chaussée est installée une pâtisserie qui connaît également beaucoup de succès. Le petit-déjeuner est aussi très prisé. CUISINE Variée. CARTES DE CRÉDIT Toutes. HORAIRE Lun. à jeu., 8h/24h30; ven. et sam., 8h/1h; dim., 8h/24h.
Av. Ataulfo de Paiva, 1251, Leblon
TÉL. 3206-4120

Gero $$

La famille Fasano, de São Paulo, a conquis une large clientèle dans cette filiale installée à Ipanema, plus raffinée que la plupart des autres restaurants italiens. Le plat le plus demandé est l'*ossobuco de vitela com risoto de açafrão* (osso buco accompagné de risotto au safran). CUISINE Italienne. CARTES DE CRÉDIT Toutes. HORAIRE Lun. à ven., 12h/16h et 19h/1h; sam. et dim., 12h/24h.
R. Aníbal de Mendonça, 157, Ipanema
TÉL. 2239-8158

Gibo $$

C'est l'établissement le plus élégant de Gilberto Brambini, également propriétaire du Da Brambini et de La Forneria, à Ipanema. Les spécialités sont des plats méditerranéens, inspirés de la cuisine de Crema, ville natale du patron. CUISINE Italienne. CARTES DE CRÉDIT Toutes. HORAIRE 12h/1h.
R. Jangadeiros, 28 A et B, Ipanema
TÉL. 2521-9610

Guimas $

Restaurant très traditionnel de Baixo Gávea, ouvert depuis plus de 20 ans. Le *bolinho de bacalhau* (boulette de morue) est à goûter absolument. Demandez ensuite le *pato com mel e arroz de pêra* (canard au miel accompagné de riz aux poires). CUISINE Française. CARTES DE CRÉDIT Toutes. HORAIRE 12h/1h.
R. José Roberto Macedo Soares, 5, Gávea
TÉL. 2259-7996

Gula Gula

La carte propose des salades et des viandes grillées,

SUD-EST

mais il y a aussi les plats du jour tels que quiches et pâtes. Des filiales de cet établissement se trouvent à Leblon, au centre, à Gávea, à São Conrado et à Barra da Tijuca. **CUISINE** Variée. **CARTES DE CRÉDIT** Toutes. **HORAIRE** Dim. à jeu., 12h/ 24h; ven. et sam., 12h/1h.
R. Aníbal de Mendonça, 132
TÉL. 2259-3084

Hipódromo $
Une clientèle variée se retrouve à ce point de rencontre de la région de Baixo Gávea, ouvert depuis 1937 mais dont la décoration a changé plusieurs fois depuis. La *feijoada* du samedi est une tradition. **CUISINE** Viandes, pizzas. **CARTES DE CRÉDIT** Toutes. **HORAIRE** 8h/2h.
Pça. Santos Dumont, 108, Gávea
TÉL. 2274-9720

Jobi $
Ouvert depuis près d'un demi-siècle, ce bar de Leblon est le lieu de rencontre le plus traditionnel de la bohème de Rio, musiciens, artistes et journalistes. Son demi pression est réputé. **CARTES DE CRÉDIT** American Express. **HORAIRE** Tous les jours, 9h/4h.
R. Ataulfo de Paiva, 1166, Leblon
TÉL. 2274-0547/5055

Lamas $
Fonctionne depuis plus de 130 ans et propose des plats très traditionnels. Goûtez notamment le *filé à Oswaldo Aranha* (steak à l'ail, riz, haricots et pommes de terre) et le *filé de peixe ao molho de camarões* (filet de poisson sauce crevettes) **CUISINE** Brésilienne. **CARTES DE CRÉDIT** Toutes. **HORAIRE** Lun. à ven., 9h30/3h 45; sam., 9h30/4h.
R. Marquês de Abrantes, 18, Flamengo
TÉL. 2556-0799

Le Pré Catelan $$$
Restaurant français dirigé par le chef Roland Villard et pouvant accueillir 65 personnes. La carte change tous les quinze jours : le chef propose alors 3 choix d'entrée, plat principal et dessert. **CUISINE** Française. **CARTES DE CRÉDIT** Toutes. **HORAIRE** Lun. à sam., 19h/24h.
Av. Atlântica, 4240, Copacabana.
TÉL. 2525-1160

Mangue Seco $
L'auto-proclamée première *cachaçaria* (bar de *cachaças*, eau-de-vie de canne à sucre) de Rio de Janeiro propose des fruits de mer, et en particulier le *caranguejo* (crabe) et le *bobó de camarão* (plat à base de crevettes), accompagnés d'une bière bien fraîche. Ambiance décontractée. Les mardis, vendredis et samedis soirs, samba et *seresta* (sérénade). **CUISINE** Bar, poissons et fruits de mer. **CARTES DE CRÉDIT** Toutes. **HORAIRE** Lun., 11h/15h; mar. à sam., à partir de 11h.
R. do Lavradio, 23, Lapa
TÉL. 3852-1947

Margutta $
Dans un décor accueillant et typiquement italien, dégustez le *pesce al cartoccio*, préparé par le chef Paolo Neroni. Les spécialités du restaurant sont les poissons et les fruits de mer. **CUISINE** Italienne. **CARTES DE CRÉDIT** Toutes. **HORAIRE** Lun. à ven., 18h/1h; sam. et jours fériés, 12h/1h; dim., 12h/24h

Av. Henrique Dumont, 62, Ipanema
TÉL. 2259-3718

Mil Frutas Café $
En plus des glaces et des sorbets il sert *café*, sandwichs, wraps (sandwichs roulés), soupes et salades. En fin de semaine il est possible d'y prendre un copieux petit-déjeuner. Rendez-vous également à la filiale du Jardim Botânico. **CUISINE** Glaces, wraps, soupes et salades. **CARTES DE CRÉDIT** Diners et MasterCard. **HORAIRE** Lun. à jeu., 10h 30/24h30; ven. et sam., 9h30/1h30; dim., 9h30/00h30.
R. Garcia D'Ávila, 134, loja A, Ipanema
TÉL. 2521-1384/2247-2148

Na pressão $
Dans ce bar à bières, la bière est servie dans des chopes refroidies. En accompagnement, dégustez un *pastel* (beignet fourré salé ou sucré) ou des amuse-gueule, comme le *croquete do alemão* (croquette). **CUISINE** Brésilienne. **CARTES DE CRÉDIT** Toutes. **HORAIRE** Lun. à ven., 16h/jusqu'au dernier client; sam. et dim., à partir de 11h.
R. Conde Bernadotte, 26 E et F, Leblon
TÉL. 2259-5044

Oásis $$
Située dans le centre depuis 1985, la *churrascaria* (restaurant de viandes cuites à la broche) propose des viandes grillées à volonté. La spécialité est la *picanha* (rumsteak) préparée selon la tradition du sud du pays. Il existe deux autres filiales : à São Conrado (route do Joá, 136) et sur la Dutra (via Dutra, km 171,5). **CUISINE** Viandes, churrasco. **CARTES DE CRÉDIT** Toutes. **HORAIRE** Lun. à ven. 11h/16h.
R. Gonçalves Dias, 56, entresol, Centro
TÉL. 2252-5521

Olympe $$
Ambiance toute blanche. La carte est composée des plats les plus célèbres du chef Claude Troisgros. L'établissement a changé de nom en hommage à la mère du chef. L'importante carte des vins est réactualisée régulièrement. **CUISINE** Française. **CARTES DE CRÉDIT** American Express, MasterCard, Visa. **HORAIRE** Lun. à jeu., 19h30/0h30; ven., 12h30/16h et 19h30/0h30; sam., 19h30/0h30.
R. Custódio Serrão, 62, Jardim Botânico
TÉL. 2539-4542

Osteria Dell'Angolo $$
C'est l'un des endroits préférés du chanteur et compositeur Chico Buarque. La spécialité est la cuisine du nord de l'Italie, avec d'excellents risottos et une *polenta ao funghi porcini* (polenta au funghi porcini) à goûter absolument. **CUISINE** Italienne. **CARTES DE CRÉDIT** American Express, Diners, MasterCard. **HORAIRE** Lun. à ven., 12h/16h et 18h/1h; sam. et dim., 12h/jusqu'au dernier client
R. Paul Redfern, 40, Ipanema
TÉL. 2259-3148

Penafiel $
Établissement ouvert en 1912, décoration du début du xxe siècle salle authentique et salle toujours pleine. Bonne cuisine portugaise : *postas de bacalhau* (tranches de morue), *tripas à moda do Porto* (tripes à la mode de Porto). **CUISINE** Portugaise. **CARTES DE CRÉDIT** Diners,

| RESTAURANTS | $ jusqu'à 50 R$ | $$ de 51 R$ à 100 R$ | $$$ de 101 R$ à 150 R$ | $$$$ au-dessus de 150 R$ |

MasterCard, Visa. **HORAIRE** Lun. à ven., 11h/15h30.
R. Senhor dos Passos, 121, Centro
TÉL. 2224-6870

Pérgula $$

Salon vitré situé dans le Copacabana Palace entre la chaussée de Copacabana et la piscine de l'hôtel. Ambiance glamour garantie, aussi bien au moment du petit-déjeuner, du thé l'après-midi, d'une coupe de champagne au coucher du soleil ou encore lors du brunch dominical. **CARTES DE CRÉDIT** Toutes. **HORAIRE** Tous les jours, 7h/10h30 et 12h/24h; sam., feijoada; dim., brunch.
Av. Atlântica, 1702
TÉL. 2545-8744

Plataforma $$

Elle a été la *churrascaria* à la mode de la zone sud dans les années 80, avec des clients tels que Tom Jobim et Chico Buarque. Après une réforme malheureuse, elle a récupéré récemment son ancien look et recouvre son succès d'antan. Les viandes et le *pão de queijo* (pain au fromage) sont toujours aussi bons. **CUISINE** Viandes, churrasco. **CARTES DE CRÉDIT** Toutes. **HORAIRE** 12h/1h.
R. Adalberto Ferreira, 32, Leblon
TÉL. 2274-4022

Polis Sucos $

Les *casas de sucos* (bars de jus de fruits) sont nombreuses à Rio de Janeiro. Cet établissement est l'un des plus anciens. Public éclectique aussi bien sur le chemin de la plage pu'au retour de l'église. Sandwichs et jus de fruit sont servis au comptoir. Les plus célèbres sont le *sanduíche de filé-mignon com queijo Palmira* (sandwich de filet de bœuf et fromage) et le *suco de fruta-do-conde* (jus de pomme-cannelle). **CUISINE** Sandwichs. **CARTES DE CRÉDIT** Non acceptées. **HORAIRE** 8h/24h.
R. Maria Quitéria, 70-A, Ipanema
TÉL. 2247-2518

Porcão $$

Restaurant de viandes grillées à volonté le plus traditionnel de la ville, il propose des viandes fantastiques et un grand buffet de salades. Possède des filiales à l'étranger. **CUISINE** Viandes, churrasco. **CARTES DE CRÉDIT** Toutes. **HORAIRE** 12h/24h.
R. Barão da Torre, 218, Ipanema
TÉL. 2522-0999

Quadrifoglio $$

L'un des meilleurs restaurants italiens, dirigé par Silvana Bianchi. Les plats s'inspirent de la cuisine lombarde. Goûtez aux nouveautés: *gaspacho de melancia picante* (gaspacho de pastèque épicé) et *galinha d'angola com pimenta-rosa* (pintade au poivre rose). **CUISINE** Italienne. **CARTES DE CRÉDIT** Diners, MasterCard, Visa. **HORAIRE** Lun. à ven., 12h/15h30 et 19h 30/24h; sam., 19h30/1h; dim., 12h/17h.
R. J. J. Seabra, 19, Jardim Botânico
TÉL. 2294-1433

Quinta $$

Le restaurant se trouve dans une propriété de 3000 m². Assis à la terrasse on peut recevoir la visite de sympathiques petits sagouins. Ressemblant à une ancienne fazenda, la maison a été entièrement construite avec des matériaux de récupération. **CUISINE** Brésilienne, contemporaine, poissons et fruits de mer. **CARTES DE CRÉDIT** Diners, MasterCard, Visa. **HORAIRE** Sam., dim. et jours fériés, 13h/19h.
R. Luciano Gallet, 150, Vargem Grande
TÉL. 2428-1396/2568

Rio Minho $$

Ce restaurant fonctionne depuis 1884 et fut fréquenté par le baron du Rio Branco. Autre client célèbre: Antônio Houaiss, philologue brésilien. L'établissement a rendu hommage à ce dernier en donnant son nom à un savoureux plat de poisson à l'ail et au safran. **CARTES DE CRÉDIT** Toutes. **HORAIRE** Lun. à ven., 11h/16h.
R. do Ouvidor, 10
TÉL. 2509-2338

Rio Scenarium $$

L'un des meilleurs établissements de Rio pour écouter de la musique live et danser. L'établissement est installé dans une maison de trois étages où fonctionne un magasin d'antiquités qui loue les pièces exposées. On y trouve un carrosse et une ancienne pharmacie complète. Les mardis en fin d'après-midi ont lieu des concerts de *chorinho*, musique populaire brésilienne, ou de samba. Les samedis on entend d'autres rythmes brésiliens (*forró* et *maracatu*). Ambiance garantie. **CUISINE** Bar. **CARTES DE CRÉDIT** Toutes. **HORAIRE** Mar. à sam., à partir de 19h.
R. do Lavradio, 20, Lapa
TÉL. 3852-5516/2233-3239

Satyricon $$$

Le temple des produits de la mer. Crevettes, huîtres, langoustines, pagres et langoustes sont à déguster dans ce lieu qui accueille les stars de passage, de Madonna au chef espagnol Ferran Adrià. **CUISINE** Méditerranéenne. **CARTES DE CRÉDIT** Toutes. **HORAIRE** Lun. à jeu. et dim., 12h/24h; ven. et sam., 12h/1h.
R. Barão da Torre, 192, Ipanema
TÉL. 2521-0627

Shirley $$

Restaurant ouvert depuis 50 ans. Simple avec seulement 12 tables. Cuisine espagnole épicée et paella copieusement servie. **CUISINE** Espagnole. **CARTES DE CRÉDIT** Non acceptées. **HORAIRE** 12h/1h.
R. Gustavo Sampaio, 610, Leme
TÉL. 2542-1797

Sobrenatural $$

Ce sympathique restaurant sert ce qu'il pêche et fonctionne à Santa Teresa depuis 13 ans. La *moqueca de tamboril* (lotte sauce crevettes) est excellente. Plat pour 2 personnes. **CUISINE** Brésilienne. **CARTES DE CRÉDIT** Diners, MasterCard, Visa. **HORAIRE** À partir de 12h.
R. Almirante Alexandrino, 432, Santa Teresa
TÉL. 2224-1003

Sushi Leblon $$

L'un des premiers restaurants japonais de la ville. De bons plats sur la carte, à l'exemple du *salmão especial crunch* (saumon) et du *lula recheada com shitake shi-*

| PRIX | HÔTELS (couple) | $ jusqu'à 150 R$ | $$ de 151 R$ à 300 R$ | $$$ de 301 R$ à 500 R$ | $$$$ au-delà de 500 R$ |

meji (calmar farci). L'établissement possède un beau sushi bar ainsi qu'une carte de sakés. CUISINE Japonaise. CARTES DE CRÉDIT Toutes. HORAIRE Lun. à ven., 12h/16h et 19h/1h30; sam., 12h/1h30; dim., 13h30/24h.
R. Dias Ferreira, 256, Leblon
TÉL. 2512-7830

Tia Palmira $
Malgré l'éloignement, les fruits de mer préparés maison attirent les habitants de Rio depuis 40 ans. *Camarões fritos* (crevettes frites), risottos et *moquecas* délicieux. CUISINE Poissons et fruits de mer. CARTES DE CRÉDIT Toutes. HORAIRE Mar. à ven., 11h30/17h; sam., dim. et jours fériés, 11h30/18h.
Caminho do Souza, 18, Barra de Guaratiba
TÉL. 2410-8169

Traiteurs de France $
Depuis 16 ans sous la houlette de Patrick Blancard et Philippe Brye, qui travaillèrent ensemble au Meridien. Goûtez notamment la *quiche de queijo de cabra com azeite de Provence* (quiche au fromage de chèvre à l'huile de Provence). CUISINE Française, variée. CARTES DE CRÉDIT MasterCard, Visa. HORAIRE Dim. à jeu., 12h/16h30; ven. et sam., 12h/16h30 et 19h/23h.
Av. Nossa Senhora de Copacabana, 386, Copacabana
TÉL. 2548-6440

00 $
Le "Zéro zéro" est situé dans le planétarium. En fin de semaine, DJ et musiciens animent l'endroit et les clients rejoignent la piste de danse. Programmation variée, avec également des présentations théâtrales et de courts métrages. CUISINE Contemporaine. CARTES DE CRÉDIT American Express, Diners, MasterCard. HORAIRE À partir de 20h30 (dîner) et à partir de 22h avec DJ.
Av. Padre Leonel Franca, 240, Gávea
TÉL. 2540-8041

Zuka $$
Ce restaurant – qui appartient aux mêmes propriétaires du Sushi Bar – a connu un succès instantané. L'un des meilleurs endroits de Rio pour ceux qui aiment les innovations et les mélanges osés, dans la lignée de l'Espagnol Ferran Adrià. Deux suggestions savoureuses: *polvo no vinagrete de xerez* (poulpe à la vinaigrette de xérès) et *foie gras et shitake*. CUISINE Contemporaine. CARTES DE CRÉDIT American Express, Visa, MasterCard. HORAIRE Lun., 19h/1h; mar. à ven., 12h/16h et 19h/1h; sam., 13h/1h; dim., 13h/22h.
R. Dias Ferreira, 233, Leblon
TÉL. 3205-7154

SERVICES

AÉROPORT

Aeroporto Internacional do Rio de Janeiro – Galeão/Antonio Carlos Jobim
Av. Vinte de Janeiro, Ilha do Governador
TÉL. 3398-5050/4106

Aeroporto Santos Dumont
Pça. Senador Salgado Filho, Centro
TÉL. 3814-7070

COMMISSARIAT DÉLÉGUÉ AUX TOURISTES

Delegacia Especial de Atendimento ao Turista
Av. Humberto Campos, 315, Leblon
TÉL. 3399-7170. HORAIRE 24/24H.

INFORMATIONS TOURISTIQUES

Centro de Atendimento ao Turista
Av. Princesa Isabel, 183, Copacabana
TÉL. 2541-7522/2542-8004 HORAIRE Lun. à ven., 9h/18h.

BUREAU DE CHANGE

Casa Aliança
R. Miguel Couto, 35, loja B, Centro
TÉL. 2509-6546. HORAIRE Lun. à ven., 9h/17h30

Santa Bárbara – MG

INDICATIF 31 HABITANTS 24 180
DISTANCE Belo Horizonte, 105 km

HÔTEL

Quadrado $
L'hôtel ouvert en 1917 a été complètement rénové en 2002. Il a l'habitude de recevoir les visiteurs du Parc do Caraça en quête de confort. Le plancher est d'origine et on peut encore voir les anciens murs. INSTALLATIONS 15 chambres, climatisation, téléphone, TV, bar. CARTES DE CRÉDIT Non acceptées
Pça. da Matriz, 136
TÉL. 3832-3106

Santos – SP

INDICATIF 13 HABITANTS 417 983
DISTANCE São Paulo, 85 km

HÔTELS

Mendes Plaza $$
Situé dans une rue commerçante à côté d'un centre commercial et à deux rues de la plage. En haut de l'établissement, le restaurant offre une belle vue sur la mer. Très bonne infrastructure pour les voyages d'affaires. INSTALLATIONS 104 chambres, climatisation, téléphone, TV, TV câblée, bar, piscine, restaurant, salles de réunions, de gym, de jeux, sauna. CARTES DE CRÉDIT Toutes.
Av. Marechal Floriano Peixoto, 42
TÉL. 3289-4243
www.grupomendes.com.br

Parque Balneário $$
Le bâtiment de 1914 a été détruit dans les années 70 pour être remplacé par cet immeuble sans charme. Il reste le plus luxueux de la ville. À proximité de la plage, le service y est attentionné. Les suites *"presidencial"* et *"balneária"* possèdent un jardin et une piscine privée. La piscine commune, installée en haut du bâtiment, offre une belle vue sur le littoral. Centre commercial à côté. INSTALLATIONS 120 chambres, climatisa-

| RESTAURANTS | $ jusqu'à 50 R$ | $$ de 51 R$ à 100 R$ | $$$ de 101 R$ à 150 R$ | $$$$ au-dessus de 150 R$ |

tion, téléphone, TV, TV câblée, bar, équipe d'animation, piscine, restaurant, salles de réunions, de jeux. CARTES DE CRÉDIT Toutes.
Av. Ana Costa, 555
TÉL. 3289-5700
www.grupomendes.com.br

RESTAURANTS

Paco Paquito $$

Ce restaurant, simple, est tenu par la même famille espagnole depuis 40 ans. Ses fruits de mer et sa paella attirent beaucoup de monde. CARTES DE CRÉDIT Non acceptées. HORAIRE Mar. à sam., 11h/jusqu'au dernier client; dim., 11h/17h.
R. Constituição, 607, Encruzilhada
TÉL. 3233-2594

Tamariz $$

Restaurant plus sophistiqué que ses congénères, installé en face de la plage José Menino. Plats de poissons et de fruits de mer savoureux. La *caldeirada* convient pour 3 personnes. CUISINE Brésilienne. CARTES DE CRÉDIT Diners, MasterCard, Visa. HORAIRE 12h/24h.
Av. Presidente Wilson, 88, Pompéia
TÉL. 3237-6234

Último Gole $$

Dans une rue tranversale à la plage do Gonzaga, ce restaurant portugais sert de délicieux plats de morue et les meilleurs *bolinhos de bacalhau* (boulettes de morue) de la ville. CUISINE Portugaise. CARTES DE CRÉDIT Toutes. HORAIRE 11h/1h.
R. Carlos Afonseca, 214, Gonzaga
TÉL. 3284-0508

Vista ao Mar $

C'est l'un des plus traditionnels de la ville, réputé pour sa succulente *paella valenciana*, servie en portion qui peut contenter jusqu'à 4 personnes. Ambiance simple, face à la mer. CUISINE Poissons et fruits de mer. CARTES DE CRÉDIT Toutes. HORAIRE 11h/24h.
Av. Bartolomeu de Gusmão, 68, Embaré
TÉL. 3236-9469/3273-4411

SERVICES

INFORMATIONS TOURISTIQUES

Centro de Informações Turísticas

Pça. Paulo Viriato Corrêa da Costa, s/n (ancienne Ilha da Conveniência)
TÉL. 0800-173887. HORAIRE Tous les jours, 8h/20h

São José do Barreiro – SP

INDICATIF 12 HABITANTS 4 139
DISTANCE São Paulo, 270 km

HÔTELS

Porto da Bocaina $$

Établissement situé au bord du barrage du Funil, possède une bonne infrastructure pour les sports nautiques. Les chambres sont grandes et confortables. Spa pour qui veut retrouver la forme ou se détendre. INSTALLATIONS 35 chambres, climatisation, téléphone, TV, TV câblée, ventilateur, bar, équipe d'animation, piscine, tennis, restaurant, salle de réunions, salle de gym, salle de jeux, sauna, spa. CARTES DE CRÉDIT Toutes.
Route dos Tropeiros, km 260
TÉL. 3117-1102/1192 FAX 3117-1303
www.hoteisdabocaina.com.br

Pousada Vale dos Veados $$$

Accessible par l'hôtel Porto da Bocaina, au bout de 42 km de chemin en terre en véhicule 4x4. Le siège de la fazenda a été construit en 1926, en planches de pin et pierres. Les chambres sont dans la maison principale et les salles de bains sont communes. Les chambres plus chics ont une salle de bains privée et une cheminée. INSTALLATIONS 9 chambres, bar, chevaux, restaurant, salle de jeux, sauna. CARTES DE CRÉDIT Diners, MasterCard, Visa.
Route do Bocaina, km 42
Parque Nacional da Serra da Bocaina
TÉL. 3117-1102/1221 FAX 3117-1303
www.hoteisdabocaina.com.br

São Paulo – SP

INDICATIF 11 HABITANTS 10 434 252
DISTANCES Curitiba, 408 km; Rio de Janeiro, 429 km

HÔTELS

Bourbon $

Situé dans le centre, à un pâté de maisons de la Place da República. Décoration charmante. Chambres équipées d'une table de travail. INSTALLATIONS 129 chambres, climatisation, téléphone, TV, TV câblée, bar, restaurant, salles de réunions, de gym, sauna. CARTES DE CRÉDIT Toutes.
Av. Dr. Vieira de Carvalho, 99, Centro
TÉL. 3337-2000 FAX 3337-1414
www.bourbon.com.br

Emiliano $$$$

Hôtel-boutique de grand luxe, dessiné par l'architecte Arthur de Mattos Casas. Majordomes et service de massage attendent les clients. Chambres immenses. La salle de gym et le sauna offrent une vue panoramique sur la ville. Des meubles de l'architecte et des célèbres designers Fernando et Humberto Campana ornent le hall d'entrée. INSTALLATIONS 57 chambres, climatisation, téléphone, TV, TV câblée, bar, restaurant, salles de réunions, de gym, sauna, spa. CARTES DE CRÉDIT Toutes.
R. Oscar Freire, 384, Jardins
TÉL. 3069-4369
www.emiliano.com.br

Fasano $$$$

Inauguré en 2003, il est l'un des hôtels les plus chics de la ville. Il appartient aux propriétaires des restaurants étoilés Gero, Parigi et du Fasano, désormais installé en bas du bâtiment. C'est aussi au rez-de-chaussée que se trouve le Baretto, un bar pour les amateurs de jazz. Il est situé dans la région des Jardins, à proximité de plusieurs restaurants, de boutiques de mode et de la rue branchée Oscar Freire. INSTALLATIONS 64 chambres, climatisa-

| PRIX | HÔTELS (couple) | $ jusqu'à 150 R$ | $$ de 151 R$ à 300 R$ | $$$ de 301 R$ à 500 R$ | $$$$ au-delà de 500 R$ |

tion, téléphone, TV, TV câblée, bar, piscine chauffée, restaurant, salles de réunions, de gym, salon de massage, sauna, spa. CARTES DE CRÉDIT Toutes.
R. Vitório Fasano, 88, Jardins
TÉL. 3896-4077
www.fasano.com.br/hotel

George V Jardins $$$
Hôtel bien situé, les chambres ont une kitchenette complète (four, micro-ondes, lave-vaisselle et frigo) et les baignoires sont en marbre. Certaines chambres font 182 m². INSTALLATIONS 64 chambres, climatisation, téléphone, TV, TV câblée, bar, piscine chauffée, restaurant, salles de réunions, de gym, salon de massage, sauna, spa. CARTES DE CRÉDIT Toutes.
R. José Maria Lisboa, 1000, Jardins
TÉL. 3088-9822 FAX 3082-7431
www.george-v.com.br

Gran Meliá Mofarrej $$$
Installé près du Parque Trianon, les clients sont reçus dans une immense arrière-cour. Chambres grandes, confortables et soigneusement décorées. Certaines réservées aux non-fumeurs. INSTALLATIONS 244 chambres, climatisation, téléphone, TV, TV câblée, bar, piscine, piscine chauffée, restaurant, salle de gym, salon de massage, sauna, spa. CARTES DE CRÉDIT Toutes.
Al. Santos, 1437, Jardins
TÉL. 3146-5900 RÉSERVATIONS 08007033399 FAX 3146-5901
www.granmeliamofarrej.solmelia.com

Gran Meliá WTC São Paulo $$$$
Idéal pour ceux qui se rendent dans le quartier des affaires de l'avenida Luís Carlos Berrini. Par contre, il est assez éloigné des Jardins et de l'avenida Paulista. Certaines chambres ont une baignoire, un accès illimité à Internet, un service d'*open bar* et les services d'un maître d'hôtel. Chambres spacieuses. L'établissement est voisin du centre commercial *Shopping D&D*, l'un des plus sophistiqués de la ville pour la décoration et le *design*. 300 chambres, climatisation, téléphone, TV, TV câblée, bar, piscine, tennis, restaurant, salles de réunions, de gym, salon de massage, sauna. CARTES DE CRÉDIT Toutes.
Av. das Nações Unidas, 12559, Brooklin
TÉL. 3055-8000 FAX 3055-8002
www.granmeliawtcsaopaulo.solmelia.com

Grand Hyatt São Paulo $$$
L'un des hôtels les plus récents et les plus jolis de la ville, situé dans le quartier des affaires de l'avenida Berrini. Trois restaurants (a italien, a japonais et français), 2 bars et un salon (*lounge*). L'impressionnante *Wine Library* propose plus de 2500 bouteilles de vin et 280 crus. INSTALLATIONS 470 chambres, climatisation, téléphone, TV, TV câblée, bar, piscine chauffée, restaurants, salle de gym, salon de massage, sauna, spa. CARTES DE CRÉDIT Toutes.
Av. das Nações Unidas, 13301, Brooklin
TÉL. 6838-1234 FAX 6838-1235
www.saopaulo.grand.hyatt.com

Hilton $$$$
Autre hôtel de luxe installé dans le quartier des affaires de l'avenida Berrini. Éloigné des principaux centres touristiques, il est situé en face de Marginal Pinheiros. Les chambres "*relaxantes*" sont équipées d'une baignoire d'hydromassage, d'aromathérapie, de musique douce et d'appareils pour le massage. Le prix des chambres standard n'inclut pas le petit-déjeuner, servi à un prix fixe par personne. INSTALLATIONS 485 chambres, climatisation, téléphone, TV, TV câblée, bar, piscine chauffée, restaurant, salles de réunions, de gym, salon de massage, sauna, spa. CARTES DE CRÉDIT Toutes.
Av. das Nações Unidas, 12901, Brooklin
TÉL. 6845-0000 FAX 6845-0001
www.saopaulomorumbi.hilton.com

L'Hotel $$$$
Style classique dans une rue perpendiculaire à l'avenida Paulista. Peu de chambres, mais elles sont grandes et très agréables. L'établissement propose un service différencié pour les clients japonais, avec arrangements d'ikebana, service à thé oriental et journal japonais dans les chambres. Possède un restaurant italien et un pub. INSTALLATIONS 80 chambres, climatisation, téléphone, TV, TV câblée, bar, piscine chauffée, restaurant, salles de réunions, de gym, salon de massage, sauna. CARTES DE CRÉDIT Toutes.
Al. Campinas, 266, Jardins
TÉL. 2183-0500 FAX 2183-0505
www.lhotel.com.br

Mercure Downtown $$
Construit à la place de l'ancienne gare de tramways du début du siècle, l'hôtel a conservé sur sa façade les belles arcades de la gare. Établissement charmant et confortable, installé au cœur de São Paulo et à un pâté de maisons de la Place da República. INSTALLATIONS 260 chambres, climatisation, téléphone, TV, TV câblée, bar, piscine chauffée, restaurant, salles de réunions, de gym. CARTES DE CRÉDIT Toutes.
R. Araújo, 141, Centro
TÉL. 3120-8400 FAX 3120-8401
www.accorhotels.com.br

Pergamon $$
L'hôtel est situé dans une région de São Paulo qui périclite, mais à proximité de plusieurs centres d'intérêt touristiques du Vieux Centre (*Centro Velho*) et de certains des meilleurs théâtres. Établissement *design*, dont les décors valorisent les formes et les couleurs. Les chambres sont grandes et agréables. Une petite bibliothèque est à la disposition des clients. INSTALLATIONS 123 chambres, climatisation, téléphone, TV, TV câblée, bar, restaurant, salles de réunions, de gym. CARTES DE CRÉDIT Toutes.
R. Frei Caneca, 80, Centro
TÉL. 3123-2021
www.pergamon.com.br

Sofitel $$$
Proche du Parque Ibirapuera, il est très fréquenté par les hommes d'affaires. Les clients arabes et orientaux bénéficient d'un service différencié, avec des mets typiques. Les hommes d'affaires sont aussi très bien reçus: corbeille de fruits et autres menus cadeaux. Possède 3 bars et 2 restaurants, ainsi qu'une charmante boulangerie. Accepte les animaux. INSTALLATIONS 219 chambres, climatisation, téléphone, TV, TV câblée, bar,

RESTAURANTS	$ jusqu'à 50 R$	$$ de 51 R$ à 100 R$	$$$ de 101 R$ à 150 R$	$$$$ au-dessus de 150 R$

piscine, tennis, restaurant, salles de réunions, de gym, salon de massage, sauna. **CARTES DE CRÉDIT** Toutes.
R. Sena Madureira, 1355, Vila Mariana
TÉL. 5087-0800 **FAX** 5575-4544
www.accorhotels.com.br

Unique $$$$
Œuvre de l'architecte Ruy Ohtake, il fait penser à une tranche d'une énorme pastèque. De ses fenêtres rondes on peut d'apercevoir le Parque Ibirapuera. Chambres claires. Tout en haut se trouve le restaurant Skye, dirigé par le chef Emmanuel Bassoleil et un bar très prisé à côté de la piscine rouge, vue magnifique sur la ville. C'est l'une des adresses préférées des mannequins, stylistes et branchés qui viennent à la São Paulo Fashion Week, réalisée dans le bâtiment de la Biennale juste à côté. **INSTALLATIONS** 95 chambres, climatisation, téléphone, TV, TV câblée, bar, piscine, piscine chauffée, restaurant, salles de réunions, de gym, salon de massage, sauna. **CARTES DE CRÉDIT** Toutes.
Av. Brigadeiro Luís Antônio, 4700, Jardins
TÉL. 3055-4710 **RÉSERVATIONS** 08007708771 **FAX** 3889-8100
www.hotelunique.com.br

RESTAURANTS

A Figueira Rubaiyat $$$
L'énorme figuier de près de 15 m. de hauteur donne à la partie externe de l'établissement un aspect très agréable. La carte est variée, avec plusieurs options de pâtes, viandes et poissons. *Feijoada* proposée le samedi. **CUISINE** Variée. **CARTES DE CRÉDIT** Visa. **HORAIRE** Lun. à ven., 12h/15h30; Lun. à jeu., 19h/24h; ven., 19h/24h30; sam. et dim., 12h/1h.
R. Haddock Lobo, 1738, Jardins
TÉL. 3063-3888

Acrópoles $
Fondé en 1963, ce restaurant grec, le plus traditionnel de la ville, a résisté au déclin rapide du quartier, grâce à une clientèle fidèle. Le lieu est très simple et un peu chaotique – le client choisit ce qu'il va manger en allant voir ce qu'il y a dans les casseroles, puis le garçon lui apporte à table. Mais les *assados* (viandes grillées) et *cozidos* (pot-au-feu) sont très bons. Se trouve près de la Pinacoteca, l'un des meilleurs musées de la ville. **CUISINE** Grecque. **CARTES DE CRÉDIT** Visa. **HORAIRE** 6h30/23h30.
R. da Graça, 364, Bom Retiro
TÉL. 223-4386

Antiquarius $$
Filiale de celui de Rio de Janeiro, ce restaurant a été inauguré au début des années 90 et il est rapidement devenu l'un des principaux restaurants de la ville. Décor raffiné et excellente cuisine portugaise. Tous les plats de morue sont succulents. **CUISINE** Portugaise. **CARTES DE CRÉDIT** Diners, MasterCard, Visa. **HORAIRE** Mar. à jeu., 12h/15h et 19h/1h; ven., jusqu'à 2h; sam., 12h/2h; dim., 12h/18h; lun., 19h/1h.
Al. Lorena, 1884, Jardins
TÉL. 3082-3015/3064-8686

Arábia $
Restaurant situé aux Jardins, à côté des boutiques branchées de la rue Oscar Freire. C'est l'un des meilleurs restaurants arabes de la ville. Haut plafond, clientèle variée hommes d'affaires, familles et couples. **CUISINE** Arabe. **CARTES DE CRÉDIT** American Express, Diners, MasterCard. **HORAIRE** Lun. à jeu., 12h/15h et 19h/24h; ven., 12h/15h30 et 19h /1h; sam., 12h/1h; dim., 12h/24h.
R. Haddock Lobo, 1397, Jardins
TÉL. 3061-2203

Astor $
L'un des bars les plus charmants de São Paulo, situé dans le quartier de Vila Madalena. Sa décoration s'inspire des années 50. Sert une bière excellente et de savoureux petits plats en accompagnement. En fin de semaine surtout, il est fréquent de voir de longues files d'attente. **CUISINE** Bar. **CARTES DE CRÉDIT** Diners, MasterCard. **HORAIRE** Lun. à jeu., 18h/2h; ven. et sam., 12h/4h; dim., 12h/19h.
R. Delfina, 163, Vila Madalena
TÉL. 3815-1364

Baby-Beef Rubaiyat $$
Une viande exceptionnelle est la spécialité, mais la *feijoada* servie le samedi est aussi délicieuse. Surtout fréquenté par les hommes d'affaires en semaine, il accueille un public plus varié en fin de semaine. Choix entre buffet et carte. **CUISINE** Churrasco. **CARTES DE CRÉDIT** Visa. **HORAIRE** Lun. à ven., 11h30/15h et 19h/0h30; sam. et dim., 12h/17h.
Al. Santos, 86, Jardins
TÉL. 3141-1188

Bar Brahma $
Inauguré à la fin des années 40, il a fermé ses portes à la fin des années 90, puis a rouvert, avec succès. C'est l'un des endroits les plus agréables de la nuit à São Paulo. Il est situé au plus fameux carrefour de la ville, au croisement des avenues Ipiranga et São João. Il propose d'excellents concerts de sambas et de *chorinho*. **CUISINE** Bar. **CARTES DE CRÉDIT** Toutes. **HORAIRE** Tous les jours, 11h jusqu'au dernier client.
Av. São João, 677, Centro
TÉL. 3333-0855

Bar do Sacha $
Ouvert en 1996, c'est l'un des bars les plus animés de Vila Madalena et le lieu de drague officiel des jeunes du quartier. Ambiance décontractée, avec des tables sur le trottoir et une longue file d'attente pour s'asseoir. La bière est servie bien fraîche et la *costela assada no bafo* (côte cuite à la vapeur) délicieuse. **CUISINE** Bar, Brésilienne. **CARTES DE CRÉDIT** Diners, MasterCard, Visa. **HORAIRE** Lun. à sam., 12h/1h; dim., 12h/24h.
R. Original, 89, Vila Madalena
TÉL. 3815-7665

Bar Léo $$
Inauguré en 1940, ce bar se remplit dès la tombée de la nuit. La bière y est l'une des meilleures de la ville. Pour accompagner le demi, prenez un *bolinho de bacalhau* (boulette de morue). **CUISINE** Bar. **CARTES DE CRÉDIT** MasterCard, Visa. **HORAIRE** Lun. à ven., 11h/20h30; sam., 11h/16h.
R. Aurora, 100, Santa Ifigênia
TÉL. 221-0247

PRIX	HÔTELS (couple)	$ jusqu'à 150 R$	$$ de 151 R$ à 300 R$	$$$ de 301 R$ à 500 R$	$$$$ au-delà de 500 R$

Barbaroa $$

Excellente *churrascaria* (restaurants de viandes grillées à la broche) situé à Itaim, qui propose en plus un buffet de charcuteries, fromages et salades. Le lieu est assez bruyant aux heures d'affluence. CUISINE Churrasco. CARTES DE CRÉDIT Toutes. HORAIRE Lun. à ven., 12h/15h30 et 19h/24h30 ; sam., 12h/17h et 19h/1h ; dim., à partir de 12h.
R. Dr. Renato Paes de Barros, 65, Itaim Bibi
TÉL. 3168-5522

Bárbaro $$

Restaurant argentin, d'une capacité de 65 places. Parmi les morceaux de viande se distingue le *tapa de quadril* (rumsteak). Chaque portion pèse 600 g, mais vous pouvez demander une demi-portion. En accompagnement au choix : *batatas fritas* (pommes frites), *cebolas fritas* (oignons frits) ou la *batata quimérica* (gâteau de purée recouvert de fromage fondu et de parmesan). CUISINE Viandes. CARTES DE CRÉDIT Toutes. HORAIRE Lun. à sam., 12h/24h ; dim., 13h/18h.
R. Dr. Sodré, 241, Vila Olímpia
TÉL. 3845-7743

Bistrô Charlô – Jockey Club $$

Installé dans le Jockey Club, le restaurant du célèbre chef Charlô Whately offre une belle vue sur l'hippodrome et sur les gratte-ciel de la Marginal Pinheiros. Le décor est raffiné et l'ambiance extrêmement agréable. N'ouvre que pour le déjeuner à l'exception du lundi qui propose un dîner pour accompagner les courses. CUISINE Française. CARTES DE CRÉDIT Toutes. HORAIRE Lun., 12h/15h et 19h/23h ; mar. à ven., 12h/15h ; sam. et dim., 12h/17h.
Av. Lineu de Paula Machado, 1263, Cidade Jardim
TÉL. 3811-7799

Bolinha $$

La *feijoada* la plus traditionnelle de São Paulo est apparue par hasard. Inauguré en 1946, l'établissement a d'abord servi des pizzas puis de la cuisine internationale. C'est à l'occasion de la victoire de la petite équipe de foot du propriétaire lors d'un championnat local que fut servie la première *feijoada*. Après cette commémoration qui eut lieu en 1952, le restaurant ne pouvait plus ne pas servir – dans des *cumbucas* (plats en terre cuite) – le plat qui l'a rendu célèbre. CUISINE Brésilienne. CARTES DE CRÉDIT Toutes. HORAIRE Tous les jours, 11h/24h.
Av. Cidade Jardim, 53, Jardins
TÉL. 3061-2010

Bráz $

Elle fait l'une des pizzas les plus prisées de São Paulo, ville où les pizzerias se comptent par centaines. Décorée sur un mode nostalgique, l'ambiance autour des grandes tables d'amis est très animée. Filiales à Moema (r. Graúna, 125) et Higienópolis (r. Sergipe, 406). CUISINE Pizza. CARTES DE CRÉDIT Diners, MasterCard. HORAIRE Tous les jours, 18h30 jusqu'au dernier client.
R. Vupabussu, 271, Pinheiros
TÉL. 3037-7975

Bread & Co. $

Cette boulangerie est le point de rencontre de ceux qui fréquentent le Parque Ibirapuera. Parmi les pâtisseries, les petits fours et les pains, dégustez le *folheado de chocolate* (feuilleté de chocolat). L'établissement propose également un déjeuner à base de risottos et salades. CUISINE Brésilienne, sandwichs. CARTES DE CRÉDIT Diners, MasterCard, Visa. HORAIRE 7h/20h.
R. Lourenço de Almeida, 470, Vila Nova Conceição
TÉL. 3842-5156

Buttina $

Bonne cuisine italienne et excellents gnocchis. Au fond de cette ancienne demeure se trouvent les tables très appréciées du jardin, entourées de *jabuticabeiras*. D'autres tables sont installées dans un jardin couvert. Oscar Niemeyer est passé par là et a dégusté ses pâtes. Il y a laissé un dessin que l'on a encadré et accroché au mur. CUISINE Italienne. CARTES DE CRÉDIT Toutes. HORAIRE Lun. à jeu., 12h/14h30 et 20h/23h30 ; ven., jusqu'à 0h30 ; sam., 13h/16h et 20h/0h30 ; dim., 13h/17h.
R. João Moura, 976, Pinheiros
TÉL. 3083-5991

Café Antique $$

Restaurant à l'ambiance raffinée, voisin d'un antiquaire. Cuisine inventive du chef Erick Jacquin et excellente carte de vins. CUISINE Française. CARTES DE CRÉDIT Toutes. HORAIRE Lun. à jeu., 12h/15h et 19h/24h ; ven., jusqu'à 1h ; sam., 12h/16h30 et 19h/1h.
R. Haddock Lobo, 1416, Jardins
TÉL. 3062-0882

Camelo $

L'une des pizzerias les plus appréciées pour la qualité de ses pâtes bien fines et croquantes. Ambiance branchée, et beaucoup d'attente en fin de semaine. Le restaurant est simple, rempli de petites tables très proches les unes des autres. Une filiale se trouve à Itaim Bibi (av. Presidente Juscelino Kubitschek, 151). CUISINE Pizza. CARTES DE CRÉDIT Toutes. HORAIRE Lun. à sam., 18h/1h ; dim., 18h/24h.
R. Pamplona, 1873, Jardins
TÉL. 3887-8764/6004

Capim Santo $

Aller déjeuner dans ce restaurant situé au Jardins est un des programmes les plus prisés de la ville. Installés aux tables en plein air, les clients dégustent un buffet de plats brésiliens. CUISINE Contemporaine. CARTES DE CRÉDIT American Express MasterCard. HORAIRE Lun., 12h/15h ; mar. à jeu., 12h/15h et 19h/0h ; ven., 12h/15h et 19h30/1h ; sam., 12h30/16h30 et 20h/1h ; dim., 12h30/17h.
R. Ministro Rocha Azevedo, 471, Jardins
TÉL. 3068-8484 / 8486

Capuano $

Les photos accrochées au mur montrent l'histoire de ce resto à Bexiga. Il propose de bons plats de cuisine italienne : *fusilli ao molho sugo* (fusillis sauce tomates). CUISINE Italienne. CARTES DE CRÉDIT Mastercard, Visa. HORAIRE Mar. à ven., 11h30/15h et 19h/24h ; dim., 12h/16h30.
R. Conselheiro Carrão, 416, Bexiga
TÉL. 3288-1460

Carlota $

Charmant petit restaurant réputé pour la cuisine excel-

| RESTAURANTS | $ jusqu'à 50 R$ | $$ de 51 R$ à 100 R$ | $$$ de 101 R$ à 150 R$ | $$$$ au-dessus de 150 R$ |

lente de la chef Carla Pernambuco. Dégustez le *salmão com cuscuz marroquino* (saumon accompagné de couscous marocain) et le *magret de pato com mostarda* (magret de canard sauce moutarde). À l'étage se trouve un agréable salon pour patienter jusqu'à ce que l'une des tables se libère. **CUISINE** Contemporaine. **CARTES DE CRÉDIT** Toutes. **HORAIRE** Mar. à jeu., 12h/15h et 19h30/0h; ven., jusqu'à 0h30; sam., 12h 30/16h30 et jusqu'à 0h30; dim., 12h30/16h30; lun., à partir de 19h30.
R. Sergipe, 753, Higienópolis
TÉL. 3661-8670

Casa Búlgara $
Restaurant de spécialités bulgares. Goûtez en particulier la *bureka* (recette de la famille Levi, composée notamment de pâte feuilletée en forme de couronne. Il existe deux filiales: à Higienópolis (r. Baronesa de Itu, 375) et au Morumbi (Hipermercado Extra, av. das Nações Unidas, 16741). **CARTES DE CRÉDIT** Non acceptées. **HORAIRE** Lun. à ven., 9h/18h30; sam., 9h30/14h.
R. Silva Pinto, 356, Bom Retiro
TÉL. 222-9849

Casa Garabed $
Restaurant arménien à Santana, dans la zone Nord, loin des circuits gastronomiques. Installé dans une maison simple autre fréquentée par la colonie arménienne, le restaurant est connu pour l'excellence de ses plats typiques, cuisinés sur le fourneau à bois. Les *esfihas* (galettes de viandes) et les *quibes crus* (tchi keuftes) sont délicieux. **CUISINE** Arménienne. **CARTES DE CRÉDIT** Toutes. **HORAIRE** Mar. à dim., 12h/21h.
R. José Margarido, 216, Santana
TÉL. 6976-2750

Castelões $
Pour beaucoup, c'est la meilleure pizzeria de la ville. Elle se trouve au Brás, dans une rue presque déserte la nuit et difficile d'accès, mais le sacrifice en vaut la peine. C'est la plus ancienne pizzeria de São Paulo, et elle conserve un peu de son histoire par les photographies et les coupures de journaux accrochés au mur. L'accès à sa filiale à Itaim Bibi (av. Presidente Juscelino Kubitschek, 373), est plus facile, mais l'endroit n'a pas autant de charme. **CUISINE** Italienne. **CARTES DE CRÉDIT** Non acceptées. **HORAIRE** Tous les jours, 11h/16h et 18h/1h.
R. Jairo Góes, 126, Brás
TÉL. 3229-0542

Colher de Pau $$
Le restaurant est une filiale de celui de Fortaleza. Il sert des plats typiques (crevettes du Ceará, viande séchée, poissons) du Nordeste. **CUISINE** Brésilienne, du Nordeste. **CARTES DE CRÉDIT** Toutes. **HORAIRE** Lun. à sam., 12h/15h30; dim., 12h/18h; mar. à jeu., 19h/23h.; ven. et sam., 19h/24h.
R. Dr. Mário Ferraz, 563, Itaim Bibi
TÉL. 3168-8068/2617

Consulado Mineiro $
Restaurant simple de spécialités de Minas Gerais. En semaine ambiance tranquille. Le samedi il se remplit de la foule qui va à la foire d'artisanat et d'antiquités se tenant sur la place Benedito Calixto. Soyez prêt à affronter une longue file d'attente. **CUISINE** Brésilienne; de Minas Gerais. **CARTES DE CRÉDIT** Toutes. **HORAIRE** Mar. à dim., 12h/24h.
Pça. Benedito Calixto, 74, Pinheiros
TÉL. 3064-3882

DeliParis $
Cette boulangerie simple et charmante, située dans la partie "jeune" de Vila Madalena, propose de délicieuses quiches et nombre de délicieuses pâtisseries. Excellente option pour un brunch ou une collation en fin d'après-midi. **CUISINE** Française. **CARTES DE CRÉDIT** Non acceptées. **HORAIRE** Tous les jours, 7h/ 22h.
R. Harmonia, 484, Vila Madalena
TÉL. 3816-5911

D.O.M. $$$
L'un des restaurants les plus raffinés et les plus appréciés de São Paulo. Le chef Alex Atala, très influencé par le célèbre chef Ferran Adrià, crée à partir de produits brésiliens des plats inusités et délicieux, mêlant avec finesse saveurs et textures. **CUISINE** Contemporaine. **CARTES DE CRÉDIT** Toutes. **HORAIRE** Lun. à ven., 12h/15h et 19h/24h; ven. et sam., 19h/1h.
R. Barão de Capanema, 549, Jardins
TÉL. 3088-0761

Don Curro $$$
Restaurant espagnol qui sert la meilleure paella de toute la ville. L'établissement possède son propre bassin qui accueille jusqu'à 800 langoustes que l'on peut voir dans un aquarium. Son nom vient du torero (décédé) qui a fondé l'endroit il y a plus de 40 ans. Aujourd'hui il est dirigé par ses enfants. **CUISINE** Espagnole. **CARTES DE CRÉDIT** American Express, Diners, MasterCard. **HORAIRE** Mar. à jeu., 12h/15h et 19h/24h; ven., 12h/15h et 19h/1h; sam., 12h/1h; dim., 12h/17h.
R. Alves Guimarães, 230, Pinheiros
TÉL. 3062-4712

Espírito Capixaba $$
Restaurant qui propose plusieurs types de *moquecas* (plat à base de poissons et/ou crevettes) de l'Espírito Santo. Au contraire de la *moqueca* bahianaise, qui se fait avec du lait de coco et de l'huile de palme, celle de l'Espírito Santo est plus légère, à base d'huile d'olive et de roucou. **CUISINE** Brésilienne, de l'Espírito Santo. **CARTES DE CRÉDIT** Toutes. **HORAIRE** Mar. à ven., 12h/15h et 18h30/23h30; sam., 12h/24h; dim., 12h/18h.
R. Francisco Leitão, 57, Pinheiros
TÉL. 3062-6566

Fasano $$$
Il a la réputation d'être le restaurant le plus sophistiqué du Brésil. Il est installé dans l'hôtel du même nom. Le chef Salvatore Loi propose des plats inspirés de la cuisine italienne contemporaine. À noter également une carte de vins très complète et surtout la connaissance du sommelier Manoel Beato, considéré comme le meilleur du pays. **CUISINE** Contemporaine, italienne. **CARTES DE CRÉDIT** Toutes. **HORAIRE** Lun. à sam., 19h30/1h.
R. Vittorio Fasano, 88, Jardins
TÉL. 3896-4000

Feijoada da Lana $
Ce restaurant de Vila Madalena à l'ambiance décon-

tractée sert quotidiennement le plus brésilien des plats. Des petites tables sont installées en plein air dans le jardin. CUISINE Brésilienne, *feijoada*. CARTES DE CRÉDIT American Express, Diners, MasterCard. HORAIRE Lun. à ven., 12h/15h30; sam. et dim., 12h30/18h.
R. Aspicuelta, 421, Vila Madalena
TÉL. 3814-9191

Filial $
Toujours plein et à l'ambiance très décontractée, ce bar des bohèmes de Vila Madalena attire surtout des artistes, des intellectuels et des journalistes. Ses murs sont recouverts de caricatures d'artistes brésiliens. La bière est excellente. CUISINE Bar, brésilienne, italienne. CARTES DE CRÉDIT Toutes. HORAIRE 17h/4h.
R. Fidalga, 254, Vila Madalena
TÉL. 3813-9226

Fogo de Chão $$
La *churrascaria* (restaurant de viandes) offre un buffet de viandes à volonté, réputées les meilleures de la ville. Le service des garçons en tenue de *gaúchos* des Pampas est très efficace. Deux autres adresses dans la zone sud de São Paulo: au 6824, av. Santo Amaro et au 964 de l'av. Moreira Guimarães. La maison mère est située à Porto Alegre et fonctionne depuis 25 ans. Il existe également des filiales aux USA. CUISINE Brésilienne, churrasco. CARTES DE CRÉDIT Toutes. HORAIRE Lun. à ven., 12h/16h et 18h/24h; sam., 12h/24h; dim., 12h/22h30.
Av. Bandeirantes, 538, Vila Olímpia
TÉL. 5505-0791

Fornaio d'Italia $
Décontracté, simple, très amusant. L'Italien Vito Simone, propriétaire des lieux, reçoit personnellement les clients, leur donne des suggestions – il n'y a pas de carte – prépare lui-même les plats, composés de bonnes pâtes et de viandes. Ne reçoit que sur réservation. CUISINE Italienne. CARTES DE CRÉDIT Non acceptées. HORAIRE Lun. à ven., 12h/14h et 19h30/21h30.
R. Manoel Guedes, 160, Itaim Bibi
TÉL. 3079-2473

Forneria San Paolo $
Sandwicherie délicieuse du groupe Fasano. Elle propose de savoureux *paninis*, préparés avec de la pâte à pizza cuite au four à bois et composés de nombreux ingrédients importés. L'endroit est charmant, haut plafond et cuisine vitrée. La clientèle est nombreuse, et beaucoup de célébrités s'y pressent. CUISINE Italienne; sandwichs. CARTES DE CRÉDIT Toutes. HORAIRE Lun. à jeu., 12h/16h et 18h/2h; ven., 12h/16h et 4h/4h; sam., 12h/4h; dim., 12h/2h.
R. Amauri, 319, Itaim Bibi
TÉL. 3078-0099

Frevinho $
Inauguré au milieu des années 50, cet établissement a conservé un climat simple et ancien. Le *beirute* est sa spécialité: pain syrien bien grillé, accompagne rosbif, fromage, tomate et origan. Reste ouvert tard, ce qui attire nombre de noctambules affamés. Filiale dans la rue Augusta, au 1563. CUISINE Brésilienne, sandwichs. CARTES DE CRÉDIT Toutes. HORAIRE Lun. à jeu., 10h30/1h; ven., 10h30/2h; sam., 10h30/3h; dim., 10h30/1h.
R. Oscar Freire, 603, Jardins
TÉL. 3082-3434

Galeria dos Pães $
L'établissement de 4 étages abrite une boulangerie-pâtisserie, une cafétéria (brunch, petit-déjeuner, déjeuner et café de l'après-midi), une sandwicherie et une boutique de vins et aliments importés. C'est le point de rencontre des noctambules. CUISINE Petit-déjeuner, fast-food. CARTES DE CRÉDIT Toutes. HORAIRE 24/24h.
R. Estados Unidos, 1645, Jardins
TÉL. 3064-5900

Gero $$
C'est l'un des meilleurs restaurants italiens raffinés de la ville. Il appartient aussi à la famille Fasano, mais est cependant plus simple que la maison mère. Le *ravioli de vitelo* (ravioli de veau) est une spécialité. L'architecture de briques apparentes conçue par Aurelio Martinez Flores est simple et élégante. CUISINE Italienne. CARTES DE CRÉDIT Toutes. HORAIRE Lun. à jeu., 12h/15h et 19h/1h; ven. et sam., 12h/16h30 et 19h/1h30; dim., 12h/16h30 et 19h/24h.
R. Haddock Lobo, 1629, Jardins
TÉL. 3064-0005

Gero Café Iguatemi $$
Filiale du Gero, installée dans le centre commercial Iguatemi. Ambiance beaucoup plus décontractée. En plus des plats de la carte identique à celle du Gero, l'établissement propose divers amuse-gueule, sandwichs, gâteaux et thés. CUISINE Italienne. CARTES DE CRÉDIT Toutes. HORAIRE Lun. à sam., 11h30/23h; dim., 11h30/22h.
Av. Brigadeiro Faria Lima, 2232, Jardins
TÉL. 3813-8484

Govinda $$
Restaurant de spécialités indiennes, qui attire beaucoup de couples ainsi que des amateurs de cuisine indienne épicée. La décoration typique, composée de sculptures et d'ornements importés, ainsi que la musique de fond indienne contribuent largement au climat intimiste de l'établissement. Un espace est réservé pour les fumeurs de cigares. CUISINE Indienne. CARTES DE CRÉDIT Toutes. HORAIRE Lun. à ven., 12h/15h et 18h jusqu'au dernier client; dim., 12h/17h.
R. Princesa Isabel, 379, Brooklin
TÉL. 5092-4816

Jardim di Napoli $
Authentique cantine italienne, ouverte depuis plus de 30 ans et aux tables recouvertes de nappes à carreaux. L'endroit est toujours plein. Le plat à déguster est le succulent *polpetone* – une grande boulette farcie de mozzarella et recouverte de sauce tomate et de parmesan. CUISINE Italienne. CARTES DE CRÉDIT American Express, Visa. HORAIRE Lun. à ven., 12h/15h et 18h30/24h; sam. et dim., 12h/16h et 18h30/24h.
R. Dr. Martinico Prado, 463, Higienópolis
TÉL. 3666-3022

Jun Sakamoto $$$
Pour beaucoup le meilleur restaurant de sushis de la vil-

| RESTAURANTS | $ jusqu'à 50 R$ | $$ de 51 R$ à 100 R$ | $$$ de 101 R$ à 150 R$ | $$$$ au-dessus de 150 R$ |

le. Faites confiance au célèbre chef Jun Sakamoto et demandez le menu dégustation. Chaque plat, japonais ou non, est une délicieuse surprise. Réservation obligatoire. CUISINE Japonaise. CARTES DE CRÉDIT MasterCard. HORAIRE Lun. à jeu., 18h30/0h30; ven. et sam., 19h/1h.
R. Lisboa, 55, Pinheiros
TÉL. 3088-6019

Kinoshita $$

Spécialités japonaises dans le quartier Liberdade. Plats excellents, aussi bien dans le menu classique que dans le menu dégustation surprise du chef Tsuyoshi Murakama. Le menu dégustation doit être commandé au préalable. CUISINE Japonais. CARTES DE CRÉDIT Visa. HORAIRE Lun. à sam., 11h30/14h et 18h30/22h.
R. da Glória, 168, Liberdade
TÉL. 3105-4903

Konstanz $

L'un des meilleurs restaurants de cuisine allemande. Il propose plusieurs plats traditionnels avec des variations dans la préparation de la saucisse et du jarret de porc, ainsi que des fondues. CUISINE Allemande, suisse, variée. CARTES DE CRÉDIT American Express, Diners, MasterCard, Visa. HORAIRE Mar. à jeu., 12h/15h et 18h/24h; ven. et sam., 12h/1h; dim., 12h/18h.
Av. Aratãs, 713, Moema
TÉL. 5543-4813

Koyama $$

Dans ce restaurant japonais, goûtez l'*omakasê*, un repas complet composé de poissons, sushis, beignets de crevettes et légumes et dessert. La carte mélange des plats traditionnels et des adaptations au goût brésilien. Il y a des tables communes et des salles avec des tatamis, où il est demandé d'ôter ses chaussures avant d'entrer. CUISINE Japonaise. CARTES DE CRÉDIT Toutes. HORAIRE Lun. à jeu., 12h/14h30 19h/23h; ven. et sam., 12h/14h et 19h/23h30.
R. Treze de Maio, 1050, Bela Vista
TÉL. 3283-1833

La Casserole $

Ouvert en 54, ce restaurant sympathique et traditionnel est plus simple que la plupart des restaurants français de la ville. *Ostras* (huîtres), *perna de carneiro assada* (gigot de mouton) et *creme de mandioquinha com confit de perdiz* (confit de perdrix à la crème de pacate) sont déjà devenus des classiques. Établissement très agréable, situé en face du Marché aux Fleurs du largo do Arouche. CUISINE Française. CARTES DE CRÉDIT Toutes. HORAIRE Mar. à jeu., 12h/15h et 19h/24h; ven., 12h/15h et 19h/1h; sam., 19h/1h; dim., 12h/16h et 19h/23h.
Lgo. do Arouche, 346, Centro
TÉL. 3331-6283/221-2899

La Tambouille $$

Au début des années 70, le chef et propriétaire Giancarlo Bolla a installé son restaurant dans cette maison et décida de lui laisser l'aspect de résidence. Le résultat est un établissement très agréable, qui sert des plats italiens et français. CUISINE Française et italienne. CARTES DE CRÉDIT Toutes. HORAIRE Lun. à ven., 12h/15h; sam. et dim., 12h/17h; Lun. à jeu., 19h /1h; ven. et sam., 19h/2h, dim., 19h/0h30.

Av. Nove de Julho, 5925, Itaim Bibi
TÉL. 3079 6277

La Vecchia Cucina $$

Les murs en briques apparentes donnent à l'endroit un aspect rustique, évoquant la Toscane. Le chef Sérgio Arno actualise constamment la carte et propose notamment de délicieuses pâtes. CUISINE Italienne. CARTES DE CRÉDIT Toutes. HORAIRE Lun. à ven., 12h/15h; dim. 12h/17h; lun. à jeu., 19h/24h; ven. et sam., 19h/1h.
R. Pedroso Alvarenga, 1088, Itaim Bibi
TÉL. 3167-2822, ramal 1005/3079-7115

Laurent $$

L'un des restaurants français les plus raffinés de la ville. L'excellent chef Laurent Suaudeau, élève de Paul Bocuse, intègre dans les plats classiques français des saveurs et des ingrédients brésiliens. Goûtez la *creme de ouriço e emulsão de coentro fresco* (crème d'oursin et émulsion de coriandre frais, le *napoleão de camarões ao palmito fresco* (crevettes au cœur de palmier frais) et le *nhoque de milho verde ao creme de parmesão e vinho do Porto* (gnocchi de maïs vert à la crème de parmesan et porto). CUISINE Contemporaine, française. CARTES DE CRÉDIT Toutes. HORAIRE Mar. à. ven., 12h/15h; dim., 12h/17h; lun. à jeu., 19h/24h; ven. et sam., 19h/1h.
Al. Lorena, 1899, Jardins
TÉL. 3062-1452

Le Vin Bistrô $

Ce charmant restaurant, au climat romantique et au décor élégant, appartient au même propriétaire du Café Antique, mais l'ambiance y est plus décontractée. Plats délicieux, comme l'exemple du *confit de pato com batatas sautées* (confit de canard et pommes de terre sautées). CUISINE Française. CARTES DE CRÉDIT American Express, MasterCard, Visa. HORAIRE Lun. à jeu., 12h/24h; ven. et sam., 12h/1h; dim., 12h/23h
Al. Tietê, 184, Jardins
TÉL. 3081-3924

Martín Fierro $

Restaurant de viandes argentines, situé dans une zone assez animée de Vila Madalena. Une partie des tables est en plein air. La spécialité est les viandes, notamment le succulent *bife de chorizo* (bifteck de chorizo), mais goûtez aussi les *empanadas* (sortes de beignets argentins). Les files d'attente sont fréquentes. CUISINE Viandes. CARTES DE CRÉDIT Toutes. HORAIRE Lun. à ven., 11h30/23h; sam. et dim., 11h30/17h30.
R. Aspicuelta, 683, Vila Madalena
TÉL. 3814-6747

Massimo $$$

Très raffiné et cher, inauguré en 1976, le Massimo est l'un des principaux restaurants italiens de la ville et propose encore certains plats célèbres de tels que le *espaguete ao cartoccio com tomate e manjericão* (spaghetti au cartoccio avec tomate et basilic). La carte des vins propose plus d'une centaine de vins italiens. CUISINE Italienne. CARTES DE CRÉDIT Non acceptées. HORAIRE Lun. à jeu., 12h/15h et 19h30/24h; ven., 12h/15h et 19h30/1h; sam. et dim., 12h/16h30; sam., 19h30/1h; dim., 19h30/23h.
Al. Santos, 1826, Cerqueira César
TÉL. 3284-0311

PRIX	HÔTELS (couple)	$ jusqu'à 150 R$	$$ de 151 R$ à 300 R$	$$$ de 301 R$ à 500 R$	$$$$ au-delà de 500 R$

Mercearia do Conde $
Cuisine rapide mais très bonne, proposant quiches, crêpes, sandwichs et salades. Le décor est assez surprenant, avec des objets très kitsch. Très souvent plein, il attire un public branché, en particulier en fin de semaine. **CUISINE** Variée. **CARTES DE CRÉDIT** Non acceptées. **HORAIRE** Lun., 12h30/16h et 19h/24h; mar. à dim., 12h30/24h.
R. Joaquim Antunes, 217, Jardins
TÉL. 3081-7204

Mestiço $
Animé et décontracté se remplit en fin de semaine. Le mélange de cuisine thaïlandaise et bahianaise donne de bons plats, à l'exemple du *samui* (poulet et noix de cajou) et du *hua hin* (poulet, shitake et gingembre). **CUISINE** Contemporaine, thaïlandaise. **CARTES DE CRÉDIT** Toutes. **HORAIRE** Tous les jours, 11h45 jusqu'au dernier client.
R. Fernando de Albuquerque, 277, Consolação
TÉL. 3256-3165/3259-1539

Oficina de Pizzas $
Pizzeria qui sert la meilleure pizza de Vila Madalena. Les murs de briques apparentes, les tables et chaises rustiques contribuent à l'ambiance simple et décontractée. **CUISINE** Pizza. **CARTES DE CRÉDIT** Toutes. **HORAIRE** Lun. à jeu., 19h/24h; ven. et sam., 19h/1h.
R. Purpurina, 517, Vila Madalena
TÉL. 3816-3749

Osteria Don Boseggia $
La pizzeria du chef Luciano Boseggia propose des garnitures savoureuses. Goûtez notamment la *Du Boseggia*, recouverte de brie, d'asperges et de tomates. **CUISINE** Italienne. **CARTES DE CRÉDIT** Toutes. **HORAIRE** Lun. à ven., 19h/24h30; sam. et dim., 12h/24h.
R. Diogo Jacome, 591, Vila Nova Conceição
TÉL. 3842-5590

Padaria Barcelona $
Ouverte depuis près de 30 ans, reçoit une clientèle fidèle, ainsi que des personnes n'hésitant pas à traverser São Paulo pour venir goûter ses pains sucrés. **CUISINE** Sandwichs. **CARTES DE CRÉDIT** Diners, MasterCard, Visa. **HORAIRE** Tous les jours, 6h/22h.
R. Armando Penteado, 33, Higienópolis
TÉL. 3826-4911

Pandoro $$
Ce restaurant, bar et pâtisserie est l'une des adresses les plus traditionnelles de la ville. Le délicieux *caju-amigo* (cocktail au cajou) est une spécialité de la maison ouverte depuis près d'un demi-siècle. Buffet au déjeuner et petit-déjeuner complet. **CUISINE** Variée. **CARTES DE CRÉDIT** Toutes. **HORAIRE** 8h30/1h.
Av. Cidade Jardim, 60, Jardim Europa
TÉL. 3083-0399

Parigi $$$
Restaurant appartenant à la famille Fasano. Le dîner est romantique et raffiné, le déjeuner attire les hommes d'affaires. Dans la cuisine cohabitent l'Italie et la France, sous la houlette des chefs Salvatore Loi et Eric Berland. **CUISINE** Française, italienne. **CARTES DE CRÉDIT** Toutes. **HORAIRE** Lun. à jeu., 12h/15h et 19h/1h; ven.,

12h/16h et 19h/1h30; sam., 19h/1h30; dim., 12h/17h
R. Amauri, 275, Itaim Bibi
TÉL. 3167-1575

Ponto Chic $
Inaugurée en 1922, cette cafétéria est la créatrice du classique *bauru*, sandwich de baguette garni de viande, fromage et tomate. L'établissement a plusieurs filiales, mais aucune ne possède le charme de la maison mère. **CUISINE** Brésilienne, Sandwichs. **CARTES DE CRÉDIT** Toutes. **HORAIRE** Lun. à sam., 10h/24h.
Lgo. do Paissandu, 27, Centro
TÉL. 222-6528

Rincón de Buenos Aires $
Atmosphère argentine, il propose différents types de viandes. Goûtez notamment l'*ojo de bife* (noix d'entrecôte) et la *parrillada* (viandes grillées). Le vendredi, spectacle de tango et de boléro. **CUISINE** Viandes. **CARTES DE CRÉDIT** Toutes. **HORAIRE** Lun. à ven., 12h/15h30 et 19h/24h; sam., 12h/24h; dim., 12h/18h.
R. Santa Justina, 99, Vila Olímpia
TÉL. 3849-0096

Ritz $
Bar fréquenté par les célébrités et le public branché depuis plus de 20 ans. Propose de la cuisine rapide, avec en particulier les hamburgers. En soirée, c'est un point de rencontre des gays et lesbiennes. **CUISINE** Contemporaine. **CARTES DE CRÉDIT** Toutes. **HORAIRE** Lun. à ven., 12h/15h et 20h/1h30; sam. et dim., 13h/1h30
Al. Franca, 1088, Jardins
TÉL. 3088-6808

São Cristóvão $
Ce bar charmant plaît surtout aux fanatiques de football. Ses murs sont recouverts de photos, de drapeaux, de maillots et autres objets liés aux équipes de foot. On y sert une bonne bière. Samedi est le jour de la *feijoada*. **CUISINE** Variée. **CARTES DE CRÉDIT** Toutes. **HORAIRE** Tous les jours, 12h/2h.
R. Aspicuelta 533, Vila Madalena
TÉL. 3097-9904

Skye $$
Situé en haut de l'hôtel Unique, avec une vue grandiose sur le Parque Ibirapuera et le quartier des Jardins. Le bar, initialement conçu pour faire patienter les clients, est maintenant prisé. Sur la carte du chef Emmanuel Bassoleil, n'hésitez pas à choisir le risotto PF. **CUISINE** Variée. **CARTES DE CRÉDIT** Toutes. **HORAIRE** Lun. à jeu., 7h/11h, 12h/15h et 19h/24h; ven., 19h/1h; sam., 12h/16h et 19h/1h; dim., 12h/16h.
Av. Brigadeiro Luís Antônio, 4700, Jardins
TÉL. 3055-4702

Speranza $
Visitez le quartier italien Bexiga puis venez goûter le *tortano* (pain de saucisse) de ce restaurant. Les pizzas sont également délicieuses, et les plus demandées sont les *calabresa* et *marguerita*. **CUISINE** Pizzas. **CARTES DE CRÉDIT** Visa. **HORAIRE** Lun. à ven., 18h/1h30; sam., jusqu'à 2h; dim., jusqu'à 1h.
R. Treze de Maio, 1004, Bexiga
TÉL. 3288-8502

RESTAURANTS | $ jusqu'à 50 R$ | $$ de 51 R$ à 100 R$ | $$$ de 101 R$ à 150 R$ | $$$$ au-dessus de 150 R$

Spot $
L'un des lieux les plus branchés de la ville. Il est tout en verre, ce qui fait réellement de lui une vitrine. Idéal pour voir et être vu. La cuisine rapide est très bonne et il y a plusieurs choix de boissons. CUISINE Contemporaine. CARTES DE CRÉDIT Toutes. HORAIRE Lun. à ven., 12h/15h; sam. et dim., 13h/17h; Tous les jours, 20h/1h.
Al. Ministro Rocha Azevedo, 72, Cerqueira César
TÉL. 3284-6131

St. Etienne $
Point de rencontre simple et animé de Vila Madalena, très prisé le dimanche à l'heure du brunch. Propose d'excellents sandwichs et pâtisseries. CUISINE Sandwichs. CARTES DE CRÉDIT Diners, MasterCard, Visa. HORAIRE Lun. à ven., 6h/23h; sam. et dim., 7h/22h.
R. Harmonia, 699, Vila Madalena
TÉL. 3819-2578

Suplicy $
Propose diverses variétés de café et les moud au moment de servir, au goût des clients. Il sert aussi des pâtisseries et des petits fours salés. CUISINE Bar. CARTES DE CRÉDIT Diners, MasterCard, Visa. HORAIRE Lun. à jeu., 8h30/24h; ven., 8h30/1h; sam., 9h30/1h; dim., 9h30/24h.
Al. Lorena, 1430, Jardins
TÉL. 3061-0195

Sushi Lika $
Le chef sushiman bahianais prépare un délicieux *neguitoro*, sushi saumon et thon. Autre plat très demandé: le *teppan de salmão* (saumon grillé et légumes). CUISINE Japonaise. CARTES DE CRÉDIT Diners, MasterCard, Visa. HORAIRE Lun. à sam., 11h30/14h30 et 18h30/24h30.
R. dos Estudantes, 152, Liberdade
TÉL. 3207-7435

Sushi Yassu $$$
Ouvert en 1972, c'est l'un des restaurants japonais les plus traditionnels de la ville. Il propose des plats exotiques, tels que l'*uni sushi*, sushi enroulé d'oursin. Possède un autre établissement au 199 de la rua Manoel da Nóbrega, Paraíso. CUISINE Japonaise. CARTES DE CRÉDIT Toutes. HORAIRE Lun. à ven., 11h30/14h30 et 18h/23h30; sam., 12h/15h30 et 18h/24h; dim., 12h/22h.
R. Tomás Gonzaga, 98, Liberdade
TÉL. 3209-6622

348 Parrilla Porteña $$
Viandes argentines comme le *bife de chorizo* (bifteck de chorizo) et le *miolo de contrafilé* (noix d'entrecôte). Ambiance agréable. CUISINE Viandes. CARTES DE CRÉDIT Toutes. HORAIRE Mar. à ven., 12h/15h et 19h/24h; sam., 12h/24h; dim., 12h/18h.
R. Comendador Miguel Calfat, 348, Vila Olímpia
TÉL. 3849-5839

Totó Ristorante $
Cuisine aux accents italiens de la chef Luiza Bistolfi. Dégustez le *tortelli de coelho* (tortelli de lapin). CUISINE Italienne. CARTES DE CRÉDIT Toutes. HORAIRE Mar. à jeu., 12h/15h et 19h/23h; ven., 12h/15h; 19h/24h; sam., 12h/16h et 20h/24h; dim. et jours fériés, 13h/17h.
R. Dr. Sodré, 77, Vila Olímpia
TÉL. 3841-9067

Varanda Grill $
Ce restaurant propose des morceaux de viandes découpés à la mode brésilienne (dont *rumsteak*), argentine (dont *bife de lomo*), et nord-américaine (dont *porterhouse*). Bonne carte des vins. Goûtez le succulent *arroz biro-biro* (riz aux oignons, persil, bacon, œufs et pommes allumettes). CUISINE Viandes. CARTES DE CRÉDIT Toutes. HORAIRE Lun. à ven., 12h/15h et 19h/24h; sam., 12h/24h; dim., 12h/17h.
R. General Mena Barreto, 793, Jardim Paulista
TÉL. 3887-8870

Vecchio Torino $$
Accueillant et charmant, ce restaurant propose d'excellents plats, à l'exemple du *tortelloni alla piemontese* (tortellinis farcis au canard). La cave possède près de 6000 bouteilles. CUISINE Italienne. CARTES DE CRÉDIT Toutes. HORAIRE Mar. à sam., 12h/16h et 19h/24h; dim., 12h/16h.
R. Tavares Cabral, 119, Pinheiros
TÉL. 3816-0592/0560

Vinheria Percussi $
Une treille sur la porte donne le ton de ce restaurant, autrefois une boutique de vins. Les pâtes sont succulentes. CUISINE Italienne. CARTES DE CRÉDIT Toutes. HORAIRE Mar. à jeu., 12h/15h et 19h/23h30; ven., 12h/15h et 19h/1h; sam., 12h/16h30 et 19h/1h; dim., 12h/16h30.
R. Cônego Eugênio Leite, 523, Pinheiros
TÉL. 3088-4920

Z Deli $
Établissement qui propose une grande diversité de plats juifs. Il existe deux adresses: 1386, rua Hadddock Lobo et 1350, al. Gabriel Monteiro da Silva. CUISINE Juive. CARTES DE CRÉDIT American Express, Diners, MasterCard. HORAIRE Lun. à ven., 12h/18 h; sam., 12h/16h30.
Al. Lorena, 1689, Jardins
TÉL. 3088-5644

SERVICES

AÉROPORT

Aeroporto Internacional de São Paulo/Guarulhos
Rodovia Hélio Schmidt, s/n, Cumbica
TÉL. 6445-2945

Aeroporto Internacional de Congonhas
Av. Washington Luiz, s/n, Campo Belo
TÉL. 5090-9000

COMMISSARIAT DÉLÉGUÉ AUX TOURISTES

Delegacia de Atendimento ao Turista
Av. São Luís, 91, Centro
TÉL. 3214-0209. HORAIRE Tous les jours, 9h/19h

INFORMATIONS TOURISTIQUES

Centro de Informações Turísticas
Pça. da República, s/n, Centro
TÉL. 3231-2922. HORAIRE Tous les jours, 9h/18h

PRIX	HÔTELS (couple)	$ jusqu'à 150 R$	$$ de 151 R$ à 300 R$	$$$ de 301 R$ à 500 R$	$$$$ au-delà de 500 R$

Centro de Informações Turísticas
Av. Paulista, en face du Parque Trianon
TÉL. 3251-0970. **HORAIRE** Tous les jours, 9h/18h

BUREAU DE CHANGE

Cotação S/A
Av. Paulista, 807, 19ème étage, bureau 1901
TÉL. 3178-8900. **HORAIRE** Lun. à ven., 9h/16h

São Sebastião – SP

INDICATIF 12 **HABITANTS** 57 886
DISTANCE São Paulo, 214 km

HÔTELS

Juquehy Praia $$$
Hôtel au bord de la plage, piscine qui donne l'impression d'être un prolongement de la mer. Chambres grandes et confortables. Idéal pour les familles. **INSTALLATIONS** 54 chambres, climatisation, téléphone, TV, ventilateur, bar, piscine, tennis, restaurant, salles de réunions, de gym, sauna. **CARTES DE CRÉDIT** Toutes.
Av. Mãe Bernarda, 3221, praia de Juqueí
TÉL. 3891-1000
www.juquehy.com.br

Maresias Beach $$$
Hôtel confortable sur la plage la plus prisée de São Sebastião. Chambres avec vue sur la mer ou sur la montagne ont un balcon. Des moniteurs proposent des activités pour les enfants. Endroit également agréable pour les couples. **INSTALLATIONS** 92 chambres, climatisation, téléphone, TV, ventilateur, bar, terrain de football, équipe d'animation, piscine, aire de jeux, tennis, restaurant, salles de réunions, de gym, de jeux, sauna. **CARTES DE CRÉDIT** Diners, MasterCard, Visa.
Av. Francisco Loup, 1109, praia de Maresias
TÉL. 3891-7500 **FAX** 3891-7509
www.maresiashotel.com.br

Sambaqui $$
Hôtel de style rustique et à l'ambiance familiale. Chaque chambre est décorée différemment et six d'entre elles offrent une vue sur la mer. Fermé en mai. **INSTALLATIONS** 16 chambres, climatisation, TV, TV câblée, ventilateur, bar, piscine, restaurant, salles de réunions, sauna. **CARTES DE CRÉDIT** Diners, MasterCard.
R. Xavantes, 57, praia da Juréia
TÉL. 3867-1291
www.hotelsambajeu.com.br

Villa Bebek $$
Hôtel de style thaïlandais, les chambres sont disposées autour d'une piscine. Le service est très cordial. **INSTALLATIONS** 21 chambres, climatisation, téléphone, TV, TV câblée, ventilateur, bar, piscine, restaurant, salon de massage. **CARTES DE CRÉDIT** MasterCard, Visa.
R. do Zezito, 251, Camburizinho
TÉL. 3865-2123
www.villabebek.com.br

RESTAURANTS

Acqua $$
Restaurant, situé au sommet de la colline. Magnifique vue sur la plage de Camburi. Goûtez les *gambcroni* (crevettes grillées). **CUISINE** Poissons et fruits de mer. **CARTES DE CRÉDIT** Diners, MasterCard, Visa. **HORAIRE** Ven. et sam., 14h/1h; dim., 13h/22h; en été, tous les jours, 14h/1h.
Estrada do Camburi, 2000, Camburi
TÉL. 3865-1866

Manacá $$
Entouré de verdure, c'est le meilleur restaurant de la côte de l'État de São Paulo. La carte change constamment, mais certains plats restent toujours au menu, à l'exemple du *risoto com frutos do mar* (risotto de fruits de mer), du *linguado ao molho de laranja* (sole sauce à l'orange) et du *peixe recheado com farofa* (poisson farci de farine de manioc). Il est conseillé de réserver. **CUISINE** Poissons et fruits de mer. **CARTES DE CRÉDIT** Toutes. **HORAIRE** Jeu., 18h/23h; ven. et sam., 13h/23h; dim., 13h/21h.
R. Manacá, 102, Camburi
TÉL. 3865-1566

SERVICES

INFORMATIONS TOURISTIQUES

Centro de Informações Turísticas
R. Altino Arantes, 174, Centro
TÉL. 3892-1808. **HORAIRE** Lun. à ven., 8h/18h

Teresópolis – RJ

INDICATIF 21 **HABITANTS** 138 081
DISTANCES Rio de Janeiro, 87 km; São Paulo, 484 km; Belo Horizonte, 405 km

HÔTELS

Bromélia, Sabiá & Cia. $$
La décoration témoigne des voyages du couple de propriétaires. Petit-déjeuner servi dans une salle ronde qui reçoit la lumière naturelle à travers l'immense claire-voie du plafond. N'accepte pas les enfants de moins de 14 ans. **INSTALLATIONS** 5 chambres, téléphone, TV, bar, piscine naturelle, sauna. **CARTES DE CRÉDIT** Toutes.
Estrada do Araken, 1231, Granja Guarany
TÉL. 2642-2239
www.bromeliasabia.com.br

Hotel Fazenda Rosa dos Ventos $$$
Ferme-hôtel située entre Teresópolis et Nova Friburgo. Confort et vie rurale. Propose de nombreuses options de loisirs. Cave où sont dégustés les vins et servies les fondues. Chambres et lits spacieux. **INSTALLATIONS** 42 chambres, téléphone, TV, ventilateur, bar, bateau, chevaux, piscine, piscine chauffée, restaurant, salles de réunions, de gym, de jeux, salon de massage, sauna. **CARTES DE CRÉDIT** Toutes.
Estrada Teresópolis–Nova Friburgo, km 22,5
Campanha
TÉL. 2644-9900 **RÉSERVATIONS** 2532-1197 **FAX** 2642-8174
www.hotelrosadosventos.com.br

| RESTAURANTS | $ jusqu'à 50 R$ | $$ de 51 R$ à 100 R$ | $$$ de 101 R$ à 150 R$ | $$$$ au-dessus de 150 R$ |

Pousada Urikana $$$

Auberge située sur le plateau de la montagne dos Órgãos, à 1000 m d'altitude. Une forêt privée pour amateurs de randonnée. Certains chalets sont équipés d'une baignoire d'hydromassage et d'une TV 29". **INSTALLATIONS** 17 chambres, climatisation, cheminée, téléphone, TV, ventilateur, minigolf, piscine, restaurant, salle de gym, salle de jeux, sauna. **CARTES DE CRÉDIT** Toutes.
Estrada Ibiporanga, 2151, Parque do Imbuí
TÉL. 2641-8991
www.pousadaurikana.com.br

Toca-Terê Pousada $$$

Établissement constitué de 11 chalets au milieu de 22 000 m², dont 5 sont équipés d'un bain ofuro et vue sur la végétation. Le chemin qui relie les deux restaurants aux chalets parcourt des ponts suspendus ou en pierre. **INSTALLATIONS** 11 chambres, cheminée, téléphone, TV, TV câblée, bar, équipe d'animation, piscine naturelle, piscine chauffée, restaurant, salles de réunions, de gym, de jeux, salon de massage, sauna. **CARTES DE CRÉDIT** Toutes.
Pça. dos Namorados, Parque do Ingá
TÉL. 2642-5020 **FAX** 2642-5021
www.tocatere.com.br

RESTAURANTS

Cremerie Genève $

L'établissement est une ferme d'élevage caprin qui produit quelques-uns des meilleurs fromages de chèvre du pays : il y a 12 types différents, à goûter absolument. Recettes françaises classiques, comme le *magret de canard com molho de cassis* (magret de canard sauce cassis) et le *coelho com mostarda ou ao vinho* (lapin à la moutarde ou au vin). Les enfants adorent rendre visite aux chèvres, mais il faut prendre rendez-vous. **CUISINE** Française. **CARTES DE CRÉDIT** Diners, MasterCard. **HORAIRE** Ven. et sam., 12h/22h; dim., 12h/20h.
Estrada Teresópolis–Nova Friburgo, km 16
TÉL. 3643-6391

Dona Irene $$

Réservez au moins deux heures pour ce banquet authentiquement russe. Les festivités commencent par les *piroskis* (beignets de viande) et les *arenques* (harengs) accompagnées d'une vodka maison. Suivent la *sopa de beterraba* (soupe de betteraves), le *frango à Kiev* (poulet à la Kiev) ou le "véritable" strogonoff, entre autres délices. Il est conseillé de réserver à l'avance. **CUISINE** Russe. **CARTES DE CRÉDIT** Non acceptées. **HORAIRE** Jeu. à sam., 12h/24h; dim., 12h/18h.
R. Tenente Luiz Meirelles, 1800, Bom Retiro
TÉL. 2742-2901

Manjericão $

Pizzeria la plus réputée de la région. Les pâtes des pizzas sont légères et fines. Goûtez absolument celle recouverte de *parmesão, creme de leite et nozes* (parmesan, crème et noix), un vrai régal. **CUISINE** Pizza. **CARTES DE CRÉDIT** American Express, MasterCard. **HORAIRE** Jeu. à ven., 18h/23h; sam. et dim., 12h/23h.
R. Flavio Bertoluzzi, 314, Alto
TÉL. 2642-4242

SERVICES

AGENCES DE TOURISME

Centro de Excursionistas de Teresópolis (CET)
TÉL. 2643-1177/2742-9791

INFORMATIONS TOURISTIQUES

Secretaria de Turismo
Av. Rotariana, pórtico de entrada
TÉL. 2642-1737/2094. **HORAIRE** Lun. à ven., 9h/18h; sam., 9h/17h; dim., 9h/13h.

Tiradentes – MG

INDICATIF 32 **HABITANTS** 5 759
DISTANCE Belo Horizonte, 215 km

HÔTELS

Pousada dos Inconfidentes $$$

Auberge de style colonial récemment inaugurée, toutes les chambres ont le chauffage et sont spacieuses et confortables. Certaines ont une cheminée, d'autres un balcon. La piscine est semi-olympique. N'accepte pas les moins de 16 ans. **INSTALLATIONS** 13 chambres, cheminée, téléphone, TV, bar, piscine, restaurant, salle de gym, sauna. **CARTES DE CRÉDIT** Toutes.
R. João Rodrigues Sobrinho, 91, condomínio Parque dos Bandeirantes
TÉL. 3355-2215 **RÉSERVATIONS** 3355-2341 **FAX** 3355-2135
www.pousadadosinconfidentes.com.br

Pousada Villa Paolucci $$$

Auberge installée dans l'ancienne ferme familiale, vieille de plus de 200 ans restaurée avec du bois de récupération. Les chambres simples et spacieuses, et les meubles anciens côtoient les imitations. Jetez un œil à la pergola et à la grande cuisine du restaurant, le seul dans la ville à accueillir la Semaine de la Gastronomie en août. Pendant la haute saison, n'accepte pas les moins de 16 ans. **INSTALLATIONS** 10 chambres, cheminée, téléphone, TV, piscine, tennis, restaurant, sauna. **CARTES DE CRÉDIT** MasterCard, Visa.
R. do Chafariz, s/n
TÉL. 3355-1350
www.villapaolucci.cjb.net

Solar da Ponte $$$

S'intégrant parfaitement dans le caractère historique de la ville de Tiradentes, le Solar da Ponte est de style colonial. Anna Maria et John Parsons, les propriétaires, accueillent chaleureusement les clients; Anna Maria est une spécialiste d'art baroque. Ils proposent un petit-déjeuner très copieux et un thé dans l'après-midi. **INSTALLATIONS** 18 chambres, chauffage, frigobar, téléphone, TV, bar, piscine, accès Internet, salle de TV et vidéo, sauna. **CARTES DE CRÉDIT** Toutes.
Pça. das Mercês, s/n
TÉL. E RÉSERVATIONS 3355-1255 **FAX** 3355-1201
www.solardaponte.com.br/page.htm

PRIX	HÔTELS (couple)	$ jusqu'à 150 R$	$$ de 151 R$ à 300 R$	$$$ de 301 R$ à 500 R$	$$$$ au-delà de 500 R$

Xica da Silva Pousada $$$
Auberge éloignée du centre, la propriétaire vit sur place. Elle collectionne les antiquités, en grand nombre dans l'établissement. Certaines chambres sont très grandes. L'auberge est l'une des rares à accepter les enfants et à posséder une infrastructure adaptée. **INSTALLATIONS** 16 chambres, cheminée, téléphone, TV, bar, piscine chauffée, aire de jeux, restaurant, salle de jeux, salon de massage, sauna. **CARTES DE CRÉDIT** American Express, Diners, MasterCard.
Av. Governador Israel Pinheiro, 400
TÉL. 3355-1874
www.xicadasilva.com.br

RESTAURANTS

Padre Toledo $
Depuis plus de 30 ans, ce restaurant – accolé à une auberge – est situé dans l'une des rues principales et les plus anciennes de la ville. Le mobilier, en jacaranda, est austère, dans une maison qui date du XIXe siècle. Nourriture excellente, goûtez la fameuse eau-de-vie du nom de l'établissement. **CUISINE** des Minas Gerais, régionale. **CARTES DE CRÉDIT** Toutes. **HORAIRE** 11h/22h.
R. Direita, 250, Centro
TÉL. 3355-1222 /3355-2132

Tragaluz $
Installé dans une maison datant de près de 300 ans, c'est l'un des restaurants les plus nouveaux de la ville. Il propose une cuisine régionale innovatrice et plus légère. Eclairage et décoration offrent une ambiance très agréable. **CUISINE** Contemporaine, régionale. **CARTES DE CRÉDIT** Toutes. **HORAIRE** 19h/22h; fermé le mardi.
R. Direita, 52, Centro
TÉL. 3355-1424

Uai $
Accueil familial et simplicité dans cet établissement équipé d'une cheminée et d'un fourneau à bois. Cuisine maison délicieuse. Goûtez le *frango com ora-pro-nóbis ou quiabo* (poulet aux feuilles de pereskia ou gombo), le *feijão-tropeiro* (haricots) ou le *tutu à mineira* (purée de haricots). Les portions sont pour 2 personnes. **CUISINE** des Minas Gerais, régionale. **CARTES DE CRÉDIT** Non acceptées. **HORAIRE** 12h/23h.
Travessa do Chafariz, 73
TÉL. 3355-2370

Viradas do Largo $
Restaurant le plus traditionnel de la ville. Fourneau à bois quasiment en salle. Il propose des plats centenaires mais avec des préparations innovatrices. Ne manquez pas de goûter le *tutu com costelinha* (purée de haricots et pointes de côtelettes) ou le *joelho de porco defumado* (jarret de porc fumé) pour 3 personnes. **CUISINE** des Minas Gerais. **CARTES DE CRÉDIT** Diners, MasterCard, Visa. **HORAIRE** Mer. à lun., 12h/22h.
R. do Moinho, 11, Centro
TÉL. 3355-1111

Ubatuba – SP

INDICATIF 12 **HABITANTS** 66 861
DISTANCE São Paulo, 235 km

HÔTELS

Itamambuca Eco Resort $$$
L'établissement est installé dans une réserve écologique de 88 000 m². Il propose des activités sportives ainsi que des programmes sur l'environnement. Chambres confortables, terrasse donnant sur la réserve. **INSTALLATIONS** 52 chambres, téléphone, TV, bar, équipe d'animation, piscine, aire de jeux, tennis, restaurant, salles de réunions, de gym, de jeux, salon de massage. **CARTES DE CRÉDIT** Non acceptées.
Rodovia Rio–Santos, km 36
TÉL. et **RÉSERVATIONS** 3834-3000
www.itamambuca.com.br

Pousada Maranduba $$
Chambres avec terrasses, petit salon attenant, et vue sur la mer. Les clients sont reçus par le propriétaire. **INSTALLATIONS** 12 chambres, climatisation, téléphone, TV, bar, bateau, aire de jeux, restaurant, salle de jeux. **CARTES DE CRÉDIT** Toutes.
Av. Marginal, 899
TÉL. 3849-8378 **RÉSERVATIONS** 3849-8408
www.pousadamaranduba.com.br

Recanto das Toninhas $$$
Dans cet hôtel de style rustique, les chambres sont spacieuses et équipées d'une terrasse. Le *clube-mirim* (club infantile) organise un très grand nombre d'activités pour les enfants. La *feijoada* servie le samedi est incluse dans le prix de la chambre. **INSTALLATIONS** 54 chambres, climatisation, téléphone, TV, TV câblée, bar, équipe d'animation, piscine, piscine chauffée, tennis, restaurant, salles de réunions, de gym, de jeux, salon de massage, sauna. **CARTES DE CRÉDIT** Toutes.
Rodovia SP-055, km 56,5
TÉL. 3842-1410 **RÉSERVATIONS** (11) 288-2022 **FAX** 0800177557
www.toninhas.com.br

Solar das Águas Cantantes $$
Dissimulé entre les plages Lázaro et Sununga, cet agréable hôtel de style colonial offre un service attentionné. Le restaurant sert de délicieuses *moquecas* au bord de la piscine. Ambiance simple et romantique. **INSTALLATIONS** 20 chambres, climatisation, téléphone, TV, ventilateur, bar, piscine, restaurant, salle de jeux. **CARTES DE CRÉDIT** Visa, MasterCard.
Estrada do Saco da Ribeira, 253
TÉL. 3842-0178 **RÉSERVATIONS** 3842-0288
www.solardasaguascantantes.com.br

RESTAURANTS

Peixe com Banana $$
Restaurant qui propose le meilleur *azul-marinho*, plat typique composé de darnes de poisson et de bananes naines vertes cuites dans une casserole en fer. La banane acquiert une légère teinte bleue (*azul*), d'où le nom du plat. **CUISINE** Poissons et fruits de mer. **CARTES DE CRÉDIT** Diners, MasterCard, Visa. **HORAIRE** 12h/23h.
R. Guarani, 255, Itaguá
TÉL. 3832-1712

Solar das Águas Cantantes $$
L'un des meilleurs restaurants de la région, installé dans

RESTAURANTS	$ jusqu'à 50 R$	$$ de 51 R$ à 100 R$	$$$ de 101 R$ à 150 R$	$$$$ au-dessus de 150 R$

le charmant hôtel du même nom. Les spécialités sont les *moquecas* de *camarão* (crevettes) et de *badejo* (merluche) que l'on déguste au bord de la piscine, à côté du jardin. Pour y arriver, soyez attentif aux petites pancartes indiquant la localisation de l'établissement, dans une rue en terre et entre les plages du Lázaro et Sununga. **CUISINE** Poissons et fruits de mer. **CARTES DE CRÉDIT** Diners, Visa, MasterCard. **HORAIRE** Lun. à ven., 12h/14h et 18h/22h; sam. et dim., 12h/22h.
Estrada do Saco da Ribeira 253, praia do Lázaro
TÉL. 3842-0178/0288

Terra Papagalli $$
Situé au bord de la plage. La carte change chaque semaine essayez le plat du jour, en général très bon. **CUISINE** Poissons et fruits de mer. **CARTES DE CRÉDIT** American Express, Diners, MasterCard. **HORAIRE** Lun. à ven., 18h/24h, fermé le mardi; sam. et dim., 12h/24h. Du 15 déc. au 31 jan., ouvert tous les jours, 12h/24h.
R. Xavantes, 537, Itaguá
TÉL. 3832-1488

SERVICES

INFORMATIONS TOURISTIQUES

Centro de Informações Turísticas
Av. Iperoig, 331, Centro
TÉL. 0800 7717400. **HORAIRE** 8h/18h

Vassouras – RJ

INDICATIF 24 **HABITANTS** 31 451
DISTANCE Rio de Janeiro, 111 km

HÔTELS

Hotel Fazenda Galo Vermelho $$$
Ferme-hôtel offrant une bonne infrastructure, située sur une propriété de 500 hectares dont 200 ha. de forêt Atlantique. Randonnées, promenades à cheval et colonies de vacances pour les enfants. En basse saison, possibilité de s'y rendre juste pour passer la journée. **INSTALLATIONS** 14 chambres, climatisation, téléphone, TV, TV câblée, ventilateur, terrain de football, chevaux, piscine, terrain de volley, restaurant, salle de gym. **CARTES DE CRÉDIT** Non acceptées.
Estrada RJ-121, 6814
TÉL. et **RÉSERVATIONS** 2471-1244 **FAX** 2471-7200
www.hotelfazendagalovermelho.com.br

Mara Palace $
Hôtel situé au centre de Vassouras, infrastructure simple. Il possède un centre de loisirs champêtre à 7 km de distance, qui propose : lac pour la pêche, sauna, sentiers de randonnée, tennis, terrain de football et piscine. **INSTALLATIONS** 65 chambres, climatisation, téléphone, TV câblée, bateau, terrain de football, chevaux, équipe d'animation, piscine, aire de jeux, salle de football, tennis, restaurant, salles de réunions, de gym, de jeux, salon de massage, spa. **CARTES DE CRÉDIT** Toutes.
R. Chanceler Raul Fernandes, 121, Centro
TÉL. 2471-1993 **RÉSERVATIONS** 08007041994 **FAX** 2471-2524
www.marapalace.com.br

Vila Velha – ES

INDICATIF 27 **HABITANTS** 345 965
DISTANCE Vitória, 3 km
SITE www.vilavelha.es.gov.br

HÔTEL

Quality Suítes Vila Velha $$
Situé sur l'avenue de la plage, cet hôtel appartient au réseau Atlântica Hotel. Son infrastructure convient aux voyages d'affaires et aux voyages d'agrément. Pour les vacanciers, il propose chaises et parasols sur une portion de plage privée. Les chambres possèdent une petite pièce attenante. La chambre "*sênior*" est également équipée d'une kitchenette. **INSTALLATIONS** 136 chambres, climatisation, téléphone, TV, TV câblée, ventilateur, bar, piscine, restaurant, salles de réunions, de gym, de jeux, sauna. **CARTES DE CRÉDIT** Toutes.
Av. Antônio Gil Veloso, 856, praia da Costa
TÉL. 3399-5454 **RÉSERVATIONS** 0800555855 **FAX** 3349-3947
www.atlanticahotels.com.br

RESTAURANTS

Atlântica $$
Dans un décor simple se distinguent les tableaux d'artistes locaux, tous en vente. En plus de la succulente *moqueca mista* (poisson et crustacés), l'établissement propose celles de *badejo* (merluche), *camarão* (crevettes), *lagosta* (langouste) et *sururu* (moules). **CUISINE** Poissons et fruits de mer. **CARTES DE CRÉDIT** Toutes. **HORAIRE** Lun. et mer. à sam., 11h30/24h; dim. et mar., 11h/17h.
Av. Antônio Gil Veloso, 80, praia da Costa
TÉL. 3329-2341

Café do Museu $
Le restaurant fonctionne dans un wagon installé dans la cour de la gare Pedro Nolasco, à côté du Musée Ferroviaire. La carte de plats italiens est petite. **CUISINE** Variée. **CARTES DE CRÉDIT** Visa. **HORAIRE** Mar., mer. et dim. 10h/18h; jeu. à sam., 10h/1h.
R. Vila Isabel, s/n, estação Pedro Nolasco, Argolas (Museu da Vale do Rio Doce)
TÉL. 3326-8190/9279-8459

SERVICES

INFORMATIONS TOURISTIQUES

Casa do Turista
Av. Presidente Lima, 516, Centro
TÉL. 3289-0202/3139-9015. **HORAIRE** Lun. à ven., 8h/18h

Posto de Informação Turística (Stand touristique) – Convento da Penha
R. Vasco Coutinho, s/n, Prainha
TÉL. 3329-0420/9290. **HORAIRE** 9h/17h

Visconde de Mauá – RJ

INDICATIF 24
DISTANCE Rio de Janeiro, 200 km

PRIX	HÔTELS (couple)	$ jusqu'à 150 R$	$$ de 151 R$ à 300 R$	$$$ de 301 R$ à 500 R$	$$$$ au-delà de 500 R$

SUD-EST

HÔTELS

Bühler $$$
Dans l'État de Minas Gerais, à Maringá, il est l'un des rares hôtels à accepter les enfants. Possède même un service de baby-sitting. Les chalets sont confortables et comptent 2 chambres. INSTALLATIONS 21 chambres, cheminée, TV, TV câblée, bar; minigolf, piscine, piscine naturelle, piscine chauffée, piste de jogging, aire de jeux, terrain multisports, terrain de football, tennis, volley, restaurant, salle de réunions, salles de gym, de jeux, salon de massage, sauna. CARTES DE CRÉDIT Toutes.
Pça. Maringá, s/n
TÉL. 3387-1204 FAX 3387-1378
www.hotelbuhler.com.br

Fronteira $$$$
Hôtel éloigné du centre vue spectaculaire sur la montagne. Les chalets sont très spacieux et décorés différemment. Accueil personnalisé par le propriétaire. Possède également un héliport. N'accepte pas les moins de 14 ans. INSTALLATIONS 10 chambres, cheminée, TV, DVD, lecteur CD, bar, piscine naturelle, restaurant, sauna. CARTES DE CRÉDIT Non acceptées.
Route Mauá–Campo Alegre, km 4
TÉL. 3387-1219 RÉSERVATIONS 3387-1366
www.hotelfronteira.com.br

Hotelaria Mauá Brasil $$$
Récente, cette auberge est une excellente option pour fuir l'agitation. Ses chalets sont spacieux et installés en haut de la montagne, avec vue panoramique. Les chambres sont décorées avec goût et elles possèdent une cheminée et une baignoire d'hydromassage. INSTALLATIONS 9 chambres, cheminée, TV, bar, piscine chauffée, restaurant, sauna. CARTES DE CRÉDIT Diners, MasterCard.
Estrada Visconde de Mauá–Campo Alegre, km 4
TÉL. 3387-2077
www.mauabrasil.com.br

Jardins do Passaredo $$
Cet hôtel est également situé dans l'État de Minas Gerais. Le propriétaire est un paysagiste très talentueux: le jardin abrite des centaines de broméllas, d'orchidées, de pins et de palmiers, sur une surface de 2 hectares. En face de chaque chalet se trouve un miroir d'eau. Les 2 *flats* ont une cuisine, la TV câblée et un lecteur CD avec une collection de musique de jazz. N'accepte pas les enfants de moins de 12 ans. INSTALLATIONS 6 chambres, TV, piscine naturelle, sauna. CARTES DE CRÉDIT Non acceptées.
Estrada Maringá, km 6
TÉL. 3387-1190
www.jardinsdopassaredo.com.br

Terra da Luz Pousada $$$
Situé au cœur du village de Maringá, cet agréable hôtel possède un excellent restaurant. Service très soigné et en fin de semaine concerts de jazz. N'accepte pas les enfants. INSTALLATIONS 6 chambres, cheminée, téléphone, TV, bar, restaurant, salon de massage, sauna. CARTES DE CRÉDIT American Express, Diners, MasterCard.
Estrada Maringá, km 6,5
TÉL. 3387-1306 RÉSERVATIONS 3387-1545
www.pousadaterradaluz.com.br

Verde Que Te Quero Ver-te $$$
Hôtel surtout fréquenté par les couples. Possède 7 chalets spacieux installés au milieu de la verdure et un jardin joliment entretenu. Le petit-déjeuner est servi à toute heure. Chambres avec lecteur CD, cafetière, cheminée et baignoire d'hydromassage. N'accepte pas les moins de 16 ans. INSTALLATIONS 7 chambres, cheminée, téléphone, TV, bar, piscine, restaurant, salle de jeux, salon de massage, sauna. CARTES DE CRÉDIT Toutes.
Estrada Mauá–Maringá, km 7,5
TÉL. 3387-1322
www.verdequetequeroverte.com.br

RESTAURANTS

Gosto com Gosto $
Restaurant au décor rustique, propose une cuisine de Minas Gerais diversifiée plats traditionnels et créations, à l'exemple du *lombo ao molho de laranja* (échine de porc à l'orange). Offre également un savoureux buffet de desserts et plus de 400 sortes de *cachaças*. CUISINE des Minas Gerais. CARTES DE CRÉDIT Toutes. HORAIRE Dim. à jeu., 12h/18h; ven. et sam., 12h/22h.
R. Wenceslau Braz, 148
TÉL. 3387-1382

Rosmarino Officinalis $$
Avec un jardin de 5000 m², ce restaurant au milieu de la verdure et de la montagne sert le dîner aux chandelles. La cuisine est l'une des plus appréciées de la région. Son chef, Julio Buschinelli, crée d'excellentes pâtes préparées sur le fourneau à bois avec des aromates provenant de son propre jardin. CUISINE Variée. CARTES DE CRÉDIT American Express, Diners, MasterCard, Visa. HORAIRE Lun. à jeu., 19h/22h; ven. et sam., 13h/17h et 19h/24h; dim., 13h/18h. En jan. et juil., ouvre tous les soirs.
Estrada Mauá–Maringá, km 4, Maringá
TÉL. 3387-1550

Terra da Luz $$
Restaurant installé dans l'auberge du même nom. L'ambiance y est romantique et animée, avec des concerts de jazz le samedi. Dégustez absolument le *risoto de funghi com truta* (risotto de funghi à la truite), le *cordeiro com cuscuz* (agneau au couscous) et la *fondue de queijo* (fondue de fromage). CUISINE Contemporaine. CARTES DE CRÉDIT American Express, Diners, MasterCard. HORAIRE Ven. à dim., 20h/1h.
Estrada Maringá, km 6,5
TÉL. 3387-1306

Vitória – ES

INDICATIF 27 HABITANTS 292 304
DISTANCES Rio de Janeiro, 525 km; Belo Horizonte, 526 km; São Paulo, 958 km
SITE www.vitoria.es.gov.br

HÔTELS

Ilha do Boi $$
Hôtel-école du Service National d'Apprentissage Commercial, situé en haut de l'île du Boi, avec vue sur le troisième pont et la baie. Chambres spacieuses, décorées sobrement et équipées d'une terrasse. Mais le service laisse beaucoup à désirer et est en deçà de la catégorie de l'endroit. INSTALLATIONS 95 chambres, climatisation, télépho-

| RESTAURANTS | $ jusqu'à 50 R$ | $$ de 51 R$ à 100 R$ | $$$ de 101 R$ à 150 R$ | $$$$ au-dessus de 150 R$ |

ne, TV câblée, bar, bateau, piscine, aire de jeux, tennis, restaurant, salle de réunions, sauna. **CARTES DE CRÉDIT** Toutes.
R. Bráulio Macedo, 417, ilha do Boi
TÉL. 3345-0111 **RÉSERVATIONS** 08002839991
www.hotelilhadoboi.com.br

Novotel Vitória $$
Bâtiment installé sur l'avenida da Praia, décoration moderne et vastes salles. Il possède un business center, un cybercafé ouvert 24/24h, une salle de jeux. Convient aussi bien aux hommes d'affaires qu'aux touristes en quête de plage et de loisir. Fournit chaises de plage, parasol et serviettes. **INSTALLATIONS** 162 chambres, climatisation, téléphone, TV, TV câblée, bar, piscine, restaurant, salles de réunions, de gym, sauna. **CARTES DE CRÉDIT** Toutes.
Av. Saturnino de Brito, 1327, praia do Canto
TÉL. 3334-5300 **RÉSERVATIONS** 08007037000 **FAX** 3334-5333
www.accorhotels.com.br

RESTAURANTS

Cheminée Portugaise $$
Restaurant dirigé depuis 1979 par Dona Elizete et son fils le chef Fernando. Décor élégant et ambiance calme, les serveurs sont capables d'orienter le choix des vins de la cave. On y prépare de délicieux plats à base de *bacalhau* (morue): *na brasa* (à la braise) *à lagareira* (gratinée avec poivron et câpres), et la *mariscada* (moules). **CUISINE** Portugaise. **CARTES DE CRÉDIT** American Express, Visa. **HORAIRE** Lun. à sam., 11h30/15h et 19h/24h; dim., 11h30/15h.
R. Saturnino de Brito, 260, praia do Canto
TÉL. 3345-0329

Oriundi $$
Restaurant agréable service soigné. La cuisine vitrée permet de voir le chef Juarez préparer le *filé crosta com pó de funghi e risoto de shitake* (filet avec funghi en poudre et risotto de shitake) et le *penne gambere com molho camarão e funghi* (penne gambere sauce crevettes et funghi). Possède une cave climatisée. **CUISINE** Italienne. **CARTES DE CRÉDIT** Non acceptées. **HORAIRE** Mar. à sam., 11h30/14h30 et 19h/24h; dim. et lun., 12h/15h30.
R. Elias Tomasi Sobrinho, 130, Santa Lúcia
TÉL. 3227-6989

Pirão $$
L'un des restaurants les plus raffinés de la ville. La préparation et le choix des ingrédients frais ont rendu célèbre la *moqueca*. La *garoupa salgada* (rascasse) et la *torta capixaba* (tarte) comptent également parmi les spécialités. Le *pastelzinho de Belém*, pâtisserie portugaise, est le dessert préféré des clients. **CUISINE** Régionale. **CARTES DE CRÉDIT** MasterCard. **HORAIRE** 11h/16h et 18h/22h30; dim., 11h/17h.
R. Joaquim Lírio, 753, praia do Canto
TÉL. 3227-1165

SERVICES

AÉROPORT

Aeroporto de Vitória Eurico Sales
Av. Fernando Ferrari, s/n
TÉL. 3235-6300

AGENCES DE TOURISME

Avitures Receptivo
Av. Saturnino de Brito, 258, edifício Kiara, salle 206, praia do Canto
TÉL. 3227-8269

Fomatur
R. Manoel Vivacqua, 464, Jabour
TÉL. 3200-3155/9944-0685

Vitória Receptive
R. Tarciano Abaurre, 225, Centro Empresarial da Praia, salle 303, enseada do Suá
TÉL. 3325-3637

LOCATION DE BATEAUX

Dolphin Pesca Oceânica
R. Paula Miled, 63/201, Barro Vermelho
TÉL. 3345-9455/9981-3699

Iate Clube do Espírito Santo
Pça. do Iate, 200, praia do Canto
TÉL. 3225-0422

COMMISSARIAT DÉLÉGUÉ AUX TOURISTES

Delegacia de Turismo
TÉL. 3137-9117

INFORMATIONS TOURISTIQUES

Posto de Informação Turística
Av. Américo Buaiz, 200, enseada do Suá, Shopping Vitória

AGENCE DE PLONGÉE

Acquasub
R. Anísio Fernandes Coelho, 30, boutique 01, Jardim da Penha
TÉL. 3325-0036

Flamar
R. Almirante Tamandaré, 255, praia do Suá
TÉL. 3227-9644

NORD-EST

Andaraí – BA

INDICATIF 75 **HABITANTS** 13 884
DISTANCE Salvador, 414 km; Lençóis, 101 km
SITE www.pmandarai.com.br

HÔTELS

Pousada Pedras do Igatu $
L'auberge est installée dans une demeure centenaire. Les chambres sont récentes et décorées de pièces

| PRIX | HÔTELS (couple) | $ jusqu'à 150 R$ | $$ de 151 R$ à 300 R$ | $$$ de 301 R$ à 500 R$ | $$$$ au-delà de 500 R$ |

d'artisanat local; elles donnent sur un jardin ombragé par des manguiers. INSTALLATIONS 15 chambres, ventilateur, bar, piscine naturelle, restaurant. CARTES DE CRÉDIT Diners, MasterCard.
R. São Sebastião, s/n, Centro, district de Xique-Xique do Igatu, à 12 km d'Andaraí
TÉL. et FAX 3335-2281
www.igatu.com.br/pousada

Pousada Sincorá $
Le couple Helder et Ana Lúcia a transformé sa résidence en une auberge. Grand connaisseur de la Chapada, Helder travaille comme guide, il organise et fournit le soutien aux excursions. Les délicieux petit-déjeuners sont préparés par Ana Lúcia. INSTALLATIONS 5 chambres, climatisation, TV. CARTES DE CRÉDIT Diners, MasterCard, Visa.
Av. Paraguaçu, 120, Centro
TÉL. 3335-2210 FAX 3335-2486
www.sincora.com.br

SERVICES

GUIDES TOURISTIQUES

Associação dos Condutores de Visitantes de Andaraí (Association des Guides Accompagnateurs d'Andaraí, ACVA)
TÉL. 3335-2255/2242. HORAIRE 9h/17h

Associação dos Condutores de Visitantes de Igatu (Association des Guides Accompagnateurs d'Iguatu, ACVI)
TÉL. 3335-2445/2478 (téléphone public)

INFORMATIONS TOURISTIQUES

Prefeitura (Mairie)
R. Santa Bárbara (pça. do Sol), s/n, Centro
TÉL. 3335-2118 HORAIRE Lun. à sam., 8 h/12 h et 17 h/20h

Aquiraz – CE

INDICATIF 85 HABITANTS 60 469
DISTANCE Fortaleza, 24,7 km

HÔTEL

Beach Park Suites Resort $$
Les chambres de deux ou quatre personnes possèdent une terrasse face à la mer. Le petit-déjeuner et le dîner sont compris dans le prix. INSTALLATIONS 198 chambres, Internet, climatisation, coffre-fort individuel, frigo bar, téléphone, TV, TV câblée, équipe d'animation, boutique, piscine, aire de jeux, tennis, restaurant, salles de réunions, de gym, de jeux, salon de massage, salle vidéo, sauna, sentiers de randonnée. CARTES DE CRÉDIT MasterCard, Visa, American Express.
R. Porto das Dunas, 2734, Porto das Dunas
TÉL. 4012-3000 FAX 4012-3040
www.beachpark.com.br

Aracaju – SE

INDICATIF 79 HABITANTS 461 534
DISTANCE Salvador, 330 km; Maceió, 290 km
SITE www.emsetur.com.br

HÔTEL

Celi Praia Hotel $$
Cadre agréable et aéré qui attire dans cet hôtel différentes catégories de touristes, hommes d'affaires et artistes. Situé en face de la plage de Atalaia, il propose un grand nombre de services (ordinateur, fax, transport…) et un cybercafé. INSTALLATIONS 93 chambres, climatisation, téléphone, TV, TV câblée, bar, piscine, terrain de football, restaurant, salles de réunions, de gym, de jeux, salon de massage, sauna. CARTES DE CRÉDIT Toutes.
Av. Oceânica, 500
TÉL. 2107-8000
www.ffb.com.br

Arembepe – BA

INDICATIF 71
DISTANCE Salvador, 40 km.

RESTAURANTS

Mar Aberto $
Ambiance excellente et cuisine bien préparée font le succès. Situé en bord de mer au centre du village. Dirigé par un belge et un brésilien. Spécialités le *peixe a escabeche* (poisson en escabèche) et le *bobó de camarão* (Purée de manioc aux crevettes). CUISINE Poissons et fruits de mer, régionale. CARTES DE CRÉDIT Toutes. HORAIRE Lun. à jeu., 11 h/22 h; ven. et sam., 11 h/24 h; dim., 11h/19h.
Lgo. de São Francisco, s/n
TÉL. 3624-1257

Arraial d'Ajuda – BA

INDICATIF 73 HABITANTS
DISTANCES Salvador, 715 km; Porto Seguro, 4 km + 10 minutes de bateau
SITE www.portosegurotur.com.br

HÔTELS

Arraial d'Ajuda Eco Resort $$$
Établissement occupant un vaste terrain bordé par le fleuve et par la mer, en face de Porto Seguro. Il possède son propre bateau pour aller en ville et des mini-bus pour se rendre sur les plages. Plusieurs loisirs nautiques canots, jet ski, agence de plongée et accès gratuit au Water Park. Possède également une pouponnière, un club pour enfants, un centre esthétique et de relaxation. Décoré avec des objets de l'artisanat local. La moitié des chambres est équipée d'une baignoire, l'autre de douche. INSTALLATIONS 169 chambres, climatisation, téléphone, TV, TV câblée, ventilateur, bar, bateau, équipe d'animation, piscine, aire de jeux, restaurant, salles de réunions, de gym, de jeux, salon de massage, sauna, spa. CARTES DE CRÉDIT Toutes.
Ponta do Apaga-Fogo, s/n, praia do Apaga-Fogo
TÉL. 3575-1010 FAX 3575-1016
www.arraialecoresort.com.br

Estação Santa Fé $$
Architecture et décoration de style mexicain dans cet hôtel installé à 50 m de la plage. Meubles, planchers en mosaïque et objets d'ornement ont été réalisés par

RESTAURANTS	$ jusqu'à 50 R$	$$ de 51 R$ à 100 R$	$$$ de 101 R$ à 150 R$	$$$$ au-dessus de 150 R$

des artisans locaux. Les chambres sont agréables et leur terrasse donne sur le jardin ou la piscine. **INSTALLATIONS** 29 chambres, climatisation, téléphone, TV, TV câblée, bar, piscine, restaurant, salle de jeux, sauna. **CARTES DE CRÉDIT** Visa.
Estrada do Arraial, 2020
TÉL. et FAX 3575-2237
www.santafehotel.com.br

Hotel Pousada Manacá $$

À côté du centre historique, une vue magnifique sur les plages d'Arraial et de Porto Seguro. Petite terrasse devant les chambres et jardin au fond. **INSTALLATIONS** 21 chambres, climatisation, téléphone, TV, TV câblée, bar, piscine, restaurant. **CARTES DE CRÉDIT** American Express, Visa.
Estrada Arraial–Trancoso, 500, Centro
TÉL. et FAX 3575-1442
www.pousadamanaca.com.br

Pousada Beijo do Vento $$

Établissement situé à proximité du centre historique, endroit calme, belle vue sur le bord de mer. Décoré d'objets artisanaux et d'œuvres d'art réalisées par la propriétaire. Son mari, français, s'occupe de la cuisine et prépare des crêpes et des croissants pour le petit-déjeuner. N'accepte pas les enfants de moins de 8 ans. Fermé du 15 mai au 30 juin. **INSTALLATIONS** 10 chambres, climatisation, téléphone, TV, TV câblée, bar, piscine. **CARTES DE CRÉDIT** American Express, MasterCard, Visa.
Trav. de la route do Mucugê, 730
TÉL. et FAX 3575-1349
www.beijodovento.com.br

Pousada Canto d'Alvorada $$

La propriétaire est suisse. Accueil très chaleureux. L'auberge est située sur une surface de 12 000 m² de jardins en bord de mer. Il y a des chambres dans un bâtiment avec terrasse et des chalets décorés de manière rustique. Accès à Internet. **INSTALLATIONS** 20 chambres, climatisation, téléphone, TV, TV câblée, ventilateur, bar, piscine, aire de jeux, restaurant, salle de jeux, salon de massage, sauna. **CARTES DE CRÉDIT** Toutes.
Estrada do Arraial, 1993, praia de Araçaípe
TÉL. 3575-1218
www.cantodalvorada.com.br

Pousada Pitinga $$$

Auberge installée au milieu d'un jardin rempli de *bromélias*. Les logements sont des chalets avec des toits en piaçaba (genre de palmier), à l'intérieur objets de l'artisanat local. N'accepte pas les enfants de moins de 12 ans. **INSTALLATIONS** 19 chambres, climatisation, amphithéâtre, bibliothèque, bar, piscine, restaurant, salles de réunions, de jeux, salon de massage, sauna, spa. **CARTES DE CRÉDIT** Toutes.
Estrada da Pitinga, 1633, praia da Pitinga
TÉL. 3575-1067 **FAX** 3575-1035
www.pousadapitinga.com.br

Privillage Hotel Pousada $$

Établissement en bord de mer, près de la plage branchée de Pitinga. Les chambres sont bien équipées mais pas très grandes. Fermé en mai. **INSTALLATIONS** 24 chambres, climatisation, téléphone, TV, bar, piscine, restaurant, salon de massage. **CARTES DE CRÉDIT** American Express, MasterCard, Visa.
Estrada da Pitinga, 1800, praia da Pitinga
TÉL. 3575-1646
www.privillage.com.br

Saint Tropez Praia $$$

Grand hôtel par rapport au village d'Arraial, situé en bord de mer. Il offre diverses options: chambres avec baignoire d'hydromassage, chambres standard et chalets pouvant accueillir jusqu'à 6 personnes. Un club de jeux et un service de baby-sitting garantissent le repos des parents. **INSTALLATIONS** 60 chambres, climatisation, téléphone, TV, TV câblée, bar, piscine, tennis, restaurant, salon de massage, sauna. **CARTES DE CRÉDIT** Toutes.
Estrada da Pitinga, 100, praia do Parracho
TÉL. 3288-7700 **FAX** 3288-7785
www.saint-tropez.com.br

RESTAURANTS

Rosa dos Ventos $$

Situé près du centre historique, l'établissement possède de son potager et son verger. Fruits et légumes de saison entrent dans la composition des plats, à l'exemple du *peixe com abacaxi* (poisson à l'ananas). Le dimanche on vous propose des produits fermiers (poulet, canard, cochon de lait). **CUISINE** Poissons et fruits de mer. **CARTES DE CRÉDIT** Non acceptées. **HORAIRE** Lun., mar., jeu., ven. et sam., 17h/24h; dim., 14h/22h.
Al. dos Flamboyants, 24
TÉL. 3575-1271

SERVICES

AGENCE DE TOURISME

Brasil 2000 Turismo
Estrada do Mucugê, s/n, Centro
TÉL. 3575-1815. **HORAIRE** 9h/22h

BUREAU DE CHANGE

Brasil 2000 Turismo
Estrada do Mucugê, s/n, Centro
TÉL. 3575-1815. **HORAIRE** 9h/22h

Barra de Santo Antônio – AL

INDICATIF 82 **HABITANTS** 11 351
DISTANCE Maceió, 56 km

HÔTEL

Captain Nikolas $$

C'est le meilleur hôtel de la ville mais mal entretenu. La réception ne fonctionne pas la nuit. Situé dans une jolie zone verdoyante en bord de mer. Chalets spacieux, avec salle de séjour (avec un minibar), chambre et salle de bains. **INSTALLATIONS** 39 chambres, climatisation, téléphone, TV, ventilateur, bar, piscine, tennis, restaurant, salles de réunions, de gym, sauna. **CARTES DE CRÉDIT** Visa.
Rodovia AL-101 (Norte), km 40
TÉL. 3291-2145

PRIX	HÔTELS (couple)	$ jusqu'à 150 R$	$$ de 151 R$ à 300 R$	$$$ de 301 R$ à 500 R$	$$$$ au-delà de 500 R$

Barra de São Miguel – AL

INDICATIF 82 HABITANTS 6 379
DISTANCE Maceió, 34 km

RESTAURANT

La Tablita $
Restaurant simple, spécialités espagnoles, tortillas, plats à base de poulpe et paella (commandée à l'avance). CUISINE Espagnole, variée. CARTES DE CRÉDIT Non acceptées. HORAIRE Ven. à dim., 11h/23h; de mar. à nov.
R. Salvador Aprato, 30

Barra Grande – BA

INDICATIF 73
DISTANCE Salvador, 460 km
SITE www.barragrande.net

HÔTELS

Kiaroa Beach Resort $$$$
Confort et classe pour cet hôtel réparti sur 24 ha de zone de protection de l'environnement, près de la plage dos Três Coqueiros. Les bungalows en bambou et en bois s'intègrent parfaitement au cadre environnant. L'établissement possède une piscine olympique et 800 m² de miroir d'eau, des équipements de plongée et un tennis éclairé. Des promenades en goélette sont possibles. Il reçoit des vols réguliers en provenance de Salvador. Les enfants de moins de 14 ans ne sont pas acceptés. INSTALLATIONS 32 chambres, climatisation, téléphone, TV, TV câblée, bar, bateau, piscine, tennis, restaurant, salles de gym, de jeux, salon de massage, sauna. CARTES DE CRÉDIT Toutes.
Praia dos Três Coqueiros
RÉSERVATIONS (71) 3272-1320/0454
www.kiaroa.com.br

Pousada dos Tamarindos $$
Auberge située à 100 m de la plage, sur une surface de 7000 m². L'accueil de la famille nippone est très sympathique. Des éléments de culture orientale sont apparents dans l'architecture et la décoration. INSTALLATIONS 16 chambres, climatisation, téléphone, TV, bar, restaurant. CARTES DE CRÉDIT Non acceptées.
R. José Melo Pirajá, 21, Centro
TÉL. 3258-6017 RÉSERVATIONS 3258-6064
www.pousadadostamarindos.com.br

Pousada Fruta-Pão $
Beaucoup d'arbres fruitiers et un arbre à pain centenaire entourent les chalets rustiques et les chambres en pisé, briques apparentes et bois. Installations simples. L'accueil est fait en français par le propriétaire lui-même. INSTALLATIONS 6 chambres, climatisation. CARTES DE CRÉDIT Non acceptées.
R. Maraú, s/n, Centro
TÉL. 3258-6083
www.barragrande.net

Pousada Lagoa do Cassange $$
Auberge très bien située, entre la lagune et la mer. Elle propose le transfert vers les aéroports voisins et le transport pour les excursions dans la région. Chalets individuels. INSTALLATIONS 13 chalets, climatisation, téléphone, ventilateur, bar, restaurant. CARTES DE CRÉDIT MasterCard, Visa.
Praia do Cassanqe, 19 km de Barra Grande
TÉL. 3258-2166 FAX 3255-2348
www.maris.com.br

Pousada Taipú de Fora $$$
Auberge installée dans une fazenda de noix de coco et d'huile de coco, sur une surface de 80 ha en bord de mer. Choisissez de préférence l'une des chambres qui donne sur la mer. Possède sa propre piste d'atterrissage et réalise des transferts à partir des aéroports d'Ilhéus et de Salvador. INSTALLATIONS 12 chambres, téléphone, TV, ventilateur, piscine. CARTES DE CRÉDIT MasterCard, Visa.
Praia de Taipus de Fora
TÉL. 3258-6278 FAX 3258-6278
www.taipudefora.com.br

RESTAURANTS

Bar do Francês $
Le propriétaire est français. Il parle aussi l'anglais. Service attentionné et ambiance décontractée tables et sièges rustiques posées à même le sable. Sert des amuse-gueule, des poissons et des fruits de mer toujours frais. CUISINE Poissons et fruits de mer. HORAIRE 8h/22h; mars à juin et août à nov., 8h/17h. CARTES DE CRÉDIT Non acceptées.
Praia de Taipus de Fora, 8 km de Barra Grande
TÉL. 3255-2225

Café Latino $
Le propriétaire Juan Pablo est photographe et une galerie de photos est attenante au restaurant. Les spécialités sont les pâtes faites maison, les viandes grillées ainsi que 18 sortes de cafés chauds et froids. CUISINE Variée. CARTES DE CRÉDIT Non acceptées. HORAIRE 18h/24h; en fév., fermé le mardi.
R. Dr. Chiquinho, 9, Centro
TÉL. 3258-6188

Do Jorge $
Lagostas (langoustes) et *guaiamuns* (type de crabes) d'élevage sont choisis et préparés sur l'heure. En attendant votre plat, dégustez la *bebida da confusão* ("boisson de la confusion"), composée de feuilles de poivre de Jamaïque. CUISINE Poissons et fruits de mer. CARTES DE CRÉDIT Non acceptées. HORAIRE 11h/18h.
Ilha do Sapinho, accès en bateau à partir du quai de Barra Grande ou Camamu

Matataúba $
Le sympathique couple d'Italiens sert des spécialités de leur pays, en particulier des pizzas assaisonnées avec les aromates du jardin et cuites dans le four attenant. Les tables sont disposées sous un manguier, au bord du fleuve. CUISINE Italienne, pizza. HORAIRE 12h/22h de Noël à Carnaval; en basse saison, seulement sur réservation. CARTES DE CRÉDIT Non acceptées.
Rio Carapitangui, ilha do Campinho, Maraú
TÉL. 3258-6265

Tubarão $
Les grandes tables en bois rustiques sont posées sur

RESTAURANTS	$ jusqu'à 50 R$	$$ de 51 R$ à 100 R$	$$$ de 101 R$ à 150 R$	$$$$ au-dessus de 150 R$

le sable, dans un kiosque en piaçaba. Les spécialités sont les plats de fruits de mer servis très copieusement, tels que la *lagosta na chapa* (langouste grillée) ou des *risotos de polvo* ou *de lagosta* (risottos de poulpe ou de langouste), pour 3 personnes. Délicieux jus de fruits du jardin. CUISINE Poissons et fruits de mer. CARTES DE CRÉDIT Non acceptées. HORAIRE 8h/22h.
Praia de Barra Grande
TÉL. 3258-6006

SERVICES

AGENCES DE TOURISME

Camamu Adventure
Av. Beira-Mar, 8, Centro, Camamu
TÉL. 3255-2138

Naturemar
Av. Beira-Mar, 8, Centro, Camamu
TÉL. 3255-2343

Sollarium Taipus Ecoturismo
TÉL. 3258-6151/6191

LOCATION DE BATEAUX

Camamu Adventure
Av. Beira-Mar, s/n, embarcadère n° 1, casa Tangerina, port de Camamu
TÉL. 3255-2138

Naturemar
Av. Beira-Mar, 8, Centro, Camamu
TÉL. 3255-2343

Barreirinhas – MA

INDICATIF 98 HABITANTS 39 669
DISTANCE São Luís, 265 km

HÔTELS

Hotel Pousada do Buriti $$
Hôtel situé près du centre de Barreirinhas. Service attentionné et installations simples mais spacieuses. Un regret : la couleur locale fait défaut tant sur la carte qu'au niveau de la décoration. INSTALLATIONS 29 chambres, climatisation, téléphone, TV, piscine, aire de jeux, restaurant. CARTES DE CRÉDIT MasterCard, Visa.
R. Inácio Lins, s/n
TÉL. 3349-1338/1800 FAX 3349-1053
www.pousadadoburiti.com.br

Porto Preguiças Resort $$
Hôtel tranquille et loin du centre, avec une excellente piscine dont le fond est recouvert de sable. Chalets simples mais douillets. Bon petit-déjeuner. INSTALLATIONS 27 chambres, climatisation, TV, ventilateur, bar, piscine, restaurant, salle de jeux. CARTES DE CRÉDIT MasterCard.
Estrada do Carnaubal, s/n, Carnaubal
TÉL. 3349-1220 FAX 3349-0620
www.portopreguicas.com.br

SERVICES

AÉROPORT

Aeroporto Municipal de Barreirinhas
R. Cincinato Ribeiro, s/n

AGENCE DE TOURISME

Guará Ecoturismo
R. Inácio Lins, 200, Centro
TÉL. 3349-1313

Beberibe – CE

INDICATIF 85 HABITANTS 42 343
DISTANCE Fortaleza, 90 km
SITE www.municipios-ce.com.br/beberibe

HÔTELS

Hotel Oásis Praia das Fontes $$$$
Fonctionne selon le système tout compris. Les chalets les plus éloignés du dancing, ouvert tous les jours pendant la haute saison, ne sont pas dérangés par le bruit. Les clients ont accès au parc aquatique de l'hôtel voisin. INSTALLATIONS 253 chambres, climatisation, téléphone, TV, TV câblée, bar, terrain de football, minigolf, équipe d'animation, piscine, salle de football, tennis, restaurant, salles de réunions, de jeux, sauna. CARTES DE CRÉDIT Toutes.
Av. Coronel Antônio Teixeira Filho, 3
TÉL. 3327-3000 FAX 3327-3039
www.hoteloasispraiadasfontes.com.br

Parque das Fontes $$
Installé en face de la plage das Fontes, adresse idéale pour les familles avec enfants, qui apprécieront le parc aquatique. INSTALLATIONS 211 chambres, climatisation, téléphone, TV, bar, piscine, piste de jogging, restaurant, salles de réunions, de gym, sauna. CARTES DE CRÉDIT Toutes.
Av. Coronel Antônio Teixeira Filho, 3
TÉL. 3327-3100 FAX 3327-3144
www.hotelparquedasfontes.com.br

Cabo de Santo Agostinho – PE

INDICATIF 81 HABITANTS 152 977
DISTANCE Recife, 37 km
SITE www.cabo.pe.gov.br

HÔTEL

Blue Tree Park
Cabo de Santo Agostinho $$$$
Bonne infrastructure, installations modernes et nombreuses activités de loisir. Club pour enfants (Kid's Club). La partie nautique comprend jet-ski, bateaux à voile et à moteur. Dîner compris dans le prix de la chambre. INSTALLATIONS 304 chambres, climatisation, téléphone, TV, TV câblée, bar, bateau, terrain de football, chevaux, équipe d'animation, piscine, aire de jeux, salle de football, tennis, restaurant, salles de réunions, de gym, de jeux, salon de massage, sauna. CARTES DE CRÉDIT Toutes.

PRIX	HÔTELS (couple)	$ jusqu'à 150 R$	$$ de 151 R$ à 300 R$	$$$ de 301 R$ à 500 R$	$$$$ au-delà de 500 R$

Av. Beira-Mar, 750, Suape
TÉL. 3521-6000 RÉSERVATIONS 0800789200 FAX 3521-6010
www.bluetree.com.br

RESTAURANT

Bar do Artur $$

Le patron est très connu dans la ville. Son bar est synonyme de plage de Calhetas et de lieu fréquenté par des artistes célèbres. La carte est variée et comprend plats (crevettes à la grecque, poissons) et amuse-gueule généreusement servi. CUISINE Poissons et fruits de mer, variée. CARTES DE CRÉDIT Toutes. HORAIRE 8h/18h.
R. dos Carneiros, 17, praia de Calhetas
TÉL. 3522-6382

Cachoeira –BA

INDICATIF 75 HABITANTS 30 416
DISTANCE Salvador, 116 km

HÔTEL

Pousada do Convento $

L'architecture d'origine du couvent des Carmélites, de 1767, a été conservée, y compris les larges murs de pisé. Mobilier d'époque et plancher d'origine. Les chambres du rez-de-chaussée sont très chaudes. INSTALLATIONS 26 chambres, climatisation, TV, bar, piscine, aire de jeux, restaurant. CARTES DE CRÉDIT Diners, MasterCard, Visa.
Pça. da Aclamação, s/n
TÉL. 3425-1716

RESTAURANT

A Confraria $

Les tables sont installées dans une salle donnant sur la cour de la Pousada do Convento. La carte compte des plats régionaux, comme la *maniçoba* (plat préparé avec les jeunes feuilles de manioc) et le *xinxim de galinha* (poulet) ainsi que des poissons. Pâtisseries maison à base de fruits de la région. CUISINE Régionale. CARTES DE CRÉDIT Toutes. HORAIRE 12h/16h et 19h/21h 30.
Pça. da Aclamação, s/n
TÉL. 3425-1716

SERVICES

INFORMATIONS TOURISTIQUES

Centro de Atendimento ao Turista
Pça. da Aclamação, s/n, Centro
TÉL. 3425-2686 (informations). HORAIRE Lun. à sam., 8h/18h.

Canavieiras – BA

INDICATIF 73 HABITANTS 35 322
DISTANCE Salvador, 560 km

HÔTEL

Ilha de Atalaia Resort Hotel $$

Entouré par la mer et par le fleuve Patipe, il est situé dans une zone de 7 ha qu'il partage avec une cocoteraie et des arbres fruitiers. Chambres simples, dont la moitié d'entre elles donnent sur la mer. L'établissement organise des sorties de pêche et des excursions dans la région. INSTALLATIONS 31 chambres, climatisation, téléphone, TV, TV câblée, bar, chevaux, équipe d'animation, piscine, aire de jeux, restaurant, salle de jeux, salon de massage. CARTES DE CRÉDIT American Express, MasterCard, Visa.
Praia da Costa Norte, km 6, à 7 km du Centre
TÉL. 3284-2101 RÉSERVATIONS (11) 5549-0900 FAX 3284-2102

RESTAURANT

Le Poivre $

Installé dans un immeuble restauré ce restaurant sert des *filés* (steaks) et des *frutos do mar* (fruits de mer). En fin d'après-midi, des petites tables sont disposées en plein air. Concerts en fin de semaine. CUISINE Variée. CARTES DE CRÉDIT Visa. HORAIRE 11h/24h.
Av. Dr. Felinto Mello, 26, Centro Histórico
TÉL. 3284-3855

SERVICES

LOCATION DE BATEAUX

Royal Charlotte Sport Fishing
Av. Filinto Melo, 16, Centro
www.royalcharlotte.com.br

Canoa Quebrada - CE

INDICATIF 88
DISTANCES Fortaleza 167 km

HÔTELS

Village Long Beach $$

Située à 150 m de la plage et à 200 m de la rue principale, l'auberge dispose de 4 piscines. Les chalets ont vue sur la mer et sont équipés de lit de grande taille. INSTALLATIONS climatisation, TV, TV câblée, ventilateur, bar, piscine. CARTES DE CRÉDIT Diners, MasterCard, Visa.
R. Quatro Ventos, s/n
TÉL. 3421-7404/3421-7405
www.villagelongbeach.com

Caraíva – BA

INDICATIF 73
DISTANCES Salvador, 765 km; Porto Seguro, 65 km

HÔTELS

L'Unico $$$

Hôtel installé dans un complexe résidentiel en haut d'une falaise, avec un sentier pour rejoindre les plages. Les chambres et les bungalows sont spacieux. L'Italien Orlando Giordan, patron et chef de la cuisine, offre un accueil personnalisé en portugais, italien ou anglais. Réserver à l'avance. INSTALLATIONS 22 chambres, climatisation, téléphone, TV, ventilateur, bar, chevaux, piscine,

---

RESTAURANTS $ jusqu'à 50 R$ $$ de 51 R$ à 100 R$ $$$ de 101 R$ à 150 R$ $$$$ au-dessus de 150 R$

restaurant, salle de gym, sauna. CARTES DE CRÉDIT Non acceptées.
Viela da vista, 80, Condomínio Outeiro das Brisas, accès par la route Caraíva–Trancoso (BA-001), à 22 km de Trancoso
TÉL. 3668-1481
www.lunicohotel.com.br

Pousada da Barra $
Auberge située dans une cocoteraie, entre le fleuve et la mer. Les chambres sont petites, simples, avec une terrasse donnant sur la plage ou sur le fleuve. INSTALLATIONS 11 chambres, ventilateur, bar. CARTES DE CRÉDIT Non acceptées.
R. dos Navegantes, s/n
TÉL. 9985-4302 RÉSERVATIONS (21) 3437-4273
www.caraiva.com

Pousada Lagoa $
Chalets colorés charmants, éparpillés sur une surface de 7000 m² à proximité de la plage. L'auberge possède une embarcation pour des promenades sur le fleuve. Les chambres sont simples et décorées avec des objets artisanaux; seules quatre d'entre elles ont l'eau chaude (1 chambre et 3 bungalows). INSTALLATIONS 4 chambres, 3 bungalows. CARTES DE CRÉDIT Non acceptées.
Beco da Lagoa, s/n
TÉL. 9985-6862
www.caraiva.com.br

Pousada do Baiano $$$$
Auberge située en bord de mer. Les chambres sont spacieuses et charmantes, toutes avec bain ofuro et lits de grande taille. INSTALLATIONS 19 chambres, téléphone, TV, ventilateur, bar, restaurant. CARTES DE CRÉDIT Diners, MasterCard.
Praia do Espelho, s/n, 22 km du Centre
TÉL. et FAX 3668-5020
www.pousadadobaiano.com

Pousada Flor do Mar $$
Éclairage aux chandelles, torches dans le jardin et douche froide; l'auberge est rustique mais agréable. Située en bord de mer. Les façades des chalets sont en pisé, mais l'intérieur est bien fini. INSTALLATIONS 6 chambres, bar. CARTES DE CRÉDIT Non acceptées.
R. da Praia, s/n
TÉL. 9985-1608

Pousada Porto Espelho $$$
Auberge ouverte sur la plage, décorée avec charme. Les chambres appelées "suítes" sont grandes et donnent directement sur le sable, les autres sont situées côté jardin. Accès en bateau, voiture, hélicoptère ou en petit avion. INSTALLATIONS 11 chambres, climatisation, ventilateur, bar, restaurant. CARTES DE CRÉDIT Non acceptées.
Praia do Espelho, s/n, 22 km de Trancoso
TÉL. 3668-5031

Pousada Vila do Mar $$
Auberge bien structurée. L'électricité provient d'un groupe électrogène et de l'énergie solaire. Accès à internet. Les chambres sont équipées de moustiquaires. INSTALLATIONS 11 chambres, climatisation, TV, ventilateur, bar, piscine. CARTES DE CRÉDIT Non acceptées.
R. 12 de Outubro, s/n, praia de Caraíva
TÉL. 3668-5111/9993-1393
www.pousadaviladomar.com.br

Pousada Vindobona $$
Auberge située dans un complexe résidentiel. Petite, simple, chambres agréables et bien aérées. On accède à la plage par un sentier qui traverse la falaise. Karl Würzl, le propriétaire, est allemand et reçoit personnellement les clients. INSTALLATIONS 6 chambres, ventilateur. CARTES DE CRÉDIT Non acceptées.
Condomínio Outeiro das Brisas, accès par la estrada Caraíva–Trancoso (BA-001), 22 km de Trancoso
TÉL. 3668-1482

RESTAURANTS

Boteco do Pará $$
Établissement sympathique, installé au bord du fleuve. Tables à l'intérieur et en plein air. Le patron possédant un bateau de pêche, les poissons sont toujours frais. Desserts réputés. CUISINE Poissons et fruits de mer. CARTES DE CRÉDIT Non acceptées. HORAIRE 11h/24h; en basse saison, 11h/20h.
Av. dos Navegantes, s/n
TÉL. 9991-9804

Da Silvinha $
Une bonne adresse pour ceux qui viennent passer la journée aux plages d'Espelho et Curuípe. L'établissement ne possédant que 3 tables posées sur le sable, il faut réserver au moins 1 jour à l'avance. La propriétaire qui suggère puis prépare de délicieux plats de cuisine thaïlandaise, tels que le *peixe defumado ao molho de maracujá apimentado* (poisson fumé sauce fruit de la passion épicée) et l'*espetinho de frango com verduras com molho de amendoim* (brochette de poulet et légumes verts sauce noisette). CUISINE Thaïlandaise. HORAIRE Seulement sur réservation.
Praia do Espelho, s/n, 22 km de Trancoso
TÉL. 9985-4157

Do Baiano $$
Ambiance bord de mer avec des chaises longues. C'est le patron qui reçoit et crée des plats de poissons typiques de la région, comme le *peixe grelhado ao shoyu* (poisson grillé à la sauce soja) et la *lagosta na manteiga e limão* (langouste au beurre et citron). La préparation étant un peu longue, passez votre commande puis retournez vous détendre sur la plage. CUISINE Poissons et fruits de mer. CARTES DE CRÉDIT Diners, MasterCard. HORAIRE 7h/23h.
Praia do Espelho, s/n, 22 km du centre
TÉL. 3668-5020

L'Unico $
Restaurant annexe de l'hôtel du même nom. Il n'y a pas de carte : chaque jour sont proposés 6 plats différents. Sert des plats italiens, méditerranéens et quelques plats régionaux, comme le *risoto de lagosta com manga* (risotto de langouste à la mangue) ou le *filé de dourado ao molho indiano* (filet de dorade sauce indienne). CUISINE Méditerranéenne. CARTES DE CRÉDIT Non acceptées. HORAIRE 8h/21h30.

PRIX	HÔTELS (couple)	$ jusqu'à 150 R$	$$ de 151 R$ à 300 R$	$$$ de 301 R$ à 500 R$	$$$$ au-delà de 500 R$

Viela da vista, 80, Condomínio Outeiro das Brisas, accès par la route Caraíva–Trancoso (BA-001), 22 km
TÉL. 3668-1481

SERVICES

AGENCES DE TOURISME

Cia. do Mar
Pça. dos Pataxós, s/n
TÉL. 3288-2107

Comando Verde
TÉL. 9142-5808

Caravelas – BA

INDICATIF 73 HABITANTS 20 103
DISTANCES Salvador 886 km; Porto Seguro, 210 km

HÔTELS

Farol Abrolhos Hotel Iate Clube $
L'infrastructure est simple, avec de petits chalets dispersés dans un jardin au bord du fleuve Caravelas. L'établissement possède ses propres bateaux et canots, ainsi que des guides et des équipements de plongée. INSTALLATIONS 15 chambres, climatisation, TV, bar, bateau, piscine, restaurant, salle de jeux. CARTES DE CRÉDIT Diners, MasterCard, Visa.
Estrada Caravelas–Barra, km 1, Quitongo
TÉL. 3297-1173/1515

Marina Porto Abrolhos $$
Éloigné du centre, l'établissement est installé dans une grande cocoteraie au bord de la mer. Chambres avec terrasse et hamac. Suites comprenant 2 chambres. INSTALLATIONS 32 chambres, climatisation, téléphone, TV, bar, minigolf, piscine, aire de jeux, tennis, restaurant, salles de réunions, de jeux, salon de massage, sauna. CARTES DE CRÉDIT Toutes.
R. da Baleia, 333, praia do Grauçá, barra de Caravelas, 10 km
TÉL. 3674-1060 RÉSERVATIONS (11) 3208-4526 FAX 3674-1082
www.marinaportoabrolhos.com.br

RESTAURANT

Encontro dos Amigos $
L'établissement est très simple mais propose des poissons et des fruits de mer toujours frais. CUISINE Poissons et fruits de mer. CARTES DE CRÉDIT Non acceptées. HORAIRE Lun. à sam., 11h 30/22h.
R. das Palmeiras, 370
TÉL. 3297-1600

SERVICES

AGENCES DE TOURISME

Abrolhos Embarcações
Av. Ministro Adalício Nogueira, 1294
TÉL. 3297-1172

Abrolhos Turismo
Pça. Dr. Imbassay, 8, Centro
TÉL. 3297-1149/1332

Iate Clube Abrolhos
Estrada Caravelas–Barra, km 1, bifurcation Iate Clube
TÉL. 3297-1173/1515

Paradise Abrolhos
R. das Palmeiras, 313, Centro
TÉL. 3297-1352

INFORMATIONS TOURISTIQUES

Secretaria de Turismo
Pça. Santo Antônio, 28, Centro
TÉL. 3297-1404 HORAIRE Lun. à ven., 7h/13h

AGENCES DE PLONGÉE

Abrolhos Embarcações
Av. Ministro Adalício Nogueira, 1294
TÉL. 3297-1172

Abrolhos Turismo
Pça. Dr. Imbassay, 8, Centro
TÉL. 3297-1149/1332

Iate Clube Abrolhos
Estrada Caravelas–Barra, km 1, bifurcation Iate Clube
TÉL. 3297-1002

Paradise Abrolhos
R. das Palmeiras, 313, Centro
TÉL. 3297-1352

Carpina – PE

INDICATIF 81 HABITANTS 63 811
DISTANCE Recife, 56 km

RESTAURANT

Panela Cheia $
Churrascaria (restaurants de viandes) préférée des habitants. Il faut absolument goûter la costela no bafo, une côte de boeuf. CUISINE Churrasco. CARTES DE CRÉDIT Diners, MasterCard. HORAIRE Lun. à sam., 11h/22h; dim., 11h/17h.
Rodovia PE-90, 1516, km 0, bifurcation de Carpina
TÉL. 3621-1278

Caruaru – PE

INDICATIF 81 HABITANTS 253 634
DISTANCE Recife, 134 km

HÔTELS

Caruaru Park Hotel $$
Chalets hauts en couleur simples mais bien entretenus. Les chambres "superluxo" ont un balcon avec vue sur la ville. INSTALLATIONS 68 chambres, climatisation, téléphone, TV, TV câblée, piscine, aire de jeux, restaurant, salles de réunions, de jeux. CARTES DE CRÉDIT Toutes.
Rodovia BR-232, Km 128, dans le sens Recife

RESTAURANTS $ jusqu'à 50 R$ $$ de 51 R$ à 100 R$ $$$ de 101 R$ à 150 R$ $$$$ au-dessus de 150 R$

TÉL., FAX et RÉSERVATIONS 3722-9191
www.caruaruparkhotelonline.com.br

Village Caruaru $
Bien qu'il soit proche de la route, c'est un endroit silencieux et bien situé à 5 minutes du centre – là où se trouve la célèbre foire de la ville – et pas très loin du quartier des artisans, le Alto do Moura. Service soigné et petit-déjeuner très copieux, avec des plats typiques du *sertão*. **INSTALLATIONS** 61 chambres, climatisation, téléphone, TV, TV câblée, piscine, aire de jeux, restaurant, salles de réunions, de gym, de jeux, sauna. **CARTES DE CRÉDIT** Toutes.
Rodovia BR-232, km 135, dans le sens Recife–Arcoverde
TÉL. et **RÉSERVATIONS** 3722-5544 **FAX** 3722-7033
www.hoteisvillage.com.br

RESTAURANT

Lengo Tengo $
Vous allez pouvoir déguster la viande de chèvre dans le style du *sertão*, rôtie ou en charcuterie (saucisson de chèvre). Environnement agréable : les tables de la maison sont placées sous un manguier. **CUISINE** Régionale.
CARTES DE CRÉDIT Non acceptées. **HORAIRE** 11h/24h.
R. Mestre Vitalino, 450, Alto do Moura
TÉL. 3722-4377

Conde – BA

INDICATIF 75 **HABITANTS** 20 426
DISTANCE Salvador, 190 km
SITE www.bahia.com.br

HÔTEL

Resort Itariri $$
C'est une ferme-hôtel, située près d'une belle plage. Les installations sont anciennes. Service familial. Idéal pour les personnes en quête de tranquillité absolue. Établissement fermé en avril. **INSTALLATIONS** 30 chambres, climatisation, TV, bar, bateau, terrain de football, chevaux, piscine, aire de jeux, restaurant, salles de réunions, de jeux. **CARTES DE CRÉDIT** MasterCard, Visa.
Rodovia BA-099, km 131, Linha Verde, plus 8 km sur chemin de terre jusqu'à Itariri
TÉL. 3449-1142 **FAX** 3449-1212
www.itaririresort.com

Costa do Sauípe – BA

INDICATIF 71
DISTANCE Salvador, 105 km
SITE www.costadosauipe.com.br

HÔTELS

Marriott Resort & Spa $$$$
Deux éléments le distinguent des autres hôtels du complexe : hall avec climatisation et son propre spa. C'est le plus traditionnel des 5 hôtels, décoration fidèle aux standards de la chaîne internationale. **INSTALLATIONS** 256 chambres, climatisation, téléphone, TV, TV câblée, bar, bateau, terrain de football, golf, minigolf, chevaux, équipe d'animation, centre hippique, piscine, piste de jogging, salle de football, tennis, restaurant, salles de réunions, de gym, de jeux, salon de massage, sauna, spa. **CARTES DE CRÉDIT** Toutes.
Rodovia BA-099, km 76, Mata de São João
TÉL. 3465-3000 **RÉSERVATIONS** 08007031512 **FAX** 3465-3001
www.marriottbrasil.com

Renaissance Resort $$$$
Établissement appartenant au réseau Marriott, mais plus décontracté. Le client peut utiliser les installations de son voisin Marriott. Il propose le système "tout compris", de la pension complète aux boissons brésiliennes pendant les repas. **INSTALLATIONS** 237 chambres, climatisation, téléphone, TV, bar, bateau, terrain de football, golf, minigolf, chevaux, équipe d'animation, centre hippique, piscine, piste de jogging, aire de jeux, salle de football, tennis, salles de réunions, de gym, de jeux, salon de massage, sauna, spa. **CARTES DE CRÉDIT** Toutes.
Rodovia BA-099, km 76, Mata de São João
TÉL. 2104-7300 **RÉSERVATIONS** 08007031512 **FAX** 2104-7301
www.renaissancehotels.com/ssabr

Sofitel Costa do Sauípe $$$$
C'est le plus grand, le plus beau et le mieux décoré du complexe. Il possède une piscine géante et une dizaine de salles de réunions. **INSTALLATIONS** 404 chambres, climatisation, téléphone, TV, bar, bateau, terrain de football, terrain de golf, chevaux, équipe d'animation, centre hippique, piscine, aire de jeux, salle de football, tennis, restaurant, salles de réunions, de gym, de jeux, salon de massage, sauna. **CARTES DE CRÉDIT** Toutes.
Rodovia BA-099, km 76, Mata de São João
TÉL. 2104-7600 **RÉSERVATIONS** (11) 3747-7477 **FAX** 2104-7601
www.accorhotels.com.br

Sofitel Suítes Costa do Sauípe $$$$
Le plus petit du complexe, mais le plus accueillant. La décoration porte sur le cacao. **INSTALLATIONS** 198 chambres, climatisation, téléphone, TV, TV câblée, bar, bateau, terrain de football, golf, chevaux, équipe d'animation, centre hippique, piscine, aire de jeux, salle de football, tennis, salles de réunions, de gym, de jeux, salon de massage, sauna. **CARTES DE CRÉDIT** Toutes.
Rodovia BA-099, km 76, Mata de São João
TÉL. 2104-8000 **RÉSERVATIONS** (11) 3747-7477 **FAX** 2104-7601
www.accorhotels.com.br

Super Clubs Breezes Costa do Sauípe $$$$
Hôtel le plus animé du complexe. Il offre des dizaines d'activités tout au long de la journée, et le soir sa boîte de nuit est très prisée. Repas, boissons (y compris celles du minibar) et activités sont inclues dans le prix de la chambre. **INSTALLATIONS** 324 chambres, climatisation, téléphone, TV, TV câblée, bar, terrain de football, terrain de golf, chevaux, équipe d'animation, centre hippique, piscine, aire de jeux, salle de football, tennis, restaurant, salle de réunions, salle de gym, salle de jeux, salon de massage, sauna. **CARTES DE CRÉDIT** Toutes.
Rodovia BA-099, km 76, Mata de São João

PRIX	HÔTELS (couple)	$ jusqu'à 150 R$	$$ de 151 R$ à 300 R$	$$$ de 301 R$ à 500 R$	$$$$ au-delà de 500 R$

TÉL. 3463-1000 RÉSERVATIONS 08007043210 FAX 3463-1010
www.superclubs.com.br

Cumuruxatiba – BA

INDICATIF 73
DISTANCES Salvador, 828 km ; Porto Seguro, 236 km

HÔTELS

Pousada É $

Offre différents espaces de détente. Les chambres sont de tailles diverses et se trouvent au milieu de nombreux arbres fruitiers. Hans Fritsch, le propriétaire suisse et polyglotte, est fier de sa bibliothèque de livres classiques et de sa collection de whiskys. INSTALLATIONS 12 chambres, TV, ventilateur, bar, espace pour préparer les repas des bébés, piscine, salles de gym, de jeux. CARTES DE CRÉDIT Diners, MasterCard.
Al. Roberto Pompeu, 8, praia do Rio do Peixe Grande, 3,5 km du centre
TÉL. 3573-1007 FAX 3573-1160
www.portonet.com.br/pousadae

Pousada Mandala $$

Auberge décorée d'objets artisanaux et d'œuvres d'art, grandes chambres avec terrasse et vue sur la mer. De la musique new age dans les espaces de détente. Le jardin et la piscine sont séparés de la plage par un pont en bois qui surplombe le rio do Peixe. La propriétaire suisse, parle anglais, français et allemand. INSTALLATIONS 9 chambres, TV, ventilateur, piscine. CARTES DE CRÉDIT Non acceptées.
Al. Roberto Pompeu, s/n, praia do Rio do Peixe Grande, 2 km du centre
TÉL. et FAX 3573-1143
www.pousadamandala.com.br

Pousada Rio do Peixe $

Vue sur la mer partout dans l'auberge. Chambres équipées d'une terrasse avec hamac. INSTALLATIONS 12 chambres, climatisation, téléphone, TV, bar, piscine, restaurant, salle de jeux. CARTES DE CRÉDIT Diners, MasterCard, Visa.
Al. Roberto Pompeu, 26, praia do Rio do Peixe Grande, 3,5 km du centre
TÉL. et FAX 3573-1213
www.pousadariodopeixe.com.br

Vista Mar Praia $$

Hôtel du centre possédant la meilleure infrastructure de loisir et de détente. Chambres standards un peu petites et sans climatisation. Préférez les chambres "luxo", complètes, avec un balcon et des lits de grande taille. Propose des récitals de musique populaire brésilienne pendant la haute saison. INSTALLATIONS 40 chambres, climatisation, téléphone, TV, bar, piscine, aire de jeux, restaurant, salle de jeux. CARTES DE CRÉDIT MasterCard, Visa.
Av. Beira-Mar, s/n, Centro
TÉL. 3573-1065 RÉSERVATIONS (11) 5543-9444 FAX 3573-1045
www.cumuruxatiba.com.br

RESTAURANTS

Asa Branca $

Choix intéressant pour changer un peu du typique menu côtier. Décor rustique, avec de longues tables et des bancs. Il est situé près du barrage à l'entrée de la ville, et est surtout connu pour sa *carne-de-sol de picanha* (rumsteak séché au soleil), servi avec *pirão de leite e arroz* (bouillie de farine de manioc au lait et riz).
CUISINE Régionale. CARTES DE CRÉDIT Non acceptées.
HORAIRE 10h/20h ; mars à juin et août à nov., fermé le dimanche.
Av. Treze de Maio, s/n, Centro
TÉL. 3573-1205

Catamarã $

Restaurant installé au sommet d'une falaise haute de 45 m, avec une vue spectaculaire. Une rampe et des escaliers mènent à la plage. Goûtez le *polvo à napolitana* (poulpe à la napolitaine). Comptez 1h30 de préparation. L'établissement possède également un appareil étonnant pour servir les clients sur la plage : une corde avec des poulies descend jusqu'à la plage, où se trouve un panier avec la carte du restaurant, un stylo, du papier et un sifflet. Le client y note son choix et reçoit sa commande en retour dans le panier. CUISINE Poissons et fruits de mer. CARTES DE CRÉDIT Non acceptées. HORAIRE 11h/20h30.
Accès par la route Prado–Cumuruxatiba, bairro Areia Preta, 2 km du centre
TÉL. 3573-1124

Hermes $

Les frères Hermes et Geraldo ont restauré avec raffinement une ancienne paillote en installant des espaces vitrés, une terrasse et des tables en plein air. Les plats sont délicieux et très copieux. Goûtez notamment le *bodião com limão e ervas secas na folha de bananeira* (poisson au citron et aux herbes dans une feuille de bananier). CUISINE Poissons et fruits de mer.
CARTES DE CRÉDIT MasterCard, Visa. HORAIRE 11h/23h ; mars à juin et août à nov., 9h/21h.
Av. Beira-Mar, s/n, plage de Cumuruxatiba, Centro
TÉL. 3573-1155

Mama África $$

Ambiance décontractée en bord de mer. Parmi les plats se distinguent le *badejo ao curry* (merluche au curry) et *mignon ao morillo* (filet de bœuf aux morilles, importées de Suisse) et les plats à base de *bacalhau* (morue). Dégustez aussi les *caipifrutas* (Cocktail d'eau-de-vie de canne à sucre avec des fruits du jardin). CUISINE Contemporaine. CARTES DE CRÉDIT Non acceptées. HORAIRE 14h/22h ; mars à nov., seulement sur réservation.
Al. Roberto Pompeu, 4, praia do rio do Peixe Grande, 3 km du centre
TÉL. 3573-1274

SERVICES

AGENCE DE TOURISME

Aquamar

Av. Beira-Mar, 7, plage de Cumuruxatiba, Centro
TÉL. 3573-1360. HORAIRE 8h/20h.

LOCATION DE BATEAUX

Sr. Antônio Carlos

TÉL. 3573-1127

| RESTAURANTS | $ jusqu'à 50 R$ | $$ de 51 R$ à 100 R$ | $$$ de 101 R$ à 150 R$ | $$$$ au-dessus de 150 R$ |

Fernando de Noronha – PE

INDICATIF 81 HABITANTS 2 051
DISTANCES Natal, 360 km; Recife, 545 km
SITE www.noronha.pe.gov.br

HÔTELS

Pousada Maravilha $$$$
Architecture recherchée, avec une vue splendide sur la baie du Sueste. 3 chambres de styles balinais, en bois, et 5 bungalows avec bain ofuro. INSTALLATIONS 8 chambres, climatisation, téléphone, TV, TV câblée, bar, piscine, restaurant. CARTES DE CRÉDIT Toutes.
Rodovia BR-363, s/n, Sueste
TÉL. 3619-1290 FAX et RÉSERVATIONS 3619-0028
www.pousadamaravilha.com.br

Pousada Zé Maria $$$$
Bungalows équipés de lits de grande taille, d'une baignoire d'hydromassage, d'une TV 29" avec antenne satellite et d'un lecteur CD. Jolie vue sur l'imposante colline du Pico. INSTALLATIONS 19 chambres, climatisation, téléphone, TV, TV câblée, bar, piscine, restaurant. CARTES DE CRÉDIT Diners, MasterCard, Visa.
R. Nice Cordeiro, 1, Floresta Velha
TÉL. 3619-1258
www.pousadazemaria.com.br

RESTAURANTS

Ecologiku's $$
C'est la meilleure adresse en dehors des auberges Maravilha et Zé Maria. Propose des plats classiques, tels que *lagosta na manteiga* (langouste au beurre) et *moquecas* (plats à base de poisson et/ou crevettes). CUISINE Poissons et fruits de mer. CARTES DE CRÉDIT MasterCard. HORAIRE 19h/22h30.
Estrada Velha do Sueste (accès par l'aéroport)
TÉL. 3619-1807

Maravilha $$
Restaurant installé dans l'auberge Carte modeste, de cuisine internationale. Bonne carte des vins. Vue excellente sur la baie du Sueste. CUISINE Variée. CARTES DE CRÉDIT Toutes. HORAIRE 12h/15h et 20h/23h.
Rodovia BR-363, s/n, Sueste
TÉL. 3619-1290

Museu do Tubarão $
La chair de requin domine sur la carte de ce restaurant, situé dans le Museu do Tubarão (Musée du Requin) en particulier la *salada de tubarão* (salade de requin), le *tubaburguer* (hamburger de requin) et le *tubalhau* (beignet à la chair de requin). Propose également des *sandwichs naturais* (pain complet et salades vertes) et des fruits de mer. CUISINE Poissons et fruits de mer. CARTES DE CRÉDIT Toutes. HORAIRE Lun. à sam., 8h 30/18h30; dim., 9h/16h.
Av. Joaquim Ferreira Gomes, 40, Vila do Porto
TÉL. 3619- 1365

Triboju $$
Buffet très apprécié et composé d'une vingtaine de plats en moyenne. Après ce copieux repas a lieu une sorte de *talk show*, avec musique et participation du public. Réservation conseillée. CUISINE Poissons et fruits de mer, variée. CARTES DE CRÉDIT Diners, MasterCard. HORAIRE Mar. et jeu., 20h/23h30.
R. Amaro Preto, 113, Floresta Velha (secteur de chácaras)
TÉL. 3619-1389

Zé Maria $$
Lâminas de namorado (tranches de poisson), *purê de castanha* (purée de châtaigne) et *camarão flambado* (crevettes flambées) sont quelques-uns des plats proposés. Carte réalisée par Celso Freire du restaurant Boulevard, à Curitiba. L'établissement possède un sushi bar et propose les mercredis et samedis un buffet à prix fixe. CUISINE Variée. CARTES DE CRÉDIT Diners, MasterCard, Visa. HORAIRE 7h/10h30 et 12/23h30.
R. Nice Cordeiro, 1, Floresta Velha
TÉL. 3619-1258

SERVICES

INFORMATIONS TOURISTIQUES

Centro de Informações Turísticas
Palácio São Miguel – Vila dos Remédios
TÉL. 3619-1378. HORAIRE Lun. à ven., 8h/17h

Fortaleza – CE

INDICATIF 85 HABITANTS 2 141 402
DISTANCE Natal, 552 km
SITE www.fortaleza.ce.gov.br

HÔTELS

Caesar Park Fortaleza $$$
Situé sur l'une des plages les plus animées de la ville, l'hôtel est célèbre pour sa *feijoada* servie au Mucuripe, l'un des 3 restaurants de l'hôtel. Il est fréquenté par les hommes d'affaires et les organisateurs de conventions, cependant des réformes récentes essaient de lui donner plus de charme et d'attirer les touristes. La piscine est petite et les chambres n'ont pas de balcon. INSTALLATIONS 230 chambres, climatisation, téléphone, TV, bar, piscine, restaurant, salles de réunions, de gym, salon de massage, sauna. CARTES DE CRÉDIT Toutes.
Av. Beira-Mar, 3980, praia de Mucuripe
TÉL. 3466-5000 RÉSERVATIONS 3466-5222 FAX 3466-5111
www.caesarpark-for.com.br

Luzeiros $$$
L'un des hôtels les plus récents et les mieux équipés de la ville. Les étages 15 à 21 sont ceux qui offrent la plus belle vue. Petit-déjeuner très copieux. INSTALLATIONS 202 chambres, climatisation, téléphone, TV, ventilateur, bar, piscine, restaurant, salles de réunions, de gym, salon de massage, sauna. CARTES DE CRÉDIT Toutes.
Av. Beira-Mar, 2600, Meireles
TÉL. 4006-8585 RÉSERVATIONS 4006-8586 FAX 4006-8587
www.hotelluzeiros.com.br

Marina Park $$
Fréquenté par les familles, marina et énorme aire de

PRIX	HÔTELS (couple)	$ jusqu'à 150 R$	$$ de 151 R$ à 300 R$	$$$ de 301 R$ à 500 R$	$$$$ au-delà de 500 R$

NORD-EST

loisir. Dans cet établissement construit en forme de transatlantique, chambres spacieuses mais décoration et infrastructure un peu désuètes. Il est éloigné des points d'intérêt touristiques mais garantit le transport jusqu'à l'avenue Beira-Mar. INSTALLATIONS 315 chambres, climatisation, téléphone, TV, bar, équipe d'animation, piscine, piste de jogging, aire de jeux, tennis, restaurant, salles de réunions, de gym, salon de massage, sauna. CARTES DE CRÉDIT Toutes.
Av. Presidente Castelo Branco, 400, Iracema
TÉL. 3455-9595 FAX 3253-1803
www.marinapark.com.br

Othon Palace $$
Bien situé et très fréquenté par les hommes d'affaires. Bonne infrastructure et service attentionné. Pas d'installations de loisir et de charme pour attirer les touristes. Bon restaurant italien, le La Terrace. INSTALLATIONS 133 chambres, climatisation, téléphone, TV, bar, piscine, restaurant, salles de réunions, de gym, salon de massage, sauna. CARTES DE CRÉDIT Toutes.
Av. Beira-Mar, 3470, Meireles
TÉL. 3466-5500 FAX 3466-5501
www.othon.com.br

RESTAURANTS

Al Mare $$
Sa décoration évoque l'intérieur d'un bateau, vue sur la plage de Mucuripe. Fruits de mer, toujours frais et copieusement servis. Goûtez le *mexilhão ao molho de vinho* (moules sauce au vin), le *filé de sirigado* (filet de capitaine noir) et le *grelhado al maré* (langouste, crevettes et autres poissons). CUISINE Poissons et fruits de mer. CARTES DE CRÉDIT Toutes. HORAIRE 12h/24h.
Av. Beira-Mar, 3821
TÉL. 3263-3888

Cantinho do Faustino $
Cuisine régionale, sauces à base de fines herbes accompagnant des plats tels que *moquecas* ou *paleta de cabrito* (palette de chevreau). Goûtez les créations de la maison: *sorvete de manjericão* (glace au basilic) et *rapadura* (sucre brut), créations accompagnées de banane flambée. CUISINE Régionale. CARTES DE CRÉDIT Toutes. HORAIRE Mar. à ven., 12h/15h et 19h/24h; sam., 12h/24h; dim., 12h/16h.
R. Delmiro Gouveia, 1520, Varjota
TÉL. 3267-5348

Cemoara $$
Dans ce restaurant une clientèle fidèle vient déguster les produits de la mer accompagnés de bons vins. CUISINE Poissons et fruits de mer. CARTES DE CRÉDIT Toutes. HORAIRE Lun. à jeu., 12h/15h et 19h/24h; ven. et sam., 12h/15h et 19h/1h; dim., 12h/17h.
Av. da Abolição, 3340, Meireles
TÉL. 3263-5001

Colher de Pau $
Situé dans la rue où les soirées sont les plus animées de la ville, ce restaurant propose une bonne cuisine régionale, dont les spécialités sont la *carne-de-sol* (viande séchée au soleil) et un choix délicieux de fruits de mer. Les jus naturels font défaut (on ne sert que des jus à base de pulpe surgelée). CUISINE Poissons et fruits de mer, régionale. CARTES DE CRÉDIT Toutes. HORAIRE 18h/1h.
R. dos Tabajaras, 412, Iracema
TÉL. 3219-3605

Nostradamus $$
Seulement 8 tables dans un décor raffiné. La carte élaborée par le chef Laurent Suaudeau propose notamment la *lagosta grelhada* (langouste grillée), le *tournedo rossini* (tournedos rossini) et le *pargo* (pagre). Bonne carte des vins et cave climatisée. Ne pas se présenter en short et en tee-shirt et réserver à l'avance. CUISINE Variée. CARTES DE CRÉDIT Toutes. HORAIRE Lun. à jeu., 19h/24h; ven. et sam., 19h/2h.
R. Joaquim Nabuco, 166, Meireles
TÉL. 3242-8500

SERVICES

AÉROPORT

Aeroporto Internacional Pinto Martins
Av. Senador Carlos Jereissati, 3000, Serrinha
TÉL. 3477-1030

AGENCES DE TOURISME

Aeroway Viagens e Turismo Ltda.
Av. Santos Dumont, 5420
TÉL. 4011-1515

Ernanitur Viagens e Receptivo Turístico Ltda.
Av. Barão Studart, 1165, salles 101 à 107, Aldeota
TÉL. 3244-9363

Hippopotamus Agência de Viagens e Turismo Ltda.
Av. Abolição, 2950, bureau 5, Meireles
TÉL. 3242-9191

COMMISSARIAT DÉLÉGUÉ AUX TOURISTES

Divisão de Apoio ao Turista (Division de Soutien au Touriste, DAT)
Av. Almirante Barroso, 805, Praia de Iracema
TÉL. 3219-1538. HORAIRE 24/24h

INFORMATIONS TOURISTIQUES

Aeroporto Internacional Pinto Martins
Av. Senador Carlos Jereissati, 3000, Serrinha
TÉL. 3477-1667. HORAIRE 6h/3h

Antigo Farol (Ancien Phare) do Mucuripe
R. Vicente Castro, s/n
TÉL. 3263-1115. HORAIRE 8h/17h

Centro Administrativo (Centre Administratif) Virgílio Távora
Av. Ministro José Américo, s/n, Cambeba
TÉL. 3488-3858/3900. HORAIRE Lun. à ven., 8h/12h et 14h/18h

RESTAURANTS $ jusqu'à 50 R$ $$ de 51 R$ à 100 R$ $$$ de 101 R$ à 150 R$ $$$$ au-dessus de 150 R$

HÔTELS, RESTAURANTS ET SERVICES

Centro de Turismo (Office du Tourisme)
R. Senador Pompeu, 350, Centro
TÉL. 3488-7411. HORAIRE Lun. à sam., 8h/18h

Novo Mercado Central (Nouveau Marché Central)
Av. Alberto Nepomuceno, s/n, Centro
HORAIRE Lun. à ven., 8h/18h

Pça. do Ferreira
Entre les rues Major Fecundo et Floriano Peixoto, Centro
HORAIRE Lun. à ven., 8h/18h

Posto de Informações Turísticas
Av. Beira-Mar, s/n, Meireles
TÉL. 3242-4447. HORAIRE 13h/17h

Praia de Iracema (Plage d'Iracema)
Trottoir au bord de la plage
HORAIRE 8h/18h

Genipabu – RN

INDICATIF 84
DISTANCE Natal, 25 km

HÔTEL

Genipabu Hotel $$
Havre de paix au milieu de l'agitation diurne de la région. L'établissement est isolé et situé sur un point élevé. Toutes les chambres donnent sur les plages de Genipabu et Barra do Rio. INSTALLATIONS 24 chambres, climatisation, téléphone, TV, ventilateur, bar, piscine, aire de jeux, restaurant, salle de réunions, spa. CARTES DE CRÉDIT Toutes.
Estrada para Natal, km 3, praia de Genipabu
TÉL. 3225-2063 RÉSERVATIONS 3206-8840 FAX 3225-2071
www.genipabu.com.br

RESTAURANT

Bar 21 $
Enclavé dans les dunes de Genipabu, la terrasse donne sur la mer. Intégré au cadre naturel, il est devenu l'une des plus belles cartes postales de la région. Spécialisé dans les produits de la mer, il sert des portions copieuses. CUISINE Poissons et fruits de mer. CARTES DE CRÉDIT Toutes. HORAIRE 9h/18h.
Av. Beira-Mar, s/n, praia de Genipabu
TÉL. 3224-2484

Ilha de Boipeba – BA

INDICATIF 75 HABITANTS 4920
DISTANCES Salvador, 30 min. de bateau, plus 321 km
SITE www.ilhaboipeba.org.br

HÔTELS

Pousada dos Ventos $
Située au bord de la mer, dans un cadre de végétation locale. Bungalows au toit en piaçaba sont rustiques et spacieux. L'établissement organise des excursions en bateau, à cheval ou à pied et s'occupe du transfert des clients à partir de Velha Boipeba, Morro de São Paulo ou Torrinha. INSTALLATIONS 5 chambres, ventilateur, bar, chevaux. CARTES DE CRÉDIT Non acceptées.
Praia de Moreré, accès par bateau, sentier ou tracteur, 6 km du village de Velha Boipeba
TÉL. 9994-8789/9987-0659

Pousada Maliale $$
Entourée de 1 ha de forêt et de plages sur une petite île du Rio do Inferno, près du village de Boipeba. Un bateau pour se rendre au village est à la disposition des clients. Chambres bien aérées et équipées de moustiquaires aux portes et aux fenêtres. INSTALLATIONS 16 chambres, climatisation, TV, ventilateur, piscine, salle de jeux. CARTES DE CRÉDIT Non acceptées.
Ilha São Miguel
TÉL. 3653-6134 RÉSERVATIONS (11) 4794-7474
www.pousadamaliale.com.br

Pousada Vila Sereia $
De son lit on peut voir la plage et le fleuve. Les bungalows ont une mezzanine; ils sont très bien aérés et disposent de moustiquaires. INSTALLATIONS 4 chambres, TV, ventilateur. CARTES DE CRÉDIT Non acceptées.
Praia da Barra
TÉL. 3653-6045

RESTAURANT

Mar e Coco $
Hamacs suspendus aux cocotiers et vue sur la plage paradisiaque de Moreré. Tout est préparé sur l'heure il est préférable de commander au préalable. La *moqueca de camarão com banana-verde* (crevettes et banane verte) est un régal. Goûtez également les *caipirinhas* aux fruits et la *batida de coco* (cachaça et lait de noix de coco). CUISINE Poissons et fruits de mer. CARTES DE CRÉDIT Non acceptées. HORAIRE en haute saison, lun. à ven., 10h/16h et 18h/22h; sam. et dim., 10h/16h. En basse saison, 10h/16h.
Praia de Moreré
TÉL. 3653-6013

SERVICES

LOCATION DE BATEAUX

Miguel Lanchas
TÉL. 3653-6018/3641-3233

Ilha do Caju – MA

INDICATIF 86 HABITANTS 60

HÔTEL

Refúgio Ecológico Ilha do Caju $$
Seule option d'hébergement de l'île. Pas de TV, de téléphone ni de climatisation, et douche froide. L'idée est de se fondre dans l'environnement de ce paradis écologique; tatous, rongeurs, iguanes, renards et hérons croiseront votre chemin sur les sentiers. Chambres équipées de lits de très grande taille. L'établissement propose des excursions en jeep et à cheval. Carte du restaurant variée. INSTALLATIONS 16 chambres, bateau,

| PRIX | HÔTELS (couple) | $ jusqu'à 150 R$ | $$ de 151 R$ à 300 R$ | $$$ de 301 R$ à 500 R$ | $$$$ au-delà de 500 R$ |

chevaux, restaurant. **CARTES DE CRÉDIT** Non acceptées.
Araioses (Ilha do Caju), 3h30 de bateau à partir de Parnaíba
TÉL. 3321-1179/9983-3331
www.ilhadocaju.com.br

Ilhéus – BA

INDICATIF 73 **HABITANTS** 222 127
DISTANCES Salvador, 464 km
SITE www.ilheus.ba.gov.br/turismo.php

HÔTELS

Cana Brava Resort $$$
Dans une vaste zone de forêt atlantique, avec des cages de petits animaux. Est à la fois en bord de mer et traversé par le rio Jairi. Il possède une plage privée et un lac formé à partir d'un petit barrage sur le fleuve. Possibilité de louer des planches de surf et de bodyboard, des kayaks et des bicyclettes. Certaines chambres ont une baignoire d'hydromassage. **INSTALLATIONS** 179 chambres, climatisation, téléphone, TV, TV câblée, bar, équipe d'animation, piscine, terrain de football, tennis, salles de réunions, de gym, de jeux, salon de massage, sauna. **CARTES DE CRÉDIT** Toutes.
Rodovia Ilhéus–Canavieiras (BA-001), km 24, praia de Canabrava, Olivença
TÉL. 3269-8000 **RÉSERVATIONS** (11) 3255-6500
www.canabravaresort.com.br

Ecoresort Tororomba $$$
Bains de boue dans le rio Jairi ou d'eaux médicinales ferrugineuses, sentiers de randonnée dans la forêt atlantique, grande aire de loisir, ouverte aussi aux non-clients. Les chambres "*luxo*" sont face à la mer. **INSTALLATIONS** 86 chambres, climatisation, téléphone, TV, TV câblée, bar, équipe d'animation, piscine, aire de jeux, terrain de football, restaurant, salles de réunions, de gym, de jeux, salon de massage, sauna. **CARTES DE CRÉDIT** Toutes.
Rodovia Ilhéus–Canavieiras (BA-001), km 21, praia de Canabrava, Olivença
TÉL. 3269-1200 **RÉSERVATIONS** (11) 3262-3718 **FAX** 3269-1090
www.tororomba.com.br

La Dolce Vita $$
Accès direct à la plag. Trois types de chambres; les "*luxo*" et "*suítes*" donnent sur la mer. Les 12 suites sont spacieuses et équipées d'une baignoire d'hydromassage. **INSTALLATIONS** 44 chambres, climatisation, téléphone, TV, TV câblée, bar, piscine, restaurant, salle de gym, sauna. **CARTES DE CRÉDIT** American Express, Visa.
R. A, 114, accès par la rodovia Ilhéus–Canavieiras (BA-001), km 2,5
TÉL. 3234-1212 **FAX** 3234-1213
www.ladolcevita.com.br

Transamérica Ilha de Comandatuba $$$$
Grande structure de services et de loisirs, en particulier pour les sports nautiques. Possède golf, spa de la marque française L'Occitane, boutiques, 5 restaurants, 6 bars, une boîte de nuit et un lan house (salle avec jeux de stratégie en ligne). **INSTALLATIONS** 363 chambres, climatisation, téléphone, TV, TV câblée, bar, bateau, terrain de football, golf, équipe d'animation, piscine, piste de jogging, aire de jeux, salle de football, tennis, restaurant, salles de réunions, de gym, de jeux, salon de massage, sauna, spa. **CARTES DE CRÉDIT** Toutes.
Ilha de Comandatuba, municipalité d'Una
TÉL. 3686-1122 **RÉSERVATIONS** 0800126060 **FAX** 3686-1457
www.transamerica.com.br

RESTAURANTS

Boca du Mar $$
En face de la baie Pontal, avec différents espaces (en plein air véranda et sushi bar) et musique *live* tous les jours. Les spécialités sont les poissons et les pâtes aux fruits de mer. **CUISINE** Variée. **CARTES DE CRÉDIT** Toutes.
HORAIRE Mar. à ven., 18h jusqu'au dernier client; sam. et dim., 11h30 jusqu'au dernier client.
Av. Lomanto Júnior, 15, Pontal
TÉL. 3231-3200/2822

Cabana Gabriela $
Énorme paillote avec des tables sur le sable ou à l'intérieur. Sert des plats et des amuse-gueule à base de poissons. **CUISINE** Poissons et fruits de mer. **CARTES DE CRÉDIT** Toutes. **HORAIRE** 8h/20h; mars/juin et août/nov., 8h/20h.
Rodovia Ilhéus–Olivença, km 4
TÉL. 3632-1836

Sheik $
Vue sur les rives du Pontal et d'Ilhéus superbe. L'établissement comprend 5 cuisines indépendantes – arabe, italienne, portugaise, bahianaise et japonaise –, mais toutes servent dans le même salon. Tous les jours, musique populaire brésilienne *live*. **CUISINE** Variée. **CARTES DE CRÉDIT** Toutes. **HORAIRE** 18h jusqu'au dernier client.
Alta de São Sebastião, Oiteiro
TÉL. 3634-1799/3231-0197

SERVICES

AÉROPORT

Aeroporto de Ilhéus
R. Brigadeiro Eduardo Gomes, s/n, Pontal
TÉL. 3231-7629

AGENCE DE TOURISME

NV Turismo
R. General Câmara, 27, Centro
TÉL. 3634-4101

INFORMATIONS TOURISTIQUES

Prefeitura Municipal de Ilhéus (Mairie)
TÉL. 3234-5050.

Itacaré – BA

INDICATIF 73 **HABITANTS** 18 120
DISTANCES Salvador, 440 km; Ilhéus, 66 km
SITE www.itacare.com.br

HÔTELS

Aldeia da Mata Ecolodge $$$
Ensemble de bungalows situé dans une zone de 15

RESTAURANTS $ jusqu'à 50 R$	$$ de 51 R$ à 100 R$	$$$ de 101 R$ à 150 R$	$$$$ au-dessus de 150 R$

hectares de forêt atlantique à 300 m de la plage. Contruits en bois, bambou et piaçaba les bungalows sont charmants et accueillants, et certains sont perchés sur des pilotis de 3 m de haut. Il y a même un spa suspendu au milieu de la forêt. INSTALLATIONS 10 chambres, TV, ventilateur, piscine, salon de massage, spa. CARTES DE CRÉDIT Non acceptées.
Praia do Pé da Serra, district d'Uruçuca, accès par la rodovia Itacaré–Ilhéus (BA-001), km 31,5
TÉL. 3231-7112
www.aldeiadamata.com.br

Aldeia do Mar Chalés $$

Situé dans un coin de la plage, jolie végétation traversée par un ruisseau. Idéal pour se reposer. Les espaces de rencontre et les chalets spacieux sont décorés avec des objets artisanaux et de belles peintures aux motifs indigènes. INSTALLATIONS 13 chambres, climatisation, téléphone, TV, TV câblée, bar, restaurant. CARTES DE CRÉDIT Toutes.
Praia da Concha, Centro
TÉL. 3251-2230 RÉSERVATIONS (71) 3356-4344 FAX 3357-3822
www.aldeiadomar.tur.br

Burundanga Pousada $$

Décoration composée d'éléments de l'époque coloniale, d'artisanat, d'objets anciens et de mosaïque sur le sol. L'auberge est située à 100 m de la plage et les chambres spacieuses possèdent une terrasse, un sèche-cheveux et une cafetière. N'accepte pas les moins de 14 ans. Fermé en mai. INSTALLATIONS 6 chambres, climatisation, téléphone, TV, TV câblée, ventilateur, piscine. CARTES DE CRÉDIT MasterCard.
Praia da Concha
TÉL. 3251-2543
www.burundanga.com.br

Itacaré Eco Resort $$$$

Installé dans un complexe résidentiel avec une plage privée, dans une zone de protection de l'environnement de 220 hectares. Plusieurs sentiers de randonnée, une chute d'eau et un belvédère. Les chambres possèdent une terrasse avec hamac et vue sur le fleuve ou la forêt. Les voitures sont interdites mais l'hôtel s'occupe du transport. INSTALLATIONS 25 chambres, climatisation, téléphone, TV, TV câblée, bar, équipe d'animation, piscine, piscine naturelle, restaurant, salles de réunions, de gym, de jeux, sauna. CARTES DE CRÉDIT Toutes.
Praia de São José, accès par la route Itacaré – Ilhéus (BA-001), km 64,5
TÉL. 3251-3133
www.ier.com.br

Pousada Ilha Verde $

La propriétaire, française, est férue de culture afro-brésilienne. Établissement simple, comprenant des aires de repos en plein air avec bain ofuro, tente de massage, kiosque de lecture, grand hutte ronde avec des canapés et de gros coussins, ainsi qu'un desk suspendu pour les cours de *capoeira* et de danses africaines. INSTALLATIONS 8 chambres, climatisation, ventilateur, piscine, salon de massage. CARTES DE CRÉDIT Visa.
R. Ataíde Setubal, 234, Centro
TÉL. 3251-2056
www.ilhaverde.com.br

Pousada Sage Point $$$

Chalets charmants et confortables, dispersés sur la côte de la plage. La plupart des produits servis au petit-déjeuner proviennent de la ferme. INSTALLATIONS 17 chambres, ventilateur, restaurant, sauna, spa de détente. CARTES DE CRÉDIT Diners, MasterCard, Visa.
Praia de Tiririca, 65
TÉL. 3251-2030
www.pousadasagepoint.com.br

Txai Resort $$$$

Installé dans une ancienne fazenda de cacao et entouré par la forêt Atlantique. Il dispose de grands espaces de repos, accès à Internet 24/24 h, salle de piano. Chambres en face de la plage ou bungalows avec lecteur CD et quelques-uns avec baignoire d'hydromassage. Piscine semi-olympique à proximité de la plage, centre de relaxation avec massages thérapeutiques et cours de surf. INSTALLATIONS 26 chambres, climatisation, téléphone, TV, TV câblée, piscine, tennis, restaurant, salle de jeux, salon de massage, sauna. CARTES DE CRÉDIT Toutes.
Praia de Itacarezinho, accès par la rodovia Itacaré – Ilhéus (BA-001), km 48
TÉL. 3634-6936 FAX 3634-6956
www.txai.com.br

Villa de Ocaporan Hotel Village $$

Du belvédère on peut apercevoir la jolie forêt qui sépare les plages da Concha et de Resende. Choix entre des chambres de taille variable, à un ou plusieurs lit. Une cabane avec des hamacs et des canapés est installée dans le jardin. INSTALLATIONS 31 chambres, climatisation, téléphone, TV, TV câblée, ventilateur, bar, piscine, aire de jeux, restaurant, salle de jeux. CARTES DE CRÉDIT Diners, MasterCard, Visa.
R. Jacarandá, s/n, condomínio Conchas do Mar II, praia da Concha
TÉL. 3251-2470 FAX 3251-3116
www.villadeocaporan.com.br

RESTAURANTS

Boca do Forno $

Charmant restaurant dans la galerie marchande Beco das Flores, décoré d'objets d'artisanat et de meubles rustiques. Sert des pizzas à pâte fine, aux saveurs traditionnelles ou créées sur place. Tartes et pâtisseries viennent de l'Armazém de Minas Café. CUISINE Pizza. CARTES DE CRÉDIT Toutes. HORAIRE 18h/1h.
R. Lodônio de Almeida, 108, Centro (Beco das Flores)
TÉL. 3251-3121

Casa Sapucaia $

Marina Ribeiro, chef originaire de São Paulo, et le Français Mathieu Hourcade ont choisi de s'établir dans cette maison de style colonial. La carte propose des recettes françaises et des mélanges créatifs d'autres cuisines. CUISINE Variée. CARTES DE CRÉDIT MasterCard, Visa. HORAIRE Lun. à sam., 19h/23h.
R. Lodônio de Almeida, 84, Centro (Beco das Flores)
TÉL. 3251-3091

Dedo de Moça $

Décor agréable, lampes très colorées, canapés et une

terrasse en plein air. Savourez les délicieux *bobós de camarão* (plats à base de crevettes), les *peixes com castanha* (poissons aux noix de cajou) ou le *medalhão ao vinho tinto* (médaillon au vin rouge). Bon choix de vins et de *cachaças*. CUISINE Contemporaine. CARTES DE CRÉDIT Toutes. HORAIRE En haute saison, 12h/24h; en basse saison, 19h/24h.
R. Plínio Soares, 26, Centro
TÉL. 3251-3372

Estrela do Mar $
Restaurant longeant la mer et le ruisseau. Le décor mélange habilement rusticité et raffinement. La carte propose des plats de poissons et de cuisine régionale et internationale. CUISINE Poissons et fruits de mer. CARTES DE CRÉDIT Diners, MasterCard, Visa. HORAIRE 8h/22h.
Praia da Concha, Centro
TÉL. 3251-2230

Itacarezinho $
C'est le seul restaurant sur la plage d'Itacarezinho, à 20 km du centre. Tables disposées à l'ombre de toits en piaçaba au milieu des cocotiers. Il sert des amuse-gueule, comme l'*acarajé* (beignet de haricots garni de crevettes séchées) et la *carne-de-sol acebolada com banana* (viande séchée aux oignons accompagnée de banane), ou des plats de poissons et fruits de mer. CUISINE Poissons et fruits de mer. CARTES DE CRÉDIT Diners, MasterCard. HORAIRE 10h/18h.
Praia de Itacarezinho, rodovia Itacaré–Ilhéus (BA-001), km 50, 20 km du centre
TÉL. 3239-6154

Restaurant do Miguel $
Cuisine maison à base de poissons. Cadre simple et agréable. CUISINE Poissons et fruits de mer. CARTES DE CRÉDIT Non acceptées. HORAIRE 11h/18h.
Ilha de Manguinhos, accès en canot par le fleuve de Contas

SERVICES

AGENCES DE TOURISME

Ativa Rafting
Route da Pancada, s/n, Taboquinhas
TÉL. 3696-2219

Caminho da Terra
R. do Pituba, 165
TÉL. 3251-3053/3060. HORAIRE 16h/22h

Itacaré Ecoturismo
R. Lodônio Almeida, 117, Centro
TÉL. 3251-2224/2443. HORAIRE 8h/12h et 14h/21h

Jacumã – PB

INDICATIF 83
DISTANCE João Pessoa, 25 km

RESTAURANTS

Canyon de Coqueirinho $
Diverses sortes de *moquecas*. Tables installées à l'extérieur, vue magnifique sur la plage do Coqueirinho. Essayez le *filé de agulha* (filet d'aiguillette). CUISINE Poissons et fruits de mer. CARTES DE CRÉDIT Non acceptées. HORAIRE 9h/17h.
Praia do Coqueirinho
TÉL. 9301-1990/9309-9094

Japaratinga – AL

INDICATIF 82 HABITANTS 6 868
DISTANCES Maceió, 110 km

HÔTEL

Pousada do Alto $$
Située au sommet d'un morne, vue magnifique sur la mer. Grande terrasse avec des chaises longues. Des tableaux, des objets anciens et modernes donnent à l'endroit une apparence éclectique. N'accepte pas les moins de 12 ans. INSTALLATIONS 10 chambres, climatisation, ventilateur, restaurant. CARTES DE CRÉDIT Non acceptées.
Sítio Biquinha, s/n, Centro
TÉL. 3297-1268
www.pousadadoalto.com.br

Jericoacoara – CE

INDICATIF 88 HABITANTS 15 261
DISTANCE Fortaleza, 300 km
SITE www.jericoacoara.tur.br

HÔTELS

Mosquitoblue Jeri $$
Inauguré en 2004, face à la plage. Les chambres donnent sur des jardins fleuris. Au centre se trouve une piscine et un jacuzzi. Le restaurant ne sert que le petit-déjeuner. INSTALLATIONS 44 chambres, climatisation, téléphone, TV, TV câblée, bar, équipe d'animation, piscine, restaurant, salles de gym, de jeux, sauna. CARTES DE CRÉDIT Toutes.
R. Ismael, s/n, Jericoacoara
TÉL. 3669-2203 FAX 3669-2204
www.mosquitoblue.com.br

Pousada e Windsurfcenter Sítio Verde $$
Auberge installée au bord de la lagune Paraíso. Chalets simples et bien entretenus. Pas de téléphone ni de TV dans les chambres. L'endroit est idéal pour la pratique de la planche à voile. INSTALLATIONS 5 chambres, climatisation, ventilateur, bar, restaurant, salles de gym, de jeux. CARTES DE CRÉDIT Visa.
Córrego do Urubu, s/n, lagoa Paraíso
TÉL. 3669-1151
www.jericoacoara.tur.br/sitioverde

Pousada Vila Kalango $$
Rustique et charmant, décoré d'éléments locaux (noix de coco, paille, branchages…). Coin repos avec des hamacs et des poufs en face de la plag. Une bonne option pour les couples, l'une des 7 cabanes sur pilotis, construites à 3 m du sol. INSTALLATIONS 18 chambres, ventilateur, bar, restaurant, salle de jeux. CARTES DE CRÉDIT MasterCard, Visa.

RESTAURANTS	$ jusqu'à 50 R$	$$ de 51 R$ à 100 R$	$$$ de 101 R$ à 150 R$	$$$$ au-dessus de 150 R$

R. das Dunas, 30
TÉL. 3669-229/3669-2289 FAX 3689-2289
www.vilakalango.com.br

RESTAURANTS

Azul do Mar $

Les portions généreuses attirent les personnes qui se trouvent sur la plage du Preá, à 12 km de Jericoacoara. Goûtez absolument le *robalo grelhado* (loubine grillée). L'établissement est très simple, avec des tables sous un kiosque en face de la mer. Choix de jus de fruits limité. CUISINE Poissons et fruits de mer. CARTES DE CRÉDIT Non acceptées. HORAIRE 12h/18h.
Praia do Preá, Cruz
TÉL. 3660-3062

Chocolate $

Restaurant petit et accueillant d'une capacité maximale de 30 personnes. Bons choix de risottos, pâtes, salades et desserts, à l'exemple du "petit gâteau". CUISINE Variée. CARTES DE CRÉDIT Toutes. HORAIRE 18h/23h.
R. do Forró, 213/214
TÉL. 3669-2190

SERVICES

AGENCE DE TOURISME

Clube dos Ventos
R. das Dunas, s/n
TÉL. 3669-2288

Jeri Off Road Viagens e Turismo
R. do Principal, 208, Centro
TÉL. 3669-2022/9961-4167

Koala Passeios
R. do Forró, s/n
TÉL. 3421-7044/3421-7063/9962-0934

João Pessoa – PB

INDICATIF 83. HABITANTS 597 934
DISTANCES Natal, 180 km; Recife, 120 km
SITE www.joaopessoa.pb.gov.br

HÔTELS

Hardman Praia $$

Bonne infrastructure et emplacement privilégié: dans le quartier de Manaíra, en face de la plage. Le restaurant installé au 1er étage a une belle vue . INSTALLATIONS 120 chambres, climatisation, téléphone, TV, TV câblée, bar, piscine, restaurant, salles de réunions, de gym, de jeux, sauna. CARTES DE CRÉDIT Toutes.
Av. João Maurício, 1341
TÉL. 3246-8811
www.hotelhardman.com.br

Tropical Tambaú Vacation $$

Inauguré dans les années 1970. Il attire l'attention par sa forme arrondie. Installé dans une vaste zone verte entre les plages de Tambaú et Manaíra. Installations confortables mais un peu vétustes. INSTALLATIONS 172 chambres, climatisation, téléphone, TV, TV câblée, bar, équipe d'animation, piscine, restaurant, salles de réunions, de gym, de jeux, salon de massage, sauna. CARTES DE CRÉDIT Toutes.
Av. Almirante Tamandaré, 229, Tambaú
TÉL. 3218-1919 RÉSERVATIONS 08007012670 FAX 3247-1070
www.tropicalhotel.com.br

RESTAURANTS

Badionaldo $

Il sert depuis plus de 40 ans sa fameuse *peixada à brasileira*, (poisson à la brésilienne, préparé avec des tomates, des poivrons, des pommes de terre et des oignons) Ambiance simple et décontractée. CUISINE Poissons et fruits de mer. CARTES DE CRÉDIT Visa. HORAIRE Lun., 11h/16h; mar. à sam., 11h/21h; dim., 12h/17h.
R. Vitorino Cardoso, 196, praia do Poço (Cabedelo)
TÉL. 3250-1299

Mangai $

L'établissement propose plus de 30 variétés de plats typiques du *sertão*, tels que *rubacão* (haricots noirs et riz cuits ensemble), *mungunzá* (crème de maïs, lait et lait de coco) et *sovaco de cobra* (viande séchée effilée et grillée servie avec du manioc). Préparés avec des ingrédients frais et bios, ils sont proposés dans un buffet soigné et *por quilo* (le client se sert puis pèse son assiette). Ne sert pas de boissons alcoolisées. CUISINE du Nordeste. CARTES DE CRÉDIT Visa. HORAIRE Mar. à dim., 6h/22h.
Av. General Édson Ramalho, 696, Manaíra
TÉL. 3226-1615

Porto Madeiro $

La carte comporte divers types de pâtes et de sushis, servis du mardi au samedi le soir. CUISINE Variée. CARTES DE CRÉDIT Toutes. HORAIRE Lun. et mar., 18h/24h; mer. à ven., 12h/16h et 18h/24h; sam., 18h/24h; dim., 12h/16h.
R. Antônio Carlos Araújo, 60, Cabo Branco
TÉL. 3247-1594

SERVICES

AÉROPORT

Aeroporto Presidente Castro Pinto
TÉL. 3232-1200

COMMISSARIAT DÉLÉGUÉ AUX TOURISTES

Delegacia de Apoio ao Turista (Deatur)
Av. Almirante Tamandaré, 100
TÉL. 3214-8022/8023

INFORMATIONS TOURISTIQUES

Disque Turismo
TÉL. 08002819229

Empresa Paraibana de Turismo
Av. Almirante Tamandaré, 100, Tambaú
TÉL. 3214-8297. HORAIRE 8h/16h

| PRIX | HÔTELS (couple) | $ jusqu'à 150 R$ | $$ de 151 R$ à 300 R$ | $$$ de 301 R$ à 500 R$ | $$$$ au-delà de 500 R$ |

Lençóis – BA

INDICATIF 75 **HABITANTS** 8 910
DISTANCE Salvador, 415 km

HÔTELS

Canto das Águas $$
Situé dans le centre, au bord du rio Lençóis. Le bruit des rapides qui envahit l'établissement. Décoration et architecture charmantes, en harmonie avec les courbes et les pierres roses du fleuve. **INSTALLATIONS** 44 chambres, climatisation, téléphone, TV, bar, piscine, restaurant, salles de réunions, de jeux, salon de massage, sauna. **CARTES DE CRÉDIT** Toutes.
Av. Senhor dos Passos, 1, Centro
TÉL. 3334-1154 **FAX** 3334-1279
www.lencois.com.br

Estalagem do Alcino $
Alcino Menezes, propriétaire et artiste, s'est inspiré de photos anciennes pour rénover cette demeure de 1890 en ruines. Il y a ajouté des meubles d'époque, de l'artisanat et certaines de ses œuvres. L'auberge est simple mais le petit-déjeuner est délicieux. **INSTALLATIONS** 7 chambres, ventilateur. **CARTES DE CRÉDIT** Non acceptées.
R. Tomba Surrão, 139 (r. General Viveiros), Tomba
TÉL. 3334-1171

Portal de Lençóis $$$
Installations spacieuses et confortables. Possède des chambres, et des bungalows avec 2 chambres et 2 salles de bains, idéal pour les familles ou les groupes. Un véhicule de l'hôtel assure le transport vers le centre plusieurs fois par jour. **INSTALLATIONS** 84 chambres, climatisation, téléphone, TV, ventilateur, bar, piscine, piste de jogging, aire de jeux, restaurant, salles de réunions, de gym, de jeux, salon de massage, sauna. **CARTES DE CRÉDIT** Toutes.
R. Chácara Grota, s/n, Altina Alves
TÉL. et **FAX** 3334-1233
www.portalhoteis.tur.br

RESTAURANTS

Cozinha Aberta $
Dans cette petite maison historique, la cuisine est réellement ouverte et s'intègre à 2 petites salles de 14 places. La jeune propriétaire Débora Doitschinoff sert des plats hauts en couleur et aromatisés aux saveurs des divers pays où elle acquit ses connaissances culinaires. **CUISINE** Contemporaine. **CARTES DE CRÉDIT** Non acceptées. **HORAIRE** 13h/23h.
R. da Baderna, 111, Centro
TÉL. 3334-1066

La Pérgola $
Le chef et propriétaire Paulo Alcântara de Meirelles a étudié en France, où il a travaillé dans plusieurs restaurants. Goûtez le traditionnel steak au poivre ou laissez-vous tenter par l'une de ses créations, tel que le *tucunaré com ervas* (poisson tucunaré aux herbes). Salades excellentes. Avant d'y aller, assurez-vous que le propriétaire n'est pas en voyage. **CUISINE** Française. **CARTES DE CRÉDIT** Diners, MasterCard. **HORAIRE** 19h/23h.
Pça. do Rosário, 70, Centro
TÉL. 3334-1241/1387

Neco's Bar $
L'établissement sert *carne-de-sol* (viande séchée au soleil), *carneiro* (mouton), *galinha caipira* (poule fermière) et *tucunaré* (poisson), avec des garnitures diverses. Une grande partie des produits sont faits maison. L'établissement ne reçoit que sur réservations. **CUISINE** Régionale. **CARTES DE CRÉDIT** Non acceptées. **HORAIRE** 12h/22h (seulement sur réservation).
Pça. Maestro Clarindo Pacheco, 15
TÉL. 3334-1179

SERVICES

AÉROPORT

Aeroporto Coronel Horácio de Matos
BR-242, km 209, 25 km du centre
TÉL. 3625-8100

AGENCES DE TOURISME

Andrenalina
R. das Pedras, 121, Centro
TÉL. 3334-1689

Aventurar
Pça. do Coreto, 62, Centro

Cirtur
R. da Baderna, 41, Centro
TÉL. 3334-1133

Edivaldo (chevaux)
TÉL. 3334-1729

Explorer Brasil
Pça. Maestro Clarindo Pacheco, 5, Centro
TÉL. 3334-1183

Lentur
Av. Sete de Setembro, 10, Centro
TÉL. 3334-1271

Marimbus Ecoturismo
TÉL. 3334-1718/1292

Nativos da Chapada
R. Miguel Calmon, 29, Centro
TÉL. 3334-1314/9966-0131

Pé de Trilha
Pça. Horácio de Matos, s/n, Centro
TÉL. 3334-1124/1635

Velozia Cicloturismo
R. do Lagedo, 68, Centro
TÉL. 3334-1700

Zentur
Pça. das Nagôs, s/n, Centro
TÉL. 3334-1397

GUIDES TOURISTIQUES

Associação dos Condutores de Visitantes de Lençóis (ACVL)
Av. Senhor dos Passos, 61
TÉL. 3334-1425

RESTAURANTS $ jusqu'à 50 R$ $$ de 51 R$ à 100 R$ $$$ de 101 R$ à 150 R$ $$$$ au-dessus de 150 R$

Kristine Nicoleau
TÉL. 3334-1308

Roy Funch
TÉL. 3334-1305

INFORMATIONS TOURISTIQUES

Prefeitura Municipal de Lençóis (Mairie)
TÉL. 3334-1121

Maceió – AL

INDICATIF 82 HABITANTS 797 759
DISTANCES Aracaju, 290 km; Recife 253 km

HÔTELS

Jatiúca Resort $$$$
Situé dans l'un des meilleurs quartiers de la ville, non isolé sur une plage comme la plupart des autres établissements. Ambiance décontractée. Sorties sur la rue et sur la plage. Dîner inclus dans le prix de la chambre. INSTALLATIONS 179 chambres, climatisation, téléphone, TV, TV câblée, ventilateur, bar, équipe d'animation, piscine, tennis, restaurant, salles de réunions, de gym, de jeux, salon de massage. CARTES DE CRÉDIT Toutes.
R. Dr. Mário Nunes Vieira, 220, Mangabeiras, praia de Jatiúca
TÉL. 3355-2020 FAX 3355-2121
www.hoteljatiuca.com.br

Meliá Maceió $$$
Hôtel de luxe installé en bord de mer; offre une très belle vue sur le rivage. Dans le salon, le sushi bar vous attend pour un verre en fin d'après-midi. INSTALLATIONS 184 chambres, climatisation, téléphone, TV, TV câblée, bar, équipe d'animation, piscine, aire de jeux, tennis, restaurant, salles de réunions, de gym, de jeux, salon de massage, sauna. CARTES DE CRÉDIT Toutes.
Av. Álvaro Otacílio, 4065, Jatiúca
TÉL. 3325-5656 RÉSERVATIONS 08007033399 FAX 3325-3784
www.meliamcz.com.br

Ritz Lagoa da Anta $$$
Très fréquenté par les hommes d'affaires, mais attire aussi les touristes. Le premier étage est réservé aux salles de réunions. Au cinquième, où se trouve le Bali Floor, le décor des chambres s'inspire de l'Île indonésienne. Au sixième est installé le Design Floor, avec des meubles de style moderne. INSTALLATIONS 200 chambres, climatisation, téléphone, TV, TV câblée, bar, équipe d'animation, piscine, aire de jeux, tennis, restaurant, salles de réunions, de gym, de jeux, salon de massage, sauna, spa. CARTES DE CRÉDIT Toutes.
Av. Brigadeiro Eduardo Gomes, 546, praia da Lagoa da Anta
TÉL. 2121-4000 FAX 2121-4123
www.ritzmaceio.com.br

Venta Club Pratagy $$$$
Reçoit surtout des touristes italiens et toutes les informations sont rédigées en portugais et en italien. Rustique, au milieu de la végétation, il offre des activités de loisir sur la plage. Presque tout est compris dans le prix, à l'exception de la langouste, des crevettes et des boissons importées. Éloigné des plages les plus branchées. INSTALLATIONS 164 chambres, climatisation, téléphone, TV, TV câblée, ventilateur, bar, terrain de football, équipe d'animation, piscine, tennis, restaurant, salles de réunions, de gym, de jeux, sauna. CARTES DE CRÉDIT Toutes.
Route AL-101 Norte, km 10, s/n, Pratagy
TÉL. 2121-6200 FAX 2121-6201
www.pratagy.com

RESTAURANTS

Canto da Boca $$
Tout est très simple; mais la nourriture délicieuse est réputée. À noter en particulier la *moqueca de polvo com camarão* (poulpe et crevettes) et le *bobó* (à base de crevettes). CUISINE Poissons et fruits de mer. CARTES DE CRÉDIT Diners, MasterCard, Visa. HORAIRE Lun., mer. et jeu., 12h/24h; ven. et sam., jusqu'à 1h; dim., jusqu'à 18h.
Av. Dr. Júlio Marques Luz, 654, Jatiúca
TÉL. 3325-7346

Divina Gula $
Le restaurant le plus prisé de Maceió sert des plats typiques de Minas Gerais, comme le *frango com quiabo* (poulet aux gombos) et *tutu à mineira* (plat à base de haricots noirs), sans oublier une grande variété de *cachaças*. CUISINE Des Minas Gerais. CARTES DE CRÉDIT Toutes. HORAIRE Mar. à sam., 12h/2h; dim., 12h/24h.
R. Engenheiro Paulo Brandão Nogueira, 85, Jatiúca
TÉL. 3235-1262

Recanto do Picuí $
Meilleure adresse pour déguster la cuisine régionale: *carne-de-sol* (viande séchée au soleil), *macaxeira* (manioc) et *feijão-de-corda* (haricot niébé). Portions très copieuses. CUISINE Régionale. CARTES DE CRÉDIT MasterCard, Visa. HORAIRE Lun. à jeu. et dim., 11h30/24h; ven. et sam., 11h30/1h30; de mars à nov., fermé le mardi.
Av. Álvaro Calheiros, 110, Mangabeiras
TÉL. 3325-7537

Wanchako $
Restaurant péruvien en plein Maceió, pourtant n'hésitez pas à le connaître: la cuisine péruvienne est une des plus raffinée des Amériques, spécialités les plats de poissons, que la maison prépare très bien. Goûtez le délicieux *ceviche* (poisson ou fruits de mer marinés dans le citron). CUISINE Péruvienne. CARTES DE CRÉDIT Diners, MasterCard, Visa. HORAIRE Mar. à ven., 12h/15h et 19h/23h30; sam., 19h/1h; dim., 12h/17h.
R. São Francisco de Assis, 93, Jatiúca
TÉL. 3327-8701

SERVICES

AÉROPORT

Aeroporto Zumbi dos Palmares
Rodovia BR-104, km 91
TÉL. 3214-4000

| PRIX | HÔTELS (couple) | $ jusqu'à 150 R$ | $$ de 151 R$ à 300 R$ | $$$ de 301 R$ à 500 R$ | $$$$ au-delà de 500 R$ |

NORD-EST

COMMISSARIAT DÉLÉGUÉ AUX TOURISTES

Delegacia de Turistas
Av. Fernandes Lima, s/n, Farol
TÉL. 3338-3507. HORAIRE Lun. à ven., 8h/18h

INFORMATIONS TOURISTIQUES

Secretaria Estadual de Turismo (Setur)
Av. Dr. Antônio Gouveia, 1143, Pajuçara
TÉL. 3315-1603. HORAIRE Lun. à ven., 8h/18h

Secretaria Municipal de Turismo (Seturma)
R. Sá e Albuquerque, 310, Jaraguá
TÉL. 3336-4409. HORAIRE Lun. à ven., 8h/19h; sam. et dim., 8h/20h.

Mangue Seco – BA

INDICATIF 75
DISTANCE Salvador, 246 km

HÔTELS

Pousada Asa Branca $
L'une des auberges les plus récentes du village, se trouve près du lieu d'arrivée des canots en provenance de Sergipe. Très simple, avec une petite infrastructure de loisir. INSTALLATIONS 20 chambres, climatisation, TV, ventilateur, bar, piscine, restaurant. CARTES DE CRÉDIT MasterCard, Visa.
R. da Frente, 4, praia do Rio Real
TÉL. 3445-9053/9985-2580
www.infonet.com.br/asabranca

Pousada O Forte $
Auberge rustique dirigée par l'Uruguayenne Gabriela et l'Argentin Eduardo. Demandez une des chambres situées en haut du terrain, avec une très belle vue sur le rio Real. Trois d'entre elles sont climatisées. INSTALLATIONS 13 chambres, climatisation, TV, bar, restaurant. CARTES DE CRÉDIT MasterCard.
Praia da Costa
TÉL. 3445-9039
www.pousadaoforte.com

Village Mangue Seco $
Hôtel installé sur un vaste terrain, en face d'une mangrove et très près de la plage. Les plats préparés par Eliane la cuisinière sont très bons. Goûtez le succulent *doce de caju* (pâte de fruit de cajou). Certaines chambres n'ont pas l'eau chaude. INSTALLATIONS 20 chambres, climatisation, TV, bar, piscine, aire de jeux, restaurant. CARTES DE CRÉDIT Diners, MasterCard.
Caminho da Praia, s/n
TÉL. (79) 3224-2965 ou 9982-5553
www.villagemangueseco.com.br

Maragogi – AL

INDICATIF 82 HABITANTS 21 832
DISTANCE Maceió, 141 km

HÔTEL

Club Hotel Salinas do Maragogi $$$
Rustique en bord de mer, traversé par le rio Maragogi. Ambiance familiale, nombreuses activités pour les enfants. Repas du soir inclus dans le prix. INSTALLATIONS 205 chambres, climatisation, téléphone, TV, TV câblée, bar, bateau, terrain de football, chevaux, équipe d'animation, piscine, aire de jeux, salle de football, tennis, restaurant, salles de réunions, de gym, de jeux, salon de massage, sauna. CARTES DE CRÉDIT Toutes.
Route AL-101 Norte, km 124, praia de Maragogi
TÉL. 3296-3000 FAX 3296-1158
www.salinas.com.br

RESTAURANTS

Ponto de Embarque $$
La spécialité est le poisson grillé et farci de crevettes et de bananes. Le plat est suffisamment copieux pour 3 personnes, mais il faut réserver une heure auparavant. Le patron propose des excursions en bateau jusqu'aux piscines naturelles. CUISINE Poissons et fruits de mer. CARTES DE CRÉDIT Visa. HORAIRE 11h/17h.
R. Beira-Mar, 327
TÉL. 3296-1400

Restaurant do Mano $$
Ouvert depuis plus de 30 ans au bord de la plage, c'est la référence en matière de fruits de mer. L'accueil est sympathique et les plats bien préparés, portions copieuses. CUISINE Poissons et fruits de mer. CARTES DE CRÉDIT Non acceptées. HORAIRE 9h/21h.
R. Semião Ribeiro de Albuquerque, 82, praia de São Bento
TÉL. 3296-7106

Morro de São Paulo – BA

INDICATIF 75
DISTANCE Salvador, 248 km plus 1h30 de bateau ou 30 min de canot rapide
SITE www.morrodesaopaulo.com.br

HÔTELS

Catavento Praia Hotel $$
Situé dans un endroit tranquille, à l'écart du brouhaha du village. Les clients sont reçus sur le quai ou sur la piste d'atterrissage. L'établissement propose également plusieurs horaires de transport entre l'hôtel et le village. Les chambres sont spacieuses et équipées d'un lit de grande taille. L'aire de loisir comprend une ludothèque et une grande piscine. Possède un héliport. INSTALLATIONS 20 chambres, climatisation, téléphone, TV, TV câblée, piscine tennis, salles de gym, de jeux, salon de massage, sauna. CARTES DE CRÉDIT Toutes.
Quarta Praia, s/n, 2,5 km du village
TÉL. 3483-1052 FAX 3483-1444
www.cataventopraiahotel.com.br

Hotel Fazenda Vila Guaiamu $$
Installé dans une zone de protection des crabes *guaiamuns*, que l'on peut voir passer dans le jardin. Chambres spacieuses, rustiques, une terrasse et un

---

RESTAURANTS $ jusqu'à 50 R$ $$ de 51 R$ à 100 R$ $$$ de 101 R$ à 150 R$ $$$$ au-dessus de 150 R$

hamac. Fermé en mai et juin. **INSTALLATIONS** 21 chambres, climatisation, TV, ventilateur, restaurant. **CARTES DE CRÉDIT** American Express, MasterCard, Visa.
Terceira Praia, 1 km du village
TÉL. 3483-1035 **FAX** 3483-1073
www.vilaguaiamu.com.br

Patachocas Eco-Resort $$
Récemment installé dans une ancienne fazenda en bord de mer. Transfert à partir de Salvador (avec piste d'atterrissage et aéroport privés) ou de Valença. Transport pour aller au village. Les bungalows, équipés d'une terrasse avec hamac, sont au milieu d'allées de cocotiers. **INSTALLATIONS** 52 chambres, climatisation, téléphone, TV, bar, piscine, restaurant, salle de jeux. **CARTES DE CRÉDIT** Diners, MasterCard, Visa.
Quarta Praia, 4,5 km du village
TÉL. 3483-2129 **RÉSERVATIONS** 3483-2130
www.patachocas.com.br

Portaló $$$
Situé à proximité du quai et de l'historique Portaló du XVIIIe siècle. Il est installé sur les versants d'une colline, avec vue sur la mer et sur les îles. Les chalets *"master"* sont équipés de sèche-cheveux, peignoirs et baignoire d'hydromassage. Il y a également une cabane de massage qui donne sur la mer. **INSTALLATIONS** 19 chambres, climatisation, téléphone, TV, TV câblée, bar, piscine, salles de gym, câblée, bar, salon de massage, sauna. **CARTES DE CRÉDIT** Diners, MasterCard, Visa.
Lad. da Igreja, s/n, pça. do Portaló, Centro
TÉL. 3483-1374 **FAX** 3483-1354
www.hotelportalo.com

Porto do Zimbo Small Resort $$$
Ambiance tropicale dans cet établissement en face de piscines naturelles, jardins de cocotiers et passerelles recouvertes de piaçaba. Les chambres possèdent un sèche-cheveux, un téléphone sans fil avec répondeur et un lecteur CD. Certaines disposent d'une baignoire d'hydromassage. **INSTALLATIONS** 16 chambres, climatisation, téléphone, TV, bar, chevaux, piscine, restaurant, salles de réunions, de jeux. **CARTES DE CRÉDIT** Toutes.
Quarta Praia, 3 km du village
TÉL. 3483-1278 **FAX** 3483-1299
www.hotelportodozimbo.com.br

Pousada Charme $$
L'aire de repos et de rencontre donne sur la zone la plus animée du village, et les chambres sont installées sur un versant avec une très belle vue sur la mer. L'une des chambres possède une baignoire d'hydromassage en plein air. **INSTALLATIONS** 8 chambres, climatisation, téléphone, TV, TV câblée, bar, piscine, restaurant, salon de massage. **CARTES DE CRÉDIT** Toutes.
R. da Prainha, 25, centre du village
TÉL. et **FAX** 3483-1306
www.charmepousada.com.br

Pousada Fazenda Caeira $$
Fazenda de noix de coco de 250 hectares, avec piste d'atterrissage, pâturages et un morceau de forêt Atlantique. L'auberge de style colonial est installée en bord de mer, jardins et grandes pelouses. Fermée en mai et juin. **INSTALLATIONS** 24 chambres, climatisation, TV, bar, chevaux, piscine, restaurant, salle de jeux. **CARTES DE CRÉDIT** Diners, MasterCard, Visa.
Terceira Praia, s/n, 1,5 km du village
TÉL. et **FAX** 3483-1042
www.fazendacaeira.com.br

Praia do Encanto $$
Un peu distant du village (6 km), mais en contrepartie vous bénéficiez du voisinage de piscines naturelles et de 100 hectares de forêt native. Services et installations simples, avec chambres et chalets. Parmi les activités de loisir, kayaks, bicyclettes promenades à cheval. **INSTALLATIONS** 22 chambres, climatisation, bar, chevaux, piscine, aire de jeux, restaurant, salle de jeux, salon de massage. **CARTES DE CRÉDIT** Diners, MasterCard, Visa.
Praia do Encanto (Quinta Praia), s/n, 6 km du village
TÉL. 3483-1288 **FAX** 3483-1020
www.praiadoencanto.com.br

Provence Villegaignon Resort $$
Les espaces de repos et de rencontre donnent sur la plage. Chambres spacieuses et disposées dans divers bâtiments répartis sur de larges allées. **INSTALLATIONS** 89 chambres, climatisation, téléphone, bar, équipe d'animation, piscine, aire de jeux, tennis, restaurant, salle de jeux, sauna. **CARTES DE CRÉDIT** Mastercard, Visa.
Terceira Praia, 2 km du village
TÉL. 3483-1010 **RÉSERVATIONS** 08007049089 **FAX** 3483-1012
www.redeprovence.com.br

Villa das Pedras Pousadas $$
Charmant espace jardiné autour de la piscine au bord de la plage. En annexe une place très fréquentée, avec une boutique et une *cachaçaria* (bar de cachaças). Les chambres sont simples, on y accède par des passerelles en bois sur le sable. **INSTALLATIONS** 24 chambres, climatisation, TV, bar, piscine, restaurant. **CARTES DE CRÉDIT** Toutes.
Segunda Praia
TÉL. 3483-1075 **FAX** 3483-1122
www.villadaspedras.com.br

RESTAURANTS

El Sitio $$
Très animé, avec sa terrasse donnant sur l'animation de la rua da Praia. L'intérieur est éclairé aux chandelles. Carte variée *picanha argentina na chapa* (rumsteak de viande argentine grillé), *lagosta gratinada com ervas aromáticas e vinho branco* (langouste gratinée avec fines herbes et vin blanc). **CUISINE** Variée. **CARTES DE CRÉDIT** Diners, MasterCard, Visa. **HORAIRE** 17h/1h.
R. Caminho da Praia, s/n, centro da vila
TÉL. 3483-1527

O Casarão $$
Les tables à l'extérieur donnent sur la place du village. Plats à base de produits de la mer selon des recettes internationales ou régionales (*moquecas* et *bobós* (plats à base de crevettes)). Plats de viandes et de volailles, servis en portions généreuses pour 2 personnes. **CUISINE** Variée. **CARTES DE CRÉDIT** Toutes. **HORAIRE** 18h/23h.

PRIX	HÔTELS (couple)	$ jusqu'à 150 R$	$$ de 151 R$ à 300 R$	$$$ de 301 R$ à 500 R$	$$$$ au-delà de 500 R$

Pça. Aureliano Lima, 190, centre du village
TÉL. 3483-1022

Piscina $$
Décor rustique, avec de grandes tables et des bancs donnant sur les piscines naturelles. Les spécialités sont: *Moquecas, bobós* (plats à base de crevettes et/ou de poissons) et fruits de mer grillés ou au four.
CUISINE Poissons et fruits de mer. CARTES DE CRÉDIT Diners, MasterCard, Visa. HORAIRE 9h/22h.
Quarta Praia
TÉL. 3483-1461

SERVICES

AGENCES DE TOURISME

Centro de Informações Turísticas (CIT)
Pça. Aureliano Lima, s/n, Centro
TÉL. 3483-1083. HORAIRE 8h30/22h

Madalena Tur
Segunda Praia, s/n
TÉL. 3483-1317/9148-3234. HORAIRE 8h/21h

Marlins Ecotur
Caminho da Praia, s/n
TÉL. 3483-1242/1385. HORAIRE 8h/24h

Tirolesa do Morro
Morro do Farol
TÉL. 8805-9796. HORAIRE 10h/18h

INFORMATIONS TOURISTIQUES

Centro de Informações Turísticas
Pça. Aureliano Lima, s/n
TÉL. 3483-1083/1589

AGENCE DE PLONGÉE

Companhia do Mergulho
Primeira Praia (Prainha), s/n
TÉL. 3483-1200

TAXIS AÉRIENS

Addey Táxi-Aéreo
Caminho da Praia, s/n
TÉL. 3483-1242/1385

Aero Star Táxi-Aéreo
TÉL. 3483-1083 ou (71) 377-4406

Mucugê – BA

INDICATIF 75 HABITANTS 13 682
DISTANCES Salvador, 460 km; Lençóis, 150 km
SITE www.infochapada.com

HÔTELS

Alpina Resort Mucugê $
Situé à 1200 m d'altitude, avec vue sur la ville de Mucugê. Agréable ambiance de montagne et de fazenda; promenades à cheval et en charrette dans les environs. Les chambres possèdent un lit de grande taille et un lecteur DVD. INSTALLATIONS 32 chambres, TV, ventilateur, bar, terrain de football, chevaux, piscine, restaurant, salles de réunions, de jeux CARTES DE CRÉDIT Toutes.
Rodovia Andaraí–Mucugê (BA-142), km 40, à 6 km du Centre
TÉL. 3338-2150 RÉSERVATIONS (71) 3451-4900
www.alpinamucuge.com.br

Pousada Mucugê $
Demeure du xixe siècle restaurée, avec en annexe un bâtiment moderne où sont installées les chambres avec sol en pierres. L'établissement propose des promenades guidées à ses clients. INSTALLATIONS 30 chambres, téléphone, TV, ventilateur, bar, piscine, restaurant, salle de jeux. CARTES DE CRÉDIT Diners, MasterCard, Visa.
R. Dr. Rodrigues Lima, 30, Centro
TÉL. 3338-2210 FAX 3338-2170
www.pousadamucuge.com.br

RESTAURANT

Dona Nena $
Tables installées dans le jardin de cette maison simple, classée patrimoine historique. *Carne-de-sol* (viande séchée au soleil), *frango caipira* (poulet fermier) ou poisson, avec les garnitures poêlées comme le *godó de banana-verde* (banane verte), le *cortado de mamão verde* (papaye) ou de *palma* (palmiste) sont servies à volonté. CUISINE Régionale. HORAIRE 11h30/20h.
R. Direita do Comércio, 140, Centro
TÉL. 3338-2153

SERVICES

AGENCES DE TOURISME

KM
R. Coronel Douca Medrado, 126, Centro
TÉL. 3338-2277/2152

Venturas & Aventuras
R. Dr. Rodrigues Lima, 49
TÉL. 3338-2284

GUIDES TOURISTIQUES

Associação dos Condutores de Visitantes de Mucugê (ACVM)
TÉL. 3338-2414

INFORMATIONS TOURISTIQUES

Centro de Atendimento ao Turista (CAT)
R. Coronel Douca Medrado, 71, Centro
TÉL. 3338-2255. HORAIRE 8h/12h et 14h/22h

Natal – RN

INDICATIF 84 HABITANTS 712 317
DISTANCES Fortaleza, 552 km; João Pessoa, 180 km

| RESTAURANTS | $ jusqu'à 50 R$ | $$ de 51 R$ à 100 R$ | $$$ de 101 R$ à 150 R$ | $$$$ au-dessus de 150 R$ |

HÔTELS

Escola de Turismo e
Hotelaria Barreira Roxa $$
Hôtel-école du Senac (Service National d'Apprentissage Commercial), est bien situé et se distingue par son restaurant de cuisine régionale et les 18 chambres décorées avec de l'artisanat de 9 États. La piscine est petite et la plage en face de l'hôtel n'est pas recommandée pour la baignade. INSTALLATIONS 53 chambres, climatisation, téléphone, TV, TV câblée, piste de jogging, restaurant, salle de réunions. CARTES DE CRÉDIT Toutes.
Via Costeira, 4020, Parque das Dunas
TÉL. 3209-4000
www.barreiraroxa.com.br

Esmeralda $$$$
Hôtel récent. Sa terrasse offre une belle vue sur la plage de Ponta Negra. Pas de service de chambre. L'infrastructure de loisir est réduite et la salle de gym ne possède que 3 appareils. INSTALLATIONS 120 chambres, climatisation, téléphone, TV, TV câblée, bar, piscine, restaurant, salle de réunions, salle de gym, salon de massage.
CARTES DE CRÉDIT Toutes.
R. Francisco Gurgel, 1160, Ponta Negra
RÉSERVATIONS 4005-0000 FAX 3219-5994
www.hotelesmeralda.com.br

Manary Praia $$$
Les chambres sont agréablement décorées. Petit-déjeuner copieux et varié, avec des gâteaux et des pains faits maison. Les chambres "*luxo*" ont vue sur la mer et possèdent une terrasse avec un hamac. Les chambres "*luxo superior*" ont une baignoire d'hydromassage. Service de chambre 24/24h. Possède également une agence de tourisme qui propose des voyages pour le *sertão* du Nordeste, pour la vallée du Cariri, par exemple. INSTALLATIONS 24 chambres, climatisation, téléphone, TV, TV câblée, bar, piscine, restaurant, salles de réunions, de jeux.
CARTES DE CRÉDIT Toutes.
R. Francisco Gurgel, 9067, Ponta Negra
TÉL. et FAX 3219-2900
www.manary.com.br

Ocean Palace Hotel & Resort $$$$
Bonne localisation, avec une plage excellente pour la baignade et des maîtres-nageurs de l'hôtel. L'hôtel possède 20 bungalows avec terrasse et vue sur la mer, à l'écart des 2 bars installés au bord de la piscine. INSTALLATIONS 233 chambres, climatisation, téléphone, TV, TV câblée, bar, équipe d'animation, piscine, aire de jeux, terrain de football, restaurant, salles de réunions, de gym, de jeux, salon de massage, sauna. CARTES DE CRÉDIT Toutes.
Via Costeira, km 11, praia de Barreira d'Água
TÉL. 3219-4144 RÉSERVATIONS 0800844144 FAX 3219-3081
www.oceanpalace.com.br

Pestana Natal Beach Resort $$$$
Le plus chic de la ville; ascenseurs panoramiques, chambres spacieuses et une excellente piscine près de la plage. Nombreuses activités de loisir pour les enfants. Est très fréquenté par les touristes étrangers. INSTALLATIONS 189 chambres, climatisation, téléphone, TV, TV câblée, bar, équipe d'animation, piscine, aire de jeux, terrain de football, tennis, restaurant, salles de réunions, de gym, de jeux, salon de massage, sauna.
CARTES DE CRÉDIT Toutes.
Via Costeira, 5525, Parque das Dunas
TÉL. 3220-8900 RÉSERVATIONS 0800266332 FAX 3220-8920
www.pestana.com

RESTAURANTS

Camarões $
Des portions copieuses et des prix accessibles attirent de nombreux amateurs de crevettes. Aux horaires d'affluence, l'attente peut prendre jusqu'à 1 heure. CUISINE Poissons et fruits de mer. CARTES DE CRÉDIT Toutes. HORAIRE Lun. à sam., 11h30/15h30 et 18h30/24h; ven. et sam., jusqu'à 1h; dim., 11h30/16h et 18h30/23h.
Av. Engenheiro Roberto Freire, 2610, Ponta Negra
TÉL. 3219-2424

Mangai $
Référence en matière de cuisine régionale, les clients se bousculent pour déguster les 50 spécialités typiques du sertão du Nordeste, comme la *buchada de bode* (tripes et abats de bouc) et la *carne-de-sol com macaxeira* (viande séchée avec manioc). CUISINE Régionale. CARTES DE CRÉDIT Visa. HORAIRE Mar. à ven., 7h/22h; sam. et dim., 6h/22h.
Av. Amintas Barros, 3300, Lagoa Nova
TÉL. 3206-3344

Paçoca de Pilão $
Bien que situé à 25 km de Natal, vaut le détour. Cadre simple et très agréable, en particulier sous l'énorme anacardier. Le plat vedette porte le nom du restaurant. La viande séchée, pilée au mortier, est accompagnée de banane, haricots, manioc et fromage caillé. CUISINE Régionale. CARTES DE CRÉDIT Diners, MasterCard. HORAIRE 11h jusqu'au dernier client; en basse saison, lun. à jeu., 11h/15h; ven. et sam., 11h/23h; dim., 11h/20h.
R. Dep. Márcio Marinho, 5708, praia de Pirangi do Norte, Parnamirim
TÉL. 3238-2088

Peixada da Comadre $
Cuisine traditionnelle, plats à base de produits de la mer. Très fréquenté par les familles. Les plats sont pour 2 personnes. CUISINE Poissons et fruits de mer. CARTES DE CRÉDIT Diners, MasterCard, Visa. HORAIRE Mar. à sam., 11h30/15h30 et 18h30 jusqu'au dernier client; dim., 11h30/17h.
Av. Praia de Ponta Negra, 9048, Ponta Negra
TÉL. 3219-3016

SERVICES

AÉROPORT

Aeroporto Internacional Augusto Severo
BR-101, km 8, Parnamirim
TÉL. 3644-1000

AGENCES DE TOURISME

Cascadura Turismo e
Viagens Ecológicas Ltda.
Av. Engenheiro Roberto Freire, 576, Ponta Negra
TÉL. 3219-6334/9409-2393

PRIX	HÔTELS (couple)	$ jusqu'à 150 R$	$$ de 151 R$ à 300 R$	$$$ de 301 R$ à 500 R$	$$$$ au-delà de 500 R$

NORD-EST

Luck Receptivo Nataltur
Av. Praia de Ponta Negra, 8884, Ponta Negra
TÉL. 3219-2966/2967

Manary Ecotours
R. Francisco Gurgel, 9067, Ponta Negra
TÉL. 3219-2900

Scandinavian Plus
Av. Engenheiro Roberto Freire, 9028, Ponta Negra
TÉL. 3236-5114

Supertur Viagens e Turismo Ltda.
Av. Prudente de Morais, 4283, Lagoa Nova
TÉL. 3234-2790/1000

COMMISSARIAT DÉLÉGUÉ AUX TOURISTES

Delegacia do Turista
Av. Engenheiro Roberto Freire, 8790, Praia Shopping (Ponta Negra)
TÉL. 3232-7404

INFORMATIONS TOURISTIQUES

Guichet de l'Aeroporto Internacional Augusto Severo
Av. Torquato Tapajós, km 8, Parnamirim
Sans téléphone. HORAIRE 8h/24h

Secretaria Estadual de Turismo
R. Mossoró, 359, Tirol
TÉL. 3232-2486/2518

Secretaria Municipal de Turismo
R. Enéas Reis, 760, Petrópolis, Natal
TÉL. 3232-9061. HORAIRE Lun. à ven., 8h/18h

Olinda – PE

INDICATIF 81 HABITANTS 367 902
DISTANCE Recife, 7 km
SITE www.olinda.pe.gov.br

HÔTELS

Pousada do Amparo $$
Ancienne demeure située dans l'une des principales rues d'Olinda, dont le hall d'entrée est décoré d'œuvres d'artistes locaux. Au fond, un joli jardin offre une vue magnifique sur le centre de Recife. INSTALLATIONS 11 chambres, climatisation, téléphone, TV câblée, ventilateur, bar, piscine, sauna. CARTES DE CRÉDIT Diners, MasterCard, Visa.
R. do Amparo, 199
TÉL. 3439-1749 FAX 3429-6889
www.pousadadoamparo.com.br

Sete Colinas $$
Établissement situé dans une zone arborisée d'un hectare et demi, tranquille et en plein centre historique. Endroit idéal pour assister au Carnaval. Les chambres sont décorées de xylogravures et possèdent un balcon. INSTALLATIONS 39 chambres, climatisation, téléphone, TV, TV câblée, bar, piscine, restaurant, salle de réunions, sauna. CARTES DE CRÉDIT Toutes.
Lad. do São Francisco, 307
TÉL. 3439-6055
www.hotel7colinas.com.br

RESTAURANTS

Goya $
Décoré par les artistes plastiques et cuisiniers Petrúcio Nazareno et Antônio Cabral. Au menu, plusieurs plats de saveur aigre-douce, comme la *lagosta ao Goya*, langouste préparée avec des morceaux d'ananas. CUISINE Contemporaine, poissons et fruits de mer. CARTES DE CRÉDIT Toutes. HORAIRE Lun. et mer. à sam., 12h/17h et 18h/24h; dim., jusqu'à 17h.
R. do Amparo, 157, Centro Histórico
TÉL. 3439-4875

Kwetú $
L'un des plus appréciés de la ville. La chef belge Brigitte Anckaerte prépare une cuisine française aux accents indiens et marocains. De plus, elle trouve toujours le temps de venir en salle pour parler avec les clients. CUISINE Française, poissons et fruits de mer. CARTES DE CRÉDIT Diners, MasterCard, Visa. HORAIRE Jeu. à lun., 18h/24h; ven., sam. et dim., 12h/15h et 18h/24h.
Av. Manoel Borba, 338, pça. do Jacaré
TÉL. 3439-8867

Oficina do Sabor $$
L'ingénieux chef César Santos et crée des plats raffinés en associant des fruits de la terre (potiron et manioc) aux fruits de mer. CUISINE Du Nordeste, Poissons et fruits de mer. CARTES DE CRÉDIT Toutes. HORAIRE Mar. à jeu., 12h/16h et 18h/24h; ven., 12h/16h et 18h/1h; sam., 12h/1h; dim., 12h/17h.
R. do Amparo, 335, Centro Histórico
TÉL. 3429-3331

Palmeiras – BA

INDICATIF 75 HABITANTS 7 518
DISTANCE Salvador, 453 km; Lençóis, 86 km
SITE www.infochapada.com

HÔTELS

Pousada Candombá $
Le Français Claude Samuel gardé des habitudes de sa terre natale, comme celle de proposer de bons vins de sa cave. Il possède également un verger et produit quasiment tout ce qui est servi à l'auberge, y compris le café. D'autre part, il connaît les environs comme sa poche et aide les touristes en proposant guides, cartes et maquettes. INSTALLATIONS 7 chambres, bar, restaurant, sauna. CARTES DE CRÉDIT Visa.
R. das Mangas, s/n, Vale do Capão, district de Caeté-Açu, 65 km de Lençóis
TÉL. et FAX 3344-1102

Pousada do Capão $
Auberge entourée par les beautés de la Vallée du Capão. Installations simples, choix entre des chambres et des chalets. Possède une salle Internet et un salon

| RESTAURANTS | $ jusqu'à 50 R$ | $$ de 51 R$ à 100 R$ | $$$ de 101 R$ à 150 R$ | $$$$ au-dessus de 150 R$ |

avec une cheminée. INSTALLATIONS 14 chambres, téléphone, ventilateur, bar, piscine naturelle, restaurant, salle de jeux, salon de massage, sauna. CARTES DE CRÉDIT Diners, MasterCard.
R. do Chamego, s/n, Vale do Capão, district de Caeté-Açu
TÉL. et FAX 3344-1034
www.pousadadocapao.com.br

SERVICES

AGENCES DE TOURISME

Pé no Mato
Ladeira da Vila, 2, district de Caeté-Açu
TÉL. 3344-1105. HORAIRE 8h/22h

Tatu na Trilha
R. da Vila, s/n, district de Caeté-Açu
TÉL. 3344-1124. HORAIRE Lun. à sam., 8h/12h et 14h/18h

GUIDES TOURISTIQUES

Associação dos Condutores de Visitantes do Vale do Capão (ACVVC)
TÉL. 3229-4019

INFORMATIONS TOURISTIQUES

Secretaria de Turismo
Pça. Dr. José Gonçalves, 11, Centro
TÉL. 3332-2211. HORAIRE Lun. à ven., 8h/12h et 14h/18h

Parnaíba – PI

INDICATIF 86 HABITANTS 132 282
DISTANCE Teresina, 350 km

HÔTEL

Cívico $
Considéré le meilleur de la ville, malgré 30 ans de fonctionnement sans grandes réformes. Seules les chambres "*luxo*" possèdent une TV et un frigobar. Celles qui donnent sur la rue sont plutôt bruyantes. INSTALLATIONS 29 chambres, climatisation, téléphone, bar, piscine, restaurant, salle de réunions. CARTES DE CRÉDIT Diners, MasterCard, Visa.
Av. Governador Chagas Rodrigues, 474, Centro
TÉL. 3322-2470 FAX 3322-2028
www.hotelcivico.com.br

Penedo – AL

INDICATIF 82 HABITANTS 56 993
DISTANCE Maceió, 173 km
SITE www.rotasdealagoas.com.br/site/penedo.html

HÔTEL

Pousada Colonial $
Simple, dans une demeure construite en 1734, jouit d'une jolie vue sur le rio São Francisco. Les chambres latérales sont plus accueillantes, malgré le manque de climatisation. INSTALLATIONS 12 chambres, climatisation, téléphone, TV, ventilateur, restaurant.
Pça. 12 de Abril, 21, Centro
TÉL. 3551-2355

RESTAURANT

Forte da Rocheira $
La spécialité de la maison est la viande de caïman (*jacaré*), servie avec une sauce à la noix de coco. Les animaux sont élevés dans la fazenda, avec l'autorisation de l'Ibama, Institut Brésilien de Protection de l'Environnement. Belle vue sur le rio São Francisco. CUISINE Variée. CARTES DE CRÉDIT Visa.
HORAIRE 11h/16h et 18h/22h.
R. da Rocheira, 2
TÉL. 3551-3273/4151

Piaçabuçu – AL

INDICATIF 82 HABITANTS 16 775

HÔTEL

Pousada Chez Julie $
Une bonne adresse pour ceux qui veulent découvrir le rio São Francisco. L'auberge se trouve à 18 km de Piaçabuçu et il faut passer en voiture par la plage. Simple et accueillante, elle est dirigée par le Belge naturalisé brésilien Roeland Eniel. Il est également propriétaire d'une agence de tourisme qui propose des excursions sur le fleuve. INSTALLATIONS 10 chambres, climatisation, TV, bar, piscine, restaurant. CARTES DE CRÉDIT Visa.
Av. Beira-Mar, 53, Praia de Pontal do Peba
TÉL. 3557-1217

Ponta do Corumbau – BA

INDICATIF 73
DISTANCE Salvador, 844 km; Porto Seguro, 220 km

HÔTELS

Jocotoka Eco Resort $$
Fazenda de noix de coco à 700 m de la plage, avec un bras du fleuve au fond et des sentiers de randonnée à pied ou en VTT. Bungalows sont spacieux et la décoration tropicale. Bonne aire de loisirs nautiques, avec une goélette, un canot et des bateaux, qui peuvent servir au transfert des clients à partir de l'aéroport de Porto Seguro. INSTALLATIONS 15 chambres, ventilateur, bar, bateau, piscine, aire de jeux, restaurant, salle de jeux, salon de massage. CARTES DE CRÉDIT Non acceptées.
Praia de Corumbau, accès par rodovia Itamaraju–Corumbau, 70 km, ou par bateau de Cumuruxatiba ou Porto Seguro
TÉL. 3294-1244 RÉSERVATIONS 3288-2291 FAX 3288-2540
www.jocotoka.com.br

Pousada São Francisco $$$$
Charmante fazenda de noix de coco qui, en plus d'une plage privée de 1 km de long, abrite un fleuve avec une mangrove et des îles pour les randonnées. Canapés sous les cocotiers. Chambres et chalets spacieux, décorés d'objets d'artisanat et d'antiquités.

| PRIX | HÔTELS (couple) | $ jusqu'à 150 R$ | $$ de 151 R$ à 300 R$ | $$$ de 301 R$ à 500 R$ | $$$$ au-delà de 500 R$ |

Possède un héliport. N'accepte pas les enfants de moins de 11 ans en haute saison. INSTALLATIONS 8 chambres, climatisation, bar, bateau, chevaux, restaurant, salon de massage. CARTES DE CRÉDIT Non acceptées.
Praia de Corumbau, à 2 km du village de Corumbau, accès par la rodovia Itamaraju–Corumbau, 70 km, ou par bateau de Cumuruxatiba ou Porto Seguro
TÉL. 9994-9842 RÉSERVATIONS (11) 3085-9616/9993
www.corumbau.com.br

Vila Naiá $$$$
En plus d'une plage presque privée, l'ancienne fazenda de noix de coco possède une zone préservée de 20 hectares de végétation marine et de mangrove. Les constructions en bois ont été conçues en s'inspirant des anciennes habitations de la région. INSTALLATIONS 8 chambres, ventilateur, bar, restaurant, salle de gym, salon de massage. CARTES DE CRÉDIT MasterCard, Visa.
Praia de Corumbau, à 4 km du village de Corumbau, accès par la rodovia Itamaraju–Corumbau, 70 km, ou par bateau de Cumuruxatiba ou Porto Seguro
TÉL. 3573-1006 RÉSERVATIONS (11) 3062-6214

Porto de Galinhas – PE

INDICATIF 81
DISTANCE Recife, 65 km

HÔTELS

Nannai Beach Resort $$$$
Charmant, installé près de la jolie plage calme de Muro Alto. Les bungalows sont de style polynésien, en bois et décorés simplement. La piscine fait 6000 m^2 et s'étend jusqu'au seuil des chambres. INSTALLATIONS 73 chambres, climatisation, téléphone, ventilateur, bar, bateau, équipe d'animation, piscine, aire de jeux, terrain de foot, tennis, restaurant, salles de gym, de jeux, salon de massage, sauna. CARTES DE CRÉDIT Toutes.
Rodovia PE-09, km 3, Muro Alto
TÉL. 3552-0100 FAX 3552-1474
www.nannai.com.br

Pousada Porto Verde $
La décoration soignée utilise couleurs et motifs régionaux. L'auberge est installée sur un grand terrain rempli de plantes. Bien qu'elle soit au cœur du village, elle reste à l'abri des concerts de musique régionale dans la rue principale. INSTALLATIONS 14 chambres, climatisation, TV, ventilateur, bar, piscine. CARTES DE CRÉDIT Diners, MasterCard, Visa.
Pça. 1, praia de Porto de Galinhas
TÉL. 3552-1410
www.pousadaportoverde.com.br

Pousada Tabajuba $$
Service excellent et employés toujours souriants. L'auberge est au bord de la plage. N'accepte pas les enfants de moins de 12 ans. INSTALLATIONS 24 chambres, climatisation, téléphone, bar, piscine, salle de gym. CARTES DE CRÉDIT Diners, MasterCard, Visa.
Rodovia PE-09, km 6,5
TÉL. 3552-1049 FAX 3552-1006
www.tabajuba.com

Summerville Beach Resort $$$$
Propose de nombreuses activités de loisirs et possède une piscine de 2300 m^2 qui occupe une grande partie du terrain de l'hôtel. Les enfants bénéficient d'une équipe d'animation, d'un restaurant spécial et d'une crèche. Différents choix d'oreillers avec plus de 10 sortes de garniture à base d'herbes. INSTALLATIONS 250 chambres, climatisation, téléphone, ventilateur, bar, bateau, terrain de football, minigolf, équipe d'animation, piscine, piscine chauffée, aire de jeux, salle de football tennis, restaurant, salles de réunions, de gym, de jeux, salon de massage, sauna. CARTES DE CRÉDIT Toutes.
Rodovia PE-09, praia de Muro Alto
TÉL. 3302-5555 RÉSERVATIONS 03007894844 FAX 3302-4445
www.summervilleresort.com.br

RESTAURANTS

Beijupirá $
Presque tous les plats sont préparés avec du *beijupirá* (cobia), le poisson qui donne son nom au restaurant. Etablissement particulièrement apprécié des touristes à la recherche d'une bonne cuisine et d'un cadre agréable. CUISINE Poissons et fruits de mer, régionale. CARTES DE CRÉDIT Toutes. HORAIRE 12h/1h (il est conseillé de réserver pour le dîner).
R. Beijupirá, s/n
TÉL. 3552-2354

Peixe na Telha $$
Tables en bord de mer, bonne nourriture et ambiance décontractée. On y déguste surtout des fruits de mer, préparés et servis sur une tuile. CUISINE Poissons et fruits de mer, variée. CARTES DE CRÉDIT Toutes. HORAIRE 11h/22h.
Av. Beira-Mar, praia de Porto de Galinhas
TÉL. 3552-1323

Porto Seguro – BA

INDICATIF 73 HABITANTS 95 721
DISTANCES Salvador, 715 km
SITE www.portosegurotur.com.br

HÔTELS

Brisa da Praia $$
Construction moderne en face de la plage, qui privilégie l'éclairage naturel avec de grandes baies vitrées et des toits transparents dans les couloirs. Les chambres sont spacieuses et certaines sont équipées de deux baignoires d'hydromassage: une dans la salle de bains et l'autre sur la terrasse. INSTALLATIONS 121 chambres, climatisation, téléphone, TV, bar, équipe d'animation, piscine, aire de jeux, restaurant, salles de réunions, de gym, de jeux, salon de massage, sauna. CARTES DE CRÉDIT Toutes.
Av. Beira-Mar, 1860, praia de Mundaí
TÉL. 3288-8600 FAX 3288-8636
www.brisadapraia.com.br

La Torre $$
À 30 m de la plage, avec un jardin intérieur, un petit

lac et une décoration plaisante dans les chambres. Paillote de plage, avec possibilité de massages. Le propriétaire italien est polyglotte. INSTALLATIONS 80 chambres, climatisation, téléphone, TV, bar, piscine, aire de jeux, restaurant, salles de gym, de jeux, salon de massage, sauna, spa. CARTES DE CRÉDIT Toutes.
Av. Beira-Mar, 9999, praia de Mutá
TÉL. 3672-1243 FAX 3672-1616
www.latorreaparthotel.com.br

Porto Seguro Praia $$
Jolie zone de bois et de jardins d'une superficie de 5 hectares, sur le bord de mer. Chambres spacieuses, décorées simplement ont une terrasse avec hamac. Cinq chambres bénéficient d'une vue privilégiée sur la mer et possèdent une baignoire d'hydromassage. INSTALLATIONS 150 chambres, climatisation, téléphone, TV, TV câblée, bar, équipe d'animation, piscine, aire de jeux, salles de gym, de jeux, salon de massage, sauna. CARTES DE CRÉDIT Toutes.
Av. Beira-Mar, s/n, praia de Curuípe
TÉL. 3288-9393 FAX 3288-2069
www.portoseguropraiahotel.com.br

Vela Branca Resort $$
Près du site historique, dans une zone de 12 hectares d'espaces verts sur la falaise de la Cidade Alta, jouissant d'une vue magnifique. Excellente structure de loisir et de services. Différents types de chambres, avec un ou plusieurs lits. Possède une paillote sur la plage de Taperapuã. INSTALLATIONS 125 chambres, climatisation, téléphone, TV, bar, terrain de football, équipe d'animation, piscine, aire de jeux, tennis, restaurant, salles de réunions, de gym, de jeux, salon de massage, sauna. CARTES DE CRÉDIT Toutes.
R. Dr. Antonio Ricaldi, 177, Cidade Alta
TÉL. 3288-2318 FAX 3288-2316
www.velabranca.com.br

Villaggio Arcobaleno $$$
Sur l'avenue de la plage, avec des installations de qualité. Le salon étant situé devant, les 7 bâtiments des chambres colorés aux couleurs de l'arc-en-ciel ne sont pas gênés par le bruit du kiosque Axé Moi. Chambres spacieuses, avec des balcons et des baignoires (d'hydromassage dans certaines). A son propre kiosque sur la plage, et le restaurant change le menu tous les soirs. INSTALLATIONS 161 chambres, climatisation, téléphone, TV, TV câblée, bar, équipe d'animation, piscine, aire de jeux court de tennis, restaurant, salles de réunions, de gym, de jeux, salon de massage, sauna. CARTES DE CRÉDIT Toutes.
Av. Beira-Mar s/n, praia de Taperapuã
TÉL. 3679-2000 RÉSERVATIONS 08002845222 FAX 3679-1269
www.hotelarcobaleno.com.br

RESTAURANTS

Bistrô da Helô $
Installé dans une ancienne demeure sur une impasse de l'avenue connue sous le nom de Passerelle de l'Alcool. De la salle on peut voir la cuisinière Helô dans sa cuisine vitrée. Préparations originales de fruits de mer et de poissons, avec un petit accent de cuisine française. CUISINE Poissons et fruits de mer, variée. CARTES DE CRÉDIT Diners, MasterCard. HORAIRE 18h30/24h; mars/juin et août/nov., fermé le dimanche.
Travessa Assis Chateaubriand, 29 fundos (O Beco)
TÉL. 3288-3940

Cabana Recanto do Sossego $$
Restaurant en bord de mer, ambiance décontractée. Le chef Ettore Dertoni prépare des poissons à la mode italienne. CUISINE Poissons et fruits de mer. CARTES DE CRÉDIT Non acceptées. HORAIRE 8h/17h.
Av. Beira-Mar, 10130, praia do Mutá
TÉL. 3672-1266

Tia Nenzinha $
L'un des plus anciens restaurants de la ville, situé dans un bâtiment historique sur la Passerelle de l'Alcool. Établissement simple, qui sert de bons plats de poissons, viandes rouges et poulets. CUISINE Poissons et fruits de mer. CARTES DE CRÉDIT Visa. HORAIRE 12h/24h.
Av. Portugal, 170, Passarela do Álcool
TÉL. 3288-1846

SERVICES

AÉROPORT

Aeroporto Internacional
Estrada (route) do Aeroporto, s/n, Cidade Alta
TÉL. 3288-1880/2010

AGENCE DE TOURISME

Adeltour Turismo e Câmbio
Av. Vinte e Dois de Abril, 100 (Shopping Avenida), Centro
TÉL. 3288-1888/3484

BUREAU DE CHANGE

Adeltour Turismo e Câmbio
Av. Vinte e Dois de Abril, 100 (Shoppping Avenida), Centro
TÉL. 3288-1888/3484

INFORMATIONS TOURISTIQUES

Secretaria de Turismo
Pça. dos Pataxós, 66, Centro
TÉL. 3288-4124/1009

AGENCE DE PLONGÉE

Portomar
R. Dois de Julho, 178, Centro
TÉL. 3288-2606

Praia da Pipa – RN

INDICATIF 84
DISTANCE Natal, 80 km
SITE www.praiadapipa.com.br

HÔTELS

Sombra e Água Fresca $$$
Le restaurant de cet hôtel tranquille et familial est

| PRIX | HÔTELS (couple) | $ jusqu'à 150 R$ | $$ de 151 R$ à 300 R$ | $$$ de 301 R$ à 500 R$ | $$$$ au-delà de 500 R$ |

situé sur le point le plus haut de Paipa, avec vue sur les plages. Chaises de plage, chaises longues et parasols fournis par l'établissement. La chambre "*executiva*" a une piscine privée. **INSTALLATIONS** 19 chambres, climatisation, téléphone, TV, TV câblée, ventilateur, bar, piscine, restaurant. **CARTES DE CRÉDIT** Diners, MasterCard, Visa.
R. Praia do Amor, 1000
TÉL. 3246-2258 **FAX** 3246-2144
www.sombraeaguafresca.com.br

Toca da Coruja Pousada $$$
Jardins bien entretenus, grand nombre d'arbres fruitiers, espaces de repos et de lecture et petit-déjeuner copieux. 4 chalets "*duplo luxo*" (double luxe) de 120 m² chacun, avec une grande terrasse pour le hamac, une baignoire et un lit de grande taille. Pour y accéder, une passerelle en bois est posée à 1,5 m du sol afin de ne pas abîmer la végétation. **INSTALLATIONS** 15 chambres, climatisation, téléphone, TV, TV câblée, ventilateur, bar, piscine, restaurant, salle de gym, salon de massage, sauna. **CARTES DE CRÉDIT** Toutes.
Av. Baía dos Golfinhos, s/n
TÉL. 3246-2225 **FAX** 3246-2226
www.tocadacoruja.com.br

RESTAURANT

La Provence $$
Dîner à la lumière des torches dans une ambiance tranquille, appréciée par les couples. Plats bien présentés saveurs de Provence, région du chef et propriétaire Jean Louis Ferrari. Carte des vins variée. **CUISINE** Française, variée. **CARTES DE CRÉDIT** Non acceptées. **HORAIRE** 12h/16h et 19h/23h; basse saison, mai et jeui, fermé le mardi.
R. da Gameleira, s/n
TÉL. 3246-2280

Praia do Forte – BA

INDICATIF 71
DISTANCE Salvador, 91 km
SITE www.praiadoforte.org.br

HOTEL

Praia do Forte Eco Resort $$$$
L'un des meilleurs hôtels du Brésil, situé sur l'une des plages les plus agréables de l'État de Bahia. Piscines, très agréables. Préservation est le maître mot: des biologistes organisent des promenades et font des exposés sur la protection de l'environnement. **INSTALLATIONS** 250 chambres, climatisation, téléphone, bar, bateau, terrain de football, chevaux, centre nautique avec bateaux et planches à voile, équipe d'animation, piscine, aire de jeux, salle de foot, tennis, restaurant, salles de réunions, de gym, de jeux, salon de massage. **CARTES DE CRÉDIT** Toutes.
Av. do Farol, s/n
TÉL. 3676-4000 **RÉSERVATIONS** 0800118289 **FAX** 3676-1112
www.ecoresort.com.br

RESTAURANT

Caramuru e Catarina $
Installé dans une maison à véranda. Il sert des plats classiques, comme le *espaguete ao sugo* (spaghetti sauce tomates), et des fruits de mer, comme la *moqueca*. Bons desserts maison: goûtez la *torta de chocolate com damasco* (tarte au chocolat et abricots). Lenteur du service. **CUISINE** Brésilienne. **CARTES DE CRÉDIT** Diners, MasterCard, Visa. **HORAIRE** Lun. à sam., 12h/16h; dim., 12h/17h; en haute saison, 12h/1h.
Al. da Felicidade, s/n
TÉL. 3676-1343

Recife – PE

INDICATIF 81 **HABITANTS** 1 422 905
SITE www.recife.pe.gov.br

HÔTELS

Atlante Plaza $$
Excellente localisation. L'architecture est moderne et les 3 ascenseurs panoramiques offrent une très belle vue sur le bord de mer de Boa Viagem. **INSTALLATIONS** 233 chambres, climatisation, téléphone, TV, TV câblée, bar, piscine, piscine chauffée, restaurant, salles de réunions, de gym, de jeux, sauna. **CARTES DE CRÉDIT** Toutes.
Av. Boa Viagem, 5426, Boa Viagem
TÉL. 3302-3333 **RÉSERVATIONS** 3302-4446 **FAX** 3302-4445
www.atlanteplaza.com.br

Dorisol $$
Il s'agit de l'ancien hôtel Sheraton, racheté par le groupe portugais Dorisol. La bonne infrastructure d'origine a été gardée mais la décoration modernisée, avec des meubles en osier. Il est situé en face de la plage de la Piedade, loin du centre mais à 15 minutes seulement de l'aéroport. **INSTALLATIONS** 198 chambres, climatisation, téléphone, TV, TV câblée, bar, piscine, restaurant, salles de réunions, de gym, de jeux, salon de massage, sauna. **CARTES DE CRÉDIT** Toutes.
Av. Bernardo Vieira de Melo, 1624, Piedade (Jaboatão dos Guararapes)
TÉL. et **FAX** 2122-2700
www.dorisol.com.br

Mar Hotel Recife $$
Près de la plage branchée de Boa Viagem, mais pas en bord de mer. Il possède une bonne infrastructure de loisir et une grande piscine, et convient aux touristes et aux hommes d'affaires. Le décor du parc aquatique a été conçu par Burle Marx. **INSTALLATIONS** 207 chambres, climatisation, téléphone, TV, TV câblée, bar, piscine, restaurant, salles de réunions, de gym, de jeux, salon de massage, sauna. **CARTES DE CRÉDIT** Toutes.
R. Barão de Souza Leão, 451, Boa Viagem
TÉL. 3302-4444 **RÉSERVATIONS** 3302-4446 **FAX** 3302-4445
www.marhotel.com.br

Pousada Casuarinas $
Pas de luxe mais sympathie et accueil personnalisé. L'auberge est située à 200 m de la plage de Boa Viagem, dans la maison même de la propriétaire; cette maison a été construite dans les années 1960 et transformée en 1994. **INSTALLATIONS** 12 chambres, climatisation, TV, ventilateur, piscine. **CARTES DE CRÉDIT** Non acceptées.
R. Antônio Pedro Figueiredo, 151, Boa Viagem

RESTAURANTS	$ jusqu'à 50 R$	$$ de 51 R$ à 100 R$	$$$ de 101 R$ à 150 R$	$$$$ au-dessus de 150 R$

TÉL. 3325-4708 FAX 3465-2061
www.pousadacasuarinas.com.br

Recife Palace $$

Installé près de la plage de Boa Viagem, à 10 min du Shopping Center Recife. Établissement de style classique, avec des chambres décorées de xylogravures. Accueille touristes et hommes d'affaires. **INSTALLATIONS** 295 chambres, climatisation, téléphone, TV câblée, bar, piscine, restaurant, salle de réunions, salle de gym, salon de massage, sauna. **CARTES DE CRÉDIT** Toutes.
Av. Boa Viagem, 4070, Boa Viagem
TÉL. 3464-2500 RÉSERVATIONS 0800813161 FAX 3464-2525
www.lucsimhoteis.com.br

RESTAURANTS

Anjo Solto $

Décoration moderne, beaux serveurs, chansons de groupes locaux et musique électronique contribuent à l'ambiance de ce restaurant fréquenté par beaucoup de branchés de la capitale du Pernambouc. **CUISINE** Crêpes. **CARTES DE CRÉDIT** Non acceptées. **HORAIRE** Dim. à jeu., 18h jusqu'au dernier client; ven. et sam., 19h jusqu'au dernier client.
Av. Herculano Bandeira, 513 (Galeria Joana d'Arc), Pina
TÉL. 3325-0862

Casa de Banhos $

Carte simple dont les vedettes sont le poisson et le *caldinho de sururu* (court-bouillon de moules). Il est situé dans un bâtiment, sur pilotis, au bord du rio Capibaribe à Brasília Teimosa. On peut s'y rendre par bateau à partir de Marco Zero. Anciennement fonctionnait à cet endroit un établissement thermal. **CUISINE** Poissons et fruits de mer. **CARTES DE CRÉDIT** Diners, MasterCard. **HORAIRE** Lun. à sam., 9h/17h; ven. et sam., jusqu'à 24h; dim., 12h/19h; avr./août, fermé le soir.
Molhes do Porto, Brasília Teimosa
TÉL. 3075-8776

Casa dos Frios $$

Ouvert récemment, il s'agit d'un établissement raffiné, pouvant accueillir au maximum 40 personnes. Très bonne carte de vins. Son *bolo-de-rolo* (gâteau roulé) est très apprécié. Poissons et fruits de mer. **CUISINE** Variée. **CARTES DE CRÉDIT** Diners, MasterCard, Visa. **HORAIRE** Lun. à sam., 9h/22h; dim., 9h/18h.
Av. Engenheiro Domingos Ferreira, 1920, Boa Viagem
TÉL. 3327-0612/6794

Entre Amigos – O Bode $

Le bouc, habituellement dénigré dans la grande cuisine brésilienne, est ici mis à l'honneur et proposé de 15 façons différentes du *guisado* (ragoût) classique, et des abats, à un fantastique *pernil* (gigot) qui peut peser jusqu'à 1 kg et sert 5 personnes. **CUISINE** Du Nord-Est. **CARTES DE CRÉDIT** Toutes. **HORAIRE** 11h jusqu'au dernier client.
R. da Hora, 695, Espinheiro
TÉL. 3222-6705

Famiglia Giuliano $

La façade qui imite un château médiéval et peu attirante; par contre la *feijoada* servie les mercredis et samedis est un régal. L'établissement propose aussi des pâtes. **CUISINE** Variée. **CARTES DE CRÉDIT** Toutes. **HORAIRE** 12h/1h.
Av. Engenheiro Domingos Ferreira, 3980, Boa Viagem
TÉL. 3465-9922

La Cuisine Bistrô $

Sert des plats légers, tels que sandwichs et salades, ainsi que le steak au poivre. Le salon climatisé et la terrasse avec vue sur la plage de Boa Viagem peuvent accueillir jusqu'à 70 personnes. **CUISINE** Variée. **CARTES DE CRÉDIT** Diners, MasterCard. **HORAIRE** Lun. à jeu. et dim., 12h/23h; ven. et sam., 12h/1h.
Av. Boa Viagem, 560, Boa Viagem
TÉL. 3327-4073

Leite $

Adresse classique, située au cœur de Recife. Décoré en bois sombre, miroirs et rideaux verts, c'est l'un des restaurants les plus anciens du pays: il a été inauguré en 1882. Il attire beaucoup d'avocats, d'hommes d'affaires et de politiciens. Le menu de fruits de mer reste assez traditionnel. Goûtez au dessert la *cartola* (banane frite, avec fromage grillé, sucre et cannelle). **CUISINE** Variée. **CARTES DE CRÉDIT** Toutes. **HORAIRE** Lun. à ven. et dim., 11h/16h30.
Pça. Joaquim Nabuco, 147, Santo Antônio
TÉL. 3224-7977

Parraxaxá $

On retrouve ici un peu du *sertão*, avec un buffet de plats typiques, tels que *pernil de carneiro* (gigot de mouton), *paçoca* (viande séchée pilée avec farine de manioc) et *baião-de-dois* (riz, haricots et viandes), servi dans un cadre décoré de briques apparentes, de meubles rustiques, de calebasses et de paniers. Les serveurs sont vêtus du costume des *cangaceiros* (bandits du *sertão*). **CUISINE** Du Nord-Est. **CARTES DE CRÉDIT** Visa. **HORAIRE** 11h30/16h et 17h30/23h.
R. Baltazar Pereira, 32, Boa Viagem
TÉL. 3463-7874

Portoferreiro $

L'un des meilleurs restaurants de cuisine variée. Le cadre est décoré avec élégance. L'établissement sert des plats d'inspiration portugaise, italienne et française. Très bonne carte de vins, parmi ses crus le Barca Velha, vin portugais réputé et rare. **CUISINE** Variée. **CARTES DE CRÉDIT** Diners, MasterCard, Visa. **HORAIRE** 12h/16h et 19h/24h; ven. et sam., jusqu'à 2h; dim., 12h/15h30.
Av. Rui Barbosa, 458, Graças
TÉL. 3423-0854/2795

Recanto Lusitano $$

Décoration un tantinet désuète. La star est le *bacalhau à Narcisa*, morue dorée dans l'huile avec des oignons et de l'ail et accompagnée de pommes de terre. **CUISINE** Portugaise. **CARTES DE CRÉDIT** Toutes. **HORAIRE** Mar. à jeu., 11h45/15h et 19h/23h; ven. et sam., jusqu'à 1h; dim., 12h/16h.
R. Antônio Vicente, 284, Boa Viagem
TÉL. 3341-9790

| PRIX | HÔTELS (couple) | $ jusqu'à 150 R$ | $$ de 151 R$ à 300 R$ | $$$ de 301 R$ à 500 R$ | $$$$ au-delà de 500 R$ |

Nord-Est

Restaurante da Mira $
Edmílson, le fils de Alzemira Pereira, la propriétaire, intitule ses plats de façon humoristique et offre même une "unité de soins intensifs" aux clients, une salle de repos avec lit et tout ce qu'il faut pour faire la sieste. Toutes ces plaisanteries n'enlèvent rien à la bonne cuisine régionale proposée. CUISINE du Nord-Est. CARTES DE CRÉDIT Non acceptées. HORAIRE 12h/19h.
Av. Dr. Eurico Chaves, 916, Casa Amarela
TÉL. 3268-6241

Wiella Bistrô $
Établissement nouveau. L'équipe compétente, la décoration moderne sans excès et les plats originaux lui promettent une place de choix parmi les restaurants de la ville. Le *pescada-amarela com camarão e castanhas* (acoupa toeroe aux crevettes et noix de cajou) et le *salmão com risoto de açafrão* (risotto de saumon au safran) sont d'excellentes suggestions. CUISINE Contemporaine, variée. CARTES DE CRÉDIT Toutes. HORAIRE Mar. à sam., 12h/24h; dim., 12h/17h.
Av. Engenheiro Domingos Ferreira, 1274, Boa Viagem
TÉL. 3463-3108

SERVICES

AÉROPORT

Aeroporto Internacional dos Guararapes
Pça. Ministro Salgado Filho, s/n, Imbiribeira
TÉL. 3464-4188

COMMISSARIAT DÉLÉGUÉ AUX TOURISTES

Delegacia do Turista
Aeroporto dos Guararapes
TÉL. 3303-7217/3464-4088

INFORMATIONS TOURISTIQUES

Disque Recife Turístico
TÉL. 3425-8409

Empresa de Turismo de Pernambuco (Empetur)
Complexo Viário Vice-governador Barreto Guimarães (Olinda)
TÉL. 3427-8183. HORAIRE 8h/17h

Posto de Informações Turísticas
Pça. Ministro Salgado Filho, s/n (Aeroporto dos Guararapes)
TÉL. 3462-4960/3341-6090

Posto de Informações Turísticas
Pça. do Arsenal da Marinha, Recife Antigo (r. da Guia)
TÉL. 3224-2361. HORAIRE 9h/23h

Salvador – BA

INDICATIF 71 HABITANTS 2 443 107
DISTANCE Maceió, 617 km
SITE www.emtursa.ba.gov.br

HÔTELS

Catharina Paraguaçu $$
Dans une demeure historique, une décoration réussie, un service efficace et au petit-déjeuner le *cuscuz de tapioca* et le *bolinho de estudante*, (deux petites sucreries à base de tapioca) cet hôtel est l'un des plus appréciés de la capitale bahianaise. La décoration comporte des azulejos réalisés par des artistes locaux, ainsi que de l'artisanat de Maragogipinho. INSTALLATIONS 32 chambres, climatisation, téléphone, restaurant. CARTES DE CRÉDIT Toutes.
R. João Gomes, 128, Rio Vermelho
TÉL. 3334-0089
www.hotelcatharinaparaguacu.com.br

Club Med Itaparica $$$
Le Club Med le plus ancien du Brésil, a conservé toute sa qualité. Des villages brésiliens, c'est le plus rustique. Des animations sont prévues en journée et le soir, aussi bien pour les enfants que pour les adultes. Fonctionne selon le système "tout compris" mais aussi "*day use*" qui permet aux personnes de l'extérieur de venir passer la journée. INSTALLATIONS 330 chambres, climatisation, téléphone, bateau, terrain de football, terrain de golf, chevaux, équipe d'animation, centre hippique, piscine, piste de jogging, salle de football, tennis, restaurant, salles de réunions, de gym, de jeux, salon de massage, sauna. CARTES DE CRÉDIT Toutes.
Route Bom Despacho, km 13, Nazaré, ilha de Itaparica
TÉL. 3681-8800 RÉSERVATIONS 08007073782
www.clubmed.com.br

Pestana Bahia $$$
L'ancien hôtel Mèridien a été racheté par le groupe portugais Pestana et réformé en 2001. Établissement classique et bien décoré, situé sur un versant rocheux avec une superbe vue sur la mer. INSTALLATIONS 433 chambres, climatisation, téléphone, TV, TV câblée, bar, piscine, restaurant, salle de réunions, salle de gym, salle de jeux, salon de massage, sauna. CARTES DE CRÉDIT Toutes.
R. Fonte do Boi, 216, Rio Vermelho
TÉL. 32103-8000 RÉSERVATIONS 0800266332 FAX 32103-8001
www.pestanahotels.com.br

Pousada das Flores $$
Auberge dirigée par un couple de Français, installée dans une demeure du XVIIIe siècle à 5 minutes à pied du Pelourinho. Certaines chambres possèdent une terrasse avec vue sur la baie de Todos os Santos. Les chambres sont spacieuses et équipées de meubles anciens. INSTALLATIONS 9 chambres, téléphone, ventilateur, restaurant. CARTES DE CRÉDIT Visa.
R. Direita de Santo Antônio, 442, Centro Histórico
TÉL. 3243-1836
www.pflores.com.br

Pousada do Boqueirão $$
C'est l'une des adresses les plus charmantes de la ville, très joliment décorée et dirigée par l'Italienne Fernanda Cabrini, qui a travaillé pendant 12 ans comme guide touristique à Salvador. Ce n'est pas par hasard que les clients se sentent ici chez eux. Fermée en juin. INSTALLATIONS 11 chambres, climatisation, téléphone. CARTES DE

RESTAURANTS $ jusqu'à 50 R$ $$ de 51 R$ à 100 R$ $$$ de 101 R$ à 150 R$ $$$$ au-dessus de 150 R$

CRÉDIT American Express, MasterCard, Visa.
R. Direita do Santo Antônio, 48, Centro Histórico
TÉL. 3241-2262 FAX 3241-8064
www.pousadaboqueirao.com.br

Redfish $$

Auberge inaugurée en 2004, elle est installée dans une maison près du Pelourinho, dans une rue tranquille. Abrite un mélange original d'accents : Charles Rutler, le patron, est anglais et son épouse Helena bahianaise. Les clients viennent du monde entier. INSTALLATIONS 8 chambres, climatisation. CARTES DE CRÉDIT Visa.
R. Ladeira do Boqueirão, 1, Centro Histórico
TÉL. 3241-0639 RÉSERVATIONS 3243-8473
www.hotelredfish.com

Sofitel Salvador $$$

Établissement élégant et luxueux, avec un service impeccable et le souci de protéger l'environnement : il possède un système de ramassage sélectif des ordures, un traitement des égouts et des capteurs pour économiser l'énergie. Bien qu'il soit éloigné du centre, c'est l'adresse idéale pour ceux qui préfèrent loger près des meilleures plages. Grande piscine. INSTALLATIONS 206 chambres, climatisation, téléphone, TV, bar, terrain de football, terrain de golf, piscine, aire de jeux, salle de football, tennis, restaurant, salle de réunions, salle de gym, salle de jeux, salon de massage, sauna. CARTES DE CRÉDIT Toutes.
R. da Pasárgada, s/n, Itapuã
TÉL. 3374-8500 RÉSERVATIONS 08007037000 FAX 3374-6946
www.accorhotels.com.br

Solar Santo Antônio $$

C'est déjà tout un voyage : Dimitri, le patron, est né au Maroc, a vécu au Portugal et s'est finalement installé à Salvador. L'établissement ne possède que 2 chambres, dans une maison à 3 étages, du XVIIIe siècle. Loger ici représente une véritable immersion dans la culture de Bahia : vous êtes dans la maison de l'un des plus grands animateurs culturels de la ville. INSTALLATIONS 2 chambres, ventilateur. CARTES DE CRÉDIT Non acceptées.
R. Direita de Santo Antônio, 177, Centro Histórico
TÉL. 3242-6455
www.solarsantoantonio.com.br

Vila Galé Bahia $$

Inauguré en 2002, sa localisation privilégiée est à 10 minutes du Pelourinho et à proximité de deux des quartiers les plus animés de la ville, Barra et Rio Vermelho. Mais son plus grand atout reste la vue sur la mer. INSTALLATIONS 224 chambres, climatisation, téléphone, TV, bar, piscine, restaurant, salle de réunions, salle de gym, salle de jeux, salon de massage, sauna. CARTES DE CRÉDIT Toutes.
R. Morro do Escravo Miguel, 320, Ondina
TÉL. 3263-8888 RÉSERVATIONS 08002848818 FAX 3263-8800
www.vilagale.pt

RESTAURANTS

Galpão $$

Carte élaborée par le chef étoilé Laurent Suaudeau et décoration moderne et élégante attirent un public éclectique, des touristes aux hommes politiques. Goûtez la *lagosta com purê de aipim, banana-da-terra e chips de acarajé* (langouste avec purée de manioc, banane-de-terre et *chips d'acarajé*). Sans oublier les succulents desserts, le *caju em crosta de castanha e emulsão de cachaça* (cajou en croûte de noix et émulsion de cachaça). CUISINE Contemporaine. CARTES DE CRÉDIT Toutes. HORAIRE Lun. à sam., 12h/15h et 19h/24h.
Av. do Contorno, 660, Cidade Baixa
TÉL. 3266-5544

Jardim das Delícias $

Les plats régionaux, à l'exemple du *bobó de camarão* (plats à base de crevettes) et la *cocada de coco verde* (pâtisserie à la noix de coco verte), sont à goûter absolument. Service soit lent et serveurs inattentifs. CUISINE Régionale. CARTES DE CRÉDIT Toutes. HORAIRE À partir de 12h.
R. João de Deus, 12, Pelourinho
TÉL. 3321-1449

Maria Mata Mouro $$

Les plats à base de crevettes sont très bien élaborés. Situé en plein Pelourinho, il possède un salon sur le devant, plus chic, et un autre au fond d'un petit jardin, à l'ombre des jasmins. CUISINE Variée. CARTES DE CRÉDIT Toutes. HORAIRE À partir de 12h.
R. Inácio Accioly, 8, Pelourinho
TÉL. 3321-3929

Mistura Fina $

Charmante terrasse très agréable située près d'Itapuã. Le point fort de l'établissement est le mélange de cuisine italienne avec des fruits de mer, ainsi qu'un buffet fixe avec des charcuteries et des salades. CUISINE Poissons et fruits de mer. CARTES DE CRÉDIT Toutes. HORAIRE Lun. à sam., 11h30/24h; ven. et sam., jusqu'à 1h; dim., jusqu'à 23h.
R. Professor Souza Brito, 41, Farol (Phare) de Itapuã
TÉL. 3375-2623

Paraíso Tropical $$

L'établissement propose une cuisine régionale plus légère : l'huile de coco est faite à partir du fruit lui-même et le lait de coco est remplacé par la pulpe fraîche du fruit. Le lieu est simple, mais l'excellence de la nourriture attire beaucoup de monde. Ambiance décontractée. CUISINE Régionale. CARTES DE CRÉDIT Toutes. HORAIRE Lun. à sam., 12h/23h; dim, 12h/22h.
R. Edgar Loureiro, 98-B, Cabula
TÉL. 3384-7464

Trapiche Adelaide $$

Restaurant situé dans une ancienne zone portuaire, en face de la baie de Todos os Santos et à côté de plusieurs boutiques de décoration. Endroit branché. Carte élaborée par le chef renommé Luciano Boseggia, et comporte de manière équilibrée pâtes, viandes et fruits de mer. Le soir, l'entrée des clients en bermudas et tee-shirts n'est pas permise. CUISINE Variée. CARTES DE CRÉDIT Toutes. HORAIRE Lun. à sam., 12h/16h et 19h/1h; dim., 12h/16h.
Pça. dos Tupinambás, 2, Bahia Design Center, Comércio
TÉL. 3326-2211

PRIX	HÔTELS (couple)	$ jusqu'à 150 R$	$$ de 151 R$ à 300 R$	$$$ de 301 R$ à 500 R$	$$$$ au-delà de 500 R$

Yemanjá $$

Restaurant de fruits de mer au cadre simple. Il sert 12 sortes de *moquecas*, dont la plus demandée est celle de *camarão* (crevettes). Une filiale est installée à Rio de Janeiro, au 128 de la rua Visconde de Pirajá, à Ipanema. CUISINE Bahianaise, poissons et fruits de mer. CARTES DE CRÉDIT Toutes. HORAIRE Dim. à jeu., 11h30/16h et 18h/24h; ven. et sam., 11h30/16h et 18h/1h.
Av. Otávio Mangabeira, 4655, Jardim Armação
TÉL. 3461-9008/9010

SERVICES

AÉROPORT

Aeroporto Deputado Luís Eduardo Magalhães
Pça. Gago Coutinho, s/n, São Cristóvão, à 28 km du centre de Salvador
TÉL. 3204-1010

COMMISSARIAT DÉLÉGUÉ AUX TOURISTES

Delegacia de Proteção ao Turista (Deltur)
R. Cruzeiro de São Francisco, 14, Pelourinho, Centro Histórico
TÉL. 3322-7155/1188. HORAIRE 24/24h.

INFORMATIONS TOURISTIQUES

Bahiatursa
R. das Laranjeiras, 12, Pelourinho
TÉL. 3321-2463. HORAIRE 8h30/21h

Emtursa
Av. Vasco da Gama, 206, Centro Histórico
TÉL. 3380-4200. HORAIRE Lun. à ven., 8h/12h et 14h/18h.

Santo André – BA

INDICATIF 73
DISTANCES Salvador, 660 km; Porto Seguro, 30 km plus 10 min de bateau

HÔTELS

Costa Brasilis Resort $$$
Au bord de la plage, avec de beaux jardins et des bosquets. Chambres spacieuses et de style colonial, à l'exception de la chambre *"Premium"* qui est de style balinais et dotée d'une baignoire d'hydromassage. Grande variété de loisirs, notamment nautiques; l'établissement possède même un bateau pour aller pêcher le marlin. Le spa créé par l'actrice Tânia Alves fonctionne dans l'hôtel. INSTALLATIONS 51 chambres, climatisation, téléphone, TV, TV câblée, ventilateur, bar, bateau, équipe d'animation, piscine, aire de jeux, terrain de football, tennis, restaurant, salles de réunions, de gym, de jeux, salon de massage, sauna, spa. CARTES DE CRÉDIT Toutes.
Av. Beira-Mar, 2000, accès par la rodovia BA-001, km 46
TÉL. 3671-4056 FAX 3671-4057
www.resortcostabrasilis.com.br

Pousada Gaili $$
Installée dans une zone verte de 8 hectares, à l'embouchure du rio João de Tiba. Installations simples mais agréables, avec le choix entre chambres ou chalets. Le patron Suisse est boulanger et chef de cuisine. C'est lui qui prépare les pains, gâteaux et tartes pour le petit-déjeuner. INSTALLATIONS 10 chambres, climatisation, TV, ventilateur, bar, piscine, piste de jogging, restaurant, salon de massage. CARTES DE CRÉDIT MasterCard, Visa.
Av. Beira-Rio, 1820
TÉL. 3671-4060 FAX 3671-4108
www.gaili.com

Toca do Marlin $$$$
Construction somptueuse: toute la structure est en bois d'ipé et un haut plafond. Objets d'art et antiquités composent la décoration. L'établissement possède sa propre boulangerie et des terrains pour l'équitation. Les chambres dites *"suítes"* font 85 m²; les *"luxo"* sont équipées de lits à position réglable, et la robinetterie plaquée d'or. Cuisine conçue par le chef Laurent Suaudeau. L'hôtel fonctionne d'après le système tout compris. Très grande et belle piscine. INSTALLATIONS 10 chambres, climatisation, téléphone, TV, TV câblée, bar, chevaux, piscine, restaurant. CARTES DE CRÉDIT Visa, American Express.
Rodovia BA-001 pour Belmonte, km 40,5, praia das Tartarugas
TÉL. 9985-0380
www.tocadomarlin.com.br

RESTAURANTS

Gaili $
Restaurant annexé à l'auberge du même nom, près de la plage du fleuve João de Tiba. Le chef suisse Beck sert des plats de son pays, à l'exemple du *Bratwurst* (saucisse de veau), et quelques options régionales, comme les *moquecas*. CUISINE Variée. CARTES DE CRÉDIT MasterCard, Visa. HORAIRE 12h/17h et 19h/22h.
Av. Beira-Rio, 1820, praia de Santo André
TÉL. 3671-4060

Maria Nilza $$
Paillotte avec un toit en piaçaba, des bancs et des nattes. Installée près de la plage quasiment déserte de Guaiú. C'est Maria Nilza elle-même qui cuisine et reçoit les clients. Elle prépare des poissons et des plats régionaux, comme le *vatapá* (purée de farine avec crevettes, gingembre, lait de coco, noix de cajou, épices). CUISINE Régionale. CARTES DE CRÉDIT Non acceptées. HORAIRE 11h/17h.
R. da Praia, 380, praia de Guaiú
TÉL. 3671-2047

São Cristóvão – SE

INDICATIF 79 HABITANTS 64 647
DISTANCE Aracaju, 23 km; Salvador, 330 km

RESTAURANT

Solar Parati $
Le restaurant se trouve au deuxième étage d'une belle maison rénovée du XVIIIe siècle. Accueil sympathique, la *carne-de-sol com purê de macaxeira e farofa na manteiga* (viande séchée avec purée de manioc et farine de manioc frite au beurre) sera appréciée des gourmets.

RESTAURANTS | $ jusqu'à 50 R$ | $$ de 51 R$ à 100 R$ | $$$ de 101 R$ à 150 R$ | $$$$ au-dessus de 150 R$

CUISINE Variée. CARTES DE CRÉDIT Diners, MasterCard, Visa.
HORAIRE Mar. à dim., 10h/17h.
Praça da Matriz, 40
TÉL. 261-1712

São Luís – MA

INDICATIF 98 HABITANTS 870 028
DISTANCES Belém, 803 km; Teresina, 445 km

HÔTELS

Pousada do Francês $
Très bien située, en plein centre historique. Choisissez les installations "*Mirante*", ce sont des chambres plus spacieuses et bénéficiant d'une vue privilégiée. INSTALLATIONS 29 chambres, climatisation, téléphone, TV, bar, restaurant. CARTES DE CRÉDIT Toutes.
R. Sete de Setembro, 121, Centro Histórico
TÉL. 3231-4844 FAX 3232-0879

São Luís Park Hotel $$$
Est considéré le meilleur hôtel de la ville. Chambres spacieuses et confortables, avec une baignoire. Au bord de la piscine, des paons et des aras se promènent librement. INSTALLATIONS 112 chambres, climatisation, téléphone, TV, TV câblée, bar, terrain de football, piscine, aire de jeux, tennis, restaurant, salles de réunions, de gym, de jeux, sauna. CARTES DE CRÉDIT Toutes.
Av. Aviscênia, s/n, Calhau
TÉL. 2106-0505
www.saoluisparkhotel.com.br

RESTAURANTS

A Varanda $
Restaurant installé au milieu de la végétation du jardin de la cuisinière, Maria Castelo. Goûtez les plats de poissons et de crevettes faits sur l'heure (d'où un peu d'attente). Les pâtisseries maison, comme celle au *cajuí* (sorte d'anacardier), sont un régal. CUISINE Poissons et fruits de mer. CARTES DE CRÉDIT Non acceptées. HORAIRE Lun. à sam., 12h jusqu'au dernier client.
R. Genésio Rego, 185, Monte Castelo
TÉL. 3232-8428/7291

Cabana do Sol $
L'établissement prépare une cuisine régionale très appréciée et les plats servent aisément 3 personnes. Dégustez la *carne-de-sol do Norte* (viande séchée au soleil), avec haricots noirs, riz blanc, haricots verts, farine, purée de manioc, manioc cuit, banane panée et beurre fondu de bouteille. Cadre simple et service efficace. Goûtez en dessert la *creme de cupuaçu* (crème de cupuaçu, un fruit de l'Amazonie). CUISINE Régionale. CARTES DE CRÉDIT Toutes. HORAIRE Lun. à jeu., 11h/24h; ven. à dim., 11h/2h.
R. João Damasceno, 24-A, Farol (Phare) de São Marcos
TÉL. 3235-2586

SERVICES

AÉROPORT

Aeroporto Marechal Cunha Machado
Av. dos Libaneses, s/n, Tirirical
TÉL. 3217-6133/6105

AGENCES DE TOURISME

Caravelas Turismo Ltda.
Av. Dom Pedro II, 231, Centro
TÉL. 3232-6606/9991-6606

Marencanto Viagens e Turismo
R. dos Holandeses, 400 B, Ponta do Farol
TÉL. 3227-9444/9991-3161

Máxima Aventura Turismo
R. da Estrela, 401, Armazém da Estrela
TÉL. 3221-0238

Taguatur Turismo Ltda.
R. do Sol, 141, loja 15/16, Centro
TÉL. 3213-6400

COMMISSARIAT DÉLÉGUÉ AUX TOURISTES

Delegacia de Turismo
R. da Estrela, 427, Centro
TÉL. 3232-4324. HORAIRE Lun. à ven., 8h/18h

INFORMATIONS TOURISTIQUES

Aeroporto Marechal Cunha Machado
Av. dos Libaneses, s/n, Tirirical
TÉL. 3244-4500. HORAIRE 24/24h

Lagoa de Jansen
Av. Ana Jansen, s/n, Ponta d'Areia
TÉL. 3227-8484. HORAIRE 8h/20h

Shopping do Cidadão
Av. Jaime Tavares, 26 B, Praia Grande
TÉL. 3231-2000. HORAIRE Lun. à ven., 7h30/18h

São Miguel dos Milagres – AL

INDICATIF 82 HABITANTS 5 860
DISTANCE Maceió, 100 km
SITE www.saomigueldosmilagres.com.br

HÔTELS

Pousada Côte Sud $
Simple et charmante, dirigée par une Française et son mari belge. Décoration agréable; les chalets offrent aux clients l'intimité recherchée. L'établissement propose des excursions à cheval, à bicyclette ainsi qu'en bateau pour visiter les piscines naturelles de la plage. INSTALLATIONS 9 chambres, climatisation, bar, chevaux, restaurant. CARTES DE CRÉDIT Non acceptées.
Praia de Porto da Rua
TÉL. 3295-1283
www.geocities.com/pousadacotesud

Pousada do Caju $
Sympathique, installée dans une maison aérée, tenue par le Brésilien Antônio et le Français Jérome. Située à

| PRIX | HÔTELS (couple) | $ jusqu'à 150 R$ | $$ de 151 R$ à 300 R$ | $$$ de 301 R$ à 500 R$ | $$$$ au-delà de 500 R$ |

150 m de la plage. Décoration simple, chambres propres aux murs blancs. INSTALLATIONS 7 chambres, climatisation, bar, restaurant. CARTES DE CRÉDIT Non acceptées.
Praia do Toque
TÉL. 3295-1103
www.pousadadocaju-al.com.br

Pousada do Toque $$
Le couple Nilo et Gilda offre un service de qualité. Les bungalows sont équipés de lits de grande taille, d'une TV à écran plat et de lecteurs CD et DVD. Le bungalow principal, le "*Toque*", fait 80 m² et possède un bain ofuro et une piscine privée. Le petit-déjeuner est servi à n'importe quelle heure de la journée. Il y a également une bibliothèque et une petite collection de cigares. INSTALLATIONS 11 chambres, climatisation, TV, bar, piscine, restaurant. CARTES DE CRÉDIT Non acceptées.
R. Felisberto de Ataíde, s/n, praia do Toque
TÉL. 3295-1127
www.pousadadotoque.com.br

RESTAURANTS

Cantinho de Nanã $
Restaurant situé au bord de la plage de Porto da Rua. Les poissons et le riz au poulpe sont soigneusement préparés. Succulente *cocada de forno* (à base de noix de coco râpée). CUISINE Poissons et fruits de mer, régionale. CARTES DE CRÉDIT Non acceptées. HORAIRE 9h/19h.
R. Ana Marinho Braga, s/n, Praia de Porto da Rua
TÉL. 3295-1573

São Raimundo Nonato – PI

INDICATIF 89 HABITANTS 26 890
DISTANCE Recife, 1125,4 km

HÔTEL

Hotel Serra da Capivara $
Bonne option pour les visiteurs du Parc National de la Serra da Capivara. Installations confortables. L'établissement propose des guides pour les excursions. INSTALLATIONS 19 chambres, climatisation, frigobar, TV, restaurant, piscine. CARTES DE CRÉDIT Diners, MasterCard, Visa.
Rodovia PI-140, km 0, Santa Luzia
TÉL. 3582-1389 FAX 3582-1760

Tibau do Sul – RN

INDICATIF 84 HABITANTS 7 749
DISTANCE Natal, 75 km

HÔTELS

Marinas Tibau Sul $$
Tous les chalets ont vue sur la mer. Loisirs variés, tels que promenades à cheval, pêche dans la lagune, sentier de randonnée et promenades nocturnes en bateau (payés séparément). La crêperie, construite sur pilotis sur la mer, est un endroit idéal pour admirer le coucher de soleil. INSTALLATIONS 32 chambres, climatisation, téléphone, TV, TV câblée, ventilateur, bar, bateau, terrain de football, chevaux, piscine, aire de jeux, restaurant. CARTES DE CRÉDIT MasterCard, Visa.
R. Gov. Aluísio Alves, s/n (rua da praia)
TÉL. 3246-4111 FAX 3246-4228
www.hotelmarinas.com.br

Ponta do Madeiro $$$
Hôtel de charme très tranquille. Du haut de la falaise, il est possible de voir la crique dos Golfinhos. L'accès à la plage du Madeiro se fait par un escalier de 195 marches. Fruits et champagne sont gracieusement servis au bord de la piscine. De plus, la vaste zone verte atténue un peu la forte chaleur de la région. INSTALLATIONS 32 chambres, climatisation, téléphone, TV, TV câblée, bar, piscine, restaurant. CARTES DE CRÉDIT Toutes.
Route Rota do Sol, km 3, Pipa
TÉL. 3246-4220 RÉSERVATIONS 3502-2377
www.pontadomadeiro.com.br

RESTAURANT

Camamo Beijupirá $$$
Cadre raffiné et agréable au menu dans cette fazenda où le chef Tadeu Lubambo reçoit la clientèle. Le repas peut durer des heures. Le dîner est un véritable événement. Le menu change chaque jour, mais comprend toujours salade verte, huîtres et crevettes. Ne reçoit que sur réservation et accueille au maximum 5 couples. En boisson, seuls sont servis eau et vin. CUISINE Poissons et fruits de mer. CARTES DE CRÉDIT Non acceptées. HORAIRE À partir de 21h15.
Fazenda Pernambuquinho, accès par la rodovia RN-003, km 3
TÉL. 3246-4195/8816-4195

Trancoso – BA

INDICATIF 73 HABITANTS
DISTANCES Salvador, 735 km; Porto Seguro (par bateau et Arraial d'Ajuda), 25 km, ou 47 km par la rodovia BA-001.
SITE www.trancosobahia.com.br

HÔTELS

Club Med Trancoso $$$$
Hôtel installé sur une falaise, avec une très belle vue sur les fleuves et les plages. L'accès à la plage se fait en descendant un long escalier ou en empruntant le minibus de l'hôtel. Les bâtiments très colorés, avec des chambres spacieuses et une décoration rustique, rappellent la place carrée de Trancoso. Repas et boissons inclus dans le prix. Propose un grand nombre d'activités dont notamment tir à l'arc, golf de 18 trous et canots. INSTALLATIONS 250 chambres, climatisation, téléphone, TV, TV câblée, bar, bateau, terrain de football, golf, chevaux, équipe d'animation, boîte de nuit avec DJ, piscine, aire de jeux, salle de football, tennis, restaurant, salles de réunions, de gym, de jeux, salon de massage, sauna, spa. CARTES DE CRÉDIT Toutes.
Estrada do Arraial, km 18, praia de Taípe
TÉL. 3575-8400 RÉSERVATIONS 08007073782 FAX 3575-8484
www.clubmed.com.br

Pousada Capim Santo $$
Jardins et bois, avec un bain ofuro et un kiosque de massage en plein air. Au Beco da Flor salon de beauté et de soins esthétiques. Le cadre est rustique, mais confortable.

RESTAURANTS	$ jusqu'à 50 R$	$$ de 51 R$ à 100 R$	$$$ de 101 R$ à 150 R$	$$$$ au-dessus de 150 R$

Les chambres sont petites et charmantes et les chambres dites "*suítes*" possèdent une mezzanine et une baignoire d'hydromassage. **INSTALLATIONS** 15 chambres, climatisation, téléphone, TV, bar, piscine, restaurant, salon de massage. **CARTES DE CRÉDIT** American Express, Visa.
Pça. São João, Quadrado
TÉL. 3668-1122
www.capimsanto.com.br

Pousada do Quadrado $$
Charmante, avec de grands salons dotés de canapés, de tables et de chaises longues. La décoration, mêlant rusticité et raffinement, est de Sig Bergamin. Les 3 chambres "*duplex*" possèdent une mezzanine et une terrasse privée. **INSTALLATIONS** 11 chambres, climatisation, TV, bar, restaurant. **CARTES DE CRÉDIT** Visa.
Pça. São João, 1, Quadrado
TÉL. 3668-1808 **FAX** 3668-1811
www.pousadadoquadrado.com.br

Pousada Estrela d'Água $$$$
Cette maison a appartenu à la chanteuse Gal Costa. Elle est séparée de la plage par une passerelle en bois, avec des piscines et de charmants espaces donnant sur la mer. Le cadre est rustique – la réception est dans une cabane en torchis dont le sol est en sable - mais des pièces anciennes composent le décor. Les chambres sont dispersées sur 23 000 m² de jardins tropicaux. Les chalets possèdent un bain ofuro et la "*suíte master*" une piscine privée. **INSTALLATIONS** 26 chambres, climatisation, téléphone, TV, bar, piscine, tennis, restaurant, salle de gym, salon de massage. **CARTES DE CRÉDIT** Toutes.
Estrada Arraial d'Ajuda, s/n
TÉL. 3668-1030 **RÉSERVATIONS** (21) 2287-1592
www.estreladagua.com.br

Pousada Etnia $$
Il s'agit d'une auberge-boutique installée dans une zone arborisée. Décoration raffinée, composée d'objets d'art, d'antiquités et de meubles originaux créés par les propriétaires et designers André Zanonato et Corrado Tini, qui offrent un accueil très personnalisé. Parure italienne, lits à baldaquin, jardin d'hiver et terrasse contribuent au charme de chaque chalet. N'accepte pas les enfants. **INSTALLATIONS** 5 chambres, climatisation, téléphone, TV, TV câblée, bar, piscine, restaurant, salon de massage. **CARTES DE CRÉDIT** Visa.
Av. Principal, s/n, Centro
TÉL. 3668-1137
www.etniabrasil.com.br

RESTAURANTS

Capim Santo $$
Les propriétaires, originaires de São Paulo, vivent à Trancoso depuis plus de 20 ans. Le restaurant sert des poissons, des fruits de mer préparés de manière créative. Certains plats sont préparés avec le *capim-santo*, la mélisse qui donne son nom à l'établissement. Goûtez notamment le succulent *camarão com curry e capim-santo* (crevettes au curry et à la mélisse). La fille du couple possède une filiale très prisée à Vila Madalena, São Paulo. **CUISINE** Poissons et fruits de mer. **CARTES DE CRÉDIT** American Express. **HORAIRE** Lun. à sam., 17h/23h.
Pça. São João, Quadrado
TÉL. 3668-1122

Jacaré $$
Restaurant installé dans la charmante Pousada do Quadrado. Ambiance décontractée, tables sur la terrasse et dans les jardins, dîner romantique aux chandelles. Le menu change à chaque saison, toutefois il y a toujours des plats de poissons et de fruits de mer, à base de produits régionaux. **CUISINE** Variée. **CARTES DE CRÉDIT** Visa. **HORAIRE** Tous les jours, 17h/24h (ouvert seulement pendant la haute saison).
Pça. São João, Quadrado
TÉL. 3668-1808

SERVICES

AGENCES DE TOURISME

Bahia Alegria
TÉL. 3575-5033

Latitude 16 Expedições
TÉL. 3668-2260/8803-0016

Natural Cicloturismo e Aventura
TÉL. 3668-1955/8804-5557

Solomar e Nique Cavalgadas
TÉL. 3668-1637

Trancoso Receptivo
Pça. São João, s/n (átrio), Quadrado
TÉL. 3668-1333

LOCATION DE BATEAUX

Jarbá Lanchas
TÉL. 3668-1479

NORD

Belém – PA

INDICATIF 91 **HABITANTS** 1 280 614
DISTANCE São Luís, 803 km
SITE www.prefeituradebelem.com.br

HÔTELS

Equatorial Palace $$
L'hôtel, vieux de 30 ans, est en cours de rénovation. Choisissez l'une des chambres déjà restaurées, sans moquette. **INSTALLATIONS** 126 chambres, climatisation, téléphone, TV, TV câblée, bar, piscine, restaurant, salle de réunions. **CARTES DE CRÉDIT** Toutes.
Av. Braz de Aguiar, 612, Nazaré
TÉL. 3181-6000 **RÉSERVATIONS** 0800995222
FAX 3181-6001
www.equatorialhotel.com.br

PRIX	HÔTELS (couple)	$ jusqu'à 150 R$	$$ de 151 R$ à 300 R$	$$$ de 301 R$ à 500 R$	$$$$ au-delà de 500 R$

Hilton Belém $$$
Situé au cœur de la ville, à côté du Theatro da Paz, il reçoit surtout les hommes d'affaires qui disposent, sur deux étages de services de secrétariat bilingue, fax et ordinateur. Service soigné. Tarifs promotionnels en weekend. **INSTALLATIONS** 361 chambres, climatisation, téléphone, TV, TV câblée, bar, piscine, piste de jogging, restaurant, salles de réunions, de gym, salon de massage, sauna. **CARTES DE CRÉDIT** Toutes.
Av. Presidente Vargas, 882, Centro
TÉL. 4006-7000 **RÉSERVATIONS** 0800780888
FAX 3225-2942
www.belem.hilton.com (em inglês)

RESTAURANT

Amazon Beer $
Restaurant situé dans l'Estação das Docas, l'un des sites touristiques de la ville. L'établissement produit 5 sortes de bière artisanale. Sert également de très bon plats, tels que le *camarão amazon* (crevettes) et le *filé de peixe com risoto* (risotto de filet de poisson). **CUISINE** Brésilienne. **CARTES DE CRÉDIT** Toutes. **HORAIRE** Lun. à mer., 17h/1h; jeu. et ven., 17h/3h; sam., 11h/3h; dim. et jours fériés, 11h/1h.
Av. Boulevard Castilho França, s/n, Armazém 1, Estação das Docas
TÉL. 3212-5400

Lá em Casa $
Restaurant très fréquenté par les touristes. Spécialités régionales, telles que: *pato no tucupi* (canard grillé avec jus de manioc et feuilles de jambu), *maniçoba* (feuilles de manioc ou maniva, viandes, riz, farine de manioc, piment), *farofa de pirarucu* (pirarucu accompagné de farine de manioc) *et filhote na chapa* (bagre laulao grillé). Choisissez le menu dégustation – menu *paraense* (de l'État du Pará) – composé de petites portions de divers plats régionaux.. **CUISINE** Régionale. **CARTES DE CRÉDIT** Toutes. **HORAIRE** Lun. à sam., 12h/15h; lun. à mer., 19h/23h30; jeu. à sam., 19h/1h; dim., 12h/16h.
Av. Gov. José Malcher, 247, Nazaré
TÉL. 3223-1212

O Outro
Dans ce restaurant au cadre moderne (annexe plus confortable du restaurant Lá em Casa), le propriétaire et chef Paulo Martins propose une carte créative, qui change tous les deux mois – à l'exception du plat vedette de la maison, le *cordeiro de forno* (Cf. Plus haut). **CARTES DE CRÉDIT** Toutes. **HORAIRE** Dim., 12h/16h.
Av. Gov. José Malcher, 247, Nazaré
TÉL. 3223-1212

SERVICES

AÉROPORT

Aeroporto Internacional de Belém
Av. Júlio César, s/n, 12 km
TÉL. 3210-6039

AGENCES DE TOURISME

Rumo Norte Expedições
Av. Serzedelo Correa, 895, vila Augusta, 59, 2ème étage
TÉL. 3222-6442

Valeverde Turismo
R. Alcindo Cacela, 104, Pedreira
TÉL. 3241-7333

COMMISSARIAT DÉLÉGUÉ AUX TOURISTES

Delegacia de Turismo Companhia Integrada de Policiamento de Turismo (Ciptur)
TÉL. 3230-0549/3241-1751

INFORMATIONS TOURISTIQUES

Belemtur – Companhia de Turismo de Belém
Av. Governador José Malcher, Passagem Bolonha, 38, Nazaré
TÉL. 3283-4851/3283-4850. **HORAIRE** Lun. à ven., 8h/18h

Mosqueiro
Pça. Matriz do Mosqueiro, Praia Bar
TÉL. 3771-3624. **HORAIRE** Lun. à ven., 8h/13h

Paratur – Companhia Paraense de Turismo
Pça. Maestro Waldemar Henrique, s/n, Reduto
TÉL. 3212-0669/9135. **HORAIRE** Lun. à ven., 8h/18h

Guichet d'Informations Touristiques à l'Aéroport International de Belém
Av. Júlio César, s/n, 12 km
TÉL. 3210-6272. **HORAIRE** 8h/22h

Guichet d'Informations Touristiques (Paratur) à l'Aéroport International de Belém
Av. Júlio César, s/n, 12 km
TÉL. 3210-6330. **HORAIRE** 8h/21h

Ilha de Marajó – PA

INDICATIF 91

HÔTEL

Pousada dos Guarás $
Vaste zone verte donnant sur la praia Grande. Malgré sa rusticité, l'un des meilleurs hotels de l'île. Spécialités: *filé marajoara* (viande de buffle au fromage de bufflesse fondu) *et frito do vaqueiro* (steak de buffle et farine de manioc). **INSTALLATIONS** 50 chambres, climatisation, téléphone, TV, terrain de football, chevaux, piscine, restaurant, salles de réunions, de jeux, salon de massage. **CARTES DE CRÉDIT** Toutes.
Av. Beira-Mar, praia Grande (accès par le km 24 sur la rodovia PA-154)
TÉL. 3765-1133 **RÉSERVATIONS** 4005-5658
www.pousadadosguaras.com.br

RESTAURANTS	$ jusqu'à 50 R$	$$ de 51 R$ à 100 R$	$$$ de 101 R$ à 150 R$	$$$$ au-dessus de 150 R$

Jalapão – TO

INDICATIF 63
DISTANCE Palmas, 200 km

HÔTEL

Fazenda Santa Rosa $$$$
Hôtel bénéficiant de l'un des décors les plus spectaculaires de Jalapão, près des dunes et au pied de la Serra do Espírito Santo. Les bungalows, de style "rustique chic", sont charmants. Il est conseillé de réserver à l'avance. **INSTALLATIONS** 6 chambres, restaurant. **CARTES DE CRÉDIT** MasterCard.
Estrada do Jalapão, à 15 km de la municipalité de Mateiros
TÉL. 3534-1033

RESTAURANT

Panela de Ferro $
Situé à Mateiros, ce restaurant est une bonne adresse pour les amateurs de cuisine "maison". Ne sert que des plats du jour (riz, haricots, salades et viandes). **CUISINE** Brésilienne. **CARTES DE CRÉDIT** Non acceptées. **HORAIRE** 11h/14h30 et 18h/20h30.
Av. Tocantins, quadra 7, lote 15, Centro
TÉL. 3534-1038

Manaus – AM

INDICATIF 92 **HABITANTS** 1 405 835
DISTANCE Brasília, 3490 km

HÔTELS

Ariaú Amazon Towers $$$
Situé à 2 h 30 de bateau de Manaus. Son cadre insolite, dans des tours suspendues et reliées par 8 km de passerelles au sommet des arbres, en font le plus grand hôtel dans la forêt. L'observation de la nature est particulièrement intéressante dans deux tours de 41 m. Seules les chambres "suítes" disposent d'une douche électrique et d'une vue privilégiée. Dans la catégorie "Casa do Tarzan" (Maison de Tarzan), les chambres sont équipées d'une baignoire d'hydromassage. **INSTALLATIONS** 50 chambres, climatisation, téléphone, TV, terrain de football, chevaux, piscine, restaurant, salles de réunions, de jeux, salon de massage. **CARTES DE CRÉDIT** Toutes.
Lago Ariaú
TÉL. 2121-5000 **RÉSERVATIONS** 08007025005
FAX 3233-5615
www.ariau.tur.br

Guanavenas Pousada Jungle Lodge $$$
En pleine forêt, l'un des plus éloignés de Manaus (à 350 km). Comptez 5 heures de trajet à partir de Manaus, en bus et en bateau. Très organisé et propre, il possède une excellente infrastructure de loisir et un cadre magnifique en pleine forêt, coupé par des ruisseaux, visibles depuis une tour de 30 m de hauteur. Les arbres fruitiers attirent un grand nombre d'oiseaux. **INSTALLATIONS** 50 chambres, climatisation, téléphone, TV, terrain de football, chevaux, piscine, restaurant, salles de réunions, de jeux, salon de massage. **CARTES DE CRÉDIT** Toutes.
Lago do Canaçari, île de la municipalité de Silves
RÉSERVATIONS 3656-1500 **FAX** 3238-1211
www.guanavenas.com.br

Hotel de Selva Lago Salvador
Préférez l'une des quatre cabanes avec terrasse car la vue sur le lac aux eaux limpides est spectaculaire. Diverses activités sportives telles que le rafting, le rappel et promenades au sommet des arbres (accrobranche). Choisissez la cabane numéro 1 si vous souhaitez être près du restaurant, sans quoi il vous faudra emprunter des sentiers ou un canot pour y accéder. **INSTALLATIONS** 50 chambres, climatisation, téléphone, TV, terrain de football, chevaux, piscine, restaurant, salles de réunions, de jeux, salon de massage. **CARTES DE CRÉDIT** Toutes.
Lago Salvador, municipalité d'Iranduba, rive droite du Rio Negro
TÉL. 3658-3052 **FAX** 3658-3512
www.salvadorlake.com.br

Jungle Othon Palace $$$
Hôtel flottant construit sur une barge flottante en acier. C'est l'un des plus petits dans sa catégorie. Le restaurant possède un belvédère. **INSTALLATIONS** 50 chambres, climatisation, téléphone, TV, terrain de football, chevaux, piscine, restaurant, salles de réunions, de jeux, salon de massage. **CARTES DE CRÉDIT** Diners, MasterCard, Visa.
Igarapé do Tatu, rive gauche du Rio Negro
TÉL. 3633-6200 **FAX** 3633-5530
www.junglepalace.com.br

Tiwa Amazonas Ecoresort $$$
Hôtel de forêt le plus récent, installé en face de Manaus sur l'autre rive du rio Negro. D'où l'impression de se trouver en dehors de la forêt. Les chalets en bois sont confortables mais n'a pas d'eau chaude. Offre des activités comme le rappel et la tyrolienne. **INSTALLATIONS** 50 chambres, climatisation, téléphone, TV, terrain de football, chevaux, piscine, restaurant, salles de réunions, de jeux, salon de massage. **CARTES DE CRÉDIT** Non acceptées.
Municipalité d'Iranduba, rive droite du Rio Negro
TÉL. 3088-4676
www.tiwaamazone.nl/portugues/frameport.htm

**Tropical Manaus
Eco Resort Experience** $$$$
Situé à 15 km du centre, l'un des hôtels les plus complets et les plus luxueux de la région. Beaucoup de distractions sont proposées aux touristes et en particulier aux plus jeunes : piscine à vagues et minizoo. Bons restaurants et chambres très bien équipées. **INSTALLATIONS** 589 chambres, climatisation, téléphone, TV, TV câblée, bar, terrain de football, équipe d'animation, piscine, piste de jogging, aire de jeux, tennis, restaurant, salles de réunions, de jeux, salon de massage, sauna. **CARTES DE CRÉDIT** Toutes.
Av. Cel. Teixeira, 1320, Ponta Negra
TÉL. 3659-5000 **RÉSERVATIONS** 08007012670
FAX 3658-5026
www.tropicalhotel.com.br

PRIX	HÔTELS (couple)	$ jusqu'à 150 R$	$$ de 151 R$ à 300 R$	$$$ de 301 R$ à 500 R$	$$$$ au-delà de 500 R$

RESTAURANTS

Açaí e Cia $
Concerts les vendredis et samedis soirs. Ambiance décontractée, fréquenté par la population locale. Spécialités: *tacacá com tucupi*, soupe typique de l'Amazonie, la *caldeirada de tambaqui* (genre de bouillabaisse de tambaqui) et l'*açaí* servi avec de la farine. CUISINE Poissons et fruits de mer, Régionale. CARTES DE CRÉDIT Toutes. HORAIRE Dim. et lun., 16h/24h; mar. et mer., 11h/24h; jeu. à sam., 11h/1h.
R. Acre, 92, Vieiralves
TÉL. 3635-3637

Bicho Preguiça Restaurant Flutuante $
Ambiance de kiosques sur une terrasse en bois, plus raffiné que la plupart des autres restaurants. Très belle vue des eaux. Dégustez une *costela de tambaqui na brasa* (côte de tambaqui braisée) ou une *picanha na brasa* (rumsteak braisé). CUISINE Variée. CARTES DE CRÉDIT Non acceptées. HORAIRE À partir de 11h.
Lago do Cacau
TÉL. 9148-0215/9604-3594

Canto da Peixada $
On peut voir un tambaqui empaillé de 30 kg. CUISINE Poissons. CARTES DE CRÉDIT American Express. HORAIRE Lun. à sam., 11h30/15h30 et 18h30/23h30.
R. Emílio Moreira, 1677, pça. 14
TÉL. 3234-3021/066

SERVICES

AÉROPORT

Aeroporto Internacional Eduardo Gomes
Av. Santos Dumont, 1350, Tarumã
TÉL. 3652-1212

AGENCES DE TOURISME

Agência Selvatur
Pça. Adalberto Vale, 17, Centro
TÉL. 3622-2577/2580

Amazon Explorers Ltda.
Av. Djalma Batista, 2100, salle 225/226, Chapada
TÉL. 3633-3319/8802-3733

Equipol Turismo
R. Rio Branco, 24, quadra 37, salle A, Vieiralves
TÉL. 3633-4400/6017

Fontur – Fonte Turismo Ltda.
Av. Coronel Teixeira, 1320, Ponta Negra
TÉL. 3658-3052/3438

Paradise Turismo Ltda.
Av. Eduardo Ribeiro, 520, salle 108, Bittencourt, Centro
TÉL. 3633-1156

COMMISSARIAT DÉLÉGUÉ AUX TOURISTES

Polícia de Turismo (Politur)
TÉL. 3622-4986

INFORMATIONS TOURISTIQUES

Centro de Atendimento ao Turista à l'Aéroport International Eduardo Gomes
Av. Santos Dumont, 1350, Tarumã
TÉL. 3652-1120. HORAIRE 8h/23h

Centro de Atendimento ao Turista à l'Amazonas Shopping Centro
Av. Djalma Batista, s/n
TÉL. 3236-5154

Centro de Atendimento ao Turista Eduardo Ribeiro
Av. Eduardo Ribeiro, 666, Centro
TÉL. 3622-0767

Manaustur – Fundação Municipal de Turismo
Av. Sete de Setembro, 157, Centro
TÉL. 3622-4986

Palmas – TO

INDICATIF 63 HABITANTS 137 355
DISTANCES Belém, 1243 km; Brasília, 847 km
SITE www.amatur.to.gov.br

HÔTEL

Pousada dos Girassóis $
Auberge, idéale pour passer une nuit avant de partir à Jalapão. C'est l'une des plus anciennes de la ville. INSTALLATIONS 61 chambres, climatisation, téléphone, TV, bar, piscine, salles de réunions, de jeux. CARTES DE CRÉDIT Toutes.
103 Sul, conjunto 3, lote 44
TÉL. 3219-4500 FAX 3215-2321
www.pousadadosgirassois.com.br

RESTAURANTS

Cabana do Lago $
Meilleur restaurant de la ville. CUISINE Typique du Nord-Est. CARTES DE CRÉDIT Toutes. HORAIRE 11h jusqu'au dernier client.
103 Sul, conjunto 2, lote 5
TEL 3215-4989

SERVICES

AÉROPORT

Aeroporto de Palmas
Av. Joaquim Teotônio Segurado/Aureny III (área Expansão Sul)
TÉL. 3219-3700

Santarém – PA

INDICATIF 93 HABITANTS 262 672
DISTANCE Belém, 1526 km

HÔTEL

Beloalter $$
Les chambres sont entourées de verdure. Établissement

| RESTAURANTS | $ jusqu'à 50 R$ | $$ de 51 R$ à 100 R$ | $$$ de 101 R$ à 150 R$ | $$$$ au-dessus de 150 R$ |

propre et donnant directement sur la plage Alter do Chão. À noter les chambres *suítes* de la casa da Praia. L'une d'elles peut accueillir jusqu'à 5 personnes. **INSTALLATIONS** 26 chambres, climatisation, téléphone, TV, TV câblée, bateau, piscine, restaurant, salle de réunions. **CARTES DE CRÉDIT** American Express, Diners, MasterCard, Visa.
R. Pedro Teixeira, s/n, Alter do Chão
TÉL. 3527-1247 **FAX** 3527-1230
www.beloalmar.com.br

SERVICES

AGENCES DE TOURISME

Santarém Tur – Empreendimentos Turísticos de Santarém Ltda.
Av. Adriano Pimentel, 44, Centro
TÉL. 3522-4847

CENTRE-OUEST

Alta Floresta – MT

INDICATIF 66 **HABITANTS** 46 982
DISTANCE Cuiabá, 820 km

HÔTELS

Cristalino Jungle Lodge $$
À côté du Parc National du Cristalino. L'accès se fait par un chemin en terre (39 km) plus 30 minutes de bateau. Excellent point d'observation sur la forêt environnante, à partir d'une tour haute de 50 m. **INSTALLATIONS** 18 chambres, ventilateur, bar, bateau, restaurant. **CARTES DE CRÉDIT** Toutes.
Av. Perimetral Oeste, 2001
TÉL. 512-7100 **FAX** 521-2221
www.cristalinolodge.com.br

Pousada Thaimaçu $$$$
Pour les amateurs de pêche sportive. Possibilité de pêcher (et relâcher) de grands poissons comme le *tucunaré* (nom scientifique *cichla ssp.*) ou le *jaú* (le Manduguruyu, de la Guyane). Le forfait pêche sportive est de 8 jours, weekend compris. **INSTALLATIONS** 20 chambres, climatisation, bateau, restaurant. **CARTES DE CRÉDIT** Non acceptées.
R. C2, 228
TÉL. 521-3587 **RÉSERVATIONS** 521-2331
www.thaimacu.com.br

Alto Paraíso de Goiás – GO

INDICATIF 62 **HABITANTS** 6 182
DISTANCES Brasília, 230 km; Goiânia, 440 km
SITE www.agetur.go.gov.br/municipios/paraiso.htm

HÔTELS

Casa Rosa Pousada das Cerejeiras $
L'auberge possède 4 chambres spacieuses et 8 chalets pouvant accueillir jusqu'à 5 personnes. Service soigné. Très joli paysage alentour. **INSTALLATIONS** 12 chambres, TV, piscine. **CARTES DE CRÉDIT** Non acceptées.
R. Gumercindo Barbosa, 233, Centro
TÉL. 3446-1319
www.pousadacasarosa.com.br

Pousada Portal da Chapada $$
Les chalets en bois, grands et confortables, sont proches d'une cascade et d'un sentier de randonnée. Possède un camping et reçoit également les visiteurs d'un jour. **INSTALLATIONS** 11 chambres, aire de jeux, terrain de football, restaurant, salle de jeux, salon de massage, sauna. **CARTES DE CRÉDIT** Non acceptées.
Rodovia GO-327, km 9
TÉL. 9669-2604 **RÉSERVATIONS** 3446-1820
www.portaldachapada.com.br

SERVICES

AGENCES DE TOURISME

Alpatur Ecoturismo
R. das Nascentes, 129
TÉL. 3446 1820

Alternativas Ecoturismo
Av. Ary Valadão Filho, 1331
TÉL. 3446-1000

Transchapada Turismo
R. dos Cristais, 7, salle 01
TÉL. 3446-1345

Travessia Ecoturismo
Av. Ary Valadão Filho, 979
TÉL. 3446-1595

Aquidauana – MS

INDICATIF 67 **HABITANTS** 43 440
DISTANCE Campo Grande, 130 km

HÔTELS

Fazenda Rio Negro $$$
L'accès par route est possible par temps sec, entre fin juillet et début octobre. Sinon, préférez l'avion. L'hôtel dispose de guides bilingues. **INSTALLATIONS** 13 chambres, bar, restaurant. **CARTES DE CRÉDIT** Toutes.
Rives du fleuve Negro
TÉL. 326-0002 **FAX** 326-8737
www.fazendarionegro.com.br

Pousada Aguapé $$
Agréable, mais l'accès par route de terre, de 53 km, est difficile durant la période des pluies (de novem-

| PRIX | HÔTELS (couple) | $ jusqu'à 150 R$ | $$ de 151 R$ à 300 R$ | $$$ de 301 R$ à 500 R$ | $$$$ au-delà de 500 R$ |

bre à mars). Terrain de camping. **INSTALLATIONS** 14 chambres, climatisation, ventilateur, terrain de football, piscine, restaurant. **CARTES DE CRÉDIT** American Express, Visa.
Accès par la rodovia BR-262
TÉL. ET FAX 686-1036
www.aguape.com.br

Bonito – MS

INDICATIF 67 **HABITANTS** 16 956
DISTANCE Campo Grande, 280 km
SITE www.bonito-ms.com.br

HÔTELS

Wetega $$$
L'hôtel tire son nom ("pierre") d'une tribu locale, les Kadiweus. Très belles chambres avec balcon. Près du centre commercial mais sans infrastructure de loisir pour les enfants. **INSTALLATIONS** 67 chambres, climatisation, téléphone, TV, TV câblée, bar, piscine, restaurant, salles de réunions, de jeux. **CARTES DE CRÉDIT** Diners, MasterCard, Visa.
R. Coronel Pilad Rebuá, 679
TÉL. 255-1699
www.wetegahotel.com.br

Zagaia Eco Resort $$$
Chalets de plain-pied, au milieu d'une zone verte. Choisissez de préférence les chalets "*luxo*", qui ont de meilleures salles de bains. **INSTALLATIONS** 100 chambres, climatisation, téléphone, TV, TV câblée, bar, terrain de football, chevaux, équipe d'animation, piscine, piscine chauffée, aire de jeux, tennis, restaurant, salles de réunions, de gym, sauna. **CARTES DE CRÉDIT** Toutes.
Rodovia Bonito–Três Morros, km 0
TÉL. 255-1280 **RÉSERVATIONS** 0800994400 **FAX** 255-1710
www.zagaia.com.br

RESTAURANT

Cantinho do Peixe $
Ne sert que du *pintado* (*pseudoplatystoma coruscans*), préparé de 20 manières différentes. Goûtez le *pintado a urucum* (au roucou), accompagné de crème et mozzarella, riz blanc et purée de poisson. En entrée est servi le *caldo de piranha* (court-bouillon de piranha). **CUISINE** Brésilienne. **CARTES DE CRÉDIT** MasterCard, Visa. **HORAIRE** Lun. à sam., 11h/15h et 18h/22h; dim., 11h/15h.
R. Trinta e Um de Março, 1918
TÉL. 255-3381

SERVICES

AGENCES DE TOURISME

Tamanduá
R. Coronel Pilad Rebuá, 1890
TÉL. 255-5000

Ygarapé Tour
R. Coronel Pilad Rebuá, 1956
TÉL. 255-1733

INFORMATIONS TOURISTIQUES

Secretaria de Turismo
R. Cel. Pilad Rebuá, 1780, Centro
TÉL. 255-1850. **HORAIRE** Lun. à sam., 7h/17h

Brasília – DF

INDICATIF 61 **HABITANTS** 2 051 146
DISTANCE Goiânia, 136 km
SITE www.setur.df.gov.br

HÔTELS

Blue Tree Park Brasília $$$
Conçu par Ruy Ohtake, face au lac du Paranoá et à côté du Palácio da Alvorada. Chambres avec vue sur le lac. **INSTALLATIONS** 387 chambres, climatisation, téléphone, TV, TV câblée, bar, bateau, piscine, piste de jogging, terrain de football, restaurant flottant, salles de réunions, de gym, salon de massage, sauna, spa. **CARTES DE CRÉDIT** Toutes.
Setor Hoteleiro Turístico Norte, trecho 1, conjunto 1B, bloco C
TÉL. 3424-7000 **RÉSERVATIONS** 0800150500 **FAX** 3424-7001
www.bluetree.com.br

Naoum Plaza Hotel $$$$
Accueil sympathique et service rapide. Fréquenté par les hommes d'affaires; *business center* et services de secrétaires bilingues. Un étage est réservé aux non-fumeurs. **INSTALLATIONS** 190 chambres, climatisation, téléphone, TV, TV câblée, bar, piscine, piste de jogging, restaurant, salles de réunions, de gym, salon de massage, sauna. **CARTES DE CRÉDIT** Toutes.
Setor Hoteleiro Sul, quadra 5, bloco H/I
TÉL. 3322-4545 **RÉSERVATIONS** 0800614844 **FAX** 3322-4949
www.naoumplaza.com.br

RESTAURANTS

Bargaço $$
Le plat le plus demandé est la *moqueca de camarão*, accompagnée de riz, de purée de farine de manioc et de farine de coco. **CUISINE** Bahianaise, Poissons et fruits de mer. **CARTES DE CRÉDIT** MasterCard, Visa. **HORAIRE** Lun. à jeu., 12h/24h; ven. et sam., 12h/1h; dim., 12h/23h.
Setor de Comércio Sul, 405, bloco D, loja 36
TÉL. 3443-8729/3364-6090

Dudu Camargo $$$
L'un des plus raffinés fréquenté par les hommes politiques et les hommes d'affaires. Propose des plats mêlant des saveurs différentes, comme la *carne-de-sol com couve crocante e com couve suave*) (viande séchée au chou croquant et au chou tendre)! Le *risoto de pato* (risotto de canard) est également une spécialité. **CUISINE** Contemporaine. **CARTES DE CRÉDIT** Toutes. **HORAIRE** Lun. à jeu., 12h/15h et 19h/23h30; ven., 12h/16h et 19h/2h; sam., 19h/2h; dim., 12h/17h.
Setor Comércio Local Sul, quadra 303, bloco A, loja 3
TÉL. 3323-8082

Lagash $
Les plats de **CUISINE** arabe proviennent de recettes fami-

RESTAURANTS	$ jusqu'à 50 R$	$$ de 51 R$ à 100 R$	$$$ de 101 R$ à 150 R$	$$$$ au-dessus de 150 R$

liales. Demandez la *salada de damasco*, un mélange de salades, miel, fromage chanclich et abricots, et le *carneiro marroquino* (mouton à la mode marocaine). En dessert, goûtez le succulent *lagash*, un feuilleté aux noix, miel et châtaignes. CUISINE Arabe. CARTES DE CRÉDIT Toutes. HORAIRE Lun. à sam., 12h/16h et 19h/24h; dim., 12h/16h.
Setor Comercial Norte 308, bloco B, loja 11/17
TÉL. 3273-0098

O Convento $$
Ce bel établissement ("Le Couvent") a été construit avec du matériel de démolition. Il n'y a pas de pancarte sur la porte, mais vous serez reçu par des serveurs vêtus comme des prêtres franciscains. Goûtez notamment le "*rogai por nós, pecadores*" ("priez pour nous, pécheurs"), une délicieuse crème de potiron avec de la viande séchée, ou le "*cordeiro dos deuses*" ("agneau des dieux"), servi avec une savoureuse sauce aux pommes et aux fruits de la passion. CUISINE Des Minas Gerais. CARTES DE CRÉDIT Diners, MasterCard, Visa. HORAIRE Mar. à sam., 12h/16h et 20h/24h; dim., 13h/16h.
Setor de Habitações Individuais Sul, quadra 9, conjunto 9, casa 4
TÉL. 3248-1211/3149

Patu Anú $
Éloigné du centre-ville et peu accessible, mais le voyage vaut le déplacement. Cadre accueillant, en harmonie avec la nature et belle vue sur le lac du Paranoá. L'établissement sert de savoureux gibiers et poissons, tels que le *linguado Yapuana*, souvent préparée au miel, orange et poivre rose. Réserver à l'avance. CUISINE Contemporaine. CARTES DE CRÉDIT Toutes. HORAIRE Mar. à sam., 20h30/1h; dim., 13h30/18h.
Setor de Mansões do Lago Norte, trecho 12, conjunto 1, casa 7
TÉL. 3369-2788/9202-8930

SERVICES

AÉROPORT

Aeroporto Internacional de Brasília Presidente Juscelino Kubitschek
L'un des plus modernes du pays. Dispose d'une infrastructure complète pour les touristes.
TÉL. 3364-9000

INFORMATIONS TOURISTIQUES

Setur
Setor Comercial Norte – Centro Empresarial Varig, 4ème étage
TÉL. 3429-7635. HORAIRE Lun. à ven., 9h/18h

Caldas Novas – GO

INDICATIF 64 HABITANTS 49 660
DISTANCES Brasília, 290 km; Goiânia, 170 km
SITE www.caldas.tur.br

HÔTEL

Parque das Primaveras $$
Une véritable oasis de silence à côté des autres hôtels de la ville. Les chalets sont installés dans une grande zone verte. Toutes les chambres possèdent une baignoire d'hydromassage et une terrasse. INSTALLATIONS 23 chambres, climatisation, téléphone, TV, TV câblée, bar, aire de jeux, terrain de football, restaurant, salle de jeux, sauna. CARTES DE CRÉDIT Diners, MasterCard, Visa.
R. do Balneário, 1
TÉL. 453-1355 FAX 453-1294
www.hpprimaveras.com.br

Campo Grande – MS

INDICATIF 67 HABITANTS 663 621

HÔTEL

Hotel Jandaia $$
Installé à l'angle de deux rues animées, c'est une bonne option pour un séjour d'une nuit. Certains étages sont réservés aux non-fumeurs et aux personnes allergiques. INSTALLATIONS 140 chambres, climatisation, téléphone, TV, bar, piscine, restaurant, salle de réunions, salle de gym, salle de jeux. CARTES DE CRÉDIT Toutes.
R. Barão do Rio Branco, 1271, Centro
TÉL. 3167-7000
www.jandaia.com.br

RESTAURANT

Fogo Caipira $
Cadre agréable, avec un joli jardin à l'arrière. Le service est un peu lent, 30 min. d'attente en moyenne, mais cela vaut la peine. Goûtez notamment la *carne-seca na moranga com requeijão* (viande séchée dans le potiron au fromage fondu). CUISINE Régionale. CARTES DE CRÉDIT Toutes. HORAIRE Lun. à jeu., 17h/23h; ven. et sam., 11h/24h; dim., 11h/16h.
R. José Antonio Pereira, 145
TÉL. 324-1641/382-0731

SERVICES

AÉROPORT

Aeroporto Internacional de Campo Grande
Petit et propre. Le stand d'informations touristiques possède peu d'informations pour les visiteurs arrivant sur place.
Accès par l'av. Duque de Caxias
TÉL. 368-6000

AGENCE DE TOURISME

Impacto Tour
Especializada em ecoturismo
R. Padre João Crippa, 686
TÉL. 325-1333

BUREAU DE CHANGE

Intercâmbio
TÉL. 324-1515

| PRIX | HÔTELS (couple) | $ jusqu'à 150 R$ | $$ de 151 R$ à 300 R$ | $$$ de 301 R$ à 500 R$ | $$$$ au-delà de 500 R$ |

INFORMATIONS TOURISTIQUES

Morada dos Baís
Bel immeuble historique, où le Sebrae-MS (Service Brésilien de Soutien aux Petites et Moyennes Entreprises) gère un Bureau d'Informations Touristiques. Diverses brochures disponibles sur les curiosités touristiques du Mato Grosso do Sul (y compris Pantanal et Bonito), y compris du matériel en anglais. HORAIRE Mar. à sam., 8h/19h; dim., 9h/12h.
Av. Noroeste, 5140 (au coin de l'av. Afonso Pena)
TÉL. 321-0733

TAXI AÉRIEN

Amapil Táxi-Aéreo
R. Belizário Lima, 677
TÉL. 321-0733

Chapada dos Guimarães – MT

INDICATIF 65 HABITANTS 15 755
DISTANCE Cuiabá, 70 km

HÔTELS

Pousada Penhasco $$
La plupart des chambres donne sur la Chapada. Bonne infrastructure pour les familles, dont deux piscines chauffées couvertes et avec hydromassage. Accepte également les visiteurs d'un jour. Un videoke est disponible dans la salle du petit-déjeuner. INSTALLATIONS 44 chambres, climatisation, téléphone, TV, TV câblée, ventilateur, bar, terrain de football, piscine, piscine chauffée, piste de jogging, aire de jeux, restaurant, salle de réunions, salle de jeux, sauna. CARTES DE CRÉDIT Diners, MasterCard, Visa.
Av. Penhasco, s/n
TÉL. 301-1555 RÉSERVATIONS 624-1000
www.penhasco.com.br

Solar do Inglês $$
La maison principale, qui abrite 4 des 7 chambres, a été construite il y a 200 ans. Chaque chambre est décorée de manière différente par la propriétaire et son mari, un ancien chasseur anglais qui a vécu 30 ans dans le Pantanal avant d'ouvrir cette auberge. Une attention particulière est portée sur les petits détails, tels que les nappes et serviettes en lin utilisées pour le thé de l'après-midi, ou la corbeille de cadeaux offerte aux clients. INSTALLATIONS 7 chambres, téléphone, TV, ventilateur, bar, piscine, sauna. CARTES DE CRÉDIT Non acceptées.
R. Cipriano Curvo, 142
TÉL. 301-1389
www.chapadadosguimaraes.com.br/solardoingles

RESTAURANT

Morro dos Ventos $
Le restaurant est installé dans un complexe résidentiel qui fait payer un droit d'entrée, mais en contrepartie la vue sur la Chapada et la cascade do Amor est splendide. Le plat typique est le *peixe do morro: moqueca de pintado, costela de pacu* (côtelette de *mylossoma spp.*) et filé de pintado frito (filet de pintado frit). CUISINE Régionale.
CARTES DE CRÉDIT Non acceptées. HORAIRE 8h/18h.

Estrada do Mirante, km 1
TÉL. 301-1030/2059/1059

SERVICES

AGENCE DE TOURISME

Ecoturismo Cultural
Pça. Dom Wunibaldo, 464
TÉL. 301-1393/1639

GUIDES TOURISTIQUES

Central de Guias
Pça. Dom Wunibaldo, 464, salle 103
TÉL. 301-1687/9246-2449

Corumbá – MS

INDICATIF 67 HABITANTS 95 701
DISTANCE Campo Grande, 403 km
SITE www.corumba.ms.gov.br

HÔTEL

Fazenda Bela Vista $$
Les propriétaires de ce charmant hôtel sont Portugais (elle architecte et lui biologiste). Viande, œufs, lait et la plupart des fruits servis dans l'hôtel sont produits sur place. INSTALLATIONS 10 chambres, climatisation, téléphone, TV, ventilateur, bar, bateau, terrain de football, chevaux, piscine, salle de football, salle de jeux, sauna.
CARTES DE CRÉDIT Non acceptées.
Route Parque, km 26
TÉL. et RÉSERVATIONS 9987-3660
www.pousadabelavista.com

Yatch Millenium $$$
Ce bateau-hôtel effectue des excursions sur le rio Paraguai et ses affluents. Le trajet se fait en direction du rio São Lourenço ou dans le sens de la baie Negra. Préférez les promenades pendant la haute saison, d'août à octobre. Pendant la *piracema*, période de migration des poissons qui a lieu entre novembre et janvier, le bateau ne fait que des excursions écologiques et la pêche est interdite. Le forfait de 5 jours comprend 3 repas par jour, les boissons, les appâts et l'essence. Le bateau loue les équipements pour la pêche sportive. De préférence, essayez de réserver pour un groupe fermé de 20 à 30 personnes. INSTALLATIONS 10 chambres, Internet, climatisation, frigobar, téléphone, TV, bar, canots à moteur, matériel pour la pêche, restaurant, salle de jeux. CARTES DE CRÉDIT Non acceptées.
R. Manoel Cavassa, 225, Porto Geral
TÉL. 231-3372/3470
www.opantaneirotur.com.br

RESTAURANTS

Ceará $
Restaurant traditionnel, spécialisé dans les poissons. Le plat classique est le *pintado à urucum* (au roucou), avec crème et mozzarella. Service efficace. CUISINE Régionale. CARTES DE CRÉDIT Visa. HORAIRE Mar. à dim., 11h/14h30 et 19h/23h.

RESTAURANTS $ jusqu'à 50 R$ $$ de 51 R$ à 100 R$ $$$ de 101 R$ à 150 R$ $$$$ au-dessus de 150 R$

R. Albuquerque, 516
TÉL. 231-1930

Peixaria do Lulu $
Restaurant simple, accueil familial. L'établissement est réputé pour ses assaisonnements. Sa spécialité: le *pintado à urucum*, recette typique de la région, accompagné de riz et de purée de farine de manioc. CUISINE Régionale. CARTES DE CRÉDIT Non acceptées. HORAIRE 10h/16h et 18h/24h; en basse saison (nov. à jan.), fermé le dimanche.
R. Dom Aquino Correia, 700
TÉL. 232-2142

SERVICES

AÉROPORT

Aeroporto Internacional de Corumbá
R. Santos Dumont, s/n
TÉL. 231-3322

Cuiabá – MT

INDICATIF 65 HABITANTS 483 346
SITE www.cuiaba.mt.gov.br

HÔTEL

Eldorado Cuiabá $$
C'est la meilleure adresse pour les séjours d'une seule nuit dans la ville, avant de partir pour le Pantanal ou la Chapada dos Guimarães. Choisissez une chambre dans l'un des étages supérieurs, plus silencieux. INSTALLATIONS 139 chambres, climatisation, téléphone, TV, TV câblée, bar, piscine, restaurant, salle de réunions. CARTES DE CRÉDIT Toutes.
Av. Isaac Póvoas, 1000
TÉL. 319-3000 FAX 624-1480
www.hoteiseldorado.com.br

RESTAURANT

Al Manzul $$
Situé à 10 km de la ville et un peu difficile à trouver, cependant la cuisine est un vrai régal. Le couple de propriétaires prépare des mets arabes et s'occupe personnellement de la salle. Parmi les spécialités se distinguent le *quibe cru com molho de hortelã e beringela* (tchi keufte sauce à la menthe et à l'aubergine), *carneiro e quiabo ao suco de romã* (mouton et gombos au jus de grenade), ainsi que les traditionnels *homus* (purée de pois chiches), *babaganuches* (purée d'aubergine), *coalhadas* (caillebottes) et *charutos de folha de uva* (de feuilles de vigne farcies). Réserver à l'avance. CUISINE Arabe. CARTES DE CRÉDIT Non acceptées. HORAIRE Jeu. et ven., 18h/22h30; sam., 12h/15h et 18h/22h30; dim., 12h/15h.
Av. Arquimedes Pereira Lima, estrada do Moinho, ferme près de Brahma
TÉL. 663-2021/2237/2393

SERVICES

AÉROPORT

Aeroporto Internacional Marechal Rondon
Av. João Ponce Arruda, s/n (Várzea Grande)
TÉL. 614-2500

AGENCES DE TOURISME

Anaconda
Av. Isaac Póvoas, 606
TÉL. 624-6242

Pantanal Explorer
Av. Governador Ponce de Arruda, 670 (Várzea Grande)

Goiânia – GO

INDICATIF 62 HABITANTS 1.093.007
DISTANCE Brasília, 209 km

HÔTEL

Castro's Park Hotel $$
Hôtel ancien du centre-ville, mais qui reste la meilleure option de Goiânia. INSTALLATIONS 173 chambres, climatisation, téléphone, TV, TV câblée, équipe d'animation, piscine chauffée, aire de jeux, restaurant, salle de réunions, salle de gym, salle de jeux, salon de massage, sauna. CARTES DE CRÉDIT Toutes.
Av. Rep. do Líbano, 1520, Setor Oeste
TÉL. 0800623344 FAX 3225-7070
www.castrospark.com.br

RESTAURANT

Aroeira Restaurante e Bar $
Dans ce restaurant au cadre rustique, les clients se servent directement sur l'immense fourneau, dans les cocottes en fer ou en terre cuite. Pour ceux qui préfèrent le service à la carte, le *filé aroeira* (filet grillé avec riz blanc, *feijão-tropeiro* et banane frite) est une spécialité de la cuisine de Goiás. CUISINE Des États de Goiás et des Minas Gerais. CARTES DE CRÉDIT Visa. HORAIRE Mar. à ven., 11h30/15h et 18h/24h; sam. et dim., 11h30/24h.
R. 146, 570, Setor Marista
TÉL. 3241-5975

SERVICES

INFORMATIONS TOURISTIQUES

Agetur
TÉL. 3201-8100

Goiás – GO

INDICATIF 62 HABITANTS 27 120
DISTANCES Brasília, 320 km; Goiânia, 136 km

HÔTELS

Hotel Fazenda Manduzanzan $$
L'hôtel porte le nom de deux rivières régionales, Mandu et Zanzan. Cadre agréable et tranquille. La nourriture est bonne et l'accueil des propriétaires, très sympathique. INSTALLATIONS 10 chambres, climatisation, TV, terrain de football, chevaux, piscine, piscine naturelle, restaurant, salle de jeux, sauna. CARTES DE CRÉDIT Non acceptées.

| PRIX | HÔTELS (couple) | $ jusqu'à 150 R$ | $$ de 151 R$ à 300 R$ | $$$ de 301 R$ à 500 R$ | $$$$ au-delà de 500 R$ |

Rodovia Municipal do Assentamento do Mosquito, km 7
TÉL. 9982-3373
www.manduzanzan.com.br

Pousada do Ipê $
La partie ancienne de l'auberge date de 1798, mais les clients préfèrent généralement loger dans la partie nouvelle, en face de la piscine. Établissement charmant malgré l'exiguïté des chambres. INSTALLATIONS 21 chambres, TV, bar, piscine. CARTES DE CRÉDIT Non acceptées.
R. do Fórum, 22, Centro
TÉL. 3371-2065 FAX 3371-3802

Pousada Dona Sinhá $
L'auberge ne compte que 5 chambres, meublées de mobilier du XVIIIe siècle. Il s'agit d'une ancienne ferme dont la maison principale, vieille de plus de 200 ans, a été aménagée pour recevoir confortablement les clients. INSTALLATIONS 5 chambres, piscine. CARTES DE CRÉDIT Non acceptées.
R. Padre Arnaldo, 13
TÉL. 3371-1667

RESTAURANTS

Goiás Pontocom $
Cuisine maison savoureuse. Au déjeuner, plats de viandes et salades. Le dîner est à la carte. CUISINE Variée. CARTES DE CRÉDIT Non acceptées. HORAIRE Mar. et mer., 11h/15h30; jeu. à sam., 11h/15h30 et 19h/24h; dim., 11h/15h30.
Pça. do Coreto, 19
TÉL. 3371-1691

Paróchia $
Établissement situé à côté de l'église Santana. Goûtez notamment le délicieux *filé ao conde d'arcos*, filet de bœuf sauce moutarde et câpres. *Feijoada* le samedi. CUISINE Contemporaine. CARTES DE CRÉDIT Diners, MasterCard. HORAIRE Mar. à ven., 19h30 /24h; sam. et dim., 12h/15h et 19h30/1h.
Pça. do Coreto, 18
TÉL. 3371-3291

Miranda – MS

INDICATIF 67 HABITANTS 23 007
DISTANCE Campo Grande, 194 km
SITE www.miranda.ms.gov.br

HÔTELS

Fazenda San Francisco $$
Non seulement c'est un hôtel traditionnel, mais de plus c'est l'un des meilleurs "day use" (ouvert aux visiteurs d'un jour) de la région. Le lieu est bien entretenu et les animateurs aimables. 70% des visiteurs sont Brésiliens et 30% étrangers. Les excursions proposées pour le "day use" durent 3 heures (safari-photo) et 2h30 (péniche). INSTALLATIONS 9 chambres, climatisation, frigobar, piscine, restaurant. CARTES DE CRÉDIT Diners, MasterCard, Visa.
Rodovia BR-262, km 583
TÉL. 242-1088 FAX 242-1088
www.fazendasanfrancisco.tur.br

Fazenda Santa Inês $$
Petite auberge bien entretenue, idéale pour les amateurs de tourisme rural. Elle propose des randonnées à cheval, un mur d'escalade et de rappel, ainsi que la pêche *"no kill"*. Accepte les visiteurs désireux de passer la journée sur place. INSTALLATIONS 6 chambres, climatisation, TV, bar, chevaux, piscine, restaurant. CARTES DE CRÉDIT Toutes.
Zona rural (19 km de chemin de terre à partir du stade municipal)
TÉL. 9988-4082 RÉSERVATIONS 384-9862
www.fazendasantaines.com.br

Pousada Águas do Pantanal Inn $
Bonne adresse pour ceux qui ne souhaitent pas prendre un forfait de 3 ou 4 jours dans les fazendas de la région. L'auberge possède une agence de tourisme qui propose des circuits d'une journée. Bon petit-déjeuner. Les chambres standard sont plutôt petites; les chambres *"luxo"* sont équipées de TV, frigobar et climatiseur. INSTALLATIONS 17 chambres, climatisation, piscine. CARTES DE CRÉDIT Visa.
Av. Afonso Pena, 367
TÉL. 242-1242 RÉSERVATIONS 242-1314 FAX 242-1497
www.aguasdopantanal.com.br/pousada.htm

Refúgio Ecológico Caiman $$$$
Complexe hôtelier le plus sophistiqué de la région. Il occupe une surface de 56 000 hectares, à 36 km de la bifurcation de Miranda. Il abrite 4 auberges indépendantes, chacune avec sa propre infrastructure (piscine, bar et cuisine). Propose aux clients des kayaks, des chevaux et du matériel pour la pêche. Chaque groupe est accompagné de 2 guides, l'un biologiste et l'autre spécialiste de la région. Il est possible de faire des excursions d'une journée. INSTALLATIONS 17 chambres, climatisation, piscine, ventilateur, bar, terrain de football, chevaux, restaurant. CARTES DE CRÉDIT Toutes.
Estância Caimã, s/n, zona rural
TÉL. 242-1450 RÉSERVATIONS (11) 3079-6622
www.caiman.com.br

Pirenópolis – GO

INDICATIF 62 HABITANTS 21 245
DISTANCE Goiânia, 115 km; Brasília, 140 km

HÔTELS

Estalagem Alter Real $$
Charmant hôtel qui fonctionne à côté d'un haras de pur-sang lusitains. Sentiers aménagés pour les randonnées à cheval. Chalets avec terrasse, dont quatre avec baignoire d'hydromassage. INSTALLATIONS 11 chambres, TV, ventilateur, bar, chevaux, piscine, piscine chauffée, aire de jeux, restaurant, salle de gym, sauna. CARTES DE CRÉDIT MasterCard.
Estrada Bonsucesso, km 3
TÉL. 3331-1656 FAX 3331-1931
www.alterreal.com.br

Pousada dos Pireneus Resort $$
Hôtel situé dans une zone arborisée, sur la partie haute de la ville. Le restaurant offre une très belle vue. Bonne infrastructure de loisir pour les familles. INSTALLATIONS 105 chambres, climatisation, téléphone, TV, TV câblée, bar, terrain de football, piscine, aire de jeux, tennis, res-

RESTAURANTS	$ jusqu'à 50 R$	$$ de 51 R$ à 100 R$	$$$ de 101 R$ à 150 R$	$$$$ au-dessus de 150 R$

taurant, salle de réunions, salle de gym, salle de jeux, sauna. **CARTES DE CRÉDIT** Diners, MasterCard, Visa.
Chácara Mata do Sobrado, 80, bairro do Carmo
TÉL. 3331-1345 **FAX** 3331-1345
www.pousadadospireneus.com.br

RESTAURANT

Le Bistrô $

Dans ce restaurant éclairé aux chandelles, les plats sont créés par la propriétaire. Dégustez notamment le *filé à provençal* (filet avec sauce aux fines herbes et riz à la menthe). N'ouvre que le soir. **CUISINE** Contemporaine. **CARTES DE CRÉDIT** Non acceptées. **HORAIRE** Lun. à mer., 19h/23h; ven., 19h/24h; sam., 13h/2h; dim., 13h/24h.
R. do Rosário, 23 (r. do Lazer), casa 3, Centro Histórico
TÉL. 3331-2150

Poconé – MT

INDICATIF 65 **HABITANTS** 30 773
DISTANCE Cuiabá, 102 km

HÔTELS

Pousada Araras Eco Lodge $$$

Auberge surtout fréquentée par les touristes étrangers qui apprécient ses postes d'observation d'animaux sauvages. Guides bilingues. Réserver à l'avance. **INSTALLATIONS** 15 chambres, climatisation, ventilateur, bateau, chevaux, piscine, restaurant. **CARTES DE CRÉDIT** MasterCard, Visa.
Estrada Transpantaneira, km 33
TÉL. 9603-0529 **RÉSERVATIONS** 682-2800
www.araraslodge.com.br

Sesc Porto Cercado $

Hôtel installé dans une réserve écologique de 106 000 hectares. Choisissez de préférence les chambres du bloc E, plus récentes. Vaste structure de loisir et de prise en charge des enfants, y compris espace de jeux et salle de cinéma, un jardin potager et une serre aux papillons. **INSTALLATIONS** 108 chambres, climatisation, téléphone, TV, TV câblée, bar, bateau, terrain de football, chevaux, équipe d'animation, piscine, aire de jeux, restaurant, salle de réunions, salle de gym, salle de jeux. **CARTES DE CRÉDIT** Diners, MasterCard, Visa.
Estrada Poconé–Porto Cercado (MT-370), km 43
TÉL. 688-2021 **FAX** 688-2005
www.sescpantanal.com.br

Rio Quente – GO

INDICATIF 64 **HABITANTS** 2 097
DISTANCE Goiânia, 165 km; Brasília, 295 km

HÔTEL

Rio Quente Resorts $$$

Complexe thermal composé de 3 hôtels et 3 appart-hôtels. Abrite deux parcs aquatiques, le Hot Park et le Parque das Fontes. Choisissez de préférence l'Hôtel Turismo, qui possède les meilleures installations, ou le Parque das Fontes, plus charmant. Le Hot Park accepte les non-clients du complexe. **INSTALLATIONS** 122 chambres (Hôtel Turismo), climatisation, téléphone, TV, TV câblée, bar, restaurant. **CARTES DE CRÉDIT** Toutes.
Fin de la route GO-507
TÉL. 452-8000 **RÉSERVATIONS** 452-8080 **FAX** 452-8575
www.aguasquentes.com

São Jorge – GO

INDICATIF 61
DISTANCE Brasília, 266 km

HÔTEL

Casa das Flores $$

Chambres éclairées aux bougies, petit-déjeuner servi sur la terrasse et baignoire d'hydromassage à ciel ouvert. Quelques chambres sont équipées de la climatisation, d'un frigobar et d'un coffre. **INSTALLATIONS** 122 chambres, climatisation, téléphone, TV, TV câblée, bar, restaurant. **CARTES DE CRÉDIT** Non acceptées.
R. 10, quadra 2, lote 14
TÉL. 3234-7493
www.pousadacasadasflores.com.br

RESTAURANT

Rancho do Waldomiro $

L'établissement est rustique, mais c'est une adresse obligée si vous souhaitez goûter la *matula* (ou *feijoada do cerrado*), le plat typique des gardiens de bétail de la Chapada dos Veadeiros, composé de 4 types de viandes, haricots blancs et farine de manioc. **CUISINE** Régionale. **CARTES DE CRÉDIT** Non acceptées.
Estrada Alto Paraíso–São Jorge, km 19

SUD

Balneário Camboriú – SC

INDICATIF 47 **HABITANTS** 73 455
DISTANCE Florianópolis, 80 km
SITE www.secturbc.com.br

HÔTELS

Pousada Felíssimo $$$

L'auberge est éloignée de la plage et de l'animation, idéale pour ceux qui recherchent la tranquillité. Chambres avec baignoire d'hydromassage, terrasse individuelle ou bain ofuro extérieur. **INSTALLATIONS** 9 chambres, climatisation, téléphone, TV, TV câblée, bar, piscine, restaurant, salon de massage, sauna. **CARTES DE CRÉDIT** Toutes.
R. Alles Bleu, 201, praia dos Amores, accès par l'av. Osvaldo Reis
TÉL. 360-6291 **FAX** 360-8281
www.pousadafelissimo.com.br

| PRIX | HÔTELS (couple) | $ jusqu'à 150 R$ | $$ de 151 R$ à 300 R$ | $$$ de 301 R$ à 500 R$ | $$$$ au-delà de 500 R$ |

Recanto das Águas $$$
Hôtel à 5 min. du centre, avec plage privée. Fonctionne comme spa. Le transport des clients peut être fait en voiturettes de golf. Les chambres *"superluxo"* sont équipées d'une baignoire d'hydromassage, d'un ofuro et d'un lecteur DVD. **INSTALLATIONS** 70 chambres, climatisation, téléphone, TV, TV câblée, bar, terrain de football, équipe d'animation, piscine, piscine chauffée, aire de jeux, tennis, restaurant, salles de réunions, de gym, de jeux, salon de massage, sauna, spa. **CARTES DE CRÉDIT** Toutes.
Estrada da Rainha, 800, praia dos Amores
TÉL. 261-0300 **RÉSERVATIONS** 261-0391 **FAX** 261-0361
www.hotelrecantodasaguas.com.br

RESTAURANT

Vieira's $$
Situé au début de l'avenue Atlântica, dans le quartier animé Barra Sul. Restaurant typique de ville côtière, spécialisé en fruits de mer, avec de copieuses portions et des installations simples. En haute saison, le service laisse un peu à désirer. **CUISINE** Poissons et fruits de mer. **CARTES DE CRÉDIT** Toutes. **HORAIRE** Mar. à dim., 11h/17h et 18h/2h; ouvert le lundi en haute saison.
Av. Atlântica, 570, Barra Sul
TÉL. 361-0842

SERVICES

AGENCES DE TOURISME

CCHTour
TÉL. 361-8441

CG Tour
TÉL. 360-7950

BUREAUX DE CHANGE

Silva Center
Av. Brasil, 1259, salle 2A
TÉL. 367-0878

Traveler's Câmbio e Turismo
Av. Brasil, 1148
TÉL. 367-0405

INFORMATIONS TOURISTIQUES

Posto de Informações Turísticas – rodoviária (gare routière)
Av. Santa Catarina, s/n.
HORAIRE 6h/24h

Bento Gonçalves – RS

INDICATIF 54 **HABITANTS** 91 486
DISTANCE Porto Alegre, 128 km
SITE www.bentoonline.com.br

HÔTELS

Dall'Onder Vittoria $$
Chambres spacieuses. Les chambres *"luxo superior"* possèdent une kitchenette avec micro-ondes et cuisinière. **INSTALLATIONS** 109 chambres, climatisation, téléphone, TV, TV câblée, bar, piscine, restaurant, salle de réunions, salle de gym. **CARTES DE CRÉDIT** Toutes.
R. Treze de Maio, 800, São Bento
TÉL. 455-3000 **FAX** 452-7633
www.dallondervittoria.com.br

Pousada Valduga $$
Installée dans l'exploitation vinicole du même nom. Chambres simples, avec vue sur les vignes. Petit déjeuner servi dans la cave. Dégustation de vins offerte. **INSTALLATIONS** 14 chambres, téléphone, TV, ventilateur, piscine, Restaurant. **CARTES DE CRÉDIT** Diners, MasterCard, Visa.
Linha Leopoldina, s/n, accès par rodovia RS-470
TÉL. e **RÉSERVATIONS** 453-1154
www.casavalduga.com.br

Villa Michelon $$
Le plus confortable de la Vallée des Vignobles, excellente infrastructure de loisir (piscine, parc pour enfants, terrains de sports) et un grand centre pour l'organisation d'événements. Réserver à l'avance. **INSTALLATIONS** 50 chambres, climatisation, téléphone, TV, TV câblée, bar, équipe d'animation, piscine chauffée, piste de jogging, aire de jeux, terrain de football, tennis, restaurant, salle de réunions, salle de gym, salle de jeux, sauna. **CARTES DE CRÉDIT** Diners, MasterCard, Visa.
Rodovia RS-444, km 18,9, Vale dos Vinhedos, accès par la RS-470
TÉL. 08007033800 **RÉSERVATIONS** 459-1800
www.villamichelon.com.br

RESTAURANTS

Don Ziero $
Fatigué du *galeto* (spécialité du sud, poulet rôti à la broche)? Alors venez au Don Ziero, restaurant italien où le service à la carte vous propose des salades, des pâtes et des viandes. **CUISINE** Italienne. **CARTES DE CRÉDIT** Diners, MasterCard, Visa. **HORAIRE** Mar. à dim., 12h/15h; mer., ven. et sam., 12h/15h et 19h/23h.
Rodovia RS-470, km 219, Vinícola Cordelier, à l'entrée du Vale dos Vinhedos
TÉL. 453-7593

Giuseppe $
Vu de l'extérieur, c'est un restaurant typique de bord de route peu engageant. Pourtant il propose une cuisine et un service excellents. Les *galeterias* (restaurants servant du poulet rôti au charbon de bois à la broche) sont une tradition dans la montagne *gaúcha* (de l'État du Rio Grande do Sul). Vous trouverez ici le meilleur *galeto al primo canto* de la région. **CUISINE** Italienne. **CARTES DE CRÉDIT** Toutes. **HORAIRE** 11h/15h.
Rodovia RS-470, km 221,5, entre Garibaldi et Bento Gonçalves
TÉL. 463-8505

SERVICES

AGENCES DE TOURISME

Giordani Turismo
TÉL. 452-6042/6455

RESTAURANTS	$ jusqu'à 50 R$	$$ de 51 R$ à 100 R$	$$$ de 101 R$ à 150 R$	$$$$ au-dessus de 150 R$

HÔTELS, RESTAURANTS ET SERVICES

Rio das Antas Turismo
TÉL. 451-2844

Valle Verde Turismo
TÉL. 459-1813

BUREAU DE CHANGE

Banco do Brasil
R. Marechal Floriano, 85, Centro
TÉL. 451-3666

Blumenau – SC

INDICATIF 47 HABITANTS 261 808
DISTANCE Florianópolis, 140 km
SITE www.blumenau.com.br

HÔTELS

Himmelblau Palace $$
Ouvert depuis près de 30 ans, a été rénové en 2002 et se situe à proximité du Shopping Neumarket et du centre ville. INSTALLATIONS 125 chambres, climatisation, téléphone, TV, TV câblée, bar, piscine, restaurant, salle de réunions, sauna. CARTES DE CRÉDIT Toutes.
R. Sete de Setembro, 1415, Centro
TÉL. 326-5800
www.himmelblau.com.br

Plaza Blumenau $$
L'un des hôtels les plus confortables de la ville, malgré ses installations datant de près de 30 ans. Les chambres dont le numéro se termine par 3 ou 4 ont été restaurées. Celles de catégorie "*luxo*" sont équipées d'une baignoire d'hydromassage. INSTALLATIONS 131 chambres, climatisation, téléphone, TV, bar, piscine, restaurant, salles de réunions, de gym. CARTES DE CRÉDIT Toutes.
R. Sete de Setembro, 818, Centro
TÉL. 231-7000 RÉSERVATIONS 0800471213 FAX 231-7001
www.plazahoteis.com.br

Viena Park $$
Hôtel éloigné du centre, dans un espace vert de 5 hectares. Les quatre chambres "*duplex*" sont équipées de baignoires d'hydromassage. L'infrastructure de loisir est complète. INSTALLATIONS 90 chambres, climatisation, téléphone, TV, bar, équipe d'animation, piscine, aire de jeux, terrain de football, tennis, restaurant, salles de réunions, de gym, de jeux, salon de massage, sauna. CARTES DE CRÉDIT Toutes.
R. Hermann Huscher, 670, vila Formosa
TÉL. 326-8888
www.vienahotel.com.br

RESTAURANTS

Cafehaus Glória $
Sert un *café colonial* en buffet (café accompagné de plus de 50 plats salés et sucrés) comprenant: *strudel de maçã* (strudel aux pommes), *cucas* (gâteaux sucrés), *pastelão de frango* (tourte au poulet), *torta de queijo* (tarte au fromage) et *pão preto integral* (pain complet). CUISINE Café colonial. CARTES DE CRÉDIT Toutes.
HORAIRE 15h/20h.
R. Sete de Setembro, 954, Centro
TÉL. 322-6942

Cervejaria Biergarten $
Il faut absolument venir déguster une Eisenbahn – bière locale – au bord du rio Itajaí-Açu. Le bar à bières imite les fameux "jardins de bière" de Munich et sert de la nourriture typique. CUISINE Allemande. CARTES DE CRÉDIT MasterCard, Visa. HORAIRE 10h/24h.
R. Quinze de Novembro, 160, Centro
TÉL. 326-8380

Frohsinn $$
L'un des les plus élégants de Blumenau, avec une vue privilégiée sur la ville. Il sert de copieux plats de cuisine typique, tels que *marreco recheado* (canard sauvage farci), *joelho de porco* (jarret de porc), ainsi que des plats de viandes et de pâtes. CUISINE Allemande. CARTES DE CRÉDIT Diners, MasterCard, Visa. HORAIRE 11h30/24h30.
R. Gertrud Sierich, s/n
TÉL. 322-2137

SERVICES

AGENCES DE TOURISME

CGTur Turismo Receptivo
R. Getúlio Vargas, 196, salle 4, Centro
TÉL. 222-1804

Gardentur Turismo
Al. Rio Branco, 21
TÉL. 322-7733/326-0145

INFORMATIONS TOURISTIQUES

Blumenau Convention Visitors Bureau
R. Quinze de Novembro, 420
TÉL. 322-6933. HORAIRE 8h/20h

Castelinho do Turismo
R. Quinze de Novembro, 1050
TÉL. 326-6931. HORAIRE Lun. à ven., 8h/19h; sam. et dim., 9h/15h

Terminal Rodoviário (Gare Routière) – Seterb
R. Dois de Setembro, 1222, Itoupava Norte
TÉL. 323-2155

Bombinhas – SC

INDICATIF 47 HABITANTS 8 716
DISTANCE Florianópolis, 60 km
SITE www.bombinhas.sc.gov.br

HÔTELS

Atlântico $$
Situé sur la plage de Mariscal, la plus grande et la plus tranquille de Bombinhas. Demandez une chambre dans l'aile ancienne: celles de la partie neuve ne donnent pas sur la plage. INSTALLATIONS 110 chambres, climatisation, téléphone, TV, ventilateur, équipe d'animation, piscine, restaurant, salles de réunions, de jeux, salon de massage, sauna. CARTES DE CRÉDIT Toutes.

PRIX	HÔTELS (couple)	$ jusqu'à 150 R$	$$ de 151 R$ à 300 R$	$$$ de 301 R$ à 500 R$	$$$$ au-delà de 500 R$

Av. Aroeira da Praia, 500, Mariscal
TÉL. 393-9100
www.hotelatlantico.com.br

Morada do Mar $$
Sur la plage de Bombas. Idéal pour les familles, avec une bonne infrastructure pour les petits ainsi qu'un service de plage et d'animation. INSTALLATIONS 40 chambres, climatisation, téléphone, TV, ventilateur, bar, équipe d'animation, aire de jeux, restaurant, salle de réunions, salle de jeux. CARTES DE CRÉDIT Diners, MasterCard, Visa.
Av. Leopold Zarling, 1221, Bombas
TÉL. 393-6090
www.moradadomar.com.br

Pousada Mauna Lani $$$
En face de la plage de Bombas, l'une des plus animées. Le bar est installé sur une terrasse qui donne directement sur le sable. INSTALLATIONS 18 chambres, climatisation, téléphone, TV, bar, piscine. CARTES DE CRÉDIT Toutes.
Av. Leopoldo Zarling, 2183, Bombas
TÉL. e FAX 369-2674
www.pousadamaunalani.com.br

Pousada Quintal do Mar $$
Résidence transformée en auberge. Possibilité de se prélasser dans un des hamacs du jardin ou d'assister à un film dans une salle prévue à cet effet. N'accepte pas les enfants. INSTALLATIONS 4 chambres, climatisation, TV, TV câblée, Restaurant. CARTES DE CRÉDIT MasterCard.
Av. Aroeira da Praia, 1641, Mariscal
TÉL. 393-4389/9980-2100
www.quintaldomar.com.br

Pousada Tortuga do Mariscal $$$
Style méditerranéen, peinte de couleurs vives. Un point d'eau avec des carpes et des tortues justifie le nom de l'endroit. Les chambres sont équipées d'une cuisine complète. INSTALLATIONS 24 chambres, climatisation, téléphone, TV, ventilateur, bar, piscine, Restaurant. CARTES DE CRÉDIT MasterCard, Visa.
Av. dos Coqueiros, 3423, Mariscal
TÉL. 393-4560
www.pousadatortuga.com.br

Pousada Vila do Coral $$
Excellente localisation, face à la plage de Bombinhas. Mais la plupart des chambres sont orientées latéralement. Simple mais confortable. Pas de restaurant. INSTALLATIONS 28 chambres, climatisation, téléphone, TV, TV câblée, bar, piscine, salle de jeux. CARTES DE CRÉDIT Toutes.
Av. Vereador Manoel José dos Santos, 215, Bombinhas
TÉL. 393-9333
www.viladocoral.com.br

Pousada Vila do Farol $$$
Fait penser à un hameau açorien. Toutes les chambres donnent sur la mer et possèdent une cuisine complète. Salle de jeux pour les enfants. À côté de l'hôtel se trouve un petit centre commercial, qui abrite des boutiques et des restaurants. INSTALLATIONS 56 chambres, climatisation, téléphone, TV, TV câblée, bar, équipe d'animation, piscine, aire de jeux, restaurant, salles de réunions, de jeux. CARTES DE CRÉDIT Toutes.
Av. Vereador Manoel José dos Santos, 800, Bombinhas
TÉL. 393-9000 FAX 393-9005
www.viladofarol.com.br

Pousada Villa Paradiso $$$$
Style balinais, située sur le versant au bout de la plage de Bombinhas. Elle est équipée de bungalows avec une grande hauteur de plafond, des terrasses avec 10 baignoires d'hydromassage, des piscines, des bains ofuro et des tentes de relaxation. Pas de restaurant, mais le petit déjeuner est servi dans les chambres. INSTALLATIONS 17 chambres, climatisation, cheminée, téléphone, TV, TV câblée, ventilateur, bar, piscine. CARTES DE CRÉDIT Diners, MasterCard, Visa.
Av. Garoupas, 5, au bout de la plage de Bombinhas
TÉL. 369-0005/0069
www.villaparadiso.com.br

RESTAURANTS

Berro d'Água $$
Allez à la plage de Zimbros où se trouve un petit village de pêcheurs qui vaut le détour. En effet, vous tomberez sur ce restaurant qui sert de délicieux plats, tels que : *camarão oriental* (crevettes sauce soja, bacon et champignons), ou *salmão com mostarda e mel* (saumon sauce moutarde et miel). La décoration la préparation des plats et le service raffinés en font le meilleur établissement de la région. CUISINE Poissons et fruits de mer. CARTES DE CRÉDIT Diners, MasterCard, Visa. HORAIRE Lun. à sam., 10h/17h et 20h/24h; dim., 9h/24h.
R. Rio Juquiá, s/n, praia de Zimbros
TÉL. 393-3666

Casa da Lagosta $$
Sert des portions copieuses de fruits de mer. Malgré son nom, la langouste n'est pas sa spécialité. Goûtez les *moquecas* (plat à base de poissons et crevettes) et les *camarões* (crevettes). CUISINE Poissons et fruits de mer. CARTES DE CRÉDIT Diners, MasterCard, Visa. HORAIRE 11h/23h.
Av. Vereador Manoel José dos Santos, 987, Centro
TÉL. 369-2235

SERVIÇOS

AGENCES DE TOURISME

Altura Climb (sports radicaux)
TÉL. 369-0070

Hy Brazil (plongée)
Av. Vereador Manoel José dos Santos, 205
TÉL. 369-2545/9102-7177

BUREAU DE CHANGE

Casa de Câmbio
Av. Vereador Manoel José dos Santos, 822

INFORMATIONS TOURISTIQUES

Citur
Rodovia SC-412 (sortie BR-101 pour Porto Belo)
TÉL. 369-6050. HORAIRE 8h/22h (haute saison), 9h/18h (basse saison)

RESTAURANTS	$ jusqu'à 50 R$	$$ de 51 R$ à 100 R$	$$$ de 101 R$ à 150 R$	$$$$ au-dessus de 150 R$

HÔTELS, RESTAURANTS ET SERVICES

Posto de Informações Turísticas – Prefeitura (Mairie)
Av. Vereador Manoel José dos Santos, 662
TÉL. 393-7080. HORAIRE 8h/23h (haute saison), 8h30/18h (basse saison)

Projeto Viva Trilha
TÉL. 369-3653/393-7080

Cambará do Sul – RS

INDICATIF 54 HABITANTS 6 840
DISTANCE Porto Alegre, 180 km
SITE www.cambaradosul.com.br

HÔTEL

Parador Casa da Montanha $$
Ressemble davantage à un charmant camping. Au lieu de chambres ou de chalets, il est équipé de tentes thermiques avec chauffage électrique, lit 2 personnes, évier et WC. Les douches se trouvent dans une salle de bains séparée. Le prix de la chambre comprend le déjeuner et le dîner. INSTALLATIONS 8 chambres, ventilateur, chevaux, restaurant. CARTES DE CRÉDIT Diners, MasterCard, Visa.
Estrada do Faxinal, entre Cambará et le canyon Itaimbezinho
TÉL. 504-5302/9973-9320 FAX e RÉSERVATIONS 286-2544
www.paradorcasadamontanha.com.br

SERVICES

AGENCES DE TOURISME

Atitude Ecologia e Turismo
TÉL. 282-6305

Canyon Turismo
TÉL. 251-1027

INFORMATIONS TOURISTIQUES

Posto de Informações Turísticas
R. Adail Valim, 39, praça São José
TÉL. 251-1320. HORAIRE 8h/20h (haute saison); 8h/12h et 13h30/17h30 (basse saison)

Canela – RS

INDICATIF 54 HABITANTS 33 625
DISTANCE Porto Alegre, 133 km
SITE www.canelaturismo.com.br

HÔTELS

Pousada Cravo e Canela $$$
Installée dans une ancienne demeure de style colonial. Petit déjeuner servi jusqu'à midi. INSTALLATIONS 12 chambres, cheminée, téléphone, TV, TV câblée, ventilateur, piscine chauffée, salles de réunions, de jeux, sauna. CARTES DE CRÉDIT Toutes.
R. Tenente Manoel Correia, 144, Centro
TÉL. 282-1120
www.pousadacravoecanela.com.br

Pousada Quinta dos Marques $$
Éloignée du centre, cette demeure de 1930 a été restaurée pour abriter l'auberge. Certaines chambres ont des lits à baldaquin et des claire-voies. Le propriétaire offre un accueil personnalisé. INSTALLATIONS 12 chambres, téléphone, TV, bar, piscine chauffée, restaurant, salle de jeux, salon de massage. CARTES DE CRÉDIT Diners, MasterCard, Visa.
R. Gravataí, 200, Santa Teresinha, accès par la r. Borges de Medeiros
TÉL. 282-9812
www.quintadosmarques.com.br

Pousada Solar Don Ramon $$
Également éloignée du centre, sur le chemin qui mène au Parc Caracol. Certaines chambres ont une cheminée. INSTALLATIONS 11 chambres, téléphone, TV, ventilateur, piscine, salle de jeux. CARTES DE CRÉDIT Non acceptées.
R. José Pedro Piva, 745, estrada do Caracol
TÉL. 282-3306/3812
www.donramon.com.br

SERVICES

AGENCE DE TOURISME

Atitude Ecologia e Turismo
TÉL. 282-6305

Brocker Turismo
TÉL. 282-2668

Macuco Aventura
TÉL. 3031-0273

INFORMATIONS TOURISTIQUES

Central de Aventuras
R. Dona Carlinda, 455, Centro
TÉL. 282-7822. HORAIRE 8h/20h

Centro de Informações Turísticas
Lgo. da Fama, 227, Centro
TÉL. 282-2200. HORAIRE 9h/21h (haute saison); 8h/19h (basse saison)

Curitiba – PR

INDICATIF 41 HABITANTS 1 587 315
DISTANCES Florianópolis, 304 km; São Paulo, 408 km
SITE www.viaje.curitiba.pr.gov.br

HÔTELS

Four Points Sheraton $$
Fréquenté par les hommes d'affaires. Un étage réservé aux femmes avec dans les chambres balance, kit de toilettes et chaussettes. INSTALLATIONS 176 chambres, climatisation, téléphone, TV, TV câblée, bar, piscine chauffée, restaurant, salle de réunions, salle de gym, salon de massage, sauna. CARTES DE CRÉDIT Toutes.
Av. Sete de Setembro, 4211
TÉL. 3340-4000 FAX 3340-4001
www.fpsc.com.br

Full Jazz $$
Un des rares hôtels-boutiques de la ville. Les chambres sont équipées d'une TV 29", d'un lecteur DVD et d'un or-

| PRIX | HÔTELS (couple) | $ jusqu'à 150 R$ | $$ de 151 R$ à 300 R$ | $$$ de 301 R$ à 500 R$ | $$$$ au-delà de 500 R$ |

dinateur avec accès à Internet. **INSTALLATIONS** 84 chambres, climatisation, téléphone, TV, TV câblée, bar, restaurant, salles de réunions, de gym. **CARTES DE CRÉDIT** Toutes.
R. Silveira Peixoto, 1297, Batel
TÉL. 3312-7000 **RÉSERVATIONS** 0800/043311
www.hotelfulljazz.com.br

Grand Hotel Rayon $$$
L'un des hôtels les plus luxueux de la ville, situé à côté de la rue 24/24h. Il abrite un salon de beauté, des masseurs et une salle de gym avec une piscine ouverte jour et nuit. **INSTALLATIONS** 133 chambres, climatisation, téléphone, TV, TV câblée, bar, piscine chauffée, restaurant, salle de réunions, salle de gym, salon de massage, sauna. **CARTES DE CRÉDIT** Toutes.
R. Visconde de Nacar, 1424
TÉL. 3027-6006 **RÉSERVATIONS** 3021-1222
www.rayon.com.br

Rockfeller $
Installé dans un immeuble des années 40, derrière le Centro de Convenções Estação, c'est malgré tout l'un des plus récents de la ville. La décoration thématique renvoie entièrement à la ville de New York des années 20. Les couloirs sont larges et bénéficient d'un éclairage naturel. Au gymnase deux jacuzzis vous attendent. **INSTALLATIONS** 78 chambres, climatisation, téléphone, TV, TV câblée, bar, restaurant, salle de réunions, salle de gym, salon de massage, sauna. **CARTES DE CRÉDIT** Toutes.
R. Rockfeller, 11, Rebouças
TÉL. 3023-2330 **RÉSERVATIONS** 08007042330
www.hotelslaviero.com.br

San Juan Palace $
Son charme l'emporte sur sa localisation: situé à côté d'un arrêt de la ligne de bus touristique, le soir il vaut mieux éviter de se promener aux alentours. Il est installé dans un bel immeuble restauré dans lequel fonctionna déjà un hôtel. Préférez les chambres de devant, plus spacieuses et avec un plancher en bois. **INSTALLATIONS** 24 chambres, climatisation, téléphone, TV, Restaurant. **CARTES DE CRÉDIT** American Express, MasterCard, Visa.
R. Barão do Rio Branco, 354
TÉL. 3028-7000 **RÉSERVATIONS** 0800415505 **FAX** 3028-7026
www.sanjuanhoteis.com.br

RESTAURANTS

Bar Curityba $
Amuse-gueules traditionnels, tels que la *carne de onça* (steak tartare sur du pain). Toute la décoration renvoie à l'histoire de la ville: les fenêtres proviennent du Colégio Sion et les plateaux des tables sont des traverses de la ligne de chemin de fer Curitiba-Paranaguá. **CARTES DE CRÉDIT** Visa. **HORAIRE** Lun. à sam., 18h/1h.
Av. Presidente Taunay, 444, Batel
TÉL. 3018-0444

Beto Batata $
C'est dans ce restaurant que l'on trouve la meilleure préparation du plat traditionnel de Curitiba, la *batata suíça*, une sorte de gratin de pommes de terre râpées, avec diverses garnitures. Concerts de musique brésilienne (surtout *MPB* et *chorinho*) midi et soir. **CARTES DE CRÉDIT** Diners, MasterCard, Visa. **HORAIRE** 11h/2h.

R. Professor Brandão, 678, Alto da Quinze
TÉL. 3262-0840

Boulevard $$
Primé par diverses revues spécialisées, ce restaurant est considéré le meilleur de la ville. Il propose des plats contemporains d'influence franco-suisse. La carte des vins a déjà été primée par la revue *Wine Spectator*. **CUISINE** Française, Italienne. **CARTES DE CRÉDIT** Toutes. **HORAIRE** Lun. à ven., 12h/14h30 et 19h30/23h30; sam., 19h30/23h30.
R. Voluntários, 539, Centro
TÉL. 3224-8244

Cantinho do Eisbein $
Simple, loin du centre. Le menu se limite à *eisbein* (jarret de porc), *marreco recheado* (canard sauvage farci) et *kassler* (côtelette de porc fumé), toutefois c'est "le" restaurant allemand de la ville. Les recettes sont de la mère du propriétaire, Egon Taruhn. Accueil très sympathique. **CUISINE** Allemande. **CARTES DE CRÉDIT** Toutes. **HORAIRE** Mar. à sam., 11h/15h et 18h/23h30; dim., 11h/15h.
Av. dos Estados, 863, Água Verde
TÉL. 3329-5155/3023-5155

Durski $
Demandez le *banquete eslavo*, menu dégustation qui comprend plusieurs spécialités polonaises, ukrainiennes et russes, tels que *platzki* (crêpes de pommes de terre), *borscht* (soupe de betteraves) et *pierogi* (espèce de ravioli farci de pommes de terre). **CUISINE** Slave. **CARTES DE CRÉDIT** Toutes. **HORAIRE** Mar. à sam., 11h30/14h30 et 19h30/23h30; dim., 11h30/16h.
Av. Jaime Reis, 254, São Francisco
TÉL. 3225-7893

Estrela da Terra $
Profitez d'une visite dominicale à la foire artisanale au largo da Ordem pour déjeuner dans ce restaurant: il sert le meilleur *barreado* (ragoût de viande) de la ville. En semaine il fonctionne "au kilo" (le client se sert puis il pèse son assiette) et les samedi et dimanche il propose un buffet de plats régionaux. **CUISINE** Régionale. **CARTES DE CRÉDIT** Diners, MasterCard. **HORAIRE** 11h30/15h30.
Av. Jaime Reis, 176, lgo. da Ordem
TÉL. 3222-5007

Spaghetteria Passaparola $
Spécialités italiennes, soigneusement préparées. Situé dans un quartier résidentiel. Plats à base de champignons importés d'Italie. **CUISINE** Italienne. **CARTES DE CRÉDIT** Non acceptées. **HORAIRE** Mar. à dim., 19h30/23h.
Av. Vicente Machado, 3031, Batel
TÉL. 3242-2482

SERVICES

AÉROPORT

Aeroporto Internacional Afonso Pena
Av. Rocha Pombo, s/n
TÉL. 3381-1515

AGENCES DE TOURISME

BWT
Av. Pres. Afonso Camargo, 330, Jardim Botânico
TÉL. 3322-0277

RESTAURANTS	$ jusqu'à 50 R$	$$ de 51 R$ à 100 R$	$$$ de 101 R$ à 150 R$	$$$$ au-dessus de 150 R$

Esatur
R. Marechal Deodoro, 235, 1er étage
TÉL. 3322-7667

Onetur
R. Marechal Floriano Peixoto, 228, 11ème étage
TÉL. 3224-8509

BUREAU DE CHANGE

AVS Câmbio e Turismo
Av. Marechal Deodoro, 630, bureau 504
TÉL. 3223-2828/3323-1747

Jade Turismo e Câmbio
R. Quinze de Novembro, 467, 1er étage
TÉL. 3322-1123

INFORMATIONS TOURISTIQUES

Diretoria Municipal de Turismo
R. da Glória, 362, Centro
TÉL. 3352-8000. HORAIRE Lun. à ven., 8h/12h et 14h/18h

Disque Turismo (Paraná Turismo)
R. Deputado Mário de Barros, 1290, Centro
TÉL. 3313-3500. HORAIRE Lun. à ven., 8h30/12h et 13h30/18h

Florianópolis – SC

INDICATIF 48 HABITANTS 342 315
DISTANCES Curitiba, 304 km; Porto Alegre, 474 km
SITE www.florianopolisturismo.sc.gov.br

HÔTELS

Blue Tree Towers Florianópolis $$
À côté du centre commercial Beiramar, apprécié des hommes d'affaires, éloigné des plages branchées. Chambres avec SDB équipées de baignoire. Un pressing fonctionne 24/24h. INSTALLATIONS 95 chambres, climatisation, téléphone, TV, TV câblée, bar, piscine, restaurant, salle de réunions, salle de gym, salon de massage, sauna. CARTES DE CRÉDIT Toutes.
R. Bocaiúva, 2304, Centro
TÉL. 251-5555 RÉSERVATIONS 251-5554 FAX 251-5500
www.bluetree.com.br

Costão do Santinho $$$$
C'est l'un des plus grands hôtels du pays, avec une marina, des kayaks, des canots, un spa, des sentiers de randonnée et un musée archéologique en plein air. Les appartements possèdent une cuisine équipée. Le prix de la chambre inclut le dîner. INSTALLATIONS 695 chambres, climatisation, téléphone, TV, TV câblée, bar, terrain de football, chevaux, équipe d'animation, piscine, piscine chauffée, aire de jeux, salle de football, de tennis, restaurant, salles de réunions, de gym, de jeux, salon de massage, sauna, spa. CARTES DE CRÉDIT Toutes.
Estr. Vereador Onildo Lemos, 2505, praia do Santinho
TÉL. 261-1000 RÉSERVATIONS 08007019000
www.costao.com

Hotel Fazenda Engenho Velho $$
Ferme-hôtel située dans la capitale. Elle possède des chevaux, un bosquet, un lac, des terrains de sports, des salles de jeux et une agence de tourisme écologique qui propose rappel et escalade. INSTALLATIONS 45 chambres, climatisation, cheminée, téléphone, TV, ventilateur, bar, terrain de football, chevaux, équipe d'animation, piscine, aire de jeux, tennis, restaurant, salles de réunions, de jeux, salon de massage. CARTES DE CRÉDIT Toutes.
Rodovia João Gualberto Soares, 8290
TÉL. 269-7000
www.engenhovelho.com.br

Jurerê Beach Village $$$
À l'intérieur du complexe résidentiel Jurerê Internacional, sur la plage de Jurerê. C'est l'un des hôtels préférés des familles. Certaines chambres sont équipées d'une cuisine complète. INSTALLATIONS 242 chambres, climatisation, téléphone, TV, TV câblée, bar, équipe d'animation, piscine chauffée, aire de jeux, restaurant, salles de réunions, de gym, de jeux, salon de massage, sauna. CARTES DE CRÉDIT Toutes.
Al. César Nascimento, 646
TÉL. 261-5100 RÉSERVATIONS 0800480110 FAX 261-5200
www.jurere.com.br

Majestic Palace Hotel $$$
Dans le centre de la ville, loin des plages mais à proximité de la vie nocturne. Luxueux et formel, il attire surtout les hommes d'affaires. INSTALLATIONS 245 chambres, climatisation, TV câblée, coffre-fort, Internet avec accès rapide, frigobar, 12 chambres "suítes", 2 suites présidentielles, restaurant de cuisine internationale, restaurant panoramique, piano bar, salle de réunions, coffee shop, service de chambre 24/24h, boutique de cadeaux, concierge, salle de gym, piscine, spa, héliport sur le toit. CARTES DE CRÉDIT Toutes.
Av. Beira Mar Norte, 2746, Centro
TÉL. 231-8000 RÉSERVATIONS 231-8000 FAX 231-8008
www.majesticpalace.com.br

Pousada da Vigia $$$
Installée sur un coteau, belle vue sur la plage. Certaines chambres possèdent une baignoire d'hydromassage, ainsi qu'un lecteur DVD, un barbecue et un micro-ondes. Fermée en juin. INSTALLATIONS 10 chambres, climatisation, téléphone, TV, ventilateur, bar, piscine chauffée, Restaurant, salle de gym, salon de massage, sauna. CARTES DE CRÉDIT Diners, MasterCard, Visa.
R. Cônego Walmor Castro, 291, praia de Lagoinha de Ponta das Canas
TÉL. 284-1789 FAX 284-1108
www.pousadavigia.com.br

Pousada Pénareia $$
Située face à la mer, inaugurée récemment. Les propriétaires servent eux-mêmes le petit déjeuner. Les chambres sont joliment décorées et les salles de bains spacieuses. INSTALLATIONS 13 chambres, téléphone, TV, ventilateur. CARTES DE CRÉDIT Non acceptées.
R. Hermes Guedes da Fonseca, 207, praia da Armação
TÉL. 338-1616 FAX 338-7156
www.pousadapenareia.com.br

Pousada Villas del Sol y Mar $$
Style mexicain, à 50 m du sable mais sans vue sur la mer. Certaines chambres possèdent une kitchenette

PRIX	HÔTELS (couple)	$ jusqu'à 150 R$	$$ de 151 R$ à 300 R$	$$$ de 301 R$ à 500 R$	$$$$ au-delà de 500 R$

avec micro-ondes. On y parle anglais et espagnol. **INSTALLATIONS** 24 chambres, climatisation, téléphone, TV, ventilateur, salle de gym, sauna. **CARTES DE CRÉDIT** Toutes.
R. Jorge Cherem, 84, Jurerê
TÉL. 282-0863
www.villasdelmar.com.br

Praia Mole Park Hotel $$$
Pas très bien entretenu, mais localisation excellente : il est installé sur un terrain de 92 000 m², allant de la praia Mole à la lagoa da Conceição. Sushi bar sur la plage et un orchidarium avec plus de 5 000 espèces. Pas de service de chambre. **INSTALLATIONS** 84 chambres, climatisation, téléphone, TV, ventilateur, bar, bateau, terrain de football, minigolf, équipe d'animation, piscine, piscine chauffée, aire de jeux, tennis, restaurant, salle de réunions, salle de gym, salle de jeux, salon de massage, sauna, spa. **CARTES DE CRÉDIT** Toutes.
Rodovia Jornalista Manoel de Menezes, 2001, praia Mole
TÉL. 232-5231 **RÉSERVATIONS** 0800480008 **FAX** 232-5482
www.praiamole.com.br

Villa Del'Este $$
Dans un coin tranquille près de la lagune da Conceição, il propose des appartements très bien équipés, avec cuisine et buanderie. Le petit déjeuner est servi dans les chambres jusqu'à 11h. **INSTALLATIONS** 6 chambres, climatisation, téléphone, TV, ventilateur, piscine, salon de massage. **CARTES DE CRÉDIT** Diners, MasterCard.
Beco dos Coroas, 370, Barra da Lagoa
TÉL. 232-3253
www.villadeleste.com.br

RESTAURANTS

Bar do Arante $
Une curiosité touristique, avec ses murs recouverts de messages laissés par les clients. La tradition débuta en 1960, lorsqu'il était le lieu de rencontre des jeunes qui campaient dans le sud de l'île. Ces derniers laissaient des petits mots aux amis qui les cherchaient. **CUISINE** Poissons et fruits de mer. **CARTES DE CRÉDIT** Diners, MasterCard. **HORAIRE** À partir de 11h30.
R. Abelardo Otacílio Gomes, 254, praia do Pântano do Sul
TÉL. 389-2622/237-7022

Bistrô D'Acampora $$
Décor raffiné dans cet endroit mi-restaurant mi-galerie d'art. La carte change toutes les semaines, mais les spécialités sont les plats à base de poisson et de crevettes. Réservation obligatoire. **CUISINE** Française, Italienne. **CARTES DE CRÉDIT** Visa. **HORAIRE** 20h/23h30 ; en été, fermé dim. et lun. ; hors saison, fermé, lun. et mar.
Rodovia SC-401, km 10, 10.300
TÉL. 235-1073

Bistrô Isadora Duncan $$
Le service pourrait être un peu plus sympathique, cependant l'établissement est charmant et offre une belle vue sur la lagune da Conceição. Idéal pour les couples. Préférez les tables installées en plein air. **CUISINE** Contemporaine. **CARTES DE CRÉDIT** MasterCard, Visa. **HORAIRE** Lun. à sam., 19h/1h.

Rodovia Jornalista Manoel de Menezes, 2658, praia Mole
TÉL. 232-7210

Box 32 $
Un des endroits préférés pour aller boire un verre en fin d'après-midi. Situé dans le Marché Public et toujours plein. Fameux et copieux *pastéis de camarão* (beignets de crevettes) accompagnés d'une bière bien fraîche ou de *cachaça* (eau-de-vie de canne à sucre) faite maison. **CUISINE** Poissons et fruits de mer. **CARTES DE CRÉDIT** Toutes. **HORAIRE** Lun. à ven., 10h/22h ; sam., 10h/15h.
Mercado Público Municipal, parte interna, boxe 32
TÉL. 224-5588

Chef Fedoca – Marina Ponta de Areia $$
La *moqueca* (plat à base de poisson et/ou crevettes) servie dans ce restaurant est la plus célèbre de l'île. Les portions sont généreuses. L'établissement se trouve dans une marina de la lagune da Conceição. **CUISINE** Poissons et fruits de mer. **CARTES DE CRÉDIT** Diners, MasterCard, Visa. **HORAIRE** Mar. à sam., 11h30/15h et 19h30/24h ; dim., 12h/18h ; en été, 11h30/24h.
R. Sen. Ivo de Aquino Neto, 133, Barra da Lagoa
TÉL. 232-0759

Gugu $
Les recettes açoriennes sont du propriétaire, un ancien pêcheur. Régalez-vous avec la *caldeirada de frutos do mar* (marmite de fruits de mer) et la *tainha escaldada* (mulet de mer pimenté). Dans le quartier de Sambaqui, l'ambiance est simple et c'est la famille du propriétaire qui se charge du service. **CUISINE** Poissons et fruits de mer. **CARTES DE CRÉDIT** Diners, MasterCard, Visa. **HORAIRE** Lun., 18h30/23h30 ; mar. à jeu., 11h30/15h et 18h/23h30 ; sam. et dim., 11h30/17h et 18h30/23h30.
R. Antonio Dias Carneiro, 747, Sambaqui
TÉL. 335-0288

Rancho Açoriano $$
Pour savourer de bonnes huîtres. Ses huîtres gratinées ont été 2 fois championnes de Fenaostra, un festival local de gastronomie. **CUISINE** Poissons et fruits de mer. **CARTES DE CRÉDIT** Diners, MasterCard, Visa. **HORAIRE** 11h/23h.
Estrada Baldisero Filomeno, 5634, Ribeirão da Ilha
TÉL. 337-0848

Restinga Recanto $$
Décoré avec les personnages de la fête du *boi-mamão*, version régionale du *bumba-meu-boi*. La carte propose *anchova* (tassergal) ou *tainha grelhada* (mulet grillé) et *moqueca mista* (poisson et fruits de mer), accompagnés de *pirão* (bouillie de farine de manioc). **CUISINE** Poissons et fruits de mer. **CARTES DE CRÉDIT** Non acceptées. **HORAIRE** Mar., 17h/24h ; mer. à dim., 11h/24h.
R. Geral do Sambaqui, 2759
TÉL. 235-2093

Santo Antonio Spaghetteria e Café $
À côté d'une boutique d'artisanat et l'ensemble situé dans un quartier açorien. **CUISINE** Italienne, poissons et fruits de mer. **CARTES DE CRÉDIT** Diners, MasterCard, Visa. **HORAIRE** 12h/24h ; en basse saison, fermé le lundi.
R. Cônego Serpa, 30, Santo Antônio de Lisboa
TÉL. 235-2356

RESTAURANTS	$ jusqu'à 50 R$	$$ de 51 R$ à 100 R$	$$$ de 101 R$ à 150 R$	$$$$ au-dessus de 150 R$

HÔTELS, RESTAURANTS ET SERVICES

Toca de Jurerê $$
Le propriétaire pratique la plongée et pêche les fruits de mer servis dans la *moqueca* (plat à base de poisson et de crevettes). **CUISINE** Poissons et fruits de mer. **CARTES DE CRÉDIT** Non acceptées. **HORAIRE** 12h/15h et 19h/24h.
R. Acácio Mello, /8, Jurerê
TÉL. 282-0795

Um Lugar $$
L'endroit est le lieu "branché" de l'île. Entre les plats, *camarão ao curry* (crevettes au curry) et *atum com gergelim* (thon au sésame). Dans l'annexe se trouve une boutique d'artisanat. **CUISINE** Contemporaine. **CARTES DE CRÉDIT** Toutes.
HORAIRE Mar. à sam., 20h/24h; en hiver, fermé dim. et lun.
R. Manoel Severino de Oliveira, 371
TÉL. 232-2451

SERVICES

AÉROPORT

Aeroporto Hercílio Luz
Av. Deputado Diomício Freitas, 3393, Carianos
TÉL. 331-4000

AGENCE DE TOURISME

Triptur
TÉL. 369-5847

BUREAUX DE CHANGE

Centaurus Câmbio
Av. Osmar Cunha, 183, loja 26, Centro
TÉL. 224-3318
HORAIRE 11h/16h

Banco do Brasil
Praça Quinze de Novembro, 321
TÉL. 221-1600
HORAIRE 10h/16h

COMMISSARIAT DÉLÉGUÉ AUX TOURISTES

Delegacia do Turista
Av. Paulo Fontes, 1101, Centro
TÉL. 222-4065
HORAIRE 24/24h

INFORMATIONS TOURISTIQUES

Posto de Informações Turísticas
Av. Engenheiro Max de Souza, 270 (bout du pont Colombo Salles)
TÉL. 271-7028/221-1516 **HORAIRE** 8h/20h

Foz do Iguaçu – PR

INDICATIF 45 **HABITANTS** 258 543
DISTANCES Curitiba, 637 km; São Paulo 1019 km
SITE www.fozdoiguacu.pr.gov.br/turismo

HÔTELS

Bourbon Cataratas Resort Convention Center $$$$
Ouvert depuis 30 ans, est encore très bien entretenu. Les chambres dans la partie nouvelle sont les plus demandées. Excellente structure de loisir pour les enfants, avec un parc aquatique et une salle de jeux. **INSTALLATIONS** 311 chambres, climatisation, téléphone, TV, bar, terrain de football, équipe d'animation, piscine, piscine chauffée, piste de jogging, aire de jeux, restaurant, salle de réunions, salle de gym, salle de jeux, salon de massage, sauna. **CARTES DE CRÉDIT** Toutes.
Rodovia das Cataratas, km 2,5
TÉL. 3529-0123 **RÉSERVATIONS** 0800451010 **FAX** 3529-0000
www.bourbon.com.br

Mabu Thermas & Resort $$$$
Seul hôtel à proposer des eaux thermales, avec 5 piscines dont la température varie entre 32º et 36º C. Les chambres donnent sur les piscines, sur le bosquet ou le jardin (ces dernières étant les moins bruyantes). Pension complète, qui comprend également les boissons (y compris alcoolisées si elles sont brésiliennes). **INSTALLATIONS** 208 chambres, climatisation, téléphone, TV, TV câblée, bar, terrain de football, chevaux, équipe d'animation, piscine, piscine chauffée, piste de jogging, aire de jeux, terrain de tennis, restaurant, salle de réunions, salle de jeux, salon de massage, sauna. **CARTES DE CRÉDIT** Toutes.
Rodovia das Cataratas, km 3,5, 3175
TÉL. 3521-2000 **RÉSERVATIONS** 0800417040 **FAX** 3529-6361
www.hoteismabu.com.br

Tropical das Cataratas Eco Resort $$$$
Seul hôtel installé dans le Parque Nacional do Iguaçu, en face des cataractes qui peuvent être vues de la terrasse et de quelques chambres. **INSTALLATIONS** 202 chambres, climatisation, téléphone, TV, TV câblée, bar, terrain de football, équipe d'animation, piscine, aire de jeux, salle de football, tennis, restaurant, salles de réunions, de jeux. **CARTES DE CRÉDIT** Toutes.
Parque Nacional do Iguaçu – Rodovia das Cataratas, km 28
TÉL. 3521-7000 **RÉSERVATIONS** 08007012670 **FAX** 3521-1688
www.tropicalhotel.com.br

SERVICES

AÉROPORT

Aeroporto Internacional de Foz do Iguaçu
Entrée par la rodovia das Cataratas, km 16,5
TÉL. 3521-4200

COMMISSARIAT DÉLÉGUÉ AUX TOURISTES

Delegacia do Turista
Av. Brasil, 1374
TÉL. 3523-3036. **HORAIRE** Lun. à ven., 8h30/18h

INFORMATIONS TOURISTIQUES

Posto de Informações Turísticas
Pça. Getúlio Vargas, 69, Centro
Renseignements en anglais, espagnol et portugais
TÉL. 0800451516. **HORAIRE** 7h/23h

Garibaldi – RS

INDICATIF 54 **HABITANTS** 28 337
DISTANCE Porto Alegre, 112 km

PRIX	HÔTELS (couple)	$ jusqu'à 150 R$	$$ de 151 R$ à 300 R$	$$$ de 301 R$ à 500 R$	$$$$ au-delà de 500 R$

SUD

HÔTEL

Casacurta $$
Charmant hôtel traditionnel en activité depuis 50 ans. La décoration de toutes les chambres est dans le style des années 50. INSTALLATIONS 31 chambres, climatisation, téléphone, TV, TV câblée, ventilateur, piscine, aire de jeux, restaurant, salle de réunions, salle de gym, salle de jeux. CARTES DE CRÉDIT Toutes.
R. Luís Rogério Casacurta, 510, Centro
TÉL. 462-2166 FAX 462-2354
www.hotelcasacurta.com.br

RESTAURANT

Hosteria Casacurta $
Attenant à l'hôtel du même nom, ce restaurant est le meilleur de la ville. Les pâtes sont faites maison et la carte propose notamment *penne ao champanha* (pennes au champagne), *ravióli de vitela ao molho de shitake* (raviolis de veau sauce shitake) et *filé ao molho de champignons* (filet sauce champignons). CUISINE Italienne. CARTES DE CRÉDIT Toutes. HORAIRE Lun. à sam., 19h30/23h30.
R. Luís Rogério Casacurta, 510, Centro
TÉL. 462-2166

SERVICES

INFORMATIONS TOURISTIQUES

Centro de Informações Turísticas
TÉL. 464-0796

Museu de Garibaldi
R. Dr. Carlos Barbosa, 77
TÉL. 462-3483. HORAIRE Lun. à ven., 8h30/11h30 et 13h30/17h; sam. et dim., 9h/11h30

Secretaria de Turismo
Av. Júlio de Castilho, 254
TÉL. 462-2627/3876. HORAIRE 10h/16h.

Garopaba – SC

INDICATIF 48 HABITANTS 13 164
DISTANCE Florianópolis, 90 km
SITE www.garopaba.sc.gov.br

HÔTELS

Morro da Silveira Eco Village $$
C'est l'un des hôtels les plus récents de Garopaba, situé en haut de la colline da Silveira. Toutes les chambres ont vue sur la mer. Style rustique, mais confortable. Accès aux chambres difficile pour les handicapés. INSTALLATIONS 22 chambres, climatisation, téléphone, TV, TV câblée, ventilateur, bar, piscine, piscine chauffée, restaurant, salle de réunions, salle de gym, salle de jeux, salon de massage, sauna. CARTES DE CRÉDIT Diners, MasterCard, Visa.
Rodovia GRP-454, 80, Morro da Silveira
TÉL. 354-1740
www.morrodasilveira.com.br

Pousada Basfak Praia $$
À un pâté de maisons de l'avenida Atlântica et à trois de la plage. Indiqué pour les familles. Chambres spacieuses et lumineuses, équipées d'une cuisine avec frigobar, four électrique et micro-ondes. INSTALLATIONS 31 chambres, climatisation, téléphone, TV, TV câblée, bar, piscine, restaurant, salle de jeux. CARTES DE CRÉDIT Diners MasterCard, Visa.
R. Santa Rita, 41, praia de Garopaba
TÉL. 254-4507
www.pousadabasfak.com.br

SERVICES

AGENCES DE TOURISME

Ailton Coelho
TÉL. 254-3259

Irapuã Turismo
TÉL. 354-1817

BUREAUX DE CHANGE

Banco do Brasil
R. Pref. João Orestes de Araújo, 740, Centro
TÉL. 254-3210. HORAIRE Lun. à ven., 10h/15h

BESC
R. Aderbal Ramos da Silva, 100, Centro
TÉL. 254-3171. HORAIRE Lun. à ven., 10h/15h

INFORMATIONS TOURISTIQUES

Secretaria de Turismo Municipal
Pça. Gov. Ivo Silveira, 296 – Prefeitura (mairie)
TÉL. 254-3106. HORAIRE 9h/12h et 14h/18h

Governador Celso Ramos – SC

INDICATIF 48 HABITANTS 11 598
DISTANCE Florianópolis, 40 km
SITE www.govcelsoramos.com.br

HÔTEL

Ponta dos Ganchos Resort $$$$
Hôtel charmant, situé à 60 km de Florianópolis et d'une capacité maximale de 34 personnes. La majorité de la clientèle est constituée de couples en lune de miel. N'accepte pas les moins de 18 ans. INSTALLATIONS 13 chambres, climatisation, cheminée, téléphone, TV, TV câblée, ventilateur, bar, bateau, piscine chauffée, terrain de tennis, restaurant, salle de gym, salle de jeux, salon de massage. CARTES DE CRÉDIT Toutes.
R. Eupídio Alves do Nascimento, 104, praia de Gancho de Fora
TÉL. 262-5000 RÉSERVATIONS 08006433346
www.pontadosganchos.com.br

SERVICES

INFORMATIONS TOURISTIQUES

Secretaria de Turismo
Pça. Seis de Novembro, 1, Centro
TÉL. 262-2090 HORAIRE 8h/19h

| RESTAURANTS | $ jusqu'à 50 R$ | $$ de 51 R$ à 100 R$ | $$$ de 101 R$ à 150 R$ | $$$$ au-dessus de 150 R$ |

Gramado – RS

INDICATIF 54 HABITANTS 28 593
DISTANCE Porto Alegre, 120 km
SITE www.gramadosite.com.br

HÔTELS

Estalagem La Hacienda $$$$
Installé dans une ancienne fazenda de 68 hectares, loin du centre ville. Les chalets en pierre, rustiques mais confortables, peuvent accueillir jusqu'à 4 personnes. L'établissement propose des promenades à cheval et des randonnées dans la propriété. INSTALLATIONS 6 chambres, cheminée, téléphone, TV, TV câblée, chevaux, piscine, tennis, restaurant, salle de réunions, salle de jeux, salle de bains. CARTES DE CRÉDIT Toutes.
Estrada Serra Grande, 4200, à hauteur du km 110 sur la rodovia BR-115, dans le sens de Taquara
TÉL. 286-8186 RÉSERVATIONS (51) 3029-8196
www.lahacienda.com.br

Estalagem St. Hubertus $$$
Située en face du lac Negro, dans une zone tranquille mais pas trop éloignée de l'animation. Salle de télévision et lecture, avec thé et gâteaux en fin d'après-midi. INSTALLATIONS 26 chambres, climatisation, téléphone, TV, TV câblée, ventilateur, piscine chauffée, salle de réunions, salle de jeux, sauna. CARTES DE CRÉDIT Toutes.
R. da Carrière, 974
TÉL. 286-1273
www.sthubertus.com

Ritta Höppner $$$
L'un des hôtels les plus traditionnels de la ville, de style bavarois et avec un jardin d'hiver. Certains chalets possèdent une piscine chauffée privée. Les clients ont libre accès au Minimundo voisin, un parc d'attractions comprenant des répliques de constructions emblématiques d'autres pays. INSTALLATIONS 14 chambres, climatisation, téléphone, TV, TV câblée, piscine, aire de jeux. CARTES DE CRÉDIT Diners, MasterCard.
R. Pedro Candiago, 305
TÉL. 286-1334 RÉSERVATIONS 286-4055 FAX 286-3129
www.minimundo.com.br

Varanda das Bromélias Boutique Hotel $$$$
Hôtel-boutique. Petit-déjeuner servi jusqu'à midi dans les chambres. Chambres et bungalows spacieux. INSTALLATIONS 17 chambres, climatisation, téléphone, TV, TV câblée, bar, piscine chauffée, salle de gym, salle de jeux, salon de massage, sauna. CARTES DE CRÉDIT Toutes.
R. Alarisch Schulz, 158
TÉL. 286-6653
www.varandadasbromelias.com.br

RESTAURANTS

Casa da Velha Bruxa $
Cafétéria de l'usine de chocolat Prawer. Propose des repas rapides, des pizzas et divers types de cafés et de chocolats. C'est un point de rencontre prisé pendant le Festival de Cinéma. CARTES DE CRÉDIT Toutes. HORAIRE 11h/23h.
Av. Borges de Medeiros, 2746
TÉL. 286-1551

Chez Pierre $
Au sous-sol d'une boutique de céramique, rappelle une cave française. Au menu, raclettes et fondues. Pendant la haute saison, une petite piste de danse est mise en place. Musique jazz. CUISINE Suisse. CARTES DE CRÉDIT Diners, MasterCard, Visa. HORAIRE Lun. à sam., 19h/1h.
Av. Borges de Medeiros, 3022
TÉL. 286-2057

Gasthof Edelweiss $$
Possède une bonne cave et si vous aimez certains des objets exposés n'hésitez pas à demander le prix. En effet, la maison fonctionne aussi comme antiquaire. Il est situé à proximité du lac Negro. Demandez l'excellente *truta ao molho de amêndoas* (truite aux amandes). Offre un service de transfert gratuit à partir de tous les hôtels de la ville. CUISINE Allemande. CARTES DE CRÉDIT Toutes. HORAIRE 12h/15h et 19h30/23h.
R. da Carrière, 1119
TÉL. 286-1861

La Caceria $$
Installé dans l'hôtel Casa da Montanha, ce restaurant est spécialisé en gibier. Au menu, seul le cerf est sauvage, tous les autres sont d'élevage: *pombo* (pigeon), *faisão* (faisan), *codorna* (caille), *javali* (sanglier), *perdiz* (perdrix) et *capivara* (cochon d'eau). CARTES DE CRÉDIT Toutes. HORAIRE Mar. à dim., 19h30/24h.
Av. Borges de Medeiros, 3166
TÉL. 286-2544

Le Petit Clos $$
L'un des préférés des couples. Il sert des fondues et autres plats de la cuisine suisse dans une atmosphère feutrée. CUISINE Suisse. CARTES DE CRÉDIT Diners, MasterCard, Visa. HORAIRE 19h/24h.
R. Demétrio Pereira dos Santos, 599
TÉL. 286-1936

SERVICES

AGENCES DE TOURISME

Bella Tur
Av. das Hortênsias, 2040, salle 6
TÉL. 286-2087/2115

Turistur
Av. Borges de Medeiros, 3165, salle 2A
TÉL. 286-3939

BUREAU DE CHANGE

Swisstur Turismo e Câmbio
TÉL. 3036-0070

INFORMATIONS TOURISTIQUES

Pórtico via Nova Petropólis
Rodovia RS-235
TÉL. 286-2803. HORAIRE Mar. à dim., 9h/12h et 13h/16h

| PRIX | HÔTELS (couple) | $ jusqu'à 150 R$ | $$ de 151 R$ à 300 R$ | $$$ de 301 R$ à 500 R$ | $$$$ au-delà de 500 R$ |

Pórtico via Taquara
Rodovia RS-115
TÉL. 286-8171. HORAIRE Mar. à dim., 9h/12h et 13h/16h

Posto de Informações Turísticas – Centro
Av. Borges de Medeiros, 1674, pça. Major Nicoletti
TÉL. 286-1475. HORAIRE Lun. à ven., 9h/19h; sam. et dim., 9h/21h.

Laguna – SC

INDICATIF 48 HABITANTS 47 568
DISTANCE Florianópolis, 121 km
SITE www.lagunagolfinho.com.br

RESTAURANT

Arrastão $
Restaurant situé à 150 m de la plage. CUISINE Poissons et fruits de mer. CARTES DE CRÉDIT Toutes. HORAIRE 11h/15h et 18h 30/24h; en hiver, 10h/14h et 18h/22h
Av. Senador Gallotti, 629, praia de Mar Grosso
TÉL. 647-0418

SERVICES

INFORMATIONS TOURISTIQUES

Portal Turístico
Av. Calistrato Müller Salles, s/n
TÉL. 644-2441. HORAIRE Lun. à sam., 8h/18h

Lapa – PR

INDICATIF 41 HABITANTS 41 838
DISTANCES Curitiba, 60 km
SITE www.lapa.pr.gov.br

HÔTEL

Lapinha – Lar Lapeano de Saúde $$$
Installé dans une fazenda de 550 hectares, qui fournit tous les aliments bio utilisés. C'est le premier spa du Brésil et l'ambiance y est spartiate: pas de TV ni de téléphone, et tout le monde doit avoir regagné sa chambre à partir de 21h. Mais les thérapies offertes – massages et activités physiques – aident efficacement à se détendre et à perdre du poids. INSTALLATIONS 35 chambres, chevaux, équipe d'animation, piscine chauffée, tennis, restaurant, salle de gym, salle de jeux, salon de massage, sauna, spa. CARTES DE CRÉDIT Toutes.
Fazenda Margarida, estrada da Lapa–Campo do Tenente, km 16
TÉL. 622-1044 RÉSERVATIONS 08006431090
www.lapinha.com.br

RESTAURANT

Lipski $
Sert 13 plats à volonté et à prix fixe. Goûtez les plats typiques de la cuisine régionale: *quirera lapeana* et *virado de feijão* (purée de maïs et haricots noirs mélangés à de la farine de maïs avec des saucisses et des côtelettes de porc). CUISINE Régionale. CARTES DE CRÉDIT Toutes. HORAIRE Lun. à sam., 11h/15h et 19h/22h; dim., 11h/16h.

Av. Manoel Pedro, 1855
TÉL. 622-1202

SERVICES

AGENCE DE TOURISME

Sprintur
TÉL. 622-5989

INFORMATIONS TOURISTIQUES

Guides spécialisés en Centre Historique de Lapa
Márcio: 622-1422

Posto de Informações Turísticas
Pça. General Carneiro, 106
TÉL. 622-7401. HORAIRE 9h/17h.

Morretes – PR

INDICATIF 41 HABITANTS 16 077
DISTANCE Curitiba, 62 km

RESTAURANT

Armazém Romanus $
Fruits de mer et une version allégée du traditionnel *barreado* (ragoût de viande). CUISINE Régionale. CARTES DE CRÉDIT Toutes. HORAIRE Lun., 11h/16h; mar. à sam., 11h/16h et 19h/22h; dim., 11h/18h.
R. Visconde do Rio Branco, 141
TÉL. 3462-1500

Ponte Velha $
Au bord du rio Nhundiaquara, propose notamment le traditionnel *barreado*. CUISINE Régionale. CARTES DE CRÉDIT American Express, Visa. HORAIRE Jeu. à mar., 11h/16h.
R. Almirante Frederico de Oliveira, 13
TÉL. 3462-1674

Nova Petrópolis – RS

INDICATIF 54. HABITANTS 16 891
DISTANCE Porto Alegre, 101 km.
SITE www.novapetropolis.com.br

RESTAURANTS

Colina Verde $
Sert un café colonial qui ressemble à un brunch, et des spécialités allemandes, comme l'*eisbein* (jarret de proc), italiennes, comme la *sopa de capeletti* (soupe de capelettis), et régionales comme le *matambre recheado* (viande de bœuf farci) et le *bolinho de aipim* (boulette de manioc). CUISINE Café colonial. CARTES DE CRÉDIT Diners, MasterCard. HORAIRE Mar. à dim., 11h30/15h.
Rodovia BR-116, km 185,5
TÉL. 281-1388

Opa's Kaffehaus $
Le café colonial le plus célèbre de la région. Le client peut assouvir sa faim avec les 45 types de gâteaux, pains, charcuteries et confitures. CUISINE Café colonial.

RESTAURANTS $ jusqu'à 50 R$ $$ de 51 R$ à 100 R$ $$$ de 101 R$ à 150 R$ $$$$ au-dessus de 150 R$

CARTES DE CRÉDIT Non acceptées. **HORAIRE** Mar. à ven., 14h/20h; sam., à partir de 13h; dim., à partir de 12h.
R. João Leão, 96
TÉL. 281-1273

SERVICES

INFORMATIONS TOURISTIQUES

Pórtico
Av. Quinze de Novembro, 100, bifurcation d'accès à la rodovia BR-116
TÉL. 281-1398. **HORAIRE** 8h/18h

Palhoça – SC

INDICATIF 48 **HABITANTS** 102 742
DISTANCE Florianópolis, 68 km
SITE www.palhoca.sc.gov.br

HÔTEL

Pousada Ilha do Papagaio $$$

L'accès ne se fait qu'en bateau, et le propriétaire reçoit les clients sur la plage. Sur cette île de forêt atlantique préservée, sentiers de randonnée et piscine. Fermée en août. **INSTALLATIONS** 20 chambres, climatisation, cheminée, téléphone, TV, bar, bateau, piscine, restaurant, salle de réunions, salle de gym, salon de massage, sauna. **CARTES DE CRÉDIT** Diners, MasterCard, Visa.
Ilha do Papagaio, praia da Ponta do Papagaio (praia do Sonho)
TÉL. 286-1242 **FAX** 286-1243
www.papagaio.com.br

RESTAURANT

Seacoquille $$

La maison de la propriétaire se transforme en restaurant entre décembre et mars. Ne manquez pas d'y goûter le succulent *camarão com coco e manga verde* (crevettes aux noix de coco et mangue verte). **CUISINE** Poissons et fruits de mer. **CARTES DE CRÉDIT** Diners, MasterCard. **HORAIRE** Lun., 18h/24h; mar. à dim., 12h/24h.
R. da Antena, s/n, Guarda do Embaú
TÉL. 283-2559

SERVICES

INFORMATIONS TOURISTIQUES

Portal do Lazer
Rodovia BR-101, km 224, annexe à la station Cambirela. **HORAIRE** 9h/18h

Penha – SC

INDICATIF 47 **HABITANTS** 17 678
DISTANCE Florianópolis, 120 km
SITE www.cidadedepenha.com.br

HÔTEL

Pousada Pedra da Ilha $$

Située en face de la plage, adaptée aux familles avec de jeunes enfants. Certaines chambres sont équipées d'une baignoire d'hydromassage. Chambre adaptée pour les handicapés. **INSTALLATIONS** 31 chambres, climatisation, téléphone, TV, ventilateur, bar, piscine, piscine naturelle, piscine chauffée, salle de jeux, salle de réunions, salle de jeux, salon de massage, sauna. **CARTES DE CRÉDIT** Diners, MasterCard, Visa.
R. Abraão João Francisco, 46, praia Alegre
TÉL. et **FAX** 345-0542
www.pedradailha.com.br

RESTAURANT

Pirão d'Água $$

La chef de cuisine et propriétaire Sarita Santos a tenu à proposer sur la carte divers plats de la cuisine açorienne. Les portions d'*alcatra* (viande), de poissons et fruits de mer sont très copieuses. **CUISINE** Portugaise.
CARTES DE CRÉDIT Non acceptées. **HORAIRE** 12h30/15h30 et 19h/23h30; en hiver, ven. à dim., 18h/22h30
Av. São João, 954, praia Armação do Itapocoróí
TÉL. 345-6742

Porto Alegre – RS

INDICATIF 51 **HABITANTS** 1 360 590
DISTANCE Florianópolis, 474 km
SITE www.portoalegre.rs.gov.br/turismo

HÔTELS

Blue Tree Millenium Porto Alegre $$

Appart-hôtel bien localisé, à proximité du Shopping Praia de Belas. Les chambres sont équipées d'une cuisine avec micro-ondes et d'une salle. La salle de gym se trouve au dernier étage. **INSTALLATIONS** 146 chambres, climatisation, téléphone, TV, TV câblée, bar, piscine, restaurant, salle de réunions, salle de gym, sauna. **CARTES DE CRÉDIT** Toutes.
Av. Borges de Medeiros, 3120
TÉL. 3026-2200 **RÉSERVATIONS** 0800150500 **FAX** 3026-6704
www.bluetree.com.br

Blue Tree Towers Porto Alegre $$

Fréquenté par les hommes d'affaires. Les chambres "luxo" possèdent une antichambre et un balcon. **INSTALLATIONS** 131 chambres, climatisation, téléphone, TV, TV câblée, bar, restaurant, salle de réunions, salle de gym, salon de massage, sauna. **CARTES DE CRÉDIT** Toutes.
Av. Coronel Lucas de Oliveira, 995, Bela Vista
TÉL. 3333-0333 **RÉSERVATIONS** 0800150500 **FAX** 3330-5233
www.bluetree.com.br

Plaza São Rafael $$

L'un des hôtels les plus traditionnels de la ville. Le hall d'entrée abrite différentes boutiques. La piscine est située dans un autre bâtiment, en face de l'hôtel. **INSTALLATIONS** 284 chambres, climatisation, téléphone, TV, TV câblée, bar, piscine, restaurant, salle de réunions, salle de gym, salon de massage, sauna. **CARTES DE CRÉDIT** Toutes.
Av. Alberto Bins, 514, Centro
TÉL. 3220-7000 **RÉSERVATIONS** 3220-7259 **FAX** 3220-7001
www.plazahoteis.com.br

Sheraton Porto Alegre $$$$

Dans l'un des quartiers les plus chics et attenant à un

| PRIX | HÔTELS (couple) | $ jusqu'à 150 R$ | $$ de 151 R$ à 300 R$ | $$$ de 301 R$ à 500 R$ | $$$$ au-delà de 500 R$ |

centre commercial. Les chambres sont équipées d'une TV 29", de 2 lignes téléphoniques et d'une connexion rapide à Internet. INSTALLATIONS 173 chambres, climatisation, téléphone, TV, TV câblée, bar, piscine chauffée, restaurant, salle de réunions, salle de gym, salon de massage, sauna. CARTES DE CRÉDIT Toutes.
R. Olavo Barreto Viana, 18, Moinhos de Vento
TÉL. 3323-6000 RÉSERVATIONS 0800893566 FAX 3323-6010
www.sheraton-poa.com.br

Tryp Porto Alegre $$

Situé au centre du Parque Moinhos de Vento. Les chambres dont le numéro se termine par 4 et 5 offrent la meilleure vue sur le parc. INSTALLATIONS 80 chambres, climatisation, téléphone, TV, TV câblée, restaurant, salle de réunions, salle de gym, salon de massage, sauna. CARTES DE CRÉDIT Toutes.
R. Comendador Caminha, 42
TÉL. 3323-9300 FAX 3323-9301
www.solmelia.com

RESTAURANTS

Al Dente $$

Dans ce restaurant offrant des spécialités du nord de l'Italie, le décor est raffiné et les pâtes sont préparées sur l'heure. CUISINE Italienne. HORAIRE Lun. à sam., 19h/24h. CARTES DE CRÉDIT Toutes.
R. Mata Bacelar, 210, Auxiliadora
TÉL. 3343-1841

Barranco $

L'une des meilleures *churrascarias* (restaurants de viandes grillées à la broche et au charbon de bois) de la ville. Restaurant très prisé, ambiance simple et service à la carte. CUISINE Churrasco. CARTES DE CRÉDIT Toutes. HORAIRE 11h/2h.
Av. Protásio Alves, 1578, Petrópolis
TÉL. 3331-6172

Koh Pee Pee $$

La décoration est thaïlandaise et la cuisine se trouve au milieu de la salle. Les spécialités à déguster sont: *arroz frito com legumes e camarão* (crevettes au riz frit et légumes), *congrio ao molho de curry* (congre sauce au curry) et *frutos do mar com massa* (pâtes aux fruits de mer). CUISINE Thaïlandaise. CARTES DE CRÉDIT Diners, MasterCard, Visa. HORAIRE Lun. à sam., 19h30/24h.
R. Schiller, 83, Moinhos de Vento
TÉL. 3333-5150

Mercado del Puerto $

Sert le *churrasco* uruguayen, où la viande n'est pas cuite à la broche mais sur une grille. Portions copieuses, comportent en moyenne 350 g de viande, servie avec des aromates tels que le *chimichurri*. CUISINE Uruguayenne, viandes. CARTES DE CRÉDIT Toutes. HORAIRE Lun. à ven., 19h/2h; sam., dim. et jours fériés., à partir de 12h.
Av. Cairu, 1487, São João
TÉL. 3337-1066

Orquestra de Panelas $

Situé au 1er étage d'un édifice au centre de l'animation urbaine. Sert des plats de nouvelle cuisine, tels que le *javali com chutney de manga* (sanglier au chutney à la mangue) et le *linguado com camarões* (sole aux crevettes). Réservation conseillée. CUISINE Contemporaine. CARTES DE CRÉDIT Diners, MasterCard, Visa. HORAIRE Lun. à sam., 12h/15h et 19h/23h.
R. Padre Chagas, 196, 1er étage, Moinhos de Vento
TÉL. 3346-9439

Polska $

Menu fixe. Parmi les plats les plus populaires se trouvent le *pierogi* (pâtes farcies de ricotta et de pommes de terre) et le *placek* (crêpe de pommes de terre farcie de goulash). CUISINE Polonaise. CARTES DE CRÉDIT Non acceptées. HORAIRE Mar. à sam., 19h/24h; dim., 12h/15h.
R. João Guimarães, 377, Santa Cecília
TÉL. 3333-2589

SERVICES

AÉROPORT

Aeroporto Internacional Salgado Filho
Av. Severo Duilius, 90010
TÉL. 3358-2000

AGENCE DE TOURISME

Fellini Turismo
R. General Bento Martins, 24, salle 401
TÉL. 3228-6388/3227-5400

INFORMATIONS TOURISTIQUES

Posto de Informações Turísticas – Mercado do Bom Fim (Marché du Bom Fim)
Av. Osvaldo Aranha, boutique 12, Parque Farroupilha
TÉL. 3333-1873. HORAIRE 9h/20h.

Posto de Informações Turísticas – Mercado Público (Marché Public)
Lgo. Glênio Peres, s/n
HORAIRE 8h/20h

Service d'Accueil au Touriste
TÉL. 0800517686. HORAIRE 9h/20h.

Praia do Rosa – district d'Imbituba – SC

INDICATIF 48
DISTANCE Florianópolis, 78 km
SITE www.praiadorosa.tur.br

HÔTELS

Fazenda Verde do Rosa $$$$

Un des rares hôtels sur la plage. Chambres équipées d'une cuisine complète mais pas de TV. Possède 3 restaurants en bord de mer, avec des menus différents. Possibilité d'y pratiquer la randonnée, le paddle, les balades à cheval ou le surf. INSTALLATIONS 36 chambres, cheminée, téléphone, ventilateur, chevaux, équipe d'animation, piscine, aire de jeux, restaurant, salon de massage. CARTES DE CRÉDIT Toutes.
Estrada Geral do Rosa, s/n
TÉL. 355-7272
www.fazendaverde.com

RESTAURANTS	$ jusqu'à 50 R$	$$ de 51 R$ à 100 R$	$$$ de 101 R$ à 150 R$	$$$$ au-dessus de 150 R$

HÔTELS, RESTAURANTS ET SERVICES

Morada dos Bougainvilles $$
Charmante auberge, connue pour son bon restaurant. Le client est accueilli avec chocolats, encens et champagne. Les bungalows "*luxo*" et "*standard*" ont vue sur la mer, à 400 mètres. **INSTALLATIONS** 7 chambres, climatisation, téléphone, TV, ventilateur, équipe d'animation, piscine, aire de jeux, restaurant. **CARTES DE CRÉDIT** Diners, MasterCard, Visa.
Caminho do Alto do Morro, s/n
TÉL. 355-6100
www.pousadabougainville.com.br

Pousada Caminho do Rei $$
Cette auberge bénéficie d'une vue privilégiée sur la plage do Rosa. Une chambre "*luxo*" est équipée d'une cheminée, et une autre d'une baignoire d'hydromassage. À la basse saison, le restaurant est fermé et les propriétaires servent les repas dans leur propre maison. **INSTALLATIONS** 8 chambres, téléphone, TV, ventilateur, piscine, restaurant, salle de jeux. **CARTES DE CRÉDIT** Visa.
Caminho do Alto do Morro, s/n
TÉL. 355-6062 **RÉSERVATIONS** 355-6071
www.caminhodorei.com.br

Quinta do Bucanero $$$
Sur la falaise, la vue est très belle. Pour accéder à la plage il faut emprunter un sentier pentu et traverser une lagune (l'auberge possède un petit bateau pour cela). N'accepte pas les enfants de moins de 14 ans. Fermé en juillet. **INSTALLATIONS** 10 chambres, climatisation, téléphone, TV, ventilateur, bar, piscine, restaurant, salle de jeux. **CARTES DE CRÉDIT** Diners, MasterCard, Visa.
Estrada Geral do Rosa, s/n
TÉL. 355-6056
www.bucanero.com.br

Regina Guest House $
Hôtel attenant au Bistrô Pedra da Vigia. Il ne possède que 3 possibilités d'hébergement: 2 chambres avec terrasse et un chalet pour 4 personnes. Vue sur la mer et sur la lagune d'Ibiraquera, à Imbituba. Le restaurant jouit également de la vue sur la mer. **INSTALLATIONS** 3 chambres, TV, ventilateur. **CARTES DE CRÉDIT** Toutes.
Caminho do Alto do Morro, s/n
TÉL. 355-6066/6247
www.praiadorosa-brasil.com.br

RESTAURANTS

Bistrô Pedra da Vigia $
Le restaurant fait penser à un bistrot français, mais la cuisine ouverte est plutôt de style américain. Le jeudi il propose de la cuisine japonaise préparée avec des poissons et fruits de mer de la région. **CUISINE** Française, Japonaise. **CARTES DE CRÉDIT** Diners, MasterCard, Visa. **HORAIRE** 19h30/24h30; en basse saison, jeu. à sam., 18h30/23h30.
Caminho do Alto do Morro, s/n
TÉL. 355-6247

Margherita $
La pizzeria est un point de rencontre si populaire à Rosa qu'elle a ouvert un second établissement au sud de la plage. Elle propose trois tailles de pizzas. **CUISINE** Pizza. **CARTES DE CRÉDIT** Visa. **HORAIRE** À partir de 19h.
Estrada Geral do Rosa, s/n
TÉL. 355-6010

Tigre Asiático $
C'est l'un des meilleurs restaurants thaïlandais du sud du Brésil. Les plats les plus demandés sont: *frango com arroz servido no abacaxi* (poulet au riz servi dans un ananas) et *camarão e peixe no leite de coco* (crevettes et poisson au lait de coco). Possède un sushi bar. **CUISINE** Thaïlandaise. **CARTES DE CRÉDIT** Diners, MasterCard, Visa. **HORAIRE** 19h/24h.
Route Geral do Rosa, s/n
TÉL. 354-0170/355-7045

São Francisco do Sul – SC

INDICATIF 47 **HABITANTS** 31 519
DISTANCE Florianópolis, 215 km

HÔTEL

Bristol Villa Real $$
Bonne structure de loisir, y compris une marina, pour les clients arrivant en bateau. Préférez les étages supérieurs, qui ont été rénovés. **INSTALLATIONS** 71 chambres, climatisation, téléphone, TV, TV câblée, bar, équipe d'animation, piscine, piscine chauffée, aire de jeux, restaurant, salles de réunions, de gym, de jeux. **CARTES DE CRÉDIT** Toutes.
R. Francisco Machado de Souza, 1135
TÉL. 444-2010
www.bristolhoteis.com.br

RESTAURANT

Jacizinho Batista
Pour déguster ses fruits de mer servis à volonté, les plus gourmands n'hésitent pas à prendre un bateau ou un ferry-boat jusqu'au village de pêcheurs da Glória. La traversée de 30 minutes au milieu de la nature magnifique de la baie contribue à ouvrir l'appétit. Plats de crevettes, crabe, poissons et autres fruits de mer auront raison des plus affamés. **CUISINE** Poissons et fruits de mer. **CARTES DE CRÉDIT** Non acceptées. **HORAIRE** 11h30/22h.
Route Geral do Estaleiro, s/n, vila da Glória
TÉL. 492-1056/449-5124

SERVICES

AGENCE DE TOURISME

Estação Turismo
R. Barão do Rio Branco, 363, Centro
TÉL. 444-6981. **HORAIRE** Lun. à ven., 9h/12h et 14h/18h

LOCATION DE BATEAUX

Marujo Amigo
R. Macapá, 1332
TÉL. 449-0875/9974-3986

INFORMATIONS TOURISTIQUES

Secretaria de Turismo
R. Marechal Floriano Peixoto, 220, Centro
TÉL. 444-5257/5380. **HORAIRE** 7h/18h

PRIX	HÔTELS (couples)	$ jusqu'à 150 R$	$$ de 151 R$ à 300 R$	$$$ de 301 R$ à 500 R$	$$$$ au-delà de 500 R$

INFORMATIONS UTILES

AÉROPORTS

Une grande partie des aéroports brésiliens possède un guichet d'informations touristiques. Vous y trouverez les renseignements nécessaires pour votre séjour et, en cas d'urgence, le téléphone et l'adresse du commissariat délégué aux touristes de la ville. La majorité des aéroports possède des stands publics d'accès à Internet ou des cybercafés. Les adresses et les téléphones des villes mentionnées dans ce guide se trouvent dans la partie "Hôtels, restaurants et services".

Compagnies aériennes

BRA – av. São Luís, 94 – São Paulo, SP – TÉL. (11) 3017-5454 – www.voebra.com.br
GOL – r. dos Tamoios, 246 – São Paulo, SP – TÉL. (11) 5033-4200; autres localités: 0300-789-2121 (vente de billets)/0800-701-2131 (informations.) – www.voegol.com.br
RICO – Aeroporto Internacional Eduardo Gomes – Manaus, AM – TÉL. (92) 652-1652; autres localités: 0300-789-8333 – www.voerico.com.br
TAM – r. Jurandir, 856, lote 4 – São Paulo, SP – TÉL. (11) 3123-1000; autres localités: 0300-123-1000 – www.tam.com.br
VARIG – r. da Consolação, 372 – São Paulo, SP – TÉL. (11) 5091-7000; autres localités: 0300-789-7000 – www.varig.com.br
VASP – pça. Comandante Lineu Gomes, s/n, Aeroporto de Congonhas – São Paulo, SP – TÉL. 5532-3000; Rio de Janeiro: (21) 2462-3363; autres localités: 0300-789-1010 – www.vasp.com.br

ROUTES

L'état et la sécurité des routes brésiliennes sont assez variables. Une partie d'entre elles – surtout dans la région Sud-Est – est gérée par des entreprises privées, qui offrent des services tels qu'assistance médicale, dépannage et aire de repos. En général, les routes nationales et départementales avec péages sont mieux conservées et offrent une meilleure infrastructure. Avant de voyager en voiture, informez-vous auprès de la police routière nationale ou de l'État visité pour connaître les conditions du tronçon parcouru, les services disponibles et le prix du péage. Ces informations sont également disponibles sur le site de l'Association Brésilienne des Sociétés Concessionnaires de Routes (www.abcr.org.br).

Police Routière des États

Alagoas – (82) 324-0599
Bahia – (71) 301-9440
Ceará – (85) 3383-2444
Espírito Santo – (27) 3222-8000
Goiás – (62) 201-4771 (0800-620040)
Mato Grosso – (65) 631-1251
Mato Grosso do Sul – (67) 388-7700
Minas Gerais – (31) 3332-4988
Paraná – (41) 342-7111
Pernambuco – (81) 227-2965
Rio de Janeiro – (21) 2625-1530
Rio Grande do Sul – (51) 3339-6799
Santa Catarina – (48) 240-0433
São Paulo – (11) 3327-2727
Sergipe – (79) 259-3099

Police Routière Fédérale

Alagoas – (82) 324-1135 /1395
Amazonas – (92) 648-6406
Bahia – (71) 254-2200
Ceará – (85) 3295-3591
Distrito Federal – (61) 394-3000
Espírito Santo – (27) 3235-6900
Maranhão – (98) 3225-2563
Mato Grosso – (65) 667-1000
Mato Grosso do Sul – (67) 325-3600
Minas Gerais – (31) 3333-2999
Pará – (91) 255-2100
Paraíba – (83) 231-3366
Paraná – (41) 267-4446
Pernambuco – (81) 3303-6623
Piauí – (86) 233-1011/191
Rio de Janeiro – (21) 2471-6111
Rio Grande do Norte – (84) 203-1550
Rio Grande do Sul – (51) 3374-0003
Santa Catarina – (48) 251-3200
São Paulo – (11) 6954-1814
Sergipe – (79) 261-1495
Tocantins – (63) 312-3491 (à Gurupi)

LOCATION DE VOITURES

Les agences de location de voitures exigent généralement un paiement par carte de crédit. La majorité ne loue des voitures qu'aux plus de 21 ans et possédant le permis de conduire depuis deux ans au moins. Dans certaines villes touristiques, le prix de la location peut être majoré pendant la haute saison ou les ponts prolongés. Renseignez-vous sur les prix des diverses agences et demandez des informations sur les taxes supplémentaires, l'assurance (qui peut atteindre 25% de la valeur de la location), etc. Au moment de prendre la voiture, assurez-vous de son bon état général et vérifiez les pneus, la roue de secours, les clignotants et les freins. Informez-vous sur le gonflage correct des pneus, qui doit être fait à la station service la plus proche et avec les pneus froids. Au moment de choisir le modèle de voiture, pensez aux routes que vous emprunterez.

Agences de location de voitures

AVIS – r. Clélia, 1500 – São Paulo, SP – Tél. (11) 4225-8456; autres localités: 0800-198-456 www.avis.com.br
ALAMO – r. Sete de Abril, 127, bureau. 41, 4ème étage São Paulo, SP – Tél. (11) 3257-8855 – www.suncrowne.com.br
HERTZ – r. da Consolação, 429 – São Paulo, SP Tél. (11) 3258-9384; autres localités: 0800-701-7300 www.hertz.com.br
LOCALIZA – r. da Consolação, 419 – São Paulo, SP Tél. (11) 3231-3055; autres localités: 0800-99-2000 www.localiza.com.br
MOBILITY – r. Barão do Triunfo, 464, bureau. 51, 5ème étage – São Paulo, SP – Tél. 0800-160-525 www.mobility.com.br
NATIONAL – av. Nove de Julho, 3.229, salle 501, 5ème étage– São Paulo, SP – Tél. 0800-555-150; appels internationaux: 1800-227-7368 www.nationalcar.com

Taxis

Prenez plutôt les taxis aux stations de taxi ou appelez-les par téléphone. Dans ce cas, vérifiez si une taxe est demandée pour venir sur place. Si un réajustement des prix a eu lieu récemment et que le taximètre n'a pas été actualisé, un tableau collé sur la vitre vous montrera la valeur correcte à payer. Le prix est plus élevé le soir et la nuit, les dimanches et les jours fériés. L'utilisation du coffre suppose également une augmentation du prix. Dans certaines villes, les taxis demandent un prix fixe pour la course entre l'aéroport et le centre ville.

SÉCURITÉ

En ville: évitez de porter des objets de valeur, à l'exemple des bijoux et des montres. Surveillez tout particulièrement les appareils photos, caméras vidéo et ordinateurs portables. Gardez l'argent près du corps et de préférence dans plusieurs porte-monnaie. Évitez de le compter en public. Dans la plupart des villes, évitez les endroits déserts et peu éclairés; tenez bien vos sacs et faites attention aux sacs à dos – il vaut mieux les garder sur l'épaule. Quand cela est possible, mettez un cadenas sur vos sacs et valises.

Aux Guichets Automatiques: si vous avez besoin de retirer de l'argent à un guichet automatique, choisissez-en un qui est installé à l'intérieur d'un bâtiment ou dans des lieux très fréquentés, comme les centres commerciaux. Dans certaines villes, le montant du retrait est limité entre dix heures du soir et six heures du matin. N'acceptez jamais l'aide de personnes étrangères.

Envoiture: évitez de faire du stop et de prendre des auto-stoppeurs, surtout si vous êtes seul(e). Même dans les centres les plus animés, évitez de discuter pendant que la voiture est en stationnement, en particulier le soir. Dans les grandes villes, gardez les vitres fermées, même pendant la journée et par temps chaud.

À la Plage: n'emportez pas de matériel coûteux ou votre porte-feuille; il est préférable de n'amener que la quantité d'argent nécessaire pour la journée. Ne laissez pas l'argent ou vos biens personnels sans surveillance pendant que vous vous promenez ou vous baignez; gardez toujours tout en vue. Dans les paillotes, les bars et les restaurants ouverts, ne laissez pas votre sac pendu au dossier de la chaise.

Au Stade: les stades brésiliens sont peu à peu en train d'être modifiés pour répondre aux normes générales du Code de Défense du Consommateur, mais il reste encore beaucoup à faire. Les matchs des grandes équipes attirent pas moins de 50 à 70 000 supporters. Les supporters de chaque équipe sont côte à côte, mais séparés par des grilles et des policiers. Choisissez de préférence les sièges numérotés aux gradins, où se concentre la plus grande partie du public. Si vous avez une place numérotée couverte, c'est encore mieux: les billets les plus chers donnent accès aux places les plus sûres. Quoi qu'il en soit, n'emportez pas d'objets de valeur. Pour fuir les agglomérations toujours dangereuses, arrivez environ 40 minutes avant le début du match et ne partez qu'une fois que la vague humaine se sera retirée. Si vous n'êtes pas un supporter, inutile de porter le tee-shirt de l'un des clubs, car vous risquez d'être confronté à la colère de l'un des supporters de l'équipe adverse. N'utilisez pas les transports en communs pour vous rendre au stade les jours de match: les heurts entre supporters rivaux y sont fréquents. Allez-y en voiture ou en taxi, gardez les vitres fermées et préparez-vous à affronter une circulation ralentie. Arrêtez-vous dans une zone de stationnement organisée et fuyez les parkings improvisés et les "gardiens de voiture" pas du tout fiables.

Commissariats Délégués aux Touristes

Dans plusieurs États, des commissariats spécialisés ont des agents entraînés pour répondre aux plaintes des touristes et des étrangers. Dans les villes ne possédant pas ce service, adressez-vous aux commissariats communs.

Bahia (Salvador): r. Cruzeiro de São Francisco, 14, Pelourinho, Tél. (71) 322-7155.
Ceará (Fortaleza): av. Almirante Barroso, 805, Praia de Iracema, Tél. (85) 3219-1538.
Espírito Santo (Vitória): r. Dr. João Carlos de Souza, 740, Santa Luíza, Tél. (27) 3137-9117
Maranhão (São Luís): r. da Estrela, 427, Centro, Tél. (98) 3232-4324
São Paulo (São Paulo): av. São Luís, 91, Centro, Tél. (11) 3214-0209
Pará (Belém): travessa Albertano Rocha, 417, Batista Campos, Tél. (91) 212-3626
Paraíba (João Pessoa): av. Tamandaré, 100, boutique 1, Tambaú, Tél (83) 214-8022
Pernambuco (Recife): Aeroporto dos Guararapes, Tél. (81) 3303-7217
Rio de Janeiro (Rio de Janeiro): r. Humberto de Campos, 315, Leblon, Tél. (21) 3399-7170
Rio Grande do Norte (Natal): av. Eng. Roberto Freire, 8790, Praia Shopping, Tél. (84) 232-7404
Sergipe (Aracaju): av. Santos Dumont, s/nº, praia de Atalaia, Tél. (79) 255-2155

Enregistrement du procès-verbal sur Internet

Dans certains États, il est possible de déclarer un vol ou la perte de documents sur Internet:
Rio de Janeiro (www.delegaciavirtual.rj.gov.br)
Rio Grande do Sul (www.pc.rs.gov.br)
Santa Catarina (www.ssp.sc.gov.br)
São Paulo (www.policiacivil.sp.gov.br)

SANTÉ

Le Ministère de la Santé considère comme zones à risque de fièvre jaune (maladie infectieuse transmise par la piqûre d'un moustique) les régions Nord et Centre-Ouest, les États du Maranhão et des Minas Gerais, et les zones sud-ouest du Piauí, ouest de Bahia, ouest du Paraná, ouest de Santa Catarina, nord-ouest du Rio Grande do Sul et nord-ouest de São Paulo. Les personnes envisageant de voyager dans ces régions doivent se faire vacciner – vaccin disponible dans les ports, les aéroports et les postes de frontière – dix jours avant le voyage. Pour la malaria, également transmise par une piqûre de moustique, il n'y a pas de vaccin. Au Brésil la quasi-totalité des cas de maladie a été enregistrée dans la région amazonienne. Pour la prévenir, utilisez des produits anti-moustiques sur les parties du corps exposées, dormez dans des endroits protégés par des moustiquaires, portez des pantalons et des manches longues et utilisez des insecticides pour les locaux.
La diarrhée est un autre problème désagréable – et très courant chez les voyageurs. Pour la prévenir, évitez de manger des aliments crus, préparés dans la rue ou dans des lieux où les conditions d'hygiène sont précaires. Évitez le lait non pasteurisé. Préférez des aliments secs, comme les pains et les biscuits, les fruits épluchés, l'eau minérale ou bouillie. Ne buvez pas l'eau dans la rue ou des fontaines, même si elle

vous semble limpide et cristalline (évitez aussi les glaçons). Enfin, il est bon de rappeler qu'il est indispensable d'utiliser un protecteur solaire, quelle que soit la région visitée au Brésil.

Services de santé pour le voyageur

À São Paulo, il y a des centres médicaux spécialisés dans la vaccination de voyageurs dans les aéroports de Congonhas et Guarulhos, entre autres. Il existe également deux centres de référence:
CLÍNICA DE MEDICINA DO VIAJANTE (Instituto de Infectologia Emílio Ribas) [Clinique de Médecine du Voyageur]: av. Dr. Arnaldo, 165, Cerqueira César, Tél. (11) 3896-1200, ramal (poste) 287 (ouvert les mardis, de 16 h 30 à 17 h 30.
AMBULATÓRIO DOS VIAJANTES (Centro de Imunização – Hospital das Clínicas) [Centre Ambulatoire pour les Voyageurs]: av. Dr. Enéas de Carvalho Aguiar, 155, 4ème étage, Cerqueira César (Bâtiment des Soins Ambulatoires), Tél. (11) 3069-6392 (tous les jours, de 8 h à 15 h 30).

À Rio de Janeiro, adressez-vous au Centro de Informação em Saúde para Viajantes (Centre d'Information Sanitaire pour les Voyageurs).
CIVES: Cidade Universitária da UFRJ (Ilha do Fundão), Hospital Universitário, 5º andar, Ala Sul, sala 2 (Cité Universitaire de l'Université Fédérale de Rio de Janeiro, Hôpital Universitaire, 5ème étage, Aile Sud, salle 2).

TOILETTES PUBLIQUES

En dehors des aéroports, des gares routières, des centres commerciaux et des endroits très fréquentés par le public, les villes brésiliennes ne possèdent pas de toilettes publiques. En cas d'urgence, adressez-vous aux bars, hôtels, boulangeries et restaurants qui vous semblent adéquats. Dans la plupart des cas, il n'est pas nécessaire de consommer pour les utiliser.

CHANGE

Les taux de change sont publiés quotidiennement dans tous les grands journaux et ceux de taille moyenne du pays, et annoncés le soir dans les journaux télévisés. En général, les banques proposent des taux meilleurs que ceux des bureaux de change, cependant il y a souvent beaucoup plus de paperasserie et des taxes. Les bureaux de change des plus grandes villes acceptent les chèques de voyage émis par les grandes institutions internationales.

INTERNET

En général, même les petites villes ont accès à Internet sur des ordinateurs des cybercafés, hôtels, bibliothèques, lieux très fréquentés et postes. Les opérateurs de téléphone mettent également en place des guichets avec des ordinateurs ayant accès au réseau mondial et dont le paiement se fait par carte de téléphone.

FUSEAUX HORAIRES

Le Brésil possède quatre fuseaux horaires, mais la majeure partie du territoire se trouve sur le fuseau de Brasília (GMT moins 3 heures). Mato Grosso, Mato Grosso do Sul, Rondônia, Roraima, la plus grande partie de l'Amazonie et la moitié du Pará ont une heure de moins que Brasília; Acre et la pointe sud-ouest de l'Amazonie ont deux heures en moins. À l'est, Fernando de Noronha a une heure en plus. Entre octobre et février, le Sud-Est, le Sud, le Centre-Ouest, Bahia et Tocantins passent à l'heure d'été (les horloges sont avancées d'une heure), ce qui augmente encore d'une heure la différence avec les autres États. Il est important de connaître les dates de changement d'horaire, surtout si elles ont lieu un jour où vous devez prendre l'avion. Téléphoner avant aux compagnies aériennes.

CLIMAT

La position géographique du Brésil et la circulation aisée des masses d'air d'origine tropicale et équatoriale résultent en un climat chaud qui, humide ou non, varie assez peu entre les minimales et les maximales. On observe sur presque tout le territoire une saison plus chaude, généralement pluvieuse: l'été (décembre à février); et une saison plus froide et plus sèche: l'hiver (juin à août). Les particularités climatiques du printemps (septembre à décembre) et de l'automne (mars à juin) sont moins nettes. En été, la forte humidité de l'air peut rendre le climat étouffant; à Rio de Janeiro, la température peut osciller entre 30ºC et 40ºC sur la plage. À Porto Alegre, dans l'État du Rio Grande do Sul, le climat est moins chaud et pourtant plus étouffant. Encore plus chaude, la côte du Nord-Est est toutefois moins humide et balayée par la brise marine, ce qui réduit la gêne.
Dans les États du Sud il y a une différenciation plus claire entre les quatre saisons et l'hiver est beaucoup plus rigoureux. À certains endroits de la serra gaúcha il peut même neiger, et le vent minuano souffle sur les Pampas et les collines, poussant les masses d'air froid vers les États des Minas Gerais, São Paulo et Espírito Santo.
Les pluies – en petite ou en grande quantité – tombent toute l'année, en particulier dans la région de l'Amazonie. Dans l'État du Pará, Belém est l'une des villes les plus pluvieuses du monde (la pluie habituelle de l'après-midi sert même à marquer des rendez-vous). La région est encore plus humide que chaude, en contraste avec le *sertão* du Nord-Est, marqué par de longues périodes de sécheresse et par des pluies torrentielles en été.

JOURS FÉRIÉS

Les jours fériés suivants sont valables pour tout le Brésil:
1 JANVIER Jour de l'An
FÉVRIER/MARS Carnaval (date mobile)
MARS/AVRIL Pâques (date mobile)
21 AVRIL Tiradentes
1 MAI Fête du Travail
MAI/JUIN Corpus Christi (date mobile)
7 SEPTEMBRE Fête Nationale
12 OCTOBRE Nossa Senhora Aparecida (Patronne du Brésil)
2 NOVEMBRE Jour des Morts
15 NOVEMBRE Proclamation de la République
25 DÉCEMBRE Noël
Plusieurs fêtes régionales paralysent également les endroits où elles se produisent, à l'exemple de la Saint-Jean (24 JUIN) au NORD-EST, en particulier dans les zones rurales.

CLIMAT ET HABILLEMENT

Les visiteurs de l'hémisphère Nord devront avoir en tête qu'au Brésil, les saisons sont inversées par rapport à leur pays d'origine. La région Sud du Brésil a les saisons plus marquées, variant de la pluie constante en hiver (entre juin et août) au climat chaud et humide en été (entre décembre et février). Ce guide fournit un tableau des températures moyennes mensuelles des différentes régions du pays. Les températures moyennes élevées découragent le port de vêtements plus formels. Rio est particulièrement informel ; tandis qu'à São Paulo, au contraire, les habitants ont plutôt tendance à s'habiller de façon plus élégante, en rapport avec son orientation vers le monde des affaires. Dans les régions où la nature est dominante, et où les moustiques sont transmetteurs de maladies tropicales, utilisez plutôt des vêtements légers et longs et de couleurs claires.

Au Brésil, les heures sont indiquées suivant le modèle militaire ; donc 9 a.m. apparait comme 9h00 et 5 p.m. comme 17h00. L'horaire commercial habituel et de 9h00 à 17h00.

TÉLÉPHONES DES SERVICES D'URGENCE

Les téléphones de service d'urgence et d'assistance possèdent le même numéro dans tout le pays et les appels peuvent être faits gratuitement de n'importe quel téléphone public.
Police Militaire (Polícia Militar) - 190
Police Routière Fédérale (Polícia Rodoviária Federal) - 191
Samu (Ambulância) - 192
Pompiers (Corpo de Bombeiros) - 193
Police Fédérale (Polícia Federal) - 194
Police Civile (Polícia Civil) - 147
Police Routière de L'état (Polícia Rodoviária Estadual) - 198
Défense Civile (Defesa Civil) - 199
Vigilance Sanitaire (Vigilância Sanitária) - 150
Défense du Consommateur (Procon) - 151
Iinstitut Brésilien de l'environnement et des Ressources Naturelles Renouvelables (Ibama) - 152
Police Municipale (Guarda Municipal) - 153
Département de Circulation (Detran) - 154
Urgences dans le cadre du Mercosur (Emergências no Âmbito do Mercosul) - 128

CONSULATS

ALLEMAGNE
Belo Horizonte – MG
Tél.: (31) 3213-1568
Fax: (31) 3213-1567
Cuiabá - MT
Tél.: (65) 626-2073
Fax: (65) 626-1309
Curitiba - PR
Tél.: (41) 222-6920
Fax: (41) 222-0322
Fortaleza – CE
Tél.: (85) 3246-2833/2091
Fax: (85) 3246-7099
Manaus - AM
Tél.: (92) 622-8800
Fax: (92) 622-8800
Porto Alegre – RS
Tél.: (51) 3224 9255
Fax: (51) 3226 4909
www.alemanha.org.br/portoalegre/
Recife – PE
Tél.: (81) 3463-5350
Fax: (81) 3465-4084
www.alemanha.org.br/recife/
Rio de Janeiro – RJ
Tél.: (21) 2554-0004
Fax: (21) 2553-0184
www.alemanha.org.br/riodejaneiro/
Salvador – BA
Tél.: (71) 334-7106
Fax: (71) 334-7106
São Paulo - SP
Tél.: (11) 3097-6644
Fax: (11) 3815-738
www.alemanha.org.br/saopaulo/
Vitória - ES
Tél.: (27) 3224-5387
Fax: (27) 3345-8202

ALGÉRIE
Brasília - DF
Tél.: (61) 248-4039
Fax: (61) 248-4691

ARGENTINE
Belo Horizonte – MG
Tél.: (31) 3281-5288
Fax: (31) 3281-5288
Curitiba – PR
Tél.: (41) 222-0799
Fax: (41) 223-0799
Florianópolis – SC
Tél.: (48) 224-2841
Fax: (48) 224-5666
Foz do Iguaçu - PR
Tél.: (45) 574-2969
Fax: (45) 574-2877
Porto Alegre – RS
Tél.: (51) 3321-1360
Fax: (51) 3321-1360
Recife – PE
Tél.: (81) 3327-1451
Fax: (81) 3327-1450
Rio de Janeiro – RJ
Tél.: (21) 2553-1646
Fax: (21) 2552-4191
Salvador – BA
Tél.: (71) 241-4863
Fax: (71) 241-4862
São Paulo – SP
Tél.: (11) 3897-9522
Fax: (11) 3082-8019

AUTRICHE
Rio de Janeiro – RJ
Tél.: (21) 2102-0020
Fax: (21) 2521-6180

BELGIQUE
Rio de Janeiro - RJ
Tél.: (21) 2543-8558
Fax: (21) 2543-8398
www.diplobel.org
São Paulo – SP
Tél.: (11) 3171-1599
Fax: (11) 3288-6869
www.diplomatie.br/saopaulo

BOLIVIE
Cuiabá - MT
Tél.: (65) 381-5961
Fax: (65) 321-6833
Rio de Janeiro - RJ
Tél.: (21) 2552-5490
Fax: (21) 2551-2395
São Paulo -SP
Tél.: (11) 3081-1688
Fax: (11) 3068-0243

BULGARIE
Rio de Janeiro - RJ
Tél.: (21) 2532-3912
Fax: (21) 2532 4604
www.bulgariario.org.br

CAP-VERT
São Paulo – SP
Tél.: (11) 3871-0017
Fax: (11) 3875-5489

CAMEROUN
Brasília – DF
Tél.: (61) 248-5403
Fax: (61) 248-0443
www.embcameroun.org.br

CANADA
Belo Horizonte – MG
Tél.: (31) 3261-1017
Fax: (31) 3261-1017
Rio de Janeiro – RJ
Tél.: (21) 2543-3004
Fax: (21) 2275-2195
www.canada.org.br
São Paulo – SP
Tél.: (11) 5509-4321
Fax: (11) 5509-4260

CHILI
Belém - PA
Tél.: (91) 40055207
Fax: (91) 40055469

Belo Horizonte – MG
Tél.: (31) 422-4415
Fax: (31) 422-4415
Campo Grande – MS
Tél.: (67) 389-9052
Fax: (67) 324-8703
Curitiba – PR
Tél.: (41) 225-1369
Fax: (41) 223-6980
Florianópolis – SP
Tél.: (48) 224-2394
Fax: (48) 2223360
Manaus – AM
Tél.: (92) 236-9941
Fax: (92) 236-6888
Porto Alegre – RS
Tél.: (51) 3346-3970
Fax: (51) 3346-3970
www.congechile.com.br
Recife - PE
Tél.: (81) 224-3740
Fax: (81) 224-2834
Rio de Janeiro – RJ
Tél.: (21) 2552-5349
Fax: (21) 2553-6371
Salvador – BA
Tél.: (71) 345-4141
Fax: (71) 248-3618
São Paulo – SP
Tél.: (11) 3284-2044
Fax: (11) 3284-2097

CHINE
São Paulo – SP
Tél.: (11) 3082-9877
Fax: (11) 3064-2531
www.embchina.org.br

COLOMBIE
São Paulo – SP
Tél.: (11) 3078-0322
Fax: (11) 3078-0298

CROATIE
São Paulo – SP
Tél.: (11) 3815-4375
Fax: (11) 3815-4375

ÉQUATEUR
São Paulo – SP
Tél.: (11) 3031-7004
Fax: (11) 3031-7004
www.consulecuadorsp.com.br

ÉGYPTE
Rio de Janeiro - RJ
Tél.: (21) 2554-6664
Fax: (21) 2552-8997

ESPAGNE
Belo Horizonte – MG
Tél.: (31) 3326-5971
Fax: (31) 3326-5971
Cuiabá - MT
Tél.: (65) 682-3840
Fax: (65) 682-3734
Curitiba - PR
Tél.: (41) 246-1408
Fax: (41) 346-3377
Natal – RN
Tél.: (84) 234-6950
Fax: (84) 2346950
Porto Alegre – RS
Tél.: (51) 3338-1300
Fax: (51) 3338-1444

Rio de Janeiro – RJ
Tél.: (21) 2543-3200
Fax: (21) 2543-3096
Salvador – BA
Tél.: (71) 336-9055
Fax: (71) 336 0266
São Luis - MA
Tél.: (98) 243-6039
Fax: (98) 232-5081
São Paulo – SP
Tél.: (11) 3059-1800
Fax: (11) 3889-8412
Vitória – ES
Tél.: (27) 3347-2141
Fax: (27) 3328-2274

ÉTAS-UNIS
Belém - PA
Tél.: (91) 223-0800
Fax: (91) 223-0413
Fortaleza - CE
Tél.: (85) 252-1539
Fax: (85) 252-1539
Manaus - AM
Tél.: (92) 611-3333
Fax: (92) 611-3333
Porto Alegre - RS
Tél.: (51) 226-3344
Fax: (51) 226-3344
Recife – PE
Tél.: (81) 3421-2441
Fax: (81) 3231-1906
Rio de Janeiro – RJ
Tél.: (21) 2292-7117
Fax: (21) 2220-0439
www.consuladoseua-rio.org.br
Salvador – BA
Tél.: (71) 3113-2091
Fax: (71) 3113-2090
São Paulo – SP
Tél.: (11) 5186-7000
Fax: (11) 5186-7159

FRANCE
Belo Horizonte – MG
Tél.: (31) 4501-3649
Fax: (31) 4501-3601
Campo Grande - MS
Tél.: (67) 321-0339
Fax: (67) 321-0339
Curitiba – PR
Tél.: (41) 3205805
Fax: (41) 3205805
Florianópolis – SC
Tél.: (48) 221-9900
Fax: (48) 221-9901
Foz do Iguaçu – PR
Tél.: (45) 529-6850
Fax: (45) 529-6850
Maceió – AL
Tél.: (82) 221-9001
Fax: (82) 221-9001
Natal – RN
Tél.: (84) 217-4558
Porto Alegre – RS
Tél.: (51) 3222-6467
Fax: (51) 3222-6467
www.consulfrance-sp.org
Porto Seguro – BA
Tél.: (73) 668-1661
Fax: (73) 668-1661
Recife – PE
Tél.: (81) 3465-3290
Fax: (81) 3466-3599
Salvador – BA
Tél.: (71) 241-0168
Fax: (71) 245- 5648

São Luís - MA
Tél.: (98) 231- 4458
Fax: (98) 232-7746
São Paulo – SP
Tél.: (11) 3371-5400
Fax .(11) 3371-5410
www.consulfrance-saopaulo.org
Rio de Janeiro – RJ
Tél.: (21) 3974-6699
Fax: (21) 3974-6861
Vitória – ES
Tél.: (27) 3331-3400
Fax: (27) 3322-6133

GRÈCE
São Paulo - SP
Tél.: (11) 3251-0675/283-1231
Fax: (11) 3289-0178

GUYANA
Brasília - DF
Tél.: (61) 248-0874
Fax: (61) 248-0886

HAÏTI
São Paulo – SP
Tél.: (11) 3082-1124
Fax: (11) 3082-1124

HONGRIE
São Paulo – SP
Tél.: (11) 5506-5011
Fax: (11) 5506-4321
www.hungria.org.br

ISRAEL
Brasília – DF
Tél.: (61) 2105-0500
Fax: (61) 2105-0555

ITALIE
Belo Horizonte – MG
Tél.: (31) 3281-4211/4224
Fax: (31) 3281-4408
www.conbelo.org.br
Curitiba – PR
Tél.: (41) 304-1750
Fax: (41) 304-6451
www.concuri.org.br
Porto Alegre – RS
Tél.: (51) 3230-8200
Fax: (51) 3230-8222
www.italconsulpoa.org.br
Recife – PE
Tél.: (81) 3466.4200
Fax: (81) 3466-4320
www.italconsulrecife.org.br
Rio de Janeiro – RJ
Tél.: (21) 2282-1315
Fax: (21) 2262-6348 / 2220-3460
www.conrio.org.br
São Paulo – SP
Tél.: (11) 3663 7800
Fax: (11) 3825 6443
www.italconsul.org.br

JAPON
Belém – PA
Tél.: (91) 249-3344
Fax: (91) 249-1016
Belo Horizonte – MG
Tél.: (31) 3499-9620
Fax: (31) 3499-8475
Brasília – DF
Tél.: (61) 442-4200
Fax: (61) 242-0738
Curitiba – PR
Tél.: (41) 322-4919
Fax: (41) 222-0499

Manaus – AM
Tél.: (92) 232-2000
Fax (92) 232-607

LIBAN
São Paulo – SP
Tél.: (11) 3262 0604/0534

MALAISIE
Brasília – DF
Tél.: (61) 248-5008/6215
Fax: (61) 248-6307

MALTE
Rio de Janeiro – RJ
Tél.: (21) 2533-7274
Fax (21) 2533-7250

MAROC
Brasília – DF
Tél.: (61) 321-4487
Fax (61) 321-0745

NICARAGUA
Brasília – DF
Tél.: (61) 248-1115/7902
Fax: (61) 248-1120

NIGÉRIE
Brasília – DF
Tél.: (61) 226-1717
Fax: (61) 226-5192
www.nigeriaembrasil-Brasília.org.br

PARAGUAY
Belo Horizonte – MG
Tél.: (31) 3344-6349
Fax (31) 3344-6349
Brasília – DF
Tél.: (61) 242-3732
Fax (61) 242-4605
Campo Grande – MS
Tél.: (67) 384-6610
Fax (67) 384-6610
Curitiba – PR
Tél.: (41) 222-9226
Fax (41) 222-9226
Porto Alegre – RS
Tél.: (51) 3241-9576
Fax (51) 3241-9576
Recife – PE
Tél.: (81) 3459-1277
Fax: (81) 3459-1277
Rio de Janeiro – RJ
Tél.: (21) 2553-2294
Fax (21) 2553-2512
São Paulo – SP
Tél.: (11) 3167-7793
Fax (11) 3167-0412
www.paraguaisp.com.br

PÉROU
São Paulo – SP
Tél.: (11) 3819-1793
Fax (11) 3819-1795

PHILIPPINES
São Paulo – SP
Tél.: (11) 5044-5057
Fax: (11) 5044-5137

POLOGNE
São Paulo – SP
Tél.: (11) 3672-3778
Fax: (11) 3672-8224

REPUBLIQUE TCHÈQUE
São Paulo – SP
Tél.: (11) 3814-3728
Fax: (11) 3031-1822
www.mzv.cz/saopaulo

RUSSIE
São Paulo – SP
Tél.: (11) 3064-1591
Fax: 3064-1591

SÉNÉGAL
Rio de Janeiro – RJ
Tél.: (21) 3852-1729
Fax: (21) 3852-1730

SLOVAQUIE
São Paulo – SP
Tél.: (11) 3255-9493
Fax: (11) 3255-9493

SYRIE
São Paulo – SP
Tél.: (11) 3285-5578
Fax (11) 3253-9290

SUISSE
Araucária – PR
Tél.: (41) 643-1395
Fax (41) 643-2357
Belo Horizonte – MG
Tél.: (31) 3261-7732
Fax (31) 3262-1163
Brasília – DF
Tél.: (61) 443-5500
Fax: (61) 443-5711
Fortaleza – CE
Tél.: (85) 3226-9444
Fax (85) 3253-1323
Recife – PE
Tél.: (81) 3439-4545
Fax (81) 3439-4545
Rio de Janeiro – RJ
Tél.: (21) 2221-1867
Fax (21) 2252-3991
Salvador de Bahía – BA
Tél.: (71) 341-5827
Fax (71) 341-5826
São Paulo – SP
Tél.: (11) 3372-8200
Fax (11) 3253-5716

SURINAME
Brasília – DF
Tél.: (61) 248-3595
Fax (61) 248-3791

TOGO
Rio de Janeiro – RJ
Tél.: (21) 3872-3142
São Paulo – SP
Tél.: (11) 3815-4137

TUNISIE
Brasília – DF
Tél.: (61) 248-7277/7366
Fax: (61) 248-7355

TURQUIE
Belo Horizonte – MG
Tél.: (31) 3337-7766
Fax: (31) 3292-9499
Brasília – DF
Tél.: (61) 242-1850
Fax (61) 242-1448
Rio de Janeiro – RJ
Tél.: (21) 2553-5716
Fax: (21) 2553-5934
Salvador – BA
Tél.: (71) 335-1064
Fax: (71) 335-1064

UKRAINE
Curitiba – PR
Tél.: (41) 222-7773
Fax: (41) 222-7773
Rio de Janeiro – RJ
Tél.: (21) 2542-1704
Fax: (21) 2275-1027

URUGUAY
Belo Horizonte – MG
Tél.: (31) 3296-7527
Fax (31) 3296-7291

Brasília – DF
Tél.: (61) 322-1200/4528
Fax (61) 322-6534
Curitiba – PR
Tél.: (41) 225-5550
Fax: (41) 232-0436
Florianópolis – SC
Tél.: (48) 222-3718
Fax: (48) 222-3718
Porto Alegre – RS
Tél.: (51) 3325-6196
Fax (51) 3325-6192
Rio de Janeiro – RJ
Tél.: (21) 2553-6015/6030
Fax (21) 2553-6036
Salvador – BA
Tél.: (71) 322-7093
Fax (71) 322-7096
São Paulo – SP
Tél.: (11) 3085-5941
Fax (11) 3088-7874

VENEZUELA
Belém – PA
Tél.: (91) 242-7783 / 241-7574
Fax (91) 242-7783 / 241-7574
Brasília – DF
Tél.: (61) 322-1011/2101-1004/
2101-1012
Fax: (61) 226-5633
Rio de Janeiro – RJ
Tél.: (21) 2551-5248
Fax (21) 2553-8118
www.consuven.com.br
São Paulo – SP
Tél.: (11) 3887-4583
Fax (11) 3887-2535

VIETNAM
Brasília – DF
Tél.: (61) 364-0694
Fax: (61) 364-5836

EMBASSADES

MINISTÈRE DES AFFAIRES ÉTRANGÈRES
www.mre.gov.br
Tél.: (61) 411-6161

EMBASSADES EN BRASÍLIA

Alemagne
www.alemanha.org.br
Tél.: (61) 442-7000
Fax: (61) 443-7508

Algérie
Tél.: (61) 248-4039 / 248-1949
Fax: (61) 248-4691

Argentine
www.embarg.org.br
Tél.: (61) 364-7600
Fax: (61) 364-7666

Autriche
www.austria.org.br
Tél.: (61) 443-3111/443-3373
Fax: (61) 443-5233

Belgique
www.belgica.org.br
Tél.: (61) 443-1133
Fax: (61) 443-1219

Bolivie
www.embolivia-brasil.org.br
Tél.: (61) 366-3432
Fax: (61) 366-3136

Bulgarie
Tél.: (61) 223-6193/223-9849
Fax: (61) 323-3285

Cameroun
www.embcameroun.org.br
Tél.: (61) 248-5403/248-2400
Fax: (61) 248-0443

Canada
www.dfait-maeci.gc.ca/brazil
Tél.: (61) 424-5400
Fax: (61) 424-5490

Chili
www.eta.com.br/chile
Tél.: (61) 2103-5151
Fax: (61) 322-0714

Chine
www.embchina.org.br
Tél.: (61) 346-4436/346-1880
Fax: (61) 346-3299

Colombie
www.embcol.org.br
Tél.: (61) 226-8997/226-8902
Fax: (61) 224-4732

Congo
Tél.: (61) 552-0335
Fax: (61) 365-4823

Croatie
Tél.: (61) 248-0610/248-7855
Fax: (61) 248-1708

Équateur
www.embequador.org.br
Tél.: (61) 248-5560
Fax: (61) 248-1290

Égypte
www.opengate.com.br/embegito
Tél.: (61) 323-8800
Fax: (61) 323-1039

Espagne
Tél.: (61) 244-2776/ 244-2023 / 244-2145
Fax: (61) 242-1781

États-Unis
www.embaixada-americana.org.br
Tél.: (61) 312-7000
Fax: (61) 312-7651

France
www.ambafrance.org.br
Tél.: (61) 312-9100
Fax: (61) 312-9108

Gabon
Tél.: (61) 248-3536/248-3533
Fax: (61) 248-2241

Grèce
www.emb-grecia.org.br
Tél.: (61) 443-6573
Fax: (61) 443-6902

Guyana
Tél.: (61) 248-0874/248-0875/364-5319
Fax: (61) 248-0886

Haïti
Tél.: (61) 248-6860/248-1337
Fax: (61) 248-7472

Indonésie
www.indonesia-brasil.org.br
Tél.: (61) 443-8800/443-1788
Fax: (61) 443-6732

Irlande
Tél.: (61) 248-8800
Fax: (61) 248-8816

Israël
Brasília.mfa.gov.il
Tél.: (61) 2105-0500
Fax: (61) 2105-0555

Italie
www.embitalia.org.br
Tél.: (61) 442-9900
Fax: (61) 443-1231

Liban
www.libano.org.br
Tél.: (61) 443-5552/443-3808
Fax: (61) 443-8574

Malte
Tél.: (61) 272-0402
Fax: (61) 347-4940

Maroc
www.embmarrocos.org.br
Tél.: (61) 321-4487/321-3994
Fax: (61) 321-0745

Namibie
Tél.: (61) 248-6274/248-7621
Fax: (61) 248-7135

Nicaragua
Tél.: (61) 248-1115/248-7902
Fax: (61) 248-1120

Nigérie
Tél.: (61) 226-1717/226-1870
Fax: (61) 226-5192

Paraguay
Tél.: (61) 242-3732/244-8649
Fax: (61) 242-4605

Pérou
www.embperu.org.br
Tél.: (61) 242-9933/242-9435
Fax: (61) 244-9344

Pologne
www.polonia.org.br
Tél.: (61) 443-3438/242-9273
Fax: (61) 242-8543

République Tchèque
www.mzv.cz/Brasília
Tél.: (61) 242-7785/242-7905
Fax: (61) 242-7833

République Democratique du Congo
Tél.: (61) 552-0335
Fax: (61) 365-4823

Roumanie
www.romenia.org.br
Tél.: (61) 226-0746
Fax: (61) 226-6629

Russie
www.brazil.mid.ru
Tél.: (61) 223-3094/223-4094
Fax: (61) 226-7319

Sénégal
Tél.: (61) 223-6110/321-5866
Fax: (61) 322-7822

Servia et Montenegro
Tél.: (61) 223-7272
Fax: (61) 223-8462

Slovaquie
Tél.: (61) 443-1263/443-1265
Fax: (61) 443-1267

Soudan
www.sudanBrasília.org
Tél.: (61) 248-4834/ 248-4835
Fax: (61) 248-4833

Suisse
www.eda.admin.ch/Brasília_emb
Tél.: (61) 443-5500
Fax: (61) 443-5711

Suriname
Tél.: (61) 248-3595/248-6706
Fax: (61) 248-3791

Syrie
Tél.: (61) 226-1260/226-0970
Fax: (61) 223-2595

Tunisie
Tél.: (61) 248-7277/248-7366
Fax: (61) 248-7355

Turquie
www.turquia.org.br
Tél.: (61) 242-1850/244-4840
Fax: (61) 242-1448

Ucrania
www.ucrania.org.br
Tél.: (61) 365-1457
Fax: (61) 365- 2127/365-3898

Uruguay
www.emburuguai.org.br
Tél.: (61) 322-1200
Fax: (61) 322-6534

Vatican
Tél.: (61) 223-0794
Fax: (61) 224-9365

Venezuela
Tél.: (61) 322-1011/322-9962
Fax: (61) 226-5633

Vietnam
Tél.: (61) 364-5876/364-0694
Fax: (61) 364-5836

Quelques Informations Utiles

Prononciation

La langue portugaise utilise l'alphabet latin et peut vous sembler familière mais cache quelques singularités. Un peu de pratique de la langue vous permettra de vous orienter et pourra vous aider à vous communiquer.

Plusieurs lettres et sons sembleront étranges ou difficiles à la majorité des Français. Par exemple, le "r" seul, entre deux voyelles se prononce comme un "r" roulé, tandis que s'il est doublé garde le son semblable au français. Les sons "ã" ou "ão" (ou leurs pluriels "ães" et "ãos") sont un son nasal qui s'assimile au "an" suivi de la prononciation normale des voyelles qui le suivent. Les autres voyelles gardent un son semblable en français, sauf le "u" qui se prononce "ou".

Pour les consonnes, les sons sont identiques à ceux du français. Toutefois, des combinaisons de consonnes méritent d'être regardées de plus prêt: le son "nh" équivaut au "gn" en français. Le son "lh" s'apparenterait à un "l" mouillé ou "ll": par exemple, "lhe" se prononcerait "lieu" en français.

Pour compliquer un peu plus les choses, les accents régionaux contribuent à semer plus de confusion dans l'esprit du touriste. Le "s" est chuintant à Rio (prononcé "ch", voire "j" dans certains cas), tandis que vers le sud du pays, les syllabes sont plus distinctes. Cependant, quoique le portugais soit parlé dans tout le pays, il existe des régionalismes qui font que même un Brésilien du sud risquerait fort d'éprouver quelques difficultés (mineures) lors d'un voyage au Nordeste ou en Amazonie ou vice-versa.

Faites également attention à certains mots qui pourront faire sourire ou donner lieu à de sérieux malentendus. Un cas typique: "cou" en français se dit "pescoço", mais sa prononciation veut dire "cul" en portugais.

Finalement, quelques particularités: des familles brésiliennes aiment transmettre les noms de leurs ascendants, donc il est commun de porter plusieurs noms de famille après son(ses) prénom(s). La différence avec la France est que le nom du père suit celui de la mère.

Communication

0: zero
1: um
2: dois
3: três
4: quatro
5: cinco
6: seis
7: sete
8: oito
9: nove
10: dez
20: vinte
30: trinta
40: quarenta
50: cinqüenta
100: cem
500: quinhentos
1000: mil
Je: Eu
Je suis: Eu sou
Tu es: Você é (usuel dans la majorité du pays. Dans la région sud, l'on dirait "tu és" – prononcez: "tou èss"
Salut, Bonjour/Au revoir: Oi, Bom dia/Tchau
Ça va?: Tudo bem?
S'il vous plait/Merci: Por favor/Obrigado (homme); obrigada (femme)

Oui/Non: Sim/Não
Je suis étranger: Sou estrangeiro
Je suis malade/J'ai mal: Estou doente/Estou com dor
Aidez-moi, s'il vous plaît: Me ajuda, por favor.
Combien (çà coûte)?: Quanto (é)?
Comment vous appellez-vous?: Qual é o seu nome?
Je m'appelle…: Meu nome é…
Quand…?: Quando…?
Tout droit: Siga em frente
Aujourd'hui/Demain: Hoje/Amanhã
Où est (où se trouve)…?: Onde fica…?
Un hotel/Une auberge: um hotel/uma pousada
Hôpital: hospital
Un médecin/Un docteur: um médico
Une banque: um banco
L'ambassade: a embaixada
J'aimerais…: eu gostaria…
L' addition, s'il vous plaît: a conta, por favor
Une chambre: um quarto
Une salle de bains: um banheiro
Un guide: um guia
À manger (nourriture)/À boire (boisson): comida/bebida
Bière, pression: cerveja, chope
Pain: pão
Poulet: frango
Œuf(s): ovo(s)
Poisson: peixe
Porc: carne de porco
Steak: bife
Volaille: aves
Eau: água
Près/Proche: perto
Loin/Éloigné: longe
À gauche: à esquerda
À droite: à direita

TERMES COURANTS

Baiano: personne originaire de Bahia
Caatinga: vegetation semi-aride (du Nordeste)
Cachaça: eau-de-vie de canne à sucre (pop. *pinga*)
Caipirinha: boisson composée de cachaça, citron vert (ou autre fruit) coupé et écrasé, sucre et glaçons pilés
Carioca: personne originaire de Rio de Janeiro
Chope: bière pression
Churrasco: barbecue brésilien
Dendê: une huile de palme
Feijoada: Plat à base de haricots noirs, viande séchée, viandes de porc, saucisses et épices (p. 30)
Forró: musique et danse traditionnelle du Brésil (Nordeste)
Gaúcho: personne originaire du Rio Grande do Sul
Ibama: Institut Brésilien de l'Environnement et des Ressources Naturelles Renouvelables
Igreja: église
Lagoa: lagune
Largo/Praça: place
Mandioca, aipim ou macaxeira: manioc, racine qui peut être mangée cuite à la vapeur, frite, moulue sous forme de farine (*farofa*) ou comme mets (*tapioca*)
Mercado: marché
Paulista: personne originaire de São Paulo
Pousada: auberge simple
Rio: fleuve, rivière
Serra: chaîne de collines, de montagnes

Index Alphabetique

A

Abrãozinho (RJ) 146
Abrolhos (BA) voir Arquipélago de Abrolhos
Acre 362
Agulhas Negras (RJ) 141
Alagoas 83, 240, 287-298, 320, 321
Alcântara (MA) 351, **354**
Aldeia do Papai Noel (RS) 454
Algodoal (PA) 372
Alta Floresta (MT) 408
Alter do Chão (PA) 371, 378
Alto da Bela Vista (MG) 225
Alto de Santana (GO) 400
Alto do Moura (PE) 319
Alto Paraíso de Goiás (GO) **396-397**, 398
Amapá 84, 362
Amazonas **362-370**, 376, 378
Amazonie 76, 80, 366, 368, 369, 371, 374, 389, 403, 408
Anchieta (ES) 229, 235, **236**
Andaraí (BA) 281, 285
Angra dos Reis (RJ) 72, 89, **142-144**, 145, 146, 151, 205
Antonina (PR) 427
Aquidauana (MS) 409, 412
Aquiraz (CE) 342
Aracaju (SE) 264
Aracati (CE) 346
Aracê (ES) 234
Arapeí (SP) 206
Araras (RJ) 135
Área de Proteção Ambiental (APA)
 da Costa dos Corais (PE/AL) 296
 da praia Azeda (RJ) 154
 da praia Azedinha (RJ) 154
 dos Tamoios (RJ) 145
Arpoador (RJ) 109, 113, 116
Arquipélago (archipel)
 das Três Ilhas (ES) 235
 de Abrolhos (BA) 280
 de F. de Noronha (PE) 299, **314-317**
 de Marajó (PA) 376
Arraial
 d'Ajuda (BA) 273, **276**, 277
 do Cabo (RJ) 72, 89, 156-157
 do Tijuco (MG) 227
Atins (MA) 357

B

Bahia 13, 14, 15, 18, 44, 69, 83, 107, 237, **240-286**, 293, 321, 323, 324, 389, 393, 406
Baía (Baie)
 de Angra dos Reis (RJ) 142, 143
 de Babitonga (SC) 444
 de Camamu (BA) 265, 270
 de Castelhanos (SP) 200
 de Guanabara (RJ) 94, 98, 104, 105, 109, 120, 130, 136, 137, 270
 de Paranaguá (PR) 427
 de S. Marcos 354
 de Todos os Santos (BA) 246, 249, 254, 270
 de Vitória (ES) 230, 233
 do Pontal (BA) 267
 do Sancho (F. de Noronha) 316
 dos Golfinhos (F. de Noronha) 316
 dos Guarajás (Belém, PA) 373, 375
 dos Porcos (PE) 315
Formosa (Búzios, RJ) 153
Formosa (RN) 337
Baixa Grande (MA) 357
Balneário
 Camboriú (SC) 433, **441**
 de Xingó (PE) 321
 Tororomba (BA) 267
Bananal (SP) 206
Barão de Melgaço (MT) 403
Barbacena (MG) 228

Barra da Tijuca (RJ) 124
Barra
 de Guaratiba (RJ) 125
 de S. João (RJ) 152
 de Santo Antônio (AL) 294, 295
 de Sucatinga (CE) 344, 345
 de Tabatinga (CE) 345
 do Camaragibe (AL) 295
 do Jacuípe (AL) 260
 Grande (BA) 265, 270
Barreirinhas (MA) 355-356
Basílica
 da Nossa Senhora (CE) 347
 de Nazaré (PA) 375
 de Nossa Senhora do Carmo (PE) 300, 304
 de S. Bento (SP) 163
 do Bom Jesus de Matosinhos (MG) 220
 do Sagrado Coração de Jesus (MG) 227
Beberibe (CE) 344
Belém (PB) 15, 35, 362, 368-369, 371, **372-375**, 377
Belmonte (BA) 275
Belo Horizonte (MG) 49, 88, **207-210**, 211-212, 214, 225
Bento Gonçalves (RG) 449, 457, 460-461
Bezerros (PE) **321-322**
Biblioteca
 Latino-Americana Victor Civita (SP) 188
 Nacional (RJ) 48, 96, 98, 99, 103
Bichinho (MG) 224
Blumenau (SC) 433, **443**
Bodoquena (MS) 418
Boipeba (BA) 241, 257
Bom Princípio (RS) 457
Bombinhas (SC) 72, 433, **440**
Bonito (MS) 72, 384, 409, **414-416**, 418
Boqueirão da Pedra Furada (PI) 323
Brasília (DF) 20, 46, 47, 49, 50, 51, 131, 135, 384, **385-392**, 393, 396, 403
Brotas (SP) 71, 159, **190**
Buraco
 das Araras (MS) 416
 das Piranhas (MS) 412
Búzios (RJ) 89, **152-154**, 155

C

Cabo de Santo Agostinho (PE) 308
Cabo Frio (RJ) 89, **155**
Caburé (MA) 357
Cáceres (MT) 403, 405
Cachoeira (chute d'eau)
 Andorinhas (MT) 406
 Boca da Onça (MS) 418
 Cascatinha (MG) 212
 Cachoeirinha 407
 da Donana (BA) 286
 da Fumaça (BA) 282, 284
 da Garganta do Diabo (PR) 432
 da Noré (BA) 272
 da Ponte de Pedra (PR) 428
 da Velha (TO) 380
 das Andorinhas (BA) 286
 das Cariocas (GO) 398
 das Pombas (BA) 286
 Degrau (MT) 406
 do Abismo (GO) 398
 do Acantilado (RJ) 140
 do Azevedo (BA) 272
 do Buracão (BA) 283, 286
 do Cardoso (BA) 286
 do Formiga (TO) 380
 do Garapa (BA) 286
 do Lázaro (GO) 394
 do Mosquito (BA) 283
 do Prumirim (SP) 202
 do Pulo (MT) 406
 do Ramalho (BA) 286
 do Rio do Peixe (MS) 417

 do Roncador (TO) 379
 do Sossego (BA) 284
 do Taramba (BA) 286
 do Tigre Preto (RS) 455
 do Tremembé (BA) 270
 do Veado (SP) 205
 dos Dragões (GO) 394
 dos Funis (BA) 286
 dos Mosqueteiros (PR) 430
 Independência (MT) 406
 Mar de Espanha (BA) 286
 Piabinha (BA) 286
 Prainha (MT) 406
 Primavera (BA) 284
 Sandália Bordada (BA) 286
 Santa Maria (GO) 394
 Secreta (SP) 191
 Sete de Setembro (MT) 406
 Sibéria (BA) 286
 Sonrisal (MT) 406
 Tiburtino (BA) 286
 Véu da Noiva (RJ) 141
 Véu da Noiva da Chapada (MT) 408
 Véu de Noiva (RJ) 136
Cachoeira (BA) 241
Cachoeirinha (BA) 284
Cachoeirinha (MT) 407
Caeté-Açu (BA) 282
Caieira da Barra do Sul (SC) 437
Cairu (BA) 257
Caldas Novas (GO) 399
Cambará do Sul (RS) 455
Campina Grande (PB) 299, 319, 328
Campo Grande (MS) 384, **409**, 411, 412, 413, 414
Campos do Jordão (SP) 159, **203**
Campos Gerais (RS) 456
Canal do Perigoso (PA) 376
Canavieiras (BA) 265, 268
Canela (RS) 449, 455, **458-459**
Cânion
 Cânion 1 (GO) 398
 Cânion 2 (GO) 398
 da cachoeira da Fumaça (BA) 284
 do Carbonado (BA) 286
 do Ipiranga (PR) 427
 do Paraguaçu (BA) 286
 do Suçuapara (TO) 380
 do Sul (RS) 455
 Fortaleza (RS) 455
 Garganta do Diabo (CE) 344
 Guartelá (PR) 428
 Itaimbezinho (RS) 455
 Malacara (RS) 455
 Monte Negro (RS) 455
Canoa Quebrada (CE) 344, **346**
Cantagalo (RJ) 120
Canudos (BA) 320
Capão (BA) 284
Capela
 da Ordem Terceira (PB) 376
 de Nossa Senhora de Monte Serrat (BA) 249
 de Sant'Ana do Rio do Engenho (BA) 267
 de Santa Luzia (ES) 230
 do Padre Faria (MG) 216
 Dourada (PE) 300, 302
 Imperial (RJ) 132
 Imperial (SP) 188
 Mayrink (RJ) 123
Capivara (PI) 323
Caraíva (BA) 273, 276, **278**
Caravelas (BA) 273, **280**
Carlos Barbosa (RS) 461
Carnaval 45, 67, 68, 69, 126, 213, 241, 250, 313
Caruaru (PE) **319**, 320, 322
Casa Branca (AL) 320
Casa Nova (BA) 324
Casa-Museu Mestre Vitalino (PE) 319
Cascavel (CE) 345
Casimiro de Abreu (RJ) 152
Castelo
 do Barão de Itaipava (RJ) 135

Garcia d'Ávila (BA) 261
Castro (PR) 428
Catas Altas (MG) 212
Catedral
 Basílica (BA) 242, 245
 Basílica da Sé (MG) 219
 Batista (RJ) 131
 da Sé (SP) 160, 162, 170
 de Niterói (RJ) 131
 de S. Pedro de Alcântara (RJ) 132, 134
 de S. Sebastião (BA) 266
 Metropolitana (DF) 387, 391
 Metropolitana (ES) 231
 Metropolitana (MG) 227
 Nossa Senhora do Carmo (MG) 225
 Nossa Senhora do Pilar (MG) 225
 Nossa Senhora do Rosário (MG) 225
Caucaia (CE) 343
Cavalcante (GO) 396
Ceará 34, 240, **339-350**, 358
Centro
 Cultural Banco do Brasil (DF) 392
 Cultural Banco do Brasil (RJ) 90, 92
 Cultural Banco do Brasil (SP) 160, 161, 176
 Cultural Correios (RJ) 90, 92, 93
 Cultural da Caixa (DF) 392
 Cultural Dannemann (BA) 256
 Cultural S. Paulo (SP) 176
 de Arte Hélio Oiticica (RJ)
 de Artesanato de Pernambuco (PE)
 de Cultura Popular Domingos Vieira Filho (MA) 353
 de Lançamento de Alcântara (MA) 354
 de Produção Artesanal (PE) 318
 de Turismo (CE) 340
 de Visitantes (F. de Noronha) 317
 Dragão do Mar de Arte e Cultura (CE) 340, 341
 Histórico Feliz Lusitânia (PA) 371, 372, 373
 Nova Olaria (RS) 450
 Petrobras de Referência da Música Brasileira (RJ) 59
Chagdud Khadro Ling (RS) 453
Chantreclair (PE) 301
Chapada
 Diamantina (BA) 72, 240, **281-286**, 396
 dos Guimarães (MG) 403, **406-408**
 dos Veadeiros (GO) 385, **396-399**
Chapadão (RN) 337
Chapadão da Zagaia (AL) 293
Chutes de S. Vicente (GO) 397
Círio de Nazaré (PA) 375
Colônia de S. Pedro (BA) 460
Comandatuba (BA) 265
Comunidade de Maguary (PA) 378
Congonhas (MG) 207, 220
Convento
 da Penha (ES) 233, 236
 das Mercês (MA) 353
 de S. Francisco (PE) 310
 de Santo Antônio (BA) 259
 de Santo Antônio (PE) 302
 e Igreja de S. Francisco (BA) 242, 246, 247
Copacabana (RJ) **110-112**, 113, 118
Copacabana Palace (RJ) 44, 110, 111, 117
Corcovado (RJ) 107, 120, 128
Coroa Vermelha (BA) 270
Correias (RJ) 135

Index Alphabétique

Corumbá (MS) 409, **412-413**
Crato (CE) 347
Credicard Hall (SP) 186
Cristo Redentor (RJ) 128
Cruz das Almas (BA) 251
Cruz de Lorena (MG) 215
Cruzeiro (MG) 227
Cuiabá (MT) 384, **403**, 406, 408
Cunha (SP) 149, 159, **204**, 228
Curitiba (PR) **423-428**
Curtume Marajó (PA) 376

D

Daslu (SP) 183
Dedo de Deus (RJ) 136, 137
Delta do Parnaíba (PI) 351, 355, **358**, 359
Diamantina (MG) 207, **226-227**, 228
Distrito Federal 384
Domingos Martins (ES) 234
Dunes
  Barra de Maxaranguape (RN) 337
  Búzios (RN) 334
  Dama Branca (RJ) 155
  de Genipabu (RN) 329, 332, 345
  de Tatajuba (CE) 349
  do Funil (CE) 349
  do Jalapão (TO) 380
  do Peró (RJ) 155
  do Pôr-do-Sol (CE) 348, 349
  do Riacho Doce (CE) 350
  Maracajaú (RN) 333

E

Ecoparque do Una 267
Elevador Lacerda (BA) 242, 245, 246, 248
Enseada
  Coroa Vermelha (BA) 275
  da Ferradura (RJ) 154
  de Araçatiba (RJ) 144
  de Quatro Ilhas (SC) 440
  de Suá (ES) 231
  do Forno (RJ) 154
  do Sítio Forte (RJ) 144
  dos Golfinhos (RN) 335
  Saco do Mamanguá (RJ) 149
  Épaves de bateaux
    Bezerra de Menezes (SP) 144
    Califórnia (RJ) 144
    Dona Paula (RJ) 158
    Harlinger (RJ) 158
    Madre de Dios (BA) 259
    Pinguino (RJ) 144
    Sacramento (BA) 254
    Teixeirinha (RJ) 157
  Wizard (RJ) 158
Espaço Cícero Dias (PE) 307
Espaço Cultural
  Casa das Onze Janelas (MA) 373
  da Marinha (RJ) 90, 94
  Ilumiara (PE) 313
  Paranambuco (PE) 301
  Toca do Vinicius (RJ) 114
Espadarte (MA) 356
Espírito Santo 34, 83, 88, **229-237**
Esplanada dos Ministérios (DF) 387, 388
Estação (gare)
  da Luz (SP) 167
  das Docas (PA) 375
  Ecológica do Una (BA) 267
  Ecológica Ilha do Lameirão (ES) 232
  Ecológica Juréia-Itatins (SP) 191
  Ipanema (RJ) 116
  Júlio Prestes (SP) 165, 167
  Pinacoteca (SP) 167
  S. Paulo Railway (SP) 193
Estrada
  da Graciosa (PR) 427
  das Paineiras (RJ) 108
  Real (MG) **228**
Extremoz (RN) 332

F

Falésias
  Beberibe (CE) 339
  Canoa Quebrada (CE) 339
  Labirinto das Falésias (CE) 344
  Morro Branco (CE) 344
  Trancoso (BA) 277
  Vermelhas (CE) 346
Farol (phare)
  da Barra (BA) 250, 254
  de Itapuã (BA) 254
  de Morro de S. Paulo (BA) 258
  de Santa Marta (SC) 448
  do Cabo Branco (PB) 326
  Preguiças (MA) 356
  Teresa Pança (RN) 333
Fazenda
  Angicos (SE) 321
  Bom Jesus (PR) 377
  Cachoeira Grande (RJ) 138
  Caxambu (SP) 206
  de búfalos (PA) 371, 377
  dos Coqueiros (SP) 206
  Guaíra (BA) 279
  Pau d'Alho (SP) 206
  Pombal (MG) 222
  Primavera (MA) 267
  Resgate (SP) 206
  San Francisco (MS) 412
  Santa Inês (MS) 412
  Santa Rosa (TO) 381
  Ypioca (CE) 341
  Yrerê (BA) 267
Federação (BA) 252
Fernando de Noronha *voir* Arquipélago de F. de Noronha
Fête
  da Irmandade da Boa Morte (BA) 256
  de Nossa Senhora das Dores (CE) 347
  de Parintins (AM) 362, 368
  de saint Jean (PB) 328
  de saint Jean (PE) 319
  do Divino (GO) 395
  do Divino (MA) 354
  do Divino (RJ) 147
  do Divino (SP) 204
  Littéraire Int. de Paraty (RJ) 147, 151
Florianópolis 72, 191, **433-439**, 445, 448
Forêt Amazonienne 72, 75, 78, 362, 368
Forêt da Tijuca (RJ) 107, 119, 123, 128
Forêt do Buraquinho (PB) 326
Fortaleza (CE) **339-342**, 347, 349, 350, 358
Fortaleza (forteresse)
  da Barra de Santos (SP) 193
  de Santiago (RJ) 97
  de S. Mateus (RJ) 155
  de S. Pedro Nolasco (PA) 375
  Saint-Louis (MA) *voir* Palácio dos Leões
  Tapirandu *voir* Forte da Ponta dos Fachos
Forte (fort)
  da Ponta dos Fachos (BA) 257
  de Copacabana (RJ) 111
  de Santa Cruz do Anhatomirim (SC) 439
  de S. Francisco Xavier (ES) 233
  de S. José (SC) 434
  de Santo Antônio da Bahia (BA) 254
  de Santo Antônio de Ratones (SC) 439
  do Castelo (PA) 373
  do Monte Serrat (BA) 248, 249
  dos Reis Magos (RN) 330, 331
Foz do Iguaçu (PR) 423, **429-432**
Freguesia de Santana (RJ) 146
Fundação
  Armando Álvares Penteado (SP) 171, 173
  Biblioteca Nacional (RJ) 17, 18
  Casa de Jorge Amado (BA) 242, 244
  Casa do Penedo (AL) 292
  da Memória Republicana (MA) 353
  Eva Klabin Rapaport (RJ) 121
  Gilberto Freyre (PE) 307
  Joaquim Nabuco (PE) 306
  Maria Luísa e Oscar Americano (SP) 186
  Oscar Niemeyer (RJ) 131
  Pierre Verger (BA) 248
  Zoobotânica (MG) 208
Fundação Progresso (RJ) 101
Furo do Jari (PA) 378

G

Galante (PB) 328
Galeria
  Anita Scjwartz (RJ) 118
  Anna Maria Niemeyer (RJ) 118
  Arte & Memória (RJ) 285
  Athena (RJ) 117
  do Sesi (SP) 175
  Gravura Brasileira (SP) 184
  H.A.P. (RJ) 118
  Jean Boghici (RJ) 117
  Laura Marsiaj Arte Contemporânea (RJ) 117
  Lurixs Arte Contemporânea (RJ) 117
  Marcia Barrozo do Amaral (RJ) 117
  Marta Traba (SP) 188
  Mínima Galeria Bistrô (RJ) 118
  Pé de Boi (RJ) 118
  Silvia Cintra (RJ) 117
Galheta (RJ) 435
Garibaldi (RS) 449, **461**
Garopaba (SC) 433, **446-447**
Genipabu (RN) 329, **332**, 345
Goiânia (GO) 384, **393**, 399, 400, 402
Goiás 16, 384, 385, **393-402**
Goiás Velho (GO) **400**
Governador Celso Ramos (SC) 440
Gramado (RS) 449, **453-454**, 455, 457, 458
Gruta (grotte)
  Azul (RJ) 156, 158
  Casa de Pedra (MT) 407
  da Fumaça (BA) 284
  da Malhada (CE) 348
  da Pratinha (BA) 284
  da Torrinha (BA) 284
  de Ubajara (CE) 349
  do Acaiá (SP) 145
  do Lago Azul (MS) 414, 415
  do Lapão (BA) 283
  do Mimoso (MS) 418
  do Suçuapara (TO) 380
  dos Brejões (BA) 283
  Ioió (BA) 284
  Lapa do Sol (BA) 284
  Lapa Doce (BA) 284
  Mané (BA) 284
  que Chora (SP) 202
Guapimirim (RJ) 136
Guarapari (ES) 229, **235**
Guaratinguetá (SP) 228
Guarda do Embaú (SC) 433, **445**
Guartelá (PR) 423, **428**
Guarujá (SP) 150, 159, 191, **194**

H

Hospital dos Terceiros Franciscanos (PE) 302

I

Ibicoara (BA) 283, 286
Icoaraci (PA) 377
Igarassu (PE) 312
Igreja (église)
  da Matriz (SE) 264
  da Matriz (SP) 206
  da Misericórdia (BA) 274
  da Ordem Terceira (PE) 302
  da Ordem Terceira de S. Francisco (PR) 424
  da Ordem Terceira de S. Francisco da Penitência (RJ) 96, 99
  da Ordem Terceira do Carmo (BA) 256
  da Ordem Terceira do Monte do Carmo (RJ) 94
  da Penitência (RJ) 100
  da **Sé** (RJ) 97
  de Nossa Senhora d'Ajuda (BA) 276
  de Nossa Senhora da Boa Morte (GO) 401-402
  de Nossa Senhora da Misericórdia (PE) 311
  de Nossa Senhora da Pena (BA) 274
  de Nossa Senhorada Penha de França (MG) 224
  de Nossa Senhora do Carmo (MA) 354
  de Nossa Senhora do Carmo (Mariana, MG) 219
  de Nossa Senhora do Carmo (Ouro Preto, MG) 213, 214
  de Nossa Senhora do Pilar (MG) 213, 216, 217
  de Nossa Senhora dos Passos (BA) 282
  de Nosso Senhor do Bonfim (BA) 246, 252, 253
  de Santa Bárbara (GO) 400
  de Santa Rita (RJ) 148, 150
  de Santana (RJ) 146
  de S. Benedito (BA) 274
  de S. Francisco (BA) 242, 243
  de S. Francisco (PB) 326
  de S. Francisco (SE) 264
  de S. Francisco de Assis (Belo Horizonte, MG) 208
  de S. Francisco de Assis (Mariana, MG) 219
  de S. Francisco de Assis (Ouro Preto, MG) 48, 213, 215
  de S. Francisco de Paula (GO) 401
  de S. Francisco de Paula (RJ) 90, 95
  de S. Gonçalo (ES) 230
  de S. João Batista (BA) 277
  de S. José (MG) 213, 216
  de S. Pedro dos Clérigos (PE) 304
  de S. Sebastião da Bahia (BA) 253
  de Sto. Alexandre (PA) 373
  de Sto. Antônio (PR) 428
  de Sto. Antônio (BA) 286
  do Bom Jesus de Matosinhos (MG) 213, 217
  do Bonfim (GO) 393
  do Caraça (MG) 212
  do Carmo (MG) 192
  do mosteiro do S.Bento (RJ) 90
  do Rosário (BA) 282
  do Rosário (GO) 401
  do Rosário (RJ) 148
  do Santíssimo Sacramento (BA) 243
  e Convento de Santa Teresa (RJ) 101
  e Convento de Santo Antônio (RJ) 96, 99, 100
  Luterana (ES) 234
  Madre de Deus (PE) 301
  Matriz (RJ) 148
  Matriz da Sé Nossa Senhora da Vitória (MA) 352
  Matriz de S. Cosme e S. Damião 312
  Matriz Nossa Senhora da Conceição 138
  Matriz Nossa Senhora da Graça (BA) 444
  Museu S. Jorge (BA) 266
  Nossa Senhora da Candelária (RJ) 90, 91
  Nossa Senhora da Conceição da Praia (BA) 242, 244, 246, 248, 252
  Nossa Senhora da Glória do Outeiro (RJ) 105
  Nossa Senhora da Graça (PE) 310

Index Alphabétique

Nossa Senhora da Lapa dos Mercadores (RJ) 90, 93
Nossa Senhora da Luz (BA) 257
Nossa Senhora das Dores (RJ) 149
Nossa Senhora de Copacabana *voir* Forte de Copacabana
Nossa Senhora de Fátima (DF) 391
Nossa Senhora do Bonsucesso (RJ) 90, 94
Nossa Senhora do Carmo (MG) 226
Nossa Senhora do Carmo da Antiga Sé (RJ) 94
Nossa Senhora do Carmo da Lapa do Desterro (RJ) 101
Nossa Senhora do Ó (MG) 212
Nossa Senhora do Rosário (Diamantina, MG) 227
Nossa Senhora do Rosário (Ouro Preto, MG) 213, 216, 217
Nossa Senhora do Rosário (ES) 233
Nossa Senhora do Rosário dos Brancos (MG) 216
Nossa Senhora do Rosário dos Pretos (BA) 242, 244
Nossa Senhora do Rosário dos Pretos (MG) 223
Santa Efigênia dos Pretos (MG) 217
Seiscentista dos Reis Magos (ES) 231
S. Francisco de Assis (MG) 225
S. Francisco de Paula (MG) 213, 217
S. Pedro Gonçalves (PB) 326
Sto. Antônio do Valongo (SP) 193
voir aussi Basílica *et* Matriz

Ilha (île)
Alcobaça (BA) 280
Arvoredo (SC) 440
As Ilhas (SP) 198
Botinas (RJ) 142, 144
Brandão (RJ) 143
Búzios (RJ) 143
Cataguases (RJ) 142
Caviana (PA) 376
Cobras (RJ) 143
Coroa do Avião (PE) 312
da Croa (AL) 294
da Pedra Furada (BA) 270
da Pólvora (ES) 232
das Caieiras (ES) 232
das Couves (SP) 198
de Anchieta (SP) 202
de Anhatomirim (SC) 439
de Atalaia (BA) 268
de Boipeba (BA) 257, 259
de Cabo Frio (RJ) 156
de Cairu (BA) 257
de Comandatuba (BA) 268
de Galé (SC) 440
de Maiandeua (PA) 372
de Manguinhos (BA) 261
de Marajó (PA) 33, 135, 362, 371, **376-377**
de Prumirim (SP) 202
de Ratones (SC) 439
de Ratones Grande (SC) 439
de S. Luís (MA) 352
de Tinharé (BA) 257
de Toque-Toque (SP) 196
de Tupinambarana (AM) 370
Deserta (SC) 440
do Algodão (RJ) 149
do Araújo (RJ) 150
do Boi (ES) 231
do Caju (MA) 351, 358, 359
do Cal (ES) 232
do Campeche (SC) 439
do Campinho (BA) 270
do Frade (RJ) 142
do Goió (BA) 270
do Governador (RJ) 93
do Morcego (RJ) 146
do Papagaio (SC) 445

do Sapinho (BA) 270
dos Gatos (SP) 198
dos Pacotes (ES) 235
dos Porcos (Angra dos Reis, RJ) 144
dos Porcos (Arraial do Cabo, RJ) 156
Escalvada (ES) 235
Feia (RJ) 153
Fiscal (RJ) 94
Francisco (RJ) 142
Gipóia (RJ) 142, 143
Grande (RJ) 89, 143, **145-146**
Guarita (BA) 280
Guarujá (SP) **192**
Imboassica (RJ) 144
Josefa (RJ) 143
Laje de Santos (SP) 193
Mexiana (PA) 376
Papagaio (RJ) 143
Paquetá (RJ) 93
Porchat (SP) 193
Queimadas (RJ) 144
Rasas (ES) 235
Redonda (BA) 280
Redonda (RJ) 143
San Martin (PR) 432
Santa Bárbara (BA) 280
Sapeca (RJ) 149
Siriba (BA) 280
Sueste (BA) 280
Ilhabela (SP) 72, 159, 191, **199-200**
Ilhéus (BA) **265-267**
Imbituba (SC) 72, 447
Instituto
Baleia Jubarte (BA) 261
de Desenvolvimento Sustentável Mamirauá (AM) 366
Estrada Real (MG) 228
Itaú Cultural (SP) 174
Moreira Salles (RJ) 59, 129
Moreira Salles (SP) 171
Ricardo Brennand (PE) 306, 307
Ipanema (RJ) **112-116**, 118, 124
Iraquara (BA) 284
Itacaré (BA) 265, **269**, 272
Itaipava (RJ) 135, 228
Itaité (BA) 285
Itajaí (SC) 441
Itamaracá (PE) 312
Itaparica (BA) 249, 257
Itatiaia (RJ) 89, **141**

J

Jacaraípe (ES) 231
Jalapão (TO) 362, **379-381**
Japaratinga (AL) 295, 296, 297, 298
Jardim
Jericoacoara (CE) 72, **348**
Jijoca de Jericoacoara (CE) **350**
João Pessoa (PB) 299, **326-327**, 328
Juazeiro do Norte (CE) 320, 339, 347
Juiz de Fora (MG) 228
Jundiaí (SP) 193
Juréia (SP) 159, **191**

L

Lagamar do Cauípe (CE) 343
Lago (lac)
Azul (MS) 414
de Itaipu (PR) 431
do Cacau (AM) 365
Grande (CE) 349
Negro (AM) 454
Paranoá (DF) 386, 392
Salvador (AM) 366
Verde (PA) 378
Lagoa (lagune)
Azul (BA) 270
Azul (CE) 350
Azul (MA) 355, 356
Azul (RJ) 146
Bonita (MA) 356
Cavalo Ruço (BA) 263
da Banana (CE) 343
da Coca-Cola (RN) 338
da Conceição (SC) 434, 438
da Jijoca *voir* Lagoa Paraíso

das Antas (AL) 289
de Caraís (ES) 235
de Cumbuco (CE) 339
de Jericoacoara (CE) 339
de Uruaú (CE) 345
do Abaeté (BA) 254
do Cassange (BA) 270
do Cumbe *voir* Lagoa de Uruaú
do Mato (CE) 346
do Roteiro (AL) 289
dos Peixes (MA) 355, 356
Dourada (MG) 225
Guaraíra (RN) 334
Manguaba (AL) 288
Misteriosa (MS) 418
Mundaú (AL) 288, 290
Paraíso (CE) 350
Parnamirim (CE) 343
Rodrigo de Freitas (RJ) 89, 108, 113, 118, **121**, 122, 129
Laguna (SC) 433, **448**
Lapa (PR) 428
Lapa (RJ) **101**
Lapa Doce (BA) 284
Lapa do Sol (BA) 284
Laranjeiras (RJ) 117
Leblon (RJ) **112-118**
Lençóis (BA) 240, 281, **282-283**, 284, 285
Lençóis Maranhenses (MA) 351, **355-357**
Liberdade (SP) 159, **170**
Linhares (ES) 233

M

MAC-USP (SP) 39
MAC-Niterói (RJ) 130
Macacos (MG) 211
Macau (RN) 337
Maceió (AL) **287-291**
Maciço (massif)
da Tijuca (RJ) 123
do Caraça (MG) 212
Madureira (RJ) 127
Magé (RJ) 136
Manaus (AM) **362-369**
Mandacaru (MA) 355, 356
Mangue Seco (BA) 263, 264
Maracajaú (RN) 333
Maracatu 59, 299, 305, 313
Maragogi (AL) 298
Maranguape (CE) 341
Maranhão 15, 18, 59, 240, 297, **351-359**, 444
Maraú (BA) 270
Mariana (MG) 207, 213, **219**
Marimbus (BA) 282, 283, 285
Mata do Buraquinho (PB) 326
Mata Estrela (RN) 338
Mateiros (TO) 381
Mato Grosso 16, 77, 384, **403-408**
Mato Grosso do Sul 72, 77, 384, **409-419**
Matriz
de Nossa Senhora da Conceição de Antônio Dias (MG) 213, 215, 217
de Santa Isabel (BA) 286
de Santana (GO) 400
de Sto. Antônio (MG) 222
de Sto. Antônio (PE) 300, 303
Nossa Senhora do Rósário (GO) 393
Ucraniano (PR) 426
Mercado
Central (MG) 210
de Artesanato Paraibano (PB) 327
Livre de Caruaru (PE) 320
Modelo (BA) 242, 246
Público (RS) 450
Público (SC) 438
Ver-o-Peso (PA) 371, 372, 373
Municipal
Adolfo Lisboa (AM) 365
de S. Paulo (SP) 159, 168-169
S. José (PE) 304
Mesa do Imperador (RJ) 108, 122
Milho Verde (MG) 227
Minas Gerais 26, 34, 37, 48, 83, 88, 137, 139, 141, 150, **207-228**, 293, 428
Miranda (MS) 409, 410, 411, 412
Mirante
da Baía dos Golfinhos (F. de Noronha) 317
da Passárgada (BA) 258
da praia da Enseada (SP) 201
da praia das Toninhas (SP) 201
da praia do Félix (SP) 201
da Ribeira (PE) 312
da Viração (F. de Noronha) 316
das Paneiras (RJ) 108
do Capim Açu (F. de Noronha) 316
do Dona Marta (RJ) 120
do Farol (F. de Noronha) 316
do Golfinho (RN) 334
do Largo da Misericórdia (PE) 312
do Saco da Ribeira (SP) 201
do Último Adeus (RJ) 120
do Vor (F. de Noronha) 316
dos 500 anos (SP) 193
dos Golfinhos (F. de Noronha) 316
Missions (RS) 452
Moinhos de Vento (RS) 450
Moitas (MA) 356
Monte Pascoal (BA) 278, 280
Monte Santo (BA) 320
Morretes (PR) 427
Morro (morne)
da Aguada (SC) 441
da Mangueira (RJ) 127
da Urca (RJ) 119, 120
de José Menino (SP) 193
de S. Paulo (BA) 241, 257-259
do Boi (MA) 356
do Camelo (BA) 282, 283
do Careca (RN) 330
do Castelo (RJ) 94
do Chapéu (BA) 283
do Farol (BA) 270
do Macaco (SC) 440
do Pai Inácio (BA) 282, 283
do pontal da Atalaia (RJ) 156
Dois Irmãos (RJ) 120
dos Dois Irmãos (PE) 315-316
Mossoró (RN) 320
Mosteiro
de S. Bento (BA) 253
de S. Bento (PE) 311
de S. Bento (SP) 163
Nossa Senhora da Conceição dos Militares (PE) 300, 303
Nossa Senhora da Corrente (AL) 292
Nossa Senhora do Terço (PE) 304
Nossa Senhora dos Anjos (AL) 292
Ordem Terceira de S. Domingos de Gusmão (BA) 242, 244
Ordem Terceira de S. Francisco (BA) 242, 243, 246
Mucugê (BA) 281, 286
Mumbucas (TO) 381
Museu (musée)
Abelardo Rodrigues (PE) 242, 244
Afro-Brasileiro (SP) 182
Aleijadinho (MG) 215
Anchieta (SP) 162
Anita Garibaldi (SC) 448
Assis Chateaubriand *voir* Museu de Arte de S. Paulo
Botânico (RJ) 121
BR du Cinéma Brésilien (RJ) 131
Brasileiro de Escultura (SP) 179
Câmara Cascudo (RN) 331
Carlos Costa Pinto (BA) 253
Carmem Miranda (RJ) 129
Castro Maya (RJ) 15
Chácara do Céu (RJ) 104
da Cachaça (CE) 341
da Caixa (SP) 162
da Casa Brasileira (SP) 179
da Casa da Hera (RJ) 138

Index Alphabétique

da Ciência e Técnica (MG) 214
da Imagem e do Som (AL) 290
da Imagem e do Som (SP) 176
da Inconfidência (MG) 213, 214, 217
da Mineralogia (MG) 213, 214
da Moeda (SP) 174
da República (RJ) 129
das Bandeiras (GO) 402
de Anchieta (ES) 236
de Armas (PR) 428
de Arte Brasileira (SP) 173
de Arte Contemporânea da USP (SP) 187
de Arte Contemporânea do Ceará (CE) 341
de Arte da Pampulha (MG) 208
de Arte de S. Paulo (SP) 36, 50, 51, 174, 175, 249
de Arte do Rio Grande do Sul Ado Malagoli (RS) 450
de Arte e Cultura Populares (CE) 341
de Arte Moderna (BA) 249
de Arte Moderna (RJ) 49, 96, 97
de Arte Moderna (SP) 180
de Arte Sacra (GO) 402
de Arte Sacra (MG) 216
de Arte Sacra (PA) 373
de Arte Sacra (RJ) 148
de Arte Sacra (SE) 264
de Arte Sacra (SP) 167
de Arte Sacra da Bahia (BA) 242, 246
de Ciência e Tecnologia da PUC-RS 451
de Ciências Naturais da Amazônia (AM) 365
de jouets anciens (RS) 454
de Numismática (RS) 451
de Pesca (SP) 193
do Açude (RJ) 128, 129
do Barro (PE) 319
do Cordel (PE) 319
do Descobrimento (BA) 274
do Encontro (PA) 373
do Estado de Pernambuco (PE) 307
do Estanho (MG) 225
do Forró (PE) 319
do S. Paulo (SP) 188
do Homem Americano (PI) 323, 325
do Homem do Nordeste (PE) 306
do Iphan (BA) 256
do Ipiranga (SP) 187
do Mamulengo (PE) 311
do Mosteiro de S. Bento (BA) 253
do Negro (MA) 353
do Oratório (MG) 214
do S. Paulo (SP) 188
Dom Bosco (MS) 409
dos Esportes Mané Garrincha (RJ) 128
dos Presépios (SP) 167
Ferroviário (MG) 225
Forte do Presépio (PA) 373
Franciscano de Arte Sacra (PE) 302
Hansen Bahia (BA) 256
Histórico do Exército (RJ) 111
Histórico de Alcântara (MA) 354
Histórico Nacional (RJ) 96, 97
Imperial (RJ) 133
Lasar Segall (SP) 187
Nacional da Quinta da Boa Vista (RJ) 128
Nacional de Belas-Artes (RJ) 48, 96, 99
Nacional do Mar (SC) 444
Náutico (BA) 249
Oscar Niemeyer (PR) 424, 425
Paraense Emílio Goeldi (PA) 374

N
Natal (RN) 314, **329-331**, 336, 344-345

Niterói (RJ) 89, 93, **130-131**
Nova Almeida (ES) 231
Nova Lima (MG) 211
Nova Petrópolis (RS) 453, 457

O
Olinda (PE) 67, 69, 299, **310-313**
Olivença (BA) 267
Ondina (BA) 250
Ouro Preto (MG) 39, 48, 207, **213-218**, 219, 222, 226, 228

P
Paço
 da Alfândega (PE) 301
 Imperial (RJ) 90, 92, 93
 Municipal (SP) 192
Palacete de Misael Tavares (BA) 266
Palácio (palais)
 Anchieta (ES) 230
 Avenida (PR) 424
 Boa Vista (SP) 23, 203
 Conde d'Arcos (GO) 402
 da Alvorada (DF) 46, 51, 386, 390, 392
 da Justiça (DF) 386, 390
 da Justiça (PE) 302
 das Artes (MG) 209
 de Cristal (RJ) 134
 do Anhangabaú (SP) 160, 161
 do Catete (RJ) 129
 do Governo (PE) 302
 do Itamaraty (DF) 387, 388, 389, 390
 do Planalto (DF) 387, 388
 dos Governadores (MG) voir Museu da Mineralogia
 dos Leões (MA) 352
 Gustavo Capanema (RJ) 96, 97, 98 voir aussi Ministério da Educação e Saúde
 Paranaguá (BA) 266
 Quitandinha (RJ) 132, 135
 Rio Negro (RJ) 133
Palhoça (SC) 445
Palmas (RJ) 146
Palmas (TO) 362, **379**
Palmeiras (BA) 281, 282, 284
Pampulha (BA) 79, 207, 208
Pantanal 26, 72, 77-82, 384, 403, 404, 405, 406, 407, 408, 409, 410, 411, 412, 413, 417, 419
Pantanal do Norte **403-405**
Pantanal do Sul **409-412**
Pão de Açúcar (RJ) 72, 107, 119, 120, 131, 431
Pará 18, 23, 33, 35, 362, **371-378**, 408
Paraíba 240, 299, 319, 321, **326-328**, 334, 337-338
Paraju (ES) 234
Paraná 34, 422, **423-432**
Paraty (RJ) 88, 89, **147-151**, 204, 205, 228
Parcel das Paredes (BA) 280
Parintins (AM) 362, 370
Parnaíba (PI) 358
Parque (parc)
 18 de Maio (PE) 319
 Ambiental Família Schurmann (SC) 440
 Barigüi (PR) 424, 426
 da Ferradura (RS) 458
 da Luz (SP) 167
 da Prainha (ES) 233
 das Aves (PR) 429, 430
 das Ruínas (RJ) 104
 de Arruda Câmara (PB) 326
 de Eventos (PE) 319
 do Flamengo (RJ) 119
 do Ibirapuera (SP) 49, 159, 180-182, 183
 do Povo (PB) 328
 do Trianon (SP) 174, 175
 Dom Pedro (SP) 163
 dos Patins (RJ) 121
 Ecológico do Santuário (BA) 275
 Ecológico Dunas de Genipabu (RN) 332
 Estadual
  da Ilha Grande (RJ) 145
  da Pedra Azul (ES) 234
  da Serra de Caldas Novas (GO) 399
  da Serra do Mar (SP) 201, 202
  da Serra do Tabuleiro (SC) 445
  da Serra dos Pireneus (GO) 394
  das Fontes do Ipiranga (SP) 189
  de Itaúnas (ES) 237
  do Caracol (RS) 458
  do Guartelá (PR) 428
  do Jalapão (TO) 35
  do Marumbi (PR) 427
 Marinho do Aventureiro (RJ) 145
 Paulo César Vinha (ES) 235
 Floresta Encantada (RS) 458
 Knorr (RS) voir Aldeia do Papai Noel
 Lage (RJ) 118
 Municipal (MG) 209
 Nacional
  da Chapada Diamantina (BA) 281, 284, 406
  da Chapada dos Guimarães (MT) 403, 406, 408
  da Chapada dos Veadeiros (GO) 396, 397, 398
  da Serra da Bocaina (SP) 159, 205
  da Serra da Capivara (PI) 299, 323, 324, 325
  da Serra dos Órgãos (RJ) 89, 136, 137
  da Serra Geral (RS) 455
  da Tijuca (RJ) 72, 108, 119
  de Aparados da Serra (RS) 455
  de Jericoacoara (CE) 348
  de Sete Cidades (PI) 323
  de Ubajara (CE) 349
  del Iguazu (Argentine) 429, 432
  do Iguaçu (PR) 429, 432
  do Itatiaia (RJ) 89, 141, 205
  do Pantanal (MT) 403, 405
  dos Lençóis Maranhenses (MA) 355
 Marinho de Abrolhos (BA) 273, 280
 Natural do Caraça (MG) 207, 212
 Sarah Kubitschek (DF) 392
 Tanguá (PR) 424, 426
 Tingüi (PR) 424, 426
 Unipraias (SC) 441
 Zoobotânico (PA) 374
Passadiço da Glória (RJ) 227
Passo do Lontra (MS) 412
Pátio
 do Colégio (SP) 160, 162
 do Seminário de Olinda (PE) 311
 do Terço (PE) 300, 304, 305
 S. Pedro (PE) 300, 304, 305
 Paulino Neves (MA) 355
 Paulo Afonso (BA) 321
Pedra
 Azul (ES) 229, 234
 Bonita (RJ) 72, 120
 Da Gávea (RJ) 108, 119-120
 da Macela (BA) 204
 do Açu (RJ) 136
 do Baú (SP) 203
 do Conde (RJ) 119
 do Frade (RJ) 348
 do Sino (RJ) 136
 Furada (CE) 348, 349, 407
 Furada (MT) 407
 Furada (PI) 323
 Selada (RJ) 140
Peintures rupestres 324, 325
Pelourinho 46, 47, 241, 242, 245, 250, 251
Penedo (AL) 292
Penedo (RJ) 141
Penha (SC) 433, **442**
Península (péninsule)
 de Armação de Búzios (RJ) 153
 de Maraú (BA) 265, 269, **270-271**

Pernambuco 13, 15, 34, 56, 69, 83, 240, 289, 293, 295, 296, 297, 298, **299-322**, 323, 328
Peruíbe (SP) 191
Petrolina (PE) 323
Petrópolis (RJ) 89, **132-135**, 136, 137, 138
Piauí 240, 299, **323-325**, 351, 355, 358
Picinguaba (SP) 202
Pico (pic)
 da Tijuca (RJ) 119
 de Itambé (MG) 226
 do Papagaio (RJ) 146
Pinacoteca
 Benedito Calixto (SP) 193
 do Estado de S. Paulo (SP) 166-167
Piranhas (AL) 321
Pirenópolis (GO) 385, **393-395**
Poço
 Azul (BA) 285
 Encantado (BA) 285
 Halley (BA) 284
Poconé (MT) 404, 405
Pólo Alfândega (PE) 300, 301
Pontal da Barra (AL) 288, 290
Ponte
 Hercílio Luz (SC) 438
 Rio-Niterói (RJ) 109, 130
Ponte Alta (TO) 379
Porto Alegre (RS) **449-451**, 452, 453, 455
Porto Cercado (MT) 405
Porto de Pedras (AL) 296, 297
Porto Jofre (MT) 404, 405
Porto Seguro (BA) 13, **273-275**, 276, 277, 279, 280
Prados (MG) 224
Praia (plage)
 Abricó (RJ) 124
 Acuípe (BA) 267
 Alegre (SC) 442
 Aleluia (BA) 254
 Amor (RN) 336
 Amores (RJ) 153-154
 Amores (SC) 441
 Anequim (RJ) 158
 Anil (RJ) 143
 Anjos (RJ) 156
 Antigos (RJ) 149
 Apaga-Fogo (BA) 276
 Araçaípe (BA) 276
 Areia Preta (ES) 235
 Arempebe (BA) 260
 Armação (SC) 435, 437, 439
 Armação (SP) 199
 Artistas (RN) 330
 Atalaia (BA) 268
 Atalaia (PE) 315
 Azeda (RJ) 154
 Azedinha (RJ) 154
 Back Door (BA) 267
 Bacutia (ES) 235
 Baía Formosa (RN) 338
 Balbino (CE) 345
 Baleia (SP) 195, 196
 Barra (BA) 254
 Barra da Lagoa (SC) 434, 439
 Barra da Tijuca (RJ) 124
 Barra de Guaratiba (RJ) 125
 Barra de Sto. Antônio (AL) 287
 Barra de S. Miguel (AL) 289
 Barra de Tabatinga (RN) 334
 Barra do Albino (BA) 268
 Barra do Camaragibe (AL) 296
 Barra do Cauípe (CE) 343
 Barra do Cunhaú (RN) 337
 Barra do Itariri (BA) 262
 Barra do Jucu (BA) 233
 Barra do Mamanguape (PB) 328
 Barra do Rio das Frades (BA) 277
 Barra do Saí (SP) 196
 Barra do Una (SP) 196
 Barra Sul (SC) 441
 Barra Velha (Canavieiras, BA) 268
 Barra Velha (Caraíva, BA) 278
 Barra Velha (CE) 345

Index Alphabétique

Barreiras do Boqueirão (AL) 297
Batuba (BA) 267
Bela (PB) 328
Boa Viagem (PE) 307
Bombas (SC) 440
Bombinhas (SC) 440
Bonete (SP) 200
Boqueirão (AL) 297
Branca (BA) 194
Brava (Búzios, RJ) 154
Brava (Cabo Frio, RJ) 155
Brava (Paraty, RJ) 149
Brava (SC) 434, 436
Búzios (RN) 334
Cabo Branco (PB) 326
Cabo de S. Roque (RN) 337
Cachadaço (RJ) 149
Cai n'Água (BA) 267
Calhau (MA) 352
Calhetas (PE) 308
Calhetas (SP) 196
Camarinha (RJ) 158
Camburi (BA) 231
Camburi (SP) 194, 195, 196
Camburizinho (SP) 195, 196, 198
Campeche (SC) 437, 439
Campina (PB) 328
Canabrava (BA) 267
Canasvieiras (SC) 436, 439
Canto (ES) 231
Canto (RJ) 154
Caponga (CE) 345
Carapibus (PE) 328
Cardeiros (RJ) 157
Carneiros (PE) 308, 309
Carro Quebrado (AL) 294
Castanheiras (Guarapari, ES) 235
Castanheiras (Vitória, ES) 231
Cauípe (CE) 343
Cepilho (RJ) 149
Concha (BA) 269
Conchas (RJ) 155
Copacabana (RJ) 107, 108, 109, 110, 111
Coqueirinho (PB) 328
Coqueiros (Arraial d'Ajuda, BA) 276
Coqueiros (Trancoso, BA) 277
Coroinha (BA) 269
Costa (BA) 268, 269
Costa (ES) 233
Costa Dourada (ES) 237
Cruz das Almas (AL) 288
Cruzeiro (BA) 275
Cueira (BA) 258, 259
Cumbuco (CE) 343
Cumuruxatiba (BA) 273, 279
Cupê (PE) 308
Curral (RN) 335
Curuípe (BA) 274, 275, 278
Cururu (PA) 378
Cururupe (BA) 267
Curva da Jurema (ES) 231
Daniela (SC) 434, 436
Dentista (RJ) 143
Diogo (CE) 344
Direita (ES) 231
Domingas Dias (SP) 201, 202
Encanto (BA) voir Quinta Praia (BA)
Engenhoca (BA) 269
Enseada (Guarujá, SP) 194
Enseada (SC) 444
Enseada (Ubatuba, SP) 201
Espelho (BA) 277, 278
Espera (BA) 260
Esquerda (ES) 231
Farol (BA) 254
Feiticeira (SP) 199, 200
Félix (SP) 201, 202
Ferradurinha (RJ) 154
Ferrugem (SC) 446, 447
Figueira (SP) 201
Flamengo (BA) 254
Foca (RJ) 154
Foguete (RJ) 155
Fome (SP) 200
Fonte (ES) 235
Fontes (CE) 344
Forte (Arraial do Cabo, RJ) 156

Forte (BA) 241, 260, 261, 263
Forte (Cabo Frio, RJ) 155
Forte (RN) 331
Forte (SC) 434
Funda (RJ) 125
Futuro (CE) 340
Gaibu (PE) 308
Galheta (SC) 435
Galinhos (RN) 337
Gamboa (BA) 258
Gamboa (SC) 446
Garapuá (BA) 258, 259
Garça Torta (AL) 289
Garopaba (SC) 446
Guarda do Embaú (SC) 445
Genipabu (RN) 329, 330, 332
Geribá (RJ) 154
Grande (PA) 377
Grande (RJ) 156
Grande (SC) 455
Grande (SP) 201
Grumari (RJ) 124
Guaecá (SP) 197
Guaraíras (RN) 334
Guaratiba (RJ) 108
Guarda (SC) 445
Gunga (AL) 289
Icaraí (CE) 343
Ilha do Amor (PA) 378
Imbassaí (BA) 261
Inferno (RJ) 125
Ingleses (SC) 436
Ipanema (RJ) 107, 108, 113
Ipioca (AL) 289
Iporanga (SP) 194
Iracema (CE) 340, 342
Iriri (ES) 236
Itacimirim (BA) 260, 275
Itaguá (RJ) 202
Itaguaçu (SC) 444
Itamambuca (SP) 201, 202
Itapororoca (Ilhéus, BA) 267
Itapororoca (Trancoso, BA) 277
Itapuã (BA) 254
Itapuã (ES) 233
Itaquena (BA) 277
Itaúnas (ES) 229, 237
Jabaquara (SP) 199, 200
Jacaré (PA) 378
Jacaré (SP) 327
Jacumã (PB) 328
Jacumã (RN) 332
Jatiúca (AL) 288, 291
Jeri (CE) 350
Joanes (PA) 376
João Fernades (RJ) 154
João Fernandinho (RJ) 154
Joaquina (SC) 434, 435, 436, 438
Juacema (BA) 278
Juquei (SP) 195, 196
Jurerê (SC) 436
Jurerê Internacional (SC) 434
Juruba (RJ) 143
Lagoinha de Pontas das Canas (SC) 436
Lagoinha do leste (SC) 435, 437
Laje (AL) 297
Laranjeiras (SC) 441
Lázaro (SP) 201, 202
Leão (PE) 315
Leblon (RJ) 108, 113, 116
Leme (RJ) 108, 109, 110
Lopes Mendes (RJ) 145, 146
Lucas (SC) 442
Macumba (RJ) 124
Madeiro (RN) 335
Majorlândia (CE) 346
Mambucaba (RJ) 205
Mangue Seco (BA) 241, 260, 263
Manguinhos (ES) 231
Manguinhos (RJ) 153
Maracaípe (PE) 308
Maracajaú (RN) 333, 337
Maragogi (AL) 287, 298
Maramutá (RJ) 158
Marceneiro (AL) 296
Maresias (SP) 195, 196
Mariscal (SC) 440
Massarandupió (BA) 262
Meaípe (ES) 235

Meio (Paraty, RJ) 149
Meio (Rio de Janeiro, RJ) 125
Meio (RN) 331
Meireles (CE) 340, 342
Milionários (BA) 267
Minas (RN) 337
Moça (RN) 378
Moçambique (SC) 434
Mole (SC) 434, 435, 436, 438
Moleque (RN) 336, 337
Moreré (BA) 259
Morro (AL) 294, 295, 296
Morro (ES) 235
Morro Branco (CE) 344
Mucugê (BA) 276
Mundaí (BA) 275
Muro Alto (PE) 308
Mutá (BA) 275
Namorados (ES) 235
Nativos (BA) 277
Naufragados (SC) 437
Niquim (AL) 289
Norte (RN) 143
Oeste (RJ) 143
Oiteiro (PB) 328
Olho-de-Boi (RJ) 154
Ossos (RJ) 154
Pacheco (CE) 343
Padres (BA) 235
Pajuçara (AL) 288, 289, 290, 291
Pantano do Sul (SC) 437
Parati (RN) 236
Paraty-mirim (RJ) 149
Paripueira (AL) 289
Parracho (BA) 276
Patacho (AL) 297
Paúba (SP) 195, 196
Pedra de Guaratiba (RJ) 125
Pedra do Cebola (AL) 294
Pedra do Xaréu (PE) 308
Pedra Grande (BA) 277
Pedra Vermelha (RJ) 158
Penha (RJ) 442
Pepe (RJ) 124
Pepino (RJ) 120
Pequenos Lençóis (MA) 356
Peracanga (ES) 235
Perigosinho (RJ) 125
Peró (RJ) 155
Pinho (SC) 441
Pinto (SP) 199
Pipa (RN) 329, 334, 336, 337, 338
Piruí (RN) 260
Pitangueiras (SP) 194
Pitangui (RN) 332
Pítinga (BA) 276
Poço (SP) 200
Ponta d'el Chifre (PE) 312
Ponta da Fruta (ES) 232, 233
Ponta da Jararaca (RJ) 157
Ponta da Lagoinha (RJ) 154
Ponta das Canas (SC) 434, 436
Ponta das Canas (SP) 199
Ponta de Castelhanos (BA) 259
Ponta de Pedras (PA) 378
Ponta do Corumbau (BA) 273, 279
Ponta do Curral (BA) 259
Ponta do Gamela (AL) 294
Ponta do Gunga (AL) 289, 295
Ponta do Mangue (AL) 298
Ponta do Mel (RN) 337
Ponta do Mutá (BA) 270
Ponta do Seixas (PB) 326
Ponta Grande (BA) 275
Ponta Grossa (CE) 346
Ponta Leste (SP) 202
Ponta Negra (RN) 330
Ponta Verde (AL) 288, 291
Pontal (BA) 258, 269
Porcos (RJ) 157
Porto (BA) 254
Porto das Dunas (CE) 342
Porto de Galinhas (PE) 289, 296, 308, 309
Prainha (RJ) 124, 156
Prainha (SC) 444, 448
Preá (CE) 350
Preta (SP) 194

Primeira Praia (BA) 257, 258
Prumirim (SP) 202
Puruba (SP) 202
Quarta Praia (BA) 258
Quinta Praia (BA) 258
Recreio dos Bandeirantes (RJ) 124
Redondas (CE) 346
Resende (RJ) 269
Restinga da Marambaia (RJ) 125
Riacho Doce (ES) 237
Ribeira (RJ) 269
Rio dos Mangues (BA) 275
Rio Tapajós (PA) 378
Rosa (SC) 446, 447
Saco da Ribeira (SP) 202
Saco do Cherne (RJ) 157
Sagi (RN) 338
Sancho (PE) 315
Santinho (SC) 434
S. Conrado (RJ) 108, 119
S. Miguel dos Milagres (AL) 296
S. Pedro (SP) 194
Saquarema (RJ) 156
Satu (BA) 278
Segunda Praia (BA) 258
Seixas (PE) 326
Sepetiba (RJ) 125
Sepituba (SP) 199
Serrambi (PE) 308
Setiba (ES) 235
Setiba Pina (ES) 235
Setibão (ES) 235
Silveira (SC) 446
Siriú (SC) 446
Solidão (SC) 435, 437
Sono (RJ) 149
Stella Maris (BA) 254
Sul (BA) 268
Sul (SP) 202
Sununga (SP) 201
Sururu (RJ) 143
Tabatinga (PE) 328
Tabuba (AL) 294
Tabuba (CE) 343
Tainha (SC) 440
Taípe (BA) 277
Taipus de Fora (BA) 265, 270
Tambaba (PB) 327
Taperapuã (BA) 275
Tartaruga (RJ) 153
Tassimirim (BA) 258, 259
Tatuamunha (AL) 297
Tenório (SP) 202
Terceira Praia (BA) 258, 259
Tibau do Sul (RN) 334
Tiririca (BA) 269
Toninhas (SP) 201, 202
Toque (AL) 296
Toque-Toque Grande (SP) 196, 198
Toque-Toque Pequeno (SP) 196
Três Coqueiros (BA) 270
Três Praias (ES) 235
Ubatuba (SC) 444
Ubu (ES) 236
Uruaú (CE) 344
Vermelha (RJ) 144
Vermelha (SC) 442
Vermelha (SP) 202
Viana (SP) 199
Vila (PE) 308
Virgens (RJ) 154
Zimbros (SC) 440
Prateleiras (RJ) 141
Prisão do Calabouço (RJ) 97
Provetá (RJ) 146

Q
Queimada dos Britos (MA) 357

R
Racha de Nossa Senhora (RJ) 156
Raso da Catarina (BA) 320
Real
 Colégio de Olinda (PE) 310
 Gabinete Português de Leitura (RJ) 90, 95
Recanto Ecológico Rio da Prata (MS) 416

Index Alphabétique

Recife (PE) 22, 37, 59, 69, 247, 250, 281, **299-307**, 310, 312, 314, 320, 323, 326
Recôncavo Baiano (BA) 26, 251, 256
Recreio dos Bandeirantes (RJ) 119, 124, 125
Redinha (RN) 332
Regiao dos Lagos (RJ) 155, 156
Remanso (BA) 282, 283
Resende (RJ) 139
Resende Costa (MG) 224
Reserva
  Biológica
    da Praia do Sul (RJ) 145
    Marinha do Arvoredo (SC) 440
  Bremenkamp (ES) 234
  Ecológica
    Baía Bonita 417
    de Vargem Grande (GO) 394
  Indígena de Barra Velha (BA) 278
  Kautsky (ES) 234
  Natural do Vale do Rio Doce (ES) 233
  Técnica Musical (RJ) 59, 129
Ribeirão da Ilha (SC) 434, 439
Ribeirão do Meio (BA) 284
Rio
  Amazonas (AM) 15, 33, 75, 365
  Angelim (ES) 237
  Anhumas (MS) 416
  Aquidabã (MS) 416
  Araguari (PA) 376
  Arari (PA) 376
  Baía Bonita (MS) 416, 417
  Barra Nova (CE) 343
  Beberibe (PE) 300, 312
  Beneventes (ES) 236
  Burunhaém (BA) 275, 276
  Cachoeira (BA) 267
  Caí (RS) 458
  Camaragibe (AL) 296
  Capibaribe (PE) 300, 302
  Capim (BA) 376
  Caraíva (BA) 278
  Cauípe (CE) 343
  Choro (CE) 345
  Corumbau (BA) 279
  Cristalino (MT) 408
  Cuiabá (MT) 403, 404, 405
  da Madre (SC) 445
  da Prata (MS) 416, 417
  das Almas (GO) 393
  das Mortes (MG) 222, 224
  das Velhas (MG) 212
  de Contas (BA) 269, 272
  do Engenho (BA) 267
  do Peixe (MS) 416, 417
  dos Couros (GO) 397
  Formiga (TO) 380
  Formosinho (MS) 416
  Formoso (AL) 296
  Formoso (PE) 309
  Formoso (MS) 416
  Fundão (BA) 267
  Guaíba (RS) 451
  Guaju (RN) 338
  Guaraú (SP) 191
  Guriú (CE) 349
  Iapó (PR) 428
  Iguaçu (PR) 429, 430
  Imbassaí (BA) 261
  Ipojuca (BA) 260
  Itapicuru (BA) 262
  Itaúnas (ES) 237
  Jacuípe (BA) 260
  Jalapão (TO) 72
  Japara (BA) 279
  Jucu (ES) 232, 234
  Lençóis (MA) 284
  Macaco (GO) 397
  Manguaba (AL) 297
  Meirim (AL) 296
  Mimoso (MS) 416
  Miranda (MS) 416
  Mucugezinho (BA) 282
  Negro (AM) 363, 365, 367, 368, 376 voir aussi Rio Amazonas
  Nhundiaquara (PR) 427
  Novo (TO) 380
  Olho d'Água (MS) 416

Paraguaçu (BA) 256
Paraguai (MT) 405, 408
Paraguai (MS) 412, 413
Paraíba (PB) 326, 327
Paraibuna (SP) 204
Paranhana (RS) 459
Parnaíba (MA) 351, 355, 358, 359
Paty (BA) 286
Pinheiros (SP) 178
Potengi (RN) 330, 331
Preguiças (MA) 355, 356, 357
Preto (GO) 398, 399
Real (BA) 263
Roncador (BA) 282, 283
Sabará (MG) 212
Salgado (AL) 298
Sanhauá (PB) 326
Santa Maria (RS) 232
Santana do Engenho (BA) voir Rio do Engenho
Sto. Antônio (BA) 283
S. Benedito (MT) 408
S. Francisco (AL) 292, 293
S. Francisco (PE) 320, 321, 323
S. João (RJ) 152
S. Miguel (GO) 398
Sauípe (BA) 260
Sete de Setembro (MT) 406
Soberbo (RJ) 136
Solimões (AM) 363
Sucuri (MS) 416, 417
Tamanduateí (SP) 168
Tapajós (BA) 33, 378
Tatajuba (CE) 349
Tatuamunha (AL) 297
Tibagi (PR) 428
Tijuípe (BA) 272
Tocantins (TO) 35
Una (BA) 196
Vaza-Barris (BA) 320
Vermelho (BA) 254
Vermelho (GO) 401
Rio de Janeiro (ville) 15, 16, 17, 19, 37, 44, 48-50, 56-57, 59, 67-68, 72, 73, 88, **89-129**, 130, 132, 136, 138, 139, 141-142, 147, 150, 152, 155, 205, 228, 247, 381, 385, 389, 444
Rio de Janeiro (État) 18, 26, 63, 88, **89-158**, 379
Rio Grande do Norte 83, 240, 320, **329-338**, 344
Rio Grande do Sul 26, 34, 83, 84, 422, **449-461**
Rio Novo (MA) voir Paulino Neves
Rio Quente (GO) 399
Roncador (MT) 406
Rondônia 362
Roraima 362

S
Sabará (MG) 207, 211, **212**, 428
Saco do Céu (RJ) 146
Sala
  de Concertos Cecília Meireles (RJ) 101
  S. Paulo (SP) 165, 167
Salão das Areias Coloridas (BA) 284
Salvador (BA) 14, 22, 44, 46, 47, 69, 107, **241-255**, 256, 257, 260, 261, 262, 270, 273, 281, 285, 444
Salvaterra (PA) 376, 377
Sambódromo (RJ) 68, 126
Santa Bárbara (MG) 212
Santa Brígida (BA) 321
Santa Casa da Misericórdia (RJ) 95
Santa Catarina 26, 34, 72, 84, 272, 422, **433-448**, 456
Santa Cruz Cabrália (BA) 275
Santa Lúcia (MG) 209
Santarém (PA) 362, 371, 377, **378**
Sto. Ângelo (RS) 452
Sto. Antônio (MG) 209
Sto. Antônio (ES) 232
Sto. Antônio de Lisboa (SC) 434, 439
Sto. Antônio e S. José (PE) 300, **302**, 305

Santos (SP) 159, **192-193**
S. Bento (AL) 298
S. Conrado (RJ) 120
S. Cristóvão (SE) 241, 264
S. Domingos do Capim (PA) 376
S. Félix (BA) 241, 251, **256**
S. Francisco do Sul (SC) 433, **444**
S. Gonçalo do Rio das Pedras (MG) 227
S. Gonçalo dos Campos (BA) 251
S. João Batista (RS) 452
S. João del-Rei (MG) 207, 222, 224, **225**, 228
S. Jorge (GO) 397, 398
S. José (PE) 304
S. José do Barreiro (SP) 205, 206
S. José dos Ausentes (RS) 455, 457
S. Lourenço (GO) 398
S. Lourenço Mártir (RS) 452
S. Luís (MA) 15, **351-353**, 354, 355, 358
S. Luís do Paraitinga (SP) 159, 204
S. Luís do Quitunde (AL) 295
S. Miguel Arcanjo (RS) 452
S. Miguel das Missões (RS) 452
S. Nicolau (RS) 452
S. Paulo (ville) 13, 15, 16, 18, 26, 38, 44, 48, 49, 59, 69, 88, 139, 141, 147, 149, 150, **159-189**, 190, 191, 195, 199, 201, 203, 204, 205, 206, 224, 281, 381, 401, 419, 428
S. Paulo (État) 19, 23, 26, 34, 37, 63, 71, 88, **159-206**, 218, 228, 272, 347
S. Raimundo Nonato (PI) 323, 324
S. Sebastião (SP) 159, **195-198**, 199
S. Sebastião das Águas Claras (MG) voir Macacos
S. Tomé das Letras (MG) 228
S. Vendelino (RS) 457
S. Vicente (SP) 13, 193
Saquaira (BA) 270
Seabra (BA) 282
Sergipe 240, 241, 263, **264**, 293, 320, 321
Serra
  Capixaba (ES) 229, **234**
  da Bocaina (SP) 147, 205, 206
  da Canastra (MG) 293
  da Cantareira (SP) 163
  da Capivara (PI) 299, **323**
  da Mantiqueira (MG) 228
  da Mantiqueira (SP) 203
  de Borborema (PB) 320, 321, 328
  de Ipiapaba (CE) 349
  de Maranguape (CE) 341
  de S. José (MG) 222, 223, 224
  de S. Pedro (SP) 190
  de Visconde de Mauá (RJ) 140
  do Araripe (CE) 320
  do Cadeado (PR) 427
  do Curral (MG) 208
  do Espinhaço (MG) 226
  do Espírito Santo (TO) 380, 381
  do Mar (PR) 423, 427
  do Mar (RS) 456
  do Mar (SP) 201
  do Ouro Preto (MG) 216
  do Roncador (MT) 406
  dos Brejões (BA) 283
  dos Órgãos (RJ) 132, 137
  dos Pireneus (GO) 393
  Dourada (GO) 400, 402
  fluminense (RJ) 88, 137, 139
  Gaúcha (RS) 453, 457, 460
  Talhada (PE) 320, 321
Serrinha do Alambari (RJ) 141
Silves (AM) 367
Siribinha (BA) 262
Sítio
  do Conde (BA) 262
  Historique Governador Paulo Souto (BA) 268
  Roberto Burle Marx (RJ) 125
Sites archéologiques 323, 324, 325, 373, 374

Sobrado
  do Príncipe (RJ) 149
  dos Abacaxis (RJ) 149
  dos Bonecos (RJ) 149
Solar da Baronesa de Anajatuba (MA) 352
Soure (PA) 377
Synagoque Kahal Zur Israel (PE) 300

T
Taboquinhas (BA) 272
Taipus de Dentro (BA) 270
Tamandaré (PE) 308
Taquaruçu (TO) 379
Tatajuba (CE) 349
Teleférico Unipraias (SC) 441
Teresina (PI) 358
Teresópolis (RJ) 89, 136, **137**
S. João (PR) 428
Tibagi (PR) 428
Tibau do Sul (RN) 334, 336
Tijuca (RJ) 108, 127
Tiradentes (MG) 48, 207, **222-224**, 228
Tocantins 35, 72, 362, **379-381**
Tracunhaém (PE) 318
Trancoso (BA) 273, 276, **277**, 278
Trapiche da Beira-Mar Norte (SC) 439
Três Coroas (RS) 453, 459
Trindade (RJ) 147
Triunfo (PE) 321
Tutóia (MA) 355

U
Ubatuba (SP) 159, **201-202**
Una (BA) 267
Urussanga (RS) 457
Usina do Gasômetro (RS) 451
Usina Hidrelétrica de Itaipu (PR) 429, 430, 431

V
Vale
  da Lua (GO) 398
  do Acantilado (PR) 140
  do Anhangabaú (SP) 160, 161
  do Bonfim (RJ) 136
  do Capão (BA) 282
  do Cariri (CE) 347
  do Catimbau (PE) 321
  do Jequitinhonha (MG) 34, 118, 226
  do Paraíba (RJ) 18, 138, 140
  do Paraíba (SP) 34, 204, 228
  do Paty (BA) 286
  do Quilombo (RJ) 453, 454
  do rio Macaco (GO) 397
  do rio Preto (GO) 397
  do S. Francisco (BA) 226
  dos Vinhedos (RS) 460
Real (RS) 457
Valença (BA) 257, 258
Várzea do Lobo (GO) 394
Vassouras (MA) 356
Vassouras (RJ) 89, **138**
Via Costeira (RN) 330
Viaduto do Chá (SP) 160, 161
Vieux Recife (PE) 299, **300-301**
Vila Belmiro (SP) 65, 193
Vila (village)
  da Glória (SC) 444
  da Cajaíba (BA) 270
  de Itaúnas (ES) 237
  de S. Miguel do Gostoso (RN) 337
  do Abraão (RJ) 145
  dos Remédios (F. de Noronha) 314
Vila Velha (ES) 229, 230, 231, 232, **233**, 236
Visconde de Mauá (RJ) 89, **139-140**
Vista voir aussi Belvédères
  Chinesa (RJ) 180, 122
  da Pedra da Gávea (RJ) 108
  da Pedra Selada (RJ) 140
  do morro de José Menino (SP) 193
  do Pai Inácio (BA) 282
Vitória (ES) 88, **229-232**, 233, 234, 235, 236, 237

Remerciements : Alexandra Vianna, Ana Lúcia Ribeiro, Antonio Moreira Salles, Antonio Pires Monteiro, Beatrice Corrêa do Lago, Bia Fonseca Corrêa do Lago, Carla Joner, Carlos Martins, Carlos Souza, Claudia Moreira Salles, Cristiano Mascaro, Daniela Aslan, Desmond Rowan, Edu Simões, Eduardo Brazão, Gabriela Monteiro, Gilberto P. de Freitas Sá, Helena Margarida Duque Estrada Lopes, Hélio de Almeida, Henri James Gladstone Drummond, João Gabriel de Lima, João Moreira Salles, José Mindlin, Juan Pablo Queiroz, Joaquim Francisco da Cunha Francisco, Juca Martins, Jun Sakamoto, Lélia Wanick Salgado, Leonor Alvim Brazão, Lúcia Moreira Salles, Luiz Sandler, Marcelo Ferraz, Marcos Moraes, Maria Beatriz Oliveira Valle, Maria Helena Carneiro da Cunha, Maurício Botelho, Mauro Teixeira Leite, Nancy Colina de Bernabó, Nilson Noriega, Randy Charles Epping, Rogério Braga, Rogério Scofano, Rui Alvim, Tomas de Elias, Valentina Violante y Zélia Judith Loss

Crédits photographiques

Adriano Gambarini, 28 (cacao), 29 (fruit de la passion, jabuticaba, palmiste, banane), 32 (pièce de Carmélia Rodrigues da Silva), 34, 73 (régate), 76, 77, 78, 79, 80/81, 85 (sauf le hanneton), 136, 204, 215, 216, 217, 220, 221, 223, 224, 230/231, 248, 256, 257, 262/263, 268, 277, 278, 279, 282/283, 284, 285, 286, 292, 293, 313, 323, 324, 325, 332 (buggy), 348, 349, 350, 354 (azulejos), 365, 366, 367, 404, 405, 406, 407, 408, 410/411, 412, 413, 414/415, 416, 417, 418, au dos (toucan)
Alexandre Campbell/Tyba, 100 (église de la Penitência)
Álvaro Póvoa, 177
Andreas Valentin/Pulsar Imagens, 370
Aristides Alves, 254, 255
Arnaldo Carvalho/Agência Lumiar, 66
Ary Bassous/Tyba, 113
Augusto Areal, 391
Bento Bueno, 199
Bruno Veiga/Tyba, 95, 103
Caio Borghoff/Reflexo, 235, 316, 317, 446 (baleine)
Christian Knepper, 100 (Colombo), 162, 188, 243, 294, 295, 340/341, 344, 346, 354 (bumba-meu-boi), 355, 356/357, 358, 359, 436, 438/439
Claudia Guerra/Portr. 2, Pierre I. Litographie par Julien. Collection de la Fondation Bibliothèque Nationale – Brésil, 18
Cláudia Jaguaribe, 43 (banco Iracema)
Claudio de Carvalho Xavier/Court day at Rio. In: *Sketches of Portuguese life, manners, costume and characters.* Illustred by twenty coloured plates by A.P.D.G. London, B. Whittaker, 1826 (Chapitre IX) – R.E.S. Collection de la Fondation Bibliothèque Nationale – Brésil, 17
Claus Meyer/Tyba, 73 (motocross), 110, 111, 117, 137
Cristiano Mascaro, 46 (Palácio da Alvorada), 92, 94, 105, 129, 149, 166, 186, 192, 203, 208, 210, 212, 214, 219, 222, 244, 264, 275, 310, 312, 330, 352, 360/361, 364, 373, 374, 388, 402, 444, 452
Cristiano Mascaro/photos produites à l'origine pour le livre *O patrimônio construído,* Capivara Editora, 48, 90, 97, 105, 133, 138, 206, 225, 226, 236, 245, 246, 249, 261, 303, 389, 390
Daniel Augusto Jr./Olhar Imagem, 200

Delfim Martins/Olhar Imagem, 437, 451
Delfim Martins/Pulsar Imagens, 29 (guaraná), 82, 91, 276
Eduardo Queiroga/Agência Lumiar, 305, 318, 319, 328
Eduardo Simões, 28 (cupuaçu, açaí, cajou, cajá, biriba), 29 (pequi), 420/421
Enrico Marone/Pulsar Imagens, 145
Fabio Bonotti, 70
Fabio Colombini, 194 (aquarium), 205
Fernando Moussalli, 258/259
Geyson Magno/Agência Lumiar, 338
Gilvan Barreto/Agência Lumiar, 296/297
Henry Yu, 227
Heudes Regis/Agência Lumiar, 331
Iara Venanzi, 24, 26, 28 (goyave), 46 (Pelourinho), 194 (Pitangueiras), 269, 326, 327, 431, 443, 453, 454
Iara Venanzi/Olhar Imagem, 345
Iolanda Huzak/Olhar Imagem, 33
Ion David, 397, 398, 399
Iugo Koyama/Editora Abril, 21
Joaquim Francisco da Cunha Francisco, 211
J. R. Couto/Tyba, 118, 158
Juca Martins/Olhar Imagem, 73 (surf), 122 (jardin botanique), 139, 147, 164, 173, 201, 232, 233, 237, 315, 336, 342, 343, 345 (bouteilles), 393, 395, 445, 446 (Garopaba), au dos (Copan)
Juca Martins/Pulsar Imagens, 195, 337
Leonid Streliaev/Pulsar Imagens, 461
Lúcia Mindlin Loeb/Atlas de 1889, édité par A. Lahure, Paris. Biblioteca José e Guita Mindlin, 12
Luiz Carlos Felizardo, 165
Luiz Hossaka/*Cinco moças de Guaratinguetá*, Di Cavalcanti, 1930, 0.92 cm x 0.70 cm - Musée d'Art de São Paulo, 36
Lemyr Martins/Editora Abril, 62
Marc Ferrez, 86/87
Marcel Gautherot/IMS, 382/383
Marcelo Coelho, 209
Marcelo Skaff, 280
Marcio Farah, 272
Márcio Jumpei, 40
Márcio Reis/Collection Artistique Culturelle des Palais du Gouvernement de l'État de São Paulo/Collection Palácio Boa Vista, Campos do Jordão, 23
Marco Terranova/Tyba, 121
Marcos Issa/Olhar Imagem, 298
Marcos Sá Corrêa, 74, 85 (hanneton), 141
Mariana Fogaça, 198
Mário Grisolli, 43 (chaise à trois pieds,

collection de Jonis Bergamin)
Maristela Colucci/Olhar Imagem, 73 (plongée), 440
Mauricio Simonetti/Olhar Imagem, 134, 155, 396
Mauricio Simonetti/Pulsar Imagens, 190
Mauro Cruz, 394
Miguel Chikaoka/Olhar Imagem, 35, 375
Miguel Chikaoka/Pulsar Imagens, 377
Monica Vendramini/Olhar Imagem, 378
Monique Cabral/Tyba, 146
Nair de Paula Soares, 104
Nelson Kon, 49, 167, 172, 175, 182, 185, 425
Nelson Kon/Instituto Ricardo Brennand, 307
Octavio Cardoso/Pulsar Imagens, 376
Paulo Affonso/Infoto, 43 (fauteuil Mole)
Paulo Francisco, 333
Paulo Rubens Fonseca/Tyba, 101
Pedro Oswaldo Cruz/MEA 63 – J.-B. Debret, *Canne à sucre,* 1818c aquarelle, Musées Castro Maya, 15
Pierre Verger/Fondation Pierre Verger, 238/239
Raimundo Bandeira de Mello, 115
Renata Mello/Olhar Imagem, 73 (parapente, rappel), 120, 156, au dos (escalade)
Ricardo Azoury/Olhar Imagem, 123, 253
Ricardo Azoury/Pulsar Imagens, 68/69
Ricardo Azoury/Tyba, 122 (lac)
Rogério Reis/Olhar Imagem, 334, 347
Rogério Reis/Pulsar Imagens, 152, 332 (dunes), au dos (dunes)
Rogério Reis/Tyba, 98, 102, 116
Romulo Fialdini, 39, 42 (bracelet)
Salomon Cytrynowics/Olhar Imagem, 392, 400, 401
Samuel Berger, 428
Silvestre Silva, 29 (pitanga)
Sonia Oddi/Olhar Imagem, 260
Stefan Kolumban/Olhar Imagem, 197, 251 (images cédées par le Groupe Culturel Olodum), 459
Stefan Kolumban/Pulsar Imagens, 140, 143, 144
Tadeu Bianconi, 234
Vinícius Romanini/Olhar Imagem, 460
Walter Salles, 52
Werner Rudhart, 191, 288/289, 290, 291, 301, 302, 304, 306, 320, 321, Zig Koch, 426, 427, 430, 432, 441, 442, 447, 448, 455, 458